DAS LEXIKON DER PROSTITUTION

Marcel Feige

DAS LEXIKON DER PROSTITUTION

DAS GANZE ABC DER WARE LUST – DIE KÄUFLICHE LIEBE IN KULTUR, GESELLSCHAFT UND POLITIK

Schwarzkopf & Schwarzkopf

INHALT

TEIL 1: EINFÜHRUNG

TEIL 2: LEXIKALISCHER TEIL

TEIL 3: ANHANG

IM GESPRÄCH MIT:

VORBEMERKUNG

»Aufer meretrices de rebus humanis et pertu baresis omnia.« - »Nimm die Huren aus dem menschlichen Verkehr und Du wirst alles durcheinander bringen.«
AUSSPRUCH VON AUGUSTINUS

»Das Lexikon der Prostitution« ist kein Bordellführer, auch keine Empfehlungsliste für Bars oder FKK-Clubs. Es listet nicht die besten Straßenstrichs in Deutschland auf, noch verschafft es einen Überblick über die bestaussehendsten Prostituierten. Es vergibt keine Sterne für die umfassendsten Dienstleistungen, noch bietet es Telefonnummern, über die man Haus- und Hotelbesuche ordnern kann.

»Das Lexikon der Prostitution« enthält »nur« Informationen über ein Gewerbe, das vorgibt, das älteste der Welt zu sein. Davon aber jede Menge.

TEIL 1

EINFÜHRUNG

VORWORT

Prostitution, das ist gemäß »Duden« »die gewerbsmäßige Ausübung sexueller Handlungen«. In unserem alltäglichen Sprachgebrauch sind damit meist Huren oder Callboys gemeint, die sich und ihren Körper – im speziellen Mund, Hand und Scheide oder After – zahlenden Kunden für einen vorher vereinbarten Zeitrahmen »überlassen«.

Doch das ist natürlich längst nicht alles. Zählen Frauen oder Männer, die sich – über eine Service-Agentur vermittelt – für einen Abend zur Begleitung anbieten, ohne dass es dabei zwangsläufig zum Geschlechtsverkehr mit dem Kunden kommen muss, nicht zum Berufskreis der in der Prostitution Tätigen? Was ist mit Frauen, die Telefonsex betreiben oder die sich vor Web-Cams den Wünschen der Internet-Freier beugen? Und, eine berechtigte Frage, wozu zählen Frauen und Männer, die vor der Kamera agieren, sprich im Porno-Geschäft aktiv sind?

Schon die Etymologie des Wortes »Pornographie« stellt die Verbindung her: »pornográphos« stammt aus dem Griechischen, und bedeutet »Prostituierte« (pórne) und »Schreiben« (gráphos) – also »jemand, der über Prostituierte schreibt«. Auch PornodarstellerInnen betreiben die »gewerbsmäßige Ausübung sexueller Handlungen«. Doch werden sie im allgemeinen Bild der Öffentlichkeit der Prostitution zugerechnet? Immerhin, ihr Ansehen in der Öffentlichkeit ist dem der professionellen Callgirls und Stricher ähnlich. Man ächtet sie. Im Juli 2003 musste ein Teilnehmer der Talentshow »Star Search« beim TV-Sender Sat.1 das Teilnehmerfeld verlassen, weil er als Pornodarsteller sein täglich Brot verdiente.

Ein Unding, finden die PornodarstellerInnen. Sie sind der Auffassung, alle die eine Dienstleistung gegen Geld anbieten, betreiben Prostitution. Also auch Sänger, Comedians oder Moderatoren bei den TV-Sendern.

Alles ist eine Sache der Definition. Und deswegen bewegt sich dieses Buch manchmal hart an der Grenze dessen, was Prostitution ist, so wie sich das »älteste Gewerbe der Welt« selbst bekanntlich immer noch hart an der Grenze der Legalität bewegt. Das, obwohl allein in Deutschland rund 400.000 Prostituierte tätig sind und jährlich rund 6 Milliarden Euro umsetzen, so viel wie in so manchem Großkonzern.

Aber es kommt Bewegung in die Sache – langsam zwar, seit die Bundesregierung Anfang 2002 das neue Prostitutionsgesetz auf den Weg brachte und sich wenig später der »Berufsverband sexueller Dienstleistungen e.V.« gründete.

Vieles, was Freier, Huren und andere »Funktionäre« des Milieus bewegt, findet sich im »Lexikon der Prostitution« wieder. Anderes dagegen nicht. Denn eines ist sicher: Trotz neuem Gesetz, Berufsverband und anderen Aktivitäten ist die Rotlicht-Szene immer noch eine nach außen hin abgeschottete Szene, in der die vermeintliche Romantik des roten Lichts von Dunkelmännern überschattet wird, was jetzt jeder interpretieren kann, wie er will.

Aber sicher ist auch: Das Milieu wurde über viele Jahrhunderte als abgeschottete Szene behandelt. Und wer kann sich schon von heute auf morgen einfach so ändern?

Marcel Feige, im Herbst 2003
geschrieben am iMac Graphite

PS: Prostitution ist ein internationales Thema; über 50 Prozent der in Deutschland als Prostituierte arbeitenden Frauen sind so genannte Migrantinnen, quasi Handlungsreisende in Sachen Sex. Vorliegendes Buch handelt von der Prostitution in Deutschland – mit nur wenigen, dafür exemplarischen Abstechern ins Ausland, zum Beispiel in die Niederlande, Schweden oder die USA, wo Politik und Gesellschaft ganz anders mit der Prostitution umgehen. Alles andere hätte den Rahmen dieses Buches gesprengt.

PPS: Keiner schreibt ein Buch ganz alleine, vor allem nicht, wenn es sich dabei um ein Kompendium wie dieses handelt. Sehr viele Menschen haben zur Entstehung des »Lexikons der Prostitution« beigetragen. Da es sich bei dem Rotlichtmilieu aber trotz aller Legalisierung, Rechtsprechung und neuer Gesetzgebung, wie eingangs angedeutet, um eine Szene handelt, die nach wie vor die Halbwelt sucht, nicht zuletzt weil die nur langsam brechende Moralvorstellung der Gesellschaft ihr keine andere Wahl lässt, wollten viele meiner Gesprächspartner ungenannt bleiben. Ich habe diesem Wunsch entsprochen und ihre Namen geändert. Deshalb möchte ich auch auf eine gesonderte Danksagung verzichten. Eines nur: Ich danke allen aufrichtig, die offen waren, sich die Zeit genommen und mich mit wertvollen Informationen versorgt haben.

EIN WORT ZUM ... SEX

ICH STEH AUF SEX! Eine nicht ganz unproblematische Aussage, selbst heute, wo einem am Kiosk die Silikontitten von den Zeitungscovern entgegenhüpfen, Swinger- und Pärchenclubs Hauptthema der frühabendlichen Erotiksendungen im Privat-TV geworden sind und des Nachts unverhüllte Girlies dazu auffordern, S-O-F-O-R-T anzurufen.

»Ich finde Sex geil!«

Wenn dieser Satz noch dazu von einer Frau geäußert wird, ist das Kopfschütteln erst recht groß. So aufgeklärt unsere Gesellschaft sich manchmal gerne geben möchte, so verklemmt ist sie im Grunde ihres Herzens, wenn es um das Thema Sex geht. Doch wer die Prostitution verstehen will, muss den Sex kennen.

> SEXUALITÄT.
> *Lat.: Sexus – (Männliches oder weibliches) Geschlecht. Geschlechtlichkeit, Gesamtheit der im Sexus begründeten Lebensäußerungen. Heute: Geschlechtsleben, geschlechtliches Verhalten.*

Sex, das ist die aus dem Amerikanischen übernommene Abkürzung für Sexualität. Nichts beschäftigt die Menschen mehr als Sexualität, denn sie bedeutet Lust, Vergnügen, Zärtlichkeit, Hingabe und Liebe. Mit der Sexualität hatten Menschen schon immer ihre Probleme. Philosophen und Theologen schwatzten sich die Köpfe heiß, und das auf diesem Wege gewonnene Wissen über die menschliche Sexualität wurde am Ende doch wieder vergessen oder von Staat und Kirche, meist in Personalunion, vom Tisch gefegt.

Abweichungen von der herrschenden Moral wurden mit der ganzen Phantasie menschlicher (beziehungsweise »göttlicher«) Strenge geahndet. Auf Analverkehr zwischen Mann und Frau oder zwischen Männern, also Homosexualität, stand Folter und Todesstrafe; noch heute lassen die Würdenträger streng islamischer Länder Frauen oder Männer, die des Arschficks überführt wurden, steinigen. Auch die römisch-katholische Kirche steht nicht außen vor, wenn es darum geht, Homosexuelle zu diskriminieren – und fordert die Umsetzung ihrer fundamentalistischen Philippika von den kirchentreuen Parlamentariern.

> *»Vielleicht wird uns hier klar, warum wir vorhin auf den engen Zusammenhang des Weibes mit dem Tier aufmerksam machten: Sexualität führt zur Bestialität.«*
>
> BISCHOF GRABER ZUR SEXUALKUNDE IN SCHULEN, 1980

Damit hat sich also im Grunde nicht wirklich viel seit dem Mittelalter verändert. Schon damals waren die Moralvorstellungen von Staat und Kirche gesellschaftliches Gesetz. Dass dieses sich auf außermedizinische Vorstellungen begründete, auf Erkenntisse rein spekulativer Natur, die ihren Ursprung in heidnischer Zeit hatten, wurde geflissentlich übersehen: Im sechsten Jahrhundert vor Christus warnte Pythagoras vor den Folgen der Sexualität, weil sie den Leib schwäche und zu einem allgemeinen Kräfteverlust führe. Auch Hippokrates ging davon aus, dass der »Verlust« von Samen über die unabdingbare Sicherung der Nachkommenschaft hinaus zu allerlei Krankheiten, ja sogar zum Tod führen würde. Durch die Philosophenschule der Stoiker mit Seneca als prominentem Vertreter vollzog sich der Wandel vom medizinischen »Rat« zur Moral: Wer die sexuellen Bedürfnisse mit Hilfe der Vernunft unterdrücken könne, schlage nicht nur das einzelne Laster, sondern alle Laster nieder. Die allgemeine Moral wurde dadurch ganz wesentlich auf die Sexualmoral reduziert.

Es war nicht nur die christliche Lehre, die diese Lust- und Leibfeindlichkeit konservierte und einen düsteren Sexualpessimismus schuf. »Fast jede Religionsgemeinschaft hat bestimmte Wertvorstellungen, das Sexualleben betreffend, und erlässt deshalb für ihre Anhänger diesbezügliche Verhaltensnormen, die von höchster göttlicher Autorität selbst angeordnet und sanktioniert sind und die unter anderem Ehe und Ehebruch, Ehescheidung und Ehelosigkeit, Empfängnisverhütung und Abtreibung, Hetereosexualität und Homosexualität betreffen«, erklärt Gerhard J. Bellinger in seiner Einleitung zum Buch »Sexualität in den Religionen der Welt« (Komet Verlag, Frechen 1999). »So übergibt zum Beispiel der Sonnengott Shamash dem babylonischen Herrscher Hammurabi eine Gesetzessammlung unter anderem mit sexuellen Geboten und Verboten, auch der zoroastrisch-parsische Hochgott Ahura Mazda ordnet über seinen Propheten Zarathustra Sexualgebote und -verbote an. Insbesondere sind hier die 28 Sexualgebote und 66 Sexualverbote des israelitischen Herrn und Gottes Jahwe zu nennen. Vorgänge des normalen Sexuallebens, wie zum Beispiel Pollution und Menstruation, Geschlechtsverkehr und Geburt machen in vielen Religionsgemeinschaften die Betroffenen kultisch ›unrein‹, zum Beispiel in der zoroastrisch-parsischen Religion, in der israelitisch-jüdischen Religion und im Islam, und die davon Betroffenen bedürfen erst der rituellen Reinigung, bevor sie mit den übrigen ›reinen‹ Mitgliedern wieder zusammenkommen dürfen. Über Verstöße gegen sexuelle Tabu-Vorschriften musste und muss von dem ›Täter‹ ein (›Sünden‹-)Bekenntnis abgelegt werden, nicht nur in Alt-Ägypten, sondern auch von heutigen buddhistischen Mönchen und Nonnen sowie von römisch-katholischen Christen.«

Die düstere »Unreinheit« konnten weder Platon und Aristoteles erhellen, die sich mit der menschlichen Sexualfunktion und dem Sexualverhalten auseinander setzten, noch der griechische Arzt Galen (Claudius Galenus, geb. 129, gest. 211), der mit seiner Abhandlung »Über die Aufgaben der Körperteile des Menschen« erstmals eine zusammenhängende Theorie des Sexualverhaltens verfasste.

Immerhin, diese Erkenntnisse waren Grundlage der modernen, experimentellen Wissenschaft, deren Zeit mit der Renaissance im 14., 15. und 16. Jahrhundert anbrach. »Man setzte sich mit den Quellen aus dem Altertum intensiv auseinander und das neue Interesse am menschlichen Körper befruchtete nicht nur die Kunst, sondern auch die Wissenschaft«, erklären Mediziner der Projektgruppe »Medicine Worldwide« (www.m-ww.de). »Berühmt sind die anatomischen Skizzen von Leonardo da Vinci und die auf der Leichensektion basierenden Anatomiebücher von Fallopio, Bartholinus und de Graaf.«

Mit der Renaissance verbunden ist der Humanismus, eine geistige Bewegung, die aus der Bildung an dem neu entdeckten geistigen Gut der Antike ein neues Menschenbild und Selbstverständnis gewann und sich damit gegen die Scholastik des Mittelalters wandte und damit auch gegen den Staat. Ausgedehnte Forschungsreisen bereicherten das Wissen um andere Kulturen und fremde Moralvorstellungen.

> *»Ich flehe euch an, meine jungen Freunde: Bringt nicht eure unsterblichen Seelen durch ein Vergnügen in Gefahr, das, wie man mir glaubhaft versichert, nicht länger als eindreiviertel Minuten dauert.«*
>
> PREDIGT EINES GEISTLICHEN VOR STUDENTEN IN OXFORD

An den eigenen Moralvorstellungen änderten die neu gewonnenen Eindrücke jedoch nichts. Der Staat, oder vielmehr die Kirche, unterdrückte wie gehabt und sagte beispielsweise der angeblich schädlichen Selbstbefriedigung den Kampf an. Ängste wurden geschürt: Masturbation führe zur Verblödung und Rückgratverkrümmung. Alternativ: Selbstbefriedrigung mache blind und lasse Haare auf den Handinnenflächen wachsen. Wen das nicht abschreckte, für den wurden abenteuerlichste Apparate entwickelt, die verhindern sollten, sich selbst zu befriedigen. »Der Einfluss der katholischen Kirche war früher sicher nicht der positivste«, befindet erst unlängst der Hamburger Urologe Hartmut Post im »Spiegel«, Ausgabe 21.7.2003.

Der Botaniker August Henschel verwendete im 19. Jahrhundert zum ersten Mal den Begriff »Sexualität«, und zwar unter dem Fortpflanzungsaspekt. Das war wiederum ganz im Sinne der Mediziner Morel, Magnan, Charcot und von Krafft-Ebbing, die sich etwa zur gleichen Zeit an einer Beschreibung und Klassifikation des menschlichen Sexualverhaltens versuchten und dabei eine »Pathologisierung« schufen mit dem Ergebnis, dass Sexualverhalten, das fernab des gesellschaftlich akzeptierten lag, fortan als degeneriert, pervers oder entartet eingestuft wurde. Damit hatte nicht nur die bestehende repressive Sexualmoral – gesellschaftlich nicht akzeptiert war alles, was jenseits der christlich tolerierten, einzig der Fortpflanzung dienenden Missionarsstellung (man beachte den Namen, sic!) lag – neues Futter, sondern auch die Nazis Argumente und Instrumente zur Erfassung, Verfolgung und schließlich Vernichtung aller »Degenerierten« und »Entarteten«.

Wer meinte, dass nach 1945 sexuelle Aufklärung, Sexualerziehung und die Vermittlung sexueller Toleranz – die freie Liebe, Schlagwort einer ganzen Generation – für ein Umdenken sorgen würden, sah sich abermals getäuscht. Der gutbürgerliche Mief der Aufschwungsjahre (»Nackt duschen widerspricht katholischer Moral«, Generalkirchenvikariat Köln) wurde zwar entlüftet, doch erst Ende Juli 2003 wiederholte die vatikanische Kongregation ihr klares Nein zur rechtlichen Gleichstellung homosexueller Lebenspartnerschaften und erklärte diese Form der Sexualität zu einem »Problem«, »unsittlich« noch dazu: »Die Ehe ist heilig, während die homosexuellen Beziehungen gegen das natürliche Sittengesetz verstoßen.« Sie seien in keinem Fall zu billigen, so Kardinal Joseph Ratzinger, denn: »die homosexuelle Neigung ist objektiv ungeordnet, und homosexuelle Praktiken gehören zu den Sünden, die schwer gegen die Keuschheit verstoßen.«

Das Aufsehenerregende an dem Erlass sei jedoch, so konsterniert »Der Spiegel«, nicht der Schwulenhass, den Ratzinger kaum verhülle, sondern die gar nicht verhüllte Ordner an Politiker: Jeder kirchentreue »Parlamentarier hat die sittliche Pflicht«, gegen Gesetze anzukämpfen, die homosexuelle Paare mit heterosexuellen gleichstellen. Ein Katholik, der solchen Gesetzen zustimme, helfe bei der »Legalisierung des Bösen«. Das mutet an wie ein erneuter Versuch, Kirche und Politik wie weiland im Mittelalter zu verflechten ...

EINE KLEINE GESCHICHTE DER PROSTITUTION

Die Prostitution, das ist allgemein bekannt, gilt im Volksmund als ältestes Gewerbe der Welt. Ein offizielles Gewerbe aber darf die so genannte »horizontale Dienstleistung« noch heute in vielen Ländern nicht sein, zu sehr läuft der käufliche Sex dem Moralempfinden bestimmter und bestimmender Gesellschaftskreise zuwider. Beispiel Schweden: Auf Druck und Initiative sozialdemokratischer Ministerinnen wurde die Prostitution in dem skandinavischen Staat 1999 gesetzlich verboten. Das Gesetz trägt den Titel: »Frieden den Frauen«.

Frieden der Prostitution.

Dieses Motto hätte den großen Kulturen der Vergangenheit gut gestanden. Sie begegneten nicht nur der Sexualität mit großer Neugierde und Einfallsreichtum, auch die Prostitution war eine offen betriebene, institutionalisierte und manchmal sogar heilige Aktivität.

Drehen wir die Uhr deshalb kurzerhand 3000 Jahre zurück und begeben uns nach Babylon, dem Land zwischen Euphrat und Tigris, dem heutigen Syrien. Von hier stammen früheste Belege, Texte wie das Gilgamesch-Epos, die beweisen, dass Prostitution fester und respektabler Bestandteil der Gesellschaft war. Hier, in Chaldäa, der alten Wiege des Menschengeschlechts, war die Prostitution für die Menschen sogar so etwas wie eine Pflicht. Der Privatgelehrte Paul Dufour (geb. 1806, gest. 1884) schreibt in seiner inzwischen legendären, der ersten modernen historiographischen »Geschichte der Prostitution« (zuletzt verlegt bei Eichborn Verlag, Frankfurt 1995) recht ausführlich darüber: »Der eine Teil, Chaldäas, welcher im Norden an Mesopotamien stößt und das Land Ur, Abrahams Heimat, einschließt, hatte eine wilde, kriegerische Bevölerkung, die inmitten ihrer Berge keine andere Beschäftigung als die Jagd kannte. Dieses Jägervolk übte zuerst die Gastfreundschaft und die damit verbundene gastliche Prostitution, die in gleicher Weise ihre kindliche, wie rohe Denkweise zum Ausdruck bringt. Im andern Teile, der an das wüste Arabien grenzt und sich in fruchtbaren Ebenen und fetten Weiden ausbreitet, führte ein Hirtenvolk, sanften und friedlichen Charakters, inmitten seiner zahllosen Herden ein Wanderleben. Es beobachtete die Sterne, es schuf Wissenschaften, es stiftete Religionen und errichtete mit diesen die heilige Prostituion.«

Heute kennt man diese auch als Tempelprostitution. Einem Gesetz des Königs Hammurabi (1793 v. Chr. – 1750 v. Chr.) zufolge hatte jede Frau einmal im Leben in einem Tempel ihre Liebesdienste gegen Entgelt anzubieten. Der Verkehr sollte die Götter für Ackerbau und Viehzucht günstig stimmen. Tonplatten mit eindeutigen Darstellungen, die Archäologen bei Tempeln ausgegraben hatten, belegen dies.

»Bei diesem Kult musste sich jede Frau einmal in ihrem Leben der Melitta weihen«, schreibt Willi Bauer in dem nicht unumstrittenen Buch »Geschichte und Wesen der Prostitution« (1956), »das heißt, für diese Göttin einem beliebigen Fremden prostituierten. Vor dem Tempel der Melitta saßen die opferbereiten Frauen und hielten den Leib mit einem Gürtel von Schnüren umschlossen. Dieser sollte dem Fremden mitteilen, dass noch die Schamhaftigkeit den Leib verschloss. Fand nun ein Fremder eine derartige Frau nach seinem Geschmack, nahm er sie an diesem Schnurgürtel und zog die Opferbereite einfach in den Tempel, wo sie dann der Göttin das Lustopfer brachten.«

Der Melitta-Kult nahm überhand, die Hallen der Tempel waren zu klein für die Opferfreudigen und fremden Männer, die den Frauen das Opfer ermöglichen wollten. Zu den Tempeln gesellten sich Hütten und Buden, ja selbst in den Sträuchern und Hainen wurden der Göttin Opfer gebracht. Keine Frau war davon ausgenommen. Der griechische Geschichtsschreiber Herodot (484 v. Chr. – 424 v. Chr.) berichtete über die Babylonier wie folgt: »Jede Frau, die in ihrem Lande geboren ist, muss sich einmal in ihrem Leben in den Tempel der Venus begeben und sich daselbst einem Fremden überlassen. Ein Teil von ihnen hält es aber aus Stolz, den ihnen ihr Reichtum einflößt, unter ihrer Würde, sich mit den andern auf gleiche Stufe gestellt zu sehen, und diese lassen sich in geschlossenen Wagen vor den Tempel fahren. Dort bleiben sie sitzen, hinter sich eine große Menge von Dienern, die sie begleitet haben. Die große Mehrzahl aber setzt sich, das Haupt von Schnurenkränzen umwunden, im Tempelgarten nieder. Es ist ein beständiges Kommen und Gehen. Man sieht nach allen Himmelsrichtungen durch ausgespannte Seile getrennte Gänge führen, in denen die Fremden gehen und die Weiber erwählen, die ihnen am besten gefallen. Wenn eine Frau einmal an diesem Orte Platz genommen hat, darf sie nicht eher nach Hause zurückkehren, als bis ihr ein Fremder Geld in den Schoß geworfen und mit ihr außerhalb des geweihten Raumes Umgang gepflogen hat. Der Fremde muss, wenn er ihr das Geld zuwirft, dazu sagen: ›Ich rufe die Göttin Melitta an.‹ Die Assyrier nennen nämlich die Venus Melitta. Wie gering auch die Summe sein mag, niemals darf sie zurückgewiesen werden, das Gesetz verbietet es, denn dieses Geld wird geopfert. Sie muss dem ersten, der ihr ein Geldstück zuwirft, folgen und darf keine Person zurückweisen. Wenn sie endlich durch die Preisgabe ihres Körpers an einen Fremden ihren Verpflichtungen gegen die Göttin nachgekommen ist, kehrt sie nach Hause zurück; und niemals wird sie sich darnach, soviel man ihr auch bieten möchte, verführen lassen. Diejenigen Weiber, die eine schöne Figur oder ein schönes Angesicht haben, verweilen nicht lange im Tempel, die hässlichen dagegen bleiben länger, weil sie dem Gesetz nicht bald genügen können; ja einige bleiben sogar drei oder vier Jahre dort.«

Herodot nannte die Tempelprostitution ein »schändliches Gesetz«, vergaß allerdings, dass seine Landesgenossen selbst längst zur Institutionalisierung der Prostitution beigetragen hatten. Das älteste offizielle Bordell der Welt soll nach überlieferten Quellen im alten Griechenland gestanden haben. Und es war Solon (630 v. Chr. – 560 v. Chr.), der im Rahmen einer umfassenden »Sexualreform« staatliche Bordelle hatte einrichten lassen. In diesen Bordellen arbeiteten allerdings ausschließlich Sklavinnen für einen Korb voll Fisch oder einen Krug Wein. Diese Dirnen, »Wölfinnen« genannt, wurden wiederum vielfach und ausgerechnet aus den Ländern des Orients importiert, die Alexander der Große (356 v. Chr. – 323 v. Chr.) erobert hatte. Er, der die griechische Kultur nach Asien und Ägypten führte, hatte in seinem Heer ebenfalls eine Vielzahl von Prostituierten im Schlepptau. Schon damals wusste man die von Frauen isolierten Truppen bei Laune zu halten. Überall dort, wo Männer über längere Zeit zusammengepfercht lebten – nicht nur an der Front, auch in den Hafenstädten – wurden Bordelle nicht nur geduldet, sondern auch gefördert, wie der weitere Verlauf der menschlichen Geschichte noch zeigen wird.

Profane, gewerbsmäßige Prostitution war im antiken Athen daher nichts Ungewöhnliches. Den Dikteriaden, Prostituierte für die armen Bürger, standen die Auletriden (griech.: Flötenspielerinnen) sowie die Hetären (griech.: Gefährtin) gegenüber, die bezahlten Geliebten bedeutender Männer. Deren Einfluss und ihr Ansehen beruhen auf einer zum Teil außergewöhnlichen musischen und philosophischen Bildung, die sie anfangs autodidaktisch, später auch durch den Besuch von eigenen Hetärenschulen erwarben. Damit waren sie als einzige Frauen den Männern ebenbürtig und sozial anerkannt. Sie nahmen wesentlichen Anteil am gesellschaftlichen und intellektuellen Leben, manche gehörten zu den gebildetsten, die Geschichte ihrer Zeit geistig mitbestimmenden Frauen Griechenlands, wie Aspasia, die Freundin des Perikles und Schülerin des Sokrates, wie Thais, die Geliebte Alexanders des Großen, wie Phryne, die Geliebte des Praxiteles, wie Leontion, die Schülerin und Geliebte Epikurs war, die gegen Theophrast ein philosophisches Werk schrieb, das Cicero seines Atticismus wegen schätzte. Es heißt, es sei leichter gewesen, die Gunst der Hetäre Nikaretes durch Auflösung einer algebraischen Formel als durch Gold zu gewinnen ...

*

Nicht unähnlich war es einige hundert Kilometer weiter, im alten Rom, wo die Prostitution es sogar in die Sage zur Entstehung der Stadt geschafft hatte. Die Wölfin, die Romulus und Remus säugte und aufzog, soll die Hure Accelazentia gewesen sein. Prostitution war in Rom lange erlaubt, galt allerdings als unehrenhaft und war frei geborenen Römerinnen bei höchster Strafe untersagt. Trotzdem sollen 100 v.Chr. über 32.000 Dirnen angeschafft haben, unter anderem auch in Form von Straßenprostitution auf der Via Sacra oder dem Marsfeld. Die billigen Nudae (lat.: die Nackten) bleichten sich die Haare und boten für den Gegenwert von einem Glas Wein oder einem Laib Brot schnellen Sex an. Der ward gern empfangen: »Wenn dir das Glied schwillt und 'ne Magd, ein Sklave ist gleich zur Hand für Liebesdrang und -kampf, magst du dann lieber vor Verlangen bersten? Ich nicht. Ich lieb Erotik, die mir leicht beschaffbar und die leicht genießbar ist«, schrieb der römische Dichter Horaz (65 v. Chr. – 8 v. Chr.). Zuhälter und Schlepper besorgten ihm Nachschub vom Lande oder von Sklavenmärkten.

Bessergestellte Huren lockten ihre Kunden in die öffentlichen Bäder oder in die Säulenhalle des Pompeius auf dem Palatin. Die jungen, hübschen so genannten »Delicata« suchten sich ihre Freier auf offiziellen Festen. »Der römische Kaiser Vespasian heiratete eine Delicata, Flavia Domitilla«, weiß Kurt Starke im »Lexikon der Erotik« (Knaur Verlag, München 1996), »die ihm drei Kinder gebar, wovon zwei römische Kaiser wurden. In den römischen Bordellen waren Lustknaben und Halbkastraten zeitweilig in der Überzahl. Im 6. Jahrhundert wurden Bordellmünzen geprägt. Sie berechtigten zum Eintritt in ein Lupanar (Bordell) und wurden als Geschenkmünzen auch gesammelt.«

Selbst eine Besteuerung der Prostituierten führten die Römer ein. Der »Unus Concubitus«, der Schandlohn für einen Akt pro Tag, musste an den Staat abgeliefert werden. Erst mit Kaiser Augustus (63 v. Chr. – 14 n. Chr.) wurde dem vermeintlich unehrenhaften Treiben ein Riegel vorgeschoben. Ehebruch und geschlechtlicher Verkehr unverheirateter oder verwitweter Frauen war gemäß seines erlassenen Verdikts, dem Lex Iulia de Adulteria (18 v. Chr.), fortan bei höchster Strafe untersagt. Immerhin in der sich anschließenden, unerbittlichen Verfolgung der Dirnen hatten die Römer fortan viel mit den Christen gemein, deren Propheten immer wieder gegen Völlerei und Lasterhaftigkeit wetterten und vor den Reizen der (käuflichen) Liebe warnten, wie Sirach im Alten Testament: »Flieh die Buhlerin, dass du nicht in ihre Stricke fallest, gewöhne dich nicht zu der Sängerin, dass sie dich nicht fange mit ihren Reizen. Hänge dich nicht an die Huren, dass du nicht um das Deine kommest. Gaffe nicht in der Stadt hin und wieder, und laufe nicht durch alle Winkel. Wende dein Angesicht von schönen Frauen, und sieh nicht nach der Gestalt anderer Weiber. Denn schöne Frauen haben manchen betört, und böse Lust entbrennt davon wie ein Feuer.«

Die Verdammung sollte jedoch nicht nur die Hure treffen, sondern die Frau allgemein. Denn sie war es, die Schuld trug am Sündenfall im Paradies, die minderwertig, ja ein »Mann zweiter Ordnung« war. Die christliche Lehre gelobte deshalb gleich komplette Abstinenz. Fleischliche Liebe konnte nur ein Produkt des Teufels sein. Bloß, was waren dann die Prostituierten? Auf der einen Seite wurden sie nämlich diffamiert und zeitweise sogar mit der Todesstrafe bedroht – das west-gothische Gesetzbuch, die Leges Visigothorum, enhält die älteste Bestimmung gegen die öffentliche Prostitution. Andererseits war die Prostitution ein Schutz gegen Unzucht und Ehebruch, nach dem Motto: Besser zur Hure, als eine außerheliche Beziehung mit einer verheirateten Frau oder – noch schlimmer – mit einer Jungfrau eingehen. Diese christliche Doppelmoral zog sich weiter durch die Geschichte – bis heute.

*

So blieb der Umgang mit der Prostitution auch im Mittelalter zwiespältig. Die Huren waren zwar in das städtische Leben integriert und als Zunft organisiert. Für sie gab es Kleidervorschriften wie für alle anderen Handwerker.

Sie trugen rote Hüte oder Kappen. Das »Rotlicht«-Milieu hat von dieser Kopfbedeckung seinen Namen. Kaiser Rudolf von Habsburg verbot im Jahr 1276 gar, die »gelüstigen Frauen« zu beleidigen, schließlich würden die Huren Steuern zahlen. Der Grundzins betrug zwei Pfennig wöchentlich. Doch trotz dieses »offiziellen Status'« blieb Prostitution ein sündiges Gewerbe und wurde geächtet, vor allem von der Kirche, für die Verkehr ohnehin nur ein »zielgerichtetes Ausscheiden des Samens zum Zwecke der Kindererzeugung« war (und ist). Der Zweck des Gebrauchs der Geschlechtsorgane bestehe in der Zeugung der Nachkommenschaft, ließ Thomas von Aquin (1225–1274) verlauten, der Geschlechtsakt könne nur dann sittlich sein, wenn er der rechten Ordnung entspräche. Schon damals zeichnete die sich viele Jahrunderte später gesetzlich verankerte Sittenwidrigkeit der Prostitution ab. Thomas von Aquin: »Die Prostitution gehört zur Gesellschaft wie die Kloake zum herrlichsten Palast. Die Prostitution gleicht der Kloake des Palastes, wenn sie beseitigt wird, wird der Palast ein unreiner, stinkender Ort.«

»Das Weib verhält sich zum Mann wie das Unvollkommene und Defekte zum Vollkommenen.«

THOMAS VON AQUIN

Gleichwohl hielt diese Einstellung die Kreuzzügler nicht davon ab, Frauen mit auf Reisen zu nehmen, die dafür bezahlt wurden, dass sie die christlichen Helden geistig, mehr aber noch körperlich »unterstützten«.

Die Marketenderinnen wurden von einem Hurenweibel befehligt. Die Trossweiber erledigten auch andere Frauenarbeiten wie kochen, putzen und waschen. Allgemein nannte man diese Frauen die fahrenden Prostituierten. Die sesshaften lebten in so genannten Frauenhäusern, die natürlich nichts gemein haben mit den Frauenhäusern heute. Diese Bordelle waren meist in städtischer Hand; die ersten des abendländischen Kulturkreises wurden Mitte des 12. Jahrhunderts urkundlich erwähnt.

In Deutschland wurden diese Bordelle vermehrt zwischen 1350 und 1450 eingerichtet, um die weit verbreitete Straßen- und Brückenprostitution zu unterbinden. Hier unterstanden die Frauen meist einem städtischen Beamten – dem Scharfrichter, der als der unehrlichste aller unehrlichen Leute galt. Damit war klar, welchen Stellenwert Prostituierte genossen. Der Scharfrichter kassierte von den Frauen Einstandsgelder, wöchentliche Abgaben und führte einen Anteil davon an die Stadtkasse ab.

So blieb auch der Kirche diese vorzügliche Einnahmequelle nicht verborgen. Ein Grund also, über sittliche Bedenken hinwegzusehen: Papst Sixtus IV. ließ ein Bordell bauen, was ihm 20.000 Dukaten brachte. Und Kaiser Sigismund (1368–1437), von Hofe aus Haupt des Christentums, dankte im Anschluss an das Konzil von Konstanz 1418 den Stadtvätern für die vielen Bordelldirnen – die Rede ist von annähernd 1500, die den kirchlichen Würdenträgern während der Monate ihrer Tagung unentgeltlich zur Verfügung gestellt worden waren. Was insofern erstaunlich war, weil doch die Städte den Frauenhäusern eigentlich Frauenhausordnungen auferlegt hatten: Neben der Schließung an den heiligen Sonn- und Feiertagen gehörte auch ein Zutrittsverbot für Kleriker dazu.

»Gefängnisse werden mit den Steinen des Gesetzes erbaut, Bordelle mit den Backsteinen der Religion.«

WILLIAM BLAKE, DICHTER (1757–1827)

Weitere Verbote waren der Geschlechtsverkehr während der Dauer von Krankheiten, der Menstruation und der Schwangerschaft. Letzteres allerdings geschah äußerst selten, weil sich vor allem die Prostituierten bestens auf die Schwangerschaftsverhütung verstanden. Für die Gelehrten des Mittelalters war es ein Rätsel, warum die Liebesdienerinnen so selten in andere Umstände gerieten: Sie verglichen das Innere ihrer Gebärmutter mit glitschigem Marmor, an dem die Spermien der Buhler abgleiten, oder sie argwöhnten, allzu häufiger Beischlaf könne den Uterus »verschlammen«. »In Wirklichkeit verstanden sich die Gunstgewerblerinnen auf die uralte Kunst der Scheidenspülung«, weiß »Der Spiegel« (18/2003) zu berichten. »Die Urform des heutigen Bidets stand in mittelalterlichen und frühneuzeitlichen Bordellen. Von den ›Wännchen, die man braucht im Dirnensaal‹ berichtete am Ende des Mittelalters der Balladenschreiber François Villon. Neben der reinigenden Kraft des Wassers vertrauten die Dirnen auch auf Pessare und Salben mit spermizider Wirkung.«

Doch dieses zweifellos vorteilhafte Wissen nutzte nicht, als zum Ende des 15., Anfang des 16. Jahrhunderts eine neue Krankheit um sich griff: Syphilis, die Kaiser Maximilian I. die »pösen plattern« nannte, »die vormals bey menschen gedechtniss nye gewesen noch gehört sein«. Der »harte Schanker«, so der deutsche Name der Syphilis, griff Haut und Knochen sowie Gehirn und Rückenmark an. Am Ende stand der Tod, auch für prominente Opfer wie der Komponist Franz Schubert, der Dichter Heinrich Heine oder der Philosoph Friedrich Nietzsche. Für die Reformationsbewegung Luthers war die »Lustseuche«, wie die Gottesmänner die Syphilis nannten, ideale Argumentationshilfe zur Verdammung der Prostitution: Die Ehe sollte endlich zum alles entscheidenden und der Geschlechtsverkehr zum Akt danach gemacht werden, und eine Frau, die sich bewusst und gewollt der Herrschaft des Mannes entzog, indem sie Sex mit einem Mann nur zu ihren Bedingungen und zu ihrem Preis zuließ, war des Teufels. Logisch, dass selbst die Hexenverfolgung keinen Halt vor den Prostituierten machte. 1486 bereits hatten die deutschen Inquisitoren Jacob Sprenger und Heinrich Institoris den »Hexenhammer« verfasst, der jetzt als Grundlage der Verfolgungen dienen sollte. Darin wurde die Frau als »unvollkommenes Tier« bezeichnet, und das schlimmste aller weiblichen Laster war ihre Fleischeslust, die weit über die des Mannes hinausreichte. Speziell anfällig waren deshalb auch gerade diejenigen Frauen, die unzüchtige oder ehebrecherische Beziehungen eingegangen waren, also auch Prostituierte.

Alles das zusammen – Syphilis, Reformation und Inquisition – führten innerhalb nur weniger Jahrzehnte zur gesellschaftlichen Ausgrenzung der Prostitution. Den Frauenhäusern wurde der Krieg erklärt. Prostituierte wurden aus den Zünften ausgeschlossen, vertrieben, verfolgt – schließlich wurde das Gewerbe der Prostitution ganz verboten. »*Unzüchtige Weibspersonen*« mussten hohe Geldstrafen zahlen oder wurden ausgepeitscht und in einem »Narrenkötterl«, wie es in Wien hieß, öffentlich angeprangert. Kaiser Ferdinand II. erließ 1633 eine Verordnung über »*Tugendsambe Lebensführung*«. Ertappte Huren mussten damit rechnen, dass man ihnen ein Ohr abschnitt. Kaiserin Maria Theresia (1717–1780) drohte mit der »Constitutio Criminalis Theresiana« den Dirnen Strafen an: Wurde der Freier bestohlen oder mit Syphilis angesteckt, schnitt man den Huren das Haar ab, teerte den Schädel und peitschte sie vor der Kirche aus. »Incorrigible Weibspersonen« wurden in ein Zucht- oder Spinnhaus gesteckt.

Reumütige Aussteigerinnen aus dem Gewerbe konnten in ein Büßerinnenhaus eintreten. Diese Institution wurde nach fünf Jahren geschlossen – es gab offensichtlich kaum Straßenmädchen, die das Sündenleben satt hatten. Stattdessen verkroch sich die Prostitution nur »in die Schlupfwinkel«, berichtet das »Bilderlexikon Erotik« (Institut für Sexualforschung, Wien 1931), »welche ihr jede Stadt in Fülle bot, und so blühte die ›Geheimprostitution‹ mehr denn je.« In den Spelunken entlang der Stadtmauern und auf den Gassen der Stadtzentren (*Schnepfenstrich*) boten »Grabennymphen« ihre speziellen Dienste an. Bei den Soldaten im Heer befanden sich die »Lagerhuren«, wie sie auch in Bertolt Brechts »Mutter Courage und ihre Kinder. Eine Chronik aus dem Dreißigjährigen Krieg« auftauchen.

Die Stadtoberen bemühten sich nach bester Kraft, Prostitution totzuschweigen. Sie tolerierten sie, erst ab Mitte des 18. Jahrhunderts duldeten sie in Ermangelung besseren Wissens, allerdings von Militär, Polizei und Staat strengstens überwacht. Amtlich genehmigt waren 1780 allein in Berlin über 100 Bordelle. Demnach kam auf 150 Einwohner eine Dirne. Nach Allgemeinem Preußischem Landrecht, § 999, mussten sich Prostituierte bei der Polizei eintragen lassen und »in die unter Aufsicht des Staates geduldeten Hurenhäuser begeben«. Taten sie dies nicht, liefen sie Gefahr gemäß §1023 aufgegriffen und zu dreimonatiger Zuchthausarbeit verurteilt zu werden. §1024 drohte als letzte Erziehungsmaßnahme ein Arbeitshaus an. Mit der Einführung des Strafgesetzbuches für das Deutsche Reich 1871 begingen Frauen, die sich nicht an die Polizeireglementierungen hielten, eine Straftat. § 361 Ziff. 6 des Strafgesetzbuches klärte: »Mit Haft (von einem Tag bis zu sechs Wochen) wird bestraft: 6. eine Weibsperson, welche wegen gewerbsmäßiger Unzucht einer polizeilichen Aufsicht unterstellt ist, wenn sie den in dieser Hinsicht zur Sicherung der Gesundheit, der öffentlichen Ordnung und des öffentlichen Anstandes erlassenen polizeilichen Vorschriften zuwider handelt, oder welche, ohne einer solchen Aufsicht unterstellt zu sein, gewerbsmäßig Unzucht treibt.«

Der Weg zur Kriminalisierung der Prostituierten war nicht mehr weit. 1894 beschäftigte sich der italienische Gerichtspsychiater Cesare Lombroso (1836–1909) in seinem auch in deutscher Sprache erschienenen Werk »Der Verbrecher« mit Prostituierten. Lombroso, der die Psychopathologie von Genie und Irrsinn erforschte, kam zu dem Schluss, dass die Prostituierte das weibliche Pendant des »geborenen Verbrechers« darstellt, insofern sprach er von der »geborenen Dirne«. Davon wird später noch einmal die Rede sein.

Die Entstehung der kapitalistisch-marktwirtschaftlichen Gesellschaft veränderte den Charakter der Prostitution. »Sie nahm Warencharakter an und wurde besonders verachtet«, heißt es im »Lexikon der Erotik«. »Für die Arbeiterbewegung wurde sie zu einem Sinnbild der Ausnutzung und Unfreiheit der Frau. Prostituierte seien ›bedauernswerte Opfer der bürgerlichen Gesellschaft‹.«

Gesetz zur Bekämpfung der Geschlechtskrankheiten

1927 wurde das Gesetz zur Bekämpfung der Geschlechtskrankheiten (GeschlKrG) einge-

führt: Um ihre Arbeit auszuüben, mussten sich Prostituierte regelmäßig auf ansteckende Krankheiten untersuchen lassen, galten sie doch nach Ansicht der Behörden prinzipiell »als dringend verdächtig, geschlechtskrank zu sein« und Krankheiten weiterzuverbreiten.

Gewerbsmäßige Unzucht. Verbrechertum. Bedauenswerte Opfer. Prostituierte. Ein anständiges Mädchen tat so etwas nicht mehr. Das Reichsgericht entwickelte 1901 eine Formel für »das Anstandsgefühl aller billig und gerecht Denkenden«. Prostitution war fortan sittenwidrig. Was die Truppen im Ersten Weltkrieg dennoch nicht davon abhielt, den Bordellen an den Fronten einen Besuch abzustatten. Es gab sogar eigens Bordelle für Offiziere (»Nur für Offiziere – Eintritt für Hunde und Mannschaften verboten«) und für die Mannschaft. Immerhin, ein Soldat hatte sich vor dem Bordellbesuch vom Sanitäter auf Krankheiten untersuchen und einer Behandlung mit Protargol und Vaseline unterziehen zu lassen. Erst mit der Bescheinigung über die Behandlung durfte er den Desinfektionsraum verlassen. Bei den Offizieren wurde darauf verzichet, mit entsprechenden Folgen: In der Geschlechtskrankenabteilung der Lazarette waren die Räume für die Offiziere überfüllt.

Es war also ein Kreuz mit der Prostitution. Wie man sie auch verurteilte und bestrafte, ihr Übel war einfach nicht einzudämmen. Iwan Bloch schrieb in seinem »Das Sexualleben unserer Zeit« 1919: »Die Berührung von öffentlichem Leben und Prostitutionswesen ist ohne Zweifel ein großes Übel. Das Treiben der Dirnen auf offener Straße, die schamlose und lüsterne Zurschaustellung ihrer Geschlechtsreize, die freche Anlockung coram publico, die herausfordernde Art des ganzen Unzuchtsbetriebes, das alles vergiftet unser öffentliches Leben, verwischt die Grenze zwischen Sauberkeit und Befleckung und stellt das Bild der geschlechtlichen Korruption täglich vor aller Augen hin – vor die des reinen, unschuldigen Mädchens sowohl wie die der ehrbaren Frau und des unreifen Knaben. Treffend hat man diese Straßenprostitution die Kloake des sozialen Lebens genannt, die auf offener Straße entleert wird, während wenigstens die Bordellprostitution nur eine geheim bleibende Kloake darstellt, deren üblen Geruch nicht alle Welt zu spüren bekommt wie bei der Straßenprostitution. Hinzu kommen die ernsten Gefahren bei der Ausübung des Unzuchtsgewerbes in Privatwohnungen und Absteigequartieren für die in solchen Häusern wohnenden anständigen Familien. Was bekommen die Kinder da nicht alles zu sehen und zu hören? Nicht selten werden Prostituierte zu vertraulichem Familienverkehr zugelassen und verführen die Töchter armer Leute ebenfalls zur Prostitution und die Söhne zur Unzucht oder zum Zuhältertum. Dass diese Gefahr der Infektion der unteren Bevölkerungsschichten durch die Prostitution in großem Umfange besteht, dafür ließen sich zahlreiche Beispiele aus dem Leben anführen.«

*

Erst der große Führer mit dem kleinen Schnauzer schien mit seiner Machtergreifung 1933 aufräumen zu können. Er betrachtete das öffentliche Leben als »Treibhaus sexueller Vorstellungen und Reize« und setzte sich vehement gegen die »Vergiftung des Volkskörpers« und gegen die »politische, sittliche und moralische Verseuchung« seiner Untertanen ein.

Die »Säuberung des Straßenbildes« durch seine Schergen verscheuchte viele Dirnen. Später wurden die Prostituierten unter »Inschutzhaftnahme« in Anstalten verbannt, wo sie als kostenloses Personal für die Dreckarbeiten dienen mussten. »Bei schwerer Haltlosigkeit und Willensschwäche« wurden sie entmündigt und sterilisiert. Die Luden, die sich mit »dem traurigen Handwerk der Dirnen ein sorgloses Dasein erzwingen wollten«, wurden kurzerhand in KZs verfrachtet. Das war die vielzitierte »Reinheit, Sittlichkeit und das Moralgefühl der germanischen Rasse«.

Doch wie bereits die Vergangenheit gezeigt hatte: Alles besitzt zwei Seiten, so auch die nationalsozialistische Herrschaft. »Die nationalsozialistische Regierung nahm anfänglich einen ziemlich scharfen Kampf gegen die Prostituion auf, unterstützte aber während des Zweiten Weltkrieges die neuerliche Errichtung von Freudenhäusern in größeren Städten, weil die polizeiärztlich überwachten Dirnen für die Soldaten, bei denen ja die größte Nachfrage nach Prostituierten bestand, hinsichtlich venerischer Infektionen weniger gefährlich erschienen, als die unkontrollierten«, erinnerte Willi Bauer in dem Buch »Geschichte und Wesen der Prostitution«.

Auch Hitlers Schergen entdeckten auf ihrem Expasionskurs den Nutzen des Gewerbes und verpflichteten Prostituierte zur »Frontarbeit« in staatlich errichteten und legitimierten Bordellen. Noch einmal Willi Bauer: »Durch den vertraulichen Runderlass des damaligen Reichsministers des Innern vom 9. September 1939, betreffend polizeiliche Behandlung der Prostitution, wurde für das Operationsgebiet innerhalb der Reichsgrenzen unter anderem bestimmt, dass die Polizei Maßnahmen zur Erfassung der Prostitution zu treffen und deren ärztliche Beaufsichtigung durch die Gesundheitsbehörde sicherzustellen habe. Das Kasernierungsverbot wurde insoweit aufgehoben, als die Ausübung der Gewerbsunzucht in besonderen Häusern, in denen Kinder und Jugendliche nicht wohnen durften, geduldet wurde und, soweit besondere Häuser für Prostituierte nicht vorhanden waren, von der Polizei auf ihre Errichtung in geeigneten Ortsteilen hingewirkt werden sollte. Die Vermieter der Dirnenhäuser durften jedoch durch den unzüchtigen Verkehr ihrer Mieterinnen keine Gewinnmöglichkeit haben. Die Bestimmungen des Runderlasses vom 9. September 1939 sind vom 16. März 1940 ab auf das gesamte Reichsgebiet ausgedehnt worden ... Gegen viele Zuhälter, Kuppler und unliebsame Prostituierte ging man radikal vor, indem man wegen Asozialität polizeiliche Vorbeugungshaft verhängte und die Einweisung in Konzentrationslager anordnete. Verständlicherweise wurde mit derartigen Methoden eine, wenn auch scheinbare, Sauberkeit im öffentlichen Leben herbeigeführt. Eines jedoch konnten die damaligen Machthaber nicht unterdrücken, nämlich die Urgewalt des in allen normal veranlagten Menschen schlummernden Geschlechtstriebs. Wehrmachtsbordelle in den besetzten Gebieten, Bordelle in Fremdarbeiterlagern mit ausländischen Dirnen, ja selbst KZ-Bordelle wurden in großer Zahl errichtet und dienten zur Abreaktion sexueller Begierden. Auf diese Weise konnten gefahrvolle Unruhen und Ausschreitungen weitgehend verhütet werden. Dass aber die so verabscheuungswürdige Prostitution auch einmal dem Volkswohl dienlich sein musste, mutet wohl eigenartig an, ist jedoch Tatsache.«

Noch viel schlimmer, die Nazi-Wissenschaftler unternahmen Experimente mit männlichem Sperma, um ein vollwertiges Ersatzmittel für

Bluttransfusionen an der Front zu gewinnen. Das Sperma wiederum kam aus den Dirnenhäusern, in denen die Prostituierten angehalten worden waren, nur mit Schutzmittel zu verkehren und die spermagefüllten Präservative nach jedem Verkehr in einem speziellen Behälter aufzubewahren, die von einem Sonderbeauftragten des Forschungsinstituts in regelmäßigen Abständen abgeholt wurden. Dass der Krieg trotzdem verloren ging, ist bekannt.

Im zerschlagenen Deutschland entwickelte sich die Prostitution sehr unterschiedlich. In der DDR nämlich war Prostitution als asoziales Verhalten gesetzlich verboten. Das Strafgesetzbuch der DDR von 1968, § 249, Abschnitt 5 »Sonstige Straftaten gegen die allgemeine, staatliche und öffentliche Ordnung« stellte klar: »(1) Wer das gesellschaftliche Zusammenleben der Bürger oder die öffentliche Ordnung und Sicherheit stört, indem er sich aus Arbeitsscheu einer geregelten Arbeit entzieht, obwohl er arbeitsfähig ist, wird mit Verurteilung auf Bewährung, Haftstrafe oder mit Freiheitsstrafe bis zu zwei Jahren bestraft. (2) Ebenso wird bestraft, wer der Prostitution nachgeht oder in sonstiger Weise die öffentliche Ordnung und Sicherheit durch eine asoziale Lebensweise beeinträchtigt. (3) In leichten Fällen kann von Maßnahmen der strafrechtlichen Verantwortlichkeit abgesehen und auf staatliche Kontroll- und Erziehungsaufsicht erkannt werden. (4) Ist der Täter nach Abs. 1 oder 2 oder wegen eines Verbrechens bereits bestraft, kann auf Freiheitsstrafe bis zu fünf Jahren erkannt werden. (5) Zusätzlich kann auf Aufenthaltsbeschränkung und auf staatliche Kontroll- und Erziehungsaufsicht erkannt werden.«

Dementsprechend stand auch die Zuhälterei unter Strafe. Interessanterweise hielt die Rechtssprechung das Ministerium für Staatssicherheit nicht davon ab, zu wichtigen Messen »leichte Mädels« als Informantinnen einzusetzen, die auf pikantem Wege aufschlussreiche Details über Mitbürger und Landesgäste in Erfahrung brachten. So äußerte die Leipziger MfS-Bezirksverwaltung 1988 ganz konkrete Wünsche zu weiblichen Rotlichtspitzeln, wie der »Focus« (11/2002) herausfand: 22 bis 28 Jahre alt, Körpergröße: 1,60 bis 1,70 Meter, ohne familiäre Bindungen, Haupinteresse: »Herstellung von Kontakten zu männlichen und weiblichen Personen ... in Gaststätten, Nachtbars und Hoteleinrichtungen.«

Freilich gelang es auch Ulbricht und Honecker nicht, die Prostitution in Gänze einzudämmen: Es gab Valuta-Prostitution, die in den Bars der Inter-Hotels stattfand, wo Westbesucher abstiegen. Und unter Beutelstrich verstand man die sexuelle Dienstleistung gegen westliche Konsumgüter.

Im Westteil der Republik entwickelte sich die Prostitution dagegen schnell – die Übergänge zwischen professioneller und gelegentlicher Prostitution waren fließend. Insbesondere dort, wo die Besatzungsmächte ihre Truppen stationierten, war der Bedarf nach Abwechslung fern der Heimat groß. Viele Frauen prostituierten sich, um zu überleben, um die Familie zu ernähren, in den 50ern, als die Republik unter Ludwig Erhard erblühte, aber auch aus Lust am Leben. Was sich allerdings mit den Moralvorstellungen der christdemokratischen Gesellschaft gar nicht deckte. Nicht nur in den Gotteshäusern wurde bereits wieder der Zeigefinger erhoben. In einer gemeinsamen Entschließung des Deutschen Vereins für öffentliche und private Fürsorge, des Deutschen Städtetages und des Deutschen Landkreistages vom 20. Mai 1953 heißt es:

»Die Grundlagen des Zusammenlebens in Familie, Dorf und Stadt sind weitgehend erschüttert. Eine gefestigte öffentliche Meinung steht der gefährlichen und gefährdenden Unordnung auf sittlichem Gebiet nur noch teilweise entgegen. Der Verwaltung und Rechtsprechung ist es infolgedessen nicht gelungen, die Missstände in dem Ausmaße zu bekämpfen, wie es bei Ausschöpfung aller gesetzlichen Möglichkeiten erreichbar gewesen wäre. Bei dieser Sachlage ist – unbeschadet der Notwendigkeit, alle Möglichkeiten der vorbeugenden und nachgehenden Fürsorge auszuschöpfen – die Durchführung von Maßnahmen im Rahmen der bestehenden Rechtsregelung notwendig, die eine sofortige Erleichterung der Situation zu versprechen scheinen. Ein neuer Typ Dirne steht heute im Vordergrund, nachdem die Entwicklung insbesondere um den Schwerpunkt ausländischer Truppenkonzentrationen zu einem sozial gefährlichen Überhandnehmen der so

---

STREIFLICHTER DER DEUTSCHEN HURENBEWEGUNG:
1979: Der »Verein zur Förderung der beruflichen und kulturellen Bildung weiblicher Prostituierter e.V.« wird in Berlin gegründet, die erste autonome Hurenorganisation Deutschlands.

genannten festen Verhältnisse auf materieller Basis geführt hat und diese Erscheinungsform sich zu einer sozialen Gefahr größten Ausmaßes, besonders für die betreffenden Landgebiete und kleinen Städte ausgewachsen hat. Dasselbe gilt auch für die größeren Städte. Dieser Typ und der Typ der so genannten HwG-Personen hat die Prostitution alten Stils weitgehend abgelöst. Die so genannten ›Verlobungen‹ und ›Dauerverhältnisse‹ sind durch einen selteneren, oft durch äußere Umstände bedingten Wechsel und das Fehlen ernsthafter und tiefer Bedingungen als dirnenhaft gekennzeichnet. Die eingerissenen Zustände stellen eine tiefgreifende Gefährdung der öffentlichen Ordnung dar, vor allem deswegen, weil das Beispiel dieser weitgehend von der Öffentlichkeit geduldeten und bagatellisierten Verhältnisse zu einer zunehmenden Schwächung des allgemeinen sittlichen Empfindens führt und in gefährlichem Maße besonders bei der Jugend Schule macht. Die entsprechenden Maßnahmen müssen sofort und mit größter Beschleunigung eingeleitet werden. Der Ernst der Lage und der Umfang, den das neue Dirnenunwesen angenommen hat, erfordert energisches und zielbewusstes und gemeinsames Handeln.«

Noch im gleichen Jahr, 1953, wurde das Gesetz zur Bekämpfung der Geschlechtskrankheiten überarbeitet. Dort war zwar nur von Personen mit »häufig wechselndem Geschlechtsverkehr« die Rede, die sich in den Gesundheitsämtern registrieren und regelmäßig auf Geschlechtskrankheiten untersuchen lassen mussten, doch wurde es auf die Kontrolle und Überwachung von ausschließlich Prostituierten angewendet, die fortan Kontrollkarten, die so genannten »Bockscheine«, als Zeichen ihrer Gesundheit mit sich führen mussten.

Manch ein Moralist mochte hoffen, dass die von Aufklärer Oswald Kolle getragene, gleichwohl ebenso verdammte Sexwelle in den 60er Jahren mit freier Liebe, Partnertausch, Gruppensex und Antibaby-Pille der Prostitution endgültig den Garaus machen würde, sah sich aber bald getäuscht: Die neue Form der Sexualität beflügelte die Prostitution nur noch mehr. Erst 1965 kam es durch das Bundesverwaltungsgericht zu einem für die Prostitution einschneidenden Urteil: Die Pros-

---

1980: Der Treffpunkt und Beratungsladen »Café Hydra« wird in Berlin vom »Verein zur Förderung der beruflichen und kulturellen Bildung weiblicher Prostituierter e.V.« eröffnet. Der Name wird zum Synonym für den Verein.

tition sei eine dem »Berufsverbrechertum« gleichstehende gemeinschaftsschädliche Verhaltensweise. Lombroso ließ grüßen! Der oberste Gerichtshof berief sich auf diesen Entscheid in den Jahren bis 2002 wiederholt: Prostitution sei »eine sittenwidrige und in verschiedener Hinsicht sozialwidrige Tätigkeit«, bei der es sich um eine »mit der Menschenwürde nicht zu vereinbarende Art der Erzielung von Einkünften« handele.

Das war Wasser auf die Mühlen der Feministinnen, die sich in jenen Tagen formierten. Plötzlich bekamen die Frauen, die anschaffen gingen, Druck aus dem eigenen Lager. Gallionsfigur der deutschen Emanzen war Alice Schwarzer, die es in der Folgezeit und bis heute nicht unterließ, die Prostitution wie weiland die Kirchenväter zu verteufeln. Schwarzer ging davon aus, dass Prostituierte stets unter ihrer Arbeit leiden (müssen). Dieses Bild vermittelte deshalb auch die im Februar 1977 von ihr gegründete Frauenzeitschrift »Emma« in ihren ersten Jahrgängen: »Ich selbst bin ein Callgirl. Man kann auch sagen, eine miese Nutte, was wohl der treffendere Ausdruck für diese dreckige Matratzenmassage ist ... Ich bin gesundheitlich am Ende, und von meiner armen Seele will ich gar nicht reden. Manchmal glaube ich, dass ich gar keine Seele mehr habe, sondern nur ein Haufen faules Fleisch bin ... Eine Hure ist kein Mensch mehr.« So schreibt eine Ingrid in der »Emma«, Ausgabe 1/1978.

Als im gleichen Jahr das Buch »Wir sind Frauen wie andere auch« von Pieke Biermann erscheint, in dem Prostituierte zu Wort kommen, die »erhobenen Hauptes« anschaffen, ist das für die Feministinnen wie ein Dolch, der ihnen in den Rücken gerammt wird, da das Buch, so

---

1980: Das Buch »Wir sind Frauen wie andere auch« wird von Pieke Biermann veröffentlicht. Prostituierte kommen darin zu Wort, die »erhobenen Hauptes« anschaffen.

1981: Das Buch von Pieke Biermann sorgt für Kontroversen. Alice Schwarzer: »Da steht nicht etwa die Emanzipation der Huren zur Debatte, sondern die Verhurung der Emanzipation.«

1984: Die Hurenselbsthilfeorganisation HWG – Huren wehren sich gemeinsam – wird in Frankfurt gegründet.

1985: Der 1. Hurenkongress wird in Berlin veranstaltet. 30 Frauen verabschieden einen Forderungskatalog der Prostituierten.

Alice Schwarzer, »ignorant den am härstesten Betroffenen«, den Prostituierten gegenüber sei: »Da steht nicht etwa die Emanzipation der Huren zur Debatte, sondern die Verhurung der Emanzipation.« Prostituierte seien die »Verräterinnen der Frauenbewegung«; sie seien »arme Opfer des Patriarchats«, die dazu beitragen, dass das Patriarchat aufrecht erhalten wird. Alice Schwarzer: »Sexualität ist Spiegel und Instrument der Unterdrückung von Frauen. Hier sind Erniedrigung, Scham und Unterwerfung von Frauen verankert. Dies ist das Fundament männlicher Macht und weiblicher Ohnmacht. Prostitution. Zerrspiegel und Endprodukt einer Sexualität, in der es nicht um Liebe geht, sondern um Macht.«

Doch wie gehabt: An der täglichen Realität der Prostitution änderte auch dies nicht viel. Manchen Städten blieb keine andere Wahl, als helfend ins Milieu einzugreifen, um der Flut Herr zu werden. Die Hamburger Stadtväter bauten mit Hilfe von Willi Bartels, dem König von St. Pauli, den ersten »Eroscenter« der Republik, der die Straßen der Hansestadt frei von Dirnen machen sollte.

Auch in anderen Städten entstanden derartige Laufhäuser, die der Billigprostitution Vorschub leisteten: Keine Nachtclubs oder Bars mit aufwendigem Interieur, sondern lange Gänge mit vielen unspektakulären Zimmern.

In dieser Zeit entstanden, praktisch als Alternative zum schnellen Sex im Eroscenter, auch die ersten Sauna-Clubs, luxuriöse Villen, getarnt als Freizeitclub, in denen für einen einmaligen Eintritt nicht nur die Saunen zur freien Vergügung standen. In den Sauna-Clubs hielten erstmals auch Frauen aus dem Ausland Hof.

Die Ausländerinnen bewirkten wiederum eine Umschichtung des Marktes – die dadurch entstandene Konkurrenz im Milieu führte zu einem allgemeinen Preis- und Sittenverfall. Um der Situation im Rotlichtmilieu überhaupt noch Herr zu werden, trat 1974 das Einführungsgesetz zum Strafgesetzbuch in Kraft. Artikel 297 EGStGB räum-

---

1985: Die Bundeskonferenz der Grünen nimmt mit großer Mehrheit einen Antrag an, der die »Anerkennung der Prostitution als Beruf« fordert.

1986: Der 1. Internationale Hurenkongress wird in Amsterdam veranstaltet.

1988: Ein Wohltätigkeitsball wird auf Initiative von Hydra e.V. in Berlin veranstaltet. Ziel ist die Einrichtung eines Hilfsfonds für Prostituierte.

te den einzelnen Bundesländern die Möglichkeit ein, Sperrgebietsverordnungen zu erlassen. Davon machen viele Städte noch heute Gebrauch.

*

Die 80er Jahre verschärften die Situation der Prostituierten: Die Krankheit Aids sorgte für Unruhe unter der Bevölkerung, die gerade in Prostituierten einen Seuchenherd und Überbringer der tödlichen Krankheit sah. Obwohl professionelle Prostituierte im Vergleich zur übrigen Bevölkerung keinen überproportionalen Anteil an HIV-infizierten Frauen aufwiesen – was logisch ist, schützen sich Prostituierte doch einmal mehr vor HIV; ihre Gesundheit war schließlich ihr Kapital –, mussten sie sich fortan im Rahmen der regelmäßigen Kontrolluntersuchungen auch einem HIV-Test unterziehen. In einigen Städten wurden sogar Arbeitsverbote erlassen nach § 34 Bundesseuchengesetz (BSeuchG).

In eben dieser Zeit spaltete sich auch die Frauenbewegung, bekam ausgerechnet aus den eigenen Reihen Antagonistinnen, die sich zu Hurenprojekten zusammenschlossen. »Neu ist ... dass auch die Prostituierten anfangen, für ihre Emanzipation zu streiten«, stellte der Sexologe Helmut Kentler 1982 in seinem »Taschenlexikon Sexualität« fest: Das erste autonome Hurenprojekt der Bundesrepublik war Hydra e.V. in Berlin-West, ein Zusammenschluss aus Sozialarbeiterinnen, Sozialpädagoginnen, Juristinnen, Ärztinnen, Lehrerinnen und Psychologin-

---

1988: Das Buch »Beruf: Hure« erscheint, herausgegeben von Hydra e.V. in Berlin.
1989: »Prostitution als Beruf«, diesen Titel trägt eine ExpertInnen-Tagung in Frankfurt, die von Frauen aus der Hurenbewegung organisiert wurde.
1990: Die Broschüre »Prostitution: Job. Beruf. Arbeit« erscheint, herausgegeben von der »Deutschen Hurenbewegung«. Die »Zeitung für leichte und schwere Mädchen« erscheint erstmals, herausgegeben von der Hurenselbsthilfe HWG in Frankfurt/Main.
1992: Der Bundestagsausschuss für Frauen und Jugend besucht das Projekt Hydra e.V. in Berlin. Die Petition »zur rechtlichen und sozialen Gleichstellung von Prostituierten« geht beim Petitionsausschuss des deutschen Bundestages ein, verfasst von der Selbsthilfeorganisation »Kassandra e.V.« in Nürnberg.

nen. Das zweite Projekt war HWG – Huren wehren sich gemeinsam – in Frankfurt. Die Mitglieder warfen den Radikalfeministinnen vor, nur noch gegen die Männer zu kämpfen, sich aber kaum noch für die Belange der Frauen einzusetzen Denn: »Ebenso wie es die Prostituierte als ›Opfer‹ gibt, so gibt es auch die Prostituierte als selbstbewusste, emanzipierte Frau«, ließen die Mitgliederinnen von Hydra e.V. verlauten. Eben diese emanzipierten Frauen brauchen Hilfe in gesundheitlichen Fragen, aber auch im Umgang mit Behörden, Ämtern, Polizei, Freiern.

Anfangs ist die Resonanz auf die Projekte in der Prostituiertenszene gering. Monika Savier, Mitglied bei Hydra e.V.: »Dem lag allerdings unser eigener Denkfehler zugrunde, die Prostituierten als einheitliche Gruppe mit im Grunde gleicher Berufstätigkeit und dementsprechend gleichem Interesse am Projekt zu sehen. Prostitution ist aber eine Reaktion auf ganz gewöhnliche Männersexualität, und von daher gibt es nicht die Prostituierte, genauso wenig wie es den Mann gibt.

Prostituierte jeder Herkunft reagieren marktgerecht auf die Nachfrage aus der gesamten Männerwelt. Ihre Widerstandsformen sind genauso wenig einheitlich wie etwa die Widerstandsformen aller deutschen Hausfrauen.«

Die Zielsetzung der Projekte wurde 1985 treffend auf den Punkt gebracht von der Leitstelle Gleichstellung der Frau/Amt für Jugend in Hamburg in der Dokumentation »Prostitution in Hamburg«: »Wir wollen keine ›Resozialisierungsmaßnahme‹ sein; eine Rückfallstatistik führen wir nicht. Unser Ziel ist es vielmehr, dass die Frauen sich selbst nicht als den ›Abschaum der Gesellschaft‹ betrachten und, egal, ob sie ins Milieu zurückkehren oder nicht, ihr Selbstwertgefühl gestärkt wird und sie in der Lage sind, ihre Rechte wahrzunehmen.«

1993: Die Freudenhausgenossenschaft wird in Frankfurt/Main gegründet. Dort sollen die in dem Bordell arbeitenden Frauen ihr Haus selbst bewirtschaften.
1994: Die »Studie zur sozialen und rechtlichen Situation von Prostituierten in Deutschland« erscheint, veröffentlicht vom Bundesministerium für Frauen und Jugend.
1995: Die Prostituierte Stephanie Klee strengt einen Prozess gegen einen Kunden an, der ihr den vereinbarten Lohn schuldig blieb. Sie bekommt Recht.

> *»Ein frommer Muslim in der Moschee ist mir lieber als ein besoffener Atheist im Freudenhaus.«*
>
> BUNDESARBEITSMINISTER NORBERT BLÜM ZU DER FRAGE, WARUM IN DEUTSCHLAND IMMER MEHR MOSCHEEN GEBAUT WERDEN.

Mit Erfolg, denn in der Rechtsprechung bahnte sich ein Umdenken an. 1995 verklagte Stephanie Klee, selbstbewusste Hure, einen Freier auf ihren Lohn, den er ihr vorenthalten hatte. Zwar tut sie das Verfahren heute als »pillepalle« ab, damals allerdings war der Vorgang durchaus furios. Heute ist Stephanie Klee Vorsitzende des Bundesverbandes Sexuelle Dienstleistungen e.V., des ersten Berufsverbands für Prostituierte, der sich in Folge der neuen Rechtsprechung im März 2002 gründete. Drei Monate zuvor war das Prostitutionsgesetz in Kraft getreten, das eine Vereinbarung über ein Entgelt für eine sexuelle Dienstleistung zum Rechtsgeschäft erklärte – und die Prostitution damit ihrer Sittenwidrigkeit enthob.

Dass es zu diesem Gesetz gekommen war, war sicherlich auch ein Verdienst von Felicitas Weigmann, als sie 2000 vor das Verwaltungsgericht Berlin zog. Ihr »Café Pssst«, ein Nachtclub mit angeschlossenem Berherbergungsbetrieb, wurde nicht länger als »sittenwidrig« angesehen und wurde genehmigt. Dem wiederum war 1999 eine dimap-Umfrage vorausgegangen, derzufolge sich 68 Prozent der Befragten dafür aussprachen, dass die Prostitution nicht sittenwidrig sei. »Prostitution ist bereits eine legale, steuerpflichtige und stark angefragte Erwerbstätigkeit, die durch Gesetze und Verordnungen lediglich örtlich und zeitlich begrenzt ist«, wusste Jutta Geißler-Hehlke, Leiterin der Dortmunder Mitternachtsmission e.V., im Jahr 1999. »Es stellt sich somit jetzt gar nicht erneut die Frage nach einer Legalisierung,

---

1996: Der »Verband der im Sexgewerbe tätigen Frauen e.V.«, SEX, gründet sich in Berlin. Hydra e.V., HWG e.V. und Kassandra e.V. legen den Gesetzesentwurf für eine rechtliche und soziale Gleichstellung von Prostituierten mit anderen Erwerbstätigen vor.

1998: Statt der »Nationalen Hurenkongresse« finden ab sofort jährlich »Fachtagungen Prostitution« statt.

sondern ausschließlich nach einer sozialrechtlichen Gleichstellung.«

So kam es, dass zum 1. Januar 2002 das Prostitutionsgesetz in Kraft trat. Alles sollte anders werden für die 400.000 Prostituierten in Deutschland. Wurde es auch, nämlich noch undurchsichtiger, als es ohnehin schon war. Durch das neue Prostitutionsgesetz wurde zwar – erfreulicherweise – ein erster Schritt unternommen hin zur Etablierung des Berufsbildes »Prostitution«. Die Prostitution wurde zu einem offiziellen Rechtsgeschäft erklärt, was sie – zumindest im Bürgerlichen Gesetzbuch – der Sittenwidrigkeit enthob. Und die Förderung der Prostitution im Strafgesetzbuch heißt jetzt »Ausbeutung der Prostitution«. BetreiberInnen eines Bordells machen sich jetzt nicht mehr automatisch strafbar, wenn sie den Frauen sichere und saubere Arbeitsbedingungen schaffen. Sogar Arbeitsverträge sind möglich, allerdings nur theoretisch.

Denn ein richtiger Beruf ist die Prostitution noch lange nicht geworden. »Nur eine Arbeit«, wie es Juanita Henning, Sprecherin des Frankfurter Hurenprojekts Dona Carmen e.V., auf den Punkt bringt. Denn leider wurden den Behörden keine Durchführungsrichtlinien mit auf den Weg gegeben, so dass im Zusammenspiel mit anderen Gesetzen Willkür auf den Ämtern herrscht – je nach politischer Gesinnung mal pro, mal contra der Prostitution. Das kann zu so mancher Absurdität führen. Während nämlich in München die Obrigkeiten massiv gegen die Prostitution ankämpfen, überlegt man in Köln derweil die Einführung einer »Sex-Steuer«, eine Abgabe fürs Sexvergnügen in Bordelle. Was nicht weiter schimm wäre, würde es der Gewerbeaufsicht aufgrund des unveränderten Gaststättengesetzes nicht nach wie vor und jederzeit möglich sein, einem Café oder einer Bar die Konzession zu entziehen, sollte sie der Unsittlichkeit Vorschub leisten. Paradoxa par excellence.

Magenschmerzen bereitet den Beratungsstellen und Hurenprojekten vor allem der nur unmaßgeblich modifizierte Paragraph Zuhäl-

---

1999: Die Selbsthilfeorganisation HWG in Frankfurt löst sich auf. Ein Jahr zuvor hat der Verein die »Zeitung für leichte und schwere Mädchen« eingestellt.

2000: In Berlin findet das Kult-Hur-Festival statt. In Frankfurt demonstrieren die Prostituierten, weil bei einer Razzia eine Hure aus dem Fenster sprang und starb. Ein »Runder Tisch« wird eingerichtet.

terei im Strafgesetzbuch, der die Aushandlung von Arbeitsverträgen verhindert. Arbeitsverträge und damit die Entkriminalisierung des Milieus war jedoch erklärtes Ziel des Prostitutionsgesetzes. Doch auch hier liegt der Fehler im Detail: Arbeitgeber, die mehr als nur Arbeitszeit und -ort von ihren Angestellten verlangen, können wegen Zuhälterei belangt werden. Mit der Sperrgebietsverordnung unterbinden die Kommunen nach wie vor die Ausübung der Prostitution. Das Gesetz über Ordnungswidrigkeiten verbietet noch immer Werbung für Prostitution. Da ist es tatsächlich schwer zu begreifen, dass Prostitution fortan ein legales Rechtsgeschäft und damit Gewerbe sein soll.

Doch von Paradoxa war die Geschichte der Prostitution geprägt. Warum sollte sich daran ausgerechnet heute etwas geändert haben? Prostitution ist nach wie vor Sex. Und damit haben Menschen noch immer ein Problem.

2000: Das Infektionsschutzgesetz tritt in Kraft und löst das »Gesetz zur Bekämpfung der Geschlechtskrankheiten« ab. Felicitas Weigmann erreicht vor dem Berliner Verwaltungsgericht, dass ihr »Café Pssst« nicht länger als »sittenwidrig« anzusehen ist.

2002: Das Prostitutionsgesetz tritt in Kraft. Prostitution ist nicht länger sittenwidrig. (Quelle: La Muchacha, Ausgage 3/2001, mit freundlicher Genehmigung von Juanita Henning).

STREIFLICHTER: PROSTITUTION, GESTERN & HEUTE

Jeder kennt sie. Doch keiner will je bei ihr gewesen sein. Der Prostituierten. Früher nannte man sie freie Tochter oder Dirne, käufliches oder leichtes Mädchen, gar ganz romantisch verklärt Freudenmädchen oder Liebesdienerin. Für manche war sie nur ein gefallenes Mädchen, umgeben von Männern, die nur ihr Bestes wollten – entweder ihren Körper oder ihr Geld. Die Männer im Hintergrund nannten sie Pferchen oder Hühnchen, viele davon waren ein Stall. Ihre »Alte« schickten die Zuhälter auf den Strich, der untersten Stufe der Prostitutionshierarchie, wo man sie auch heute noch als Bordsteinschwalbe kennt. Nicht viel besser dran ist die Clubfotze; erst der Puff-Frau gesteht man so etwas wie eine Ehre zu. Das Callgirl steht ob seiner Selbstständigkeit in der Hierarchie ganz weit oben. Und die Domina ist ohnehin die Therapeutin der Nation.

Wir schreiben das Jahr 2003. Es gibt Prostituierte, die bezeichnen sich selbst stolz als Hure. Denn das ist inzwischen ein Beruf. Wer dennoch mit Vorurteilen zu kämpfen hat, tauft sich einfach Tänzerin, Künstlerin, Masseuse oder Sexualbegleiterin. Und Nutten, das sind die »soliden« Frauen, die Nicht-Prostituierten, die es gerne und viel mit Männern treiben, nur nicht gegen Geld – so genannte Schlampen.

*

1996. Im Gewerbegebiet in Recklinghausen eröffnete Micha K. einen Nachtclub, dem er den Namen »Penthouse Exlusive« gab. Der Laden war unscheinbar gelegen in einem Mehrfamilienhaus, links eine dieser neumodischen Computerfirmen, von denen es in letzter Zeit immer häufiger welche gab, rechts ein Autohandel. Niemand käme auf die Idee, dass sich hinter der unscheinbaren Vorortfassade ausgerechnet ein Sexclub befinden würde. Die »Geschäftsführung« übertrug Micha K. seiner Freundin Verena S., die bereits sieben Jahre als Prostituierte gearbeitet hatte. Bei ihr glaubte er das Geschäft in guten Händen: Sie wusste, worauf es ankommt, was wichtig ist, welche Bedürfnisse die Frauen haben. Micha K. bewegte sich zwar in einer Branche, die berüchtigt ist für ihren Habitus, aber ein fairer Arbeitgeber wollte er trotzdem sein: Er verpasste den Zimmerer des »Penthouse Exklusive« ein luxuriöses Interieur, sorgte für ständig verfügbare Kondome, Gleitmittel, schaltete Werbung in einschlägigen Sex-Magazinen und Boulevardzeitungen, und im Aufenthaltsraum der Mädchen lief Kabel-TV.

1997 stürmten Staatanwaltschaft und eine ganze Kompanie Polizeibeamte den Laden, weil die Prostituierten im »Penthouse Exklusive« besonders gut behandelt wurden.

»Nach deutscher Rechtsprechung ist genau dies verboten, denn gerade durch angenehme Arbeitsbedingungen werden die Frauen davon abgehalten, ihr ›sittenwidriges Gewerbe‹ aufzugeben«, schreibt Joachim Rieker in seinem Buch »Wahre Lust« (Fischer Verlag, Frankfurt 1995). »Es soll Prostituierten in Deutschland so richtig dreckig gehen, damit sie endlich mit ihrem sündigen Treiben aufhören und einen anständigen Beruf ergreifen.«

*

Eine Prostituierte, das ist eine Frau, die eine sexuelle Dienstleistung gegen Geld bietet. So wollte und will es der Gesetzgeber definiert wissen. Prostituierte, vor allem die selbstbewussten, die Huren, sehen dies ein wenig differenzierter: »Ich bin der Meinung«, sagt Felicitas Weigmann, Betreiberin des berühmten Café Pssst in Berlin, dem »Spiegel Online«, »dass sich jeder Mensch in einer gewissen Form prostituiert – das zieht sich wie ein roter Faden durch das ganze Leben. Ich würde auch eine Frau, die sich einen reichen Liebhaber hält, um versorgt zu sein und ihren Lebensstandard zu halten oder zu verbessern, als Gelegenheitsprostituierte bezeichnen. Wenn sie den Mann dabei lediglich erträgt und keine Gefühle für ihn hegt, dann ist das für mich persönlich eine sehr viel schwierigere Form der Prostitution. Ich könnte so nicht leben. Im Prinzip kann jede Form von Dienstleistung auch

Prostitution sein. Ich glaube, man verkauft sich ab dem Moment, wo man Zugeständnisse machen und über den eigenen Schatten springen muss, um etwas zu erreichen.«

Der Schatten, den es zu überwinden gilt, ist allerdings extrem groß, wenn es darum geht, Intimität zu verkaufen. Das geht nicht nur verdammt nahe, das geht sogar in den eigenen Körper hinein. Wohl deshalb war lange Zeit die allgemeine Auffassung, Prostituierte würden ihre Tätigkeit nicht freiwillig ausüben können. Undenkbar! Bereits 1980 kam Deutschlands Vorzeige-Emanze und »Emma«-Herausgeberin Alice Schwarzer zu dem Ergebnis: »Etwa 90 Prozent aller Prostituierten haben Zuhälter (neueste franz. Zahlen) – ob sie wollen oder nicht.« Das »Kleine Weiberlexikon« von Florence Hervé (Dortmund 1985) schien zu bestätigten, dass »nur etwa 10 Prozent der Prostituierten als ›freie‹ arbeiten; frei von einem Zuhälter, Zuhälterring, Ehemann.«

Die Beratungsstelle Hydra e.V., die sich Anfang der 80er Jahre aus der Frauenbewegung heraus gründete, entnervt: »Jede/r meint, über sie Bescheid zu wissen. Den Prostituierten werden alle möglichen beziehungsweise eher unmöglichen Eigenschaften unterstellt, vorhandene Moralvorstellungen und bestehende Rechtsnormen tragen wesentlich zu ihrer gesellschaftlichen und individuellen Diskriminierung bei.«

Denn ob immer Zwang dazu führe, dass Frauen in die Prostitution gingen, sei fraglich. »Bei den Mädchen ist es ja meistens der Mann, den sie kennen lernen und der sie irgendwann dazu überredet, anschaffen zu gehen«, räumt Heike Schütte von der Münchner Beratungsstelle Mimikry ein, aber »dabei spielen Gefühle eine Rolle, die Sehnsucht nach Bestätigung, also eher die klassische Nummer.«

Das heißt, die Frauen schaffen freiwillig an. Die Ursachen, warum sie dies tut, sind weitaus vielschichtiger. »Eindeutig ist, dass fast alle Frauen, die sich prostituieren, in unserer Konsumgesellschaft mithalten wollen«, sagt Heide Simon, die 1979 zu den Mitbegründerinnen der Berliner Beratungsstelle Hydra e.V. gehörte. »Das Geld spielt eine wichtige Rolle – und sicher die wichtigste.

Um heute die immer wieder erneut durch Werbung und Angebote aufgeputschten Bedürfnisse befriedigen zu können, ist Geld erforderlich. Ausgesprochene Armut ist zumindest anfänglich nicht unbedingt mehr der Grund, sich zu prostituieren.« Immerhin in diesem Punkt geht das »Kleine Weiberlexikon« konform: Es zählt zu den Beweggründen für Prostitution »gelegentlich schnelles Geld nebenbei durch den Freund, Bekannte vermittelt«, »nicht so malochen müssen wie die Mutter und der Vater«, Schulden; Arbeitslosigkeit, die »Sucht nach Geld«.

*

Acht Monate saß Micha K. in Untersuchungshaft. Es stellte sich heraus: Über Jahre hatten Beamte seine Telefonate abgehört, Protokolle geschrieben, sein ganzes Leben durchleuchtet. Was das den Staat bloß gekostet haben musste?

Die Zeugenaussagen der Frauen, die im »Penthouse Exklusive« gearbeitet hatten, passten den Ermittlern wunderbar ins Bild. Die Frauen berichteten, es habe Schlafmöglichkeiten gegeben, Preislisten für Dienstleistungen, Schichtplan und eine gehobene Ausstattung, die Micha K. aus eigener Tasche finanziert habe. Die Staatsanwaltschaft in ihrer Anklageschrift: »Dies ging bei weitem über das bloße Gewähren von Unterkunft für die Ausübung der Prostitution hinaus. Beispielsweise wurden (...) organisatorische Maßnahmen getroffen, wie Arbeitspläne erstellt und die Anwesenheitszeiten der Prostituierten festgelegt. Alkohol, Präservative und Hilfsmittel für den Sexualverkehr wurden zentral eingekauft und gelagert.«

Zweifelsohne, das war nach geltendem Strafrecht »Förderung der Prostitution«. Schlimmer noch, es war auch »Zuhälterei«. Denn Micha K. erhielt 50 Prozent der Einnahmen von den Frauen. Er stand mit dem Rücken zur Wand. Das nur, weil sich seine Mitarbeiterinnen im »Penthouse Exklusive« besonders wohl gefühlt hatten.

*

Prostitution faszinierte. »Anders ist nicht zu erklären, dass so manche Opern, Musicals, Dramen, Lustspiele, Romane, Erzählungen, Filme und vor allen Dingen Krimis ohne Prostituierte als wesentliche Protagonistin unvorstellbar beziehungsweise gar nicht erst geschrieben worden wäre«, schrieben die Frauen von Hydra e.V. in ihrem Buch

»Beruf: Hure« (Ullstein Verlag, München 1991). Prostitution stieß aber auch ab. Denn vor Gericht galt das, was die Prostituierte machte, viele Jahre als sittenwidrig. Als Maßstab für die guten Sitten diente nach einer vom Reichsgericht 1901 entwickelten Formel »das Anstandsgefühl aller billig und gerecht Denkenden«. Die Einstufung als gemeinschaftsschädlich beruhte in erster Linie aber auf einem bis zuletzt nicht korrigierten Urteil des Bundesverwaltungsgerichts aus dem Jahr 1965, in dem die Prostituierte mit einem Berufsverbrecher gleichgestellt wurde.

Weil ihre Arbeit seitdem gegen die guten Sitten verstieß und ein Geschäft, das als sittenwidrig galt, laut Bürgerlichem Gesetzbuch nichtig war, stand den Prostituierten weder die staatliche Arbeitslosenversicherung noch ein reguläres Sozialversicherungsverhältnis zu. Damit nicht genug, bestand nach einer zuvor erfolgten Vereinbarung zwischen Freier und Prostituierter auch nicht die Möglichkeit, Ansprüche geltend zu machen im Fall, der Freier hatte die Hure nach dem Verkehr um das Entgelt geprellt. Der Bundesgerichtshof vertrat sogar die Meinung, dass die Prostituierte keinen Schaden davon tragen würde, da dem Geschlechtsverkehr kein in Geld zu veranschlagender Wert zukomme.

Welche Wahl blieb den Prostituierten? Sie wurden quasi zum geheimnisvollen Wesen gemacht. Wenn sie also nicht schon Familie und Freunde, vor denen sie ihre Tätigkeit dem Ansehen wegen verheimlichen mussten, zu einem Doppelleben zwangen, so war es erst recht der Gesetzgeber: Tänzerinnen, Künstlerinnen, Hostess, Modell waren nur einige der Bezeichnungen, mit denen Prostituierte ihre eigentliche Arbeit verschleierten, um im Ernstfall in den Genuss wenigstens der Krankenversicherung zu kommen – vorausgesetzt, sie wählten einen legalen Weg und meldeten die »selbstständige Tätigkeit« beim Finanzamt. Flog ihre Arbeit allerdings auf, machten sie sich des Versicherungsbetruges strafbar.

*

Bereits 1995 setzte ein Umdenken ein. Damals verklagte die Berliner Hurenrechtlerin Stephanie Klee einen Freier auf Zahlung des vereinbarten Lohnes – und gewann. Im Januar 2000 entschied das Verwaltungsgericht Berlin, dass das Café Pssst von Felicitas Weigmann nicht sittenwidrig sei, und das, obwohl es eine Anbahnungsstätte für Prostituierte war. Zuvor hatte sich der vorsitzende Richter Percy MacLean eigens Rat bei 50 kirchlichen, sozialpolitischen und wirtschaftlichen Organisationen geholt, die mehrheitlich die Auffassung vertraten, Prostitution verstoße heutzutage nicht mehr gegen die guten Sitten. In seiner Begründung erklärte MacLean, die Einstellung der Gesellschaft gegenüber der Prostitution habe sich in den vergangenen Jahrzehnten grundlegend gewandelt, so dass sie nicht mehr als sittenwidrig bezeichnet werden könne. Nach den heute herrschenden Vorstellungen werde Prostitution »zwar vielfach nicht als moralisch wertvoll eingeschätzt, aber zumindest als Teil unseres Zusammenlebens akzeptiert«, erklärte MacLean. Dieser Wandel müsse auch in der Rechtsprechung Niederschlag finden und sie in Bewegung bringen. Der Richter räumte zugleich ein, dass Prostitution nur dann mit den guten Sitten zu vereinbaren sei, wenn sie freiwillig und ohne kriminelle Begleiterscheinung stattfinde.

Freiwillig, das sei mit Vorsicht zu genießen, findet Jutta Geißler-Hehlke, Leiterin der Dortmunder Mitternachtsmission e.V.: »Ja, wenn Sie mit freiwillig meinen, dass es Frauen gibt, die ohne physischen Druck die Prostitutionstätigkeit aufnehmen.« Aber »ich habe keine Frau kennen gelernt, die sich gewünscht hat, Prostituierte zu werden.«

Gleichwohl gibt es Frauen, die stolz sind, Hure zu sein. Anfang der 80er Jahre bereits rekrutierte sich die Hurenbewegung aus Frauen, die gegen die vorherrschende Moral aufbegehrten und angaben, stolz auf ihren Job zu sein. Begründet wurde dies mit dem »sozialen Auftrag«, den die Prostituierten erfüllen würden. Stephanie Klee beschwört: »Menschen mit gutem Sex gehen glücklicher durchs Leben als Menschen ohne Sex. Ich möchte nicht wissen, was in unserer Gesellschaft los wäre, wenn es plötzlich keine Prostituierten gäbe.« Warum also jemanden diskriminieren, der sich freiwillig zu der Profession entschlossen habe?

*

Am 19. Juni 2000 – Micha K.'s Geburtstag – wurde ihm die knapp 50-seitige Anklagegeschrift zugestellt. Das Hauptverfahren sollte vor dem Landgericht – 8. Strafkammer – in Bochum eröffnet werden. Ihm wurden im wesentlichen »Förderung der Prostitution« und »Zuhälterei« zur Last gelegt.

*

Am 1. Januar 2002 tritt das »Gesetz zur Regelung der Rechtsverhältnisse der Prostituierten, kurz: Prostitutionsgesetz – ProstG« in Kraft. Eine Prostituierte, die sich freiwillig anbietet, verstößt nicht länger gegen die guten Sitten. Nach Vereinbarung einer sexuellen Dienstleistung gegen Entgelt besteht für die Frau zukünftig sogar die Möglichkeit, bei Nichtzahlung ihren Lohn einzuklagen. Ein Abtretungsverbot sorgt zusätzlich dafür, dass nicht Dritte wie zum Beispiel Zuhälter von der neuen Gesetzgebung profitieren; das Abtretungsverbot steht indes einer unmittelbaren Zahlung der Kunden an die BordellbetreiberInnen nicht entgegen. Die Prostituierte erhält in diesem Fall ihr Gehalt von den BordellbetreiberInnen und diese das Geld vom Kunden.

*

Das Verfahren gegen Micha K. wird am 11. September 2002 eröffnet. Keiner weiß, warum es so lange gedauert hat. Für Micha K. hat es nur Vorteile, dass es so lange gedauert hat. Denn »Förderung der Prostitution« ist nicht mehr länger strafbar. Plötzlich ist all das, weswegen er sich zu verantworten hat, erlaubt. Das Verfahren wurde eingestellt.

*

Sommer 2003. Eine Seitenstraße im Gewerbegebiet von Pulheim, das liegt bei Köln. Zweifelsfrei ein Gewerbegebiet wie in jeder anderen Kleinstadt auch, nicht sonderlich reichhaltig im Angebot, trotzdem der ganze wirtschaftliche Stolz der Gemeinde. 500 Meter links liegt eine Tankstelle. 250 Meter rechts ein Reifenhandel. Dazwischen eine kleine Einfahrt, die zu einem Hinterhaus führt. Im Vorderhaus residiert eine Firma, die mit Lackfarben handelt. Jeder unkundige Besucher der Gegend würde vermuten, dass in dem Hinterhaus der Firmeninhaber wohnt, vielleicht mit zwei Kindern, Hund und Katze.

Ich stelle meinen Wagen auf dem Parkplatz ab, auf dem vielleicht drei, vier Autos Platz fänden, so ihre Besitzer sie denn eng aneinander schmiegen würden. Doch deutsche PKW-Fahrer sind eigen, was ihre Autos betrifft. Gleichwohl die Besucher des Hinterhauses, einer steingrau geklinkerten Villa aus den 70er Jahren, durchaus Nähe suchen, allerdings körperliche. Auf dem Klingelschild steht »Colonia«. Das ist der Name des Nachtclubs, der vor zwei Monaten hier eröffnet hat. Nichts mit Kindern, Hund und Katze.

Ich treffe mich mit John. Er ist Betreiber des »Colonia«. Er führt mich durch Umkleidekabinen, in denen blaufarbene Schließfächer aufgereiht sind, die an ein Schwimmbad oder ein Fitnesscenter erinnern. In einem Hinterzimmer liegt das Büro. John hat Zeit. Es ist früher Nachmittag. »Noch nicht viel los«, sagt er. Überhaupt habe sich seit der Eröffnung vor zwei Monaten noch nicht viel getan.

Die Freier sind skeptisch neuen Clubs gegenüber. Und sie sind sparsamer geworden, seit es in Deutschland den »Teuro« gibt. John lacht. Da müsse jeder den Gürtel enger schnallen, auch der Freier, der sich ab und zu mal eine kleine sexuelle Freude gönnt. Während ich mit John in der Hinterstube übers Geschäft plaudere, links der Schreibtisch, rechts das Sofa unter einem kleinen Sideboard mit Monitor, auf den eine Kamera abwechselnd die Tür und den Parkplatz vom »Colonia« überträgt, werden wir zweimal unterbrochen.

Eines der Mädchen aus dem Club, Rebecca, 24, spärlich bekleidet, bringt zwei Personalausweise herein, die John auf den Kopierer legt. Er notiert sich Telefonnummern. Die Kopien schiebt er in einen Hefter, die Ausweise gibt er Rebecca zurück. Sie verlässt den Raum, um den draußen wartenden Mädchen die Ausweise zurückzubringen. »Wieder haben sich zwei Mädels vorgestellt«, erklärt mir John.

In der Szene in und um Köln spricht sich schnell herum, dass es einen neuen Laden gibt. Und weil es überall so schlecht läuft, schöpfen die Frauen Hoffnung, dass in eben diesem neuen Laden alles schöner, besser, aufregender wird. Denn das schafft Klientel heran, geile Männer, die ein wenig Geld für einen Quickie übrig haben. Und so reisen die Mädchen und Frauen umher, bewerben sich hier und dort oder eben im »Colonia«.

Prostitution ist inzwischen ein Job. Ein Beruf. Ein Gewerbe. Und es gibt Frauen, die es ausüben. Freiwillig und ganz professionell. Dazu gehöre, so brachte eine zweimonatige Feldforschung im Nürnberger Prostitutionsmilieu hervor, »nie ohne Kondom arbeiten, wurde meist zuerst genannt. Kein Küssen, keine Gefühle, keine Zärtlichkeiten, war ein weiteres zentrales Gebot. Ebenso hielten alle Frauen ein selbstbewusstes Auftreten und das Einhalten der Absprachen mit dem Kunden für wichtig. Manche Frauen erwähnten, dass eine gute Prostituierte an ihre Zukunft denkt. Dazu gehören Altersversorgung und Krankenversicherung. Eine regelmäßige Gesundheitskontrolle und das Vermeiden gesundheitsschädlicher Aktivitäten wurden ebenfalls angesprochen. Einige betonten, dass eine gute Hure schauspielerische Begabung braucht, denn der Kunde sollte zum einen das Gefühl haben, der wichtigste zu sein und zudem den Eindruck bekommen, die Sexarbeiterin genieße die Aktivitäten mit ihm.«

Es ist eine weitverbreitete Mär von der Frau, die von einem Mann gezwungen wird, ihren Körper zu verkaufen. Natürlich, viele der Frauen, die in Deutschland anschaffen, haben einen Mann im Hintergrund, der von ihrem Geld profitiert. Doch das Verhältnis zwischen einer Prostituierten und ihrem »Freund« unterscheidet sich nicht grundsätzlich von Beziehungen in der »bürgerlichen Welt«, wo materielle Werte und Statussymbole ebenfalls eine wichtige Rolle spielen. Nur die echten »Zuhälter« – die es zweifelsohne gibt, das soll nicht verschwiegen werden – zwingen Frauen zur Prostitution. Das nennt man dann »Menschenhandel«. Aber das ist ein ganz anderes Thema. Und weitaus schlimmer noch dazu.

TEIL 2

LEXIKALISCHER TEIL

0–9

0190

Teure Nummer.

»0190« ist die Vorwahl für kostenintensive Telefonnummern, die entweder bei → *Telefonsex*, → *Chats* oder → *Live-Cams* verwendet werden. Der Anbieter dieser sexuellen Dienstleistungen, der in Fachkreisen so genannte → *Information Provider*, der seinen Firmensitz meist im Ausland hat, und die Telekom, die einen Vertrag abschließen, verdienen an den Gebühren, die pro Einheit berechnet werden. Beim Telefonsex sind das nicht selten über drei Euro pro Minute. Für beide kommt so meist ein ansehnliches Sümmchen zusammen, da der Anrufer oft nur Tonbänder hört, deren Zweck es ist, die Verbindung so lange wie möglich aufrechtzuhalten. Im Internet-Chat sowie bei Live-Cams, für die man sich so genannte → *Dialer* auf den PC herunterladen muss, die sich dann über 0190er-Nummern ins Internet einwählen, sind in letzter Zeit Berichte von Internetnutzern laut geworden, bei denen über die Dialer bis zu 100 Euro die Minute berechnet wurden.

Allerdings ist es den Verbrauchern inzwischen möglich, bei den Telefonanbietern 0190er-Nummern sperren zu lassen; das verhindert auch, dass eine solche Nummer über die Dialer vom PC angewählt werden, falls der Dialer zufällig durch achtloses Betätigen einer Taste auf den Computer heruntergeladen wurde. Solche Fälle sind inzwischen auch bekannt geworden.

Das Bundeskabinett hat Anfang April 2003 Regeln gegen den Missbrauch von 0190er- und 0900er-Telefonnummern verabschiedet. So kann die Regulierungsbehörde für Telekommunikation und Post

(REgTP) Hotline-Anbietern zukünftig ihre Nummern entziehen, wenn rechtswidriges Verhalten festgestellt wird. Der genutzte 0190er-Dienst soll zudem nach einer Stunde automatisch getrennt werden. Daneben ist ein Maximaltarif von drei Euro je Minute vorgesehen.

24/7

Rund-um-die-Uhr-Service.

Aus der → *SM-Branche* bekannter Begriff, der eine → *Session* über 24 Stunden, sieben Tage die Woche meint. Viele devot veranlagte Männer (weniger Frauen) verspüren den Wunsch, sich einer Herrin (→ *Domina*) nicht nur für die Dauer einer kurzen → *Behandlung* auszuliefern, sondern darüber hinaus sich ihr ganz hinzugeben. Im privaten Rahmen wird eine mehrtägige Session unter zwei vertrauten Partnern gelegentlich exerziert.

In den → *Dominastudios* dagegen wird eine Behandlung 24/7 eher selten angeboten, geschweige denn erwünscht. Abgesehen davon, dass es dem Kunden finanziell erheblich zu Buche schlagen würde, wenn er länger als ein oder zwei Stunden »bucht« (der Durchschnittspreis für eine Domina liegt bei 200 Euro pro Stunde), bedeutet eine 24/7-Session auch ein Mehr an Einsatz von Seiten der Domina. Lady Vera aus → *Berlin* erklärt: »Ich werde zum Beispiel niemals vereinbaren, dass ich fünfmal die Nacht vor ihm [dem Kunden, d. Aut.] stehe und was mit ihm mache. Das bedeutet nämlich, fünfmal die Nacht aufstehen, sich zurecht machen, total müde und aus dem Schlaf gerissen irgendetwas tun. Das mache ich vielleicht, bevor ich ins Bett gehe, eine längere Pause, und wieder am Morgen. Öfter aber nicht.«

In einigen Studios bleiben, so wird berichtet, im Falle einer 24/7-Erziehung zur Sicherheit sogar zwei Dominas im Haus, damit, falls einer der Herrinnen etwas Unvorhergesehenes zustößt, der Kunde nicht das ganze Wochenende über kopfüber am Andreaskreuz hängt.

A

ABBRUCHWORT

Szenejargon.

Synonyme: → *Codewort.* Safewort

ABDRÜCKEN

Szenejargon.

Synonym: abgeben. Wenn eine → *Prostituierte* einen → *Zuhälter* hat, dann, so sagt man im Milileu, müsse sie ihre Einnahmen entweder anteilig oder schlimmstenfalls ganz an ihn »abdrücken«. Manchmal erfolgt die Abgabe aber auch auf freiwilliger Basis, wenn die Prostitution nicht durch Unterdrückung und Angst, sondern aus einem Liebhaber-Geliebte-Verhältnis heraus geschieht. Dann unterscheiden sich das Verhältnis zwischen einer Prostituierten und ihrem »Freund« nicht grundsätzlich von Beziehungen in der »bürgerlichen Welt«, wo materielle Werte und Statussymbole ebenfalls eine wichtige Rolle spielen, argumentieren Hurenverbände. Gleichwohl geht dem → *Einstieg* in die Prostitution nicht selten das im Milieu klassische → *Poussieren* der Männer voraus.

ABLÖSE

Szenejargon.

Synonyme: → *Abstand,* Abstecke, Ausfallentschädigung

ABOLITIONISMUS

Lat.: abolieren – abschaffen, aufheben.

Im historischen Sinne bezeichnete der Abolitionismus die Bewegung zur Abschaffung der Sklaverei in England und Nordamerika. Weil für die Moralhüter wenige Jahrzehnte später die Prostitution im Grunde nichts anderes als ein modernes »Sklaventum« war, stand der Abolitionismus im 19. Jahrhundert für den von England ausgehenden Kampf gegen die Prostitution. Inzwischen ist dieser Kampf ad acta gelegt, sollte man meinen, noch dazu weil Staaten wie die → *Niederlande* oder Deutschland der Prostitution einen legalen Status verliehen haben: Prostitution ist nicht mehr länger → *sittenwidrig*, sondern ein → *Rechtsgeschäft*. Doch es gibt Länder, die mit neuen Gesetzen der toleranten Bewegung entgegenlaufen: In den → *USA* ist die Prostitution seit jeher verboten; in → *Schweden* drohen → *Freiern* seit 1999 saftige Strafen.

ABSPRITZEN

Ejakulation.

Synonyme: → *Cumshot*, Final Shot, Kommen. Vulgäre Bezeichnung für die Ejakulation des Mannes, in der Regel in die Scheide der Frau. Der Cumshot dagegen ist der aus der → *Porno*-Branche bekannte, sichtbare Abspritzer auf Scheide, Bauch oder Brust der Frau. Kommt der Mann in das Gesicht der Frau, nennt man dies → *Facial*. In der Prostitution sind sowohl Facial und Cumshot eher unüblich, da im Regelfall sowieso mit → *Kondom* verkehrt wird. Was übrigens auch für die orale Stimulation (→ *Französisch*) gilt. Allerdings gibt es inzwischen nicht selten Prostituierte, die → *Französisch total* anbieten: Der Mann darf in ihren Mund ejakulieren und sie schluckt das Sperma.

ABSTAND

Szenejargon.

Synonym: Ablöse, → *Abstecke*, Ausfallentschädigung

ABSTECKE

Szenejargon.

Synonym: Ablöse, Abstand, Ausfallentschädigung. Ganz offiziell gab es sie nie, denn es wäre → *Menschenhandel* gewesen. Im Milieu war es aber durchaus üblich, dass ein → *Zuhälter*, der eine Prostituierte von einem anderen Zuhälter übernahm, Abstand bezahlte. Allerdings wurde diese Abstecke, wie man im norddeutschen Raum sagte, der Frau in Rechnung gestellt. Die Summe tauchte als → *Blockschuld* wieder auf: Die verkaufte Frau musste sie abarbeiten. Abstand wurde auch → *aufgerufen,* wenn ein Mädel aus der Prostitution → *aussteigen* und sich von ihrem → *Poussierstengel* lösen wollte, quasi als »Ausfallentschädigung«. »Das konnte passieren, wenn nach dem → *Poussieren* der Mann und die Frau merkten, sie passen nicht mehr zueinander«, erklärt Ex-Lude Siegfried L. »Das passierte aber auch, damit die Freier in den → *Clubs* oder → *Bordellen* immer neues → *Frischfleisch* verfügbar hatten.« Gerade in dichtbesiedelten Rotlichtvierteln war es üblich, dass Zuhälter ihre → *Pferdchen* hin- und herschoben, ihren → *Stall* ständig neu mischten. Ablöse war grundsätzlich immer fällig. »Denn immerhin, wenn ich poussiere, investiere ich einiges in das Mädel«, so Ex-Lude Siegfried L. aus dem → *Ruhrgebiet.* »Nach dem Luden-Kalkül hatte er einige Arbeit erbracht: Erst das Aufreißen einer geeigneten Anfängerin, dann das Poussieren und schließlich die Zurichtung zur tüchtigen Hure«, schreibt Ariane Barth in ihrem Buch »Die → *Reeperbahn*« (Hoffmann & Campe, Hamburg 1999). Je nach Qualität einer Frau im »Abgreifen« der Freier war der Betrag der Abstecke nicht gering. »Der Betrag war eine Sache der freien Interpretation«, sagt Zuhälter Richard, »der freien Marktwirtschaft.« In der Regel war der Preis ein Maßstab dafür, wie wichtig dem Zuhälter die Frau war. In Spitzenfällen konnte sich die Ablöse bei zehn- oder zwanzigtausend Euro bewegen. Das nannte der Zuhälter dann im Jargon: »Einen Zehner/Zwanziger aufrufen«.

In den liberalen Zeiten von heute, in denen Prostitutierte vielfach freiwillig → *anschaffen* und selbständig arbeiten und auch der Zuhälter der alten Schule als ausgestorben gilt, gibt es die klassische Abstecke nur noch selten. Gleichwohl werden auch heute noch Frauen, überwiegend → *Migrantinnen*, verkauft, insbesondere wenn sie in die brutalen Kreise der Menschenhändler geraten. Vor allem in → *Osteuropa* haben rücksichtslose → *Frauenhändler*-Ringe das Geschäft zur Blüte getrieben.

ABSTRAFUNG

Sexphantasie.

Synonym: Züchtigung. Eine Abstrafung ist in der Regel in eine sadomasochistische → *Session* eingebunden. Sie kann grundsätzlich aus einem Topoi der Züchtigung heraus stattfinden. Einer Abstrafung kann aber im Rahmen eines → *Rollenspiels* oder eines → *Erziehungsspiels* auch ein entsprechendes Fehlverhalten des → *Sklaven* vorausgegangen sein; die Strafe erfolgt dann meist in Form einer → *Fesselung* und anschließender → *Flagellation* beziehungsweise → *Spanking*. Der Sklave kann ans Andreaskreuz kopfüber geschnallt oder in einen Kerker gesperrt werden. Wachs kann auf den Körper des zu Strafenden geträufelt, seine Genitalien abgebunden, er in ein aufwendiges → *Bondage*-Konstrukt verschnürt werden – der Phantasie von → *Domina* und → *Freier* sind in der Regel keine Grenzen gesetzt. Manche Kunden verlangen sogar eine → *Extremerziehung*. Beim → *Fetisch* Klinik-sex (→ *Klinikum*) wird der »Patient« beispielsweise auf den Gynäkologenstuhl geschnallt und bekommt ein → *Klistier*, eine Nadelung oder wird mit Reizstrom behandelt.

»ABWACKELN«

Szenejargon.

Einen Freier zum Orgasmus bringen; die Bezeichnung bezieht sich höchstwahrscheinlich auf die wackelnde Bewegung entweder der Hüfte beim → *Verkehr* oder der Hand bei der → *Handentspannung*.

ABZIEHER

Szenejargon.

Der Abzieher ist nicht wirklich der → *Zuhälter* eines → *Strichers*, auch nicht ausschließliches Phänomen der schwulen Prostitutionsszene: es sind Jungs, die Strichern das Geld, die Kleider, Schuhe, Handy »abziehen«. Sozialarbeiter der Hilfsprojekte haben beobachtet, dass Abzieher sich entweder aus älteren Strichern rekrutieren, die zu unattraktiv für den Job geworden sind, oder aus Jungs, die nicht → *anschaffen*, die Szene aber ganz genau kennen und auch wissen, dass ein Junge, der aus dem Auto aussteigt und in die → *Stricherkneipe* zurückkehrt, viel Geld in der Tasche hat: Da ist Erpressungspotential gegeben.

AGISRA E.V.

Arbeitsgemeinschaft gegen internationale sexistische und rassistische Ausbeutung.

1983, im Anschluss an eine Internationale Frauenkonferenz in Südostsasien, auf der von den einheimischen Frauen der Sextourismus vehement thematisiert wurde, gründeten Frauen aus dem universitären Bereich Deutschlands, die über die entwicklungspolitische Frauenbewegung zusammengefunden hatten, agisra e.V. »Der Verein wurde«, so erinnert heute Christiane Howe, Soziologin und Sprecherin von agisra e.V., »zur Forschung, Begleitung, Vernetzung, Öffentlichkeitsarbeit und zur Wahrnehmung der Frauenrechte gegründet. Anfang der 80er war der Verein eher altfeministisch orientiert«, so räumt sie ein. »Er hatte ein sehr zwiespältiges, ablehnendes, zumindest ein ungeklärtes Verhältnis zur Prostitution.«

Das hat sich über die Jahre und mit der wachsenden Zahl der *Migrantinnen* in Deutschland geändert. Fortan war es nicht mehr nur der Blick von oben auf, sondern es war ein Schritt in das Thema. Christiane Howe: »Zur Forschung und Begleitung kam nun die Unterstützung und Beratung; heute arbeiten wir von agisra vor Ort mit Prostituierten und Migrantinnen zusammen und leisten Unterstützung.«

Unterstützung einerseits, um die Lebens- und Arbeitsbedingungen der Frauen zu verbessern und die Öffentlichkeit für Diskriminierungen gegenüber Migrantinnen zu sensibilisieren. Andererseits, um Gewalt an Migrantinnen und Frauenhandel im öffentlichen Bewusstsein und seitens der Gesetzgebung zu verurteilen und als Menschenrechtsverletzung anzuerkennen. Agisra e.V. verfolgt diese Ziele auf zwei Ebenen: Die erste ist Öffentlichkeits-, Bildungs- und Lobbyarbeit in verschiedenen Gremien und Fachkommissionen auf Bundesebene. »Wir sind weitreichend vernetzt«, erklärt Christiane Howe, »sowie im Vorstand von → *KOK Potsdam*. Ich bin des Weiteren seit Anbeginn 1997 beteiligt an der AG Frauenhandel im Bundesfrauenministerium.« Dreimal im Jahr erscheint außerdem ein Rundbrief als agisra-Fachjournal.

Agisra e.V. leistet darüber hinaus konkrete Hilfe in Form von Beratungen, Begleitungen und Organisationshilfen, die eine Verbesserung der Lebenssituation für Migrantinnen ermöglicht. Christiane Howe: »Unser Ansatz ist es nicht, Frauen aus der Prostitution herauszubekommen. Wir arbeiten sehr klientinnen- beziehungsweise personenorientiert.«

Agisra e.V. widmet sich den Dingen, die die Frauen an sie herantragen, ihre Wünsche, ihre Probleme, ihre Ressourcen. Das kann unter

Umständen auch eine Fortbildung sein. Zum Beispiel bei Frauen, die in Bordellen mit SM-Wünschen konfrontiert werden, aber hilflos vor derartigen Praktiken stehen, weil diese in ihrem Heimatland vielfach nicht bekannt sind. »Es gibt Frauen, die interessieren sich dafür«, so Christiane Howe. »Dementsprechend initiieren wir eine ›Fortbildung‹; natürlich ist ›Fortbildung‹ ein wenig zu hoch gegriffen, aber im Prinzip ist es das. Denn Fesselungen, Bondage, Peitschungen, das alles ist nicht ohne und birgt Verletzungsgefahren.« agisra e.V. hilft den Frauen aber auch, wenn sie in ihr Heimatland zurückkehren wollen, bei Auseinandersetzungen mit Bordellbetreibern und Vermittlern, bei Problemen mit Kunden.

Finanziert wird die Arbeit der gegenwärtig sieben Mitarbeiterinnen von der Stadt → *Frankfurt*, dort dem Frauenreferat, vom Land Hessen, vom Bundesfrauenministerium sowie Kirche, Projektgeldern und EU-Geldern.

• *INFO: agisra e.V. Arbeitsgemeinschaft gegen internationale sexistische und rassistische Ausbeutung, Ludolfstraße 2-4, 60487 Frankfurt, Telefon 069/777755, Telefax 069/777757, www.agisra.de, info@agisra.de*

AGISRA E.V.

Im Gespräch: Christiane Howe, Soziologin

Christiane Howe, Soziologin, ist verantwortlich für Lobby- und Öffentlichkeitsarbeit bei agisra e.V. – Arbeitsgemeinschaft gegen internationale sexistische und rassistische Ausbeutung.

Frau Howe, bitte erklären Sie mir, aus welchen Herkunftsländern kommen Migrantinnen, die in Deutschland in der Prostitution tätig sind?

Christiane Howe: Migrantinnen kommen aus Lateinamerika, von dort insbesondere aus Kolumbien und der Dominikanischen Republik. Migrantinnen kommen aus Südostasien, von dort vor allem aus Thailand; aus anderen Regionen Südostasiens kommen nur wenig Frauen, um bei uns in der Prostitution zu arbeiten. Philippinas beispielsweise sind in Deutschland fast ausnahmslos im Haushaltsbereich und der Altenpflege tätig. Das hat sich über die Jahre so ergeben, seitdem aquirieren die Frauen, sobald sie in ihr Heimatland zurückkehren, Familienmitglieder und Freundinnen, die erneut im Haushaltsbereich und der Altenpflege tätig sind. Interessant ist: Aus Kolumbien kommen die Frauen nahezu aus nur zwei Stadtbereichen des Landes. Man merkt also, Migration hat auch sehr viel damit zu tun, dass die Frauen sich untereinander kennen.

Migrantinnen kommen auch aus Afrika. Hier ist es Nigeria; dort blüht übrigens auch der Menschenhandel, weil man dort sehr viel mit Voodoo und den damit zusammenhängenden Bedrohungsszenarien operieren und dadurch die Frauen traumatisieren kann. Ferner gibt es Frauen aus Ghana.

Aus Osteuropa ist es unterschiedlich: Sehr viele Frauen kommen aus Polen, Russland, Ukraine, allerdings verlagert sich die Migration zunehmend östlicher. Polen ist ein Land geworden, in das Frauen inzwischen ebenfalls reisen, um zu arbeiten. Dort arbeiten beispielsweise sehr viele Russinnen.

Wie verteilen sich die Migrantinnen dieser Länder auf Deutschland? Gibt es Muster zu erkennen?
Christiane Howe: In Deutschland sind tatsächlich Muster zu erkennen. In Stuttgart beispielsweise sind sehr viele Brasilianerinnen. In Hamburg arbeiten sehr viele Thailänderinnen. Die Mittelosteuropa-Route verläuft über Berlin, Hamburg, Ruhrgebiet, was eine klassische Route ist. In Frankfurter Bordellen arbeiten sehr viele Kolumbianerinnen und nur sehr wenig osteuropäische Frauen, diese eher in Clubs. Und in Bayern gibt es das Problem nicht ...

Offiziell!
Christiane Howe: Ja, sie sagen dort: »Wir haben keinen Menschenhandel! Wir haben alles im Griff.«

Menschenhandel und Migration, inwiefern muss man differenzieren?
Christiane Howe: Das Problem ist: Dadurch, dass Frauen nicht legal nach Deutschland einreisen können, sind sie angewiesen auf Hilfe und Unterstützung, auf so genannte Vermittler, was im Grunde auch in Ordnung ist. Diese Vermittler nehmen Geld für ihre Arbeit, was ebenfalls grundsätzlich okay ist. Das alles führt einerseits dazu, dass den Frauen eine Arbeitsmigration ermöglicht wird, sie

andererseits aber aufgrund der Illegalität in unsichere Strukturen geraten, die Möglichkeiten für Zwang, Ausbeutung und Erpressung bieten.

Es kann also passieren, dass Frauen, die nach Deutschland kommen, knietief in der Scheiße landen. Die meisten Frauen wissen zwar, dass sie in der Prostituion arbeiten werden, nur den wenigsten wird etwas von »Kellnerin« oder »Serviererin« vorgemacht. Sie wissen allerdings nicht, unter welchen Bedingungen sie arbeiten müssen, denn in Deutschland in der Prostitution zu arbeiten ist etwas anderes als es in Thailand oder Lateinamerika ist. Hier herrschen härtere Bedingungen, auch von Seiten der Freier, ihrer Menge und ihren Wünschen.

Die Frauen wissen auch nichts über die Illegalität und ihre Rechtlosigkeit, in der sie hier arbeiten. Sie kriegen kaum Informationen darüber, stattdessen werden ihnen für die Einreise nach Deutschland von ihren Vermittlern horrende Summen und Zinsen und Zinseszinsen abgenommen. Dann hängen sie in einer Abhängigkeit fest ..., es ist schon eher eine Schuldknechtschaft. Sie werden unter Druck gesetzt: *»Wenn du nicht das Geld heranbringst, passiert deinen Kindern was!«* Es ist nicht so, dass sie hier unbedingt eingesperrt oder geprügelt werden. Es reicht schon, dass man ihnen mit der Familie im Heimatland droht.

Wenngleich ich nicht verschweigen möchte, dass es Fälle gibt, die drastischer sind; Fälle, in denen Frauen irgendein Schmu erzählt wird, ihnen horrende Summen in Rechnung gestellt werden, die unter Druck gesetzt werden mit Gewalt und mehr. Diese Extremfälle gibt es, aber es gibt sie sehr selten.

Laut Schattenbericht des Bundesweiten Koordinierungskreises gegen Frauenhandel und Gewalt an Frauen im Migrationsprozess, KOK e.V., nimmt diese Form von Menschenhandel zu.

Christiane Howe: Ich weiß nicht, ob er zunimmt. Ich glaube, das Grundproblem liegt nicht in der Prostitution. Das Ungünstige bei der Prostitution ist, dass bei der Frage, warum Frauen in der Prostitution arbeiten, immer gerne der Zwang als Argument angeführt wird. Der Punkt aber ist: Es gibt hier die Nachfrage der Männer, dort die Bereitwilligkeit und das Angebot der Frauen, die damit teilweise ganze Familien ernähren. Aber es gibt absolut keine legalen Möglichkeiten, die den Frauen rechtliche Sicherheiten gewähren, damit sie die Selbstbestimmung und die Kontrolle über das, was sie wollen, wie sie es wollen und was sie machen, nicht verlieren. Das öffnet der dubiosen Dunkelzone doch erst die Tür.

Die Frauen, die nach Deutschland kommen, wollen hier ein halbes Jahr, ein Jahr oder zwei bleiben. Ich frage mich: Warum gibt man ihnen nicht einfach eine Arbeits- und Aufenthaltsgenehmigung? Sie können hier arbeiten, sie können sich ihre Arbeitsplätze aussuchen, sie können bescheuerte Kunden anzeigen, sie können beknackte Bordellbetreiber anzeigen, sie können quasi ihr Leben selbst bestimmen. Warum soll das nicht gehen?

Davon abgesehen, wir werden, auch wenn wir ein Einwanderungs- und Zuwanderungsgesetz hätten, immer wieder Illegalität erleben – weil Menschen Geld verdienen wollen. In anderen Branchen ist es doch nicht anders, zum Beispiel bei den Männern aus Polen, die illegal auf Baustellen schuften und im Schichtbetrieb auf Matratzen schlafen. Es ist bei der Prostitution nur insofern prekär, weil es, wenn Zwang und Gewalt stattfinden, pure, reine sexualisierte Gewalt ist. Dann aber hat es mit Prostitution überhaupt nichts mehr zu tun.

Wenn wir von Illegalität reden – wie groß ist der Anteil der Migrantinnen, die illegal in Deutschland arbeiten?
Christiane Howe: Vor dem neuen Prostitutionsgesetz war es zwangsläufig so, dass Migrantinnen illegal in Deutschland arbeiteten. Weil die Prostitution sittenwidrig war, konnte die Ausländerbehörde keine Arbeitserlaubnis erteilen für eine Tätigkeit, die als sittenwidrig galt. Das heißt, die Frauen konnten aufgrund dessen, weil sie in Deutschland als Prostituierte arbeiten wollten, keine Arbeitserlaubnis bekommen.

Was hätten sie machen können? Sie hätten EU-Bürgerin werden können, weil es ihnen als solche erlaubt wäre, innerhalb der EU zu arbeiten Oder sie hätten heiraten und dann als Prostituierte arbeiten können. Das wären die einzigen Wege gewesen.

Heute ist die Prostitution natürlich nicht mehr sittenwidrig und damit der Wunsch der Frauen nach Arbeit erlaubnisfähig; das Problem ist jedoch das unveränderte Ausländerrecht mit Punkten wie Anwerbestop, Ausnahmeverordnungen und und und. Alles Punkte, die sich einem nach wie vor auftun und die Haare zu Berge stellen.

Also hätte im Rahmen des Prostitutionsgesetzes auch das Ausländerrecht geändert werden müssen?
Christiane Howe: Wir von agisra, die wir tätig sind im Prostitutionsbereich Migrantinnen, haben gesagt: »Wir stellen unsere Forderungen hinsichtlich des Ausländerrechtes erst einmal hinten an, damit zumindest dieser Gesetzesentwurf durchkommt; dessen Absegnung zu erreichen schon schwierig genug war. Wenn ich mir vorstelle, wir hätten dazu noch einen neuen Forderungskatalog gestellt ...

Wir unterstützen voll und ganz die veränderte Gesetzgebung, weil sie für alle weiteren Schritte die Türen öffnet. Jetzt muss etwas für die Migrantinnen in der Sexarbeit passieren. In dieser Forderung unterstützen uns wiederum die deutschen Hurenverbände.

Es ist aber nicht nur das Ausländerrecht, sondern auch das neue Zuwanderungsgesetz in der Diskussion. Es gestaltet sich ideal für hochqualifizierte, professionelle IT-Fachkräfte, aber nicht für die Arbeitsbereiche der Migrantinnen und Migranten, die in den Dienstleistungsgewerben nachgefragt werden. Diese fallen bei dem Zuwanderungsgesetz unter den Tisch.

Wir versuchen dies zu thematisieren, in den Verfahrens- und Verwaltungsvorschriften Einfluss zu gewinnen. Wir sind mit der Ausländerbehörde und mit der Wirtschaftsbehörde zugange. Es wäre schön, wenn wir einen Präzendenzfall schaffen könnten, damit wir einen Schritt weiterkommen. Aber das alles ist noch mit einem großen, dicken Fragezeichen versehen. Es ist schade: Das neue Prostitutionsgesetz war wieder nur ein halber Schritt; Halbherzigkeiten und Sonderregelungen, die die Angelegenheit an jeder Ecke schwierig machen.

AGISRA KÖLN E.V.

Arbeitsgemeinschaft gegen internationale sexuelle und rassistische Ausbeutung.

Seit 1993 existiert Agisra → *Köln* e.V. als Informations- und Beratungsstelle für → *Migrantinnen* und Flüchtlingsfrauen. »Wir sind eine autonome Informations- und Beratungsstelle für Migrantinnen, schwarze Frauen, Jüdinnen und Flüchtlingsfrauen, ein interkulturelles Team und sprechen deutsch, englisch, französisch, koreanisch, persisch, portugiesisch, spanisch und türkisch. Beratung in anderen Sprachen führen wir mit Dolmetscherinnen durch«, so informiert agisra Köln e.V. Die Mitarbeiterinnen bieten psychosoziale Beratung und Therapie an bei Amtsangelegenheiten und sozialrechtlichen Fragen, Asylverfahren, Abschiebehaft und Aufenthaltsrecht, → *Frauen-* und Mädchenhandel, Familien- und Generationskonflikten, Gewalt in Beziehungen, sexistischer und rassistischer Diskriminierung und Gewalt, Krisensituationen, sexuellem Missbrauch, Vergewaltigung und Nötigung, Zwangsverheiratung und → *Zwangsprostitution.* Sie bieten Begleitung und Unterstützung bei Behördengängen, Besuchen in Gefängnissen und Abschiebehaft, Unterbringung in Frauenhäusern, Zeuginnen in Strafprozessen sowie bei Vermittlung von ÄrztInnen, RechtsanwältInnen. Des Weiteren hilft agisra e.V. mit Informationen zu migrationsspezifischen, antirassistischen und antisexistischen Themen. Das agisra-Angebot ist kostenlos und anonym.

Gegenwärtig hat agisra e.V. 2,5 bezahlte Stellen. 1,5 werden vom NRW-Ministerium für die Gleichstellung von Frau und Mann im Rahmen der Bekämpfung von Frauenhandel finanziert. Die andere Stelle wird von der Stadt Köln im Rahmen der Ambulanten Hilfe bezahlt. Neben der Finanzierung der 1,5 Stellen übernimmt das Land NRW auch Unterbringungs-, Dolmetscherinnen- und Rechtsanwältinnenkosten für die von Frauenhandel betroffenen Frauen. Im November 2001 wurde Agisra Köln e.V. mit dem Fritz-Bilz-Preis ausgezeichnet.
• *KONTAKT: agisra Köln e.V., Arbeitsgemeinschaft gegen internationale sexuelle und rassistische Ausbeutung, Steinbergerstr. 40, 50733 Köln, Telefon 0221/124019, Telefax 0221/9727492, agisra@e-migrantinnen.de, www.agisrakoeln.de, Telefonische Sprechzeiten: Mo/Di/Do 10-15 Uhr*

AG RECHT

Arbeitsgemeinschaft.

Zusammenschluss der deutschen Hurenprojekte und Beratungsstellen, Anfang der 80er initiiert, um sich auf gemeinsamer Basis für eine Veränderung der bestehenden → *Gesetze* einzusetzen, damit die Diskriminierung der Prostituierten aufhört. Ein wesentlicher Erfolg der so genannten Hurenbewegung ist das → *Prostitutionsgesetz*, das dem horizontalen → *Gewerbe* Anfang 2002 die → *Sittenwidrigkeit* nahm. Doch damit ist die Arbeit der AG Recht nicht beendet: Die fehlenden Durchführungsbestimmungen zum Prostitutionsgesetz, die bundesweit unterschiedliche Auslegung durch die Behörden sowie die nach wie vor ungeregelte Handhabe der → *Finanzämter* ist den Mitgliedern der AG Recht Anlass genug, weiterhin Lobbyarbeit zu betreiben.

Auch bemühen sie sich um eine Stichtagregelung bei den bundesdeutschen → *Krankenversicherern,* bei denen sich die Prostitutierten aufgrund fehlender Vorversicherungszeiten nur schwerlich versichern können.

• ***KONTAKT:*** *AG-Recht c/o Kassandra e.V., Wirthstr. 36, 90459 Nürnberg, Telefon 0911/4597548, Telefax 0911/440533, ag@recht-prostitution.de, www.recht-prostitution.de*

Stellungnahme der AG Recht in der deutschen Hurenbewegung: Ein Jahr ProstG

»Seit mehr als einem Jahr ist das Gesetz zur Regelung der Rechtsverhältnisse von Prostituierten (ProstG) in Kraft. Nach dem Willen des Gesetzgebers und vor allem nach dem bei der Gesetzgebung im Vorfeld Beteiligten sollte mit dieser Regelung die rechtliche Stellung der Prostituierten verbessert und ihre soziale Benachteiligung abgebaut werden. Der Zugang zu den Sozialversicherungen sollte ihnen über die Möglichkeit erleichtert werden, ein rechtlich abgesichertes Beschäftigungsverhältnis in Bordellen und bordellähnlichen Betrieben eingehen zu können (siehe Bundestagsdrucksache Nr. 14/5958).

Ein Jahr nach In-Kraft-Treten des Gesetzes stellen wir fest:

Das Gesetz läuft bisher weit gehend ins Leere. Arbeitsverträge gibt es noch kaum und wenn, dann nur auf Niedriglohnebene. Eine soziale Absicherung von Prostituierten ist noch nicht erreicht. Die nach wie vor wegen fehlender Durchführungsbestimmungen, ungeregelte Umsetzung des Gesetzes führt bei allen Beteiligten – Prostituierten, BetreiberInnen und Behörden – zu großer Verunsicherung. Ansätze, die Intentionen des Gesetzes aufzugreifen, Betriebe anzumelden und Arbeitsverträge auszugestalten, scheitern oftmals an variierenden Auslegungen des ProstG durch Behörden, fehlender Rechtssicherheit auf allen Seiten und nicht zuletzt daran, dass die Prostitution berührende andere Gesetze (Einführungsgesetz zum Strafgesetzbuch, Strafgesetzbuch, Gesetz über Ordnungswidrigkeiten, Gewerbe- und Gaststättenrecht, Ausländergesetz) nicht angepasst und den jeweiligen Behörden nicht klare Durchführungsanweisungen gegeben wurden. Als besonders problematisch haben sich dabei folgende Punkte herausgestellt:

Strafrecht: Die Neufassung des § 181a StGB schließt nicht aus, dass ArbeitgeberInnen von Prostituierten der Zuhälterei angeklagt werden können. Beispielsweise stellt für die Staatsanwaltschaft München ein abgeschlossener Arbeitsvertrag mit freiwillig getroffenen Vereinbarungen über Ort und Zeit der Prostitutionsausübung auf jeden Fall einen Anlass dar, gegen die ArbeitgeberInnen wegen des Verdachtes auf Zuhälterei zu ermitteln.

Gewerberecht: Den Empfehlungen des Bund-Länder-Ausschusses in Hinblick auf ein gewerberechtlichen Umgang mit Prostitutionsbetrieben sind nicht alle Länder gefolgt. Während es im überwiegenden Teil der nördlichen Bundesländer eine gewerberechtliche Anerkennung für Prostitutionsbetriebe gibt, wird diese in den Bundesländern Bayern, Baden-Württemberg, Sachsen, Thüringen und Bremen mit dem Verweis auf gewerberechtliche Sittenwidrigkeit von Prostitution generell versagt (unter Bezug auf: Schönfelder: GaststättenG §§ 4 u. 5 (Gewerbeaufsicht). Damit gibt es dort auch keine legalen Arbeitsverhältnisse von Prostituierten. Aber auch dort, wo eine gewerberechtliche Anerkennung möglich ist, ist die Szene von Unsicherheit bestimmt. In Dortmund wurde im Juli 2002 ein Maßnahmenkatalog erlassen, nachdem BetreiberInnen von bordellähnlichen Betrieben ab 3 Beschäftigten einen Gewerbebetrieb, unter Beachtung aller im Bau- und Ordnungsrecht enthaltenen Vorschriften, bis September 2002 beim Gewerbeamt anmelden müssen. Inzwischen wurden 11 Etablissements geschlossen, weil sie es versäumten, dem fristgerecht nachzukommen. In anderen Städten wiederum wird weiterhin nach den alten Regelungen verfahren und Bordelle werden lediglich »geduldet«, was nicht ausschließt, dass Behörden plötzlich Auflagen festsetzen, die in der erforderlichen Eile nicht erfüllt werden können. Das Bauamt kann über die Einordnung von »bordellartigen Betrieben« als »Vergnügungsstätten« räumliche Beschränkungen einführen. Vor allem Kleinstbetriebe, meist von einigen Frauen gemeinsam bewirtschaftet, können z.B. Bauvorschriften nicht sofort umsetzen und verlieren ihre Existenzgrundlage.

Steuerrecht: Prostituierte, die sich nun steuerlich anmelden wollen, müssen mit einer Rückverfolgung wegen Steuerhinterziehung rechnen. So kann es nicht verwundern, dass angesichts dieser Unklarheiten sich alle Beteiligten – Behörden, potenzielle ArbeitgeberInnen und Prostituierte – abwartend bis ängstlich verhalten. Die Umsetzung des Gesetzes liegt auf Eis.

Wir stellen fest, dass mit dem ProstG eine Vielzahl von neuen Regelungen auf Prostituierte und Prostitutionsbetriebe zukommen. Die ersten Erfahrungen lassen befürchten, dass sie in der Realität Arbeitsverträge, und damit die Verbesserung der sozialen Absicherung von Prostituierten, verhindern, zumal einzelne Behörden versuchen, Teilaspekte der neuen Regelungen mit strafbewehrten Auflagen zu belegen, die die alte Situation wieder herstellen.

Es wird sich kaum ein Bordellbesitzer finden, der Prostituierte anmeldet, wenn er sich selbst hierdurch der Gefahr der Strafverfolgung aussetzt. Damit es bei der Verbesserung der sozialen und rechtlichen Absicherung von Prostituierten nicht bei einer bloßen Absichtserklärung im Gesetz bleibt, sind Maßnahmen der politisch Verantwortlichen **dringend** erforderlich:

1. § 181a StGB muss dahingehend nachgebessert werden, dass für potenzielle Arbeit-geberInnen von Prostituierten Rechtssicherheit besteht.
2. Streichung der Unsittlichkeit/Sittlichkeit von Prostitution aus dem GaststättenG/Gewerberecht. Ohne ArbeitgerberInnen kann es keine Arbeitsverträge geben!

3. Streichung § 46, Ziff. 3 AuslG »... Ausübung der Gewerbeunzucht ...«
4. Erlass von Durchführungsrichtlinien zum ProstG. Das Fehlen dieser Richtlinien führt zu Verunsicherung nicht nur bei der Betroffenengruppe, sondern auch bei den durchführenden Ämtern.
5. Stichtagsregelung für die Anmeldung beim Finanzamt.
6. Stichtagsregelung bei der Sozialversicherung. Die Vorversicherungszeit muss abgeschafft werden, da Prostituierte sich vorher nicht versichern konnten.
7. Überprüfung der Sperrgebietsverordnung und des Werbeverbots.
8. Bereitstellung von Mitteln für ein dichteres Netz bzw. eine Personalverstärkung bei Beratungsstellen für Prostituierte. Die wenigen bestehenden Einrichtungen arbeiten bereits jetzt über ihre Kapazitätsgrenzen hinaus, so dass eine flächendeckende Information und Beratung über die Komplexitäten der neuen Gesetzeslage mit bestehenden Mitteln nicht mehr zu leisten ist.

Nur wer seine Rechte kennt, kann sie auch in Anspruch nehmen.

AIDS

Krankheit. → STDs.

Die Krankheit Aids bricht in der Regel erst viele Jahre nach der Infizierung mit dem HI-Virus aus, dann in Form von Lymphknotenschwellungen, Fieber, Durchfall. Am Ende stehen zahlreiche Infektionskrankheiten, Tumore, der Zusammenbruch des Immunsystems, der Tod. Bisher gibt es keine Schutzimpfung und keine Heilung, allenfalls Medikamente, die die Entwicklung der HIV-Krankheit und den Ausbruch von Aids verzögern sowie Symptome behandeln oder mildern.

Obwohl epidemiologische Studien bestätigten, dass Prostituierte genauso wenig wie → *solide Frauen* Gefahr laufen, infiziert zu werden – was logisch ist, schließlich ist die Gesundheit der Prostituierten ihr Kapital, was sie deshalb umso mehr zu schützen wissen – wurden sie und auch → *Stricher* 1985, als das Thema Aids plötzlich in aller Munde war, zu den Risikogruppen und Gefahrenherden – neben Schwulen und Blutern – erklärt. »Diese Definition stellte für Prostituierte die Tatsachen völlig auf den Kopf, denn dadurch wurde der Öffentlichkeit suggeriert, die Ansteckungsgefahr ginge von den Prostituierten aus. Tatsächlich aber drohte Prostituierten zunächst einmal die Gefahr, sich bei den Freiern anzustecken«, erklärten die Initiatorinnen der → *Berliner* Beratungsstelle → *Hydra e.V.*, eines von vielen Prostituierten- und Stricherprojekten, die sich in den 80er Jahren aus der Aids-Prävention heraus gründeten.

Lange Zeit sorgte die Furcht vor Aids dafür, dass Freier → *Kondome* beim → *Verkehr* mit Prostituierten benutzten. Doch inzwischen »ist die Gefahr aus dem Bewusstsein verdrängt«, klagt Ute Löw von der → *Hurenselbsthilfe Saarbrücken e.V.* Immer mehr Freier verlangen »Sex ohne«.

AKSD

→ *Arbeitskreis der deutschsprachigen Stricherprojekte*

ALBERS, HANS

Hamburger Kind, geb. 1891, gest. 1960.

Wer an → *Hamburg*, die → *Reeperbahn,* → *Rotlicht* und fesche Girls denkt, der kommt an Hans Albers nicht vorbei. Obschon er selbst die wenigste Zeit seines Lebens auf → *St. Pauli* verbrachte, verkörpert er wie kein anderer das Leben der Frauen, der Männer, ihrer Geschäftigkeiten auf dem → *Kiez* der »guten, alten Zeit«: Zwar Gauner, Schieber, Schräger Vogel, Bonvivant, Verführer, Salonlöwe und Herzensbrecher, aber das alles mit »Herz und Schnauze, Gradlinigkeit und Kameradschaftsgeist, Ehrlichkeit und Anständigkeit«, so Kay Weniger in »Das große Personenlexikon des Films« (*Schwarzkopf & Schwarzkopf Verlag, Berlin 2001*).

Bereits in den Revuen und Operetten, mit denen Albers nach dem Ersten Welktrieg in → *Berlin* auf der Bühne steht, schlüpft er bevorzugt in diese Rollen. Und »auch für den Film baut er auf dieses Image«, erinnert das Deutsche Filmarchiv. »Seit 1917 verkörpert er, wenn auch zumeist nur in Nebenrollen, das Bild kultivierter Männlichkeit. Er pflegt die Galanterie gegenüber Frauen und zeigt sich gleichermaßen hart und unbarmherzig gegenüber den Zumutungen der Außenwelt.«

Sein Durchbruch gelingt 1929 mit einem der ersten deutschen Tonfilme: → *Der blaue Engel.* 1943, das Ende des 1000jährigen Reichs ist in Sicht, beschwört er in dem, wegen der Bombenangriffe in Berlin gedrehten Propagandafilm die → *Große Freiheit Nr. 7* in Hamburg.

Dorthin kehrt er nach dem Krieg auch zurück. Er wendet sich wieder dem Theater zu, dreht aber weiter Filme, in denen er mit seiner »rauhkehligen, ungekünstelten Stimme mit dem ›gewissen Etwas‹ des Reeperbahnmilieus« (Lexikon der deutschen Film- und TV-Stars) dem Sujet, für das er bis heute bekannt ist, treu bleibt: »Käpt'n Bay-Bay« und das folkloristische → *Auf der Reeperbahn nachts um halb eins*. Das gleichnamige Lied, von ihm intoniert, ist heute ein Evergreen und wird immer wieder gerne herbeizitiert, wenn die Rede ist von Hamburg, Reeperbahn, Rotlicht und feschen Girls ...

» ... ALTE AUFSTELLEN«
Szenejargon.
Synonym: → »... *Alte drauftun*«.

»... ALTE DRAUFTUN«
Szenejargon.
Synonym: »... Alte Aufstellen«. Regional bedingter Szenejargon und bedeutet, der → Zuhälter → *poussiert* und setzt die Frau anschließend ins → *Bordell* oder schickt sie auf den → *Strich*, damit er aus ihrer Arbeit Profit ziehen kann (→ *abdrücken*).

AMERIKA
Land der unbegrenzten Möglichkeiten.
Sein Präsident kämpft für die globale Demokratie und gegen die freiheitsraubenden Restriktionen fundamentalistischer Staaten. Daheim nimmt man es mit der Freiheit dagegen nicht so genau. Für die Bürgerinnen und Bürger einiger Bundesstaaten gibt es nicht nur Einschränkungen beim Sex unter der eigenen Bettdecke – auf → *Oral*verkehr und andere Stellungen jenseits der → *Missionarsstellung* stehen Freiheitsstrafen –, in fast allen Staaten ist auch jede Art der Prostitution strengstens verboten und illegal. Nur in einigen Teilen Nevadas dürfen ganz offiziell → *Bordelle* betrieben werden.

In den anderen US-Bundesstaaten lassen sich die Obrigkeiten immer neue Gemeinheiten einfallen, um die Prostitution einzudämmen. So setzt die Stadt San Francisco verdeckte Ermittlerinnen ein, die sich in entsprechendem Outfit auf der Straße anbieten, um Freier auf frischer Tat zu ertappen. 1994 und 1995 gingen ihnen dabei rund 2000

Freier ins Netz. Die »Sünder« haben die Wahl: Eine Freiheitsstrafe von bis zu drei Jahren, oder gegen eine Gebühr von 500 Dollar an einem Umerziehungsprogramm teilnehmen. Bei dieser »Gehirnwäsche« treten Psychologen, Psychiater sowie Geistliche auf, die den Männern klar machen, dass sie sexkrank und daher behandlungsbedürftig seien und sie sich ihrer Schuld bewusst werden müssen. Sogar »konvertierte« Prostituierte treten vor die Sünder: »Ich habe es nicht euch zuliebe getan, ganz bestimmt nicht. Ich habe es für Geld getan, um mir Drogen kaufen zu können. Die Drogen brauchte ich wiederum, um euch ertragen zu können.« Mit drastischen Worten schildern die → *Aussteigerinnen*, wie viele Krankheiten sich die Männer bei ihnen hätten holen können: »Aber das war mir egal. Ich hatte kein Mitleid mit euch.« (Quelle: RheinZeitung)

Die Stadt Aurora, Colorado, veröffentlichte seit Jahren Freier-Fotos in einer Tageszeitung. Angeblich konnte dadurch der Besuch bei Prostituierten gesenkt werden. Die Stadt Denver im selben US-Bundesstaat, ging sogar noch einen Schritt weiter: Sie präsentierte die ertappten Freier nicht nur mit einem Verbrecherfoto bei ihrer Festnahme auf der städtischen Webseite, sondern auch in der eigens produzierten Fernsehshow »John's TV« - »John« werden in den USA Freier genannt. In der ersten Folge, so berichtete Mitte 2002 der »Spiegel«, »wurden elf Männer mit Namen und Bild vorgestellt. Ein Polizist warnte die Zuschauer in der Sendung davor, Huren aufzusuchen. Die Kunden riskierten eine Festnahme, Anklage und möglicherweise das Outing im Fernsehen.« Die Behörden von Denver, so schrieb der »Spiegel« weiter, »versprechen sich von der Show eine abschreckende Wirkung auf mögliche Freier.«

AMINKOLPITIS

Sexuell übertragbare Krankheit, → STDs.

Aminkolpitis tritt meist in Verbindung mit anderen, sexuell übertragbaren Krankheiten auf; wie diese wird sie bei Sexualkontakten ohne Kondom übertragen, oft auch bei hintereinander vollzogenem Anal- und Vaginalverkehr.

Die Symptome einer Infektion äußern sich bei der Frau in Form dünngrauem Ausfluss mit charakteristischem Fischgeruch, beim Mann durch eine Entzündung und Rötung der Eichel.

AMNESTY FOR WOMEN E.V.

Beratung & Untertützung.

Amnesty for Women e.V. betreut Migrantinnen, die sich hier in Deutschland in einer Zwangslage befinden oder zur Prostitution gezwungen werden. Der Verein bietet den Frauen Betreuung unter dem Aspekt der Hilfe zur Selbsthilfe. Gemeinsam mit den ratsuchenden Frauen werden Lösungsmöglichkeiten entwickelt. Die Beratungen zu sozialrechtlichen Fragen sowie die psychosoziale Betreuung werden in den jeweiligen Landessprachen angeboten.

In einem Netzwerk von Hilfsorganisationen führt Amnesty for Women e.V. EU-Projekte durch, nämlich → *Tampep*, → *Fenarete*, Psyfem und → *Femmigration*, um präventiv über gesundheitliche und rechtliche Fragen zu informieren.

Als Träger firmiert Amnesty for Women außerdem für → *KOOFRA*, die Koordinierungsstelle gegen Frauenhandel.

• *KONTAKT: Amnesty for Women Städtegruppe Hamburg e.V., Große Bergstr. 231, 22767 Hamburg, Telefon 040/384753, Telefax 040/385758, info@amnestyforwomen.de, www.amnestyforwomen. de, Beratung in Englisch Mo 10-15 Uhr, Spanisch Mo, Di, Do 10-13, Thailändisch Di, Do 10-13 Uhr, Russisch Di 12-15 Uhr, Polnisch Di, Do 14-17 Uhr.*

ANALVERKEHR

Sexpraktik.

Synonyme: Arschfick, Griechisch, Pofick. Neulich in einer Kleinanzeige: »Triebhafte Blondine Anja, unbehaart und mit knackigem Po, besorgt's dir griechisch!«

Das bedeutet nicht, dass der geneigte → *Freier* zum Vollzug des Geschlechtsaktes unbedingt nach Griechenland reisen muss. Im alten Griechenland war nur die Knabenliebe weit verbreitet, weswegen sich »griechisch« in späteren Zeiten als verschleiernder Begriff für Analsex anbot. Unter Schwulen und daher auch unter → *Strichern* ist der Pofick gängige Praxis; in heterosexuellen Beziehungen Anlass für Auseinandersetzungen. Denn nicht jede Frau steht drauf, aber beinahe jeder Mann hätte es gerne mal ausprobiert. Deswegen sind es gar nicht wenige Männer, die bei Prostituierten um diese kleine Gefälligkeit bitten – nach aktuellen Erhebungen sind es annäherend 10 Prozent der

Freier, bei denen Analsex auf der Wunschliste steht. In den → *Clubs* und → *Bordellen* gehört Analsex zwar nicht zum Standardprogramm, trotzdem aber ist es eines von vielen möglichen Angeboten, die gegen einen Aufpreis zu haben sind. Doch Obacht: Analsex ist eine enge Angelegenheit, weswegen sowohl Prostituierte als auch Freier unbedingt auf »Safer Sex« achten sollten: Mit → *Kondom* und → *Gleitmittel.*

ANBLÄSERIN
Szenejargon.
Synonyme: → *Fluffer-Girl,* Vorkauerin

ANGESTELLTE
→ *Arbeitsvertrag*

ANIMIERBAR
Lat.: animare – Leben einhauchen, beseelen.
Animieren: anmachen, anregen, aufheitern, ermuntern, ermutigen, in Stimmung bringen, verführen. Animierbars und -lokale besitzen in der Regel eine Konzession für Alkoholausschank, vermieten jedoch keine Zimmer (→ *Zimmervermietung*). Das → *Gaststättengesetz* will es so: Würde nämlich in dem Lokal der → *Unsittlichkeit* Vorschub geleistet werden, was mit einer Zimmervermittlung an Prostituierte der Fall wäre, könne dem Betreiber umgehend die Lizenz für Getränkeausschank entzogen werden. Was dazu führt, dass – offiziell gesehen – sowohl Männer als auch Frauen nur Gäste in dem Lokal sind. Deshalb ist es oberstes Ziel der Animierdamen beziehungsweise, in selteneren Fällen, Animierherren, den Gast beziehungsweise die Frau oder den schwulen Mann dazu zu bewegen, Getränke zu spendieren. »Die Animierlokale setzen auf die Einsamkeit, die Langeweile, das Kommunikationsdefizit, die Abenteuerlust, die Vergnügungssucht, die Prahlsucht und den Leichtsinn des Gastes«, erklärt Kurt Starke in dem Buch »Lexikon der Erotik« (Knaur Verlag, Frankfurt 1996). »Sie fordern seine Trinkfestigkeit und seine Großzügigkeit heraus: sich nicht lumpen lassen; zeigen, dass man wer ist; Geld spielt keine Rolle.« An jedem hochpreisigen Piccolo oder Champagner, den der Gast spendiert, verdient nicht nur die Bar, sondern auch die Animierdame (beziehungsweise der Animierherr). Als Gegenleistung erhält der Gast ein

Gespräch, einige Komplimente und im Glücksfall einige oberflächliche Berührungen. Insofern unterscheiden sich Animierdamen eindeutig von → *Prostituierten.* In vielen Animierbars sind aber nicht selten → *Separées* eingerichtet, in die sich Dame und Gast für ein teures Getränk begeben, um zu kuscheln und andere Intimitäten, eine → *Handmassage* auszutauschen. Nicht selten dienen Bars auch als Kontaktraum für Prostituierte, die die → *Freier* auf ein Zimmer nehmen, das sie in einem Haus außerhalb des Lokals, möglicherweise ein → *Stundenhotel,* angemietet haben. Nicht selten ist der → *Betreiber* der Animierbar auch Besitzer der Beherbergungsstätte. Noch heute ist diese Form der Prostitution weit verbreitet, denn trotz → *Prostitutionsgesetz* existiert der »unsittliche« Passus im Gaststättengesetz, weswegen Behörden je nach moralischer Couleur einer Animierbar, die sich in einen → *Club* umwandelt, umgehend die Lizenz entziehen können. Eine der berühmtesten Animierbars Deutschlands ist das → *Café Pssst* in → *Berlin*, zu dem Betreiberin → *Felicitas Weigmann* im Hinterhaus eine Zimmervermietung betreibt. Solange sie keine illegalen → *Migrantinnen* beherbergt, → *Drogen* verkauft oder andere ungesetzliche Dinge macht, wird sie um ihre Gaststättenlizenz nicht bangen müssen. Eine besondere Form der Animierdame ist das → *Go-Go-Girl.*

ANIMIERDAME
Bardame in einer → *Animierbar*

ANIMIERHERR
Animateur in einer → *Animierbar*

ANNONCE AUFGEBEN
Szenejargon.
Synonyme: Fingern, jemandem eine Lampe bauen, pfeifen, verraten, → *verzinken*

ANSCHAFFEN
Szenejargon.
Das »Anschaffen« im Milieu hat nichts mit dem umgangssprachlichen Einkauf, der Anschaffung von Modeartikeln oder Einrichtungsgegenständen zu tun. Im Gegenteil: »Anschaffen« ist zurückzuführen auf

»schaffen«, und das wird laut Duden im Neuhochdeutschen unterschieden zwischen starkem Verb mit der Bedeutung »schöpferisch gestaltend hervorbringen« und dem schwachen Verb, das »zustande bringen; tätig sein« bedeutet und im Südwesten Deutschlands auch für »arbeiten« gebraucht wird.

Daher stammt auch die inzwischen umgangssprachlich eher abfällig verwendete Beschreibung der Arbeit einer Hure: Sie geht (Geld) anschaffen.

ANWERBER/IN

Szenejargon.

Synonyme: → *Arbeitsvermittlungsagenturen,* Menschenhändler. Das erste Glied einer komplexen Kette: AnwerberInnen sprechen Frauen an, um ihnen gutbezahlte Jobs im Ausland zu versprechen. Meist übergeben die AnwerberInnen die Frauen nach erfolgreicher Anwerbung, die die Frauen meist schon viel Geld kostet, an die → *Schleuser*, die sie in das versprochene Land bringen sollen.

Siehe dazu auch → *Menschenhandel.*

APHRODITE

Selbsthilfegruppe für Prostituierte.

Angelina Schawe weiß, wovon sie spricht: 1999 fiel die → *Münchner* → *Steuer*fahndung in ihren → *Club* ein und kam zu der Auffassung, dass die dort arbeitenden Prostituierten als Arbeitnehmerinnen anzusehen seien, Schawe somit Lohn- und Umsatzsteuer abzuführen habe. Die Schätzung der Steuerfahndung kam zu dem Ergebnis, dass sie über neun Millionen Mark nachzuzahlen habe. Durch das Münchner Arbeitsamt machte Schawe aus der Not eine Tugend und eine Umschulung zur Steuerfachangestellten. Als sie erfuhr, dass es anderen → *Clubbetreibern* in München ähnlich wie ihr erging, die Prostituierten noch dazu Angst hatten, wegen möglicher Steuernachforderungen belangt zu werden, gründete sie im Januar 2002 Aphrodite, die Selbsthilfegruppe für Prostituierte.

Einmal monatlich treffen sich die Teilnehmerinnen zum »Stammtisch«, beschäftigen sich mit der rechtlichen Situation von Prostituierten und → *Bordell*betreibern, machen politische Lobbyarbeit mit dem Ziel der Entkriminalisierung von Prostitution, leisten Presse- und Öffentlichkeitsarbeit und vernetzen sich mit anderen Organisationen in der Bundesrepublik. »Wir kämpfen für die allgemeine Anerkennung der Prostituierten und Betreiber mit allen Rechten und Pflichten und unser Recht als selbstständige UnternehmerInnen«, so Angelina Schawe. »Unsere bisherigen bezahlten Steuergelder nahm und nimmt man ja auch bedenkenlos, ohne sich über Sitte und Moral Gedanken zu machen.«

• *KONTAKT: Aphrodite, Selbsthilfegruppe für Prostituierte, Postfach 380247, 80615 München, Telefon 0179/6811297*

APPARTEMENTPROSTITUTION

Prostitutionsform.

Synonym: → *Wohnungsprostitution.*

ARBEITSAMT

Bundesanstalt für Arbeit.

Prostitution ist seit Inkrafttreten des → *Prostitutionsgesetzes* ein legales → *Rechtsgeschäft, wird* → *Huren* der Zugang zur Sozialversicherung gewährt. Ihre Tätigkeit ist nicht länger → *sittenwidrig.* Mit dem → *Bundesverband Sexuelle Dienstleistungen e.V.* hat sich Mitte 2002 der erste Berufsverband gegründet, selbst die Vereinte Dienstleistungsgewerkschaft Verdi (→ *Gewerkschaft),* Fachbereich »Besondere Dienstleistung«, bemüht sich seit Anfang 2003 in einem eigens gegründeten Arbeitskreis Prostitution um »arbeitsrechtliche Beratung, Entwicklung eines → *Arbeitsvertrages*, Beratung in Steuerfragen, Unterstützung bei Vernetzungen, Zusammenarbeit mit Ausstiegsprojekten, Arbeitsvermittlungsangebote in andere Branchen durch ›job check‹, Lobbyarbeit im politischen Raum«.

Einzig die Bundesanstalt für Arbeit mag sich auf die veränderte Rechtslage nicht einstellen, wie jüngst auch ein Bordellbesitzer in spe, Ulrich Küperkoch, im sächsischen Markersdorf, erfahren musste. Laut eines »Spiegel«-Berichtes beabsichtigte Küperkoch eine Stellenausschreibung über das zuständige Arbeitsamt in Görlitz. Zuerst spielte die Behörde mit und stellte das Job-Angebot in den bundesweiten Stellenpool (»Berufskennziffer 9139101: Prostituierte/r«), dann kamen die Bedenken. »Hatte sich die Behörde Mitte Mai noch herzlich für den Vermittlungsauftrag bedankt, folgte wenige Tage darauf die Ablehnung«, berichtet der »Spiegel«. »Ein Widerspruch Küperkochs wurde Anfang Juli [2003, d. Aut.] abgeschmettert: Man führe im Bereich der Prostitution keine Arbeitsvermittlung durch, hieß es, ›weil der damit verbundene Aufwand die bisherige Entwicklung in diesem Marktsegment nicht rechtfertigt‹.«

Die harsche Ablehnung verwundert, setzt die → *Rotlicht*branche doch jährlich knapp 6 Milliarden Euro um, so viel wie so mancher Großkonzern, den die Bundesbehörden mit Millionen Euro subventionieren, damit er 500 Arbeitsplätze schafft. Doch es bleibt dabei: Im Bereich der Prostitution werde auch künftig generell nicht vermittelt, stellte ein Sprecher der Bundesanstalt für Arbeit in Nürnberg Ende Juli gegenüber dem »Tagesspiegel« klar.

ARBEITSKREIS DER DEUTSCHSPRACHIGEN STRICHERPROJEKTE

Zusammenschluss.

1993 schlossen sich die ersten Stricherprojekte Deutschlands in dem »Arbeitskreis der Stricherprojekte in Deutschland« zusammen, um das noch junge Tätigkeitsfeld »Stricherarbeit« strukturell zu stärken und inhaltlich weiter zu entwickeln. Mittlerweile besteht der Arbeitskreis aus sechs deutschen (→ *Basis e.V.*, → *Café Strich-Punkt*, → *Marikas*, → *SUB/WAY berlin e.V.* → *KISS*, → *Looks e.V.*) und zwei deutschsprachigen Projekten in den Niederlanden (AMOC/DHV, Stadhouderskade 159, NL-1074 BC Amsterdam, Telefon 0031/20/6721192, Telefax 0031/20/6719694, www.amoc.demon.nl) und der Schweiz (Herrmann, Häringstraße 15, CH-8001 Zürich, Telefon 0041/1/2603 444, Telefax 0041/1/2603444, www.malesexwork.ch) und nennt sich »Arbeitskreis der deutschsprachigen Stricherprojekte« – AKSD; die Mitarbeiter der Projekte treffen sich zweimal im Jahr zum Diskurs.

»Ziele dieser Vernetzung sind ein intensiver inhaltlicher Austausch und die konzeptionelle Weiterentwicklung der Stricherarbeit sowie gemeinsame Projekte im Rahmen der Präventionsarbeit und psychosozialen Versorgung der Zielgruppe.

Darüber hinaus soll im Rahmen von politischer Arbeit und Öffentlichkeitsarbeit der Diskriminierung und Stigmatisierung entgegengewirkt und die gesellschaftliche Situation männlicher Prostituierter verbessert werden«, lassen die Projektmitarbeiter in ihren

2000 veröffentlichten »Richtlinien für die soziale Arbeit mit Strichern« wissen.

ARBEITSLOSENGELD

→ *Sozialversicherung*

ARBEITSVERMITTLUNGSAGENTUREN

Scheinfirmen.

Synonym: → *Anwerber,* Menschenhändler. Es mag durchaus seriöse geben, das steht außer Frage. Doch wo Seriosität herrscht, ist das Unseriöse bekanntlich nicht weit. Arbeitsvermittlungsagenturen sind vor allem im → *osteuropäischen* Raum operierende, nobel eingerichtete Servicecenter, die unter dem legalen Deckmantel der Arbeitsvermittlung Frauen gutbezahlte Jobs im Ausland versprechen. »Eine normale russische Mutter, die mit ihrer Tochter vorbeischaut, würde nicht auf die Idee kommen, dass sie hier ihr Kind verkauft«, erklärt Uta Ludwig, Koordinatorin bei dem Frauenberatungsprojekt → *Belladonna e.V.* in → *Frankfurt a.d. Oder.*

Tatsächlich werden die Frauen auch vermittelt, allerdings für viel Geld an → *Schleuser*, die sie mit einem Touristenvisum in die Zielländer verfrachten und sie dort an → *Zuhälter* und/oder skrupellose → *Bordell*betreiber verkaufen, die die Frauen dann anstatt in eine Bäckerei oder Modelagentur in die Prostitution bringen. Die → *Abstecke*, die Zuhälter oder Bordellbetreiber an die Schleuser bezahlen, müssen die Frauen abarbeiten. Das System funktioniert somit schlicht und perfide und nutzt die Unwissenheit der Frauen aus: Ihnen wird in der Arbeitsvermittlungsagentur erklärt, sie können das Geld für die Vermittlung beziehungsweise das Visum später zurückzahlen, sobald sie erst einmal den gut bezahlten Job im Zielland angetreten haben. Angesichts der Schulden, die sich auf dem Weg ins Zielland summieren, müssen sich die Frauen zwangsläufig prostituieren. Wehren sie sich, drohen die Männer, sie an die Polizei zu verraten, denn meist ist das Touristenvisum abgelaufen, die Frau inzwischen illegal in Deutschland. Sie haben also nicht nur Angst vor den Zuhältern, sondern auch vor den deutschen Behörden.

In diesem Fall spricht man von → *Menschenhandel* (oder → *Zwangsprostitution).*

ARBEITSVERTRAG

Berufliche Sicherheit.

Das neue → *Prostitutionsgesetz* schien das für Prostituierte und Hurenverbände überholte System endlich zu reformieren. Die Zukunft sah so aus: Keine risikoreichen Mietverträge im Rahmen der tückischen → *Zimmervermietung* mehr, sondern feste Arbeitszeiten und geregelter Arbeitslohn, sprich soziale Absicherung. Knapp zwei Jahre nach Inkrafttreten des Gesetzes sind zwar erste Ansätze erkennbar. Sogar die Vereinigte Dienstleistungsgewerkschaft Verdi in Berlin, Fachbereich »Besondere Dienstleistungen«, hat mit den Beratungsstellen und Hurenverbänden einen bundesweiten Arbeitskreis initiiert, in dem über die Konzeptionierung idealer Arbeitsverträge nachgedacht wird (siehe dazu auch → *Gewerkschaft*). In Bezug auf das Arbeitsverhältnis der Prostituierten hat Peter Bremme, Sprecher der AK Prostitution beim Verdi-Bundesvorstand, folgende Grundsätze benannt: »Arbeitsvertrag, der das Weisungsrecht des Arbeitgebers einschränkt, so dass nicht durch das Arbeitsrecht sexuelle Handlungen erzwungen werden können. Sexarbeiterinnen verlieren ihren Vergütungsanspruch nicht – auch wenn sie ihre Dienstleistungen aus welchen Gründen auch immer nicht anbieten können. Rechtliche Transparenz im weitesten Sinne von Arbeitgeber-Arbeitnehmerbeziehungen in Bordellen etc. Mitbestimmungsmöglichkeiten für SexarbeiterInnen. Besonderer Gesundheitsschutz.«

In Dortmund, berichtet die → *Dortmunder Mitternachtsmission e.V.*, die im Verdi-Arbeitskreis sitzt, sind insbesondere auf ihr Bemühen hin tatsächlich erste Arbeitsverträge zwischen → *Bordell*betreibern und Prostituierten nicht nur entstanden, sondern auch unterzeichnet. Das allerdings ist die rühmliche Ausnahme – bundesweit.

Denn für die Mehrzahl der → *Club*betreiberInnen und BordellbesitzerInnen Deutschlands, so rechtschaffen sie arbeiten, sind Arbeitsverträge undenkbar, da mit viel zu vielen Risiken behaftet. Tatsächlich dürfen sie zwar über Ort und Zeit der jeweiligen Mitarbeiterinnen, also der Prostituierten, bestimmen, darüber hinaus jedoch ist die Mitarbeiterin nicht weisungsgebunden. Da der »§181a Zuhälterei« im → *Strafgesetzbuch* nach wie vor unverändert blieb, ist nicht ausgeschlossen, dass ArbeitgeberInnen von Prostituierten der → *Zuhälterei* angeklagt werden können. Was das konkret bedeutet, erläutert Marion Detlefs von der Beratungsstelle → *Hydra e.V.* in Berlin: »Die Chefin eines Bordells darf den Arbeitsort und die Arbeitszeit ihrer Angestellten bestimmen. Weitergehende Definitionen über die Arbeitsweise der beschäftigten Frauen sind ihr jedoch untersagt. Das bedeutet für die Betreiberin konkret, dass sie kein Preis- oder Leistungsangebot in ihrem eigenen Laden aufbauen kann, was in anderen wirtschaftlichen Branchen sehr wohl üblich ist. Die Bordellbetreiberin jedoch würde sich durch eine solche schriftliche Anweisung immer noch der Zuhälterei strafbar machen. Der positive Aspekt von Arbeitsverträgen für die Prostituierten, nämlich die Eingliederung in das Sozialsystem, wie Krankenversicherung, Arbeitslosengeld und Rente, geht durch diese Schwierigkeiten völlig verloren. Eine Arbeitgeberin, die nur einen derart unkonkreten Arbeitsvertrag ausschreiben darf, wird sich aus Gründen der Rentabilität hüten, solche anzubieten, da sie sonst ihren Betrieb höchstwahrscheinlich schließen müsste. Was macht sie denn, wenn sie eine Frau einstellt, die einen Monat nur herumsitzt und keinen Mann bedient, die sie aber laut Vertrag bezahlen muss?«

Nicht nur das, für die Staatsanwaltschaft → *München* stellte ein abgeschlossener Arbeitsvertrag mit freiwillig getroffenen Vereinbarungen selbst über Ort und Zeit der Prostitutionsausübung noch einen Anlass dar, gegen die ArbeitgeberInnen wegen des Verdachts auf Zuhälterei zu ermitteln. Verkehrte Gesetzeswelt!

Angesichts der offenkundig waltenden Behördenwillkür bleibt es schwierig, entsprechende Arbeitsverträge zu konzipieren. Erschwerend kommt hinzu, das soll nicht verschwiegen werden, dass eine Vielzahl der in der Prostitution tätigen Frauen die Grauzone ihrer Arbeit gar nicht erst verlassen wollen: Entweder haben sie Angst vor der Öffentlichkeit, Familie, Freunden und Bekannten, vor der sie ihre Tätigkeit bisher geheim gehalten haben. Oder sie wollen in der Prostitution schnell und einfach Geld verdienen, ohne Abgaben und Verpflichtungen dem Staat gegenüber.

»Viele Prostituierte, die ich seit 1988 interviewt habe, wollen auch weiterhin eine strikte Trennung von Arbeit im Milieu und Privatleben in der bürgerlichen Gesellschaft aufrechterhalten«, sagt Emilija Mitrovic von der Hochschule für angewandte Wissenschaften. »Außerdem ist die Vorstellung vieler Frauen, die anschaffen gehen, dass dieses nur für kurze Zeit ist, bis die Schulden abgezahlt sind, bis das Studium finanziert ist, bis sie sich eine Anschaffung leisten können ... Die Realität ist dann in der Regel anders.«

ARSCHFICK

Sexpraktik.
Synonyme: → *Analverkehr*, Griechisch, Pofick

DER ARZT VON ST. PAULI

Kinofilm.
»Ach komm, lass stecken!« ist des Arztes liebster Satz, und damit kommt er beim gemeinen Pöbel auf → *St. Pauli* natürlich bestens an. Dr. Jan Diffring ist einer aus dem Volk, einer, der weiß, wie alles läuft, und trotzdem rechtschaffen bleibt. So einen trifft man selten, vor allem auf dem Kiez. Anders sein Bruder Claus, ein Tunichtgut und Schwerenöter der High Society, der nichts lieber macht, als die Not schwangerer Patientinnen auszunutzen, um sie zur → *Prostitution* zu zwingen. Das ist die andere Seite der → *Reeperbahn*, hier tummeln sich Kriminielle, Gangster, Drogendealer. Als der Seemann Hein Jungerman des Mordes an seiner Ex-Freundin und deren Freundin verdächtigt wird, steht ihm Diffring zur Seite und deckt ein Komplott seines Bruders und dessen verbrecherischer High Society auf. – »›Der Arzt von St. Pauli‹ ist mit geradezu tödlicher Sicherheit das emotional ungezügeltste Fest, welches das deutsche Genre-Kino je in Szene gesetzt hat«, stellt der Terror Verlag fest. »Und dieser Streifen hat das Prädikat St. Pauli-Film wirklich verdient. Nicht nur sämtliche Außenaufnahmen wurden in Hamburg und seinem berühmtesten Stadtteil gedreht. Franz Xaver Lederle [d.i. der Kameramann, d. Aut.] fing diesmal ganz besonders harmonische und stilvolle Bilder vor Ort ein.« Gleichwohl hat der Regisseur damit nicht die Moral von der Geschicht' seines ersten von fünf St. Pauli-Filmen transportieren können. Möglicherweise dadurch, dass die wahren Verbrecher im Anzug stecken und nicht – wie vielfach behauptet – im »anrüchigen Milieu« auf St. Pauli.
• ***DER FILM:** Der Arzt von St. Pauli. BRD 1968, 106 Min. Regie: Rolf Olsen. Darsteller: Curd Jürgens (Jan Diffring), Horst Naumann (Claus Diffring), Christiane Rücker (Margot Rau), Heinz Reincke (Willi Nippes), Fritz Wepper (Hein Jungerman), Susanne Roquette (Elisabeth Langhoff), Marianne Hoffmann (Karin Steffen)*

»AUF DEN STRICH GEHEN«

Prostitutionsform.

Umgangssprachlich für: Sich prostituieren. Siehe dazu auch → *Strich*

AUF DER REEPERBAHN NACHTS UM HALB EINS

Film & Evergreen.

Nach langer Fahrt auf See kehrt der Matrose Hannes Wedderkamp zurück nach Hamburg, wo er erfährt, dass er inzwischen Vater geworden ist. Als Vater der Tochter gab sich bislang allerdings Wedderkamps alter Freund Pittes Breuer aus, dessen schlechtlaufendes Amüsierhippodrom auf der → *Reeperbahn* Hannes mit einer erfolgreichen Revue erst einmal wieder auf Touren bringt. Er wehrt eine Gangsterbande ab und rettet Pittes das Leben. Sein eigenes Leben gewinnt an Festigkeit, je länger er an Land ist. Doch er bringt es nicht übers Herz, seine Tochter Annie über sich, ihren wirklichen Vater, aufzuklären. Auf der Reeperbahn nachts um halb eins setzt Wedderkamp deshalb wieder den Elbsegler auf den Kopf und geht an Bord, heimlich und ohne einen Blick zurück ... Wie kein anderer beschwören Film und gleichnamiger Song, interpretiert von Hauptdarsteller → *Hans Albers* selbst, die glänzende Zeit der Hamburger Sündenmeile. Noch heute wird der von Ralph Arthur Roberts komponierte und getextete Evergreen immer wieder gerne herbeizitiert, wenn die Rede ist von → *Hamburg*, Reeperbahn, → *Rotlicht* und den netten Girls. Und wie auch → *Große Freiheit Nr. 7* erzählt »Auf der Reeperbahn nachts um halb eins«, am 16. Dezember 1954 in der »Barke« Hamburg uraufgeführt, von Gaunern, schrägen Vögeln, Bonvivants, Salonlöwen und Herzensbrechern auf → *St. Pauli*, für die dennoch Herz und Schnauze, Gradlinigkeit und Kameradschaftsgeist, Ehrlichkeit und Anständigkeit an erster Stelle stehen. Ein verklärender Blick auf den alten → *Kiez*.

1969 dreht der Regisseur → *Rolf Olsen* im Rahmen seiner fünfteiligen St. Pauli-Reihe mit → *Curd Jürgens* ein Remake des Albers-Klassikers: Aber »abgesehen von einem leicht melodramatischen Element (der Kapitän verliebt sich in die Tochter seines besten Freundes und erfährt, dass es in Wahrheit seine eigene leibhaftige Tochter ist) und der Tatsache, dass Curd Jürgens wie einst Hans Albers Seemannslieder schmettert, haben beide Storys nicht viel gemeinsam«, schreibt Manfred Hobsch in seinem Buch »Mach's noch einmal. Das große

Buch der Remakes« (Schwarzkopf & Schwarzkopf Verlag, Berlin 2003).

• *DER FILM: Auf der Reeperbahn nachts um halb eins. BRD 1954, 111 Min. Regie: Wolfgang Liebeneiner. Darsteller: Hans Albers (Hannes Wedderkamp), Heinz Rühmann (Pittes Breuer) Fita Benkhoff (Luise), Helga Franck (Anni), Gustav Knuth (Brandstetter sen.)*

AUFREISSER

Szenejargon.

Synonym: → *Poussierstengel*

» ... AUFRUFEN«

Szenejargon.

Wenn ein → *Zuhälter* oder → *Poussierstengel* als → *Abstand* für eines seiner → *Pferdchen* beispielsweise fünftausend Euro verlangt, dann ruft er einen Fünfer auf. Er kann, je nach Wertigkeit der Prostituierten, auch einen Zehner oder Zwanziger aufrufen. Die Summe ist variabel.

»... AUFSTELLEN«

Szenejargon.

→ *»... Drauftun«*. Wenn ein → *Zuhälter* oder → *Poussierstengel* sagt, er möchte »eine Alte aufstellen«, dann meint er damit, dass er um eine Frau → *poussiert* und sie anschließend ins → *Bordell* oder auf den → *Strich* schickt, wo sie vor dem Zimmer oder auf der Straße auf die Freier wartet.

»AUF TREBE«

Jidd: tre(j)fe, trebe – nicht koscher.

Jugendliche, die von zuhause ausgerissen sind und sich herumtreiben, sind im Szenejargon »auf Trebe«. Man bezeichnet sie auch als → *Trebegänger.* Viele verdienen sich ihren Lebensunterhalt durch → *Prostitution.*

Siehe dazu auch → *Babystrich,* → *Kinderprostitution,* → *Pädo-Kreise,* → *Stricher.*

AUSLÄNDERGESETZ

Mehr als die Hälfte der in Deutschland in der Prostitution tägigen Frauen stammen aus dem Ausland. Sie sind → *Migrantinnen* und in der Regel freiwillig nach Deutschland gekommen, weil sie sich hier Arbeit und Geld versprechen. Viele kommen mit dem Wissen, in der Prostitution zu arbeiten. Doch dass das Ausländergesetz ihnen die Arbeit in Deutschland verbietet, ist nur den wenigsten von ihnen bekannt. → *Frauenhändler* haben Mittel und Wege, den Frauen trotzdem Einreise, Aufenthalt und Arbeit zu ermöglichen. Sie verheiraten die Frauen, häufig mit einem Zuhälter in Deutschland.

§ 19 Eigenständiges Aufenthaltsrecht der Ehegatten

(1) Die Aufenthaltserlaubnis des Ehegatten wird im Falle der Aufhebung der ehelichen Lebensgemeinschaft als eigenständiges, von dem in § 17 Abs. 1 bezeichneten Aufenthaltszweck unabhängiges Aufenthaltsrecht verlängert, wenn

1. die eheliche Lebensgemeinschaft seit mindestens zwei Jahren rechtmäßig im Bundesgebiet bestanden hat,
2. die eheliche Lebensgemeinschaft rechtmäßig im Bundesgebiet bestanden hat und es zur Vermeidung einer besonderen Härte erforderlich ist, dem Ehegatten den weiteren Aufenthalt zu ermöglichen, es sei denn, für den Ausländer ist die Erteilung einer unbefristeten Aufenthaltserlaubnis ausgeschlossen, oder
3. der Ausländer gestorben ist, während die eheliche Lebensgemeinschaft im Bundesgebiet bestand, und wenn
4. der Ausländer bis zum Eintritt der in den Nummern 1 bis 3 bezeichneten Voraussetzungen im Besitz der Aufenthaltserlaubnis oder Aufenthaltsberechtigung war, es sei denn, er konnte aus von ihm nicht zu vertretenden Gründen nicht rechtzeitig die Verlängerung der Aufenthaltserlaubnis beantragen.

Eine besondere Härte im Sinne von Satz 1 Nr. 2 liegt insbesondere vor, wenn dem Ehegatten wegen der aus der Auflösung der ehelichen Lebensgemeinschaft erwachsenden Rückkehrverpflichtung eine erhebliche Beeinträchtigung seiner schutzwürdigen Belange droht, oder wenn dem Ehegatten wegen der Beeinträchtigung seiner schutzwürdigen Belange das weitere Festhalten an der ehelichen Lebensgemeinschaft unzumutbar ist; zu den schutzwürdigen

Belangen zählt auch das Wohl eines mit dem Ehegatten in familiärer Lebensgemeinschaft lebenden Kindes. Zur Vermeidung von Missbrauch kann die Verlängerung der Aufenthaltserlaubnis in den Fällen des Satzes 1 Nr. 2 versagt werden, wenn der Ehegatte aus einem von ihm zu vertretenden Grund auf die Inanspruchnahme von Sozialhilfe angewiesen ist.

(2) In den Fällen des Absatzes 1 ist die Aufenthaltserlaubnis für ein Jahr zu verlängern; die Inanspruchnahme von Sozialhilfe steht dieser Verlängerung, unbeschadet des Absatzes 1 Satz 3, nicht entgegen. Danach kann die Aufenthaltserlaubnis befristet verlängert werden, solange die Voraussetzungen für die unbefristete Verlängerung nicht vorliegen.

(3) Die Verlängerung der Aufenthaltserlaubnis kann unbeschadet des Absatzes 2 Satz 1 versagt werden, wenn gegen den Ehegatten ein Ausweisungsgrund vorliegt.

(4) Im Übrigen wird die Aufenthaltserlaubnis eines Ehegatten mit der unbefristeten Verlängerung zu einem eigenständigen, von dem in § 17 Abs. 1 bezeichneten Aufenthaltszweck unabhängigen Aufenthaltsrecht.

Der Paragraph besagt: Ausländischen Ehefrauen, die mit ihren ausländischen Männern eingereist sind, Deutsche geheiratet haben oder im Rahmen des Familiennachzugs in die BRD kamen, steht zwar kein eigenes, dafür ein vom Ehepartner abgeleitetes Aufenthaltsrecht zu. Das ist nicht ganz unproblematisch, denn für Frauen, die in Deutschland arbeiten wollen, deshalb verheiratet, anschließend mit legalem Aufenthaltsstatus der Prostitution zugeführt werden, bedeutet dies in eine Zwangslage zu geraten: Begehrt sie nämlich gegen ihre Situation auf, hat sie nicht nur den Zuhälter, vielfach ihr Mann, sondern auch die Ausländerbehörde gegen sich. Der Zuhälter droht mit Scheidung, die Ausländerbehörde dementsprechend mit Ausweisung gemäß § 45.

Ausweisung droht auch den Frauen, die nicht verheiratet sind, keinen legalen Aufenthaltsstatus genießen, bei einer Razzia im Bordell entdeckt werden.

§ 45 Ausweisung
(1) Ein Ausländer kann ausgewiesen werden, wenn sein Aufenthalt die öffentliche Sicherheit und Ordnung oder sonstige erhebliche Interessen der Bundesrepublik Deutschland beeinträchtigt.
(2) Bei der Entscheidung über die Ausweisung sind zu berücksichtigen
1. die Dauer des rechtmäßigen Aufenthalts und die schutzwürdigen persönlichen, wirtschaftlichen und sonstigen Bindungen des Ausländers im Bundesgebiet,
2. die Folgen der Ausweisung für die Familienangehörigen des Ausländers, die sich rechtmäßig im Bundesgebiet aufhalten und mit ihm in familiärer Lebensgemeinschaft leben, und
3. die in § 55 Abs. 2 genannten Duldungsgründe.
(3) Eine Verwaltungsvorschrift eines Landes, Ausländer oder bestimmte Gruppen von Ausländern bei Vorliegen der in Absatz 1 und in § 46 bezeichneten Gründe oder einzelner dieser Gründe nicht oder in der Regel nicht auszuweisen, bedarf des Einvernehmens mit dem Bundesministerium des Innern.

Wie die unter (1) genannten »sonstigen erheblichen Interessen der Bundesrepublik Deutschland« beeinträchtigt werden können, klärt § 46:

§ 46 Einzelne Ausweisungsgründe
Nach § 45 Abs. 1 kann insbesondere ausgewiesen werden, wer
1. die freiheitliche demokratische Grundordnung oder die Sicherheit der Bundesrepublik Deutschland gefährdet oder sich bei der Verfolgung politischer Ziele an Gewalttätigkeiten beteiligt oder öffentlich zur Gewaltanwendung aufruft oder mit Gewaltanwendung droht,
2. einen nicht nur vereinzelten oder geringfügigen Verstoß gegen Rechtsvorschriften oder gerichtliche oder behördliche Entscheidungen oder Verfügungen begangen oder außerhalb des Bundesgebiets eine Straftat begangen hat, die im Bundesgebiet als vorsätzliche Straftat anzusehen ist,
3. gegen eine für die Ausübung der Gewerbsunzucht geltende Rechtsvorschrift oder behördliche Verfügung verstößt,

4. Heroin, Cocain oder ein vergleichbar gefährliches Betäubungsmittel verbraucht und nicht zu einer erforderlichen, seiner Rehabilitation dienenden Behandlung bereit ist oder sich ihr entzieht,
5. durch sein Verhalten die öffentliche Gesundheit gefährdet oder längerfristig obdachlos ist,
6. für sich, seine Familienangehörigen, die sich im Bundesgebiet aufhalten und denen er allgemein zum Unterhalt verpflichtet ist, oder für Personen in seinem Haushalt, für die er Unterhalt getragen oder auf Grund einer Zusage zu tragen hat, Sozialhilfe in Anspruch nimmt oder in Anspruch nehmen muss oder
7. Hilfe zur Erziehung außerhalb der eigenen Familie oder Hilfe für junge Volljährige nach dem Achten Buch Sozialgesetzbuch erhält; das gilt nicht für einen Minderjährigen, dessen Eltern oder dessen allein personensorgeberechtigter Elternteil sich rechtmäßig im Bundesgebiet aufhalten.

Entscheidend ist Absatz 3: Prostitution ist nach dem → *Prostitutionsgesetz* zwar nicht mehr → *sittenwidrig,* doch die Interpretation des Ausländergesetzes lässt durchaus eine Ausweisung wegen der »Ausübung der Gewerbsunzucht« zu – und dabei ist es ganz egal, ob die Frau freiwillig oder gezwungen in der Prostitution arbeitet.

§ 42 Ausreisepflicht

(1) Ein Ausländer ist zur Ausreise verpflichtet, wenn er eine erforderliche Aufenthaltsgenehmigung nicht oder nicht mehr besitzt.

(2) Die Ausreisepflicht ist vollziehbar, wenn der Ausländer
1. unerlaubt eingereist ist,
2. nach Ablauf der Geltungsdauer seiner Aufenthaltsgenehmigung noch nicht die Verlängerung oder die Erteilung einer anderen Aufenthaltsgenehmigung beantragt hat

der

3. noch nicht die erstmalige Erteilung der erforderlichen Aufenthaltsgenehmigung beantragt hat und die gesetzliche Antragsfrist abgelaufen ist.

Im Übrigen ist die Ausreisepflicht erst vollziehbar, wenn die Versagung der Aufenthaltsgenehmigung oder der sonstige Verwaltungsakt, durch den der Ausländer nach Absatz 1 ausreisepflichtig wird, vollziehbar ist.

(3) Ist die Ausreisepflicht vollziehbar, hat der Ausländer das Bundesgebiet unverzüglich oder, wenn ihm eine Ausreisefrist gesetzt ist, bis zum Ablauf der Frist zu verlassen. Die Ausreisefrist endet spätestens sechs Monate nach dem Eintritt der Unanfechtbarkeit der Ausreisepflicht. Sie kann in besonderen Härtefällen befristet verlängert werden.

(4) Durch die Einreise in einen anderen Mitgliedstaat der Europäischen Gemeinschaften genügt der Ausländer seiner Ausreisepflicht nur, wenn ihm Einreise und Aufenthalt dort erlaubt sind.

(5) Ein ausreisepflichtiger Ausländer, der seine Wohnung wechseln oder den Bezirk der Ausländerbehörde für mehr als drei Tage verlassen will, hat dies der Ausländerbehörde vorher anzuzeigen.

(6) Der Pass oder Passersatz eines ausreisepflichtigen Ausländers soll bis zu dessen Ausreise in Verwahrung genommen werden.

(7) Ein Ausländer kann zum Zweck der Aufenthaltsbeendigung in den Fahndungshilfsmitteln der Polizei zur Aufenthaltsermittlung und Festnahme ausgeschrieben werden, wenn sein Aufenthalt unbekannt ist. Im Fall des § 8 Abs. 2 Satz 1 kann er zum Zweck der Einreiseverhinderung außerdem zur Zurückweisung und für den Fall des Antreffens im Bundesgebiet zur Festnahme ausgeschrieben werden.

Von den Ermittlungsbehörden aufgegriffen, wird eine Ausreisefrist im Rahmen der Abschiebeandrohung festgelegt. Wird ausnahmsweise keine Abschiebungsandrohung erlassen, kann die Ausländerbehörde nach § 42 Abs. 3 eine Ausreise bestimmen.

Eine Abschiebung kann verhindert werden:

§ 53 Abschiebungshindernisse

(1) Ein Ausländer darf nicht in einen Staat abgeschoben werden, in dem für diesen Ausländer die konkrete Gefahr besteht, der Folter unterworfen zu werden.

(2) Ein Ausländer darf nicht in einen Staat abgeschoben werden, wenn dieser Staat den Ausländer wegen einer Straftat sucht und

die Gefahr der Todesstrafe besteht. In diesen Fällen finden die Vorschriften über die Auslieferung entsprechende Anwendung.

(3) Liegt ein förmliches Auslieferungsersuchen oder ein mit der Ankündigung eines Auslieferungsersuchens verbundenes Festnahmeersuchen eines anderen Staates vor, kann der Ausländer bis zur Entscheidung über die Auslieferung nicht in diesen Staat abgeschoben werden.

(4) Ein Ausländer darf nicht abgeschoben werden, soweit sich aus der Anwendung der Konvention zum Schutze der Menschenrechte und Grundfreiheiten vom 4. November 1950 (BGBl. 1952 II S. 686) ergibt, dass die Abschiebung unzulässig ist.

(5) Die allgemeine Gefahr, dass einem Ausländer in einem anderen Staat Strafverfolgung und Bestrafung drohen können, und, soweit sich aus den Absätzen 1 bis 4 nicht etwas anderes ergibt, die konkrete Gefahr einer nach der Rechtsordnung eines anderen Staates gesetzmäßigen Bestrafung stehen der Abschiebung nicht entgegen.

(6) Von der Abschiebung eines Ausländers in einen anderen Staat kann abgesehen werden, wenn dort für diesen Ausländer eine erhebliche konkrete Gefahr für Leib, Leben oder Freiheit besteht. Gefahren in diesem Staat, denen die Bevölkerung oder die Bevölkerungsgruppe, der der Ausländer angehört, allgemein ausgesetzt ist, werden bei Entscheidungen nach § 54 berücksichtigt.

Von der Abschiebung wird abgesehen, wenn in dem Herkunftsland Gefahren für Leib, Leben oder Freiheit bestehen und die nicht auf eine mögliche Bestrafung oder Rechtsverfolgung beruhen. Dabei ist der besonderen Gefährdung von Zeuginnen und Zeugen aufgrund ihrer Mitwirkung in einem deutschen Strafverfahren wegen organisierter Kriminalität (zum Beispiel → *Menschenhandel*, → *Zwangsprostitution*) Rechnung zu tragen. Eine individuell-konkrete Gefahr in einem anderen Staat besteht nicht, wenn sie sich mit beachtlicher Wahrscheinlichkeit auch im Bundesgebiet verwirklichen kann.

Sind diese Fälle nicht gegeben, muss die Frau ausreisen. Bei der Einräumung und Bemessung der Ausreisefrist werden öffentliche Interessen berücksichtigt. Sprechen beispielsweise konkrete Tatsachen oder andere Anhaltspunkte dafür, dass eine ausreisepflichtige Person von Menschenhandel betroffen ist, so ist grundsätzlich eine Frist zur freiwilligen Ausreise von mindestens vier Wochen vorgesehen.

In dieser Zeit kann die Person überlegen, ob sie als so genannte Opferzeugin gegen die Täter aussagt. Sie kann sich dabei durch spezielle Beratungsstellen betreuen und helfen lassen. Entscheidet sie sich gegen die Aussage, muss sie innerhalb der vier Wochen ihre persönlichen Angelegenheiten regeln und die Ausreise vorbereiten.

Entscheidet sich die Betroffene für eine Aussage, tritt § 55 in Kraft:

§ 55 Duldungsgründe

(1) Die Abschiebung eines Ausländers kann nur nach Maßgabe der Absätze 2 bis 4 zeitweise ausgesetzt werden (Duldung).

(2) Einem Ausländer wird eine Duldung erteilt, solange seine Abschiebung aus rechtlichen oder tatsächlichen Gründen unmöglich ist oder nach § 53 Abs. 6 oder § 54 ausgesetzt werden soll.

(3) Einem Ausländer kann eine Duldung erteilt werden, solange er nicht unanfechtbar ausreisepflichtig ist oder wenn dringende humanitäre oder persönliche Gründe oder erhebliche öffentliche Interessen seine vorübergehende weitere Anwesenheit im Bundesgebiet erfordern.

(4) Ist rechtskräftig entschieden, dass die Abschiebung eines Ausländers zulässig ist, kann eine Duldung nur erteilt werden, wenn die Abschiebung aus rechtlichen oder tatsächlichen Gründen unmöglich ist oder nach § 54 ausgesetzt werden soll. Die Erteilung einer Duldung aus den in § 53 Abs. 6 Satz 1 genannten Gründen ist zulässig, soweit sie in der Abschiebungsandrohung vorbehalten worden ist.

Entscheidend ist Absatz 3: Erhebliche öffentliche Interessen liegen vor, wenn der Ausländer als Zeuge in einem Strafverfahren oder einem sonstigen Gerichts- oder Verwaltungsverfahren benötigt wird. Dazu zählt auch ein Prozess gegen die Menschenhändler. Dann wird die Abschiebung »zeitweise ausgesetzt« (Duldung). Das bedeutet: Ist der Prozess vorbei, muss die Frau trotzdem ausreisen.

Siehe dazu auch die Stichworteinträge: → *Frauenhandel,* → *Migration,* → *Menschenhandel,* → *Zwangsprostitution.*

AUSPEITSCHUNG

→ *Flagellation*

AUSSTEIGEN

Umgangssprache.

Synonym: die Prostitution verlassen. Siehe dazu auch → *Ausstieg*

AUSSTIEG

Zwar bietet jede Beratungsstelle für Prostituierte heutzutage Ausstiegshilfe an, im Gegensatz zur missionierenden Arbeit der kirchlich-sozialen Einrichtungen früherer Jahre ist der Ausstieg jedoch nicht mehr vorrangiges Ziel der Arbeit. Stattdessen bemühen sich die ambitionierten Sozialarbeiterinnen und Sozialpädagoginnen im Rahmen der Streetwork und der Beratungen in den Anlaufstellen vorrangig darum, den Frauen bestmögliche Arbeitsbedingungen zu schaffen. Erst wenn eine Prostituierte eigenständig den Wunsch nach Ausstieg aus dem Milieu äußert, wird versucht ihr zu helfen. Wenngleich eine Prostituierte manchmal, so gesteht eine Sozialarbeiterin, ja nur einen kleinen Anstoß benötige.

Vereinzelt bieten die Vereine beziehungsweise Beratungsstellen eigenständige Projekte eigens für den Aus- beziehungsweise Umstieg an. Derartige Projekte sind meist auch notwendig, denn Frauen, die aus der Prostitution aussteigen wollen, sehen sich mit verschieden artigsten Problemen konfrontiert, die das Ziel in unerreichbare Ferne rücken lassen: Zualler erst brauchen Prostituierte nämlich eine berufliche Qualifizierung, wie die vom nordrhein-westfälischen Frauenministerium in Auftrag gegebene wissenschaftliche Untersuchung »Wege aus der Prostitution« ergeben hat. NRW-Frauenministerin Birgit Fischer: »Die Studie zeigt, dass die meisten Prostituierten weder einen Schulabschluss noch eine Berufsausbildung haben. Weil ohne eine berufliche Qualifizierung der Ausstieg aus der Prostitution aber kaum zu schaffen ist, kommt es darauf an, dass ausstiegswillige Frauen an Qualifizierungs- und Weiterbildungsmaßnahmen teilnehmen können.«

Die Beratungsstelle → *Kassandra e.V.* in Nürnberg beispielsweise hat eigens die Modellprojekte PUMA (Perspektive Umstieg aus der Prostitution durch kompetente Selbsthilfe mit Multiplikatoren Aufgaben) sowie KOBRA (Kaufmännisch orientierte berufsrelevante Qualifizierung für Aussteigerinnen aus der Prostitution) ins Leben gerufen. Und die Dortmunder Beratungsstelle → *Kober* konnte mit der seit 1997 von dem NRW-Frauenministerium unterstützten Initiative »Schritt für Schritt – Wege aus der Prostitution« 70 Prostituierten zum Ausstieg verhelfen. Das mag nach wenig klingen, ist aber viel, wenn man bedenkt, dass »eine Prostituierte, die aussteigen möchte, nicht innerhalb von drei Monaten aussteigen kann«, so Birgitta Smolka-Zimpel von »Kober«. »Denn der Ausstieg ist in der Regel ein sehr langer Prozess, der über Jahre dauern kann.«

Manchmal gelingt der Ausstieg im ersten Anlauf. »Manche Frauen brauchen aber auch zwei oder drei Anläufe«, so Ute Löw von der → *Hurenselbsthilfe Saarbrücken e.V.* Denn nicht überall ist der Ausstieg über von öffentlicher Hand finanzierte Modellprojekte abgesichert. In den meisten Fällen bleibt den umstiegswilligen Prostituierten nur das Sozialamt, und selbst da sind nicht selten Probleme vorprogrammiert, da die Prostituierten keine Gelder (→ *Steuern*, → *Versicherungen*) einbezahlt, insofern keinen Anspruch auf Leistung haben. Für Frauen, die auf einem Berg Schulden sitzen (der sie bisweilen überhaupt erst in die Prostitution getrieben hat), dürfte es demnach schwierig werden, einen optimierten Ausstieg zu bewältigen. Immerhin, die Sozialarbeiterinnen der Beratungsstellungen bieten (langwierige) Verhandlungen mit Banken, Versandhäusern und Dienstleistungsbetrieben an. Andere Frauen haben ihren Arbeitsplatz in der Wohnung (→ *Wohnungsprostitution*) und müssten, um auszusteigen, erst einmal die Wohnung wechseln. Was aber angeben, wenn der neue Vermieter im Fragebogen Angaben zum Beruf verlangt?

Und hat die Aussteigerin erst einmal einen neuen Job, kommt gerade in Kleinstädten erschwerend hinzu, dass Frauen, die auf dem → *Strich* gearbeitet haben, auf der neuen Arbeitsstelle von Kollegen oder Kolleginnen erkannt, gemobbt und aufgrund vorherrschender Moralvorstellungen im schlimmsten Fall gekündigt werden. Monika Hoffmann von der Beratungsstelle → *Tamara* in Frankfurt weiß: »Ein Ausstieg ist ein großer Kraftaufwand für die Frauen. Sie wechseln ja nicht nur den Arbeitsplatz. Sie wechseln oftmals ihr komplettes soziales Gefüge. Sie verlassen das Milieu. Die ehemaligen Kolleginnen, die vormals Freundinnen waren, sagen: ›Wenn du → *solide* bist, was soll ich dann noch mit dir?‹ Das Doppelmoral-Konstrukt, das die Frauen über Jahre pflegten, fliegt auf. Es ist also ein umgreifender Wandel der Lebensverhältnisse der Frauen, von daher nicht einfach.«

AUTOSTRICH

Prostitutionsform.

Synonyme: Steigenprostitution, Straßenstrich, → *Straßenprostitution*

B

BABYSTRICH

Prostitutionsform.

Synonym: → *Kinderprostitution.* Der Babystrich ist die vielleicht widerwärtigste Form der Prostitution, nicht nur weil er häufig mit dem → *Drogenstrich* identisch ist: Es sind minderjährige Mädchen, die häufig unter Gewaltandrohung oder deren Anwendung zur Prostitution gezwungen werden. Eines der berühmtesten Schicksale vom Babystrich ist das der → *Christiane F.,* 1981 verfilmt.

Durchschnittlich liegt das Alter der Mädchen bei 14 bis 16 Jahren. Laut Statistiken bleibt die Zahl minderjähriger Prostituierter konstant. »Wieso sinkt sie nicht?« fragte im Februar 2003 das »Hamburger Abendblatt« und gab Antwort: »Alle diese Minderjährigen kommen aus gestörten sozialen Verhältnissen und sind von zu Hause weggelaufen. Da sie meist weder eine abgeschlossene Schulausbildung noch Geld für eine Unterkunft besitzen, landen sie auf der Straße. Von dort werden sie entweder gleich vom Zuhälter mit Aussicht auf eine Unterkunft und Verpflegung zur Prostitution ermutigt, oder sie werden erst drogenabhängig, um ihr Leid besser zu verkraften. Um ihre Drogensucht zu finanzieren, gehen sie auf den Strich. In diesem Fall spricht man von → *Beschaffungsprostitution.* Ist man erst mal in diesem Teufelskreis, kommt man schwer wieder heraus. Der Zuhälter bindet die Minderjährigen an sich, indem er sie nur mit dem Nötigsten versorgt.«

»Viele der Kinder und Jugendlichen, die sich prostituieren, Drogen nehmen und dealen sind selbst Gewaltopfer und/oder von Freunden der Familie oder eigenen Angehörigen missbraucht worden«, erklärt Charlotte Köttgen, Fachärztin für Kinder- und Jugendpsychiatrie (in:

A.Trojan/A.Döhner: Gesellschaft, Gesundheit, Medizin. Mabuse Verlag, Frankfurt 2002). »Oft, aber nicht immer, handelt es sich um Kinder der Armut. Viele haben wenig Schutz, aber von früh auf Gewalt und Vernachlässigung erlebt. In selbstzerstörerischer Weise werden auch noch Suchtmittel genommen, um die Erinnerungen zu verdrängen. Ohne Hilfe werden aus manchen Opfern nahtlos Täter. Die zahllosen Freier auf dem so genannten Babystrich oder Sextouristen werden kaum wegen Unzucht mit Minderjährigen verfolgt! Der Schaden, den sie anrichten, ist unermeßlich. Sie sind nicht selten biedere Männer oder gar Familienväter.«

Die Minderjährigen sind durch Prostitution und Drogenkonsum psychischen und physischen Gefahren ausgesetzt. Das »Hamburger Abendblatt«: »Körperliche Schäden auf Grund von Misshandlungen, epileptische Anfälle, Abszesse, Psychosen, teilweise durch Kokain bedingt, Magen-Darm-Vergiftung, → *Hepatitis* und → *Aids.* Leider sind die Prostituierten schon ab einem Zuschlag von fünf Euro dazu bereit, ohne → *Kondom* mit ihrem Freier zu schlafen.«

Strafbar machen sich die Mädchen, die der Kinderprostitution nachgehen, nicht, denn Prostitution ist in Deutschland nicht strafbar. Zur Verantwortung kann allerdings der → *Zuhälter* gezogen werden, der sich des → *Menschenhandels* (→ *Zwangsprostitution*) schuldig macht. Auch der Freier macht sich strafbar, denn Geschlechtsverkehr mit Minderjährigen (Prostitutierten) ist verboten. Problem ist, dass ihm die Straftat erst einmal nachgewiesen werden muss, was nur mit der Aussage der Betroffenen möglich ist. Aber »kaum ein Mädchen oder Junge ist dazu bereit«, weiß man bei den Beratungsstellen für Prostituierte.

Einen Babystrich für minderjährige Jungs gibt es eher selten. Sie sind zwar aus der gleichen Motivation wie die Mädchen → *auf Trebe* (gestörte soziale Verhältnisse, keine geschlossene Ausbildung, kein Geld, keine Unterkunft, obdachlos), geraten zu Anfang aber meist in die in Fachkreisen so genannten → *Pädo-Kreise.* Hier werden die Jungs unter pädophil veranlagten Männern oder Päderasten herumgereicht, bevor sie – in die Pubertät gekommen und damit uninteressant geworden – in die → *offene Szene* »ausgespuckt« werden. Hier verdingen sich die Jungs, jetzt 13, 14 oder 15 Jahre alt, als → *Stricher.* Diese Szene funktioniert anders und in den seltensten Fällen ohne → *Zuhälterei.*

BAUDELAIRE, CHARLES

Franz. Dichter, geb. 1821, gest. 1867.

Nach unglücklicher Kindheit studierte Charles Baudelaire Jura, reiste nach Mauritius und Réunion. Hiernach lebte er in Paris als Bohémien und Schriftsteller und verprasste das väterliche Vermögen mit einer Gruppe von Exzentrikern, mit denen er unter anderem auch von einem → *Bordell* zum nächsten zog. Bordellbilder des Malers Constantin Guys kommentierte Baudelaire erfreut: »Man begegnet nur dem unvermeidlichen Laster ..., nichts als die reine Kunst .. Das heißt, die besondere Schönheit des Bösen, das Schöne im Schrecklichen ... In einem düsteren Chaos bewegen und verrenken sich makabre Nymphen und lebendige Puppen ...«

Überhaupt zeigte Baudelaire ein Faible fürs Milieu, aber auch für das Böse, das Hässliche, Abnorme und Kranke der Gesellschaft. Die Werke des in Elendsquartieren lebenden Dichters kreisen um Schönheit und Morbidität. Wegen seines Gedichtzyklus »Die Blumen des Bösen« (1857) wurde er der Gefährdung der Sittlichkeit angeklagt.

BAKER, JOSEPHINE

Franz. Tänzerin, geb. 1906, gest. 1975.

Freda Josephine McDonald wuchs in ärmlichen Verhältnissen als uneheliche Tochter des Schlagzeugers Eddie Carson und der Waschfrau Carrie McDonald auf. In ihrer Heimatstadt St. Louis, Missouri, erlebte sie 1917 die Rassenunruhen, was sie nach dem Krieg zu einer engagieren Anti-Apartheid-Kämpferin machte. Als sie im Jazzclub »Old Chauffeur's Club« kellnerte, entdeckte sie ihre Liebe zu Musik und Tanz. Sie ging mit »The Jones Family Band« und »The Dixie Steppers« auf US-Tournee, heiratete den Zugbegleiter Willie Baker, dessen Nachnamen sie zeitlebens trug. Nach einem Broadway-Auftritt im ersten von Schwarzen komponierten Musical »Shuffle Along« bot ihr Caroline Reagin, eine wohlhabende Weiße und Förderin der schwarzen Musik, ein Engagement in der »Revue Nègre« in Paris an. Für das französische Publikum war eine Tänzerin wie Baker mit exotischer Nacktheit und einer Mischung aus tänzerischer Wildheit und Kontrolle wie eine Revolution.

Josephine Baker gehört zu den ersten Stars der Entkleidungskunst, und Experten sehen in ihr eine der Wurzeln des heutigen → *Strip-*

tease. Berühmt wurde sie 1926 durch die Auftritte in den »Folies Bergère«, wo sie ihren berühmt gewordenen Bananentanz, den »danse sauvage«, in einem Röckchen aus nur 16 Bananen im Stück »La Folie du Jour« aufführte. Noch im gleichen Jahr eröffnete sie in Paris ihren eigenen Nachtclub »Chez Joséphine«.

Als sie 1928 in Wien ein Gastspiel gab, wurden von prüden Bevölkerungskreisen Sondergottesdienste »als Buße für schwere Verstöße gegen die Moral, begangen von Josephine Baker« abgehalten. Die Nationalsozialisten forderten gar ein Auftrittsverbot. Während des Krieges arbeitete sie, die inzwischen die französische Staatsbürgerschaft besaß, für die Résistance.

BAN YING E.V.

Zufluchtswohnung sowie Koordinations- und Beratungsstelle für Frauen aus Südostasien und für Frauen, die Opfer von Menschenhandel geworden sind.

Sozialarbeiterinnen, die in einer Berliner Beratungsstelle zu sexuell übertragbaren Krankheiten und Aids für Prostituierte arbeiteten, stellten Ende der 80er Jahre fest, dass immer wieder insbesondere Klientinnen aus Thailand angaben, unfreiwillig in der Prostitution zu arbeiten, dieser Situation jedoch nicht entfliehen konnten, da es keinen Ort gab, wo sie sicher vor Verfolgung der ZuhälterInnen, SchlepperInnen und → *MenschenhändlerInnen* waren. Diese Situation gab 1988 den Anstoß für die Konzipierung des Vereines »Ban Ying e.V.« – das ist thailändisch und heißt »Haus der Frauen« – und seines ersten Projektes, der Zufluchtswohnung, die 1990 eröffnet wurde. Dort arbeiten zwei Sozialarbeiterinnen sowie eine thailändische und eine philippinische Sprachmittlerin festangestellt. Sie beraten und unterstützen die Bewohnerinnen bei ihrer Auseinandersetzung mit der gegenwärtigen Lebenssituation, Deutschkurse, Weiterbildungen und Therapien«, weiß Babette Rohner, Sozialarbeiterin bei Ban Ying e.V. Diese Aussage bezog sich auf Opfer von Menschenhandel. Die Zufluchtswohnung ist offen für alle Frauen aus SOA, die Opfer von Gewalt geworden sind (ähnlich einem Frauenhaus). Manche!! der Opfer von Menschenhandel wollen keine Therapie. Des Weiteren werden Zukunftsperspektiven für die Zeit nach der Rückkehr ins Heimatland erarbeitet, damit die Frauen nach ihrer Rückkehr aufgrund der wirtschaftlichen Not dort nicht erneut ins Milieu gleiten. Neben den vielen Beratungsgesprächen, in denen auch migrations-, sozial- und familienrechtliche Informationen erörtert werden, begleiten die Ban Ying-Mitarbeiterinnen die Bewohnerinnen zu entsprechenden Terminen beim Gericht, Jugendamt, Sozialamt, Ausländerpolizei. Ein besonderer Schwerpunkt ist ferner die Beratung und Betreuung von Frauen, die von Menschenhandel betroffen sind und als Zeuginnen in einem Prozeß aussagen. »Neben den Beratungsgesprächen, Begleitung zur Ausländerbehörde, zum Sozialamt vermitteln wir ihnen Rechtsanwältinnen und begleiten sie zu allen Terminen, die in Zusammenhang mit dem Prozess entstehen«, erklärt Babette Rohner.

Bald nach Gründung der Zufluchtswohnung stellte sich allerdings heraus, dass die individuelle Betreuungsarbeit dort zwar wichtig und unentbehrlich sei, der gesetzliche und gesellschaftliche Rahmen jedoch die Lebensgestaltungsmöglichkeiten der Frauen und den Handlungsspielraum der Beraterinnen erheblich einschränke. »Es ist also ebenso wichtig, Öffentlichkeitsarbeit zu betreiben und nationale wie internationale Vernetzungen mit anderen Einrichtungen und Institutionen vorzunehmen«, erläutert Babette Rohner. 1991 wurde deshalb die Koordinationsstelle gegründet. Neben Rohner arbeiten dort noch eine Wissenschaftlerin, eine Verwaltungsangestellte sowie eine thailändische und eine philippinische Sprachmittlerin. Babette Rohner: »Die Aufgabe der Koordinationsstelle besteht darin, frauenhandelsrelevante Bereiche mit einem antirassistischen und feministischen Blick theoretisch zu beleuchten, neuere Entwicklungen zu dokumentieren und Lobbyarbeit zu betreiben, um eine Verbesserung der Lebenssituationen der betroffenen Frauen zu bewirken.«

Die Koordinationsstelle wird wie die Zufluchtswohnung von der Berliner Senatsverwaltung für Arbeit, Soziales und Frauen finanziert.

• *INFO: Ban Ying e.V., Koordinationsstelle, Anklamer Straße 38, 10115 Berlin, Telefon 030/4406373, Telefax 030/4406375, info@ban-ying.de, www.ban-ying.de, Öffnungszeiten: Mo-Fr 10-15 Uhr*

BAN YING
Babette Rohner, Sozialarbeiterin.
Babette Rohner ist Sozialarbeiterin beim Verein Ban Ying e.V. in Berlin, der eine Zufluchtswohnung sowie eine Koordinations- und

Beratungsstelle für Frauen aus Südostasien unterhält und für Frauen, die Opfer des Menschenhandels sind.

Frau Rohner, viele der Hurenverbände reden das Problem Menschenhandel schön. Ist dem so?
Babette Rohner: Wir arbeiten mit Hydra e.V. zusammen. Es gibt sehr gute Kontakte. Aber irgendwann trennen sich in der Tat die Wege. Denn die Hurenverbände haben Angst um ihre Arbeit der vergangenen 20 Jahre, davor, dass durch den Menschenhandel die Stigmatisierung ihrer Arbeit wieder zunimmt.

Fakt ist: Die Frauen, die ich betreue, gibt es real. Sie haben es sich nicht ausgedacht, was sie erzählen. Es ist ihnen tatsächlich widerfahren. Das haben sie vor der Polizei ausgesagt, das mussten sie vor dem Richter aussagen. Die Polizei überprüft ihre Angaben sehr genau, denn die Beamten sind meist der Auffassung, die Frauen erzählen ihre Geschichte nur, weil sie eine Aufenthaltsgenehmigung wollen.

Von wie vielen Opfern gehen Sie aus?
Babette Rohner: Das kann ich nicht sagen. Ich höre Zahlen von 100.000 Frauen, die in Europa Opfer von Menschenhandel werden. Ich weiß es nicht. Es ist mir eigentlich auch egal, ob es 100.000 oder 200.000 sind. Es sind definitiv zu viele, und deren Erlebnisse sind sicherlich nicht ersponnen! Die Polizei spricht von ca 1000 Opfern in der BRD pro Jahr, wegen denen ermittelt wird. Die Dunkelziffer wird wesentlich höher geschätzt.

Die letzten Jahre hat der Handel mit Frauen aus Mittelosteuropa zugenommen. Vorher waren es die Frauen aus Südostasien, Thailand und den Philippinen. Was ist mit denen?
Babette Rohner: Die Polizei geht in die Bordelle oder macht Razzien und kontrolliert die Papiere der Frauen. Wenn diese keine gültige Aufenthaltsgenehmigung oder nur ein Touristenvisum besitzen, sie hier also nicht arbeiten dürfen, verstoßen sie gegen das Ausländergesetz und kommen auf die Wache. Die Polizei macht die Razzien ja nicht, um Opfer von Menschenhandel zu finden. Das ist im Grunde nur ein Nebenprodukt, was es insofern schwierig

macht, bestimmte Tendenzen klar zu begreifen. Es ist aber so, dass die Frauen aus Thailand zunehmend verheiratet werden, woraufhin sie gültige Papiere haben und sie nicht mehr festgenommen werden. Deshalb werden sie als Opfer von Menschenhandel nicht mehr aufgegriffen, was aber nicht heißen soll, dass sie nicht auch unter Zwang der Prostitution zugeführt werden. Wenn sie sich dagegen auflehnen, haben sie aber nicht nur den »Zuhälter«, sondern auch das Ausländergesetz, § 19 Eigenständiges Aufenthaltsrecht für Ehegattinnen, gegen sich. Das erlebe ich zumindest in meiner Beratung bei Ban Ying e.V.

Das Problem dabei: Diese Frauen sind legal in Deutschland! Deshalb werden sie bei Razzien der Polizei oft gar nicht als Opfer erkannt, sondern direkt abgeschoben. Die verheirateten Frauen sind legal in Deutschland, können also nicht abgeschoben werden. Das passiert sehr oft.

Opfer von Menschenhandel wissen in der Regel nicht, welche Möglichkeiten der Zuflucht sie in Deutschland haben. Wie also erfahren die Frauen von Ban Ying e.V.?
Babette Rohner: Anders als die Prostituiertenprojekte erreichen wir die Opfer von Menschenhandel nicht mit Streetwork. Sie sind ja meistens eingesperrt. Die Frauen kommen daher in der Regel durch die Polizei zu uns. Was aber nicht heißt, dass sie durch eine Razzia aus ihrer Situation befreit wurden. Manche Frauen können flüchten und suchen Zuflucht bei irgendwelchen Institutionen, zum Beispiel in ihren Botschaften oder beim Roten Kreuz. Deren Mitarbeiter wenden sich dann an die Polizei. Das würde wahrscheinlich jeder machen, wenn er auf eine hilflose Frau trifft. Meistens (das ist nur ein Beispiel, die Frauen fliehen auf ganz unterschiedlichen Wegen) läuft es so ab: Die Frauen springen aus dem Fenster, stehen auf dem Gehweg und ein Passant kommt zufällig vorbei. Die Frau sagt nur: *»Hilfe! Hilfe!«* Da denkt wahrscheinlich jeder zuallererst an die Polizei. Dort wird mit der Frau gesprochen, und wenn sich der Verdacht auf Menschenhandel erhärtet, werden wir eingeschaltet.

Einmal aus der Zwangslage befreit, droht den Frauen die Abschiebung – oder die vorübergehende »Duldung« als Zeugin. Mit wel-

cher Zielsetzung, glauben Sie, bringt die Polizei die Frauen zu Ihnen? Sollen Sie diese »weichklopfen« für eine eventuelle Zeugenaussage gegen die Täter?
Babette Rohner: Ein Teil der Polizisten versteht dies tatsächlich so: Dass wir auf die »kuschelige« Art den Frauen schmackhaft machen, Zeuginnen zu werden. Unser Arbeitsauftrag allerdings ist ein anderer. Denn es besteht in Deutschland die Möglichkeit, dass eine Frau für vier Wochen »geduldet« wird, in der sie überlegen kann, ob sie aussagen will oder nicht. Dementsprechend beraten wir die Frauen: Wir erklären ihnen, sie haben eine Wahl. Wenn sie aussagen wollen, helfen wir ihnen dabei. Wenn sie ausreisen wollen, können sie ausreisen und wir kümmern uns darum. Wenn sie nichts anderes möchte als nach Hause, dann tun wir alles, damit sie so schnell wie möglich nach Hause kommt. Natürlich ärgert sich dann die Polizei, versucht dahingehend einzuwirken, dass sie noch einige Tage bleibt, wenigstens bis zur richterlichen Vernehmung. Aber es ist nicht unsere Aufgabe, für die Polizei angenehme Zeuginnen zu »formen«. Ich bin nicht der verlängerte Arm der Polizei, wenngleich die Polizei das manchmal gerne hätte ...

Trotz ihrer Zeugenaussage werden die Frauen nur »geduldet«. Danach droht abermals die Abschiebung. Welche Möglichkeiten bleiben den Frauen also?
Babette Rohner: Meistens zieht sich ein Prozess ein oder zwei Jahre hin. Die Frauen wissen: Wenn der Prozess vorbei ist, müssen sie mit ziemlicher Sicherheit zurück. Sie machen sich in dieser Zeit ihre eigenen Gedanken, ob sie zurückkehren oder ob sie bleiben wollen. Wenn sie feststellen, dass sie bleiben wollen, haben sie genug Zeit – sie dürfen in dieser Zeit im Grunde (theoretisch dürfen sie schon arbeiten, aber die bürokratischen Hürden sind so hoch, dass es faktisch unmöglich ist) ja auch nicht arbeiten – Kontakte zu knüpfen ... Unsere Rechtsanwältin sagt: Die Ausländerbehörde ist eine Ehevermittlungsstelle.

Oder die Frauen tauchen unter!
Babette Rohner: Ja, es gibt auch Frauen, die untertauchen. Aber die größte Zahl ist die der Frauen, die zurückreisen.

Wie hoch ist denn die Wahrscheinlichkeit, dass Frauen, die abgeschoben wurden, ein zweites Mal nach Deutschland kommen?
Babette Rohner: Die ist sehr hoch. Es kommen sehr viele Frauen zurück. Das ist der so genannte Drehtüreffekt. Sie werden abgeschoben, aber das, was sie hier wollten, nämlich Geld verdienen, hat nicht geklappt, also versuchen sie es ein weiteres Mal. Die Frauen machen das ja auch nicht aus Jux und Tollerei. Klar, es gibt Frauen, die das Abenteuer suchen. Aber die meisten kommen aus wirtschaftlicher Not. Und da sich diese nicht verändert hat, kommen sie natürlich wieder.

Können sie sich denn das zweite Mal besser schützen?
Babette Rohner: Es ist bekannt, dass Opfer von Menschenhandel wieder gekommen sind, zum Teil über die gleichen Kontakte. Denn es sind die Kontakte, die sie haben. Vor allem in den kleinen Städten kennt man sich. Wenn die Frauen also dorthin zurückkehren, laufen sie auch den Menschenhändlern wieder über den Weg, und dann schlagen sie den gleichen Weg wieder ein. Das heißt, wenn Frauen aussteigen möchten, dürfen sie nicht in ihre Heimatstädte zurück. Nehmen Sie nur ein Land wie Lettland – das hat so viele Einwohner wie Berlin. In diesem Land unterzutauchen und eine neue Existenz aufzubauen ist ziemlich schwierig.

BAR

Gastwirtschaft.
In einer Bar gibt es, im klassischen Sinne, »Wein, Weib, Gesang«, manchmal sogar → *Striptease,* aber eher selten. Eine Bar ist gemäß → *Gaststättengesetz* nichts anderes als eine Schankwirtschaft mit Alkoholausschank. Eine Bar bietet keine → *Zimmervermietung.* Denn Alkoholausschank in einem »Beherbergungsbetrieb« geht über »das bloße Gewähren von Wohnung, Unterkunft oder Aufenthalt und die damit üblicherweise verbundenen Nebenleistungen« hinaus – prompt ist die Konzession weg.

Was dazu führt, dass – offiziell gesehen – sowohl Männer als auch Frauen nur Gäste in einer normalen Kneipe, einem Café sind. Inoffiziell ist die Bar eine Kontaktbörse, manchmal auch → *Animierbar.* Männer kommen, weil sie wissen, hier treffen sie Prostituierte; diese kommen, weil sie wissen, hier treffen sie Freier. Die Frauen, gerne auch als → *Animierdamen* bezeichnet, bieten den Männern Gesellschaft an, woraufhin die eine Flasche Champagner spendieren, an der die Frau anteilig verdient. Gemeinsam trinken Mann und Frau und plaudern schöngeistig, denn sexuelle Kontakte sind nicht erlaubt. Passiert dies doch und bekommt es ein Staatsdiener mit, ist das laut aktuellem → *Gaststättengesetz* → *Unsittlichkeit*. Zwar hat das → *Prostitutionsgesetz* am 1. Januar 2002 die → *Sittenwidrigkeit* der Prostitution aufgehoben, allerdings ließ die rotgrüne Regierungskoalition in Rücksicht auf die christlichdemokratische Mehrheit im Bundesrat das Gaststättengesetz unangetastet. Was dazu führte, dass Behörden in »toleranten« Städten die offen feilgebotenen Angebote der Prostituierten tolerieren und vereinzelt sogar → *Bordelle* offiziell genehmigen, Amtsschimmel in konservativen Landstrichen wie Bayern oder Baden-Württemberg dagegen die im Gaststättengesetz nach wie vor verankerte Unsittlichkeit zum Anlass nehmen, den → *Betreibern* der Bars die Konzession zu entziehen.

Für das weitere Procedere gibt es deshalb nach wie vor nur zwei Möglichkeiten: Entweder ziehen Mann und Frau sich in eines der in manchen Bars vorhandenen → *Separées* zurück, in denen gegen ein weiteres Getränk Kuscheln angesagt ist, im Höchstfall eine schnelle → *Handmassage* (bei der man sich wegen der Unsittlichkeit freilich nicht erwischen lassen darf). Oder die Prostituierte verlässt mit dem → *Freier* die Bar und geht auf ein Zimmer, das sie in einem nahen → *Stundenhotel* angemietet hat. Meist gehören dem Barbesitzer Anteile an dem Beherbergungsbetrieb.

Bars sind heutzutage mehr oder weniger Dinosaurier der Branche: Sie sind vom Aussterben bedroht, insbesondere die freizügigen → *FKK-Clubs* leisten ihrem Ende Vorschub.

BARDAME

→ *Aniemierdame*

BARTELS, WILLI

König von St. Pauli, geb. 1914

Mit seinem Vater, dem Schlachtermeister, und Mutter Anna, einer Köchin, kam Willi Bartels 1927 nach → *Hamburg*. Die Familie eröffnete zwei Jahre später die »Jungmühle«, ein Kleinkabarett mit züchtigen Tänzerinnen. Ungleich frivoler ging es nach dem Krieg im »Hippodrom« weiter, das Bartels mit Ehefrau Gisela, die vor der Ehe selbst als Tänzerin gearbeitet hatte, eröffnete. Auch die Jungmühle, die die Operation Gommorah unversehrt überstanden hatte, entwickelte sich zur »Gelddruckmaschine«. »Nach dem Tod seines Vaters nutzte der Erbe Bartels die Chancen der jungen Republik«, verrät die Autorin Ariane Barth in ihrem Buch »Die Reeperbahn. Der Kampf um Hamburgs sündige Meile« (Hoffmann & Campe, Hamburg 1999). »Er kaufte in der Großen Freiheit ein Lokal nach dem anderen. Er nahm jedes Trümmergrundstück, das er billig bekommen konnte.«

Willi Bartels selbst erinnert sich, wie er die Grundstücke kaufte, »die damals günstig zu einem Quadratmeterpreis von dreißig bis fünfzig Mark zu bekommen waren. Heute kosten die zum Teil drei- bis viertausend Mark. Somit habe ich sehr viel Grundstücke in der → *Großen Freiheit* und auf der → *Reeperbahn* gekauft.« (Quelle: Jörg Meier: Ich möchte keine Minute missen. Menschen auf St. Pauli erzählen, Greno Verlag, Nördlingen 1987). Anschließend baute er Wohnungen, alles in allem elf- bis zwölftausend Neubauwohnungen. Als die Zeiten schlechter wurden, erwarb er Hotels, darunter das altehrwürdige Hotel Hafen Hamburg. Bereits in den frühen 60er Jahren galt Bartels als *der* Großgrundbesitzer auf → *St. Pauli*, für Freunde wie Feinde war er der »König von St. Pauli«. Berühmt wurde er 1976, als er für knapp 4,7 Millionen Mark das → *Eros-Center* (und kurz darauf das Palais d'Amour) baute. »Aber das war nicht meine Idee«, betont er. »Das kam von Seiten der Stadt. Die hat damals gesagt: Wir wollen das Problem der Prostitution in den Griff bekommen, und dazu brauchen wir einen festen Platz.« Da nur Willi Bartels die geeigneten Grundstücke besaß, umschmeichelte ihn der hanseatische Senat so lange, bis Bartels einlenkte. Das, was anderswo möglicherweise zur Anklage wegen → *Förderung der Prostitution* geführt hätte, wurde in Hamburg auf ausdrücklichen Wunsch der Stadtväter Realität: Ein schmucker Bordellkoloss mit modernstem Interieur entstand, den Reeperbahn-Rubens → *Erwin Ross* mit Pin-ups verzierte und dem Bartels-Gattin Gisela den Namen »Eros-Center« gab. Heute steht der Begriff als Synonym für derartige → *Laufhäuser*, durch die ein Gang führt, in dem sich die Mädels aufstellen und auf die durchwandernden Freier warten. Willi Bartels lebt noch heute auf dem → *Kiez*, im Hotel Hafen Hamburg. Woanders als in St. Pauli könnte er auch nicht leben. Denn »neben dem Geschäftsinteresse habe ich noch eine besondere Beziehung zu St. Pauli«, verrät er. »Ich liebe St. Pauli! Wenn man in diesem Stadtteil groß geworden ist, dann kann man das nicht so ohne weiteres abschütteln.«

BASIS E.V.

Verein in Hamburg.

Es ist der Verein Intervention e.V., der 1986 in → *Hamburg* das B.A.S.I.S.-Projekt ins Leben ruft. Ziel ist die Entwicklung eines Angebotes zur AIDS-Prävention für männliche Prostituierte und deren Kundschaft, die sich im Hamburger Hauptbahnhof, dem Vorplatz sowie den angrenzenden Rotlichtvierteln St. Georg und → *St. Pauli* treffen. Finanziert wird die Straßensozialarbeit und die schon bald eröffnete Anlaufstelle für → *Stricher*, die mit vier Personalstellen und einer ambulanten Hilfe insbesondere für drogenabhängige Minderjährige – das sind meist minderjährige Stricher – die gesundheitspflegerische Grundversorgung (Essen, Waschen, Kleiderausgabe) gewährleistet, Freizeit- und Spielaktiviäten, Einzelhilfe und Beratung in- und außerhalb der Anlaufstelle sowie Koordination und Kooperation mit anderen sozialen Institutionen anbietet, durch das Amt für Umwelt und Gesundheit.

1992 wird das B.A.S.I.S.-Projekt um zwei Übernachtungsstellen für Stricher erweitert. Jede der Übernachtungsstellen verfügt über zwei Doppelzimmer, ein Einzelzimmer, einen Aufenthaltsraum mit TV, Bad und WC sowie über eine Küche mit Waschmaschine. Ferner gibt es ein Büro für die Mitarbeiter und einen Münzfernsprecher. Die Übernachtungsstellen bieten die Möglichkeit der kurzfristigen, unbürokratischen und anonymen Unterbringung für Stricher in Krisensituationen für einen begrenzten Zeitraum, maximal drei Monate. Eine Grundfinanzierung der beiden Übernachtungsmöglichkeiten, der drei Personalstellen und der Sachmittel geschieht durch das Amt für Soziales und Familie.

Zur gleichen Zeit geht aus dem einstigen B.A.S.I.S.-Projekt ein eigenständiger Jugend- und Gesundheitshilfeträger hervor: B.A.S.I.S.-Projekt e.V., seit Ende 2000 kurz »Basis e.V.« genannt; ihm angeschlossen ist der Förderverein »Junge Menschen auf der Straße e.V.«, der die sinkenden Zuwendungen aus öffentlicher Hand kompensieren soll. Bereits 1993 wird das vom Amt für Soziales und Familie finanzierte KIDS (Kinder in der Szene) ins Leben gerufen, eine Anlaufsstelle für obdachlose Jungs und Mädchen unter 18 Jahren. »Manche haben Stress mit ihren Eltern, manche mit ihren Wohngruppen, andere sind aus der öffentlichen Erziehung geflüchtet. Sie leben von der Hand in den Mund, viele von ihnen haben Missbrauch- und Gewalterfahrung. Am Bahnhof suchen sie die Gemeinschaft zu anderen, geraten aber häufig in einen Kreislauf von Drogen und Prostitution«, erklärt Thomas Nebel, Geschäftsführer von »Basis e.V.«. »Für rund 700 von ihnen ist Basis e.V. eine Art ›letzte Auffangstation‹. In unseren Räumlichkeiten können sich die jungen Leute satt essen, mit einer Tasse Kaffee aufwärmen, einen Schlafplatz organisieren oder einen Arzt konsultieren.«

Zusätzlich gibt es die Angebote »Lern-Lust«, bei dem Studenten der Uni Hamburg zweimal wöchentlich Unterricht (Nähen, Kochen, Lesen, Rechnen, Lebensläufe schreiben) vor Ort gestalten, und »Cash-Work«, bei dem die Mädchen und Jungs, die nicht an sich glauben, eine Aufgabe bekommen: Sie packen mit an, räumen auf oder streichen Wände.

• ***KONTAKT:*** *Basis e.V., www.basis-projekt.de.* ***Geschäftsstelle:*** *Knorrestraße 5, 20099 Hamburg, Telefon 040/249694* • ***Anlaufstelle/Übernachtungsstelle für Stricher:*** *St. Georgs-Kirchhof 26, 20099 Hamburg, Telefon 040/2801607, Öffnungszeiten Mo 15-19 Uhr, Di 12-16 Uhr, Mi/Do 11-16, Fr 12-16 Uhr* • ***Anlaufstelle für Straßenkinder KIDS (Kinder in der Szene):*** *Hachmannplatz 2, 20099 Hamburg, Telefon 040/2801606, Öffnungszeiten: Mo, Mi-Fr 16.30-21.30*

BASIS E.V.
Im Gespräch: Thomas Nebel, Geschäftsführer
Thomas Nebel, Geschäftsführer von Basis e.V. in Hamburg, dem Trägerverein unter anderem für das Basis-Projekt für Stricher sowie KIDS, die Anlaufstelle für Straßenkinder.

Lieber Thomas Nebel, mit welcher Zielsetzung arbeitet Basis e.V.?
Thomas Nebel: Die Ziele sind natürlich unterschiedlich. Den min-

derjährigen Mädchen und Jungen, die in die Anlaufstelle für Straßenkinder am Hachmannplatz 2 kommen, bieten wir befristete Übernachtungsmöglichkeiten mit dem Ziel, sie aus dem Milieu heraus- und in gesicherte Verhältnisse zurückzuführen, entweder bei ihren Eltern oder bei Betreuern. Es geht dabei also um soziale Reintegration.

Bei den Strichern auch, im Prinzip. Aber die Arbeit mit den Strichern ist zum einen nicht nur im Alter nicht begrenzt – es gehört auch die Zielgruppe der über 20-Jährigen hinzu –, zum anderen geht es um Gesundheitsprävention.

Ich sage mal so: Wenn ein 24-jähriger Stricher sagt, der Job sei sein Lebenstraum, dann sind wir nicht dazu aufgerufen, ihn zu bekehren. Dann soll er es halt machen ...

Ernsthaft: Gibt es solche Fälle?

Thomas Nebel: So krass, wie ich es jetzt gesagt habe, sicherlich nicht. Aber machen wir uns nichts vor: Es gibt viele, die keine Alternative hatten und die aufgrund ihrer Biographie auch niemals eine haben werden. Natürlich versuchen wir im Einzelfall ihnen zu einer Schulausbildung oder Lehre zu verhelfen, ganz klar. Dazu kooperieren wir mit anderen sozialen Einrichtungen. Ob und wie lange sie dort bleiben, ist allerdings von Fall zu Fall unterschiedlich.

Wie groß ist denn die Wahrscheinlichkeit, dass man die Jungs aus der Szene rausholen kann?

Thomas Nebel: Schwierig ... Das Problem ist natürlich: Die Jungs werden unattraktiv, wenn sie älter sie werden. Das ist so in der Szene, und das merken die Jungs. Sie haben dann weniger Kontakte mit Freiern. Spätestens dann müssen sie sich ohnehin etwas anderes suchen. Insofern ist es ein zeitlicher Ablauf, bei dem man warten muss, bis die Jungs – ganz hart gesagt – »abstürzen«. Danach können wir mit ihnen schauen, was für sie infrage kommt.

Wie die Erfolgsquote derer, die wir rausholen, ausschaut, kann ich nicht sagen. Wir machen keine Erhebungen, weil der Erfolg im Einzelfall eine Definitionssache ist. Bei dem einen ist es bereits ein Erfolg, wenn er tatsächlich »Safer Sex« praktiziert, bei dem anderen ist es ein Erfolg, wenn er selbstbewusster Auftritt und sich nicht länger über den Tisch ziehen lässt. Bei dem einen ist es ein Erfolg, wenn wir ihn bei unserer Straßenarbeit ansprechen und er über einen längeren Zeitraum in unsere Anlaufstelle kommt, bei dem anderen ist es ein Erfolg, wenn er eine Ausbildung macht und sich in einem Beruf versucht.

Wieso würde ein Junge in der Stricherzene bleiben wollen?
Thomas Nebel: Das liegt daran, dass das Verhältnis Stricher und Freier ein ganz anderes ist als in der weiblichen Prostitution – Stichwort »väterlicher Freund«. Der Stricher lässt auf den Freier nichts kommen, spricht von ihm als »mein Freund«. Bis diese Konstellation in die Hose geht, weil es sich dabei um eine knallharte Geschäftsbeziehung handelt: Der Junge bekommt Geld für Arbeit, Unterkunft, Logis, Klamotten, dafür gibt er eine sexuelle Dienstleistung. Und wenn der Junge das nicht mehr will oder der Freier einen jüngeren Jungen will, dann fliegt das auseinander. Da ist nichts mehr mit Vater.

Spätestens dann kommt der Junge zu uns, weil er nicht mehr weiß, wo er hin soll. Das ist genau richtig, dafür sind wir da; um in solchen Momenten Unterstützung zu bieten.

Wenn ein Junge also auf den Strich geht und dort gar nicht raus will ...
Thomas Nebel: ... dann geht es uns darum, ihn gesundheitlich zu stabilisieren: Wir klären über Risiken, Gefahren und Geschlechtskrankheiten auf, weisen darauf hin, wie wichtig es ist, »Safer Sex« zu praktizieren – für sich selbst und die anderen.

Das ist aber immer eine Sache von beiden Seiten. Sucht Basis e.V. auch den Kontakt zu den Freiern?
Thomas Nebel: Ja, das gehört definitiv zur Arbeit der Stricher-Anlaufstelle hinzu. Die Definition für die Zuwendung lautet ja auch: »Für männliche Prostituierte und deren Kundschaft!« Weil es in erster Linie ja um die HIV- und Aids-Prävention geht. Deshalb suchen wir das Gespräch mit den Freiern und fragen, ob sie sich über das, was sie da tun und wie sie es tun, im Klaren sind. Wir sprechen die Freier im Rahmen der Straßensozialarbeit in den Stricherkneipen

und den entsprechenden Etablissements an. In der Anlaufstelle sind die Freier tabu. Wir wollen vermeiden, dass die beiden Gruppen, Freier und Stricher, hier zusammenkommen und daraus so etwas wie eine »Kontaktbörse« wird. Ja, wir bekommen oft genug Anrufe: »Habt ihr nicht mal 'nen kleinen, knackigen Arsch, den ihr vermitteln könnt?« Also: Die Anlaufstelle ist für Freier tabu. Es sei denn, aber das passiert in absoluten Ausnahmefällen und in der Regel außerhalb der Einrichtungen, dass der Junge mit einem »väterlichen Freund« ein fettes Problem hat und die beiden jemanden brauchen, der ihnen dabei hilft.

Wie könnte denn ein solches Problem aussehen?
Thomas Nebel: Zum Beispiel ein Problem im Zusammenleben. Dass sie sich streiten. Nicht auseinander kommen. Oder nicht wissen, wie sie auseinander kommen. Aggressionen, solche Sachen.

Wie lösen Sie die Probleme?
Thomas Nebel: Indem wir mit den beiden das Gespräch suchen. Und indem wir das Leben der Jungs stabilisieren, das war mein Ausgangspunkt. Wir bieten ihnen in unserer Anlaufstelle eine regelmäßige Ernährung. Wir erklären ihnen, welche sozialen Angebote sie ansonsten noch in der Stadt in Anspruch nehmen können. Wir sorgen also dafür, dass wir als Einrichtung für sie der stabilisierende Faktor sind; dazu machen wir Streetwork in den einzelnen Stricherkneipen und eben auch in der offenen Szene.

Wie viele Stricher gibt es in Hamburg?
Thomas Nebel: Wir können keine absoluten Zahlen sagen, die sind sehr schwer zu ermittlen. Wir können aber sagen, dass wir pro Jahr mit etwa 350 verschiedenen Jungs in unserer Anlaufstelle Kontakt haben, die also einmal oder fast jeden Tag kommen. Diese Zahlen schwanken natürlich von Jahr zu Jahr, weil Jungs, die in dieser Szene leben, sich auch in anderen Städten aufhalten. Sei's, weil hier was gelaufen ist, das zu heiß war, oder weil sie Abwechslung suchen.

Sie arbeiten mit sieben Personalstellen, auf die Anlaufstelle sowie die beiden Übernachtungsstellen verteilt. Reichen diese aus?

Thomas Nebel: Das hängt ein bisschen davon ab, wie hoch wir die Messlatte hängen und wie viel wir erreichen wollen. Wenn man an den jungen Leuten dicht dran ist und im Einzelfall sehr viel Begleitung und Betreuung bieten möchte, dann reichen die sieben Stellen natürlich nicht aus.

BEGLEITSERVICE

Prostitutionsform.
Synonym: → *Escortservice*

BEHANDLUNG

Szenejargon.
Synonyme: → *Session.* Sitzung, Spiel

BEHERBERGUNGSBETRIEB

→ *Zimmervermietung*

BELLADONNA E.V.

Frauenfachberatungsstelle.
Das Jahr 1989 schuf nicht nur politisch, sondern auch gesellschaftlich viel Verwirrung. Ein Signal wollten daher drei ambitionierte Künstlerinnen in Frankfurt an der Oder setzen und riefen den Frauenverein »Brücke« ins Leben. »Wir wollten Brücken schlagen zu anderen«, erinnert sich Uta Ludwig, eine der Gründerinnen, die allerdings schon bald nicht mehr mit dem Vereinsnamen einverstanden waren. Uta Ludwig, gelernte Laborantin, schlug »Belladonna« vor – die Tollkirsche: »Die brachte man schon mit den weisen Frauen in Verbindung, auch mit den Hexen im 15. Jahrhundert. Die ersten schmerzarmen Geburten wurden mit Hilfe der Tollkirsche herbeigeführt«, sagt Uta Ludwig. »Chemisch heißt Belladonna Atropin, das beim Arzt zur Augenbestimmung verwendet wird. Atropin ist allerdings auch das einzige Gegenmittel einer Pilzvergiftung. Und Atropin wird bei der Bundeswehr als Gegengift zu chemischen Kampfstoffen eingesetzt. Das passte: Wir Frauen von Belladonna wollten ebenfalls ein Heilmittel sein – für Frauen in der Gesellschaft, die ausgegrenzt werden.« Fortan widmete sich der Verein der Kunst, Kultur sowie der Freizeit für Frauen und entdeckte darüber seinen eigentlichen Auf-

trag: »Am wichtigsten ist es, Frauen in Not zu helfen, damit sie selbstbewusster werden und ihren Weg suchen können«, so Uta Ludwig, die hiernach mit ihrem Team ein Frauenhaus ins Leben rief. Auf Anregung des Sozialpädagogischen Instituts Berlin nahmen die Belladonna-Mitarbeiterinnen 1994 auch die Arbeit im Prostitutionsmilieu in Brandenburg und im Grenzbereich zu Polen auf. »Das interessierte uns, denn es sind einmal zwei Prostituierte in unser Frauenhaus geflohen«, berichtet Uta Ludwig. »Wir konnten schlecht damit umgehen. Wir wussten nicht, welche konkrete Hilfe sie brauchten.«

Deshalb und durch das ständig wachsende Rotlichtmilieu im deutschpolnischen Grenzbereich kam es, dass sich die Arbeitsinhalte von Belladonna e.V. zunehmend verlagerten.

Die Gesundheitsprävention auf dem Straßenstrich sowie in den Clubs und Bordellen wurde professionalisiert, die Beratung spezialisiert: 1998 wurde das Frauenhaus abgegeben, stattdessen eine Fachberatungsstelle für Prostituierte und Migrantinnen, die von Gewalt, Heiratshandel oder Menschenhandel betroffen sind, eröffnet. Hier arbeiten heute zwei Streetworkerinnen, zwei Beraterinnen für den Opferschutzbereich sowie eine Verwaltungskraft, finanziert aus Spendengeldern, Mitgliedsbeiträgen, Zuwendungen von Bund und Land. Uta Ludwig: »Unser Ziel ist es, mit der betroffenen Frau ihre Situation zu analysieren, Möglichkeiten der kurzzeitigen Verbesserung zu finden und eine neue Lebensperspektive mit der Frau gemeinsam zu entwickeln, sie eventuell dabei anfangs zu begleiten.«

Belladonna e.V. bietet eine 24-Stunden-Hotline sowie den betroffenen Frauen eine kurzfristige Krisenintervention (in einer Schutzwohnung), sowohl mittel- und langfristige Beratung mit und ohne Krisenintervention, Vermittlung von Rechtsanwältinnen, Rechtsbeistand, Ärztinnen, Psychologen sowie Prozessbegleitung, Begleitung zu Ämtern und Institutionen bis zur Rückkehr ins Heimatland.

• *INFO: Belladonna e.V., Postfach 16 52, 15206 Frankfurt (Oder), Telefon 0335/534988, Telefax 0335/534988, Hotline: 0172-9269524, belladonna.ff@t-online.de, www.belladonnaev.com*

BELLADONNA E.V.
IM GESPRÄCH: Uta Ludwig, Koordinatorin.
Uta Ludwig, gelernte Laborantin, Krankenpflegerin, künstlerische Textilgestalterin und Sozialberaterin, ist heute Koordinatorin der Frauenfachberatungsstelle Belladonna e.V. in Frankfurt an der Oder.

Frau Ludwig, gibt es eine Rotlichtszene in Frankfurt an der Oder?
Uta Ludwig: Es gibt einen Privatclub bereits seit Jahren. Dort arbeiten mehr oder minder Studentinnen der Uni. Alles andere, Frauen, Zuhälter, Betreiber, sind auf die polnische Seite gewandert. Viele der Frauen aus Mittelosteuropa, die nach Deutschland kommen, werden in Polen »geparkt« und dort von Händlern nach Deutschland geholt.

Inwiefern unterscheidet sich das Milieu an der deutschpolnischen Grenze von dem anderer Regionen?
Uta Ludwig: Dieses Milieu existiert erst seit der Wende. Seit 1992 hat es sich in der Grenzregion entwickelt. Als wir 1994 die Streetwork an der deutsch/polnischen Grenze aufnahmen, haben wir dort mit Schmuddelbordellen, ihrem Mief und Dreck zu tun gehabt. Wir dachten nur: »Furchtbar! Wie kann man hier arbeiten?« Uns erschien zu Anfang sogar die Straße noch besser ... Hier brauchten wir allerdings erst einmal ein halbes Jahr Einarbeitungszeit, denn polnische Frauen sind anders gekleidet. In Deutschland ist es eindeutig, doch in Polen eine Prostituierte von einer normalen Frau zu unterscheiden ist schwierig.

Viele Frauen aus Mittelosteuropa kommen, so heißt es offiziell, durch Menschenhandel nach Deutschland. Wie akut ist das Problem?
Uta Ludwig: Ich denke schon, dass dies stimmt. Das Problem ist, dass man diese Frauen nur sehr schwer erreicht. Sie arbeiten im Haus- und Hotelservice, im FKK-Club. Hier werden die Frauen festgehalten, ohne dass jemand je davon erfährt. Die Frauen können meist nur durch Zufall dieser Situation entfliehen, da sie der Sprache nicht mächtig sind und nicht wissen wohin.

Von wie vielen Opfern gehen Sie aus?
Uta Ludwig: Wir hatten im Jahr 2002 in unserer Begleitung und Betreuung 19 Frauen und vier Kinder – manche Frauen bringen Kinder mit, oder die Kinder werden nachgeholt. Von diesen 19 Frauen kamen zwei über unseren Notruf, nicht über die Polizei. Drei dieser Frauen entschieden sich, keine Aussage zu machen.

Immerhin, das ist eine Errungenschaft: Die Frauen können nach vier Wochen nach Hause fahren, wir regeln alles, organisieren die freiwillige Rückreise. Sie werden nicht ausgewiesen durch die Veränderungen im Ausländergesetz.

Ich denke, es ist gut, dass die Frauen nicht noch zu einer Aussage gezwungen werden.

Wobei: 19 sind die bekannten Fälle von Menschenhandel. Was ist mit der Dunkelziffer?
Uta Ludwig: Das kann man nur schätzen. Wir bei Belladonna e.V. gehen auf polnischer Seite regelmäßig in 78 Begleitagenturen und drei große Straßenstrichbereiche. Es arbeiten täglich in diesem Bereich 1290 Frauen. Wir erreichen davon 380 Frauen im Monat. Auf deutscher Seite erreichen wir 80 Frauen. Das ist nicht viel, hier gehen wir von mindestens 1000 Frauen aus.

Sie beraten auch Freier?
Uta Ludwig: Ich bin moderat, ich muss ... Aber manchmal bekomme ich Gänsehaut. Wenn die so selbstbewusst hier sitzen, philosophieren über Liebe, fehlende Abgrenzung, Dienstleistung und nicht einmal darüber nachdenken, wie es den Frauen möglicherweise geht und warum diese die Freier benutzen. Ja, diese Freier fühlen sich meist noch benutzt und fangen an zu spielen, wollen den Frauen ihre Macht demonstrieren. Dann möchte ich manchmal nicht an mich halten ...

Viel mehr Sinn macht es, wenn Stammfreier sich Gedanken machen, weil sich Situationen von Frauen, die sie seit Jahren kennen und zu denen sie seit Jahren gehen, verändern. Plötzlich arbeitet die Prostituierte zum Beispiel in einem neuen Club, ist gehetzt, hat Geldmangel, kann sich nicht mehr auf ihren Strammfreier konzentrieren. Er ist das nicht gewohnt, er liebt sie, ist verheiratet, die Ehefrau akzeptiert das – oft ist das so. Meistens sind es ältere und kluge Männer. Wenn diese Männer bei mir nachfragen, wie sie den Frauen helfen können, dann macht mir diese Arbeit Spaß.

Was raten Sie diesen Männern?
Uta Ludwig: Ich rate ihnen, mit der Prostituierten eine Gesprächsebene aufzubauen, dass sie sie fragen und mehr auf sie eingehen. Die Dienstleistung sollte in den Hintergrund treten – meist ist es das bereits, sonst würde der Freier sich ja nicht Gedanken machen –, damit die Prostituierte sich öffnen kann. Und wenn sie sich geöffnet hat, kann er ihr helfen. Zum Beispiel, aus diesem Club zu fliehen. Es kann unter Umständen aber auch sein, dass sie in eine extreme Schuldenlage geraten ist, so dass ihr eine Schuldenregulierung helfen kann. Und das müssen nicht immer die Rückzahlungen an Menschenhändler sein. Frauen sind häufig durch die Mieten oder Katalogkäufe hoch verschuldet, zumindest ist es so möglich eine Beziehungsebene herzustellen, die beiden gut tut.

BELLMÄNNER

Szenejargon.
Eine Bauernweisheit sagt: »Bellende Hunde beißen nicht.« Bellmänner nennt man im Milieu Typen, die viel reden, aber im Ernstfall den Schwanz einziehen. »Meist sind sie auch die ersten, die bei den Bullen ihre Jungs verzinken«, konstatiert → *Zuhälter* Richard K.

BERBER, ANITA

Dt. Nackttänzerin, geb. 1899, gest. 1928.
Anita Berber war »Berlins gefährlichste, bisexuelle, kokainsüchtige, tanzwütige, angriffslustige und sozialromantische Ausdruckstänzerin aus den Goldenen Weimarer Zeiten«, erinnert die Hauptstadt-Illustrierte »Tip«. Europaweit war Berber berühmt und berüchtigt, Femme fatale, Stummfilmschauspielerin und Tänzerin. Sie war die erste offiziell zur Kenntnis genommene Nackttänzerin. Sie selbst sagt über die 1922 mit ihrem schwulen Partner Sebastian Droste in Wien debütierenden »Tänze des Lasters, des Grauens und der Ekstase«, die heute als Vorläufer des modernen → *Striptease* gelten: »Ich habe die Kraft

und die Leidenschaft, die Poesie bürgerlicher Phantasien zu zerstören und zu ersetzen durch etwas, das ehrlicher, das obszön und vulgär ist.«

»Zu Beginn der zwanziger Jahre wurde Anita Berber gefeiert, bewundert und idealisiert«, schreibt Lucinda Jarrett in ihrem Buch »Striptease. Die Geschichte der erotischen Entkleidung« (Rütten & Loening Verlag, Berlin 1999). »Sie war Berlins Madonna und Hure, Revuegirl und Stripperin ... Ihr Auftreten war legendär: Sie war die Frau, die zu einem Treffen mit ihrem Anwalt erschien, ihren Mantel ablegte und dann bemerkte, dass sie darunter nichts anhatte. Statt sich zu entschuldigen, fragte sie ihren Anwalt: ›Haben Sie vielleicht eine Zigarette? Ich muss mein Zigarettenetui zu Hause gelassen haben.‹ Sie ging in Cafés, hängte ihren Pelzmantel auf und war darunter splitternackt. Die Gäste starrten sie angewidert an, die Kellner legten ihr den Mantel um die Schultern und geleiteten sie hinaus.«

Nebenher schrieb Anita Berber Lyrik, »die unheimlich stark ist, fast wie → *Baudelaire*, sehr düster, grüngesichtige, sich aufhängende Männer und Frauen, die menstruieren unter nacktem Glühbirnenlicht«, erklärt Dr. Günther Sacker, Leiter des Goethe Instituts London, der in den 80er Jahren Berbers Gedichte wiederentdeckte und unter anderem mit der Punk-Ikone Nina Hagen für die Bühne aufbereitete. »Ziemlich harte Texte. Wir haben auch die Tänze wiedergefunden und die Musik dazu, die Beschreibungen der Tänze, Opium und Kokain und solche Tänze.« 1987 verfilmte Schwulenregisseur Rosa von Praunheim in »Tänze des Lasters« das skandalöse Berber-Leben, mit Lotti Huber in der Hauptrolle.

Anita Berber starb im November 1928 im Alter von 29 Jahren, zwischen Alkohol und Koks, und irgendwie an zu viel Leben.

• *INFO: Lothar Fischer. Anita Berber – Tanz zwischen Rausch und Tod. Verlag Haude und Spenersche, Berlin 1996.* • *www.anita-berber.de*

BERLIN

→ *Großstadt.*

Die einzige Stadt Deutschlands, die auf ihrer gesamten Fläche kein → *Sperrgebiet* ausgewiesen hat. Das hat zweifelsohne Vorteile für die knapp 10.000 Prostituierten, die regelmäßig in der Hauptstadt → *anschaffen* gehen, denn es zeigt sich, »es gibt überhaupt keine Probleme mit der Prostitution«, erklärt Friedericke Strack von der Beratungsstelle → *Hydra e.V.* in Berlin. »Sie verteilt sich über die gesamte Stadt, es fühlt sich kaum ein Anwohner gestört dadurch. Und letztlich wird es sogar zur Sehenswürdigkeit oder zum Touristenziel erhoben, wenn man die Frauen an der Oranienburger Straße direkt neben den Kneipen stehen lässt.«

Wohl nur in Berlin war wohl auch die Gründung einer Organisation wie die des → *Bundesverbandes Sexuelle Dienstleistungen e.V.* denkbar, die gerade die ebenso einzigartige → *Lange Nacht der Puffs,* eine Kulturveranstaltung mit Puffsightseeing organisiert. Bereits im Januar 2000 sorgte auch das Verwaltungsgericht Berlin für Aufsehen, als es der → *Animierbar* → *Café Pssst* die zuvor vom Bezirksamt Wilmersdorf wegen → *Unsittlichkeit* aberkannte Gaststättenlizenz wiedererteilte und damit die Prostitution als → *Gewerbe* anerkannte, noch bevor es der Gesetzgeber mit dem → *Prostitutionsgesetz* tat.

Was man bei Hydra e.V. und auch anderen Beratungsstellen der Hauptstadt allerdings gerne unter den Tisch fallen lässt, weil es die Arbeit – die Etablierung der Prostitution als ganz normales → *Gewerbe* – negativ beeinträchtigen würde, ist der → *Menschenhandel,* der in dem schier unüberschaubaren Großstadtmoloch Berlin einen besonderen Nährboden gefunden hat. Dank der unmittelbaren Nähe zu → *Osteuropa* ist Berlin die Drehscheibe des internationalen Menschenhandels, wie zuletzt der Fall → *Michael Friedman* zu Tage brachte. Auch die »BZ«, Berlins Boulevardblatt Nummer 1, weiß: »Laut Polizei dirigieren und organisieren vor allem ausländische Banden das Zuhältermilieu. Die Grenze zu Drogen- und Menschenhandel ist fließend. Nach Kripo-Angaben wird die Rotlichtkriminalität in Berlin vor allem von ›bulgarischen, türkischen und thailändischen Tatverdächtigen‹ dominiert. Diese drei Nationalitäten machen gemeinsam einen Anteil von über 70 Prozent der ermittelten Tatverdächtigen aus. Die Prostituierten selbst stammen größtenteils aus Osteuropa oder Thailand. Mit einträglichen Job-Versprechen werden sie nach Deutschland gelotst und hier zur Prostitution gezwungen. Im Zusammenhang mit dem ›Fall Friedman‹ spricht die Polizei von ukrainischen und polnischen Menschenhändlern, die die jungen Frauen mit falschen Pässen nach Berlin geschleust haben.«

Die Ermittlungsbehörden stemmen sich mit aller Kraft gegen die Menschenschleuser. Rund 400 Razzien wurden allein 2002 in Berliner Bordellen und ähnlichen Betrieben vorgenommen, aus denen rund 75 Strafverfahren wegen Menschenhandels resultierten. Anfang 2003 haben die Berliner Polizei und die Beratungsstellen für Opfer des → *Frauenhandels* einen Kooperationsvertrag vereinbart. »Kern ist eine Rufvereinbarung«, berichtet die »TAZ«. »Diese besagt, dass die Polizei aufgegriffene Opfer von Menschenhandel an Beratungstellen wie → *In Via e. V.* , → *Ban Ying e. V.* oder → *Ona e. V.* vermittelt. Den Frauen wird so ein sicheres Umfeld gegeben. Um den Opfern die Angst vor einer Abschiebung zu nehmen, soll die Polizei eine Duldung durch die Ausländerbehörde für die Dauer eines möglichen Prozesses erwirken. Betreut werden sollen aber nicht nur aussagewillige Frauen, sondern generell alle Betroffenen von Menschenhandel. Im Gegensatz zu anderen Bundesländern gibt es in Berlin ohnehin eine gut funktionierende Zusammenarbeit zwischen Polizei und Beratungsstellen. So hatte die Berliner Polizei bereits im letzten Jahr 32 ausländische Prostituierte an die Beratungsstellen vermittelt. Der jetzt abgeschlossene Vertrag ist also lediglich die rechtliche Regelung einer ohnehin gängigen Praxis.«

BERUF

Broterwerb.

Im März 2002 hat sich in → *Berlin* der → *Bundesverband Sexuelle Dienstleistungen e.V.* gegründet, der erste Berufsverband der selbstständigen Prostituierten und BetreiberInnen bordellartiger → *Etablissements.* Die inzwischen über 40 Mitglieder setzen sich für die Förderung des Ansehens von Prostitutiton und der Betriebe mit sexuellen Dienstleistungen in der Gesellschaft und die Vermittlung eines realistischen Bildes von Prostitution ein. Für Hurenverbände und -projekte ist das bereits seit vielen Jahren oberstes Ziel, die Anerkennung der Prostitution als Erwerbstätigkeit, sprich als Beruf.

»Damit klagen sie eine gesellschaftliche Position ein, die ihnen durch die bürgerliche Neuzeit genommen wurde«, urteilt die Journalistin Angela Strope im »Asphalt-Magazin«. Und weiter: »Im Mittelalter gehörten die Prostituierten zum Straßenbild. Sie hatten ihren festen Platz in der gesellschaftlichen Ordnung. Für sie gab es Kleidervorschriften wie für alle anderen Handwerker. Sie trugen rote Hüte oder Kappen. Das ›Rotlicht‹-Milieu hat von dieser Kopfbedeckung seinen Namen.

Als der Kaiser Nürnberg besuchte, vermerkte der Stadtschreiber, dass die Huren vom Rat neue Kleider bekamen und bei der Begrüßung des Monarchen in der ersten Reihe standen. Gesellschaftliche Anerkennung von Prostituierten in unserer Zeit würde bedeuten, dass wir die Hure als Nachbarin ebenso akzeptieren wie die Verkäuferin.«

Das → *Prostitutionsgesetz,* in Kraft getreten am 1. Januar 2002, ist ein erster Schritt in diese Richtung. Nicht nur dass die → *Sittenwidrigkeit* der Prostitution aufgehoben wurde, Vereinbarungen über sexuelle Handlungen gegen ein vorher vereinbartes Entgelt sind → *Rechtsgeschäfte.* Auch macht sich ein → *Bordell-* oder → *Clubbetreiber* nicht länger der → *Förderung der Prostitution* strafbar, wenn er sich neben der → *Zimmervermietung* auch in Form von → *Werbung* für das Etablissement und durch einen zentralen Einkauf der Hilfsmittel (→ *Kondome,* → *Gleitmittel,* → *Dildos*) für das Wohl seiner → *Angestellten* einsetzt.

Einzig die bisher unangetastete → *Sperrgebietsverordnung* und der unzureichend modifizierte »§181a Zuhälterei« des → *Strafgesetzbuches* erschweren noch heute die klare Gestaltung des Berufsbildes Prostituierte; vor allem der Zuhälter-Paragraph ist verantwortlich, dass in der Branche bisher nur wenige → *Arbeitsverträge* abgeschlossen wurden.

BERÜHRER/IN

Sexualbegleiter/in.

Schweizer Berufsbezeichnung für die in Deutschland unter dem Begriff → *Sexualbegleiter/in* bekannte Tätigkeit.

BESCHAFFUNGSPROSTITUTION

Prostitutionsform.

Synonym: Drogenprostitution. Beschaffungsprostituierte sind drogenabhängige Frauen, Mädchen und → *Stricher,* die durch Prostitution ihren Drogenkonsum finanzieren. Beschaffungsprostituierte konsumieren nach Erkenntnissen der Beratungsstellen und Hilfsprojekte häufig zusätzlich zum Heroin Medikamente, Alkohol und andere illegale Drogen, zum Beispiel Ecstasy oder Kokain. Meist bieten sich die weiblichen Prostituierten auch auf dem so genannten → *Drogenstrich* an. Die Stricherszene funktioniert in der Regel anders.

Doch so oder so, sowohl bei Polizei und Behörden als auch bei Beratungsstellen gilt die Drogenprostitution als die schlimmste Form der Prostitution. Drei Gründe führen sie dafür ins Feld: Die Beschaffungsprostitution ist nicht sicher – es drohen gesundheitliche Risiken durch → *Needle-Sharing* und Kriminalität durch hohes Gewaltpotential. Sie ist nicht vernünftig, denn es drohen seelische Folgen, weil die Prostituierte Dinge macht, die sie nicht wirklich will. Sie geschieht nicht freiwillig, weil die Prostituierte aus der Not heraus zu allem bereit ist, und das auch noch zu billigen Preisen. Deswegen gilt die Drogenprostituierte, die in der Szene »Nadel-Nutte« genannt wird, auch als Preisbrecherin und steht in der Hierarchie des → *Gewerbes*, angefangen beim → *Escort-Service* über die → *Callgirls* bis zu den → *Puff-Frauen* und → *Clubfotzen* ganz unten. Und zwar noch unter den Prostituierten auf dem herkömmlichen → *Straßenstrich*. »Du bist sozusagen schon das Billigste vom Billigen – also Schlussverkauf und zum zehnten Mal runtergesetzt«, erklärte eine Drogenprostituierte Frankfurter Sozialpädagogen im Rahmen einer Studie. (Quelle: Spiegel Online, 13. Januar 2003)

Drogenprostituierte selbst sehen sich in den meisten Fällen nicht als Prostituierte; ähnlich urteilen auch die Beratungsstellen für Prostituierte. Bei → *Hydra e.V.* in Berlin weiß man: »Sobald sie clean sind, steigen sie auch aus der Prostitution aus.« Ein anderer Streetworker, der ungenannt bleiben möchte: »Mit Junkies kann man nur über Drogen reden, den nächsten Schuss, wie sie diesen bekommen oder ihren Entzug. Und sie schaffen nicht nur an, sie klauen auch, überfallen. Deren Problem ist also nicht die Prostitution, sondern die Droge, die Erfahrungen, die sie zum Junkie gemacht haben. Gewalt, Missbrauch, solche Sachen.«

Drogenprostituierte stehen auch nicht regelmäßig am Bordstein, erst dann, wenn die Drogen sie dazu zwingen. Deshalb ist die Beschaffungsprostitution wohl auch eher eine Randerscheinung innerhalb der Prostitution. Experten rechnen mit rund vier Prozent aller Prostituierten, die der Beschaffungsprostitution nachgehen. »Im Unterschied zur professionellen Prostituierten arbeiten die Drogenabhängigen in der Regel nur so lange, bis sie das Geld für den nächsten Druck oder Stein beisammen haben«, erklärt Antje Langer, eine der Studenten, die die Frankfurter Studie anstellte. Ihnen erklärten Abhängige auf die

Frage, nach welchen Kriterien sie ihre Kunden aussuchen: »Nach Turkey, nach Dringlichkeit, und wenn ich merk, Turkey kommt bald und ich bin noch fit, dann stell ich mich hin und grins und wart halt, dass irgendetwas passiert.«

Meist verdingen sich Drogenprostituierte auch nicht am »offiziellen« Straßenstrich, wo sie aus oben erwähnten Gründen nicht gelitten sind. Der Drogenstrich liegt in der Regel in → *Sperrgebieten*. Deshalb sind sie zusätzlich bedroht von Bußgeldbescheiden der Beamten des Ordnungsamtes, die durch die Straßen streifen. Aber »trotz vieler Parallelen in ihren Biografien hat jede der Frauen ihre eigene Geschichte«, so Stephanie Wiese, eine weitere der Frankfurter Studentinnen gegenüber dem »Spiegel«. »Was wir herausfanden, widerspricht zum großen Teil der gängigen Vorstellung in den Medien, aber auch in der Fachliteratur, die Drogenprostituierten seien allein Opfer und nicht auch Handelnde.« Da gebe es die 20-jährige sportlichsexy auftretende »Sex-Arbeiterin« auf Rollerblades, die eine eigene Wohnung (»meine Burg«, »mein Schneckenhaus«, »meine Basis«) hat und ihren Heroinbedarf hauptsächlich mittels einer Gruppe von → *Stammfreiern* finanziere. Da werde aber auch die Mittvierzigerin beschrieben, die mit blutverschmierter Jacke, strähnigem Haar und kaum noch einem Zahn im Mund stundenlang am Bordstein wartet, um Freier fürs Finanzieren ihrer Crack-Steine zu finden.

BETREIBER

Gewiss nicht einfach hatten es Männer und Frauen (davon aber ungleich weniger), die in der Vergangenheit einen → *Club* oder ein → *Bordell* betrieben, denn vorherrschende Rechtsprechung und Moralvorstellung machten aus ihnen per se einen kriminellen Menschen, der nur Übles im Sinne hatte. Umgangssprachlich beschimpfte man sie – insbesondere natürlich die männliche Spezies der Investoren – als → *Zuhälter.* Was nicht von ungefähr kam, denn strafrechtlich ließ man die BetreiberInnen einschlägiger Etablissements wiederholt wegen → *Förderung der Prostitution,* noch lieber aber wegen → *Zuhälterei* hochgehen. Manchmal war sogar etwas Wahres an den Vorwürfen. Denn es soll nicht verschwiegen werden, dass es auch skrupellose Bordellbetreiber gab und gibt, die Frauen über → *Menschenhändler* beziehen und zur Prostitution zwingen (→ *Zwangsprostitution*).

Doch was ist mit den Männern und in den vergangenen Jahren zunehmend auch den Frauen, die wissen, worauf es ankommt, wenn man einen Club oder ein Bordell betreibt, deshalb eines eröffnen? Viele Jahre war allein die Tatsache, dass Clubbetreiber zum Beispiel angenehme Arbeitsbedingungen schufen (Sanitäranlagen, exklusive Einrichtungen, Verhütungsmittel), Grund zur Verurteilung; es waren Maßnahmen, »die die Prostituierte weiter in ihre Tätigkeit verstrickt und sie davon abhält, die Prostitutionstätigkeit aufzugeben« (BGH, NStZ, 1986, 359). Das Bestimmen von Dienstzeiten und Einsatzorten der Frau kann als dirigistische Zuhälterei ausgelegt werden. Dagegen würde niemand bei einem Fabrikbesitzer auf die Idee kommen, er sei ein → *Zuhälter*, weil er abhängig Beschäftigten Ort, Zeit und Ausmaß ihrer Tätigkeit vorschreibt; und nur wenige Menschen finden es skandalös, dass Unternehmer an der Arbeitskraft von anderen Personen verdienen«, so die Gründerinnen des ersten autonomen Hurenprojekts Deutschlands, → *Hydra e. V.* in → *Berlin* in ihrem Buch »Freier. Das heimliche Treiben der Männer« (Verlag am Galgenberg, Hamburg 1991).

Im Gegensatz dazu wurde das → *Gewerbe* Prostitution jedoch moralisch betrachtet, und die Männer, die in Clubs und → *Bars* investierten, galten als Ausbeuter und Zuhälter, waren damit gebrandmarkt und auf eine Stufe gestellt mit echten Menschenhändlern. Doch »was ist so schlimm daran, wenn man den Frauen einen fairen Arbeitsplatz verschafft, mit angenehmen Arbeitsbedingungen?«, will der ehemalige Clubbesitzer Micha K. wissen, der selbst acht Monate in Untersuchungshaft saß (siehe die Einführung zu diesem Buch: »Streiflichter: Prostituiton gestern & heute«). »Weil man einen Club betreibt, ist man nicht gleich ein Zuhälter!«

Das → *Prostitutionsgesetz* hat, zumindest strafrechtlich, eine neue Sachlage geschaffen. Jetzt muss nur noch die Moral in den Köpfen der Menschen der veränderten Situation folgen.

BIERMANN, PIEKE

Dt. Autorin, geb. 1950.

Pieke Biermann studierte in Italien und Deutschland. Sie schaffte fünf Jahre lang als Prostituierte an und ihre ersten Veröffentlichungen waren dementsprechend zum Thema Prostitution. Insbesondere ihr Buch

»Wir sind Frauen wie andere auch! Prostituierte und ihre Kämpfe« (Rowohlt Verlag, Reinbek 1982) machte sie zur »Frontfrau der deutschen Hurenbewegung« (Deutschlandfunk), denn in dem Buch kommen Frauen zu Wort, die »erhobenen Hauptes« anschaffen. Für die Frauenbewegung war das ein Frevel, sie fühlte sich in ihren Zielen von Biermann verraten. → *Alice Schwarzer,* emanzipatorische Gallionsfigur, glaubte, das Buch sei »ignorant den am härstesten Betroffenen«, den Prostituierten gegenüber: »Da steht nicht etwa die Emanzipation der Huren zur Debatte, sondern die Verhurung der Emanzipation.«

Auch ein Jahrzehnt danach, inzwischen schreibt Biermann Kriminalromane – nicht selten mit fidelen Huren, die sich organisieren –, blieb sie umstritten: Ihre »gewöhnungsbedürftige Schreibe« wurde in den 90ern von den Medien regelmäßig niedergemacht, von der Szene, der Krimi-Branche, indes mit diversen Preisen ausgezeichnet.

Heute lebt Biermann in Berlin und arbeitet als Schriftstellerin und Übersetzerin.

BIZARR

Franz.: bizarre – seltsam, wirrförmig.

Das »bizarre« in seiner französischen Bedeutung ist dem Italienischen entlehnt: »Bizarro«, das heißt »dunkel«. Dunkel mögen für manche die Abgründe sein, die sich bei jenen Menschen auftun, die ihre bizarren Gelüste ausleben. Doch sind sie deshalb seltsam? Gar wirrförmig? Für viele ist bereits die bloße → *SM* bizarr. Das »Lexikon des Sadomasochismus« (Lexikon Imprint, Berlin 2001) dagegen definiert »bizarr« als »zusammenfassende Bezeichnung für abweichende Sexualpraktiken jenseits der herkömmlichen SM, insbesondere Randerscheinungen wie → *Koprolagnie* (Sex mit → *Kot*), → *Urolagnie* oder → *Kliniksex.* Auch für diese Neigungen hat die Prostitution mannigfaltige Angebote geschaffen, vorrangig in → *Dominastudios.*

BLANKENSTEIN, OTTO

Dt. Stricher

In der jungen Republik galt nach dem Zweiten Weltkrieg der §175 in seiner durch die Nazis 1935 verschärften Form: Sexualität zwischen Männern stand unter Strafe. Trotz aller Reformbemühungen entschied das Bundesverfassungsgericht 1957, das Gesetz sei mit dem Grundgesetz zu vereinbaren. Vor diesem Hintergrund war 1950 die Verhaftung von Otto Blankenstein in Frankfurt der Auslöser einer neuen Schwulenverfolgung. Ermittelt wurde gegen den fast 18jährigen wegen gewerblicher Unzucht, er war also ein männlicher Prostituierter, ein → Stricher. Für den ermittelnden Staatsanwalt Dr. Fritz Thiede, der bereits bei einer Aktion der Nazis gegen die Fankfurter Schwulen 1938/39 mitwirkte, wurde der Stricher zum gern missbrauchten Kronzeugen. Blankenstein verfügte nicht nur wie die legendäre mysteriös ermordete Frankfurter Edelhure → Rosemarie Nitribitt über ein Notizbuch, sondern es konnte auch sein Gedächtnis polizeilich ausgeforscht werden.

Die zahlreichen von Blankenstein bei der Vernehmung genannten und somit denunzierten Kunden wurden von der Polizei an ihren Arbeitsplätzen und in ihren Wohnungen verhaftet und allein hierdurch auch sozial ruiniert. Gegen etwa 220 Männer wurden Ermittlungen geführt von einem bereits im Dritten Reich einschlägig arbeitenden Richter, Dr. Kurt Ronimi. Die Frankfurter Presse begleitete die sich bis 1951 hinziehenden Verfahren. Manche von den Verfahren Betroffene begingen Selbstmord, andere flüchteten ins Ausland. Als »DER SPIEGEL« die Aussagen des Kronzeugen hinterfragte und den Richter Ronimi angriff, einen öffentlichen Streit über den Sinn des §175 entfachte, wendete sich das Blatt und Ronimi wurde versetzt. Für viele Verurteilten allerdings zu spät. Die letzten Verfahren wurden gegen eine Mindeststrafe eingestellt. (MvF)

BLASEN

→ *Blowjob*

DER BLAUE ENGEL

Kinofilm.

Der biedere wie pedantische Gymnasialprofessor Immanuel Rath möchte seine Schüler in dem Vergnügungslokal »Der blaue Engel« auf frischer Tat überführen. Doch statt auf seine Pennäler trifft er auf leichtbekleidete Mädels, was ihn so sehr verwirrt, dass er sich verläuft – schnurstraks in die Garderobe der feschen Tingeltangel-Sängerin Lola Lola, mit bürgerlichem Namen Fräulein Rosa Fröhlich. Unbekümmert plaudert sie mit ihm, während sie sich ungeniert umkleidet. »Eigentlich sind Sie doch 'n ganz hübscher Mann«, sagt sie zu ihm. Rath spreizt sich geschmeichelt. Beim Abschied vergisst er den Hut in ihrer Garderobe. Nun muss er noch einmal zurück zu ihr. Das ist der Beginn seines Abstiegs, währenddessen all seine einstigen Prinzipien – »einflussreiche Kirche, handfester Säbel, strikter Gehorsam und starre Sitten« – ins Gegenteil gekehrt werden. Lola widmet ihm das Lied »Ich bin von Kopf bis Fuß auf Liebe eingestellt, ja das ist meine Welt und sonst gar nichts«. Er schenkt ihr sein Herz, heiratet sie und zieht fortan mit ihrem Tingeltangel-Ensemble durchs Land. Dadurch verliert er aber nicht nur den bürgerlichen Status, sondern auch seine Attraktivität für Lola. Als die Truppe nach fünf Jahren zurück in den »Blauen Engel« kehrt, schmeißt sich Lola an einen jüngeren Mann heran, während Rath vor Scham und Eifersucht vergeht.

Das am 1. April 1930 im Berliner Gloria Palast uraufgeführte Beziehungsdrama »Der blaue Engel«, nach dem Roman »Professor Unrat« von Heinrich Mann, ist einer der ersten Tonfilme. Die Ungeniertheit, mit der er die Intimität Lola Lolas dem Professor und gleichzeitig dem Publikum zeigt, war damals neu; der Sex-Appeal der Hauptdarstellerin Marlene Dietrich verhalf ihr zur glamourösen Hollywood-Karriere. Ob seiner Geschichte und der dramatischen Entwicklung kann »Der blaue Engel« aber auch als eine Parabel auf die Wesenheiten der lockeren Mädchen gelten, die von Liebe sprachen, das Geld aber meinten. »Ich bin von Kopf bis Fuß auf Liebe eingestellt, ja das ist meine Welt und sonst gar nichts« singt die fesche Lola, Mischung aus koketter Verführerin, ordinärer Hinterzimmerschlampe und Verderben für den Mann.

• ***DER FILM:*** *Der blaue Engel. D 1930, 108 Min. Regie: Josef von Sternberg. Darsteller: Emil Jennings (Prof. Immanuel Rath), Marlene Dietrich (Lola Lola), Kurt Gerron (Kiepert), Rosa Valetti (Guste Kiepert), Hans Albers (Mazeppa)*

BLOCKSCHULDEN

Szenejargon.

Durch die Arbeit in einem → *Bordell* oder → *Club* verdient die Prostituierte nicht nur: Den Einnahmen stehen nicht unbeträchtliche Unkosten – Geschäftskosten – gegenüber, von denen die Zimmermiete

(→ *Zimmervermietung*), die pro Tag abgerechnet wird, am umfangreichsten ist. Hinzu kommen Kaution, Verzehrgelder und Heizkosten, nicht selten Beteiligungen an den gemeinsamen Anschaffungen wie → *Kondome*, → *Gleitmittel* oder an den Werbekosten für den Club. Diese Ausgaben alle zusammen ergeben im Milieu »Blockschulden«. Nicht selten werden die Blockschulden um die → *Abstecke* erweitert. Das aber fällt unter den Bereich → *Menschenhandel* und ist strafbar.

BLOWJOB

Oralsex.

Synonyme: Fellatio, Französisch, Mundverkehr, Mundfick, Blasen. »Blowjob« trifft es für den Berufszweig Prostitution am ehesten – Blasarbeit. Sie ist noch vor dem → *Flotten Dreier* die gefragteste Dienstleistung in der Prostitution. Aktuellen Erhebungen zufolge verlangen 70 Prozent der Kunden Oralsex. »Der Männer häufigster Wunsch«, weiß auch Deutschlands berühmteste → *Hure*, → *Domenica*: »Machen wir's mündlich!« In »Domenicas Kopfkissenbuch« (Knaur Verlag, München 1989) berichtet die → *Hamburger* → *Dirne*: »Erst kürzlich war ein junger, gutaussehender Mann bei mir, der mir erzählte, dass er frisch verheiratet sei. ›Was willst du dann bei mir?‹ konnte ich mir nicht verkneifen ihn zu fragen. ›Du nimmst meinen Schwanz in den Mund‹, erwiderte er. ›Meine Frau nicht.‹«

Die Prostituierte Stefanie A. weiß: »Es gibt viele Männer, denen ihre Frauen keinen blasen, weil sie es erniedrigend finden oder sich vor dem Sperma ekeln, deshalb kommen sie zu uns.«

Den Blowjob gibt es im Einzelpack oder als Startup im → *vollen Programm*: Erst blasen und lecken, dann → *Verkehr*. Empfohlen wird Fellatio den Prostitutierten mit → *Kondom*; gegen entsprechenden Aufpreis stellen die Frauen die Gummischachtel aber auch beiseite. In den Mund spritzen lassen sich allerdings die wenigsten. → *Französisch Total* ist verpönt, wenngleich es aufgrund erhöhter Konkurrenz in gegenwärtig wirtschaftlich knappen Zeiten zunehmend angeboten wird, den Sperma zu schlucken. In → *Stricher*kreisen wird beim Mundverkehr meist von vorneherein auf ein Kondom verzichtet.

BOCHUM

→ *Ruhrgebiet*

BOCKGELD

Szenejargon.

Mit »Bockgeld« ist die Entlohnung der Prostituierten gemeint. Die Bezeichnung kommt vom umgangssprachlichen »bocken« für »stoßen wie ein Bock« (»Geschlechtsverkehr«) und dem »Bock« als Schimpfwort für »(geiler) Mann« (→ *Hurenbock*).

BOCKSCHEIN

Gesundheitsnachweis.

»Das → *Gesundheitsamt* kann von Personen, die dringend verdächtig sind, geschlechtskrank zu sein und Geschlechtskrankheiten weiterzuverbreiten, verlangen, ein Gesundheitszeugnis vorzulegen«, so hieß es im §4 des → *Gesetzes zur Bekämpfung von Geschlechtskrankheiten.* Regelmäßige Kontrolluntersuchungen wurden zur Pflicht, bei vielen Gesundheitsämtern alle sieben bis 14 Tage; diese Gesundheitschecks hätten eigentlich an allen Menschen mit »häufig wechselndem Geschlechtsverkehr« vorgenommen werden müssen, wurden sie aber nicht, denn das Gesetz wurde fast nur an Prostituierten ausgeführt. Und so kam es, dass das Gesundheitszeugnis im Milieu den Namen »Bockschein« bekam.

Der Begriff kam wie das → *Bockgeld* vom umgangssprachlichen »bocken« für »stoßen wie ein Bock« (»Geschlechtsverkehr«) und dem »Bock« als Schimpfwort für »(geiler) Mann« (→ *Hurenbock*). Der Bockschein also als Green Card für Sex mit Huren.

Problem dabei war: Die regelmäßigen Gesundheitskontrollen und damit der Bockschein verschafften den Freiern ein trügerisches Gefühl für Sicherheit und motivierten sie in keinster Weise, selbst Schutzmaßnahmen zu ergreifen, weswegen es in Deutschland wie in keinem anderen Land so schwierig für Prostituierte war, das → *Kondom* an den Mann zu bringen.

Da viele Freier noch heute nicht wissen, dass mit Inkraftreten des → *Infektionsschutzgesetzes* am 1. Januar 2001 die Bockscheine abgeschafft wurden, wiegen sie sich nach wie vor in Sicherheit und verlangen Sex ohne Kondom. Dabei müssen es noch nicht einmal die Prostituierten sein, die ein gesundheitliches Risiko bergen, sondern die Freier selbst, die ohne Schutz durch die Weltgeschichte vögeln und damit munter Krankheiten verbreiten.

BONDAGE

Engl.: bond – Band, Fessel. Bondage – Knechtschaft, Leibeigenschaft, Zwang.

Synonym: Fesselung. Ratgeber wie das »Bondage-Handbuch« von Matthias T. J. Grimme lehren kunstvolle Umrahmungen und raffinierte Schnürungen. Das allein kann schon Stimulation genug sein, für den Fesselnden, dem sich ein optischer Leckerbissen bietet, für den Gefesselten, der nicht nur die Seile auf der Haut spürt, sondern hilflos ausgeliefert ist. Eben deshalb wird Bondage häufig auch mit anderen sexuellen Praktiken verbunden, zum Beispiel → *Abstrafung*, → *Flagellation*, → *Spanking*, → *Züchtigung*. Richtig fesseln will allerdings gelernt sein, andernfalls lauern Gefahr für Leib und Seele. Deswegen sind insbesondere → *Dominas* Meisterinnen dieses Fachs.

• *INFO: Matthias T. J. Grimme: Das Bondage-Handbuch, Charon Verlag, Hamburg 2002*

BORDELL

Franz.: bordel – Dirnenhaus.

Synonyme: → *Eros-Center*, Freudenhaus, → *Laufhaus*, → *Puff*. Wie das Freudenhaus ist das Bordell ein altertümlicher Begriff aus Frankreich, der übernommen wurde und eigentlich auf jede Art von Prostitutions-Etablissement zutrifft. Nicht umsonst werden → *Bars*, → *Clubs* und → *Striptease*-Lokale von den Behörden als → *bordellartige Betriebe* geführt, da es für sie als → *Gewerbe* keine genaue Spezifikation gibt. Das älteste offizielle Bordell soll nach überlieferten Quellen im alten Griechenland gestanden haben. Im 6. Jahrhundert vor Christus soll es bis weit über die Grenzen des Landes Männer gelockt haben. Im »Bilderlexikon Kulturgeschichte« des Instituts für Sexualforschung Wien (1928) wird berichtet: »Das erste profane Bordell wurde in Athen von Solon (600 v. Chr.) errichtet. Es war eine Staatsanstalt mit eigener Hausordnung und billiger Taxe. Die Prostituierten darin waren auf Staatskosten gekaufte fremdländische Sklavinnen, die öffentlich nackt zur Schau gestellt wurden. Die Bordellmädchen (Pornae) wurden vom Staat erhalten und mussten einen Teil ihrer Einnahmen an den Staat abführen.«

Auch in Pompeji, der in der Antike blühenden Hafenstadt in Süditalien, die im Jahr 79 n.Chr. bei einem Ausbruch des Vesuvs verschüttet wurde, sind bei Ausgrabungen im 18. Jahrhundert Überreste eines Bordells entdeckt worden. Bordelle überdauerten die Zeit und alle repressiven Maßnahmen: Selbst die Kirche, seit dem Jahre 0 wiederholt einer der größten Widersacher der Prostitution, tolerierte die Freudenmädchen vielfach nicht nur, viele Bordelle befanden sich vor allem im Mittelalter in ihrem Besitz. In Avignon, einstigem Sitz der Päpste, gab es ein florierendes Kirchenbordell, und Papst Julius II. richtete im 16. Jahrhundert sogar eines im Vatikan ein. Bordelle waren im Mittelalter genauso wie in der Antike mal spelunkenhafte, mal luxuriöse Treffpunkte für Männer, in denen leichtgeschürzte Mädchen unterschiedlichster Charakteristika – jung, alt, dick, dünn, blond, brünett – darauf warteten, ihnen zu Diensten zu sein.

Heute wird in der Branche unter Bordell ein großer Betrieb verstanden, der auch die Bezeichnung → *Puff* oder → *Eros-Center* trägt. Wobei Eros-Center ursprünglich nur der Name für das erste Laufhaus auf → *St. Pauli* war. Heute werden Laufhäuser allgemein als Eros-Center bezeichnet: mehrstöckige Häuser, durch die ein Flur oder Gang führt, in dem die Frauen vor den von ihnen angemieteten Zimmern sitzen (→ *Zimmervermietung*) und sich den durchlaufenden → *Freiern* anbieten. Ein Bordell kann aber auch aus einzelnen, größeren Häusern, mehreren Gebäuden, Häuserzusammenschlüssen mit einem gemeinsamen Kontakthof oder einem ganzen Straßenzug bestehen. Das ist dann meist eine abgeschlossene oder zumeist für den Allgemeinverkehr schwer zugängliche Puffstraße, wie sie zum Beispiel die → *Herbertstraße* in Hamburg eine ist. Auch hier mietet sich jede der Frauen ein Zimmer. Sie sitzt dann in dem Schaufenster (→ *Koberfenster*) des Zimmers oder im gemeinsamen Kontakthof, wo der Kontakt zum Freier hergestellt wird.

Offiziell gibt es bei den → *Gewerbe*ämtern kaum registrierte → *Bordelle.* Denn bis zum Inkrafttreten des → *Prostitutionsgesetzes* am 1. Januar 2002 war Prostitution → *sittenwidrig,* eine Vereinbarung über ein Entgelt für eine sexuelle Dienstleistung daher nichtig, ein Bordell dementsprechend nicht gewerbefähig. Ein Bordellbetreiber machte sich noch dazu der → *Förderung der Prostitution* strafbar, hatte er Anteil an den Einnahmen der Frau, war er gar → *Zuhälter.* Deswegen wurden Bordelle, Eros-Center oder Puffs als schlichte → *Zimmervermietung* geführt. Getränkeausschank gab es nicht, denn Alkoholausschank in einem »Beherbergungsbetrieb« ging über »das bloße Gewähren von Wohnung, Unterkunft oder Aufenthalt und die damit üblicherweise verbundenen Nebenleistungen« hinaus.

Auf Empfehlung des Bund-Länder-Ausschusses sollten Bordelle oder bordellartige Betriebe im Zuge des Prostitutionsgesetzes als Gewerbebetriebe anerkannt werden. Allerdings sind dieser Empfehlung nicht alle Länder gefolgt: Bayern, Baden-Württemberg, Sachsen, Thüringen und Bremen versagen nach wie vor mit Verweis auf gewerberechtliche Sittenwidrigkeit von Prostitution (zum Beispiel im → *Gaststättengesetz*) die Anerkennung.

Somit bleibt alles beim Alten, obwohl viele der Betriebe heute meist wirtschaftlich reibungslos funktionierende Großunternehmen sind, wie das → *Paschas* in Köln beweist, Europas größtes Laufhaus. Solche Etablissements werden nicht mehr durch zwielichtige Gestalten am Rand der Legalität und am Rand der Gesellschaft betrieben. »Im Gegenteil erscheinen die Musterbetriebe durch besondere Kundenorientierung und durch ›faire Preise‹, die freilich Ansichtssache sind, als Wellness-Oasen, denen im Grunde nichts Anrüchiges mehr anhaften sollte«, so der »Stern«. Natürlich werde es auch das noch geben, was dem gängigen Klischee von der erniedrigten Hure und dem schmierigen Puff entspricht. »Doch dürfte sich der freie Wettbewerb in diesem Gewerbe eher als andernorts als ›heilende Kraft‹ erweisen.« Und dazu wird am Ende auch das Prostitutionsgesetz beitragen, durch das sich ein → *Betreiber* nicht mehr automatisch der Förderung der Prostitution strafbar macht, indem er für ein angenehmes Betriebsklima sorgt.

Das Gegenteil vom Bordell oder Laufhaus sind die überschaubaren → *Clubs*, die dem Kunden einen privaten Rahmen vorgaukeln: → *Nachtclubs* und → *Privatclubs* oder → *Saunaclubs* und → *FKK-Clubs*. Letztere beiden werden offiziell meist nur als »Freizeitclub« geführt. Und noch ein Unterschied: Anders als in den Clubs gehört in Bordellen das → *Küssen* nicht zum Angebot. Das verbiete die Huren-Ehre, so wird in der Branche gerne argumentiert. Wahrscheinlicher ist aber, dass im Laufhaus der schnelle, unkomplizierte Sex im Vordergrund steht. Wie auch immer, → *Poussierstengel* unterscheiden gerne zwischen der »ehrenhaften« → *Puff-Frau* und der »minderwertigen« → *Club-Fotze*. Allerdings ist diese Unterscheidung heute auch nicht mehr die Regel; der ständig wachsende Konkurrenzdruck zwingt Frauen, überlieferte Traditionen über Bord zu werfen.

BORDELLARTIGER BETRIEB

Unternehmen.

Prostitution war → *sittenwidrig*, daher kein → *Rechtsgeschäft*. Ein → *Bordell*, → *Puff* oder → *Eros-Center* war somit nicht gewerbefähig. Dementsprechend waren diese Etablissements als → *Gewerbe*betriebe offiziell nicht anzumelden – moralisch bedenklich! Da die → *Finanzämter* dennoch die Anmeldung und in der Folge die → *Steuern* wollten, fassten sie die Betriebe wie Pensionen oder Hotels unter → *Zimmervermietung* (Beherbergungsbetrieb) zusammen. Interessanterweise gab es trotzdem viele Jahre den Begriff »bordellartiger Betrieb«. Dabei handelt es sich jedoch um einen Betriff aus dem Strafrecht und aus der aktuellen, politischen Sprache; er bezeichnete Etablissements wie → *Clubs*, → *Bars*, → *Sex-Kinos* oder → *Escortservices*, denen → *Förderung der Prostitution* beziehungsweise → *Zuhälterei* nachgewiesen worden war. Nachdem das → *Prostitutionsgesetz* in Kraft getreten ist, kann der Begriff »Bordellartiger Betrieb« durchaus und legitim auf den Ämtern für derartige Etablissements verwendet werden. → *Stephanie Klee* vom → *Bundesverband Sexuelle Dienstleistung e.V*: »Inzwischen bricht dieses Begriffestelldichein allerdings auf. In einigen Bundesländern ist es dank des Prostitutionsgesetzes, das die Prostitution inzwischen seiner Sittenwidrigkeit enthob, möglich, ein Bordell als Gewerbe anzumelden. Mir gefällt der Begriff ›Bordellartiger Betrieb‹, weil er neutral und wertfrei ist, weil das Wort ›Betrieb‹ ein wirtschaftliches Unternehmen signalisiert und einen Oberbegriff darstellt.«

BORDELLBETREIBER

→ *Betreiber*

BORDSTEINSCHWALBE

Ugs. Ausdruck.

→ *Prostituierte*, die auf dem → *Straßenstrich* anschafft

BÖRSE

Aktien & Index.

In Australien ist der Unternehmer John Trimble mit gutem Beispiel vorangegangen: Nach einem ersten Flop 1995 im Bundesstaat Victoria – dort werden Investoren im Sex-Geschäft von der Polizei kontrolliert, weswegen potentielle Investoren nur wenig Bereitschaft an einer → *Bordell*-AG zeigten – konnte er am 1. Mai 2003 mit dem → *Daily Planet* in Melbourne das erste Bordell der Welt an der Börse notieren lassen.

Derartiger Unternehmergeist ist nicht in jedem Land denkbar; vielfach ist Prostitution noch verboten (→ *USA*, → *Schweden*), wird rigide verfolgt oder eingeschränkt. In Deutschland ist → *Prostitution* und deren Förderung nach Inkrafttreten des → *Prostitutionsgesetzes* nicht mehr strafbar. Insofern ist durchaus denkbar, dass auch in Deutschland ein/e BordellbetreiberIn den Schritt an die Börse wagt.

BOXSPORT

Milieuertüchtigung.

Eine Verbindung, die vom Anfang an ihrer Legalität an, 1908 in Deutschland, auf Gegenseitigkeit beruhte: Der Boxsport gehörte zum → *Rotlicht* wie die → *Zuhälter* am Boxring zum Profiboxen. Dies hat vielerlei Gründe. Einer der wichtigsten ist, dass Zwistigkeiten unter den → *Luden* früher fair ausgetragen wurden, nicht mit Waffen, sondern mit Fäusten. »Das Boxen übt auf die Zugehörigen des Rotlichtmilieus eine große Faszination aus. Hier gelten Regeln, die denen des Milieus eher entsprechen als die Straßenverkehrsordnung. Hier wirkt eine Symbolik, der nackte Kampf Mann gegen Mann, der eher die Funktionsweise eines Puffs spiegelt als die Arbeitsteilung, die in einem Start-Up-Unternehmen gilt«, so die Wochenzeitung »Freitag«.

Beim Boxen ging es, tiefenpsychologisch gesehen, auch um Stolz und Ehre, um Männerfreundschaft, Feindschaft und um den echten, den direkten Vergleich von Mann gegen Mann im Kampf um die Frau. Natürlich steckte der Mann dafür Scharten, Striemen, blaue Flecken oder auch eine gebrochene Nase ein, erhielt aber im Gegenzug »›den symbolischen Profit von Männlichkeit‹, die Tatsache, öffentlich, auf einer öffentlichen Bühne, dem Ring, als ein höchst potentes Wesen bestätigt zu werden – der althergebrachte Glaube vom Schwergewichts-Weltmeister als männlichstem Mann auf dem Planeten herrscht bis heute vor«, findet der Soziologe Loic Wacquant in seinem Buch »The Pugilistic Point of View: How Boxers Think and Feel About Their Trade«.

Deshalb stählten die Zuhälter ihre Muskeln beim Boxen oder Kickboxen, ob in → *Hamburg* oder in → *Frankfurt*, wo sie sich gerne und oft in den ersten Reihen am Profiboxring zeigten, vielfach sogar als Boxpromoter. Je näher man am Geschehen war, um so einflussreicher war man. Noch einmal Loic Wacquant: »Alle Boxkämpfer werden [Ihnen] bereitwillig erzählen, dass der Sport [the game] voll ›krummer Manager‹ ist. Für sie ist es selbstverständlich, dass Promoter und Matchmaker ›Fleischhändler‹ [fleshpeddlers] sind, die nicht eine Sekunden zögern werden, sie in einen ›Kampf gegen King Kong für einen Groschen‹ zu schicken, wenn es im finanziellen Interesse des Promoters ist.«

»Die Nähe des Boxsports zur Kriminalität hängt natürlich auch damit zusammen, dass das Boxen eine andere Gesellschaftsschicht befriedigt als andere Sportarten. Ich gehe mal davon aus, dass sich unter den Profiboxern kaum Millionärssöhne befinden«, erklärt → *Ebby Thust,* viele Jahre Milieugröße und Boxpromoter in Fankfurt.

Daraus ergibt sich übrigens eine weitere Parallele zwischen Boxern und Prostituierten: Auch Boxer weihen »Leib und Seele (mittelalterliche Gelehrte hatten einen wunderbaren Terminus, um dieses Gefühl der Ergebenheit und Hingabe auszudrücken: religiossime) einer Profession«, so der Soziologe Loic Wacquant., »die letzten Endes das Einzige zerstört, was sie an Wertvollem besitzen, nämlich ihren Körper. [...] Boxer verwenden drei verschiedene Sprachen, um ihr Bewusstsein des Ausgebeutetseins auszudrücken, also ein Körper zu sein, der für Geld trainiert, ausgestellt und vermarktet wird. Die erste ist das Idiom der Prostitution: Sie vergleichen sich mit Prostituierten und den Manager (oder den Promoter) mit einem Zuhälter [pimp], der sie benutzt und sie ohne Rücksicht auf ihr Wohlergehen für einen ›schnellen Dollar‹ verkauft. So, wie es in der berühmten Formulierung von Randall ›Tex Cobb‹, einem weißen Schwergewichtler der Siebziger, heißt: ›Ich bin eine Hure, die statt ihres Hinterns ihr Blut verkauft. Ich habe nie viel mit gutem Aussehen bekommen, aber es gibt immer jemand, der mich dafür bezahlen wird, dass ich einen Schlag einstecke.« Heute sind es ARD, ZDF und RTL, die dafür bezahlen. Im Milieu dagegen werden lästige Auseinandersetzungen schnell und blutig mit Waffen beendet.

BOYS-PUFF

Szenejargon.

Synonym: Gay-Club. Nichts anderes als ein → *Nachtclub,* wie man ihn aus der Prostitution bei Frauen kennt. In diesem Fall arbeiten allerdings nicht Frauen, sondern Männer in dem → *Club*. Viele der Prostituierten sind sexreisende Männer aus aller Herren Länder, meist schwul. Das Klientel in Männerclubs wird bestimmt von überwiegend älteren, gediegenen und gesetzteren Männern, die das gepflegte und sichere Ambiente zu schätzen wissen. Schwule Clubs gibt es freilich nicht so viele, in Berlin beispielsweise nur einen, das »CC96«. Witzigerweise wird es von einem Heterosexuellen betrieben, dessen homosexueller Vater einst einen Frauenpuff besaß. Und auch das »Valentino«, etablierter Schwulenpuff in Köln, wird von dem heterosexuellen Eventmakler Sebastian K. betrieben.

BOY-CLUB
Im Gespräch: Sebastian, Betreiber
Sebastian ist Eigentümer des »Valentino« in Köln, einem Gay-Club und Hotel. Im Internet: www.valentino.de

Ein Schwulenclub, wie darf man ihn sich vorstellen?

Sebastian: Wie soll man ihn sich vorstellen? Wie einen Heteropuff. Die Location ist genau dieselbe, sprich unten eine Bar, in der in diesem Fall nicht die Mädels, sondern die Jungs sitzen, in der Regel immer zehn, fünfzehn Jungs, unterschiedliche Nationalitäten, unterschiedliche Typen. Die Gäste kommen herein, trinken etwas, amüsieren sich. Wenn sie Bock haben und sich einig werden, gehen sie hoch aufs Zimmer.

Wie kommt man auf die Idee, einen Schwulenpuff zu eröffnen? Ich meine, die Stricherszene bietet schnellen, unkomplizierten und preisgünstigen Sex.

Sebastian: Köln ist eine Schwulenhochburg. Wir haben unwahrscheinlich viele Schwule in der Stadt. Wenn Schwule jung sind, haben sie das beste und ausgefüllteste Sexualleben, was man sich nur irgendwie vorstellen kann. Für Heteros ist das unvorstellbar: Schwule haben Darkrooms in Diskotheken, treffen sich auf Parkplätzen, am See, ratzfatz geht es zur Sache. Wenn Schwule älter sind, haben sie ein Problem. Mit 40, 50 Jahren ist ihr Körper nicht mehr der perfekteste, in der Stricherszene wollen sie ihr Bedürfnis allerdings auch nicht stillen. Sie haben schon gewisse Ansprüche. Also gehen sie in einen Schwulenclub.

Ein alter Geschäftsführer von mir hat mal gesagt: Schwul und alt ist schon scheiße! Aber schwul und alt und keine Kohle, das ist richtig scheiße!

Inwiefern entscheiden sich die Jungs, die für dich arbeiten, von der Stricherszene?
Sebastian: Erheblich! Die Jungs, die in meinem Club arbeiten, sind vom Niveau ganz anders. Das sind richtig gute Jungs. Sie sind gebildet, sprechen ein paar Sprachen, sind richtig gutaussehend – Knallerbodys!

In der Stricherszene ist ja häufig auch die Drogenszene: Junkies, die Jungs, die nicht wissen, wohin sie sollen, versuchen ein paar Mark zu machen.

Die Jungs bei mir sind richtige Profis. Sie sind international tätig: Ich habe Spanier, Brasilianer, die durch die Clubszene reisen, ich denke mal, wie die Mädels auch: Sie sind zwei Monate in Köln, dann gehen sie nach Frankfurt oder Amsterdam ... Die betreiben das sehr professionell.

Wie kommst du an deine Jungs?
Sebastian: Die melden sich bei mir. Ich mache ja auch Werbung in einschlägigen Magazinen; unter anderem gibt es in der Schwulenszene einen so genannten »Spartacus«. Ein dickes Buch, das jedes Jahr neu aufgelegt wird. Jeder Schwule, der verreist, hat den »Spartacus« dabei und weiß, wo in welcher Stadt das geboten wird, was er sucht ... In diesem Buch ist auch Werbung der einzelnen Puffs in den Städten. Das heißt, Jungs, die anschaffen wollen, bekommen einen schnellen Überblick über die Möglichkeiten, die sie haben.

Nach welchen Kriterien wählst du die Jungs aus, die im »Valentino« arbeiten dürfen?
Sebastian: Ich wähle gar nicht aus. Ich bin ja auch nicht schwul! Deswegen habe ich vielleicht auch nicht das Auge dafür, wer weiß. Um solche Dinge kümmert sich mein Geschäftsführer.

Ich muss allerdings hinzufügen: Auch wenn das neue Prostitutionsgesetz in Kraft getreten ist, was ja rein theoretisch Arbeitsverträge möglich macht, gehen wir in dem Laden vor wie vor sieben Jahren, als wir anfingen: Wir haben nach wie vor eine Konzession als Unterhaltungsgaststätte in Form einer Bar und als Hotel. Angestellt ist bei mir keiner der Jungs, bis auf den Geschäftsführer. Ansonsten sind alle, die sich im Laden aufhalten, Gäste, zahlende Gäste, die die Zimmer mieten.

Nichtsdestotrotz achtet ihr darauf, wer im Laden anschafft, oder?
Sebastian: Klar! Die Jungs kommen, fragen bei meinem Geschäftsführer an, ob es möglich wäre, im »Valentino« zu arbeiten. Er erklärt ihnen, was Sache ist, wie gearbeitet werden soll, und achtet darauf, dass jeder der Männer und Jungs, die dort arbeiten wollen, auch in den Laden passen.

In der weiblichen Prostitution gibt es sehr viele Migranten, in der männlichen Prostitution ebenfalls ...
Sebastian: Eigentlich wäre mir der Status egal, da die Männer in meinem Laden wie gesagt nur Gäste sind, keine Angestellten. Da wir aber auf der absolut sicheren Seite stehen wollen, nehmen wir nur Jungs aus der EU beziehungsweise die einen gültigen Aufenthaltsstatus und damit eine Arbeitserlaubnis besitzen.

Wer sind die Jungs, die anschaffen? Ehemalige Stricher, die sich professionalisiert haben?
Sebastian: Nein, eher weniger. Das ist eine eigenständige Szene. Häufig Studenten, die es nebenher machen. Oder Jungs, die mit der Kohle, die sie normal verdienen, ihren hohen Lebensstandard nicht finanzieren können.

Aber sie sind schwul?

Sebastian: Ja, auf jeden Fall. Nur die Spanier, das wundert mich, die Latino-Typen, erklären häufig, sie seien nicht schwul. Was ich, offen gestanden, nicht so ganz verstehe.

Sag, wenn du selbst nicht schwul bist, wie kommst du dazu, einen Gay-Club zu eröffnen?
Sebastian: Das war Zufall. Mein Anwalt ist schwul. Er hat vor siebeneinhalb Jahren die Idee gehabt: »Sebastian, wenn du was machen möchtest in dieser Richtung, dann passt das in Köln.« Es gab damals zwei Clubs in Köln, die die Stadt jedoch schloss, weil der Betreiber sich nicht an die Regeln hielt: Minderjährige, Drogen ... Ich hatte zu dem Zeitpunkt zufällig eine Immobilie angeboten bekommen, die sich hervorragend für einen Club eignete. Also habe ich gesagt: »Okay, ich mach's!« Ganz naiv. Am Anfang gab es natürlich einige Probleme, falsches Personal, schlechter Geschäftsführer, das Übliche halt. Seit fünf Jahren aber habe ich einen zuverlässigen Geschäftsführer, auf den ich mich verlassen kann.

Jetzt ist Prostitution nach wie vor ein gesellschaftliches Randthema. Schwule Prostitution erst recht. Hast du dir damals keine Gedanken um dein Image gemacht?
Sebastian: Am Anfang hatte ich einige Probleme. Mittlerweile, muss ich gestehen, nicht mehr. Ich kann mich mit dem Club identifizieren. Denn in dem, was ich mache, gibt es kein »schwaches Glied in der Kette«: Mir macht der Laden Spaß, ich habe meinen finanziellen Ertrag. Mein Geschäftsführer verdient relativ viel Geld. Die Jungs, die dort arbeiten, verdienen viel Geld und fühlen sich wohl. Und die Gäste fühlen sich ebenfalls wohl und haben ihren Spaß. Also: Jeder profitiert von dem Ding, was ich mache, von daher habe ich damit keine Probleme mehr. Zum Glück geht es in der schwulen Prostitution auch anständiger zu. Es gibt keine Mafia, keine Zuhälter. Alles geht sehr freundlich zu.

Wie sehen die Preise aus? Anders als in der weiblichen Prostitution?
Sebastian: Billiger, leider! Mein Geschäft ist im Grunde der Verkauf der Getränke sowie die Zimmervermietung.

Also nicht anders als die herkömmliche Prostitution?
Sebastian: Genau. Durch das neue Prostitutionsgesetz hat sich nicht sehr viel verändert. Was darf ich? Was darf ich nicht? Deshalb mache ich es ganz klar: Ich verkaufe Getränke an die Gäste und vermiete Zimmer, stundenweise.

Und das kostet?
Sebastian: Unterschiedlich. Es gibt verschiedene Zimmer. Ich habe fünf verschiedene Themenzimmer wie »Leder« oder »Römisches Reich«. Die Preise fangen hier an bei 60 Euro die Stunde und gehen bis 130 Euro die Stunde. Das ist dann richtiger Luxus in der asiatischen Suite mit einem Whirlpool.

Und die Jungs dürfen für ihre Dienstleistung verlangen, was sie wollen?
Sebastian: Nein, wir achten schon darauf, dass es einheitliche Preise gibt. Wir unterscheiden auch zwischen aktiv und passiv: Lässt der Junge sich ficken, kostet es mehr, als wenn er selber fickt. Wenn der Kunde also eines der günstigen Zimmer nimmt mit normalem Programm, dann ist er mit 120 Euro dabei!

Wie viele Gäste habt ihr am Tag?
Sebastian: Das hält sich in Grenzen. Zwanzig bis dreißig pro Tag, nicht mehr.

Wer sind die Freier?
Sebastian: Wir haben eine sehr gute und reiche Klientel. Sehr viele Ärzte, Anwälte. Die schätzen es, ihren Sex in einem Ambiente zu praktizieren, das erstens sicher und zweitens sauber ist – anders als im Strichermilieu. Wie oft ist es schon passiert, dass ein Freier mit einem Stricher aufs Hotelzimmer geht, wo er dann beklaut oder abgezockt wird. Davor ist man bei uns gefeit: So was passiert bei uns nicht. Dafür bezahlen die Freier gerne auch einige Euro mehr.

Was meinst du: Ist das Gros der Freier schwul?
Sebastian: Nein, das ist ja gerade das Interessante. 50 Prozent der Männer, die ins »Valentino« kommen, sind verheiratet! Ich weiß

nicht, ob es Männer sind, die nur Bock auf was anderes haben. Ich glaube, es sind Männer, die – auch in der heutigen Zeit – nicht öffentlich das ausleben können, was sie wollen. Reiche, renommierte Männer, eben Anwälte oder Ärzte, die vor 20 Jahren aus irgendwelchen gesellschaftlichen Zwängen heraus geheiratet, eine Familie gegründet haben, obwohl sie die Neigung zu Männern schon immer in sich drin hatten. Das sind meist die Männer, die am späten Nachmittag kommen, nach Büroschluss, geben ein wenig Gas mit einem jungen Mann, bevor sie zurück nach Hause zur Familie fahren.

Und was wollen die Freier?
Sebastian: Nun, das Gleiche wie in der weiblichen Prostitution. Wenngleich es da auch sehr ausgefallene Wünsche gibt. So haben wir einen Kunden, schwerreich, den die Jungs nur »Schlauchbötchen« nennen. Er kommt immer mit einem kleinen Gummischlauchboot und möchte von den Jungs beschimpft, beleidigt, aufs Tiefste gedemütigt werden. Am Ende drohen die Jungs ihm, sein Schlauchboot zu zerstören. Wenn sie dann das Schlauchboot zerreißen, kommt es ihm – ohne dass die Jungs ihn auch nur einmal wirklich berührt haben.

BREMEN

Großstadt.
Kleine Hansestadt mit knapp 700.000 Einwohnern und daher im Grunde keine andere → *Rotlicht*-Szene als in anderen Städten dieser Größenordnung. Die Besonderheit ist aber die geographische Lage, knapp unterhalb von → *Hamburg*. Viele der Frauen, die in Hamburg auf der → *Reeperbahn* oder auf St. Georg → *anschaffen*, siedeln in letzter Zeit nach Bremen über, weil ihnen der Job dort lukrativer erscheint: In Bremen gibt es nicht in dem Ausmaß wie in Hamburg → *Zuhälter*ringe, die den Frauen, dafür dass sie auf der Straße stehen, → *Stichgeld* abverlangen, was den Frauen in Zeiten vorherrschender Wirtschaftsflaute kaum eine Gewinnspanne lässt.

2000 Prostituierte gehen nach Schätzungen der ortsansässigen Beratungsstelle → *Nitribitt e. V.* in Bremen ihrem → *Gewerbe* nach. Es gibt einen regulären Stadtpuff mit kleinen Häuschen, in denen die

Frauen hinter den → *Koberfernstern* sitzen und dafür Miete zahlen oder → *Abstand* an die Vorgängerinnen.

Die Zukunft des Straßenstrichs, normalerweise in unmittelbarer Nähe des Hafens, steht in den Sternen, denn der Hafen wird grundsaniert, was dazu führen wird, dass der Straßenstrich sich schon bald verlagern muss. Ansonsten bieten sich ein Großteil der Frauen über die → *Wohnungsprostitution* an.

BROKEN HOME FAMILY

Fachjargon.

Sozialarbeiter und Streetworker bezeichnen die zerrütteten Verhältnisse, aus denen vor allem minderjährige Prostituierte (→ *Babystrich*, → *Kinderprostitution*, → *Stricher*) entstammen, als »broken home family«.

Eine Familie, in der ein Vater entweder gar nicht vorhanden ist oder nur ein Vater anwesend ist, der schlägt, also jemand, den die Kinder in ihrem Ablösungsprozess nicht als Reibungs- und Identifikationsperson wahrnehmen.

BRUSTSEX

Brustentspannung.

Synonyme: → *Spanische Massage*, Tittenfick

BSD E.V.

→ *Bundesverband sexueller Dienstleistungen e.V.*

BUNDESSEUCHENGESETZ

Ungültig.

Am 1. Januar 2001 abgeschafftes Gesetz. Ersetzt durch das → *Infektionsschutzgesetz*, das jetzt die Arbeit der → *Gesundheitsämter* regelt.

BUNDESVERBAND SEXUELLE DIENSTLEISTUNGEN E.V.

Erster dt. Berufsverband.

Am 25. März 2002, drei Monate nach Inkrafttreten des → *Prostitutionsgesetzes*, wurde der »Bundesverband Sexuelle Dienstleistungen e.V.« (BSD e.V.) in Berlin gegründet. Die inzwischen 40 Mitglieder – BetreiberInnen von → *Clubs*, → *Bars*, → *Sexkinos*, → *Laufhäusern*,

→ *SM-Studios*, → *Saunen*, Agenturen, Wohnungen mit selbstständig arbeitenden Prostituierten sowie Callboys, die sexuelle Dienstleistungen aller Arten anbieten – suchen die Zusammenarbeit mit Partnern auf allen Ebenen des gesellschaftlichen Lebens, inbesondere mit staatlichen Institutionen wie Polizei, Gerichte und Bundes- wie Landesministerien für Justiz, Wirtschaft, Arbeit, Bauwesen und Finanzen. Stephanie Klee, Vorsitzende des Bundesverbandes, ist sich sicher: »Durch den Zusammenschluss vieler BordellbetreiberInnen und selbstständiger Prostituierter entsteht ein wirtschaftlicher und politischer Machtfaktor, der genutzt wird als Verhandlungsbasis.«

Insbesondere möchte sich der Verband auf diesem Weg stark machen für Durchführungsrichtlinien zum Prostitutionsgesetz, das in unterschiedlichen Behörden gegenwärtig verschieden interpretiert wird. Lady Vera, Gründungsmitglied und Betreiberin eines SM-Studios in Berlin, erklärt: »Es ist nun mal ein Unterschied, ob ich als Einzelperson zu einer Behörde gehen muss und im Ermessensspielraum des Beamten ein Vakuum vorhanden ist, indem er es interpretieren kann, wie er will, was immer Kampf und Nerven bedeutet. Oder ob wir als Verband den Versuch unternehmen, mit den einzelnen Behörden an oberster Stelle in Kontakt zu kommen, dort eine Leitlinie zu erwirken, nach der sich jeder Beamte richten muss.«

Auch möchte der Verband das Ansehen von Prostitutiton und der Betriebe mit sexuellen Dienstleistungen in der Gesellschaft fördern und ein realistisches Bild von Prostitution vermitteln. Langfristig sollen »Prostitution« und die darin Tätigen ihrer gesetzlichen Sonderstellung enthoben, die Prostitution als → *Beruf* etabliert sowie die jeweiligen geschäftlichen Aktivitäten finanziell verbessert werden. Das kann durch einen gemeinsamen Internetauftritt mit internationaler Werbung für alle Mitglieder geschehen, durch Gemeinschaftswerbung in lokalen Printmedien, in Rabatten bei Drittlieferanten zum Beispiel bei Anzeigen, Getränken, Telefon, Internet, Versicherungen und Kreditkartengesellschaften, durch die Verbreitung von Informationen durch eigene Newsletter, durch die Einrichtung eines Informationszentrums mit Arbeitsplatzangeboten einerseits für Prostituierte, die vorab Informationen über die Betriebe und deren Arbeitsbedingungen erhalten, und andererseits für Unternehmen, die bei der Suche nach geeigneten MitarbeiterInnen unterstützt werden.

Langfristig ist die Einrichtung einer Geschäftsstelle in Berlin und Nebenstellen in anderen deutschen Städten geplant, um die tägliche Verbandsarbeit durchzuführen und insgesamt weiter aufzubauen. Des weiteren ist die Durchführung eigener Seminare und die Entwicklung von Qualitätsstandards und einem eigenen Gütezeichen ins Auge gefasst.

• *KONTAKT: Bundesverband Sexuelle Dienstleistungen e.V., Emmentaler Straße 99, 13409 Berlin, Telefon 030/49872558, www.busd.de*

BUNDESVERBAND SEXUELLE DIENSTLEISTUNGEN E.V.
Im Gespräch: Stephanie Klee, Vorsitzende
→ *Stephanie Klee*, 42 arbeitet als Prostituierte und Hurenrechtlerin in Berlin. Seit März 2002 steht sie dem Bundesverband Sexuelle Dienstleistungen e.V. als Vorsitzende voran.

Sehr geehrte Frau Klee, was genau ist der Bundesverband Sexuelle Dienstleistungen?

Stephanie Klee: Er ist der erste Berufsverband in der Prostitution, ein Zusammenschluss von Inhaberinnen bordellartiger Betriebe und selbstständigen Prostituierten, die sich so verstehen und nach außen hin auftreten. Der Bundesverband ist also vergleichbar mit einem Arbeitgeberverband.

Gegründet wurde der Verband am 25. März 2002. Welche Rolle spielte das damals gerade in Kraft getretene → *Prostitutionsgesetz*, und inwieweit gab es vorher schon die Idee zu einem Berufsverband?

Stephanie Klee: In der Verabschiedung des Prostitutionsgesetzes sind verschiedene Dinge zusammengekommen, die zur Gründung des Verbandes geführt haben. Genauso hat es aber unterschiedliche Überlegungen und Prozesse im Vorfeld gegeben, die die Gründung möglich gemacht haben. Vor vielen Jahren gab es ähnliche Bestrebungen; die Organisation, die damals ins Leben gerufen wurde, hieß »Sex e.V.« und hatte sogar ein sehr sinnvolles, detailliertes Seminarprogramm auf die Beine gestellt. Nach einem dreiviertel Jahr wurde das Projekt allerdings wegen finanzieller und persönlicher Querelen eingestampft. Dann hat sich, bedingt durch die Diskussion um die Gesetze, eine Gruppe hier in Berlin mehr und mehr zusammengeschlossen. Wir haben, zum Teil mit → *Hydra e.V.* und anderen Organisationen, Aktionen vor dem Bundestag durchgeführt. Daraus enstanden Gespräche mit den einzelnen Bundestagsfraktionen und Politikerinnen. Dann kam im Januar 2002 das neue Gesetz, und die logische Konsequenz war eigentlich die Gründung des Berufsverbandes.

Aber es ist richtig, man kann keinen Berufsverband gründen, wenn nicht vorher schon die Arbeit, die Sensibilisierung, die Bereitschaft für das Thema bestanden hat. Man braucht ja allein acht Gründungsmitglieder, um einen Verein zu gründen. Dabei war uns allen aber wichtig, dass es sich dabei um keine Strohpuppen handelt, die außerhalb der Prostitution stehen und die, bloß weil die Sache ihnen wichtig ist, ihren Namen dafür hergeben. Es sollten Bordellbetreiberinnen beziehungsweise selbstständige Prostituierte sein. Das war durch die Vorarbeit natürlich leicht.

Kann man einem Berufsverband für eine viele Jahre verfehmte Branche bereits langfristige Ziele setzen?
Stephanie Klee: Natürlich kann ich schon langfristige Ziele nennen: Wir wollen die völlige Gleichstellung mit anderen Gewerbetreibenden und jegliche Sondergesetze abgeschafft wissen. Am liebsten wäre uns ein Prostitutionsgesetzwerk; oder dass das Prostitutionsgesetz, so wie es jetzt mit den wenigen Paragraphen besteht, in der Art ausgeweitet wird, dass alle anderen Gesetze und Paragraphen davon geregelt würden. Das, fänden wir, wäre das Einfachste und auch das Angemessenste. Aber immer grundsätzlich mit dem Vorzeichen: Keine Sondergesetze!

Auf der wirtschaftlichen Ebene strebt der Verband, da sind wir in der ersten Verhandlung, Vorteile für seine Mitglieder an: Sonderkonditionen bei Getränkeherstellern, Werbung, Internetpräsentation und Versicherungen, möglicherweise sogar eigene Krankenversicherungen oder Altersvorsorge. Der Grund dafür liegt auf der Hand: Wir treten gebündelt auf! Wir können uns sogar vorstellen, mit Energieunternehmen wie BEWAG zu verhandeln. Das ist in anderen Branchen durchaus üblich. Im Grunde braucht man nur anderen Geschäftszweigen zuzuschauen, wie deren Dachverbände arbeiten, und das auf uns zu übertragen.

Der dritte Aspekt ist sicherlich die Aufklärungsarbeit. Wir wollen das gesellschaftliche Ansehen und das, was die Gesellschaft über uns denkt und weiß, verbessern. Wir wollen, dass uns der Respekt und die Stellung eingeräumt wird, die uns gebührt. Zumindest nicht mit den Vorzeichen »Sex & Crime«.

Wie geht der Bundesverband vor?
Stephanie Klee: Wir treffen uns unregelmäßig bei so genannten Informationsveranstaltungen, bei denen alle interessierten Neumitglieder, Huren und Bordellbetreiber, die Gelegenheit haben, mit uns ins Gespräch zu kommen. Wir stellen uns und unsere Arbeit vor. Gleichzeitig wird an diesen Abenden Information vermittelt. Kürzlich hatten wir einen Rechtsanwalt eingeladen, der auf die Neuerungen der letzten Urteile zu sprechen kam und uns erläuterte, was sich durch das Prostitutionsgesetz auf Gerichtsebene bewegt.

Davor hatten wir einen Gast aus einer Werbeagentur, durch den wir einmal für den Verband Anregungen erhielten, aber auch jeder einzelne Betrieb dies auf sich und sein Geschäft übertragen konnte. Auf der Mitgliederversammlung im Juni 2003 wurde beschlossen, dass wir ein Seminarprogramm ausarbeiten werden. Wenn wir diese Seminare anbieten, tun wir etwas für unsere eigene Bildung, zu unserer Professionalisierung und für ein vernünftigeres Arbeiten.

Stichwort Professionalisierung und vernünftiges Arbeiten. Geraten die Verbandsmitglieder nicht in Konflikt durch die wirtschaftliche Flaute, in die ihre Bordelle durch → *FKK-Clubs* und andere Discount-Sex-Anbieter geraten, die hemmungslos für → *Verkehr* ohne → *Kondom* zum Spottpreis werben? Wie kann der Verband sich also für einen Arbeitsstandard einsetzen, wenn seine Mitglieder zur

gleichen Zeit der Konkurrenz widerstehen müssen?
Stephanie Klee: Diejenigen, die sich unserem Verband anschließen, haben zumindest einen gemeinsamen Nenner: Sie wollen sich nicht mehr verstecken und stehen zu ihrem Beruf. Sie sind ohnehin finanz- und gewerbetechnisch angemeldet. Sie wollen den Job auch losgelöst von kriminellen Machenschaften durchführen. Nicht nur für heute, sondern auch möglichst bis zur Rente. Und sie wollen gutes Geld verdienen. Das ist schon einmal ein großer Vorteil.

Dazu gehört allerdings auch eine bestimmte Geschäftsstruktur. Die Einrichtung muss einen gewissen Standard haben, das Umgehen mit den Kolleginnen muss einen Standard haben. Letztendlich funktionieren nur die Läden, in denen es ein gedeihliches Miteinander von Hure, Bordellbetreiberin und Freier gibt, also alle Bedürfnisse unter einen Hut kommen. Ich glaube, da sind alle Mitglieder des Bundesverbandes auf einem sehr guten bis sehr sehr hohen Standard. Die Diskussion »Kondom, ja oder nein? – Preise, hoch oder niedrig?« ist ein sehr heikles Thema, das auch innerhalb des Verbandes sehr unterschiedlich gehandhabt wird. Einzelne Mitglieder arbeiten selbst beim → *französischen* Vorspiel ohne Kondom, akzeptieren, dass ihre Mitarbeiterinnen das auch machen, schreiben es zum Teil sogar vor. Andere sagen: »Ich stelle sogar die Kondome zur Verfügung und verlange, dass alle Frauen alles safe machen. Ansonsten müssen sie gehen!«

Das ist die Spannbreite bei uns im Verband. Aber das hat man in anderen Berufsbranchen auch. Ich denke, es ist eine Frage der Zeit. Aber es ist auch nicht das Wichtigste. Wenn wir irgendwann zu dem Ergebnis kämen, dass ein Fickzimmer eine bestimmte Größe oder dass es fließend kaltes und warmes Wasser besitzen müsste, dann wäre *das* ein Standard, über den ich schon glücklich wäre.

Aber, wie gesagt, wir stehen am Anfang. Ähnliche Auseinandersetzungen hat es in anderen Branchen vor 200 Jahren auch gegeben. Andere Branchen haben sich über Jahrhunderte entwickelt, sie haben sich gerieben, es gab Ständeorganisationen, es gab Streitereien mit den Herzögen, Gerichtsverfahren – alles über eine unendlich lange Zeit. Nur wir wollen mit der Prostitution vom Mittelalter direkt in die Neuzeit – in 100 Tagen!

Noch dazu, wo ein Großteil der Prostituierten und Bordellbetreiber bis heute wahrschienlich nicht einmal weiß, dass es den Bundesverband Sexuelle Dienstleistungen überhaupt gibt. Wie kann man sie erreichen?
Stephanie Klee: Indem man von Puff zu Puff zieht. Ein Dilemma, ähnlich wie dem des Prostitutionsgesetzes, das noch nicht bekannt ist. Ebenso ist nicht bekannt, dass man Steuern zahlen muss und nicht gleichzeitig Sozialhilfe beziehen darf.

Aber wir können natürlich nicht von Puff zu Puff ziehen. So bleibt es unseren Mitgliedern überlassen, all diejenigen zu informieren, die unter ihnen arbeiten, damit die es multiplizieren. Außerdem besteht über die Hurenprojekte und auch die Gesundheitsämter die Möglichkeit der Verbreitung.

Hinzu kommt, die Branche ist aufgrund der restrektiven Haltung der Gesellschaft und der Politik von Misstrauen zerfressen. Jetzt gibt es plötzlich einen Berufsverband, der sie und ihren Job in die Öffentlichkeit zerren will. Wie waren die Reaktionen auf die Gründung?
Stephanie Klee: Von den Hurenprojekten werden wir, zumindest ideologisch, unterstützt. Hydra e.V. in Berlin ist sogar Fördermitglied. Sie sehen eindeutig unseren Vorteil. Wir haben, weil wir nicht an der staatlichen Finanzquelle hängen, noch einmal einen ganz anderen Zugang zu den Behörden; da hängen sie sich natürlich dran oder schicken uns vor. Auch von Seiten der Gesundheitsberatungsstellen und ähnlichen Einrichtungen kommt durchweg positives Feedback. Das hat uns verwundert, vor allem wenn Ärzte von Gesundheitsämtern anriefen und fragten, ob wir nicht endlich weiter wären in Sachen Migration. Sie erklärten, sie seien völlig traurig, dass sie → *Migrantinnen* nur untersuchen, ihnen aber bezüglich Aufenthaltsstatus und Legalität nur negative Informationen geben können; sie haben sich schon helfend an uns gewandt und gebeten, diesbezüglich etwas zu unternehmen.

Die Bordellbetreiber, also die, die wir in erster Linie als Mitglieder suchen, sind skeptisch ohne Ende. Aber ich habe auch nicht damit gerechnet, dass wir innerhalb kürzester Zeit 500 Mitglieder haben werden. Unsere Branche ist über Jahrzehnte von Misstrauen erfüllt. Wir kennen es nicht anders, die Branche öffnet sich nicht. Jeder behält seine Geheimnisse für sich und glaubt damit den Stein der Weisen gefunden zu haben. So ist es in der Prostitution: Jeder gibt Anweisungen an alle Kolleginnen, bloß nichts nach außen zu tragen, immer schön Stillschweigen zu bewahren.

Aber es zeigt sich wie in allen anderen Branchen: In dem Moment, wo ein Betreiber Stress hat mit der Behörde oder mit der Polizei und Informationen braucht, meldet er sich und sieht, wie sinnvoll so ein Dachverband sein kann. Und so wird sich der Verband langsam durchsetzen. Das ist normal: Sie beobachten uns und verfolgen, welche Arbeit wir leisten. Mit den ersten Ergebnissen setzen sie sich auseinander. So gibt es erste Verhandlungen bei Behörden, den Newsletter, das Internet, über das wir Werbung betreiben. Das alles steckt sicherlich noch in den Anfängen, aber es ist weit mehr, als irgend jemand anders gemacht hat. Nehmen wir die Seminare. Wenn wir demnächst Seminare anbieten, zum Beispiel ein Tagesseminar zum Thema Steuern, dann gibt es so etwas nirgendwo anders. Selbst ein pfiffiger Steuerberater könnte das nicht liefern; er kann immer nur aus seinem Erfahrungshorizont berichten und empfehlen. Da wir Mitglieder in allen Städten Deutschlands haben, haben wir einen viel besseren Überblick. Und schaffen die Möglichkeit zu einem Erfahrungsaustausch.

Die Huren sind noch viel skeptischer beziehungsweise ablehnender. Der Berufsverband hat für sie mit Liberalisierung und Legalisierung zu tun, was sie assoziieren mit der Verschlechterung der Arbeitsbedingungen und Steuern, die sie ab sofort zahlen müssen. Dabei wird allerdings vergessen: Steuern mussten wir Huren schon immer bezahlen. Die, die beim Finanzamt angeschissen oder Opfer einer Razzia wurden und heute mit 100.000 Euro Schulden dasitzen, wissen das sehr wohl. Die anderen fahren immer noch die Vogel-Strauß-Politik. Sie wollen sich nicht damit auseinandersetzen. Wenn sie den ganzen Tag mit → *Anschaffen* beschäftigt sind und den Rest des Tages mit dem Führen eines Doppellebens, sind sie eigentlich auch ausgelastet.

Ein Problem, dem sie sich schon häufiger konfrontiert sahen. Sie arbeiteten als Projektmanagerin beim ersten deutschen Hurenpro-

jekt → *Hydra e.V.* in Berlin, Sie haben sogar einen aufsehenerregenden Prozess gegen einen zahlungsunwilligen Freier geführt. Das war alles wichtig und richtungsweisend für die Branche, trotzdem haben Sie nur sehr wenige Mitstreiter gefunden, die sich wie Sie öffentlich zur Prostitution bekannten, geschweige denn für die Rechte der Huren eintraten. Gab es nie den Augenblick, in dem Sie sagten: *»Ich mache jetzt nur noch meinen Job! Warum sollte ich mich noch für die anderen einsetzen?«*

Stephanie Klee: Aber ich setze mich natürlich in erster Linie für mich selber ein. Ich komme aus der feministischen Ecke, und ich behaupte, in welchem Arbeitszusammenhang ich auch tätig wäre, ich würde mich immer für meine Rechte einsetzen und versuchen, mich mit anderen zusammenzuschließen. In unserer Branche ist so etwas nicht üblich. Mein politisches Verständnisses sagt mir aber: *»Gemeinsam sind wir stark!«*

Schon der Umstand, dass ich mich nur mit anderen unterhalte, bedeutet, ich kann von ihrem Erfahrungsinput profitieren. Inzwischen haben wir ein relativ großes Netzwerk, jede speist ihre Informationen und Gedanken ein. Davon profitiere ich natürlich auch. Es bringt mich ein Stück weiter. Und wenn ich sehe, es werden kleine Meilensteine errungen, freut mich das natürlich und ich mache neue Erfahrungen. Vor zehn Jahren habe ich nicht daran gedacht, im Bundestag mit den Politikern diskutieren oder auf Ministerebene verhandeln zu können. Heute kann ich nur sagen: Alles ganz einfach, jeder kocht nur mit Wasser ...

Sie selbst arbeiten nur ehrenamtlich. Viel Arbeit beim Bundesverband für kein Geld. Was ist Ihre Motivation?

Stephanie Klee: Den Bundesverband mache ich, weil es die größte politische Herausforderung des Jahrhunderts ist, eine Berufssparte wie die der Prostitution zu etablieren. Die Prostitution stand wirklich lange im Abseits und hat jetzt endlich ansatzweise eine positive, gesetzliche Regelung gefunden, und daran mitzuwirken und auf unterschiedlichen Ebenen – bis hin zu Ministerebenen der Bundesregierung – Kontakte zu knüpfen und Einfluss zu nehmen, das ist etwas Einmaliges. Das reizt mich. Es reizt mich mitzubestimmen, und es reizt mich auch, die Ansichten der Leute in den unterschiedlichsten Behörden ins rechte Licht zu rücken. Sie alle haben ja nur ihre Fiktionen von diesem Job, die sie sich aus → *Pretty Woman* oder aus irgendwelchen Rechtsvorlesungen an der Uni gebildet haben, oder wenn sie vielleicht selbst mal in den Puff gegangen sind. Natürlich reizt es mich, in diesen Kontakten eine neue Ebene zu finden, und auf dieser vernünftige Arbeitsbedingungen für Prostituierte zu schaffen. Das finde ich enorm spannend.

Sie sagen: In den Behörden gibt es eine Fiktion Ihrer Arbeit. Behörden arbeiten träge ...
Stephanie Klee: Wir können ein Lied davon singen. Wir haben über ein halbes Jahr darauf gewartet, ins Vereinsregister eingetragen zu werden. Daran hat sich alles andere aufgehängt. Wir konnten vorher kein Telefon einrichten, wir konnten vorher kein Konto eröffnen, keine Beiträge einziehen, wir konnten uns nirgendwo registrieren lassen. Wir haben ein Jahr, wirklich ein Jahr, auf den Termin mit dem Wirtschaftssenat hingearbeitet. Wir haben über ein halbes Jahr gewartet, einen Termin mit der Ausländerbehörde zu bekommen. Es ist auch nicht so, dass uns alle Türen offen standen. Nicht, weil man uns nicht will. Aber weil auch alle hoffnungslos überfordert sind. Die Ausländerbehörde hatte beispielsweise das Problem, dass zum 1.1.2003 eventuell das neue Ausländergesetz verabschiedet, sprich alle Mitarbeiter auf das neue Gesetz geschult worden wären. Man sagte, dass man gegenwärtig einfach keine Zeit für unser Pillepalle habe. Das verstehe ich auf der einen Seite. Aber wenn wir auf alle Termine so lange warten müssen ...

... inwiefern besteht denn dann überhaupt die Möglichkeit, für ein Umdenken zu sorgen?
Stephanie Klee: Man muss natürlich, wenn man mit Vertretern der Behörden spricht, auf einer ganz anderen Ebene anfangen. Man muss zuallererst sich selbst einbringen. Unsere Gegenüber müssen sehen: Es gibt auch noch andere als »Pretty Woman« oder → *Das Mädchen Irma La Douce*. Sie müssen ihr Bild neu richten und die unterschiedlichen Huren und Bordellbesitzerinnen am Tisch erkennen. Sie sind alle von uns angetan, wie ordentlich wir aussehen, wie nett die Kostüme sind, wie gut wir reden können, dass wir lus-

tig sind, dass wir auch mal eine anzügliche Bemerkung stehen lassen ...

Das Problem ist dann aber immer: Wie kann man trotzdem innerhalb der Behörde eine Regelung finden? Da ist Prostitution in der Tat enorm kompliziert. Wenn man im Baurecht was klären möchte, hat man es mit Gewerberecht zu tun, also einer ganz anderen Behörde. Und wenn man was im Strafrecht klären möchte, ist wiederum das Finanzgericht davon betroffen. So sind dann alle, die beginnen, sich sachkundig zu machen und für uns einzusetzen, sehr schnell wieder geschockt und ziehen sich zurück.

Das ist auch die gleiche Erfahrung, die wir bei Journalisten machen. Es ist ein so wahnsinniger Berg an Informationen; und wenn man die Situation von Huren und Bordellbetreibern in Berlin verstanden hat, kann man es leider nicht auf Hamburg oder München oder Köln übertragen, geschweige dennn auf Amsterdam, Schweden oder Portugal.

Das heißt, man steht permanent vor einem großen Berg, den man erforschen muss; man versucht zu verstehen, warum in einer Stadt die Regelung so ist, ob sie so sein muss, ob sie falsch ist ... So wie wir, auch Hurenorganisationen, an den Punkt kommen und denken: *»Mein Gott, das schaffen wir nie! Da blicken wir nie durch! Wir werden uns keinen Überblick verschaffen können! Wir werden an keinem Zipfel anfangen und den Faden aufrollen können!«* So machen es auch alle Behörden, Polizisten – sie zucken mit den Schultern. Und trotzdem müssen wir weiter.

BÜRGERLICHES GESETZBUCH

So stand es einst geschrieben:

138 Nichtigkeit infolge von Sittenwidrigkeit

(1) Ein Rechtsgeschäft, das gegen die guten Sitten verstößt, ist nichtig.

(2) Nichtig ist insbesondere ein Rechtsgeschäft, durch das jemand unter Ausbeutung der Zwangslage, der Unerfahrenheit, des Mangels an Urteilsvermögen oder der erheblichen Willensschwäche eines anderen sich oder einem Dritten für eine Leistung Vermögensvorteile versprechen oder gewähren lässt, die in einem auffälligen Missverhältnis zu der Leistung stehen.

Das → *Prostitutionsgesetz* vom 1. Januar 2002 hat die Prostitution ihrer → *Sittenwidrigkeit* enthoben. Eine Vereinbarung zwischen einer Prostituierten und ihrem → *Freier* über eine sexuelle Dienstleistung ist heute ein → *Rechtsgeschäft*, das rechtswirksame Forderungen begründet.

C

CAFÉ

Gastwirtschaft.

Es gibt solche und solche Cafés. Die einen dienen der Unterhaltung und dem netten Plausch bei Kaffee und Kuchen, die anderen dem Kontakt von → *Freier* und Prostituierten. Sie nennt man auch → *Animierbar,* nur klingt Café unscheinbarer und → *verschleiert* die wahren Absichten. Das bekannteste Café dieser Art ist das → *Café Pssst* von → *Felicitas Weigmann* in → *Berlin.*

Nach außen hin ist ein Café wie alle anderen Lokalitäten dieser Art eine Kneipe mit ordnungsgemäßer Gaststättenkonzession. Die Frauen, gerne auch als Animierdamen bezeichnet, die offiziell freiwillig herkommen, inoffiziell natürlich ein Auswahlverfahren des → *Betreibers* durchlaufen, bieten den Männern Gesellschaft an, woraufhin diese eine Flasche Champagner spendieren, an der die Frau anteilig verdient. Gemeinsam trinken Mann und Frau und plaudern schöngeistig, denn sexuelle Kontakte sind nicht erlaubt. Diese würden laut → *Gaststättengesetz* der → *Unsittlichkeit* Vorschub leisten, was den sofortigen Entzug der Ausschankerlaubnis nach sich ziehen würde.

Für das weitere Procedere gibt es deshalb wie bei einer → *Bar* nur zwei Möglichkeiten: Entweder ziehen Mann und Frau sich in eines der → *Separées* zurück, wo gegen ein weiteres Getränk Kuscheln angesagt ist, im Höchstfall eine schnelle → *Handmassage,* bei der man sich wegen der Unsittlichkeit freilich nicht erwischen lassen darf. Oder die Prostituierte verlässt mit dem Gast das Café und geht auf ein Zimmer, das sie in einem → *Stundenhotel* angemietet hat. Meist besitzen die CafébetreiberInnen Anteile an diesem → *Beherbergungsbetrieb.*

Da die Behörden sich über eine einheitliche Ausführung des → *Prostitutionsgesetzes*, das seit Januar 2002 in Kraft ist, noch nicht verständigt haben, auch das Gaststättengesetz nach wie vor den Konzessionsentzug wegen möglicher Unsittlichkeit erlaubt, wird es auch in Zukunft Cafés als bloße Anbahnungsstätte für Prostituierte wohl noch geben, obschon sie insbesondere durch die freizügigen → *FKK-Clubs* arg in Bedrängnis geraten sind.

CAFÉ PSSST

Anbahnungsgaststätte.

Das berühmteste Etablissement Deutschlands steht in → *Berlin* und wird seit 1997 von → *Felicitas Weigmann* betrieben. Eigentlich – also nach außen hin – ist es eine Kneipe, nach der wahrscheinlich kein Hahn krähen würde, wäre da nicht das Berliner Bezirksamt Wilmersdorf, das dem → *Café* 1999 die Gaststättenlizenz entzog mit folgender Begründung: Durch die Anbahnungsgespräche von Prostituierten, die zu den Pssst-Gästen gehörten, und die im Anschluss an erfolgte Kontaktaufnahme in einen räumlich wie → *gewerblich* klar vom Café getrennten → *Beherbergungsbetrieb* im Hinterhof verschwanden (der freilich ebenfalls von Felicitas Weigmann betrieben wurde), werde in dem Lokal der → *Unsittlichkeit* Vorschub geleistet.

Weigmann legte gegen diese Entscheidung Klage ein – und siegte Anfang 2000 vor dem Verwaltungsgericht. Der Vorsitzende Richter Percy MacLean holte im Vorfeld eigens Rat bei 50 kirchlichen, sozialpolitischen und wirtschaftlichen Organisationen ein, die mehrheitlich die Auffassung vertraten, Prostitution verstoße heutzutage nicht mehr gegen die guten Sitten. In seiner Begründung erklärte MacLean daher, die Einstellung der Gesellschaft gegenüber der Prostitution habe sich in den vergangenen Jahrzehnten grundlegend gewandelt, so dass sie nicht mehr als sittenwidrig bezeichnet werden könne. Nach den heute herrschenden Vorstellungen werde Prostitution »zwar vielfach nicht als moralisch wertvoll eingeschätzt, aber zumindest als Teil unseres Zusammenlebens akzeptiert«, erklärte MacLean. Dieser Wandel müsse auch in der Rechtsprechung Niederschlag finden und sie in Bewegung bringen. Das Gericht räumte zugleich ein, dass Prostitution nur dann mit den guten Sitten zu vereinbaren sei, wenn sie freiwillig und ohne kriminelle Begleiterscheinung stattfinde. Dies sei beim

Café Pssst, in dem die Frauen ohne → *Zuhälterei* und auf eigene Rechnung arbeiten, der Fall. (Quelle: Rhein-Zeitung, 1.12.2000)

Furios an der Entscheidung war, dass sie sich im Grunde gegen bestehendes Recht wandte, somit richtungsweisend für vergleichbare → *Bordelle* und → *Bars* war. Dabei darf allerdings auch nicht vergessen werden, dass der besondere Status der Prostitution in Berlin – in der Bundeshauptstadt gibt es keine → *Sperrgebiete* – bei der Gerichtsentscheidung eine Rolle spielte. Ebenso sicher ist aber auch, dass die Entscheidung des Verwaltungsgerichtes im Jahr 2000 das Zustandekommen des neuen → *Prostitutionsgesetzes* im Jahr 2002 wesentlich beeinflusste.

• *KONTAKT: Café Pssst, Brandenburgische Strasse 73, 10713 Berlin, Telefon 030/8738919, www.cafe-pssst.de*

CAFÉ SPERRGEBIET

Treffpunkt und Beratungsstelle für drogenabhängige Prostituierte.
Nomen est omen. Das Café Sperrgebiet liegt im → *Sperrgebiet* St. Georg in Hamburg. Dort betreuen sechs Sozialpädagoginnen, eine Pastorin, eine Hauswirtschafterin sowie eine Ärztin vornehmlich → *Minderjährige* auf dem → *Straßenstrich* und drogenabhängige Frauen bis 27 Jahre, die der → *Beschaffungsprostitution* nachgehen. Dem Namen der Einrichtung entsprechend können sie in der Anlaufstelle essen und trinken, Wäsche wechseln und waschen, duschen, spielen, klönen und lesen. Montags (16-19 Uhr) und donnerstags (11-15.30 Uhr) können sich die Prostituierten außerdem mit → *Kondomen*, → *Gleitgel* und Spritzen im Café versorgen.

Doch Café Sperrgebiet ist mehr als nur ein Treffpunkt. Die Mitarbeiterinnen leisten Straßensozialarbeit, bieten Beratung, Begleitung und Besuche im Strafvollzug, Krankenhaus und zu Behörden. Ein weiterer Arbeitsschwerpunkt sei, so wird betont, die Auseinandersetzung mit der Aids-Problematik: HIV/Aids-Prävention sowie Beratung von HIV-Positiven. Die Eröffnung des Café Sperrgebiet wurde 1986 durch eine private Spende ermöglicht. Mittlerweile wird die Arbeit durch einen Haushaltstitel von 150.000 Mark gefördert, angebunden an und restfinanziert durch das Diakonische Werk Hamburg.

• *INFO: Café Sperrgebiet, Rostocker Straße 4, 20099 Hamburg, Telefon 040/246624, Telefax 040/247583, Öffnungszeiten: Mo/Di 16-20*

Uhr, Do/Fr 11-16 Uhr; Telefonberatung Mo/Di 15-19 Uhr, Do/Fr 10-15 Uhr

CAFÉ STRICH-PUNKT

Treffpunkt für Stricher.

In Stuttgart gehen nach Erkenntnissen des Gesundheitsamtes und der Fachdienststelle für Prostitution der Polizei ungefähr 300 bis 600 junge Männer gelegentlich oder regelmäßig der Prostitution nach. »Sie leben am äußersten Rand unserer Gesellschaft«, bedauert Michael Weiße, Diakon der Alt-Katholischen Gemeinde in Stuttgart. »Ihr Leben wird geprägt von Diskriminierung, gesellschaftlicher Verachtung, Sucht, Gewalttätigkeit und Verwahrlosung.« Deshalb rief der »Verein zur Förderung von Jugendlichen mit besonderen sozialen Schwierigkeiten e. V.«, gegründet von der Alt-Katholischen Gemeinde, in Kooperation mit der AIDS-Hilfe Stuttgart e. V. 1997 eine Anlaufstelle für die Stricher ins Leben: Das Café Strich-Punkt.

2001 allerdings stand das Café, dessen Räumlichkeiten in der Alt-Katholischen Gemeinde von durchschnittlich 10 bis 15 Strichern besucht werden, vor dem Aus. Die Mitgliedsbeiträge und Spenden, durch die der Jugendverein das Stricherprojekt finanzierte, gingen gleich Null. Erst durch Zuwendungen vom Diakonischen Werk der EKD und vom Diakonischen Werk Württemberg sowie der Stadt Stuttgart konnten Nils Ullrich, Diplom-Sozialarbeiter bei der Aids-Hilfe-Stuttgart e.V. und Michael Weiße sowie eine Praktikantin und weitere ehrenamtliche Helfer ihre Arbeit fortführen. Diese ist in drei wesentliche Teilbereiche aufgeteilt: Allen voran ist das Café, in dem die Jungs von der Straße sich treffen und »in familiärer Atmosphäre« zur Ruhe kommen können. Sie finden Speisen und Getränke vor, nehmen an pädagogischen Angeboten wie Kegeln, Minigolf oder Informationsveranstaltungen zu Gesundheitsthemen teil. Michael Weiße: »Am Nachmittag schicken wir in der Regel ein oder zwei Jungs zum Einkaufen, zwei Jungs kochen und der Abend klingt mit einem gemeinsamen Essen aus; wir zeigen den Jungs quasi ein alternatives Leben auf.«

Die zweite Säule, auf die sich die Strich-Punkt-Arbeit stützt, ist das Streetwork, bei dem einerseits Kontaktaufnahme sowie Fortführung der Kontakte, andererseits Aids- und Hepatitis-Prävention im Mittelpunkt stehen. Michael Weiße: »Wir nehmen Essen, Trinken, Informationsmaterial, Kondome, saubere Nadeln und Spritzen an die Orte, an denen die Jungs anschaffen.« Zu guter Letzt bieten die Strich-Punkt-Mitarbeiter auch Einzelberatung, Betreuung und Hilfe. »Das Ziel dieser Angebote aber«, so betont Weiße, »geben wir nicht vor. Das Ziel definiert der einzelne Junge. Wenn der einzelne Junge sagt, er brauche eine Wohnung, er brauche Arbeit, dann schauen wir gemeinsam, was möglich ist. Wenn der einzelne Junge sagt, er wolle aussteigen, sind wir die letzten, die sagen: ›*Das interessiert uns nicht.*‹«

Gegenwärtig ist das Café Strich-Punkt das einzige Projekt vom »Verein zur Förderung von Jugendlichen mit besonderen sozialen Schwierigkeiten e. V.«. Doch Michael Weiße könnte sich durchaus vorstellen, gemäß der Vereinssatzung noch weitere Kinder- und Jugendprojekte ins Leben zu rufen: »Aber dazu haben wir gegenwärtig die Mittel nicht. Wir schaffen es gerade mal, das Café Strich-Punkt zu finanzieren.«

• ***INFO:*** *Café Strich-Punkt, Alt-Katholische Gemeinde Stuttgart, Katharinenplatz 5/Ecke Olgastraße, 70182 Stuttgart, Telefonnummer 0711/243901, info@verein-jugendliche.de, www.verein-jugendliche.de, Öffnungszeiten: Mo 16-20 Uhr*

CAFÉ STRICH-PUNKT

Im Gespräch: Michael Weiße, Diakon

Michael Weiße ist Diakon und Mitarbeiter des Café Strich-Punkt, der Beratungsstelle für männliche Prostituierte in Stuttgart.

Herr Weiße, wie viele Stricher gibt es in Stuttgart?

Michael Weiße: Wir gehen von zirka 300 bis 600 Jungs und jungen Männern aus, die hin und wieder oder regelmäßig der Prostitution nachgehen.

Warum schaffen die Jungs an?

Michael Weiße: Das ist wie in der so genannten »Normalbevölkerung«: Es gibt Leute, die die Drogensucht dazu treibt – manchmal weiß man allerdings nicht: War die Sucht oder war die Prostitution zuerst da? Es gibt Jungs, die von zuhause oder aus Heimen ausgerissen sind und ihren Lebensunterhalt verdienen müssen – das sind meist die Jüngeren. Es gibt aber auch Jungs, die es aus einem

Konsumbedürfnis heraus machen, damit sie ihre Kleider, Spiele oder Handys finanzieren können.

Stricher kommen irgendwann in ein Alter, in dem sie nicht mehr interessant sind für Freier. Viele der Stricher sind jedoch sehr jung in die Szene gerutscht, haben keinen Schulabschluss, keine Ausbildung. Wie hoch ist die Wahrscheinlichkeit eines Ausstiegs?
Michael Weiße: Das kann ich nicht beurteilen. Ich bin von Hause aus Sozialwissenschaftler. Es wäre unseriös, wenn ich sagen würde, wie viele der Jungs tatsächlich den Ausstieg schaffen würden. Das ist nicht verifizierbar. Aber eines ist sicher: Irgendwann müssen die Jungs ein Stück weit den Ausstieg schaffen, da sonst für sie mit der Tätigkeit nichts mehr zu verdienen ist. Sie werden älter und sind für die Freier uninteressant, das ist richtig.

Häufig kreuzt die Stricherszene die der Pädo-Kreise. Für viele Stricher bedeutet der pädophile Kontakt häufig der Einstieg in die Prostitution ...
Michael Weiße: ... da haben Sie mit den Kollegen von Sub/Way e.V. in Berlin gesprochen; die vertreten diese Einstellung. Wir in Stuttgart beobachten das überhaupt nicht; vielleicht ist es uns auch nicht bewusst. Ich zumindest habe überhaupt keinen Einblick. Man muss allerdings auch sehen, dass zwischen Berlin und Stuttgart ein himmelweiter Unterschied ist.

Inwiefern?
Michael Weiße: Schlicht und ergreifend: In Berlin ist die Szene viel, viel größer, vielfältiger als in Stuttgart. Berlin hat auch ein ganz anderes Umfeld. Insofern sind auch die Jungs ganz andere, insbesondere von ihrer Nationalität her.

Woher kommt der überwiegende Teil der Stuttgarter Stricher?
Michael Weiße: Der Ausländeranteil in Stuttgart ist außergewöhnlich hoch.

Im Vergleich zur Normalbevölkerung, würde ich sagen, zwischen einem Drittel und der Hälfte. Unsere ausländischen Jungs kommen aus dem Bereich des Kosovo, Italien, Griechenland und Spanien, vereinzelt Türken und Rumänen, Sinti und Roma, aber eher ganz wenig.

Ein Großteil dieser Jungs ist illegal in Deutschland. Kommt es zu Konflikten?
Michael Weiße: Ich kenne den Aufenthaltstatus der Jungs nicht. Ich will ihn auch gar nicht wissen. Und wenn ich ihn wüsste, habe ich im Gegensatz zu den Kolleginnen und Kollegen anderer Stricherprojekte in Deutschland ein viel mächtigeres Argument, ihn nicht preiszugeben: Ich unterstehe nicht nur der Schweigepflicht als Sozialarbeiter, sondern ich bin Diakon, damit Geistlicher. Nach BGB bin ich Amtsgehilfe eines Pfarrers oder Priesters und unterstehe dem Beichtgeheimnis. Mich kann also nicht einmal ein Richter dazu bringen, dieses Beichtgeheimnis zu brechen.

Kein unwichtiger Punkt: Sie sind Geistlicher, das Café Strich-Punkt arbeitet vor einem kirchlichen Hintergrund. Viele der Stricher in Stuttgart kommen jedoch aus anderen Kulturkreisen.
Michael Weiße: Es gab sicherlich anfangs Schwierigkeiten auf Seiten der Jungs, was den Zugang zum Kirchengebäude betraf. Aber das hat sich relativ zügig klären können, nachdem offenbar wurde, wer ich bin und aus welcher kirchlichen Ecke ich komme: Ich bin kein Vertreter der römisch-katholischen Kirche, sondern der alt-katholischen Kirche, die, was die Sexualmoral betrifft, noch einmal eine ganz andere Art und Weise des Denkens und des Lebens hat. Die Berührungsängste konnten also schnell aus der Welt geschafft werden.

Bei der Streetwork bin ich mir gar nicht sicher, ob die Jungs überhaupt wissen, dass ich christlicher Geistlicher bin. Ich trage schließlich kein Schild vor mir her. Aber ich verberge es auch nicht. Ich trage grundsätzlich ein kleines Kreuz um den Hals, das zwar nicht sehr auffällig, aber wenn man genau hinschaut, bemerkbar ist. Dieses Kreuz trage ich ganz bewusst.

Und was die Stricher aus dem Islam betrifft: Ich denke, ich bin als Geistlicher, was die Religiosität anderer betrifft, ein ganzes Stück sensibler, noch dazu weil sie mit dem Bereich Prostitution und Homosexualität einen ganz anderen Umgang haben.

Was ein großer Widerspruch ist: Die Jungs verdingen sich und ihren Körper, wollen aber nicht offen reden über das, was sie machen.
Michael Weiße: Natürlich ist das ein Widerspruch. Aber die Jungs leben tagtäglich im Widerspruch. Das ist so!

CALLBOY

Sexdienstleister. Engl.: call – rufen, anrufen; boy – Junge
Der Profi unter den männlichen Sexdienstleistern. Im Volksglauben ist der Callboy eine knackige Offerte für die solvente Frau. Es gibt sogar Männer, die diesem Gerücht Glauben schenken und sich dementsprechend selbstständig machen wollen, in der Hoffnung, nicht nur viel Geld, sondern auch viel Sex mit schönen Frauen zu bekommen. »Ich bekomme Anrufe von Männern, die in das Gewerbe einsteigen möchten – aber für Frauen«, weiß Sabine Reinke vom Stricherprojekt → *Looks e.V.* in Köln. »Das finde ich putzig; diese Männer haben seltsame Vorstellungen und halten sich für Gottes Geschenk an die Frauen. Sie wollen den Job dann im Schlafzimmer bei sich zu Hause machen, neben Schlafzimmerschrankwand, Wäschetruhe, Fernseher und den weißen Socken vor dem Bett.«

Der Normalfall, und der professionelle noch dazu, ist aber der: Ein separater Raum mit entsprechend stimulierendem Interieur, ein Handy für die Erreichbarkeit, Annoncen in einschlägigen Zeitschriften und vor allem die Bereitschaft, schwule Kundschaft zu bedienen. Denn, so Sabine Reinke, »es gibt keinen Markt für Callboys, die Frauen bedienen. Frauen nehmen kommerzielle Sexdienstleistungen nicht in Anspruch.«

Wer's noch immer nicht glaubt, der wirft einen Blick in die Kontaktrubriken der einschlägigen Magazine wie die Berliner Illustrierte »Tip«, Ausgabe 15/2003: Eine Anzeige unter »ER für SIE«: »Attrakt. U. niveauvoll! Rico 36/186/80 gepflegt, mit sportl., knackigem, gebräuntem Po, xxl-bestückt, verwöhnt zärtlich u. einfühlsam, anspruchsvolle Damen/Paare (kein bi.). Diskrete Besuche/Empfänge! (Anrufe nur von Ihr).«

Allerdings 75 Anzeigen unter »ER für IHN«. Die lesen sich so: »Oral Total! Gibt dir Mann (Ende 30)! Lutsche dir auch Eier und Loch! Preis ist Alters und gewichtsabhängig!« Oder so: »Extrem-Riesenschwanz,

24x6! Richtig hart! Der besondere Kick! Jeff, 30/193, versaut, akt. FF, uvm, mit Playroom u. Zeit.« Oder so: »Hübscher Brasilboy, 25, 176, 68 – süß + sexy! Bläst dich in den Himmel – Lässt sich geil abficken! Empfang, H/H.«

Tatsächlich sind es ausschließlich schwule Männer, die einen professionellen Liebesdiener mieten, oder heterosexuelle Männer, die ihren Horizont erweitern wollen: → *Freier* dieser Sorte gibt es viele und, ganz nebenbei, Callboys, die diese Nachfrage stillen, ebenso: »Hast du (M-40) mal Bock, einen Mann zu ficken? Dann ruf an! Ich M, 25/176, sportl., unbeh., dkl.h., rasiert. Trau dich!«

Doch warum bieten diese Männer ihren Körper gegen Geld an? Für manche ist es ein Nebenverdienst, andere finanzieren sich das Studium damit. Manchmal waren Callboys zuvor → *Stricher* und haben mit 18, 19 Jahren – ein Alter, in dem sie für die → *Freier*, die am Bahnhof oder in → *Stricherkneipen* auf Jungenfang gehen, unattraktiv geworden sind – aus der Not eine Tugend gemacht, sich professionalisiert. Was einfach klingt, ist harte Arbeit: Sofern Callboys nämlich nicht in einem → *Gay-Club* – dem schwulen Pendant zum → *Nachtclub* der weiblichen Prostitution – arbeiten können, muss, wie eingangs geschildert, ein professioneller Callboy erst einmal investieren. Ein Handy und ein Appartement reichen in den seltensten Fällen aus. »Was sie in der Regel recht schnell merken«, so Wolfgang Werner von der Beratungsstelle → *SUB/WAY berlin e.V.* »Denn der Freier, der sich einen Callboy bestellt, erwartet etwas anderes als der, der sich am Bahnhof einen jungen Mann nimmt.«

Immerhin, das neue → *Prostitutionsgesetz* eröffnet für Callboys neue Perspektiven. Auch sie können in Zukunft ihren Lohn einklagen. Ansonsten gilt aber auch für Callboys: Das Gesetz hat zur Zeit noch keine Ausführungsvorschriften. Es »steht auf so wackeligen Beinen, dass wir zur Zeit sehr, sehr vorsichtig sind, jemandem zu empfehlen, sich als Callboy anzumelden. Das kann immer noch etliche Nachteile mit sich bringen«, weiß Wolfgang Werner. »Und so wie ich es mitbekommen habe, warnen auch die Bundesbehörden davor, sich anzumelden. Vor allem in Bezug auf Steuernachforderungen gibt es einige Modellprozesse, die geführt werden, und die sollte man auf jeden Fall erst einmal abwarten.«

CALLBOY

Im Gespräch: Martin, 41

Martin, 41, arbeitet heute im Sex-Geschäft als Pornofilmer und Clubbetreiber. Mit 17 Jahren jobbte er als Callboy.

Du hast als Callboy gearbeitet?
Micha: Ja, da war ich 17 und ging zur Schule. Von 1977 bis 1982.

Wie kam es dazu?
Micha: Ich hatte einige Kumpels, die schleppten mich zu bestimmten Parties in Berlin. Durch die Leute, die ich dort kennen lernte, bekam ich einen Tisch mit Telefon. Da wurde man angerufen ... Mit der Zeit bin ich dann vermittelt worden. Das ging ganz von alleine. Mundpropaganda. Handys gab's noch keine. Da haste einfach die Telefonnummer zugesteckt bekommen, hier noch eine, dort noch eine. Das wurde manchmal auch ganz schön eng.

Du warst noch Schüler, hattest du keine Angst, dass du dir deine Zukunft verbaust, dir deinen Ruf verdirbst?
Micha: Der war schon damals ruiniert. Ich war Hansdampf in allen Gassen.

Dir hat der Job also gefallen?
Micha: Sagen wir mal so: Ich konnte zu der Zeit wunderbar mit meinem Schwanz umgehen. Der war auch nicht der kleinste. Ich habe es für ... Spaß und Kohle gemacht. Fertig.

Du hast also dein Vergnügen zu deinem Nebenjob gemacht?
Micha: Ja sicher. Mir ging es nicht schlecht. Ich hab so viel verdient wie mein Vater, manchmal das Doppelte. Für ein Wochenende habe ich manchmal 500, 600 Flocken gekriegt. Das war damals nicht wenig.

In der Woche bin ich auch angerufen, dann mit dem Auto rausgefahren worden, habe draußen am Wannsee eine Runde gemacht. Das war in Ordnung.

Denen hat es nicht weh getan, sie haben die Taschen voll gehabt, und ich hab's gekriegt.

Was waren das für Frauen, die dich angerufen haben? Waren sie einsam, hatten sie Probleme mit ihren Männern?
Micha (lacht): Damals habe ich noch 68 Kilo gewogen. Die hatten keine Probleme mit ihren Männern. Das waren Frauen, die waren versorgt, und den Schwanz suchten sie sich woanders. Das wurde manchmal ziemlich eng.

Inwiefern?
Micha: Ich hatte mal eine, die hat auf meiner Etage mit nem Schlafsack gezeltet, wo ich meine Wohnung hatte, und drauf gewartet, dass ich rauskomme. Drei Wochen ging das Spiel. Die war voll verliebt, hatte ihren Alten in den Wind geschossen und was weiß ich nicht noch alles. Ich wollte das alles gar nicht. Was willste machen?

CALLBOY-CONNECTION FFM

Selbsthilfegruppe.
Die Callboy-Connection in Frankfurt ist eine Callboy-Selbsthilfegruppe, die einmal monatlich zu einem unverbindlichen Treffen zusammenkommt. Der Fortbestand der Callboy-Connection stand zuletzt auf der Kippe, da zuletzt nur noch sechs von über 80 kontaktierten Callboys im Rheinmain-Gebiet zum Stammtisch erschienen. »Das hat leider mit der Konkurrenz und dem Berufsgeheimnis, das keiner der Jungs offenbaren will, zu tun«, so Marc, Initiator des Stammtisches. »Das Geschäft der Prostitution hat sehr viel mit Konkurrenz und auch Einsamkeit zu tun. Es hat sich gezeigt, dass der Diskretionsbedarf und das Stigmamanagement in der Prostitutionssubkultur der Entwicklung einer Identität als professioneller Callboy entgegenstehen.«

Glücklicherweise sprang die Beratungsstelle für Stricher, → *KISS*, der Callboy-Connection bei und unterstützt die Gruppe, »indem wir zum einen die Logistik (Telefon, PC, Kopierer) zur Verfügung stellen, und wir auch gerne auf Anfrage am Stammtisch teilnehmen«, so Karin Fink von KISS. »Einzelne Callboys nutzen unser Angebot, indem sie bei uns die Möglichkeit haben, ihre Erfahrungen bezüglich ihrer angebotenen sexuellen Dienstleistung mit uns zu bearbeiten. Nicht alle Erfahrungen sind positiv. Wir bieten somit die Möglichkeit der Reflexion.«

• *KONTAKT: Telefon 0179/6213065*

CALLGIRL

Prostitutionsform. Engl.: call – rufen, anrufen; girl: Mädchen, junge Frau.

Die Arbeit als Callgirl wird von vielen Frauen hoch geschätzt, weswegen diese Prostitutionsform in der Hierarchie auch ganz weit oben steht. Callgirls können selbstständig arbeiten. Ein Callgirl schaltet dann eigenständig (meist mehrere) Anzeigen (mit unterschiedlichem Text) in einschlägigen Magazinen für ihre Dienstleistung, die → *Haus-* und → *Hotelbesuche* umfasst. Dann wartet sie darauf, dass die Kunden sie anrufen: »Nur Haus+Hotelbesuche, gern mit viel Zeit, rothaariges Model.« Oder: »Süßes, schlankes Model, 26, besucht dich gerne, Haus und Hotel.« Hat ein Callgirl viele → *Stammfreier*, kann sie das Geld für Kontaktanzeigen sparen. »Oft verfügen die Portiers in teuren Hotels über entsprechende Adressen und erhalten für ihre Vermittlung einen Anteil«, weiß Joachim Rieker in seinem Buch »Ware Lust« (Fischer Verlag, Frankfurt 1995).

In der Regel arbeitet ein Callgirl für eine Agentur. Sich wiederum von einer Agentur vertreten zu lassen hat nicht nur den Vorteil, dass die Prostituierte selbst keine Organisation ihrer Arbeit betreiben muss, sondern strahlt etwas Elitäres aus, weswegen die Dienste der Agentur-Callgirls meist nicht billig sind. Häufig vermitteln Agenturen ausschließlich nur → *Edel-Prostituierte* (Luxus-Callgirl). Die Agenturen bieten in Kontaktanzeigen einschlägiger Magazine und Zeitschriften ebenfalls → *Haus- & Hotelbesuche* der Frauen an, der Kunde muss neben der Dienstleistung – Beispiel aus Köln: → *volles Programm* für eine Stunde: 450 Euro – auch An- und Abfahrt zahlen. Callgirl und Agentur teilen sich die Einnahmen, in der Regel Zweidrittel, Eindrittel.

Callgirl-Agenturen machten sich nach altem Strafrecht ebenfalls der → *Förderung der Prostitution* und → *Zuhälterei* strafbar. Eine legale Anmietung von Büroräumlichkeiten sowie Anmeldung auf dem → *Gewerbeamt* waren dementsprechend nicht möglich, da Prostitution → *sittenwidrig* und daher nicht gewerbefähig war. Deshalb blieb den meisten Agenturen nur die → *Verschleierung* als → *Partnervermittlung* oder → *Begleitservice*. Erst die explizite Ausdrucksweise in den Werbeanzeigen ließ geneigten → *Freiern* Rückschlüsse auf die tatsächliche Dienstleistung der Agentur zu.

Immer wieder stolperten in der Vergangenheit prominente Zeitgenossen, zuletzt der TV-Talker → *Michel Friedman,* über Skandale, die sie in Zusammenhang mit Callgirls brachten. Interessant erscheint daher die Frage: Aus welchen Gründen erkaufen gerade reiche Prominente, denen man nachsagt, dank Berühmtheit doch jedes Groupie haben zu können, ausgerechnet die Dienste eines teuren Callgirls? Eine Sozialarbeiterin für Prostituierte, die ungenannt bleiben möchte, vermutet, dass »diese Männer in ihren prominenten wie ›sauberen‹ Society-Sphären gerne auch mal die Nähe zur Basis, das Verruchte, das Böse« bräuchten. → *Heidi Fleiss,* bekannte Betreiberin eines Luxus-Callgirl-Rings in Hollywood, meint: »Die Männer behaupten: damit sie ohne Diskussionen wieder gehen können. Das ist natürlich eine große Lüge. In Wirklichkeit ist jeder Mann in Bezug auf Frauen verunsichert, und daran ändern auch hundert Millionen Dollar auf dem Bankkonto nichts. Die Angst, zurückgewiesen zu werden, bleibt, und auch das war ein Hauptgrund für meine florierenden Geschäfte. Bei einem Callgirl gehen Männer auf Nummer Sicher. Sie können darauf zählen, dass sie Sex haben werden, keine Probleme riskieren und obendrein eine garantiert gute Zeit verbringen.«

Doch Vorsicht: Nicht immer verbirgt sich hinter den Telefonnummern der Callgirl-Agenturen eine rechtschaffene Dienstleistung. Häufig nutzen → *Menschenhändler* – in den letzten Jahren vermehrt aus → *Osteuropa* – den Gewerbezweig der Callgirls, um die regelmäßigen Polizeikontrollen in den → *Bordellen* und → *Clubs* zu umgehen. Sie halten die Frauen zu mehreren in Wohnungen gefangen, zwingen sie zur Prostitution und vermitteln sie über Kontaktanzeigen als »Callgirls« an Freier.

CANCAN

Franz.: Lärm, Getöse.

Am Anfang war es ein aus Algier stammender Sprungtanz. Daraus wurde nach der Juli-Revolution von 1830 in Paris der Cancan, ein Gesellschaftstanz in rasantem Zweivierteltakt, der wüst alle Sittenregeln sprengte. Das brachte ihn schnell in Verruf und setzte ihn als öffentliches Ärgernis der behördlichen Verfolgung aus. Große Triumphe feierte er im Varieté, wo er zu dem von Jacques Offenbach (1819 – 1880) geschriebenen Operettenstück »Galop infernal« chorisch von

Frauen als Bühnenschautanz dargeboten wurde und bis ins 20. Jahrhundert hinein eine Attraktion im Pariser Nachtleben blieb. Heute gilt der Cancan als eine der Wurzeln des → *Striptease.*

CANDIDA

Sexuell übertragbare Krankheit, → *STDs.*

Synonyme: Mykose, Pilzinfektion. Die Infektionen verursachenden Hefepilze hat fast jeder; erst Störungen des physiologischen Gleichgewichts, Abwehrschwäche oder Medikamente (auch die Pille) rufen Krankheitserscheinungen wie Rötungen, Schwellungen, Juckreiz, weißlich-bröckligen Ausfluss, Brennen und schmerzvollem Urinieren bei der Frau hervor; beim Mann gibt es ungleich weniger Beschwerden, meist eine Rötung der Eichel mit Pünktchen oder Schuppen darauf. Diese sind dann übertragbar und sollten auf jeden Fall mit Salben, Zäpfchen oder Lösungen behandelt werden.

CANING

Sexpraktik.

Synonyme: → *Abstrafung*, Auspeitschung, → *Erziehung*, Geißelung, Peinigung, → *Züchtigung*. Im Gegensatz zur → *Flagellation* oder dem → *Spanking* wird beim Caning sexuelle Erregung durch den Rohrstock erzeugt; auch wenn sich eingefleischte Anhänger des Caning vom → *Sadomasochismus* distanzieren, weil sie mit dessen Dresscode (Halsbänder, → *Fetisch*-Kleidung oder → *Bondage*) nichts am Hut haben, ist eine Parallele unzweifelhaft vorhanden. Denn das Caning wird nicht selten in die Abstrafung oder Erziehung einer → *Session* im → *SM-Studio* eingebunden. Meist wird dort dann die Züchtigung mit dem Rohrstock im Rahmen eines → *Rollenspiels* durchgeführt, das an Szenen aus dem Militär, Schule oder Internat erinnert. Für viele Freier ist Caning im → *Dominastudio* die Aufarbeitung ihrer Vergangenheit.

»Meist sind es die älteren Männer, die sich den Po versohlen lassen«, weiß Lady Silvana, die in Bonn das Studio »SM-Art« betreibt. »Dieser Wunsch ist meist tatsächlich – unglaublich – auf ein Schlüsselerlebnis aus der Kindheit oder der Schule zurückzuführen, wo sie die Strenge mit dem Rohrstock oder dem Lineal noch erlebt haben. Während sie damals übers Knie gelegt wurden und bei der Lehrerin im Schoß lagen, merkten sie, dass sie eine Erektion bekamen. Das ist bei ihnen bis heute hängen geblieben.«

CHAT

Engl.: to chat – plaudern.

Chats funktionieren einfach, vorausgesetzt, man ist Besitzer eines Computers mit Internetzugang sowie Chat-fähigen Browsern. Menschen aus aller Herren Länder treffen sich in so genannten »Chatrooms«, virtuelle Gesprächsräume im Internet, wo sie »chatten«, über Tastatur und Bildschirm miteinander kommunizieren; sie tippen ihre Beiträge, die im Bruchteil einer Sekunde auf den PC-Bildschirmen der anderen Chatteilnehmer zu lesen sind, woraufhin diese direkt und schriftlich antworten. Chats gibt es in mannigfaltiger Art, und für jedes Wehwehchen, jedes Hobby, jede Neigung mindestens ein Dutzend.

Eine erweiterte Form des herkömmlichen Text-Chats dürften Chats mit → *Live-Cam* sein. Dabei sieht der PC-Nutzer am Monitor nicht nur zu, wie eine Frau zur gleichen Zeit an einem anderen Ort dieser Welt vor der Webcam eines Computers einen → *Striptease* vollführt, sondern kann ihr schriftlich mitteilen, was er als Nächstes zu sehen wünscht, zum Beispiel Dildospiele, Masturbation oder Fisting.

Chats mit Live-Cam stehen allerdings nicht jedermann frei zur Verfügung, für die voyeuristische Nabelschau muss bezahlt werden. Abgerechnet wird über Kreditkarte, deren Daten der Kunde im Vorfeld dem Anbieter mitteilen muss, oder über eine kostenintensive → *0190*er-Nummer. Für letzteren Fall muss der Kunde sich einen so genannten → *Dialer* auf den PC herunterladen, mit dem der Computer sich hiernach ins Internet und auf ein bestimmtes Internetportal einwählt, wo eine Vielzahl von Frauen sich und ihre Live-Masturbation anbieten.

CHINA BLUE BEI TAG UND NACHT (CRIMES BY PASSION)

Erotikfilm.

Joanna Crane ist eine ehrgeizige wie erfolgreiche, aber unnahbare Modedesignerin, die nachts als China Blue die Edelhure herauskehrt und ihren Kunden die heißestes Sexspiele offeriert. Als ihr Arbeitgeber Joanna verdächtigt, wertvolle Muster an die Konkurrenz zu verkaufen, engagiert er Bobby Grady zu ihrer Überwachung. Der kommt nicht nur dem bizarren Doppelleben auf die Spur, sondern muss China Blue, als er sich in sie verliebt hat, vor dem psychopathischen Reverend Shayne beschützen, der ihre Seele retten will. – »Grelle Visionen von geballter erotischer Wucht: eine Neon-Welt aus Sex, SM, Wahnsinn und Tod, aber auch Einsamkeit, Sehnsucht und Liebe. Eine Art 80er-Jahre-Version von Buñuels → *Belle de Jour*, unter der Regie von Skandalfilmer Ken Russell (→ *Die Hure*), natürlich bunter, lauter, schmieriger und heftiger.« (Prisma)

• *DER FILM: China Blue bei Tag und Nacht (Crimes by Passion). USA 1984, 103 Min. Regie: Ken Russell. Darsteller: Kathleen Turner (Joanna Crane), Anthony Perkins (Reverend Shayne)*

CHLAMYDIENINFEKTION

Sexuell übertragbare Krankheit, → STDs.

Chlamydien, bakterienähnliche Kleinstlebewesen, die durch ungeschützten Sex übertragen werden, machen sich nur in den seltensten Fällen bemerkbar. Und wenn, dann häufig erst lange Zeit nach der Infektion und durch geringe Krankheitserscheinungen wie Zwischenblutungen. Gelber, wässriger Ausfluss, Brennen beim Pinkeln und Druck in der Blase gehören zu den Symptomen, die auch den Mann quälen. Sollten diese nicht bemerkt oder die Infektion nicht behandelt werden, können die Beschwerden irgendwann chronisch werden und zu Entzündungen der Nebenhoden oder der Eileiter führen. Die Behandlung der Chlamydieninfektion erfolgt über Antibiotika.

CHRISTIANE F.

Berühmteste dt. Nadel-Nutte, geb. 1962.

In → *Berlin*-West geboren wuchs Christiane Felscherinow in ärmlichen Verhältnissen bei ihrer geschiedenen Mutter in der Trabantensiedlung von Neukölln-Gropiusstadt auf. Bereits mit zwölf Jahren geriet sie an leichte → *Drogen*, die in der von Studentenrevolte und sexueller Befreiung geprägten Mauerstadt der 70er Jahre unter der Jugend kursierten. Mit ihrem Freund begann sie als 13-Jährige Heroin zu spritzen und wurde abhängig. Um den teuren Stoff zu finanzieren, jobbte sie mit 15 als Prostituierte. Auf dem so genannten »Kinderstrich« am Bahnhof Zoo und in der Kurfürstenstraße traf sie 1977 der »Stern«-Reporter Horst Rieck, der ein Interview mit der Drogenabhängigen zu seiner Reportage über den → *Babystrich* verarbeitete. Ein Jahr später erschien die Geschichte der »Christiane F.« als Buch: »Wir Kinder vom Bahnhof Zoo«. 1981 produzierte → *Bernd Eichinger* die erschütternde Kinoverfilmung des Bestsellers mit der Schauspielerein Natja Brunckhorst in der Rolle der Christiane F.

Durch die unerwartete Popularität und öffentliche Resonanz gelang Christiane der Entzug. Sie holte ihren Schulabschluss nach, absolvierte eine Buchhändlerlehre und lebte mit Freund Alexander Hacke, Musiker der »Einstürzenden Neubauten«, in → *Hamburg*. Weitere Therapien folgten, nachdem sie rückfällig wurde. Erst 1996, mit der Geburt ihres Sohnes, schaffte sie den Absprung.

CLUB

Bordellartiger Betrieb.

Synonym: Nachtclub. Ein Club ist im Gegensatz zu einem → *Privatclub* von außen sofort als solcher zu erkennen: Rotlicht, Leuchtreklame, Werbung. Da heißt es dann explizit »Eve's Night-Club«, »D'Amour«, »Heavensgate« und »Puss Puss« oder, etwas unverfänglicher, »Partytreff« und »Cocoon«. Die Namen dürfen nicht darüber hinwegtäuschen, dass es sich dabei – rein offiziell – nur um eine »Schankwirtschaft mit Beherbergungsbetrieb« (→ *Zimmervermietung*) handelt. Das → *Gaststättengesetz* will es noch heute so. Würde nämlich in dem Lokal der → *Unsittlichkeit* Vorschub geleistet, könnte dem Betreiber umgehend die Lizenz für Getränkeausschank entzogen werden. Laden dicht! Was dazu führt, dass – offiziell gesehen – sowohl Männer als auch Frauen nur Gäste in dem Lokal sind. Dass die Damen nach ein oder zwei hochpreisigen Getränken, an denen sie mitverdienen, im Barbereich auf die gemieteten Zimmer verschwinden, ist nicht Sache des → *Clubbetreibers*, der – inoffiziell versteht sich – allerdings sehr wohl auswählt, welche der Frauen sich in seinem Club aufhalten dürfen.

Natürlich haben die Behörden diese Vorgehensweise durchschaut. In der Regel dulden sie das Treiben – sofern es sich nicht um einen erzkonservativen Beamten beim Ordnungs- oder → *Gewerbeamt* handelt, der selbst zu liberalen Zeiten des → *Prostitutionsgesetzes* gegen die Unmoral zu Felde zieht. Die Klientel in einem Club seien »eher nicht ganz junge Kunden«, glaubt Clubbetreiber John P.: »Die jungen

Männer rennen lieber durch die → *Bordelle*. Die wissen, ein → *Puff* ist ein anonymes → *Laufhaus*, da rennen sie mutig mit fünf Mann durch, laufen die Gänge ab, und vielleicht verirrt sich einer mal in eines der Zimmer. Bei uns dagegen wissen die Leute, wo sie hingehen. Das sind also keine Anfänger.«

Die Preise für die sexuellen Angebote varriieren von Club zu Club. Ein Beispiel aus einem Club in Straelen am Niederrhein nahe der holländischen Grenze:

Getränke
5 Euro: Ein Bier
7 Euro: Ein Long Drink
15 Euro: Ein Cocktail
25 Euro: Ein Piccolo
75 bis 140 Euro: Eine Flasche Sekt

Sexuelle Dienstleistungen
100 Euro: → *volles Programm*, 30 Minuten
150 Euro: volles Programm, 60 Minuten
300 Euro: Lesbische Spiele mit zwei Frauen, 60 Minuten
Sonderwünsche wie → *Anal*, → *Natursekt*, → *Peitschenspiele* kosten jeweils 50 Euro extra.

Eine Sonderform der Clubs gibt es noch in Form der → *Saunaclubs* und → *FKK-Clubs*.

CLUB
Im Gespräch: John P., Nachtclubbetreiber
Im »FKK-Colonia« in Pulheim-Brauweiler hat John P., 40, in den letzten zehn Jahren bereits viele schöne Nächte verfeiert. Als der Besitzer starb und seine Frau den Nachtclub herunterwirtschaftete, übernahm er den Laden. Seit wenigen Monaten ist »FKK-Colonia« wieder in Betrieb.

John, »FKK-Colonia« lässt glauben, du betreibst einen FKK-Club?
John P.: Der Name täuscht. Auf dem Gewerbeamt ist unser Laden als Swinger-Club, barähnlicher Betrieb und gewerbliche Raumvermietung angemeldet. Ich möchte aus dem Laden auch nicht unbedingt einen FKK-Club machen; ich versuche mit unserem barähnlichen Betrieb eine Konzession zum Alkoholschank zu bekommen.

Sollte ich sie bekommen, ist mein Laden das, was man unter Nachtclub versteht.

Ihr macht auf um ...
John P.: ... 15 Uhr.

Und habt offen bis ..
John P.: ... die Leute kein Geld mehr haben. Oder die Frauen alle so müde sind, dass es nicht mehr geht.

Wie viele Frauen arbeiten bei dir?
John P.: Im Schnitt zwischen acht und 15.

Nach welchen Kriterien wählst du sie aus?
John P.: Dadurch, dass ich mit dem Laden gerade am Anfang stehe, wähle ich eigentlich gar nicht aus. Ich bin der Meinung, auf jeden Topf passt ein Deckel. Deswegen habe ich alles, von der 40-jährigen Hausfrau bis zum 18-jährigen Teenie, querbeet, dünn, von subjektiv hässlich bis sehr gut aussehend. Erstaunlicherweise findet tatsächlich jede ihr Gegenüber.

Wie kommst du an die Frauen?
John P.: Ich habe mal einen Versuch in der »Heim & Welt« gestartet. Aber ich bin dazu übergegangen, es auf den regionalen Bereich zu beschränken, das heißt: Tageszeitungen. Und ansonsten läuft es über Mundpropaganda und über die Frauen, die von einem Laden zum nächsten reisen und die Läden alle durchprobieren. Dort, wo was verdient wird, bleiben sie länger. Wo sie unzufrieden sind, aus irgendwelchen Gründen, wandern sie ab und gehen zum nächsten.

Was muss eine Frau leisten, damit sie bei dir arbeiten darf?
John P.: Da gibt es für mich keine Kritieren. Ich will nur nichts bei mir haben, was wie hingeprügelt herumsitzt und am besten noch irgendwelche Zuhälter im Rücken hat, die ihr sagen: *»Du musst am Tag 500 Euro verdienen!«* Nein, ich will Frauen, die eine entspannte Atmosphäre verbreiten, die wissen, was sie machen, die nicht zur Prostitution gezwungen werden, die nicht mit Tränensä-

cken unter den Augen die Zeit absitzen, sondern Frauen, die mehr oder weniger Spaß an ihrem Job haben und das auch rüber bringen – auch dem Gast gegenüber.

Schließlich leben wir hier tagtäglich; ich selbst verbringe ja meine 14 bis 16 Stunden am Tag im Laden.

Trotzdem: Gibt es Vereinbarungen über Angebot, Praktiken, Service, oder ist das jeder Frau selbst überlassen?

John P.: Bei uns im Laden mache ich den Frauen keine Vorschriften. Ich kann den Frauen nicht sagen: *»Du musst küssen! Du musst blasen ohne Gummi!«* Ich finde, das ist sowieso ein Suizid-Ding, fast wie Russisches Roulette. Sollte man nicht machen! Wird aber viel gefragt.

Den Frauen, die zu uns kommen, sage ich: *»Du kannst hier arbeiten, wie du willst, ich mache dir keine Vorschriften.«* Jede Frau muss selber wissen, wie sie ihr Geld verdient. In anderen Läden kriegt sie es vorgeschrieben, gerade in den FKK-Billigfickbuden und -fabriken, da kriegen sie von Anfang an gesagt: *»Blasen ohne Gummi! Küssen, französisch beidseitig ist alles im Programm mit drin!«* Wenn sie so nicht arbeiten wollen, dürfen sie dort nicht arbeiten.

Wir schreiben es nicht vor, weil wir frauenorientiert arbeiten wollen und weil es meine persönliche Einstellung ist. Diese Einstellung zahlt sich am Ende aus, weil ich eine entspannte Feiertruppe im Laden habe: Frauen, mit denen es Spaß macht zu arbeiten, die Spaß an der Arbeit haben, weil sie nicht pressiert werden. Ich denke mal, dass es mittelfristig so laufen wird.

Klar, es gibt auch Frauen bei uns im Laden, die das ganze Programm machen. Bloß schreibe ich es ihnen nicht vor. Von mir sind sie nur angehalten, ihr Angebot im Vorfeld mit den Gästen zu klären, damit es nachher keine Querelen gibt und wir Stress im Haus haben. Ich verlange lediglich Korrektheit. Die Gäste werden darauf hingewiesen, dass eine halbe Stunde um ist und die nächste halbe Stunde anfängt – das ist das, was ich von den Frauen erwarte. Sie sollen sich den Kunden gegenüber korrekt verhalten; allerdings erwarte ich auch von den Gästen, dass sie sich korrekt gegenüber den Frauen verhalten. Ich habe keinen Bock auf diese Drecksfreier, die nur rumrennen und jede Frau fragen, ob sie auch ohne Gummi Geschlechtsverkehr macht. Auf die Leute verzichte ich. Das sind Selbstmörder und auch Killer, im umgekehrten Sinn. Von einem Club in den nächsten rennen, jede Frau ohne Gummi ficken – das ist vorprogrammierter Mord!

Ein Standardpreis für eine halbe Stunde Zimmer wird aber schon mit den Frauen vereinbart?
John P.: Ja, das fängt bei 75 Euro an. Das ist die einzige Direktive, die wir machen. Das ist auch wichtig, denn sonst machen sich die Frauen die Preise gegenseitig kaputt und wir haben irgendwann ein paar hysterische Hyänen, die aufeinander losgehen. Ich denke, das ist auch etwas, was den Frauen entgegenkommt. In anderen Läden kann der Freier bereits für 30 Euro eine Hochzeitsnacht bekommen; das geht bei uns nicht. Und das ist gut so. Denn damit klammere ich von vorneherein eine bestimmte Klientel aus, auf die ich gerne verzichten kann.

Wenn du sagst, es fängt bei 75 Euro an. Was kommt hinzu?
John P.: 75 Euro, das ist der Standard-Beischlaf, halbe Stunde auf dem Zimmer. Als Extra bezeichne ich den Analverkehr. Aber das handeln die Frauen mit den Gästen selbst aus. Wir haben ihnen empfohlen, für solche Geschichten noch einmal 75 Euro extra zu nehmen.

Wie ist der Ablauf im Laden?
John P.: Wir machen nichts anderes als eine gewerbliche Raumvermietung. Im Prinzip kann man sich das vorstellen wie in einem Hotel mit Hotelbar. Die Frauen und Männer treffen sich im so genannten Gastraum im Erdgeschoss. Wenn eine Frau nun auf eines der Zimmer im ersten Stock will, holt sie sich einen der Schlüssel und trägt die Zeit, die sie in dem Zimmer verbringt, in eine Liste ein. Das funktioniert wie in einem Stundenhotel. Die Frau zahlt für die Zeit, die sie das Zimmer nutzt, den dafür vorgesehenen Obolus.

Dazu schließen wir mit den Frauen Untermietverträge ab, in denen Raum, Zeitspanne der »Mietdauer« und Preis vereinbart werden, und gleichzeitig, dass die Frauen auf selbstständiger Basis arbeiten. Sonst nichts! Das heißt auch, wir bestimmen keine Arbeitszeiten! Die Frauen sind da, wenn sie arbeiten wollen; erst wenn sie die Zimmer für ihren Job nutzen wollen, müssen sie bezahlen.

Das heißt, wenn du Pech hast, ist um 15 Uhr noch keine Frau im Laden?
John P.: Ja, das ist uns bereits das eine oder andere Mal passiert. Und das hieß für uns, dass wir ein kleines Problem hatten.

Und wie löst du das Problem?
John P.: Das Problem ließ sich damals nicht lösen. Darauf hatte ich keinen Einfluss. Da passierte es, dass wir an einem Sonntag nur mit zwei Frauen im Club saßen. Das ist natürlich tödlich fürs Geschäft.

Mittlerweile hat sich das Problem von selbst gelöst, da mittlerweile reichlich Frauen ihr Interesse bekunden, weil sich herumgesprochen hat, dass wir kein Billigbordell sind, sondern dass die Leute, die zu uns kommen, auch gerne einen höheren Preis bezahlen, dafür aber ein nettes Ambiente und Frauen vorfinden, die entspannt sind. Wir haben Zugriff auf 30 Frauen, die bei uns im Laden arbeiten wollen. Da sind einige, die fangen um 15 Uhr an, weil sie früher aufhören wollen. Andere kommen später und machen bis zum Ende durch.

Hast du vorher schon mal einen Club betrieben?
John P.: Nein. Wir haben aufgemacht und hatten theoretisch keine Ahnung, nicht wirklich, und keine Frauen. Das Einzige, was wir hatten, war ein großer Bekanntenkreis und das Wissen darum, dass 90 Prozent der Männer sich in Bordellen vergnügt.

Allerdings macht die Wirtschaftskrise auch vor dem Sexbusiness nicht Halt. Trotzdem hast du dich auf das Spiel eingelassen.
John P. Eines ist sicher: Ich hätte keinen ganz neuen Laden aufgemacht. Das hätte zuviel Finanzkraft vorausgesetzt. Natürlich, ich hätte es versuchen können. Aber mittlerweile sind die Läden immer luxuriöser ausgestattet und umfassen riesige Anlagen. Das »FKK-Colonia« und seine Legende kannte ich. Ich wusste, es war gut gelaufen. Dann starb sein Besitzer, seine Frau erbte den Laden, war jedoch nicht in der Lage, ihn vernünftig zu betreiben, und wirt-

schaftete ihn herunter. Nur weil ich das Objekt kannte und weil wir die Klientel dafür hatten, war es interessant für mich.

Der Laden ist jetzt wie lange auf?
John P.: Seit acht Wochen.

Ein kleines Resümee?
John P.: Erwartungsgemäß. Ich bin nicht davon ausgegangen, dass wir einen Laden, der über ein Jahr tot war, innerhalb von zwei Monaten derart ans Laufen kriegen, dass wir uns die Taschen vollstopfen können. Im Moment zahlen wir drauf durch hohe Werbekosten. Aber wie gesagt, erwartungsgemäß ...

Ihr hattet letzte Woche eine Razzia?
John P.: Das Arbeitsamt war da!

Mit welchem Ergebnis?
John P.: Die marschieren mittlerweile los und kontrollieren die Frauen in den Läden auf illegale Beschäftigung, also ob sie ohne Papiere unterwegs sind. Das war früher eigentlich Sache der Sitte; was weiß ich, ob das Arbeitsamt durch die neue Gesetzgebung in den Vordergrund gestellt wurde ... Und natürlich kontrollieren sie die Frauen in den Läden, die den Job machen und parallel dazu Sozialhilfe oder Arbeitslosengeld kassieren.

Sind sie fündig geworden?
John P.: Die sind bei uns tatsächlich fündig geworden, weil zwei Frauen parallel zu ihrem Job als Prostituierte Sozial- beziehungsweise Arbeitslosenhilfe kassierten.

Das sagen wir den Frauen immer wieder: Wenn sie professionell in dem Job arbeiten wollen, müssen sie selbstständig arbeiten und brauchen eine Steuernummer. Die meisten Frauen aber denken entweder nicht darüber nach, sie wissen es nicht oder sie versuchen finanziell so viel wie möglich aus dem Job herauszuziehen.

Inzwischen gibt es auch die Möglichkeit, Arbeitsverträge abzuschließen. Ist das denkbar?

John P.: Denkbar ist es schon. Ich bin ein Freund der neuen Gesetzgebung und würde sie auch gerne zu meinen Gunsten nutzen. Nur als Betreiber habe ich natürlich die Schwierigkeit wie in jedem anderen Beruf auch – ich bin abhängig von den Leuten, die ich anstelle. Die Unzuverlässigkeit spielt da wiederum eine nicht unerhebliche Rolle, und das ist nicht nur ein Problem unserer Branche, da kannst du fragen, wen du willst. Für Leute, die krank feiern, müssten wir den Lohn fortzahlen. Überhaupt eine wichtige Frage: Wie definiert man den Lohn? Es müsste so etwas wie ein Grundgehalt geben, zu dem dann die Zuschläge für Extradienste kommen.

Ärgerlich ist auch der Zuhälter-Paragraph. Was nützen mir Arbeitsverträge, wenn man mich am Ende als Zuhälter in den Bau steckt? Also ist das alles höchst unrealistisch. Vielleicht entwickelt sich das mittelfristig; könnte ich mir zumindest vorstellen. Setzt allerdings immer voraus, dass man mit guten, professionellen Frauen zu tun hat, die den Job als Job sehen und nicht versuchen, den Betreiber in irgendeiner Form lang zu machen.

CLUBBETREIBER

→ *Betreiber*

CLUB-FOTZE

Szenejargon.

Die »Club-Fotze« ist für einen → *Zuhälter* die minderwertige Prostituierte, die keine »Huren-Ehre« mehr besitzt. Sie arbeitet in einem → *FKK-Club,* wo sie → *Discount-Sex* bietet und alles machen muss: Sich nicht nur für wenig Geld häufig ficken, sondern auch → *küssen* lassen. Das ehrenwerte Gegenteil der Club-Fotze ist die → *Puff-Frau.*

CODEWORT

Szenejargon.

Synonyme: Abbruchwort, Safewort. Das Codewort ist unabdingbar bei einer sadomasochistischen → *Session*, es ist, so Arne Hoffmann in seinem »Lexikon des Sadomasochismus« (Lexikon Imprint, Berlin 2001), ein »verbales Signal, mit dem der passive Partner eine Session augenblicklich beenden kann, falls er den Eindruck hat, dass irgendetwas schief läuft.«

Vor allem Anfänger, die sich noch nicht über Neigungen und Grenzen ihrer Lust im Klaren sind und zum ersten Mal in einem → *Dominastudio* in die Hände einer professionellen → *Domina* begeben, sollten auf ein Codewort nicht verzichten; seriöse Anbieterinnen bestehen sogar darauf. Lady Vera aus Berlin: »Zumindest bei Neulingen bestehe ich darauf, dass ein Codewort vereinbart wird.« Gleichwohl warnt sie davor, das Codewort »spielerisch zu benutzen. Nach dem Motto: Es piekst dem Kunden ein wenig und er sagt sofort das Codewort, nur damit ich sofort etwas anderes mache. So braucht er mir nicht kommen, da werde ich knatzig.«

Bei gestandenen → *SM*-Anhängern und Stammkunden verzichten erfahrene Dominas gelegentlich auf ein Codewort, da bereits so viele Sessions veranstaltet wurden, dass die Signale oder Grenzen des Kunden wohlbekannt sind.

COLETTE, SIDONIE GABRIELLE

Franz. Schriftstellerin & Tänzerin, geb. 1873, gest. 1954.
Sidonie Gabrielle Colette heiratete bereits im Alter von 18 Jahren ihren zwölf Jahre älteren Ehemann, den als »Willy« bekannten Verleger und Autoren Henry Gauthier-Villars. Der Hauch von großer Welt, der »Willy« umgab, beeindruckte Sidonie so sehr, dass es sie nicht weiter störte, dass ihr Mann nicht einen einzigen seiner Romane selbst geschrieben hatte, sondern von einer Heerschar Ghostwriter, zu denen auch seine Mätressen und ab sofort auch Sidonie gehörten, schreiben ließ. 1900 war eines ihrer Bücher Bestseller des Jahres – gefeiert wurde »Willy«. Erst 1906 gelang ihr, die Scheidung durchzusetzen, und sie begann sich zu emanzipieren. Sie schrieb Romane, arbeitete in Varietés als Chansonette, Tänzerin und als – Nackttänzerin. »1906 konnte das Pariser Publikum in einer Aufführung mit dem Titel ›Le Rêve d'Egypt‹ einem Archäologieprofessor dabei zuschauen, wie er eine leicht bekleidete Mumie entkleidete und ihren nackten Körper küsste. Die Mumie wurde von der späteren Schriftstellerin Colette dargestellt, der Professor war ihre Geliebte Missy«, schreibt die Historikerin Lucinda Jarret in ihrem Buch »Striptease. Die Geschichte der erotischen Entkleidung« (Rütten & Loening Verlag, Berlin 1999). »Die Handlung wies eindeutig Parallelen zu der privaten Liebesgeschichte der beiden Akteurinnen auf und wurde vom Publikum als → *porno-*

graphisch empfunden. Es kam zu einem öffentlichen Skandal, in dessen Verlauf das Paar gezwungen war, Paris zu verlassen. Stil und Form des Stücks waren irrelevant, die erotische Darbietung wurde allein wegen ihres Inhalts verdammt, der einem öffentlichen Bekenntnis zu einer privaten lesbischen Liebesbeziehung gleichkam.«

Colette war neben → *Mata Hari,* → *Anita Berber* und → *Josephine Baker* einer der Stars der neuen Entkleidungskunst zu Anfang des Jahrhunderts. Dieses Milieu beschrieb sie auch in ihren späteren Erzählungen und Romanen wie »Komödianten« (1913), »Mitsou« (1919), »Chéri« (1920), »Chéris Ende« (1926) und »Gigi« (1945), mit denen sie ihren schriftstellerischen Durchbruch erlebte.

CONTRA

Beratungs- und Koordinierungsstelle für Betroffene von → Frauenhandel in Schleswig-Holstein.

Im März 1999 als Modellprojekt gegen Frauenhandel in Schleswig-Holstein gegründet ist Contra heute die Beratungs- und Koordinierungsstelle für Betroffene von Frauenhandel in dem Bundesland. Sie ist in der Trägerschaft des Nordelbischen Frauenwerkes und wird finanziert durch das Ministerium für Justiz, Frauen, Familie und Jugend und das Nordelbische Frauenwerk. Contra umfasst drei Arbeitsbereiche:

1. Die Krisenintervention und Erstberatung, gegebenenfalls kontinuierliche psychosoziale Beratung und Unterstützung für die Dauer des Aufenthaltes, Organisation und Durchführung der Unterbringung, Kontakte zu den mit Frauenhandel befassten Institutionen (Polizei, Ausländerbehörden) und Begleitung bei Ämter- und Behördengängen, Organisation der medizinischen Versorgung, Unterstützung und Prozessbegleitung bei Gerichtsverfahren, Organisation einer Arbeitsaufnahme sowie Hilfe bei der Rückkehr in das Heimatland, Organisation der Rückreisekosten und der erforderlichen Formalitäten.

2. Koordinierung, Sensibilisierung und Aufklärungsarbeit zum Themenkomplex Frauenhandel sowie die Vernetzung, das heißt der Aufbau eines landesweiten Pools von Unterbringungsorten, die Initiierung interdisziplinärer Informations- und Koordinierungssitzungen, Kooperationsabsprachen mit allen Einrichtungen und Institutionen, die mit dem Thema Frauenhandel befasst sind (Beratungsstellen, Un-

terbringungsorte, Polizei, Ausländerbehörden, Sozialämter, Justiz) sowie der Aufbau von Kooperationen mit Organisationen in den Herkunftsländern.

3. Öffentlichkeits-, Presse- und Lobbyarbeit. (Quelle: www.nefw.de)

• *KONTAKT: Contra. Beratungs- und Koordinierungsstelle für Betroffene von Frauenhandel in Schleswig-Holstein. Postfach 3520, 24034 Kiel, Telefon 0431/55779-190, Telefax 0431/55779-150, contra@nefw.de*

CROSS-DRESSING

Engl.: cross – über Kreuz, dressing – kleiden.

Synonyme: → *Feminisierung*, → *Transsexualität*, → *Transvestismus*. Beim Cross-Dressing muss man differenzieren. Grundsätzlich bezeichnet es das Tragen der Kleider des anderen Geschlechts. Man spricht auch von Transvestismus. Dieser kann wiederum diverse Ursprünge haben: Vielleicht entspringt er einem → *Fetischismus*. Ebenso kann der Grund für die regelmäßige Feminisierung aber auch → *Transsexualität* sein.

Cross-Dressing wird je nach Neigung der Kunden in → *Dominastudios* zur Demütigung eingesetzt, »etwa wenn einem Mann befohlen wird, Rock, Strapse, Stöckelschuhe und Bluse zu tragen und sich dazu vielleicht aufreizend zu schminken«, wie Arne Hoffmann in seinem »Lexikon des Sadomasochismus« (Lexikon Imprint, Berlin 2001) erläutert.

CUMSHOT

Engl.: cum – Samen, shot – Schuss.

Synonyme: Abspritzen, Final Shot, Kommen. Der Cumshot ist der aus der → *Porno*-Branche bekannte, sichtbare Samen, der auf Scheide, Bauch oder Brust der Frau gespritzt wird, während eine Kamera ein Foto (oder Film) schießt. Kommt der Mann in das Gesicht der Frau, nennt man dies → *Facial*. In der Prostitution ist der Cumshot eher unüblich, da im Regelfall sowieso mit → *Kondom* verkehrt wird.

CYBERPROSTITUTION

→ *Internetsex*

D

DAILY PLANET

Austr. Bordell-AG.

Das »Daily Planet« in Melbourne, Australien, ist seit dem 1. Mai 2003 das erste → *Bordell* der Welt, das an der Börse notiert ist. Firmenbesitzer und -gründer John Trimble gab zunächst 48 Prozent der Firmenanteile in die Hände von Investoren, und zwar durch die Ausgabe von Aktien im Wert von zwölf Millionen australische Dollars. Danach war, berichtete der »Spiegel«, »eine Neuemission von Aktien im Wert von 50 Millionen Dollar geplant, die an der Börse platziert werden sollen. Insgesamt soll dies Daily Planet also 62 Millionen Dollar (rund 34 Millionen Euro) einbringen.«

Dass dieses Ziel erreicht wird, daran ließ der Manager des Puffs keine Zweifel. Andrew Harris: »Weil Sex sich immer verkauft und weil die Branche so profitabel ist, glauben wir, dass Daily Planet großartige Chancen bietet.« Von Seiten der australischen Börse gab es keine moralischen Bedenken gegen die Notierung des Sex-Dienstleisters. Solange die formalen Kriterien erfüllt würden, gebe es keine Einwände, sagten Sprecher.

»Für die Anleger stellt sich allerdings die Frage, an Hand welcher Kriterien sie das Bordell-Investment bewerten sollen«, zweifelt der »Spiegel«. »Auch hierfür hat Harris die passende Antwort. Investoren sollten Daily Planet wie ein äußerst profitables Fünf-Sterne-Hotel betrachten. Schließlich zahle jeder Kunde für eine Stunde in Räumen mit Namen wie ›Venus‹ oder ›Xanadu‹ eine Gebühr von 120 australischen Dollar (rund 66 Euro).« Noch bevor das Unternehmen »Daily Planet« richtig angelaufen war, heizte Firmenchef Trimble die Gerüchteküche an. Mit dem erwirtschafteten Geld beabsichtigt er die Eröffnung zweier Striptease-Clubs und eines Bordells in Sydney. Späteres Franchise ins Ausland nicht ausgeschlossen.

DANTONS TOD

Revolutionstragödie von Georg Büchner, geb. 1813, gest. 1837.
»Dantons Tod« (1835), das die letzten beiden Wochen vor der Hinrichtung Dantons, neben Robespierre der führende Kopf der Revolution, am 5. April 1794 in Paris schildert, greift Büchner wichtige Bestandteile des Milieus auf: Im Volk herrscht Unzufriedenheit über die Armut: Ein Bürger klagt, dass sich seine Tochter prostituieren muss. Überhaupt erscheint Sexualität von der ersten Szene an nur in Form der Prostitution, als Mittel zum Überleben. »Ihr Hunger hurt und bettelt«, heißt es. Die Köpfe der Revolution jedoch gebrauchen die Prostitution zum Zeitvertreib. Dantons Gefährte Lacrois konstatiert: »Und außerdem Danton, sind wir lasterhaft, wie Robespierre sagt, das heißt, wir genießen, und das Volk ist tugendhaft, das heißt, es genießt nicht, weil ihm die Arbeit die Genussorgane stumpf macht, es besäuft sich nicht, weil es kein Geld hat, und es geht nicht ins Bordell, weil es nach Käs und Hering aus dem Hals stinkt und die Mädel davor einen Ekel haben.« Das Drama führe »so grässlich-wahre Bilder jener wilden Schreckenszeit vor«, urteilte der Literaturhistoriker Joseph Kehrein 1840, »dass einem dabei grauset.«

Georg Büchner studierte Naturwissenschaften, Medizin und Philosophie, schloss sich der radikalpolitischen Freiheitsbewegung an und gründete 1834 die »Gesellschaft für Menschenrechte«. Mit seinen von tragisch-pessimistischer Weltschau geprägten Hauptwerken gilt er als Bahnbrecher des neuen Dramas zwischen Romantik und Realismus.

DEGAS, EDGAR

Franz. Künstler, geb. 1834, gest. 1917.
Als Spross einer wohlhabenden Bankiersfamilie sollte Edgar Degas die juristische Laufbahn einschlagen. Stattdessen entschied er sich 1855 für ein Studium an der »École des Beaux-Arts«. Nach Historienbildern und Porträts im streng klassizistischen Stil wandte er sich zeitgenössischen Themen zu; bevorzugte Motive wurden Szenen des Großstadtlebens, Ballett- und Theaterszenen. Im Mittelpunkt stand immer

wieder das Faszinosum des Weiblichen, vorrangig demonstriert an Mädchen aus dem Volk, Näherinnen, Wäscherinnen und auch → *Dirnen*. Immer wieder ging Degas in die Bordelle seines Viertels – meist mit tief ins Gesicht gezogenem Hut und hochgeschlagenem Mantelkragen –, um nackte Frauen zu zeichnen. »Man bezeichnete ihn als peinlich genauen Beobachter, für den eine im Bordell anschaffende Hure nichts anderes war als eine ›nackte‹ Arbeiterin«, so ein Kunsthistoriker. »Ihr mit Fettringen versehener Körper, ihr zu fetter Hintern und ihre riesigen Brüste stellten eine Art Uniform dar, die es lohnte, mit der gleichen Sorgfalt gezeichnet zu werden wie die Bluse einer Büglerin, das Tutu einer Tänzerin oder das dekolletierte Kleid einer Sängerin in einer Bar.«

DIALER

PC-Programm.

Ein Dialer ist ein Programm, mit dem der Computer sich in das Internet einwählen kann. Dialer werden in letzter Zeit vermehrt von → *Chat-* und → *Live-Cam-*Anbietern zum Download auf den PC offeriert. Meist ist der Download sogar Bedingung, um überhaupt in den Genuss der sexuellen Dienstleistung zu kommen. Der Dialer wählt sich nach erfolgtem Download über eine → *0190*er-Nummer in das Internet ein, was zu erhöhten Telefonkosten führt. Vorsicht: Es sind Fälle bekannt geworden, in denen die Dialer durch achtloses Tippen einer Taste unbemerkt heruntergeladen wurden und fortan die Internetverbindung herstellen, ob der PC-Benutzer will oder nicht.

DILDOS

Sexspielzeug.

Unentbehrliches Spielzeug für → *Prostituierte;* so gibt es → *Freier,* die einer Frau gerne dabei zusehen, wenn sie es sich selbst mit einem Gummischwanz besorgt. In → *SM*-Kreisen greift die *Domina* zum Dildo (meist ein → *Umschnalldildo*), wenn sie entweder den unterwürfigen Mann → *anal* penetrieren oder die devote → *Sklavin* vögeln möchte.

DIRNE

Altmod. Bezeichnung f. → Prostituierte,

wenngleich der etymologische Ursprung ein anderer ist: Die Dirne geht zurück auf das germanische »Pewerno« – das ist die »Jungfrau«, das »Mädchen, die »Maid«, wie diverse Mundarten noch heute belegen: So spricht man im norddeutschen Raum noch heute von der »Deern« und in Bayern und Österreich vom »Dirndl«. In der mittellhochdeutschen Zeit wurde das »Dirne« nach Ansicht der Sprachforscher im Sinne von »Dienerin, Magd« verwendet, bevor es im 16. Jahrhundert seiner heutigen Bedeutung zugeführt wurde: »Hure«.

DIRTY SEX

Extrempraktiken.

→ *Fetischismus*-Spielereien mit → *Kaviar* (das ist Kot) oder → *Natursekt* (das ist Urin)

DISCOUNT-SEX

Billigprostitution.

Mit dem Mauerfall kamen die hübschen Frauen aus → *Osteuropa* nach Deutschland, und mit ihnen den Billigsex in → *Privatclubs* oder → *FKK-Clubs.* Der Sex ist wie beim Lebensmitteldiscounter gestaffelt und direkt am Eingang quasi als Eintritt zum → *Club* zu bezahlen: Zwei Mal → *Verkehr* 40 Euro, drei Mal Verkehr 60 Euro, fünf Mal Verkehr 100 Euro. Buffet, Getränke, Zungenküsse, Schmusen seien inklusive, alles gehe auch ohne → *Kondom,* so werben Betreiber der Sex-Discounter in einschlägigen Rubriken der Tageszeitungen. Andere preisen gar: »1 x 69 Euro – Spaß so oft Sie wollen! Alles geht ohne Tabu!« Für die Branche der blanke Horror. Herkömmliche → *Bordelle* und → *Clubs* beklagen mit ihrem Tarifsystem dementsprechende Einbußen.

DIX, OTTO

Dt. Maler, geb. 1891, gest. 1969.

Als Sohn einer Arbeiterfamilie in Gera geboren, besuchte Otto Dix die Volksschule, während Zeichenlehrer Ernst Schunke sein künstlerisches Talent förderte. Dix studierte an der Kunstgewerbeschule, ließ sich vom Impressionismus, dem Expressionismus, ab 1912 von der Renaissance beeinflussen. Er widmete sich auf der Suche nach eigenen Ausdrucksformen dem Futurismus, Dadaismus und Kubismus, bis der Erste Weltkrieg, wo er als MG-Schütze an der Front kämpfte, seinen Ausdruck schärfte. Sein Werk »Schützengraben« gilt als massivste Anklage gegen das Kriegstreiben, in anderen Bildern brachte er seine Kritik an der Gesellschaft zum Ausdruck – so wie in den Titeln »Der Streichholzhändler«, »Prager Straße«, »Venus des kapitalistischen Zeitalters« oder »Großstadt«. Die Bilder stellen die dunklen Seiten der Gesellschaft dar und erzielen ihre Wirkung durch die Offenheit seines Realismus. Die Themen waren unter anderem Hunger, Kriminalität oder vielfach Prostitution.

DOMENICA

Deutschlands berühmteste Hure, geb. 1946.
Domenica Niehoff wuchs in einem Kölner Waisenhaus unter dem Regiment strenger Nonnen auf. Als sie ihren ersten Büstenhalter bekam, spürte sie, »dass die Jungs hinter mir her waren. Irgendwie fand ich das dann ja auch interessant, dass die endlich hinter mir her waren. Ich brauchte nicht mehr anders Aufmerksamkeit erregen. Das ging jetzt alles plötzlich von allein.« Eben dieser Busen war es auch, der das Denken einfach machte. Domenica: »Leider habe ich so große Brüste bekommen, wahrscheinlich hätte ich sonst mein Hirn mehr angestrengt. Ich hätte mich nicht so auf meinen Körper verlassen. Ich hätte meine anderen Qualitäten verbessert oder gesteigert.«

Prostituierte werden wollte Domenica nicht. »Der Begriff Hure war für mich etwas ganz Schlimmes. Ich wollte eine intakte Familie, ich wollte nach Hause kommen können, mich geborgen fühlen, geliebt werden, spießig, grundsolide und verlässlich.« Dass sie dennoch Hure wurde, »war für mich keine Rebellion wie für einige andere Frauen. Ich stand auf der Straße, ganz einfach.« Mit 17 Jahren holte sie der Wirt der → *St. Pauli*-Kneipe → *Die Ritze* nach → *Hamburg*, wo sie 17 Jahre auf der → *Herbertstraße* → *anschaffte.*

1979 stieg sie durch ein Fotobuch und einen Fernsehauftritt zur prominentesten Prostituierten der Republik auf. Fortan präsentierte sie sich auf Partys am Hamburger Hafen, geisterte durch Gazetten und Talkshows, gab Auskunft darüber, was sie an den Männern findet: »Mich hat nicht nur das Portemonnaie interessiert, sondern auch die Männer. Ich hab die immer ausgehorcht – was sie tun, warum sie zu mir kommen.« (Quelle: Stern, Ausgabe 18.1.2001) Der Dichter Wolf Wondratschek reimte: »Domenica ist eine Hure bis hinein in ihr großes, träges Herz; und sie ist bis in die Beine eine Frau. Sie ist keine tragische Nummer und kein gefallener Engel. Was sie macht, macht sie richtig. Und wenn sie mit ihrem Hintern wackelt, fließen die Flüsse bergauf.«

Anfang der 90er Jahre hängte Domenica, schon zu Lebzeiten Kiez-Legende geworden, den Job an den Nagel, plauderte in »Domenicas Kopfkissenbuch« (Knaur Verlag, München 1989) aus dem Nähkästchen und kümmerte sich als Streetworkerin um drogenabhängige Mädchen vom → *Straßenstrich*. »Die kamen dann alle zu mir, ach, du kannst uns helfen, du bist doch Domenica. Manchmal konnte aber auch ich nicht mehr helfen. Ich habe viele Mädchen sterben sehen.« 1998 eröffnete sie die Kneipe »Fick« am Fischmarkt, benannte sie um in »Domenica«. Das Gastro-Vorhaben scheiterte, Domenica trank, ließ eine → *Telefonsex*-Firma mit ihrem Namen werben. »Von irgendwas muss ich ja meine Miete zahlen«, entschuldigte sie sich. Wenn sie heute noch einmal von vorne anfangen könnte, würde sie »bloß nicht ins Milieu« gehen. »Modezeichnerin wäre ich gerne geworden«, sagt sie. »Oder Märchenerzählerin.«

1993 wurde ihr Leben fürs Kino verfilmt, ein Jahr später veröffentlichte sie zusammen mit Autor Hans Eppendorfer ihre Autobiogra-

phie »Domenica. Körper mit Seele. Mein Leben« (Knaur Verlag, München 1994). Darin schrieb sie: »Ich bin in erster Linie eine Frau und gehöre mir selber. MÜSSEN? Ich muss gar nichts ... Mein Bett war nie eine Mülltonne; mein Eigengeruch gehört mir. Ich glühe nicht zwischen meinen Beinen: wer das glaubt, schmort im Hirn. MACHT war schon immer ein Brechmittel für mich. Und MÄNNERMACHT? Ein bequemer Stuhl, die Fähigkeit, mit einem Telefon umzugehen, ein zu großes Auto für eine zu kleine Brieftasche; ein auswechselbarer HERRENDUFT und die Skrupellosigkeit, eine Frau in jeder Hinsicht über den Tisch zu ziehen ...«
• ***DER FILM:*** Domenica, BRD 1993. 91 Min. Regie: Peter Kern. Darsteller: Max Kellermann (Armando), Nicolette Krebitz (als junge Domenica), Andréa Ferréol (Anna), Hans-Michael Rehberg (Joseph Rothenberg), Domenica Niehoff (Domenica)

DOMINA

Szenejargon.

Synonym: Lady, Mistress. Eine Domina ist eine speziell geschulte Frau, die auf gewerblicher Basis sadistische Sexspiele anbietet, entweder über entsprechend formulierte Anzeigen in den einschlägigen Rubriken der Tages- und Monatszeitungen beziehungsweise in → *Kontaktmagazinen.* Nicht jede Domina sieht sich allerdings als Prostituierte. Lady Silvana, die in Bonn das → *SM-Studio* »SM-Art« betreibt: »Ich bin keine Prostituierte. Ich würde mich als ... ich sage mal ... Psychologin bezeichnen; eine Frau, die eher eine Dienstleistung im psychologischen Bereich ausführt. Außerdem habe ich mit dem Kunden keinen Sex. Die Kunden können mit mir körperlich nichts machen. Sie sehen mich auch nicht nackt. Ich denke, das ist ein Unterschied zur Prostituierten.«

Nicht jede Domina teilt diese Einstellung. Lady Vera aus → *Berlin*: »Ich weiß, es gibt sogar Prostituierte, die sagen, wir Dominas bilden uns ein, wir wären was Besseres. Es gibt auch Dominas, die sagen, sie seien keine Huren. Es gibt ein Sammelsurium an Argumenten, aber Fakt ist doch: Auch ich als Domina erbringe bei Zweidrittel meiner Kunden eine sexuelle Dienstleistung. Die Kunden kommen her und haben Geilheit im Kopf oder in den Lenden. Und ob sie sich nun auf meinen Befehl hin selbst einen runterholen müssen oder ob ich das per Hand mache oder ob ich eine Maschine ansetze, es ist völlig wurscht. Es ist eine sexuelle Dienstleistung. Das muss man ganz klar so sehen!«

Die Domina Helen, die in einem kleinen privaten SM-Studio in Hamburg arbeitet, will sogar differenziert wissen: »Ich denke, es kommt darauf an, wie die persönliche Haltung einer jeden einzelnen Frau ist. Wenn sie als Domina nämlich wirklich viel verdienen will, muss sie eine Menge Bedürfnisse der Gäste abdecken. Sind das aber auch ihre Bedürfnisse? Meine Bedürfnisse beispielsweise sind sehr eng gefasst. Wenn ich also nur danach gehen würde, könnte ich den Markt gar nicht bedienen. Also muss ich ein bisschen mehr Dienstleistung bieten, was wiederum über meine eigene Sexualität hinausgeht. In diesem Augenblick prostituierte ich mich. Wenn ich das nicht täte, wenn ich mich also nur an meiner eigenen Sexualität orientieren würde, dann behaupte ich, wäre es keine Prostitution.«

DOMINA
Im Gespräch: Lady Silvana
Lady Silvana, 37, die in Bonn zusammen mit sechs Kolleginnen ein SM-Studio und Klinikum (www.sm-art-bonn.de) betreibt, wurde jüngst zur »Domina Europe« gewählt. Das ist so etwas wie der »Oscar« der europäischen SM-Dienstleister.

Lady Silvana, du wurdest zur »Domina Europe« gewählt. Was ist das für eine Auszeichnung?
Lady Silvana: Der Preis wird von Ferry Masters vergeben. Er ist seit über 20 Jahren in der Szene und Herausgeber diverser Magazine. Er hat vor Jahren ein Gremium gebildet, das aus Testpersonen besteht, die anonym durch die einzelnen SM-Studios in Europa ziehen und dort die Frauen, das Umfeld, das Studio, die Optik, die Hygiene und den Service testen. Die beste Anbieterin wird zur »Domina Europe« gekürt.

Mal Klartext: Was hebt eine Domina, die zur »Domina Europe« gekürt wird, von anderen Anbieterinnen ab?
Lady Silvana: Ich denke, es spielen viele Faktoren eine Rolle. Bei mir wurde die Gesamterscheinung gelobt, insbesondere das fach-

liche Können und meine psychologischen Fertigkeiten, mit denen ich meinen Kunden begegne. Damit gemeint ist das Verständnis für die Wünsche und Phantasien der Kunden.

Der Preis ist dir auf ewig sicher?
Lady Silvana: Die Testpersonen sind regelmäßig unterwegs und wenn sich dabei herausstellt, dass die einst ausgezeichnete Domina nicht mehr so gut ist, wie sie mal war, wird der Preis wieder aberkannt. Ich weiß nicht, ob das bereits einmal passiert ist, aber möglich ist es.

Du sagst, man habe dein fachliches Können gelobt. Was meinst du, was muss eine Domina fachlich drauf haben?
Lady Silvana: Ich denke, es ist nicht einfach damit getan, dass eine Frau sich ein SM-Handbuch zur Hand nimmt und daraufhin den Mann fesselt, ihn mal hier schlägt, mal dort schlägt. Eine gute Domina redet erst einmal mit dem Kunden, damit sie anschließend dessen Phantasien und Wünsche in die Tat umsetzen kann. Aber oft ist es so, dass die Männer nicht einmal sehr viel reden. Deshalb muss eine gute Domina hinter die Fassade blicken können, ein unfehlbares Gespür dafür entwickeln, was der Kunde wirklich will – und was er nicht will, wie weit sie bei ihm gehen kann, wo seine Grenzen liegen.

Manche gehen zur Domina, um ihre Grenzen zu überschreiten.
Lady Silvana: Natürlich, bei einer Domina können Männer ihre Grenzen überschreiten. Das wollen viele sogar. Sie kommen, um vielleicht auch Tabus zu brechen, um Dinge, von denen sie bisher nur gehört haben, einfach mal auszuprobieren. Das Problem aber ist doch: Weil es für sie neu ist, wissen die meisten Männer nicht, wo ihre Grenzen überhaupt liegen. Die Aufgabe einer guten Domina ist es also, den Kunden vorsichtig an diese Dinge heranzuführen und zwar so, dass es ihm gefällt, er es gut findet und er glücklich und zufrieden nach Hause geht.

Eine gute Domina spult also nicht einfach nur ein Programm ab, jagt den Kunden nicht quer über die Geräte, sondern lässt sich etwas einfallen. Eine gute Domina ist, wer den Kunden als Menschen sieht, nicht nur als irgendeinen Kunden, der bezahlt hat und deshalb abgefertigt werden muss. Ich für meinen Teil denke mich in die Leute hinein. Ich höre ihnen zu. Ich mache mir meine Gedanken.

Das psychologische Gespür?
Lady Silvana: Ja, das ist ganz wichtig. Es macht 80 Prozent meiner Arbeit aus; die restlichen 20 Prozent sind Technik. Ich brauche beispielsweise im Prinzip kein SM-Studio, keine Gerätschaften oder Accessoires, um eine Erziehung vorzunehmen. Ich kann sie auch in einem x-beliebigen Wohnzimmer machen.

Stichwort Studio. Deinem SM-Studio ist ein Klinikum angeschlossen. Wie wichtig sind medizinische Kenntnisse?
Lady Silvana: Grundsätzlich sollte eine Domina immer über einen medizinischen Grundschatz verfügen. Wenn sie den nicht hat, sollte sie ihn sich unbedingt aneignen. Es ist wichtig, dass eine Domina weiß, wie sie was genau wo anwendet. Das klingt vielleicht lapidar, doch ein Beispiel: Bei Fesselungen gibt es Körperstellen, die man meiden sollte, denn ansonsten wird aus einer Fesselung ganz schnell eine Strangulation. Oder die Blutzufuhr wird abgeschnitten. Ebenso sollte eine Domina wissen, dass sie eine Person nicht eine Viertelstunde lang kopfüber hochziehen kann. Der Kunde wird irgendwann kollabieren. Ebenso sollte sie sich erkundigen, ob ihr Kunde Medikamente nimmt oder ob er körperliche Beschwerden hat. Falls ja, darf sie gewisse Praktiken einfach nicht durchführen.

Und in einem Klinikum sind medizinische Kenntnisse noch einmal besonders wichtig, denn dort werden Katheder gelegt, Nadelungen vorgenommen, Klistiere angesetzt, Blasenspülungen gemacht.

Bitte sage mir: Wer sind deine Kunden?
Lady Silvana: Die Männer sind von Anfang 20 bis 80, bunt gemischt. Meist sind die älteren Männer die so genannten Flagellanten, die sich den Po versohlen lassen. Dieser Wunsch ist meist tatsächlich – unglaublich – auf ein Schlüsselerlebnis aus der Kindheit oder der Schule zurückzuführen, wo sie die Strenge mit dem Rohr-

stock oder dem Lineal noch erlebt haben. Während sie damals übers Knie gelegt wurden und bei der Lehrerin im Schoß lagen, merkten sie, dass sie eine Erektion bekamen. Das ist bei ihnen bis heute hängen geblieben.

Bist du für diese Männer eine Art Therapeutin?
Lady Silvana: Ja, oft. Ich sehe, wie sie zu mir kommen, nervös, zittrig, teilweise panisch. Wenn sie heimgehen, sind sie befreit, entspannt und locker. Man könnte ein SM-Studio manchmal auch physisch-psychisches Therapiezentrum nennen. Viele SM-Studios nennen sich auch »Institut für alternative Heilmethoden«. Da ist was Wahres dran. Viele unserer Kunden haben in der Kindheit oder der Jugend ein Erlebnis gehabt und wissen nicht, wohin damit. Sie haben nicht die Möglichkeit, die in ihnen schlummernden Ambitionen auszuleben. Nachdem sie bei uns waren, wissen sie, wohin damit. Sie sind glücklich.

Und deshalb kommen sie wieder?
Lady Silvana: Ja, viele kommen wieder.

Oder gibt es einen Entwicklungsprozess festzustellen: Je öfter der Kunde kommt, umso besser geht er mit seinem »Trauma« um, bis er irgendwann gar nicht mehr wiederkehrt?
Lady Silvana: Nein. Das wäre ja ungefähr so, wie wenn man sagt: Homosexualität ist durch mehrmaligen Kontakt heilbar. Blödsinn, denn es ist ja nichts Krankhaftes! Jemand, der die Leidenschaft für SM hat, ob er es einem ehemaligen Schlüsselerlebnis verdankt oder ob er einfach aus Neugier kommt und dabei feststellt, dass es ihm gefällt, kehrt immer wieder zurück. Aus dem einfachen Grund, weil er mit seiner Neigung zu leben lernt, weil er eine Frau gefunden hat, mit der er zurecht kommt, bei der er das Gefühl hat, sie versteht ihn, sie lacht nicht über ihn, sie geht auf ihn ein. Die Männer entwickeln also eine Bindung zu der Domina. SM ist sowieso ein Stammkundengeschäft. Nicht nur bei uns in Bonn, auch in anderen Studios ist 80 Prozent Stammkundschaft.

Warum kommen junge Männer?
Lady Silvana: Jüngere Männer sehen SM im Fernsehen oder haben davon gehört. Über SM wird ja alle paar Tage berichtet. Natürlich ist es noch nichts Alltägliches, aber es ist inzwischen bekannt. Die jungen Männer sind neugierig.

Und dann gibt es natürlich noch die Männer, die mit sehr konkreten Vorstellungen zu mir kommen. Sie haben ein festes Bild im Kopf davon, wie eine Session im SM-Studio ablaufen soll. Das setzt wiederum eine Menge Kreativität und Phantasie voraus.

Eine Domina bestimmt in der Regel über den Ablauf einer Session. Wenn aber ein Kunde mit konkreten Vorstellungen zu dir kommt, bist du nur noch der Erfüllungsgehilfe seiner Wünsche, oder?
Lady Silvana: Ja, ich gebe zu, ich sage mir auch oft: Eigentlich mache ich mich zum Sklaven meiner Sklaven, weil ich die Wünsche der Leute erfülle. Aber das ist nun mal der professionelle Bereich. Wenn man professionell arbeitet, erfüllt man die Wünsche.

Also bist du keine Domina, sondern eine Prostituierte?
Lady Silvana: Ich würde sagen: Ich bin keine Prostituierte! Ich würde mich als ... ich sage mal ... Psychologin bezeichnen; eine Frau, die eher eine Dienstleistung im psychologischen Bereich ausführt. Außerdem habe ich mit dem Kunden keinen Sex. Die Kunden können mit mir körperlich nichts machen. Sie sehen mich auch nicht nackt. Ich denke, das ist ein Unterschied zur Prostituierten.

Nichtsdestotrotz bietest du wie eine Prostituierte eine sexuelle Dienstleistung an: Der Kunde kommt zum Orgasmus.
Lady Silvana: Klar, man kann meine Arbeit in irgendeiner Form schon als sexuelle Dienstleistung bezeichnen, das ist richtig. Aber

wie gesagt: Meine generelle Auffassung ist, und damit unterscheide ich mich nicht sehr von anderen Dominas, ich bin keine Prostituierte.

Okay, natürlich, wenn jemand sagt, ich sei eine Prostituierte, habe ich damit auch kein Problem. Von mir aus soll er es sagen. Viele denken es ja sowieso, denn für viele ist es ein Abwasch, ob eine Frau nun im Puff, im Club steht oder ob sie eine Domina ist. Die allgemeine Auffassung ist, dass eine Domina zum Schluss auch noch mit dem Kunden schläft. Das ist das Problem. Viele Leute wissen gar nicht, was eine Domina genau ist.

Neigst du in dem Wissen, praktisch nur Sklave des Sklaven zu sein, manchmal dazu, deine Dominanz auszuspielen, indem du die gesteckten Grenzen ein bisschen verlagerst, also Dinge tust, die der Kunde ursprünglich gar nicht erleben wollte?
Lady Silvana: Das ist eine Gradwanderung. Manchmal reizt es mich schon. Was heißt manchmal? Ich möchte eigentlich immer gerade das machen, von dem die Kunden mir vorher gesagt haben: »Nein, um Gottes Willen, das nicht!« Meist mache ich es auch. Klar, ich berücksichtige die Wünsche der Kunden und wie sie es haben wollen, aber nicht so, wie sie es sich vorstellen. Ich entwickle schon meine eigene Session, sonst wäre ich ja keine Domina. Das ist auch das Interessante an dem Job.

Bei Kunden, die regelmäßig kommen, steigert sich die Leidenschaft, werden möglicherweise Grenzen wieder und wieder verschoben. Welche Grenzen setzt du dir selbst bei der Arbeit?
Lady Silvana: Wenn man jahrelang mit einem Kunden zusammen ist, entwickelt er sich weiter. Es gibt nur wenige, die auf ihrem anfänglichen Niveau stehen bleiben. Sie wollen irgendwann mehr. Klar, nachdem das Vertrauen zwischen Kunde und Domina gefestigt ist, wollen viele Männer Dinge ausprobieren, die sie anfangs vielleicht noch kategorisch ablehnten. Manche steigern sich richtig rein, werden immer extremer mit den Jahren. Das sind Leute, bei denen ich irgendwann sagen muss: »Jetzt ist Schluss!« Das sind bei mir Praktiken, bei denen Blut fließt, bei denen Exkremente ins Spiel kommen.

Braucht man als Domina eine dominante Ader?
Lady Silvana: Es gibt einen Spruch: »Nur naturveranlagte Frauen können Domina sein!« Den finde ich doof. Naturveranlagt? Ich glaube, keiner kommt so auf die Welt. Sicher ist: Der Job setzt keinen Sadismus voraus. Sadismus zeichnet eine Domina nicht aus. Domina kann man auch professionell sein, ohne selbst einen Bezug zum Thema zu haben. Ich betreibe den Job professionell. Aber ganz klar, man sollte Spaß daran haben. Man sollte Gefallen daran finden und SM nicht kategorisch ablehnen. Es gibt ja Frauen, die erklären: »Um Gottes Willen, die sind doch alle krank, die perversen Spinner!« Weil ihre Ehefrauen so etwas glauben, gehen Männer lieber zur Domina. Ich habe für mich vor zehn Jahren festgestellt, dass das Thema SM mich ungemein interessiert. Ich fand es interessant, was die Männer sich überlegen, was sie für Ideen haben, was sie für Phantasien entwickeln. Und weil man damit Geld verdienen kann, hat es sich bei mir ergeben. Heute betreibe ich das Studio SM-Art in Bonn.

Wie viele Frauen arbeiten in deinem Studio?
Lady Silvana: Mit mir eingeschlossen sechs Frauen. Sie arbeiten alle auf selbstständiger Basis; ich vermiete nur die Räume.

Was kostet eine Session bei euch?
Lady Silvana: Eine Stunde kostet 210 Euro. Das ist der normale Preis. Es kann auch teurer werden, vor allem wenn jemand extremere Wünsche hat.

Extrem, das wäre was?
Lady Silvana: Das wäre zum Beispiel der Wunsch nach einer extremen Nadelung, bei der viel Blut im Spiel ist – was ich nicht mache, sondern meine Kollegin. Dann kann es auch schon mal 250 Euro kosten.

Wie oft gehören Frauen zu euren Kunden?
Lady Silvana: Gar nicht.

Weil es sie nicht gibt?

Lady Silvana: Es gibt sie schon, aber eher im privaten Bereich. Masochistische Frauen tragen ihre Neigungen nur selten in den gewerblichen Bereich, sondern haben meist Beziehungen zu dominanten Männern. SM-Studios für Frauen sind deshalb wahrscheinlich genau so uninteressant wie Bordelle für Frauen.

DOMINASTUDIO

Synonym: → *SM-Studio.* Neulich war im »Domina-Bizarr-Führer« von einer gewissen Madame Claire und ihrem »Maison de Roissy« zu lesen: »Herrin Nicole bietet klassische Erziehung, Zwangskorsettierung, Atemreduktionstraining, Schul- und Rohrstockerziehung, ausgefeilte Bondagetechniken, Ausbildung zur Gummipuppe, Rollenspiele, Trampling, Ausbildung zur Toilette (NS+KV), Hunde- und Pferdedressur, Klinikbehandlungen, Inhaftierungen, Strom, Nadelungen, Piercing, Branding, Übernachtungen, Langzeit- und Wochenendbehandlungen, Haus- und Hotelbesuche.«

Wer's bisher nicht glaubte, das war der Beweis: In einem SM-Studio können Menschen alle erdenklichen und auch undenkbaren → *Fetish-*, masochistischen und sadistischen Neigungen mit professioneller Hilfe ausleben: Die Damen, die dort arbeiten, bieten individuelle → *Rollenspiele,* → *Bondage,* → *Flagellation,* klassische → *englische Erziehung,* → *Spanking,* → *Caning,* Strom, Nadeln, extreme Folterungen, → *Erziehungen,* → *Kaviar-* und → *Natursekt*spiele, manchmal → *24/7*-Sessions.

Da die Mehrzahl der Kunden in SM-Studios männlich ist und den Wunsch verspürt, von einer Frau dominiert zu werden, dementsprechend die Mehrzahl der Anbieter der masochistisch-sadistischen Spielarten weiblich, spricht man bei diesen Etablissements in der Regel auch von einem Dominastudio. Was allerdings nicht bedingt, dass nur eine einzelne Frau dort arbeitet. Die Räumlichkeiten können sich auch mehrere Dominas teilen. Ein Dominastudio kann in einer Villa, einem freistehenden Haus, einem Reihenhaus oder in den Zimmern einer einzelnen Wohnung auf einer Etage eines Mehrfamilienhauses betrieben werden. Weil der normale → *Verkehr* in einem SM-Studio in der Regel keine Rolle spielt, schweben die Studios vielfach im rechtsfreien Raum; der Umgang der Behörden verschiedener Städte mit ihnen könnte nicht unterschiedlicher sein. In einigen Kommunen werden SM-Studios in Ermangelung besseren Wissens als → *bordellartige Betriebe* bezeichnet, weswegen sie ebenfalls von der → *Sperrgebietsverordnung* betroffen sind. In anderen Städten gab es vereinzelt Versuche, ein Dominastudio als ebensolches beim Gewerbeamt anzumelden, allerdings scheiterte der Versuch bisher an der → *Sittenwidrigkeit* der Prostitution, mit der S/M-Studios in Verbindung gebracht werden. Deshalb haben sich die BetreiberInnen derartiger Studios Titel wie »Institut für alternative Heilmethoden« oder »Praxis für Atemtherapie« einfallen lassen, wie zum Beispiel Lady Vera aus → *Berlin*: »Ich wollte ganz offiziell Gewerberäume betreiben. Mein Glück war: Es gibt in Deutschland ungeschützte Berufsbezeichnungen, unter anderem die des ›Atemtherapeuten‹. Also wurde mein Studio eine ›Praxis für Atemtherapie‹. Niemand kann per Definition sagen, was man in den Räumlichkeiten vorfinden muss, damit sie eine Praxis für Atemtherapie sind, und was in Räumlichtkeiten stehen muss, damit sie nicht mehr als Praxis für Atemtherapie, sondern als Dominastudio gelten.«

Seriöse Dominas, die ihr Handwerk verstehen, haben ihren Preis: Eine einstündige → *Session* ist in der Bundeshauptstadt beispielsweise nicht unter 200 Euro zu bekommen. Lady Vera: »Man sagt immer, bis 150 Euro die Stunde hat man sehr viel mit primitivem Volk zu tun, das sollte man sich ersparen, es ist nur die Billigvariante.« Bei Lady Silvana in Bonn kostet eine Stunde sogar 210 Euro; extremere Wünsche sind sogar noch teurer. »Das wäre zum Beispiel der Wunsch nach einer extremen Nadelung, bei der viel Blut im Spiel ist – was ich nicht mache, sondern meine Kollegin. Dann kann es auch schon mal 250 Euro kosten«, erklärt Lady Silvana.

Es gibt allerdings auch Dominastudios, die nach einer Preisliste für einzelne Praktiken berechnen. Professionelle Dominas halten davon Abstand. »Der Vorteil bei einem Stundenhonorar ist«, sagt Lady Vera, »die Domina kann entscheiden, was sie in der Zeit tut und was nicht. Das gibt ihr eine gewisse Souveränität und macht sie nicht nur zum Erfüllungsgehilfen ihres Kunden.«

Natürlich gibt es inzwischen auch Magazine und Ezines, die sich mit dem professionellen SM-Biz auseinandersetzen: Besonders hervorgetan hat sich der selbsternannte »SM-Master« Ferry Masters, der regelmäßig Magazine wie »Domination«, »Clinical & Rubber« sowie das »Ferry Masters Journal« herausgibt. Seine »Reporter« sind sogar inkognito in ganz Europa unterwegs und küren einmal im Jahr die »Domina Europe«. Im Internet ist die Seite www.peitsche.de interessant für alle, die sich einen Überblick über das Angebot professioneller Dominastudios verschaffen wollen.

DOMINIKANISCHE REPUBLIK

→ *Sextourismus*

DOMINUS

Szenejargon.

Synonym: Herr, Master, Sir. Maskulines Pendant zu einer → *Domina.* Davon gibt es ungleich weniger, denn die Mehrzahl der Kunden in → *SM-Studios* ist männlich und sucht sich für eine → *sadomasochistische* → *Session* eine weibliche Herrin. Weibliche Klientel in SM-Studios, die dann auch noch männliche Dominanz sucht, ist dagegen selten. Lady Vera vom »5D-Studio« in → *Berlin* weiß warum: »Ich denke, dass Frauen noch eher darauf gepolt sind, ihre Sexualität nicht auf kommerzielle Weise auszuleben. Und dann müssten es ja auch lesbisch veranlagte Frauen sein. Es gibt zwar vereinzelt den ein oder anderen → *Master*, aber meistens nur auf privater Ebene. Hier in Berlin zumindest gibt es meines Wissens kein SM-Studio mit einem Master für Frauen. Anderswo wird er angeboten, aber nie in Anspruch genommen.«

DONA CARMEN E.V.

Prostituiertenprojekt.

1998 von Prostituierten, Ex-Prostituierten, Pädagoginnen, Lehrern und SozialarbeiterInnen gegründet, versteht sich »Dona Carmen« nicht ausschließlich als Prostituiertenverein. »Es ist ein Verein, der sich für die gesellschaftliche Akzeptanz einer bestimmten Form gelebter Sexualität einsetzt«, erklärt die Sprecherin Juanita Henning. »Prostitution ist eine bestimmte Form gelebter Sexualität, sie trennt zwischen Sexualität und Liebe. Sie ist jedoch in monotheistischen Gesellschaften nicht erwünsch; wenn Sexualität, dann nur in Einheit mit Emotionalität. Und alles, was dem nicht entspricht, wird an den Rand gedrängt, so wie die Prostitution. Unser Ziel ist es, dass diese Form gelebter Sexualität, die Prostitution, akzeptiert wird, gleichberechtigt neben der Einheit von Sexualität und Liebe.« Darüber hinaus ist es erklärtes Ziel, »dass Frauen unabhängig von ihrer Herkunft der Prostitution nachgehen dürfen und zwar, wo sie möchten«.

Dazu bemühen sich zwei feste und neun ehrenamtliche Mitarbeiter um einen Dialog zwischen Milieu und Gesellschaft. Sie geben regelmäßig die Zeitung »La Muchacha« heraus, initiieren Seminare und Veranstaltungen, sowohl für Prostituierte als auch für → *Solide*. Zum evangelischen Kirchentag unternahm Dona Carmen beispielsweise eine Bordellführung.

Die Arbeit von Dona Carmen ist keineswegs unumstritten. Der von anderen Prostituierten-Hilfsorganisationen vertretenen Frauenhandels-Theorie steht Dona Carmen ebenso ablehnend gegenüber wie der institutionalisierten Zusammenarbeit mit Polizeibehörden. Letzteres nahm das Frankfurter Frauenreferat zum Anlass, Dona Carmen bis heute jegliche finanzielle Unterstützung zu verweigern. Auch in der Kritik an der rabiaten städtischen Razzienpolitik gegen ausländische Prostituierte nahm Dona Carmen kein Blatt vor den Mund. Auf Antrag der CDU wurde Dona Carmen daraufhin vom »Runden Tisch Prostitution« ausgeschlossen, zu dem sich Stadt, Hurenprojekte und Bordellbetreiber zur Analyse der Situation ausländischer Prostituierter in Frankfurt und zur Entwicklung von Perspektiven trafen.

• *KONTAKT: Dona Carmen e.V., Elbestraße 41, 60329 Frankfurt, Telefon 069/7675-2880, Telefax 069/7675-2880, www.donacarmen.de, donacarmen@t-online.de. Öffnungszeiten: tgl. 10-16 Uhr*

DONA CARMEN E.V.
Im Gespräch: Juanita Henning, Sozialarbeiterin
Juanita Henning arbeitet seit 1991 als Sozialarbeiterin in der Frankfurter Prostitutionsszene.

Wann wurde Dona Carmen gegründet?

Juanita Henning: Dona Carmen wurde 1998 von verschiedenen Leuten gegründet, Männer wie Frauen, die sich seit längerem mit dem Thema befassen: Prostituierte, Ex-Prostituierte, Pädagogen, Sozialarbeiter, Lehrer, Altenpflegerinnen.

Wie kam es zur Gründung?

Juanita Henning: Ausschlaggebend war eine Studie, die ich durchgeführt habe über kolumbianische Prostituierte in Frankfurt am Main. Die wesentlichen Ergebnisse dieser Studie waren: Es gibt eine interkontinentale Pendlerimmigration in die Prostitution. Von Frauenhandel kann man gar nicht reden. Es gibt ein Randphänomen innerhalb der Prostitution, dass Frauen mit Gewalt zur Prostitution gebracht werden. Aber das sind absolute Einzelfälle, das ist nicht strukturiert oder organisiert durch Mafiabanden oder dergleichen. Es sind Ausnahmeerscheinungen. Tatsächlich wird die Migration in die Prostitution organisiert über die Frauen und auch über die Frauen finanziert. Viele Angebote, die man den Frauen also machte, gingen an deren Interessen vorbei, insbesondere an denen der Migrantinnen.

Mit welcher Zielsetzung ist der Verein ins Leben gerufen worden?
Juanita Henning: Es ist kein reiner Prostituiertenverein. Es ist ein Verein, der sich für die gesellschaftliche Akzeptanz einer bestimmten Form gelebter Sexualität einsetzt. Prostitution ist eine bestimmte Form gelebter Sexualität, sie trennt zwischen Sexualität und Liebe. Sie ist jedoch in monotheistischen Gesellschaften nicht erwünschent – wenn Sexualität, dann möglichst nur in der Ehe und in Einheit mit Emotionalität.

Und alles, was dem nicht entspricht, wird an den Rand gedrängt, so wie die Prostitution. Unser Ziel ist es, dass diese Form gelebter Sexualität, die Prostitution, akzeptiert wird, gleichberechtigt neben der Einheit von Sexualität und Liebe.

Darüber hinaus setzen wir uns dafür ein, dass Frauen unabhängig von ihrer Herkunft der Prostitution nachgehen dürfen und zwar, wo sie möchten. Um dies zu erreichen, bemühen wir uns natürlich um einen Dialog; einem Dialog zwischen Milieu und dem Rest der Gesellschaft. Es gibt auf beiden Seiten unwahrscheinlich viele Vorurteile.

Diese wollen wir abbauen, indem wir den in der Prostitution tätigen Frauen insbesondere mit unserer Zeitung »La Muchacha« ein Sprachrohr verleihen. Es ist ein Medium, eine Kommunikationsplattform, und erscheint in einer Auflage von bis zu 1000 Exemplaren bundesweit.

Darauf beschränkt sich jedoch nicht nur das Angebot von Dona Carmen?
Juanita Henning: Wir machen Veranstaltungen, mal im »Milieu«, aber auch außerhalb des Rotlichtviertels. Zum Beispiel haben wir im Rahmen des evangelischen Kirchentages eine Bordellführung unternommen. Zum neuen Prostitutionsgesetz haben wir sowohl im Club Voltaire als auch in einem Nachtclub im Milieu Informationsveranstaltungen durchgeführt.

Sie bieten allerdings auch Hilfe für die Frauen?
Juanita Henning: Ja, wir machen auch Sozialarbeit, klassische Sozialarbeit. Wenn die Frauen Probleme unterschiedlichster Art haben, können sie sich an uns wenden. Natürlich behandeln wir die Frauen nicht wie kleine, unerfahrene Kinder, die man an die Hand nehmen muss. Aber wir haben ein Netz aus muttersprachlichen Anwälten, Ärzten, Dolmetschern, an die wir die Frauen weiterleiten können.

Sie bemühen sich um einen Dialog zwischen Milieu und Gesellschaft. Inwieweit ist das Prostitutionsgesetz hilfreich?
Juanita Henning: Das Prostitutionsgesetz tut der Prostitution grundsätzlich erst einmal Gutes. Es erkennt Prostitution als Arbeit an. Nicht als Beruf, sondern als Arbeit!

Knackpunkt jedoch ist, dass die Prostitution, also diese Form gelebter Sexualität, durch eine Vielzahl anderer Gesetze weiterhin diskriminiert und kriminalisiert wird. Dadurch treten doch erst die vielen Widersprüche auf. So können Frauen zwar jetzt den Freierlohn einklagen, in der Praxis aber spielt das überhaupt keine Rolle. Denn in der Praxis nimmt das Prostituiertengesetz den Frauen gleichzeitig diese Möglichkeit. Durch das Abtretungsverbot müssen die Frauen nämlich im eigenen Namen das Geld einfordern. Klar, sie könnten eine Anzeige erstatten, bräuchten aber gleichzeitig einen Zeugen. Wenn man aber keinen Zeugen hat, steht Aussage gegen Aussage. Was zur Folge hat, dass die Frauen meist auch noch die Gerichtskosten tragen müssen, weil sie den Prozess verlieren. Aber das spielt eine untergeordnete Rolle. Wichtiger ist, dass die Frauen Arbeitsverträge machen können, was grundsätzlich positiv ist. Allerdings wird das Verhältnis Arbeitgeber/Arbeitnehmer in der Prostitution nach wie vor vom Strafrecht bestimmt, nicht vom Arbeitsrecht, wie es ja eigentlich üblich wäre. Insofern ist auch das sehr schwer in die Praxis umzusetzen, da das Arbeitsverhältnis noch immer kriminalisiert und stigmatisiert wird. So bleiben die Frauen in einer Gesellschaft mit Arbeitsteilung nach wie vor auf sich selbst gestellt. Eine Organisierung auf Grundlage von Arbeitsteilung, wie sie in anderen Wirtschaftszweigen selbstverständlich ist für ein florierendes Gewerbe, wird den Prostituierten bis heute verweigert.

Was hat das Prostitutionsgesetz den Migranten gebracht?
Juanita Henning: Für die bereits hier tätigen Migrantinnen hat das neue Prostitutionsgesetz überhaupt keine Lösung geschaffen. Für die noch nicht hier lebenden Nicht-EU-Migrantinnen besteht jetzt die Möglichkeit, eine Arbeits- und Aufenthaltserlaubnis zu erhalten. Diskriminierenderweise weigert sich aber die Deutsche Botschaft im Ausland, Anträge anzunehmen und zu bearbeiten. Und die Ausländerbehörde in Frankfurt lehnt die Ausübung der Prostitution als selbstständige Tätigkeit für hier legal lebende ausländische Prostituierte mit der Begründung ab, im neuen Gesetz seien Schutzbestimmungen für die Frauen enthalten, woraus man entnehmen könne, dass Prostitution nicht als normale Erwerbstätigkeit und normales Gewerbe erwünscht sei.

Wie kann man den Frauen helfen?
Juanita Henning: Indem man sie legalisiert, ihnen eine Green Card ausstellt. Wir hatten hier in Frankfurt einen Runden Tisch, wo wir für die Feststellung des örtlichen Bedürfnisses und des übergeordneten wirtschaftlichen Interesses an Prostitutionsmigration eingetreten sind. Man braucht den Frauen doch nur eine Aufenthaltsgenehmigung zu erteilen. Das aber ist offenkundig eine politische Machtfrage.

DORTMUND

→ *Ruhrgebiet*

»... DRAUFTUN«

Szenejargon.

Synonym: → *»... Aufstellen«*. Wenn jemand sagt, er möchte »eine Alte drauftun«, dann meint er damit, dass er um eine Frau → *poussiert* hat und sie anschließend ins → *Bordell* oder auf den → *Strich* schickt, damit er aus ihrer Arbeit Profit ziehen kann.

DROGEN

Rauschmittel.

Grundsätzlich: Drogen spielten und spielen im Milieu immer eine große Rolle. Man muss allerdings unterscheiden: Aufgrund der unterschiedlichen Einstiegsmotivation in die Prostitution differenzieren die Hurenprojekte zwischen drogenmissbrauchenden Prostituierten und sich prostituierenden Drogenabhängigen. Wenn sich Mädchen oder Jungs nur noch prostituieren, um sich die nächste Dosis Droge zu beschaffen, spricht man von einer → *Beschaffungsprostitution.* Frauen, die sich als Drogenprostituierte verdingen, werden in der Szene oft → *Nadel-Nutten* genannt. Deren Zahl nimmt zu, wie die → *Dortmunder Mitternachtsmission e.V.* in ihrem Jahresbericht 2000 feststelte: »In den anderen Prostitutionsbereichen bemerkten wir eine Steigerung des Drogenkonsums, die z.T. so gravierend ist, dass die betroffenen Frauen ihren Prostitutionslohn überwiegend für Drogen (Kokain) einsetzten.«

DROGENPROSTITUTION

Prostitutionsform.

Synonym: → *Beschaffungsprostitution*

DROGENSTRICH

Prostitutionsform.

Die schlimmste Form der → *Straßenprostitution.* Angetrieben von der Sehnsucht nach dem nächsten Schuss verkaufen die Frauen – auch → *Nadel-Nutten* genannt – ihren Körper und sind in der Not zu allem bereit. »Das ist gesellschaftliche Realität«, bestätigt der Polizist Matthias A. aus Düsseldorf. »Das ist pervers, weil die Stricher und Huren auf die übelste Weise misshandelt werden. Die feinen Herren können auf dem Drogenstrich machen, was sie wollen, weil die Mädels alles mitmachen, da sie die Kohle für die Drogen brauchen.« Frankfurter Studenten erzählte eine Hure für deren Studie über Drogenprostitution: »Da gibt es ganz schöne Schweine, die fahren an dir vorbei und warten, bis deine Pupillen immer größer und größer werden und dein Turkey so groß ist, dass du im Preis runtergehst und alles machst im Prinzip.« (Quelle: Der Spiegel, 13. Januar 2003)

In der Hierarchie des Gewerbes, vom → *Escort-Service* über die selbstbewussten → *Callgirls* bis zum → *Straßenstrich,* steht der Drogenstrich deshalb ganz unten. Die Drogenprostituierten gelten als Preisbrecherinnen. »Beschaffungsprostituierte gehen unter dem Druck, ihre Drogenabhängigkeit durch Prostitution finanzieren zu müssen, schneller auf den Wunsch der Kunden nach ungeschütztem Geschlechtsverkehr und geringerer Bezahlung ein«, so die → *Dortmunder Mitternachtsmission e.V.* »Außerdem unterwerfen sie sich eher entwürdigenden Praktiken. Dies zieht eine Reihe von Kunden an.«

Der Drogenstrich ist auch die gefährlichste Variante der Prostitution. »Die Frauen auf dem Drogenstrich sind häufiger Opfer von Gewalttaten, die sie dann nicht einmal der Polizei melden, weil sie Angst haben, Ärger zu bekommen«, schreibt »Der Spiegel« (Ausgabe 13. Januar 2003). Frankfurter Sozialpädagogen zufolge haben fast alle Drogenprostituierten Erfahrungen mit Bedrohungen, Perversitäten, Vergewaltigungen.

E

ECOLE DE BICHES

Frz.: Schule der Freudenmädchen.

1863 erschien in Paris ein Buch mit dem bezeichnenden Titel »Ecole de Biches« – »Schule der Freudenmädchen«. Es lehrte die → *leichten Mädchen* professionelle Manieren. Die Autoren blieben anonym, man vermutete daher, es sollen vornehme Herren aus der Pariser Gesellschaft gewesen sein. Gleichwohl war das Buch den Sittenwächtern ein Dorn im Auge: Nicht nur, dass die französischen Prostituierten freizügig über die Eigenarten ihres Berufsstandes plauderten, sie wurden nicht als lasterhafte → *Dirnen*, sondern als charmante und intelligente Frauen dargestellt.

ECKERT, ALBERT

Politiker, auch als Watai bekannt.

Der parteilose Albert Eckert wurde 1989 auf Vorschlag des Treffens der Berliner Schwulengruppen (TBS) über die Alternative Liste (AL) ins Berliner Abgeordnetenhaus geschickt. Dort war er neben Dieter Telge nach Stefan Reis, beide MdA, sowie Herbert Rusche, MdB, einer der ersten offen schwulen Politiker in Deutschland. In den Koalitionsverhandlungen versuchte die AL von der SPD die Installation eines Schwulenbeauftragten abzuringen, woraufhin die erstmalige Errichtung eines Referats für gleichgeschlechtliche Lebensweisen in der Bundesrepublik erfolgte. Am 22. März 1990 wählte die rot-grüne Parlamentsmehrheit ihn zum Vizepräsidenten des Abgeordnetenhauses. Doch kurz nach Albert Eckerts Wahl denunzierte ihn der CDU-Abgeordnete Wienhold als Strichjungen, der in einschlägigen Kontaktmagazinen unter dem Namen Watai für Ganzkörpermassagen geworben habe. Seine Masseur-Visitenkarten waren von dem schwulen Comixkünstler Ralf König mit erotischen Motiven gestaltet worden und gehören heute zur Sammlung 100 Jahre Schwulenbewegung des Schwulen Museums, Berlin. Die Opposition und Teile der Berliner Presse verlangten seinen Rücktritt. Nach knapp zwei Wochen trat Albert Eckert auf Druck der SPD zurück. Er hatte sich damit für seine Liebe entschieden und handelte auch aus Rücksicht für seine private Beziehung und seinen Partner, der als Lehramtskandidat damals ebenfalls sehr unter der Boulevardpresse zu leiden hatte. Doch sein Anwalt erzwang vor Gericht erfolgreich ein Verbot: Fortan durfte Wienhold nicht mehr behaupten Eckert sei ein Strichjunge gewesen. So wurde Albert Eckert, wenn auch unfreiwillig, zur Symbolfigur für schwulprostitutive Liberalisierung. (MvF)

ECPAT DEUTSCHLAND E.V.

Arbeitsgemeinschaft zum Schutz der Kinder vor sexueller Ausbeutung. 1990 initiierten SozialarbeiterInnen aus verschiedenen südostasiatischen Ländern eine Kampagne mit dem Namen ECPAT (End Child Prostitution in Asian Tourism). Heute ist ECPAT eine internationale Organisation mit Vertretungen in 45 Ländern und nennt sich ECPAT (End Child Prostitution, Child Pornography and Trafficking in Children for Sexual Purposes). Das Hauptziel von ECPAT ist, die kommerzielle sexuelle Ausbeutung von Kindern (→ *Kinderprostitution*) zu bekämpfen.

In Deutschland schlossen sich 1991 verschiedene Hilfswerke und Organisationen zu einer auf drei Jahre befristeten nationalen Kampagne gegen sexuellen Missbrauch durch Touristen zusammen (→ *Sextourismus*).

Als nach Ablauf der kurzen Zeit klar war, dass es weiterhin ein langer schwieriger Weg bis zur erfolgreichen Eindämmung der → *Kinderprostitution* wird, führten die Organisationen und Gruppen ab 1994 die Arbeit als »Arbeitsgemeinschaft gegen Kinderprostitution im Sextourismus« weiter. Im Zuge der Neustrukturierung von ECPAT International hat sich die Arbeitsgemeinschaft im Frühjahr 1999 in »ECPAT Deutschland – Arbeitsgemeinschaft gegen kommerzielle sexuelle Ausbeutung« umbenannt und ihre Koordinationsstelle nach

Freiburg verlegt. Hier ist sie heute ein bundesweiter Zusammenschluss von 28 Institutionen und Gruppen.

• *KONTAKT: ECPAT Deutschland e.V., Postfach 5328, 79020 Freiburg, Telefon: 0761/7075124, Telefax 0761/7075123, info@ecpat.de, www.ecpat.de*

EDEL-PROSTITUIERTE

Luxus-Callgirl.

Die Edel-Hure arbeitet nicht im gewöhnlichen → *Bordell,* in den seltensten Fällen im → *Privatclub*, selbst wenn dieser noch so exklusiv ist. Luxus-Prostituierte arbeiten meist freischaffend als → *Callgirl* oder werden über noble → *Begleitagenturen* vermittelt, die selbst in renommierten Zeitschriften wie »Internatonal Herald Tribune« für ihre Dienstleistung »Escorts & Guides« werben. Nicht selten verbirgt sich hinter dem Luxus-Girl eine studierte Frau, Professorin oder Doktorin, die es versteht, sich zu benehmen, und ein Faible für gepflegte Haute Couture hat. Warum ausgerechnet diese Frauen sich verkaufen? Entweder weil sie aufgrund von Arbeitslosigkeit finanziell knapp bei Kasse sind, oder weil sie das Doppelleben und das Zwielicht, das die Prostitution umgibt, in ihrer gesellschaftlichen Stellung fasziniert.

In beiden Fällen gilt aber: Sie wollen sich nicht »unter Wert« verkaufen, deshalb der hohe Preis. Das fängt bei 1000 Euro pro Abend an. »Die Umsätze bei dieser Art von Prostitution können schnell fünfstellige Beträge erreichen«, weiß Autor Joachim Rieker in seinem Buch »Ware Lust« (Fischer Verlag, Frankfurt 1995). Dafür gehe die Dienstleistung aber auch weit über den normalen → *Verkehr* hinaus. Eine Edel-Hure verstehe es, Konversation zu betreiben, und könne den solventen Herren den Abend über standesgemäß begleiten.

EICHINGER, BERND

Dt. Filmproduzent, geb. 1949.

Seit Eichinger 1979 die Leitung der Neuen Constantin Film übernahm, baute er das Unternehmen zu jenem Konzern aus, dessen Name wie kein zweiter in der deutschen Kinolandschaft für Erfolg steht. Als Produzent hat er die erfolgreichsten Filme der letzten Jahre produziert und in die Kinos gebracht: Angefangen mit der Geschichte der → *Christiane F.* über »Die unendliche Geschichte«, »Der Name der

Rose«, »Letzte Ausfahrt Brooklyn«, »Werner – Beinhart«, »Das Geisterhaus«, »Der bewegte Mann«, »Das Superweib«, »Ballermann 6« bis zu »Fräulein Smillas Gespür für Schnee«.

Mit dem Film »Das Mädchen Rosemarie« (1997), mit dem er die Geschichte der → *Rosemarie Nitribitt* erzählte, wagte er sich an sein erstes Fernsehregiedebüt – und brüstete sich, wie passend, öffentlich damit, regelmäßiger → *Puff*gänger zu sein. Seitdem werden er und sein ungezwungenes Verhältnis zum käuflichen Sex immer wieder gerne herbeizitiert, wenn ein anderer Promi über → *Rotlicht*-Affären stolpert, zuletzt → *Michel Friedman.*

»... EINE FRAU PARKEN«

Szenejargon. → *Parken*

EINLAUF

Sexpraktik.

Synonym → *Klistier*

EINREITEN

Szenejargon.

Frauen, die unter Vortäuschung falscher Tatsachen nach Deutschland geschleust und dort zur Prostitution gezwungen werden (→ *Menschenhandel*, → *Zwangsprostitution*), werden von ihren → *Zuhältern* vorher »eingeritten« – sprich gefügig gemacht, indem ihre Scham und Schüchternheit gewaltsam »gebrochen« wird. Im strafrechtlichen Sinne kommt der erzwungene Sex einer Vergewaltigung gleich.

EINSTIEGSBERATUNG

Berufsberatung.

In der Vergangenheit gerade bei kirchlichen Trägern der Beratungsstellen für Prostituierte umstritten, inzwischen aber normales Angebot der Sozialarbeiter: Frauen, die neu im → *Gewerbe* sind, lassen sich von ehemaligen oder »alteingesessenen« Prostituierten sowie den Mitarbeitern der Sozialprojekte über Praktiken aufklären, wie sie ihren Körper bei der Arbeit am besten schonen können, und erhalten Informationen über Versicherungen und → *Steuern.*

EINTAGSFLIEGEN

Szenejargon.

Synonym: Gelegenheitsfreier. Als Eintagsfliegen bezeichnen Prostituierte Kunden, die nur ab und zu die Dienstleistung einer →*Hure* in Anspruch nehmen.

EKELERZIEHUNG

Sexpraktik.

Synonym: Extremerziehung. Die → *Erziehung* des → *Sklaven* durch Demütigung ist bei → *sadomasochistischen* → *Session*s die eine Sache. Die extreme Züchtigung eine andere. Ein Beispiel einer Extremerziehung: Regenwürmer werden aus der Tierhandlung gekauft oder der Sklave muss sie sich selbst besorgen, zum Beispiel indem er sie aus der Erde ausgräbt. Die Würmer werden anschließend in ein Kondom gefüllt, das Kondom wird abgebunden, dem Sklaven in den Mund gestopft. Der Mund wird zugeklebt und der Sklave daraufhin so lange geohrfeigt, bis das Kondom platzt und er die Würmer runterschlucken muss. Sollte er das Ganze erwürgen, muss er alles aufessen. Sollte er es wieder erwürgen, muss er es erneut aufessen. Diese Tortur kann Stunden dauern, bis der Sklave es nicht mehr rauswürgt.

Eine andere Spielart der Ekelerziehung ist die → *Koprolagnie,* bei der die → *Domina* ihren Kot direkt in den Mund des unter ihr liegenden und gefesselten Sklaven lässt. Das »Lexikon des Sadomasochismus« (Lexikon Imprint, Berlin 2001) wiederum berichtet von der Extremerziehung in Verbindung mit → *Urolagnie:* Der »aktive Partner [kann] den passiven mit einem Glas Wasser nach dem anderen abfüllen, ihm aber gleichzeitig verbieten, die Toilette aufzusuchen. Dies kann so lange getrieben werden, bis der Druck auf die Blase nicht mehr zu bewältigen ist und sich der passive in voll bekleidetem Zustand selbst benässt. Insbesondere wenn dieser Augenblick in der Öffentlichkeit stattfindet, ist damit eine besondere Demütigung verbunden.«

EKSTASEMASSAGEN

Szenejargon.

Die Extasemassage hebt sich von der gewöhnlichen Massage, die man ärztlich verschrieben bekommt, durch einige Besonderheiten ab, die quasi die Sexbranche zur genauen Definition ihrer Arbeit erfunden hat: Sie ist eine Massage, bei der zwar auch Haut und Muskeln massiert, zusätzlich aber noch Schwellkörper sowie erogene Zonen nicht ausgespart werden. »Eine solche Massage ist gelungen, wenn neben dem körperlichen Kontakt auch eine Herzbeziehung oder Berührung der Seelen des gebenden und empfangenden Menschen möglich wird«, erklärt Marc von Freudenberg, Frankfurter → *Callboy*, der Exstasemassagen anbietet. »Durch bestimmte Atmungs- und Muskelanspannungstechniken kann in Verbindung mit der Massage und durch Aufbau erotischer Energie zum Beispiel nach einer einleitenden Schwanzmassage ein Ganzkörperorgasmus erlebt werden. Bei der speziellen tantrischen Technik des ›big draw‹ kommt es zu einer tiefen Euphorie und glänzendem Kribbeln am ganzen Körper, ohne dass ejakuliert wurde.«

Eine andere Ekstasemassagevariante ist die P-Punkt-Massage beim Mann. Bei dieser speziellen Analmassage kommt es zum so so genannten trockenen Orgasmus. Viele Männer entdecken beim passiven Sex solcher Massagen völlig neue Quellen der Lust und Ekstase und erleben ihren Körper teilweise neu. Auch ältere Männer etwa mit Erektionsstörungen nach Prostataoperation können auf diesem Weg erfahren, dass es möglich ist, Lust auf neue Weise befriedigen zu können. Marc von Freudenberg: »Das jahrtausendealte Wissen über die Energiezentren des Körpers ermöglicht es dem Masseur, auf dem Körper des Massierten zu spielen wie auf einem Instrument, um Luststeigerungen oder mit gekonnten Verzögerungen noch höhere Niveaus der Lust zu erreichen.« Nach der Überlieferung soll ein chinesischer Kaiser einem Meistermasseur eine große Menge Gold geboten haben, um den Lustunterbrechungspunkt zwischen den Beinen gezeigt zu bekommen, der deshalb noch heute bei Taoisten 100 Millionen-Punkt genannt wird. Erst wenn die Lust voll aufgebaut wird, wird vollkommene Befiedigung möglich, aus der dann sexuelle Befreiung, Kraft und Lebensenergie erwächst. (MvF)

EXTASEMASSEUR

Im Gespräch: Marc von Freudenberg, Extasemasseur

Marc, Sie sind 26 Jahre alt, kommen aus dem Rheinland und le-

ben und arbeiten in Frankfurt. Sie haben studiert. Erzählen Sie uns, wie Sie dazu gekommen sind, in der Prostitution zu arbeiten?
Marc: Durch eine berufliche und private Lebenskrise. Die hat mich zu einem Ausbruch verleitet. Ich musste mich neu orientieren und konnte neu beginnen. Ich bin für ein Jahr nach Indien gereist, habe dort in einem Ashram gelebt, bin dort mit Tantra »infiziert« worden und habe dann beschlossen, tantrischer Prostituierter zu werden. Zudem bin ich in einem Alter wo dieses Experiment noch klappen kann. Es ist ein Selbstfindungsakt, weil Sexualität für mich ein Lebensthema ist und für mich Sex, Liebe, Tantra und Prostitution zusammenpassen. Frankfurt habe ich mir ausgesucht, weil ich denke, ein internationaler Marktplatz ist gut für mich und meine Sexarbeit.

Bedienen Sie Männer oder Frauen?
Marc: Ich bediene Menschen, die tief berührt werden wollen. 99 Prozent meiner Kunden sind männlich. Das ist ein Markt, ein Geschäft, während die weibliche Sexualität eine andere ist und man daher mit Frauen kaum Geld verdienen kann. Da ist die Nachfrage nach losgelöster Triebbefriedigung kaum vorhanden. Das ist eine erotische Männerphantasie, an der lediglich die Anzeigenblätter verdienen.

Gehen Sie mit Ihrem Beruf gegenüber Freunden und Verwandten offen um oder führen Sie gewissermaßen ein Doppelleben?
Marc: Ich führe, wie die meisten Prostituierten, ein notwendiges Doppelleben was ich mit viel verlorener Lebensenergie bezahle. Es würde für mich als primär schwulen Mann eines zweiten Coming Outs bedürfen, um dies wie hiermit geschehen mitzuteilen. Auch wenn ich neue Kontakte aufbaue, sage ich nicht unbedingt, was ich bin, auch wenn ich mir bisweilen in der Provokation gefalle. Ein Schwuler, der auf der Straße mit einem T-Shirt »Ich bin schwul« herumläuft, wird das bei einem Bewerbungsgespräch bei einer Bank nicht tun. Das nennt man Stigma-Management und das mache ich auch so, um nicht ausgegrenzt zu werden beziehungsweise um nicht gleich alle Vorurteilsregister zu aktivieren. Wenn ich glaube, ein Kontakt ist menschlich tragfähig, kann ich auch diese Wahrheiten mitteilen.

Es gibt also faktisch Ausgrenzung?

Marc: Es gibt gegenüber öffentlich sexuell-verfügbaren Personen mehr als nur die sprichwörtliche gläserne Decke gegenüber Homosexuellen oder Frauen auf der Karriereleiter. Die Gesellschaft gibt sich tolerant und interessiert, aber man würde niemals eine Hure zur Bürgermeisterin wählen, weil man sich einem anderen Wertekartell zugehörig fühlt. Meine These ist aber, dass die Prostituiertenbewegung mit ihrem internationalen Hurentag, dem 2. Juni 1975, in zehn Jahren dort ist, wo heute die Schwulen- und Lesbenbewegung mit ihrem CSD ist.

Allein in Frankfurt werden etwa 12.000 sexuelle Dienstleistungen pro Tag nachgefragt. Wieso wird Ihrer Ansicht nach dieser lukrative und gesellschaftlich doch offenbar nicht wegzudenkende Dienstleistungssektor nach wie vor so stark tabuisiert und kriminalisiert?

Marc: Weil die Gesellschaft dafür immer noch nicht oder jetzt erst recht nicht reif ist. Alles was zu komplex ist, wird als fremd und anders ausgegrenzt. Prostitution verbindet Sexualität mit Ökonomie. Das ist ein Tabu, weil unsere Gesellschaft aus Stabilitätsgründen Sexualität mit Romantik, Liebe, Kindern und Familie verknüpft. Außerdem kann derjenige, der ausgegrenzt wird, auch bei Bedarf als Sündenbock herhalten, beispielsweise wenn es darum geht, die »Schuld« zuzuweisen, wer AIDS in die Gesellschaft getragen hat. Dabei kann eine professionelle Hure wesentlich geschickter mit einem Kondom umgehen und wird sich gewissenhafter schützen, als jemand, der voller Liebe und Leidenschaft unbedingt gerade jetzt mit seiner Eroberung Sex haben möchte (Verhütungsdilemma). Und die höchsten Ansteckungsraten für Aids findet man tragischer Weise bei Jugendlichen, die von Liebe träumen, denn das passt halt nicht zu Aids und zu Kondomen. Das ist zu technisch.

Aber die Prostitution ist ja nun kein junger Dienstleistungszweig sondern das sprichwörtlich älteste Gewerbe der Welt. Dennoch wird sie nach wie vor stigmatisiert.

Marc: Ja, zu dieser »very old economy« gibt es bereits Textfunde von vor 3500 Jahren. Es sind sumerische Gesetze, die Gattinen und

Haremsfrauen den Schleier vorschreiben und denselben zu tragen den Huren bei Strafe verbieten. Heute können wir zum Mond fliegen, aber Techniken, das persönliche Glück zu finden, sind völlig unterentwickelt. Wir sollten erkennen, dass es möglich ist zu wählen zwischen weiterer Effizienzsteigerung externer materieller Werteproduktion, oder gegenseitiger suffizienter Beglückung mit innerer Harmonie.

Warum hält sich die Nichtanerkennung der Prostitution aber so hartnäckig. Kann es nicht daran liegen, dass die Trennung von Sexualität und Liebe ein falscher Ansatz ist?
Marc: Dieses christliche Ideal ist unbedingt richtig, weil es Ganzheitlichkeit preist. Die vollkommen erfüllte Sexualität erfährt der Mensch, wenn sie mit Liebe einhergeht. Das ist das Ideal. Tugend ist etwas wunderschönes. Wenn aber die Pflicht zur Tugend auftaucht, ist Tugend nicht mehr möglich. Wenn man also Liebe in Verbindung mit Sexualität als Gegenargument benutzt, wird es heuchlerisch. Wenn ich Sexualität nur dann leben darf, wenn das göttliche Geschenk der Liebe vorhanden ist, kann ich sexuelle Triebe nur sehr selten befriedigen. Sexualität ist aber etwas sehr basales. Warum soll ich das nicht leben können?

Der Konflikt besteht doch für Prostituierte auch, da sie das Ideal von Liebe und Sexualität selbst verinnerlicht haben.
Marc: Die Prostituierten haben diesen Konflikt, aber auch die Freier. Deshalb laufen sie mit hochgeschlagenem Kragen durch die Straße und können nicht offen sagen, ich möchte jetzt einfach Sex haben. Und daraus resultiert auch, dass die Prostituierte Freiwild ist und nicht respektiert wird.

Seit dem 1. Januar 2002 gibt es das neue Prostitutionsgesetz. Was hat sich dadurch verändert und wo sind die Lücken im neuen Gesetz?
Marc: Faktisch und in meinem Alltag hat sich nichts verändert. Durch das Bewusstsein, Prostitution sei nicht mehr sittenwidrig, kann ich mit einem größeren Stolz meinen Gästen oder der Öffentlichkeit gegenüber treten. Aber das ist ein schleichender Prozess.

Die Avantgarde ist immer voraus und die Gesetze hinken hinterher, wobei sie wiederum progressiver sind, als die breite Masse das vielleicht will. Durch die Gesetze kann sich das öffentliche Bewusstsein jedoch allmählich wandeln und als Nächstes geht die Avantgarde wieder einen Schritt weiter, bis irgendwann alle begriffen haben, dass Prostitution eine anständige Dienstleistung ist. Im Moment kann man zumindest das Ambiente im Milieu besser gestalten. Früher war es so, dass bereits das Bereitlegen von Kondomen seitens der Bordellbetreiber für die Prostituierten als Förderung der Prostitution kriminalisiert wurden.

Wie sieht die Alters- und Krankenversicherung bei Prostituierten aus und wird eine solche Vorsorge, gerade auch nach der Gesetzesänderung, überhaupt betrieben?
Marc: Das kann ich gerade für eine solche informelle Branche kaum abschätzen. Von offizieller Seite gibt es zu solchen Regelungen viel Hilf- und Ratlosigkeit. Ich selbst bin individuell gesichert. Es gibt Krankenversicherungen, die für den Bereich Prostitution spezielle Angebote haben. Da es aber sehr wenig Erfahrungswerte mit diesem Berufssektor gibt, sind die Preise möglicherweise überhöht. Das braucht noch einige Jahre, um Funktionalität herzustellen.

Ist es richtig, dass diejenigen die aus der Prostitution aussteigen, häufig auf Sozialhilfe angewiesen sind?
Marc: Das ist eine Frage der Sichtbarkeit. Huren kennt man nur aus den Medien oder die, die auf der Straße stehen. Die Luxushuren sieht man nicht. So ähnlich ist das mit den Huren, die später zum Sozialamt gehen müssen. Die werden von der Statistik erfasst, während diejenigen, die es geschafft haben, sich beispielsweise ein Haus auf Ibiza zu kaufen und mit einem Aktienpaket ihren Lebensunterhalt bestreiten, nicht gesehen werden.

Viele Prostituierte kompensieren aber doch die soziale Ausgrenzung und Ächtung mit einem erhöhten Konsum von Luxusgütern. Da dürfte es doch schwierig sein, eine vernünftige Altersvorsorge zu treffen beziehungsweise für die Zeit nach dem Ausstieg Geld zu sparen.

Marc: Da ist was dran. Ein anderer Aspekt ist der Drogenkonsum. Viele männliche Stricher, die nicht schwul sind, eventuell durch Missbrauch sexualisiert wurden und Männer bedienen, um auf der Straße überleben zu können, überstehen den Alltag nur, wenn sie sich volldröhnen, das heißt das Leid wegdrücken. Das ist selbstzerstörerisch.

Wie stark beherrschen Drogen die Prostitutionsszene?
Marc: Die Branche ist in höchstem Maße ausdifferenziert. Es gibt den Drogenstrich, sprich die Beschaffungsprostitution an dem einen Rand und es gibt die Edelprostitution der Luxusmätressen und Modelle am anderen. Das sind Frauen, die haben höchstens drei Sponsoren, die ihnen Wohnung, Kleidung, Reisen und anderes bezahlen. Da wird kein Geld auf den Tisch gelegt, sondern der Lebensunterhalt wird eheähnlich finanziert. Beachtenswerterweise identifizieren sich in beiden Segmenten die Akteure eher nicht als Prostituierte. Jenseits der Beschaffungsprostitution ist der Drogenkonsum aber nicht unbedingt signifikanter als anderswo. Das scheint mir ein Vorurteil zu sein.

Ein weiteres Vorurteil ist das des gewalttätigen Zuhälters. Wie sieht das in der Realität aus?
Marc: Im mann-männlichen Bereich arbeiten die Prostituierten überwiegend »maskulin-selbstbestimmt«. Aber auch bei den weiblichen Kolleginnen entsteht das stereotype Bild des Zuhälters abgesehen von real existierenden Ausnahmen meines Erachtens nur deshalb, weil die christliche Fundamentalthese lautet, Prostitution zerstöre den Charakter, da die Sexualität Teil der Geschöpflichkeit und damit unvereinbar mit dem Warencharakter sei. Und wenn das so ist, muss es ja den Zuhälter oder Menschenhändler geben, der die charakterzerstörte Prostituierte räsonniert und ins Geschäft zwingt.

Tatsächlich gibt es in einer modernen arbeitsteiligen Wirtschaftswelt diejenigen, die ein Etablissement betreiben, das heißt sich um den organisatorischen Überbau kümmern, während sie den eigentlichen Prostituierten einen spezialisierten Arbeitsplatz zur Verfügung stellen. Das, was man dann in der Wirtschaft schlicht Chef oder Arbeitgeber nennt, sind dann selbst oftmals Frauen, die das Geschäft aus eigener Erfahrung gut kennen und mit denen andere Frauen bereit sind, gewaltlos zusammenzuarbeiten.

Eine letzte persönliche Frage: Gibt es für Sie ein Leben nach der Prostitution, und wie sieht Ihre Vorstellung davon aus?
Marc: Bevor ich darauf antworte, möchte ich noch einen wichtigen Punkt herausarbeiten: Prostituierter zu sein ist für mich eine Identität, also mehr als ein Job ist es eine Berufung. Es gab einen biographischen Auslöser, aber es ist sinnlos nach der Ätiologie zu forschen. Es ist meine sexuelle Identität, die notwendigerweise ein ökonomisches Fundament hat.

Aber das ist sicherlich nicht unbedingt repräsentativ.
Marc: Das wage ich zu bezweifeln, auch wenn ich hier erstmals sage, was viele fühlen. Ich habe in einem Club gearbeitet, wo auch Frauen waren, die erotische Massagen gaben und dieses Element auch gelebt haben, nämlich herauszukitzeln, was für eine Frau sexuell und finanziell möglich ist in der männlichen Befriedigungsbranche. Das Wort »Hure« kommt aus dem griechischen und meint eine von Männern unabhängige, selbstständige Frau. Da ist durchaus bereits dieses Lebensmodell mit dem Wort gemeint. Letztlich hat Prostitution ein zutiefst human-demokratisches Element. Nach meiner nicht-werten-wollenden Definition ist Prostitution nicht mehr und nicht weniger als ein kulturelles Distributionsprinzip zwischen den Spähren »Macht-Geld-Kultur« und »Schönheit-Jugend-Natur«. Sie erlaubt es den etablierten eher männlichen Älteren der ersten Welt sich mit eher jüngeren, weiblichen Menschen zu vereinigen beziehungsweise auszutauschen. Gleichzeitig ist diese Grenze zwischen den beiden Spähren kulturdefinierend mit ihren Handlungsgeboten und Manipulationsverboten. Sie ist Grund für manigfaltige Ausgrenzungen und Diskriminierungen gegenüber denjenigen, die sie überschreiten (Freier, Hure). Problematisch ist aber nicht Prostitution sondern Machtmissbrauch. Zu Ihrer Frage nach meiner persönlichen Zukunft, da habe ich die Vision einmal ein Meister des Tantra zu sein, das heißt ein alter aber/und weiser Mann. Daran arbeite ich, indem ich etwa Tantra-Seminare anleite,

privat meditiere und philosophiere und vor allem versuche selbstreferentiell, intensiv und wahrhaftig zu leben.

(Anmerkung: Das Gespräch mit Ekstasemasseur Marc vom Freudenberg, führten Jochen Meurers und Pia Wagner-Theurer für die lobster Ausgabe Juni/Juli 2002 von LOBBY e.V. Frankfurt a. Main)

EKSTASEMASSEUR

Szenejargon.

Verniedlichendes Synonym für → *Callboy,* was potentiellen → *Freiern* die Hemmung, für Sex zu bezahlen, eventuell erleichtert.

EMANZIPATION

Frauenbewegung kontra Hurenbewegung.

Gallionsfigur der deutschen Emanzipationsbewegung ist → *Alice Schwarzer,* die bereits mehrfach die Prostitution verteufelt hat. Sie geht davon aus, dass Prostituierte stets unter ihrer Arbeit leiden (müssen). Dieses Bild vermittelt auch die im Februar 1977 von Alice Schwarzer gegründete Frauenzeitschrift »Emma« in ihren ersten Jahrgängen: »Ich selbst bin ein Callgirl. Man kann auch sagen, eine miese Nutte, was wohl der treffendere Ausdruck für diese dreckige Matratzenmassage ist ... Ich bin gesundheitlich am Ende und von meiner armen Seele will ich gar nicht reden. Manchmal glaube ich, dass ich gar keine Seele mehr habe, sondern nur ein Haufen faules Fleisch bin ... Eine Hure ist kein Mensch mehr.« So schreibt eine Ingried in der »Emma«, Ausgabe 1/1978.

Frauen, die Prostitution grundsätzlich ablehnen, betrachten die Prostituierten als »arme Opfer« des Patriarchats und gleichzeitig auch als »Verräterinnen der Frauenbewegung«, da sie einen entscheidenden Beitrag dazu leisten, das Patriarchat aufrechtzuerhalten, und damit den Interessen der Frauenbewegung entgegenwirken. Für diese Frauen steht Prostitution im Widerspruch zum Feminismus, und daher kann eine Frau in ihren Augen nicht Feministin sein und zugleich der Prostitution nachgehen.

Radikalfeministinnen sind sogar der Ansicht, die Unterdrückung der Frau geschehe vornehmlich auf der Ebene der Sexualität. Alice Schwarzer: »Sexualität ist Spiegel und Instrument der Unterdrückung von Frauen. Hier sind Erniedrigung, Scham und Unterwerfung von Frauen verankert. Dies ist das Fundament männlicher Macht und weiblicher Ohnmacht. Prostitution. Zerrspiegel und Endprodukt einer Sexualität, in der es nicht um Liebe geht, sondern um Macht.«

Durch die Hurenbewegung, in der sich viele engagierte Begründerinnen der Frauenbewegung zusammenfinden, bekamen diese Radikalfeministinnen schließlich Antagonistinnen. Diese werfen ihnen vor, dass die Radikalfeministinnen nur noch gegen die Männer kämpfen, sich aber kaum noch für die Belange der Frauen einsetzen. Denn: »Ebenso wie es die Prostituierte als ›Opfer‹ gibt, so gibt es auch die Prostituierte als selbstbewusste, emanzipierte Frau«, ließen die Mitgliederinnen der Beratungsstelle → *Hydra e.V.* in → *Berlin* bereits 1986 in ihrem Infobrief »Nachtexpress« verlauten.

DIE ENGEL VON ST. PAULI

Kinofilm.

Mitte der 60er Jahre kam es im hanseatischen → *Rotlicht*milieu zu Auseinandersetzungen zwischen norddeutschen → *Zuhältern* und ihren Kollegen aus Wien um die Vorherrschaft im lukrativen Geschäft der → *Reeperbahn*'schen → *Prostitution.* Diese Kämpfe wiederum inspirierten Regisseur → *Jürgen Roland* zu seinem Spielfilm, der in gewisser Weise also auch eine Dokumentation ist. »Und ein Klassiker ist ›Die Engel von St. Pauli‹ im Sinne eines gradlinigen und ernsten Gangsterstreifens im typischen Hamburg-St. Pauli-Stil«, findet der Autor Michael Cholewa in seiner St.Pauli-Retrospektive für den Terror Verlag. »Rolands besonderes Gespür für hanseatischen Reeperbahn-Chic, variiert mit den beliebten Mustern typischer Gangsterwelten, verewigte er hier ultimativ wie in keiner seiner Arbeiten vor oder nach ›Die Engel von St. Pauli‹, eingerahmt in einer intelligenten B-Filmästhetik.«

• *DER FILM: Die Engel von St. Pauli. BRD 1969, 113 Min. Regie: Jürgen Roland. Darsteller: Horst Frank (Jule Nickels), Werner Pochath (Herbert Priel), Herbert Fux (Holleck), Günther Neutze (Kommissar Beringer), Karl Lieffen (Radensky), Rainer Basedow (Clock-Five)*

ENGLISCH

Szenejargon.

Synonyme: → *Peitschenspiele,* → *SM.* Englische Internate waren bekannt und berüchtigt für ihre strenge Disziplin. Wohl deshalb spricht man sowohl in Privatanzeigen als auch in den Offerten professioneller Damen von »englischem« Service und meint → *Erziehung*, → *Züchtigung* und → *Spanking*, allerdings eher in zartdominanter Form, die gewöhnliche → *Prostituierte* in → *Clubs*, → *Privatclubs* und → *Bordellen* anbieten. Echter → *Sadomasochismus* ist dagegen bei speziell ausgebildeten → *Dominas* in → *SM-Studios* zu erleben.

ENTSPANNUNG
Szenejargion.
Synonym: → *Samenerguss*

EROS-CENTER
Bordellartiger Betrieb.
Synonyme: → *Bordell*, → *Laufhaus*, → *Puff*, Freudenhaus. »Eros-Center« war ursprünglich nur der Name für das Bordell, das der Immobilien-König von → *St. Pauli*, → *Willi Bartels*, Ende der 60er Jahre für knapp 4,7 Millionen Mark auf der → *Reeperbahn* bauen ließ. Damals war das »Eros-Center«, dem Bartels' Gattin Gisela den Namen gab, Europas modernster Puff, an dessen Erschaffung die Politiker und die Staatsanwaltschaft → *Hamburgs* beteiligt waren. Mit dem Bordellkoloss wollten sie St. Pauli prostitutionsfrei machen und für die Zukunft rüsten.

1967 fand die Eröffnung des Eros-Center statt: Um einen offenen Kontakthof »reihten sich die Betonwaben nebst Einbauküche und schwarzgekacheltem Bad: 136 Arbeitsplätze auf Einheitsliegen mit Alarmknopf in Griffweite für etwa doppelt so viele Schichtarbeiterinnen«, erinnert Ariane Barth in ihrem Buch »Die Reeperbahn. Der Kampf um Hamburgs sündige Meile« (Spiegel Buchverlag, Hamburg 1999). Was anderswo als → *Förderung der Prostitution* strafbar gewesen wäre, ging in Hamburg ohne Probleme durch; auch die Staatsanwaltschaft trug ihren Teil dazu bei.

Das Eros-Center von Willi Bartels wurde, nachdem der Modernisierungsversuch der Stadtoberen scheiterte, zwischenzeitlich als Hotel »Interrast« genutzt, bis es Mitte der 90er Jahre von der Hansestadt zur Unterbringung von rund 700 Asylbewerbern angemietet wurde. »Menschenunwürdig« lautetet die Bewertung eines »Flüchtlingsrates«, ein Kreis sozial engagierter Bürger: Kakerlaken in den feuchten, schimmeligen 15 Quadratmeter-Zimmern und durch die nahe Prostitution ein verderblicher Einfluss auf die muslimischen Kinder und Frauen. Die Asylbewerber gingen raus, die Betreiber des Kölner Laufhauses → *Pascha* gingen rein. Für zehn Millionen Mark wurde renoviert, der Kontakthof aufgelöst, die Frauen auf die Zimmer ins Haus gesetzt und 1998 das »Pascha Erotic Palace« eröffnet, ein Laufhaus.

Heute steht der Name »Eros-Center« als Synonym für derartige Laufhäuser, durch die ein Gang führt, in dem sich die Mädels aufstellen und auf die durchwandernden Freier warten. Die Preise varriieren von Laufhaus zu Laufhaus. Meist liegen sie für das → *volle Programm* zwischen 50 und 150 Euro. Eine Stunde im → *Pascha* in Köln kostet den Freier sogar 250 Euro. Diesen Einnahmen stehen ebenso hohe Ausgaben (→ *Bockschulden*) gegenüber: Im → *Pascha* in Köln muss eine Prostituierte pro Nacht 150 Euro Miete an die Betreiber bezahlen. Diese Summe muss wohlgemerkt jede Nacht aufgebracht werden, auch bei Krankheit, Urlaub und unabhängig von den Einnahmen.

EROTISCHE MASSAGE

Handentspannung.

Die erotische Massage ist nicht zu vergleichen mit der gezielt therapeutischen Massage einer ausgebildeten Masseurin oder eines professionellen Masseurs. Deshalb heißt die Prostituierte, die in einem → *Massage-Salon* eine solche Massage anbietet, unmissverständlich → *Masseuse.*

Die erotische Massage besteht je nach Wunsch des Kunden aus zärtlichem Streicheln und leidenschaftlichem Kneten mit anschließender → *Handentspannung* oder der → *spanischen Massage.* Eine erotische Massage beinhaltet keinen → *Verkehr.*

Der Preis für eine meist einstündige Massage ist von Salon zu Salon unterschiedlich, liegt aber durchschnittlich bei 75 bis 100 Euro.

ERWERBSTÄTIGKEIT

→ *Beruf*

ERZIEHUNG

Sexpraktik.

Eine Erziehung sei, so Autor Arne Hoffmann in seinem »Lexikon des Sadomasochismus« (Lexikon Imprint, Berlin 2001) die »gezielte Ausbildung von Charakter, Fähigkeiten und Entwicklung einer Person, Anleitung zum gewünschten Verhalten. Im sadomasochistischen Zusammenhang bedeutet Erziehung immer Erziehung zum möglichst perfekten → *Sklaven*. In der Regel geschieht das durch Befehle im

Hinblick auf ein erwünschtes Verhalten und die Androhung oder Vollziehung von Strafen.« Die → *Abstrafungen,* die auch in ein → *Rollenspiel* eingebunden werden können, erfolgen in Form von → *Fesselung* und anschließender → *Flagellation* beziehungsweise → *Spanking.* Beim → *Fetisch* Kliniksex (→ *Klinikum*) wird der »Patient« bei entsprechendem Fehlverhalten auf den Gynäkologenstuhl geschnallt und bekommt ein → *Klistier,* eine Nadelung oder wird mit Reizstrom behandelt.

Die gesteigerte Form ist die → *Ekelerziehung.*

ESCORTSERVICE

Prostitutionsform. Engl.: escort – begleiten.

Synonym: Begleitservice. Der Escortservice ist ähnlich der Arbeit einer Agentur, die → *Callgirls* vermittelt. Ein Escortmädchen bietet ebenfalls → *Haus-* und → *Hotelbesuche* an, allerdings ist beim Escortservice nicht unbedingt immer Sex die gewünschte Dienstleistung. Nicht selten wünschen Männer zusätzlich eine kultivierte Begleitung (→ *GesellschafterIn*) für den Abend im Kino, Theater oder zu einem Geschäftsessen. Die Begleitagentur »Escorta« in → *Berlin* beispielsweise wirbt für ihre »Wochenend- und Kurztripbegleitungen, Soirée-, Club- und Partybegleitungen, Veranstaltungsbegleitung, Businessbegleitung, Limousinenservice« und erst ganz zuletzt für die »Pink Phantasie« ... Das alles geht dann bereits in den Bereich der → *Edel-Prostitution* und hat seinen entsprechenden Preis.

ESSEN

→ *Ruhrgebiet*

ETABLISSEMENT

Franz.: établissement – Einrichtung, Niederlassung.

Verschleiernde Umschreibung für einen → *bordellartigen Betrieb.*

ETHNO-MEDIZINISCHES ZENTRUM HANNOVER E.V. (EMZ)

Hilfe für MigrantInnen.

Gegründet vom Medizinsoziologen Dr. Jürgen Collatz widmet sich das EMZ e.V. in → *Hannover* verschiedensten Arten von gesundheitspolitischen Aufgaben, die sich aus der Internationalisierung der Wohnbevölkerung und Anforderung an die Versorgung ausländischer Mitbürger ergeben. Ziel war es, die eskalierende gesundheitliche Fehlversorgung von → *Migranten* zu vermindern. Das Zentrum vermittelt zwischen Menschen verschiedener Kultur, unterschiedlichen Krankheitsumgangsweisen und Traditionen. Das Zentrum entwickelt Konzepte und Angebote, die es Fachkräften im Gesundheitsdienst ermöglichen, die Zugangsbarrieren für Migranten im Sozial- und Gesundheitssektor durchlässiger zu gestalten. Gleichzeitig ist das Zentrum ein Ansprechpartner für Migrantinnen, die Opfer vom → *Frauenhandel* wurden. Das Ethno-Medizinische Zentrum bietet Migranten allerdings keine eigenen Gesundheitsdienste an. Es versteht sich als »Brücke zwischen den Kulturen« und hilft den Migranten, Zugang zu vorhandenen Regelversorgungsangeboten zu finden, oder unterstützt die vorhandenen Dienste – beispielsweise durch Fortbildungen, Publikationen, Fallsupervisionen, Dolmetscherbereitstellung oder Vernetzung.

Eines der Projekte vom EMZ ist → *Interkulturelle Suchthilfe.*

• *KONTAKT: Ethno-Medizinisches Zentrum e.V., Projekt Interkulturelle Suchthilfe, Königstraße 6, 30175 Hannover, Telefon 0511/168-41020, Telefax 0511/457215, ethno@onlinehome.de, www.interkulturelle-suchthilfe.de, Öffnungszeiten: Mo-Fr 9-12.30 Uhr, 13.30-17 Uhr*

ÉTOILE DE KLÉBER

Berühmtes Bordell.

Als die Nationalsozialisten die »Ausübung gewerbsmäßiger Unzucht« verboten, mussten die Bordelle auch in den von ihnen besetzten Ländern schließen. Das Étoile de Kléber allerdings wurde am 27. Juli 1941 von Aline Soccodato, die als → *Madame Billy* berühmt werden sollte, im Verborgenen, in der Rue Paul-Valéry Nr. 4 in Paris, eröffnet. Zu den Kunden gehörten zwangsläufig hohe Offiziere der deutschen Wehrmacht sowie der französischen Gestapo, die es dem Etablissement an nichts mangeln ließen. Im Herbst 1941 wohnte sogar die damals 26-jährige Sängerin Edith Piaf in dem Bordell: »Bei Mutter Billy ist es sauber, man isst wenigstens gut.« Sogar Jean Cocteau soll zu den Gästen im Étoile de Kléber gehört haben.

Nach dem Krieg waren die Offiziere der Allierten Gäste des Bordells. Ihr Etablissement, in dem die → *»Hostessen«* mehrere Sprachen beherrschten und eine gute Erziehung genossen hatten, wurde Treffpunkt wichtiger Persönlichkeiten aus Politik, Kultur und Gesellschaft. Madame Billy erinnert sich: »In meinem Salon begegneten sich Schriftsteller, Journalisten, Leute vom Film und vom Chanson, Repräsentanten des Parlaments, des Senats und der Regierung.«

EVA-PROJEKT

Evaluierung unterstützender Maßnahmen beim → Ausstieg aus der Prostitution.

Ziel der Studie der Sozialpädagogischen Institut-Forschungs GmbH war es, mehr über die Ausstiegsprobleme der Frauen aus der Prostitution in Erfahrung zu bringen. Die Ergebnisse »verdeutlichen das Ausmaß (extremer) Belastungen in Kindheit, Jugend und prostitutiver Tätigkeit der befragten Frauen und somit den großen Bedarf an sozialer und psychosozialer Beratung und Unterstützung sowohl für Frauen, die der Prostitution nachgehen, als auch für Frauen, die die Prostitutionstätigkeit aufgeben möchten«. Untersucht wurden soziale und psychosoziale Unterstützungsangebote für Frauen, um die Auswirkungen dieser Angebote darstellen zu können und um Kriterien für angemessene Beratungs- und Bertreuungsangebote zu erstellen.

• *BEZUG: B. Leopold/E. Steffan: Evaluierung unterstützender Maßnahmen beim Ausstieg aus der Prostitution (EVA-Projekt), Abschlussbericht sowie Zusammenfassung vorliegender Ergebnisse, SPI-Forschungs GmbH, Berlin 1997*

EXTREMERZIEHUNG

Sexphantasie.

Synonym: → *Ekelerziehung*

EXTREMSKLAVIA

Szenejargon.

Synonym: Serva, → *Sklavia,* → *Zofe*

F

FACHTAGUNG DER PROSTITUIERTEN

Aus dem → *Hurenkongress* der Berliner Beratungsstelle → *Hydra e.V.* ist die »Fachtagung der Prostituierten« hervorgegangen. Die Veranstaltung wird zweimal jährlich initiiert. In der Prostitution Tätige und Mitglieder der verschiedenen Projekte und Organisationen treffen sich und besprechen die politischen Veränderungen.

FACIAL

Ejakulation ins Gesicht.

Synonym: → *Gesichtsbesamung.* Häufiger Abschluss in → *Porno*filmen. Im realen Sex häufig in Verbindung mit Unterwerfungs- und Demütigungsspielen angewendet, insbesondere bei → *SM*-→ *Session* in → *Dominastudios.* In letzter Zeit wird das Facial auch von Prostituierten sowie → *Callgirls* in Kontaktanzeigen angeboten: »Neu! Polnische Sex-Teufel! Grenzenlos! Anal, Natursekt, Französisch Total, Gesichtsbesamung, 20-25 J., junge Luder, Super Service, 24h, H+H«. Oder: »Top-Model! 19 J., 174 cm, schlank, lange blonde Haare, bl. Augen, mag es, wenn du ihr ins Gesicht spritzt! Nur Haus/Hotel! Sexy Olga!« Es darf allerdings vermutet werden, dass sich hinter nicht wenigen dieser eindeutigen Offerten → *Zuhälterringe* beziehungsweise → *Menschenhändler* verbergen, die Frauen zur Prostitution und diesen unsauberen Praktiken zwingen (→ *Zwangsprostitution*).

FAKE DOLLAR

Dollarblüte.

Speziell für → *Striptease*-Bars gedruckter Geldschein, den der Gast an der Kasse für meist einen Euro erwerben und der Tänzerin während ihres Auftritts unter BH, Slip oder Strumpfband heften kann – als die berühmte längsgefaltete Dollarnote. Fake Dollars sind in fast allen → *Tabledance*-Lokalen üblich, denn die Betreiber wollen vermeiden, dass die Gäste den Tänzerinnen richtiges Geld zustecken. »Sie wollen natürlich mit daran verdienen«, bedauert Stripperin Wendy S.

Deshalb muss die Stripperin die Fake Dollars, die sie zugesteckt bekommt, bei der Abrechnung im Anschluss an ihre Auftritte gegen Euro umtauschen; 50 Prozent davon sind ihr Gewinn, die andere Hälfte verbleibt beim Lokalbetreiber.

FALLE SCHIEBEN/STELLEN
Szenejargon.
Die Falle wurde viele Jahre immer wieder gerne geschoben, ob auf dem → *Straßenstrich*, im → *Bordell* oder im → *Club*. Für manche Sexarbeiterinnen war die Falle, wie eine Feldforschung im Nürnberger → *Rotlichtmilieu* zeigte, eine Chance, sich von ihren Kunden abzugrenzen. Den Wissenschaftlern erklärte eine Hure names Franziska: »Also ich lach dann oft, mei sind die blöd die Männer, aber das gibt mir wieder einen Kick, wo ich sag: ›Wow, super!‹ Und dann bin ich wieder eine Stunde gut drauf und lache.«

Es gab verschiedene Möglichkeiten der Falle: Der → *Oralsex,* bevorzugte Praktik der → *Freier*, war mit langen Haaren schnell und einfach praktiziert: »Die meisten Männer wollen einen → *Blowjob,* weil sie den zu Hause nicht kriegen«, erzählt eine Prostituierte der Illustrierten »Max«. »Bei mir muss sich der Kunde dabei auf den Rücken legen. Gut, dass ich so lange Haare habe – meistens bleibt es hinter dem Vorhang meiner Locken bei der Handarbeit.«

Insbesondere angetrunkene Männer wurden leichtes Opfer kleiner Trickserei, merkten sie im Eifer des Gefechts doch nicht, dass sie beim Missionarssex statt der Vagina nur die Schenkelinnenseiten oder die vorgehaltene Hand der Prostituierten rieben. »Bei dicken Männern kann man dabei besonders gut ›die Falle stellen‹: Die sehen dann nicht, dass sie sich nur zwischen meiner Hand und meiner Pobacke austoben. Selbst schuld.«

Die Ex-Hure Wibke T. weiß: »Falle schieben war schnell und einfach verdientes Geld, und zwar ziemlich viel. Wir haben die Gäste über viele Jahre abgezockt. Zum Schluss ging es nicht mehr, weil das

Geld knapper wurde und wir mehr oder weniger auf Stammgäste angewiesen waren. Da mussten wir schon ein bisschen mehr machen fürs Geld. Aber die ersten Jahre, mein Gott, was haben wir die Leute verarscht!« In Rezessionszeiten bleibt wenig Raum für die Falle.

Schlechter Service spricht sich herum und die Kunden bleiben aus. Deswegen wird die Falle heute nur noch von wenigen Frauen regelmäßig angewendet.

FANNY HILL

→ *Die Memoiren der Fanny Hill*

FEIGWARZE

Sexuell übertragbare Krankheit, → STDs.

Synonym: Kondylom. Feigwarzen werden durch ungeschützten Sex übertragen. Bis sich die Infektion durch Krankheitszeichen wie unterschiedlich große, schmerzlose, manchmal juckende Warzen an Scheide, Gebärmutterhals, After und Glied (auch innerhalb der Scheide oder im Darm) bemerkbar macht, können allerdings Wochen, Monate oder Jahre vergehen.

FELLATIO

→ *Blowjob*

FEMINISIERUNG

Lat.: Femina – Weib, Frau.

Bei der Feminisierung des Mannes spricht man gerne von der Sinnlichkeit, auf weibliche Kleider fixiert zu sein (→ *Fetischismus*). Das hat viele Parallelen zum → *Transvestismus;* die Feminisierung kann allerdings auch im Rahmen einer sadomasochistischen → *Session* exerziert werden, bei der der devote Mann zur psychologischen Demütigung dazu gezwungen wird, sich in Frauenkleidern zu präsentieren. Man spricht dabei auch gerne von → *Cross-Dressing*.

FEMMIGRATION

Internetprojekt.

»Femmigration«, die »Legal Agenda for Migrant Prostitutes and Trafficked Women on the Internet«, ist eine Informationsplattform, die aktuell und präzise im World Wide Web die tatsächliche und rechtliche Situation für von Menschenhandel Betroffene und migrierte Sexarbeiterinnen in EU-Staaten darstellt.

Es informiert über die Themen: Migration und Aufenthaltsrecht, Arbeitsrecht und Sexarbeit – Prostitution als Arbeit, Straftatbestände – insbesondere Prostiuierte als Opfer, ordnungs- und gesundheitsrechtliche Fragen, medizinische Hilfe, Beratungsangebote und nützliche Adressen in den Partnerländern. Es bietet NGO's (Non-Government Organisation), Beratungsstellen und Behörden in den Herkunfts-, Transit- und Zielländern, die mit betroffenen Frauen direkt arbeiten, klare und leicht zugängliche Informationen, um deren tägliche Beratungs- und Präventionsarbeit zu unterstützen.

Durch bessere Information sollen die Frauen im Sinne eines Empowerment in die Lage versetzt werden, sich vor Gewalt- und Ausbeutungsverhältnissen zu schützen oder sich aus diesen zu befreien.

Das Projekt wird in den zehn EU-Staaten Deutschland, Finnland, Frankreich, Italien, Niederlande, Österreich, Spanien, Großbritannien, Belgien und Griechenland durchgeführt. Ab 2004 kommen Portugal, Dänemark und Irland dazu. Das Projekt wird seit Januar 2001 von der Europäischen Kommission DG A/5 (Justiz und Inneres) im Rahmen des Programms »Daphne 2000-2003« sowie lokalen Geldgebern finanziert. Hauptkoordinierungsstelle des Projekts ist → *Amnesty for Women Städtegruppe Hamburg e.V.* in Deutschland.

• *INFO: www.femmigration.net*

FENARETE

Aus- und Fortbildung.

Fenarete – »Professional training and support for the insertion and employment of peer educators within interventions aimed at persons who prostitute themselves« – ist ein EU-Projekt und bietet Prostituierten in den Staaten Deutschland, Frankreich, Italien, Litauen, Niederlande und Polen eine professionelle Ausbildung durch Seminare und Praktika in den Bereichen Gesundheit, Soziales und Rechtliches, damit sie im Arbeitsmarkt eingegliedert und beschäftigt werden können, vorrangig in Institutionen und Organisationen, die sich mit Prostituierten beschäftigen. Veronika Munk von → *Amnesty for Women e.V.*, das in Deutschland die Umsetzung von Fenarete koordiniert: »Die

Zusammenarbeit zielt darauf ab, dass die ausgebildeten Sexarbeiterinnen ihr Wissen und Know-how als Teil eines gleichberechtigten Teams weitergeben sollen, zu Gunsten der Sexarbeiterinnen, die Beratung und Unterstützung in diesen Institutionen suchen. Peer Educators sind selbst Sexarbeiterinnen, die Informationen an ihre Kolleginnen weitergeben, um deren Selbstachtung und Selbstbewusstsein zu stärken.«

Das Projekt wird seit Januar 2002 von der Europäischen Kommission DG XXII (Erziehung, Unterricht, Ausbildung und Jugend) im Rahmen des Programms »Leonardo da Vinci« sowie von lokalen Geldgebern finanziert. In Deutschland wird das Projekt von Amnesty for Women Städtegruppe Hamburg e.V. und → *Hydra e.V.* in Berlin durchgeführt. Hauptkoordinierungsstelle des Projekts ist das Comitato per i Diritti Civili delle Prostitute (Committee for the Civil Rights of Prostitutes) in Italien.

• ***KONTAKT:*** *Fenarete c/o Amnesty for Women Städtegruppe Hamburg e.V., Große Bergstr. 231, 22767 Hamburg, Telefon 040/384753, Telefax 040/385758, info@amnestyforwomen.de, www.amnestyforwomen.de*

FENSTERPROSTITUTION

Prostitutionsform.

Wer kennt sie nicht, die Mädchen, die in der → *Herbertstraße* in → *Hamburg* oder im Redlight Disctrict von Amsterdam (→ *Niederlande*) in den Fenstern sitzen und mit ihren Reizen nicht geizen? Fenterprostitution wird in → *Bordellen* oder → *Puffs* betrieben, die aus zusammenhängenden Häusern oder einem kompletten Straßenzug bestehen. Hier sitzen die Mädchen an einem so genannten → *Koberfenster* und preisen sich an, auf dass die vorbeischlendernden Freier in ihr Zimmer finden. Ist das der Fall, wird der Vorhang vor die Scheibe gezogen – besetzt! – und es geht auf dem Bett im Hinterzimmer zur Sache.

FESSELUNG

Sexpraktik.

Synonym: → *Bondage*

FETISCHISMUS

Lat.: facere – machen. Portug.: feitico: Zauber, Wahn.

Ursprünglich waren es die afrikanischen Naturvölker, die einem Fetischismus anheimgefallen waren: Sie verehrten Götzenbilder oder andere Gegenstände, denen sie magische Kräfte nachsagten. Erst der Franzose Alfred Binet übernahm den Begriff 1887 in seinem Werk »Le Fetichisme dans l'ámour« (Der Fetischismus der Liebe) in die Sexologie. Seitdem gilt: »Unter Fetischismus versteht man im westlichen Kulturkreis die Tatsache, dass ein Mensch nur im Zusammenhang mit irgendwelchen Gegenständen, Handlungen oder Situationen eine sexuelle Lust verspürt und zu sexuellen Handlungen fähig ist«, so das Ärzteprojekt »Medicine Worldwide« (www.m-ww.de). »Das können im Prinzip alle Gegenstände sein. Häufig aber sind: Schuhe, Lederstiefel, Lederkleidung, Unterwäsche, Strapse, Militärkleidung, Handschuhe.«

Nicht selten sind es aber auch nur Busen und Po der Freundin, gehüllt in BH oder Stringtanga; Fetischisten sind meistens Männer. »Diese Neigungen lassen sich eventuell in eine Partnerschaft einbauen«, befindet Lykke Aresin im »Lexikon der Erotik« (Knaur Verlag, München 1996).

Doch Fetischismus kann mehr sein, »als es Psychologen in ihrer klinisch eingeschränkten Sicht wahrnehmen«, betont Matthias T. J. Grimme in dem → *SM*-Magazin »Schlagzeilen«. »Zum Fetisch kann vieles werden: Rituelle Redewendungen, Körperflüssigkeiten, minutiös strukturierte Handlungsabläufe, Körperbehaarung oder ihr Fehlen, Zahnspangen, Prothesen und Brüche in einem fiktiven Schönheitsideal.«

Bisweilen gehen die Signale, auf die Männer reagieren, noch weiter: Wenn ein Mann auf Frauenkleider fixiert ist und diese gerne anzieht, spricht man von → *Transvestismus.* Andere dagegen stehen auf Peitschenhiebe – sie sind → *Flagellanten.* Noch andere fühlen sich erst in dem sterilweißen Ambiente eines → *Klinikum* wirklich erregt; Fe-

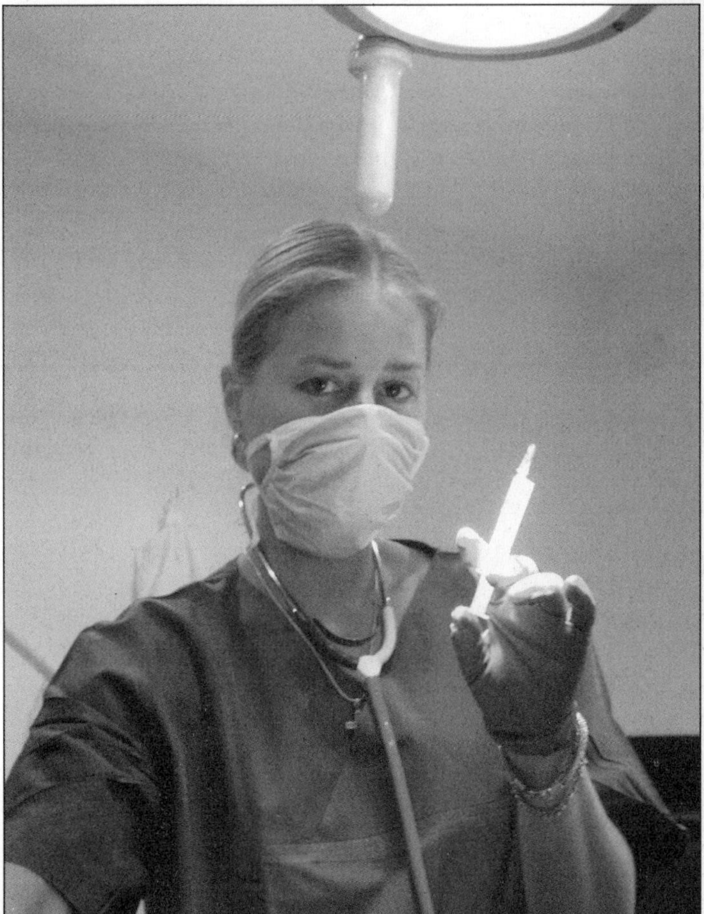

tischismus kann bestimmten Uniformen (Militär, Krankenschwester, Schulmädchen, siehe dazu auch → *Rollenspiele*), Materialien (Windeln, Lack, Leder, Gummi) oder den Exkrementen Urin (→ *Natursekt*) und Kot (→ *Kaviar*) gelten.

Weil vielen Männern für diese Neigungen die entsprechende Partnerin fehlt, suchen sie → *Bordelle* auf, die in der Regel aber nur die »softe« Version dessen anbieten. Spezialisiert haben sich → *SM-Studios* auf die verschiedenen Fetische der Männer. Wie zum Beispiel das

Studio »Rubber Torture«, das für seine Gummierotik mit folgenden Appetizern wirbt: »Verschlauchungen verschiedenster Art (auch Dauerverschlauchungen, Atemreduktion und -kontrolle mit speziellem Maskentraining, strenge Fixierungen im Gummivakuumbett, Gummidrill in Verbindung mit medizinischen Zwangsbehandlungen, Bondage-Anzüge, Gummipuppen-Drill, Zwangsejakulationen in völliger Hilfslosigkeit, Zwangsfeminisierungen in Vollgummi, Gummischürzen-Behandlungen, strengste Zwangskorsettierungen, Isolation in diversen (u.a. aufblasbaren) Tortursäcken, Cocooning der besonderen Art, notgeile Rubbergirls warten auf ihren Meister, Langzeitbehandlungen, Übernachtungen, Wochenendaufenthalte.«

FILZLÄUSE

Sexuell übertragbare Krankheit, → STDs.

Synonym: Schamläuse. Was ist bei feuchtfröhlichen Herrenabenden nicht schon gelacht worden über die kleinen, schwarzen Biester, die Mann und Frau das Leben schwer machen – und jeder, der darüber erzählte, glaubte, er würde sie nie und nimmer bekommen. Dabei ist die Übertragung der Viecher durchaus leicht: über Kleidung, Betten, Handtücher – und natürlich über sexuelle Kontakte mit Infizierten. Erste Anzeichen für die Infektion mit Filzläusen treten nach drei bis sechs Tagen auf. Juckreiz und typische bläuliche Flecken auf der Haut durch Stiche und Saugen der Läuse sind Begleiterscheinungen und ein Hinweis auf den Befall. Beim genauen Hinsehen kann man die Läuse, deren Eier (Nissen) und winzige, dunkelbraune Tüpfelchen (Kot) im Schamhaar, manchmal auch in den Haaren an Oberschenkel, Bauch und Achseln, selbst entdecken.

Einmal befallen, müssen Kleidungsstücke sowie Bett- und Handtücher desinfiziert, die Hautstellen mit einer rezeptfreien Tinktur bestrichen und die Haare rasiert werden.

FIM

Frauenrecht ist Menschenrecht e.V.

Der Verein FIM – Frauenrecht ist Menschenrecht wird unterstützt vom Trägerverein Ökumenische Asiengruppe e.V. und hilft → *Migrantinnen* aus Südostasien, Mittel- und Osteuropa, die als Prostituierte, als Heirats- oder Arbeitsmigrantinnen in Ausbeutungs- und Gewaltverhältnissen leben und arbeiten (→ *Menschenhandel*), indem er ihnen psychosoziale Beratung, Begleitung und Betreuung in verschiedenen Sprachen, Streetwork, Integrations-, Sprach- und Orientierungskurse sowie berufliche Weiterbildungskurse zur Schwesternhelferin bietet.

• *KONTAKT: FIM. Frauenrecht ist Menschenrecht e.V., Varrentrappstraße 55, 60486 Frankfurt/Main, Telefon 069/7075430, Telefax 069/7075466, asiengruppe@t-online.de*

FINAL SHOT
Ejakulation.
Synonym: Abspritzen, → *Cumshot*

FINANZAMT
→ *Steuern*

FINGERN
Szenejargon.
Synonyme: Annonce aufgeben, jemandem eine Lampe bauen, pfeifen, verraten, → *verzinken*

FKK-CLUB
Sexdiscounter.
FKK-Clubs sind der letzte Schrei. In den vergangenen fünf Jahren erlebten sie einen Boom, der seinesgleichen sucht. Denn im FKK-Club fallen nicht nur die Hüllen, sondern auch die Preise, und zwar schneller, als die Konkurrenz in den → *Privatclubs* und → *Bordellen* reagieren kann, wenngleich sich die meisten FKK-Clubs – zumindest offiziell – nicht als Prostitutionsbetrieb verstanden wissen wollen, sondern schlicht als → *Freizeitclub*. Auf diesem Wege umgehen sie nicht nur sämtliche mögliche Gesetze, die ihnen Restriktionen auferlegen können (zum Beispiel das → *Gaststättengesetz*), sondern signalisieren den Besuchern auch »Privatheit« und Frauen, die ohne finanzielle Interessen Sex haben wollen. Die Wahrheit liegt – wie immer – im Detail, wie sich nachfolgend noch zeigen wird.

FKK-Clubs sind die Nachfolger der in den 70er Jahren entstandenen → *Sauna-Clubs* und befinden sich meist in luxuriös eingerichteten Gebäudeteilen oder Villen mit Whirlpool, Sauna, Solarium, Kuschelecken und Bar. Die zehn bis zwanzig Frauen, die hier »arbeiten« und sehr wohl vom → *Betreiber* ausgesucht worden sind, bieten sich entsprechend der Club-Bezeichnung splitterfasernackt dar, die Männer tragen einen hauseigenen Bademantel. Ist einmal der Kontakt zwischen Frau und → *Freier* hergestellt, meist in einer der Kuschelecken mittels → *Fellatio,* verschwinden Mann und Frau auf eines der vielen Zimmer im Obergeschoss.

In den FKK-Clubs bezahlt der Kunde am Eingang Eintritt, mit dem auch direkt der gewünschte Sex verrechnet wird. Die Preise sind wie beim Lebensmitteldiscounter gestaffelt: Zweimal → *Verkehr* 40 Euro, dreimal Verkehr 60 Euro, fünfmal Verkehr 100 Euro. Zungenküsse, Schmusen, Knutschen, Getränke, manchmal auch Buffet seien inklusive, alles gehe auch ohne → *Kondom,* so werben die → *Betreiber* der FKK-Clubs in einschlägigen Rubriken der Tageszeitungen. Andere preisen gar: »1 x 69 Euro – Spaß so oft Sie wollen! Alles geht ohne Tabu!«

»Für die Freier ist das eine feine Sache«, erklärt Gisela Zohren, Sozialpädagogin der → *Dortmunder Mitternachtsmission e.V.,* in deren Einzugsgebiet – das Ruhrgebiet – es überdurchschnittlich viele FKK-Clubs gibt, und beinahe alle in einer Besitzerhand. »Sie bezahlen eine Pauschale und können sich dann so oft tummeln, wie sie wollen.«

Die Branche stöhnt, denn die Preise der FKK-Clubs sind kein Vergleich zu denen, die herkömmliche Prostituierte in Clubs oder Bordelle verlangen (beispielsweise 150 Euro für nur einmal Verkehr, 30 Minuten – mit Kondom und ohne → *Küssen*). Der → *Zuhälter* Richard K.: »Wenn ich mir so einen Laden angucke, ich kenne einen in der Nähe von Krefeld, in dem ich 25 Euro Eintritt bezahle – das musst du dir mal reinsaugen! Für 25 Euro blasen die mir den Schwanz blank. Für 25 Euro! Das sind 50 Mark. Hallo, bitte schön, wo liegen denn da die profitablen Grenzen, frage ich mich?«

Der Profit beginnt dort, wo die körperliche Kraft des Mannes endet. »Welcher Mann schafft denn fünfmal hintereinander?« erklärt Kurt T., Betreiber eines FKK-Clubs in Köln. »Siehste! Auch wenn er nur zwei Mal abspritzt, bezahlt hat er für fünf! Daran verdiene ich!«

Der eigentliche Erfolg der FKK-Clubs ist aber nicht nur der Billigsex, sondern auch der Zuzug aus den → *osteuropäischen* Ländern. »80

Prozent der Frauen in FKK-Clubs sind osteuropäischer Herkunft«, sagt die Prostituierte Wendy S., die selbst kurzzeitig in einem FKK-Club arbeitete. »Die Hälfte der Frauen kommt aus dem Ausland«, bestätigt → *Stephanie Klee* vom → *Bundesverband sexueller Dienstleistungen e.V.* in einem »Spiegel«-Interview, »junge, oft sehr schöne Mädchen, die die Preise in den Keller treiben.«

Siegfried L., selbst → *Poussierstengel*, fügt hinzu: »Diese Frauen sind bereit, für weniger Geld weitaus mehr zu tun; da rutschen Männer eben öfter über die Frauen drüber. Da geht es zu wie auf dem Schlachtfeld.«

Zwar gibt es deshalb für die FKK-Prostituierten, die im Milieu abfällig als → *Club-Fotzen* (Gegenteil: → *Puff-Frauen*) bezeichnet werden, auch weniger Geld, das sie anteilig verdienen, aber dies geringe Honorar ist in ihrer Heimat – im Vergleich zu den Gehältern für normale Jobs dort – trotzdem immer noch sehr viel mehr wert, so dass sich der Job im FKK-Club für sie durchaus lohnt.

FKK-CLUB
Im Gespräch: Peter T., Clubbetreiber.
Peter, 40 Jahre, betreibt einen → *FKK-Club* in der Nähe von Hannover.

Peter, du betreibst einen FKK-Club.
Peter T.: Ja, einen so genannten FKK-Club.

Worin unterscheidet sich dein FKK-Club von einem herkömmlichen Nachtclub?
Peter T.: Eigentlich gibt es keine großen Unterschiede. Der einzige Unterschied: Ein FKK-Club ist so was wie ein → *Privatclub*, dort gibt es keinen Getränkeausschank. Vielleicht gibt es in einem FKK-Club eine Sauna. Und die Männer laufen in Handtüchern und Badelatschen herum. Das heißt, in meinem Laden kannst du nicht in deinen normalen Straßenklamotten auf der Couch sitzen, sondern bekommst ein Handtuch und ein Paar Saunalatschen ...

Viele behaupten, FKK-Clubs würden durch Dumping-Preise den Markt kaputt machen.

Peter T.: Das würde ich so nicht sehen wollen. Ich finde, Konkurrenz belebt das Geschäft. Dieses FKK-Club-Prinzip ist doch eigentlich nur aus der Not heraus entstanden, weil Prostitution sittenwidrig und damit praktisch illegal war. Die Betreiber mussten also einen Weg finden, wie sie einen Puff auf legale Art und Weise betreiben konnten. Das gelang ihnen, indem sie einen Club als »FKK-Club« deklarierten und nicht am Liebeslohn der Mädels teilhatten.

Stattdessen?
Peter T.: Ganz einfach, die Männer bezahlen als Gast offiziell Eintritt. Der liegt meist bei um die 50 Euro, Getränke und Anlagenbenutzung sind inklusive. Die Frauen? Auch die bezahlen als Gast ganz offiziell Eintritt, der aber erheblich höher liegt, sozusagen einer Tagesmiete vergleichbar in einem Bordell. Das bedeutet auch, dass die Frauen für einen Liebesdienst direkt mit den Männern abrechnen. Der FKK-Club-Betreiber partizipiert also wie gesagt nicht daran. Dieses System hat sich als sehr erfolgreich erwiesen, weil insofern auch eine hohe Fluktuation im Laden stattfindet. Es gibt Läden, die haben 200 bis 250 Gäste Durchlauf am Tag. Das mal 50 Euro, zusätzlich das Geld von den Frauen – manchmal arbeiten bis zu 30 Frauen im Laden. Es gibt inzwischen hochluxuriöse FKK-Anlagen, die bieten noch viel mehr Frauen an, teilweise 40 bis 50 Frauen. Dementsprechend höher ist der Durchlauf.

Allerdings entscheidest du als Betreiber, welche Frauen »Eintritt« haben?
Peter T.: Klar, selbstverständlich. Die Bezeichnung »FKK-Club« ist doch eigentlich nur ein Deckmäntelchen gewesen. Und ist es auch heute noch. Offiziell sind Männer wie Frauen Gäste in einem Freikörperkulturclub, und wenn die Frauen sich mit den Männern vergnügen, habe ich als Betreiber damit nichts zu tun – offiziell! Inoffiziell schreibe ich den Frauen natürlich vor, wie gearbeitet wird, und ich schreibe vor, wo das Programm anfängt, also dem Preis für eine Nummer.

Was meinst du: Gehen Männer lieber in einen FKK-Club denn in ein → *Bordell* oder → *Laufhaus*?

Peter T.: Auf jeden Fall. Ein Club hat einen privaten Charakter, das ist persönlicher. Das ist ein ganz anderes Ding. Der Kunde kann da mehr Zeit verbringen, und zwar in einem ganz anderen Rahmen. In einem normalen Puff marschierst du herein, musst die kalten Flure entlanglaufen, die Frauen stehen in den Türen, sitzen auf dem Hocker vor ihrem Kämmerchen – und du musst dich innerhalb von zwei Sekunden entscheiden, ob du mit der Frau klar kommst oder nicht. Meist entscheidet der erste optische Eindruck. Aber wenn sich die Tür des Kämmerleins einmal geschlossen hat, kann man natürlich böse Überraschungen erleben. Das war ja das, was den schlechten Ruf der Bordelle begründete. Dass die Freier schlecht bedient, früher abgewackelt wurden oder gar nichts für ihr Geld bekamen, und wenn sie sich, nachdem sie rausgewippt wurden, darüber mokierten, gab's noch ein paar auf's Maul. Daher kam der schlechte Ruf der Bordelle; das mag vielleicht heute anders sein, aber ich kann mir da sowieso nicht wirklich ein Urteil bilden, weil diese Puffs noch nie mein Ding waren.

FLAGELLANT

Lat.: »*Geißler*«. Im Mittelalter waren Flagellanten Angehörige religiöser Bruderschaften, die durch Selbstgeißelung Sündenvergebung erreichen wollten. 1417 wurde diese Praktik durch das Konstanzer Konzil verboten. Heute ist ein Flagellant jemand, der durch die → *Flagellation* erotische Stimulation sucht.

FLAGELLATION

Sexpraktik.

Synonyme: → *Abstrafung*, Auspeitschung, → *Erziehung*, Geißelung, Peinigung, → *Züchtigung*. Flagellation, die sexuelle Erregung durch körperliche Züchtigung und Geißelung mit der Peitsche, ist eine Praktik des Sadismus, Masochismus und der → *SM*. Den Partner zu quälen und zu demütigen geht dem Flagellanten über alles.

Weit verbreitet ist diese sexuelle Praktik im Rahmen so genannter → *Abstrafungen* oder → *Erziehungen* während der → *Sessions* der → *SM*-Szene; auch die Sexbranche hat den Markt erkannt und bietet in → *Dominastudios* professionelle → *Flagellation.* Aber auch in → *Clubs* – → *Nachtclubs,* → *Privatclubs* und → *FKK-Clubs* – gibt es inzwischen fast immer einen kleinen Raum mit entsprechendem Interieur, der Möglichkeiten für »softe« Schlagspiele bietet.

Wird statt der Peitsche ein Rohrstock verwendet, spricht man in der Regel vom → *Caning*, Schläge mit anderen Hilfsmitteln, insbesonder der Hand, bezeichnet man als → *Spanking*.

FLAUBERT, GUSTAVE

Franz. Schriftsteller, geb. 1821, gest. 1880.

Bereits mit der »Madame Bovary« (1857) entsetzte der Dichter das französische Establishment, als er Lust, Leidenschaft und Scheitern der Emma Bovary zu Papier brachte. Auch die »Schule der Empfindsamkeit« (1870) blieb nicht unbeachtet, weniger aber wegen der politischen und sentimentalen Anekdoten, die Flauberts Held Frédéric Moreau zum Besten gab, sondern der Erinnerungen an die glückliche Zeit im Bordell »La Turque« wegen: »Der Ausfluss eines absoluten Gefühls für reine Form, Schärfe des Bildes«, für das Flaubert in späteren Jahren gelobt werden sollte, kam nicht von ungefähr: Der Autor war selbst Zeit seines Lebens Stammgast der »Häuser der Sünde«, in denen er »meine kleinen Engel«, wie er die → *Huren* nannte, suchte. So sehr bereits »Sünde« und »Engel« Diskrepanz aufzeigten, so sehr war auch Flauberts Gesamtwerk Zeugnis eines Kampfes zwischen romantischem Wesen und verachtendem Lebensekel.

FLEISS, HEIDI

Amerik. Promi-Callgirl, geb. 1966.

Die deutschstämmige Heidi Fleiss gründete bereits als junges Mädchen eine Agentur, mit der sie erfolgreich Babysitterinnen vermittelte. Als Teenager heiratete sie den 65-jährigen Milliardär Bernie Cornfeld. Fortan bestand ihr Leben aus Partys, Shopping und Nichtstun. »Eines Tages erwachte ich auf den Bahamas, blickte auf den 10.000 Quadratmeter großen Golfplatz vor dem Haus und wusste, dass ich nun selbst eine Geschäftsfrau werden wollte«, erinnert sie sich in einem Gespräch mit der »Weltwoche«. »Dafür benötigte ich keinen Mann mehr. Das Startkapital war – noch vor der Scheidung – zusammen.« Die Erfahrung mit dem Babysittingbusiness begründete ihren Erfolg als Edel-Kupplerin. »Ich realisierte sehr jung, dass man das Vertrauen der Leute gewinnen und ihnen geben muss, was sie wollen –

dann rollen die Dollars ganz von allein. Das Wichtigste war, zu spüren, welches Mädchen zu welcher Familie passt. Seither habe ich einen sechsten Sinn für solche Konstellationen, und ich wendete dieses Talent auch später in den allermeisten Fällen erfolgreich an. Sex geschieht hauptsächlich im Kopf. Die Chemie zwischen zwei Leuten muss stimmen, sonst läuft nichts. Was sonst nur durch einen glücklichen Zufall geschieht, wusste ich gezielt zu provozieren. Das war mein ganzes Geschäftsgeheimnis.«

Über 150 → *Callgirls* vermittelte sie fortan an die großen, vor allem aber die prominenten und reichen Babys, ihre ausgesuchte Klientel. »Der Mindestansatz war 1500 Dollar pro Stunde. Im Schnitt gaben die Kunden 6000 Dollar aus. Geschenke, teure Klamotten und Schmuck – beispielsweise Brillanten – waren willkommen und gehörten zum guten Ton. Es gab auch nette Trinkgelder; einmal waren es 100.000 Dollar. Meine Spezialität betraf jedoch die Organisation mehrtägiger Arrangements. Eine viertägige Kreuzfahrt durchs Mittelmeer schlug bei drei Mädchen mit 200.000 Dollar zu Buche. Plus Shoppinggeld, plus Tipps.«

Fleiss galt bald als → *Zuhälterin* der Nation, »Amerikas berühmteste Kupplerin«, die viele Hollywood-Prominente mit ihren → *Edel-Prostituierten* versorgte. »Ich war die Beste, die Schönste und die Jüngste im Geschäft«, sagt sie. »Das hört sich eingebildet an, entspricht aber den Tatsachen.« 1995 wurde sie medienwirksam festgenommen und wegen Steuerhinterziehung, Geldwäsche, Drogenbesitz und – natürlich – → *Zuhälterei* zu einer 30-monatigen Gefängnisstrafe verurteilt. »Aber in erster Linie wollte der Bundesstaat Kalifornien ein Exempel an einer prominenten Person statuieren.«

Viele Filmstars und Superreiche zitterten in den Monaten ihrer Haft vor einer Enttarnung als → *Freier*. Die Medien ergingen sich in Spekulationen und Vermutungen, unter anderen sollen Sylvester Stallone, Jack Nicholson, Billy Idol, Charlie Sheen und Warren Beatty zum illustren Kundenkreis gehört haben. Doch Fleiss schwieg – bis heute. »Zu den Namen sage ich nichts«, sagt sie. »Aber Hollywood-Schauspieler waren von geringstem Interesse. Die haben mickrige fünf Millionen Dollar auf dem Konto, verfügen aber über unglaublich aufgeblasene Egos: Die meinen, alles im Leben sei gratis. Als Attitüde ist das völlig uninteressant. Aus gutem Grund konzentrierte ich mich bei meinen Geschäften auf die Superreichen von internationalem Format.« Und: »In meinem Geschäft hatte ich mit den obersten ein Prozent der reichsten Leute der Welt zu tun – Leute, die Staaten lenken und deren Taten die Wirtschaft beeinflussen. Es war sehr berauschend, und das Geld floss nur so.«

Nach 20 Monaten ist Fleiss wieder auf freiem Fuß. Sie hat die Filmrechte an Paramount Pictures verkauft, die ihr Leben unter dem Titel »Pay the Girl« mit Nicole Kidman in der Hauptrolle verfilmen will. Gegenwärtig macht sie Werbung für das australische → *Daily Planet*, das als erstes → *Bordell* der Welt an der Börse notiert ist. Sie sieht sich als Idealbesetzung für diesen Job: »Niemand auf der Erde weiß so viel über Sex wie ich.«

FLESH (FLESH)

Kinofilm.

Von Andy Warhol produzierter Low-Budget-Streifen über Joe, der sich, um für den Schwangerschaftsabbruch seiner Freundin Geld aufzutreiben, als → *Stricher* verdingt; der Film kreist um Joes kleines Universum, im Grunde nur um ihn selbst, seinen makellosen Körper, seine Muskeln, sein ebenmäßiges Gesicht, seine Lachfältchen, seine Männlichkeit – vom Stirnband bis zu den Cowboystiefeln ein Paradestricher. Schwule feierten Joe als Ikone ihrer Gay Community, Kritiker die Geschichte als »die Wiederentdeckung des Menschen«, Zensoren den Streifen als »Skandalfilm«. Skandalös war jedoch allenfalls die technische Qualität. »Ich weiß, das Licht ist schlecht, die Kamera ist schlecht«, bestätigte Warhol und fügte hinzu: »Aber die Menschen sind schön!« In einigen Ländern wurde der Film verboten, in London stürmte die Polizei Kinosäle und verhaftete die Zuschauer. In Deutschland war der Film, mit nur 4000 Dollar und an zwei Wochenenden abgedreht, ein Kassenerfolg.

• *DER FILM: Flesh (Flesh). USA 1968, 92 Min. Regie: Paul Morrisey. Darsteller: Joe Dallesandro (Joe), Geraldine Smith (seine Freundin), Patti Darbanville (Freundin)*

FLITTCHEN

Ugs. Bezeichnung f. Prostituierte. Engl.: to flitter – flattern.

Unruhig glänzen, flattern, flittern, das ist die Eigenschaft von billigem

Schmuck. Ein »Flittchen« ist ein »billiges Mädchen«, unordentlich, liederlich und von unmoralischem Lebenswandel geprägt. Und da die Prostitution eben auch die vielen Jahrhunderte als unmoralisch verbrämt war, wurden Prostituierte gerne auch als »Flittchen« bezeichnet.

FLUCHTWEG ST. PAULI

Kinokrimi.

Willi Jensen bricht aus dem Knast aus und macht sich auf nach St. Pauli, wo er die Beute aus seinem letzten Bankraub vesteckt hat. Doch ausgerechnet jenes Haus ist just in diesem Augenblick von einem Bagger dem Erdboden gleich gemacht worden und mit ihm die Kohle. Glücklicherweise plaudert Willis Bruder Heinz, ein Taxifahrer, von einem reichen Passagier namens Berndorf, aus dessen Wohnung Willi sich sein Geld mittels Einbruch zurückzuholen gedenkt. Unglücklicherweise taucht die Gattin Berndorfs auf, als er sich mit den Juwelen davon machen will, so dass Willi sie notgedrungen erdrosseln muss. Was wiederum den Hausherrn freut, der, kaum dass er die Leiche seiner Ehefrau entdeckt hat, nicht die Polizei anruft, sondern seine Geliebte. – Das → *Reeperbahn*-Milieu mit seinem Rotlicht, den → *Huren*, → *Freiern* und → *Zuhältern* schuf von den Anfangstagen des Films an Raum für Spekulationen, Phantasien und Fiktionen der Regisseure. In »Fluchtweg St. Pauli« allerdings widmet sich Regisseur Wolfgang Staudte weniger der Prostitution, als dem Kiez-Gangstertum, ohne nicht – ganz im Sinne des St. Pauli-Filmers → *Rolf Olsen* – darauf zu verweisen, dass die wahren Gauner die Biedermänner im Anzug sind, nicht die Jungs von der Straße. »Genau wie Olsen inszeniert auch Staudte Hamburg als einen wilden unberechenbaren Großstadtdschungel. Es ist doch immer schön, wenn die Figuren eine gewisse Authentizität entwickeln und zu den Hinterhöfen passen, in denen sie aufgewachsen sein sollen«, schreibt Autor Michael Cholewa in einer St. Pauli-Retrospektive für den Terror Verlag. »Dazu ist dieses Werk reich an den in den 70er Jahren üblichen und beliebten Genre-Zutaten. Orchestersound zur Spannungssteigerung (komponiert von Peter Schirmann), Kreischgitarre um die Entschlossenheit der kriminell Handelnden zu unterstreichen.« »Einige der Beat-Instrumentals (Fuzz-Gitarre und Tanzorchester Backing) klingen etwas verspießt, manchmal wird aber sogar mit Niveau gejazzt«, urteilt die »TV Movie« über den Filmsoundtrack, der 2001 erschien.

• *DER FILM: Fluchtpunkt St. Pauli (Großalarm für die Davidswache). BRD 1971. Regie: Wolfgang Staudte. Darsteller: Horst Frank (Willi Jensen), Christiane Krüger (Vera Jensen), Heinz Reinke (Heinz Jensen), Klaus Schwarzkopf (Kommissar Knudsen), Andrea Rau (Maggy)*

FLUFFER-GIRL

Engl.: to fluff – aufschütteln, aufplustern.

Synonyme: Anbläserin, Vorkauerin. In der → *Prostitution* ist ein Fluffer-Girl eher unüblich, trotzdem kommt ihr Job dem einer → *Prostituierten* ziemlich nahe: Sie wird bei den Dreharbeiten zu → *Porno*filmen eingesetzt, vornehmlich für Gruppensex und → *Gangbangs*. Bei diesen Szenen – unterschiedlich viele Männer treiben es nacheinander mit nur einer Frau – geht es schnell am Set, sprich, die Darstellerin darf mit der Stimulanz der einzelnen Herren nichts zu tun haben. Ein Fluffer-Girl sorgt hinter der Kamera mit Hand und Mund dafür, dass die Männer Stehvermögen behalten.

Auch wenn Fluffer-Girls in der Regel nie vor der Kamera agieren, wissen sie ihre Arbeit durchaus zu schätzen: »Weißt du, was das Tolle ist?« fragt Flufferin Nicole. »Der Moment, in dem der Mann zu mir kommt. Er ist verunsichert und glaubt, er kann gar nichts. Ich bin so was Ähnliches wie die Feuerwehr: Ich helfe im Notfall. Und in dem Moment, in dem der Mann zu mir kommt, habe ich die Macht.« (Quelle: Blond, 9/02)

FÖRDERUNG DER PROSTITUTION

Unproblematisch.

→ *Club*- und → *Bordellbetreibern* war es, so rechtschaffen sie arbeiten wollten, bislang verboten, für die Prostituierten in ihren Häusern angenehme Arbeitsbedingungen zu schaffen. Sobald sie → *Werbung* betrieben, Anrufe entgegennahmen und diese vermittelten sowie für frische Bettwäsche, → *Kondome* oder → *Gleitmittel*, also für mehr Sicherheit sorgten, machten sie sich gemäß »§180a« des → *Strafgesetzbuches* der Förderung der Prostitution strafbar.

Nach Inkrafttreten des → *Prostitutionsgesetzes* am 1. Januar 2002 ist das nicht mehr der Fall. Der entsprechende Paragraph wurde den vorherrschende Verhältnissen angepasst – viele Frauen gehen freiwillig → *anschaffen* – und heißt heute: »Ausbeutung der Prostitution«.

FOSENHAHN

Szenejargon.
Synonym: Loddel, Louis, Lude, Ludewig, Stenz, → *Zuhälter*

FRANKFURT a. MAIN

→ *Großstadt.*
Frankfurt, das ist der Main, der Flughafen, das Bankenviertel. Und die Bordelle im Bahnhofsviertel. Ist → *Hamburg* für sein → *Rotlicht* berühmt, ist Frankfurt für sein Milieu berüchtigt. Aber es gibt auch kaum eine Stadt, die restriktiver gegen Prostitution vorgeht. Das langwährende Contra begann bereits 1986 mit dem Vorhaben des damaligen Oberbürgermeisters Walter Wallmann, der mit einer → *Sperrgebietsverordnung* das Bordellviertel am Bahnhof zu schließen gedachte. Ein Aufschrei ging durch Frankfurt, und nicht nur von Seiten der Prostituierten, die sich in Zukunft ihrer Einnahmequelle beraubt sahen. Auch Vertreter umliegender Stadtteile, selbst Vertreter der Kirchengemeinden, befürchteten eine Verlagerung der Prostitution in ihre vormals »sauberen« Viertel. Sie gründeten den »Ökumenischen Arbeitskreis zu Fragen der Prostitution«. Der HWG (die Anfang der 80er gegründete, inzwischen aufgelöste Hurenselbsthilfegruppe »Huren wehren sich gemeinsam«) gelang es aber, den Arbeitskreis für die Probleme der betroffenen Prostituierten zu sensibilisieren: Die von der Sperrgebietsverordnung betroffenen Frauen bräuchten, so die HWG, neue Berufsperspektiven, außerdem neue Wohnungen, da viele von ihnen in den Bordellen am Bahnof nicht nur arbeiteten, sondern auch lebten.

Gemeinsam mit wichtigen Gremien der Stadt Frankfurt, unter anderem das Sozialamt und das Arbeitsamt, wurde ein → *Ausstieg*konzept erarbeitet. Ausgerechnet der Evangelische Verein für Innere Mission und der Evangelische Regionalverband riefen im Anschluss die Beratungs- und Kontaktstelle → *Tamara* ins Leben, deren drei Sozialarbeiterinnen sich der professionellen Aufgabe annahmen. Der Plan des Oberbürgermeisters wurde derweil durchgesetzt – mit Einschränkungen. Und so bannen die Sperrgebiete das Rotlichtmilieu heute nahezu auf einen einzigen Straßenzug, nämlich Elbestraße, Taunusstraße und Moselstraße. Die sind allerdings nach wie vor in unmittelbarer Nähe zum Hauptbahnhof.

Hier finden sich heute noch die → *Laufhäuser* und → *Bordelle* der Main-Metropole, in denen über 1400 Frauen arbeiten. 95 Prozent von ihnen seien, so schätzt man, ausländischer Herkunft, so genannte → *Migrantinnen*, die aus Lateinamerika (insbesondere Kolumbien), Asien oder Afrika stammen. Der Grund dafür seien, so wird vermutet, der große Einzugsbereich des Rhein-Main-Flughafens und die etablierten Strukturen: »Frauen, die aus Kolumbien kommen, ziehen andere Frauen nach«, so eine Sozialarbeiterin in Frankfurt.

Was wiederum bedeutet, dass das Prostitutionssystem in den wenigsten Fällen über Vermittler oder → *MenschenhändlerInnen* passiert. Frauen aus → *Osteuropa*, seit Fall des Eisernen Vorhangs überdurchschnittlich oft Opfer von Menschenhandel, trifft man in den Frankfurter Bordellen eher selten. Judith Rosner von → *Agisra e.V.* erklärt: »Aus ost- und mitteleuropäischen Ländern finden sich angeblich wegen eines inoffiziellen Agreements zwischen Bordellbetreibern und Polizei keine Frauen in den Bordellen, um – so heißt es – sich die ›Russenmafia‹ vom Leib zu halten.« Das Agreement scheint fruchtbaren Boden gefunden zu haben: Der Großteil der Frankfurter Bordelle ist, anders als beispielsweise in Hamburg oder → *Berlin*, nach wie vor in deutscher Hand, oftmals sogar im Besitz alteingesessener Rotlicht-Dynastien. »Russen oder Albaner haben einen gehörigen Respekt davor«, weiß ein einheimischer Milieukenner.

Obwohl es in Frankfurt also nicht die milieutypischen Grabenkämpfe mit osteuropäischen Zuwanderern gibt, hatte die Polizei trotzdem die letzten Jahre allerhand zu tun: Über fast drei Jahre stürmte sie in regelmäßigen Abständen die Bordelle und Laufhäuser der »Rotlichtmeile« auf der Suche nach illegalen Migrantinnen. Bis im November 2000 eine ausländische Prostituierte während der behördlichen Schließung eines Bordells aus dem Fenster stürzte, woraufhin über 50 Prostituierte in einem Protestmarsch zur Weißfrauenkirche marschierten. Einen Monat später riefen die betroffenen Ämter der Stadt zusammen mit Staatsanwaltschaft, Polizei und den Hurenprojekten und -beratungsstellen einen »Runden Tisch« ins Leben mit dem Ziel, »die derzeitige Situation der Prostitution in Frankfurt zu analysieren und Empfehlungen sowie Handlungskonzepte zu erarbeiten, die insbesondere die Arbeits- und Lebensbedingungen von Prostituierten verbessern sollen. Konkret beauftragte die Stadtverordnetenversammlung die Fachkommission – nachstehend ›Runder Tisch‹ genannt –, folgende Themenfelder zu beleuchten:

- Verhinderung der Verdrängung der Prostitution in andere Wohnquartiere
- Modellprojekt zur Vermietung von geeigneten Räumlichkeiten an Prostituierte durch die Stadt oder durch ihr nahe stehende Einrichtungen zur Verbesserung der Situation der betroffenen Frauen wie der öffentlichen Sicherheit
- Verbesserung der Hilfs- und Ausstiegsangebote für Prostituierte, zum Beispiel durch zusätzliche gesundheitliche und soziale Angebote ›vor Ort‹, das heißt im Bahnhofsviertel
- Verbesserung des Schutzes der Prostituierten vor menschenverachtender Ausbeutung sowie des Schutzes der Öffentlichkeit vor den Begleitumständen der Prostitution.

Ein besonderer Schwerpunkt sollte auf Migranten/innen in der Prostitution gelegt werden.« (Quelle: Runder Tisch zur Prostitution in Frankfurt am Main: Empfehlungen an die Stadtverordnetenversammlung, November 2002)

Im November 2002 beendete der Runde Tisch, der in dieser Form Modellcharakter haben dürfte, seine Arbeit und richtete Empfehlungen an die Stadtväter. Neben grundsätzlichen, wie zukünftig mit der Prostitution in Frankfurt zu verfahren sei, bemühten sich die Teilnehmer des Runden Tisches in einem zusätzlich gegründeten Arbeitskreis »Stadtplanung« um eine Aufwertung der Bordellzeile, demgemäß sich zum Großteil und »unbeschadet der bestehenden Büro-, Wohn- und anderen Nutzungen ein 24h-Vergnügungsviertel mit einem vielfältigen Angebot an Vergnügungs- und Unterhaltungsmöglichkeiten entwickeln [soll]. Leitmotiv ist die Mischung aus ›Rund-um-die-Uhr-Entertainment‹ und Gewerbenutzung. Dabei soll – einmalig für das Rhein-Main-Gebiet – ein Mix von Bordellen, Erotik-Betrieben, Diskotheken, Varietés, Kultur und Gastronomie entstehen.«

Obwohl alle Augen ob der neuen Entwicklung derzeit auf die Laufhäuser und Bordelle am Bahnhofsviertel gerichtet sind, existiert natürlich auch über die Stadt verstreut eine andere Form der Prostitution: höherpreisige → *Clubs* und → *Saunaclubs* sowie Wohnungen und Appartements (→ *Wohnungsprostitution*), in denen überwiegend deutsche Frauen arbeiten, deren Angebot umfangreicher und entsprechend teurer ist. Vereinzelt trifft man hier auch osteuropäische Frauen an.

Last but not least gibt es in Frankfurt auch eine ausgeprägte → *Stricher*szene. Von bis zu 800 Jungs und jungen Männern, die → *anschaffen*, geht das örtliche Projekt → *KISS.* der Aids-Hilfe Frankfurt e.V. aus; zwar nicht so hoch wie bei der weiblichen Prostitution, aber dennoch bemerkenswert hoch ist die Zahl ausländischer Prostituierter: »Man kann davon ausgehen, dass 40 Prozent der Stricher aus dem Ausland kommen, 60 Prozent aus Deutschland«, so Karin Fink von KISS. Razzien, bei denen illegale Jungs gesucht werden, hat es anders als in der weiblichen Prostitutionsszene in der Frankfurter Stricherszene selten gegeben. Was vielleicht auch daran liegt, dass die Stricherszene nicht so ausgeprägt ist wie anderswo: In Frankfurt gibt es offiziell nur drei Stricherkneipen. Dort gab es zwar Polizeieinsätze, die galten bisher allerdings eher den konsumierten Drogen.

FRANKFURT (ODER)
Stadt.
Mit knapp 90.000 Einwohnern gewiss keine → *Großstadt* wie ihr Namensvetter in Hessen, doch als Grenzstadt zu Polen genießt Frankfurt (Oder) einen besonderen Status im → *Rotlicht*milieu. Seit der Wende, ab etwa 1992, boomt hier die Branche. Weil die Polizeibehörden im brandenburgischen Umland rigoros gegen → *Bordellbetreiber* vorgingen, flüchteten diese mit ihrem → *Stall* auf die andere Seite von Frankfurt, nämlich nach Polen. Anfangs waren die Clubs und Häuser dort regelrechte Schmuddelbordelle. »Wir dachten nur: ›Furchtbar! Wie kann man hier nur arbeiten?‹« erinnert Uta Ludwig, die mit ihrem Frauenberatungsprojekt → *Belladonna e.V.* seit 1994 Streetwork entlang der deutschpolnischen Grenze betreibt.

Auf polnischer Seite kam es in der Folgezeit zunehmend zu Joint Ventures zwischen Deutschen und Polen. Die Qualität der Etablissements wuchs wie die Zahl der Freier, die für einen »Quickie« über die Grenze fuhren. »Heute gibt es dort Begleitagenturen vom Feinsten«, weiß eine deutsche Hure, die lange Zeit in Polen anschaffen ging. Was nicht heißen soll, dass diese Agenturen nicht Kontakt zur Halbwelt haben, im Gegenteil. Meist sind es → *Arbeitsvermittlungsagenturen*, die die legale Fassade für dunkle Geschäfte mit → *Frauenhandel* nutzen. In vielen dieser Agenturen werden Frauen aus → *Osteuropa* von den → *Menschenhändlern* »geparkt« (→ *parken*), bevor sie nach Deutschland verkauft werden.

Insgesamt gibt es gegenüber von Frankfurt (Oder) etwa 78 Begleitagenturen, Bordelle und drei große Straßenstrichs. Hier verdingen sich annähernd 1300 Frauen täglich, das sind allerdings fast so viele wie im ungleich größeren Frankfurt a. Main.

FRANZÖSISCH

Orale Stimulation.

Synonyme: Blasen, → *Blow Job*, Cunnilungus, Fellation, Mundfick, Oralsex. Landläufig wird »französisch« als Bezeichnung für den Blow Job herangezogen. »Der Wunsch nach Oralverkehr scheint bei vielen Männern ein wichtiges sexuelles Motiv für den Besuch bei einer Prostituierten zu sein«, vermutet Joachim Rieker in dem Buch »Ware Lust« (Fischer Verlag, Juli 1995). Mehr noch: Französisch ist, neben dem herkömmlichen → *Verkehr*, einer der wesentlichen Gründe, weswegen Männer zu → *Prostituierten* gehen. »Am häufigsten gefragt wird Blasen«, bestätigt die Prostituierte Stefanie A. »Das ist ein durchschnittlicher Wunsch. Nichts Ungewöhnliches mehr.«

71 Prozent der → *Freier*, so ergab eine Studie, die die beiden Wissenschaftler Doris Velten und Dieter Kleiber 1994 unter Freiern anstellten, suchen bei einer Prostituierten zusätzlich oder ausschließlich orale Befriedigung. Damit erfüllen sie einen sexuellen Wunsch, den die feste Partnerin nicht erfüllen kann, will oder soll. Nur bei knapp der Hälfte der in der Freierstudie befragten Männer gehört Fellatio auch zum heimischen »Programm«. »Manche Ehemänner wollen zum Beispiel bestimmte Sexualtechniken ihrer Ehefrau nicht zumuten und realisieren sie mit einer Prostituierten«, weiß Kurt Starke in seinem Buch »Lexikon der Erotik« (Knaur Verlag, München 1996).

»Den Huren ist's recht«, erklärte die Frauenillustrierte »Amica« im April 1997. Französisch habe »sogar den Vorteil, dass es auch an weniger kommoden Orten praktiziert werden kann. Kein langes Gefummel mit den Klamotten, Reißverschluss auf, und los geht's. Zeit ist

Geld.« In der Regel gehört zum französischen Standardprogramm aber nicht, dass die Prostituierte das Sperma des Mannes schluckt: Empfohlen wird den Huren aus gesundheitlichen Gründen (Schutz vor → *STD*) ohnehin nur ein Blow Job mit → *Kondom*. Die wachsende Konkurrenz und gleichzeitig die wirtschaftliche Flaute führen in einigen Städten jedoch dazu, dass Prostituierte explizit anbieten, auch den Sperma das Mannes zu schlucken. Das nennt man allgemein → *Französisch Total.*

FRANZÖSISCH TOTAL

Blow Job mit Absch(l)uss.

Synonyme: Blasen, → *Blow Job*, Cunnilungus, Fellation, Mundfick, Oralsex. Normal bieten Prostituierte den Freiern → *Französisch* an: Das ist eine orale Stimulation mit → *Kondom*. Bietet die → *Hure* an, das Sperma des Mannes zu schlucken, nennt man das im Szenejargon → *Französisch Total.*

FRAUENBERATUNGSSTELLE DÜSSELDORF E.V.

Projekt für Migrantinnen.

Die Frauenberatungsstelle Düsseldorf e.V. bietet Hilfe für Frauen in Gewaltbeziehungen, für vergewaltigte Frauen, Lesben, behinderte Frauen sowie seit 1993 in einem eigens gegründeten Projekt Hilfe für → *Migrantinnen*. Dieses hat sich inzwischen zu einem anerkannten spezialisierten Fachbereich für Opfer von → *Frauenhandel* entwickelt. Ein wesentlicher Faktor ist die Mehrsprachigkeit der Beraterinnen, die eine muttersprachliche Unterstützung vieler betroffener Frauen ermöglicht. Weitere Arbeitsschwerpunkte sind die Beratung und Unterstützung von Migrantinnen in Gewaltbeziehungen, insbesondere bei Anwendung von §19 des → *Ausländergesetzes* sowie fachspezifische muttersprachliche Unterstützung von Migrantinnen in der Abschiebehaft.

Ebenso spielen nach Auskunft der Frauenberatungsstelle Düsseldorf e.V. Presse- und Öffentlichkeitsarbeit sowie Vernetzung eine wichtige Rolle, um die Interessen von Migrantinnen zu vertreten und eine Sensibilisierung für diese spezielle Problematik zu erreichen. Auf kommunaler, landes- und bundesweiter sowie internationaler Ebene arbeitet das Projekt für Migrantinnen in unterschiedlichen Gremien mit anderen Organisationen, Einrichtungen und Institutionen zusammen. Ziel ist es, eine weitreichende Verbesserung der rechtlichen, wirtschaftlichen, sozialen und emotionalen Lebenssituation von Migrantinnen zu erwirken.

• *KONTAKT: Frauenberatungsstelle Düsseldorf e.V., Projekt für Migrantinnen, Ackerstr. 144, 40233 Düsseldorf, Telefon: 0211/686854, Telefax: 0211/676161 info@frauenberatungsstelle. de, Telefonische Beratung Mo/Mi 14-18 Uhr, Di/Do/Fr 10-14 Uhr, persönliche Beratung nach Absprache. Frauen-Krisentelefon: 0211/686854 (tgl. 10-22 Uhr)*

FRAUENBERATUNGSSTELLE HAGEN

Beratung für → Migrantinnen.

Unter der Trägerschaft der »Frauen helfen Frauen Hagen e.V.« finden Migrantinnen, die Opferzeuginnen von → *Menschenhandel* und/oder Gewalterlebnissen wurden, Migrantinnen, die sich im Heirats-, Scheidungs-, Familienplanungs- und Nachzugsprozess befinden, sowie Migrantinnen, die in ungeregelten Arbeitsverhältnissen beschäftigt sind, bei der Frauenberatungsstelle Hagen rechtliche Beratung zum → *Ausländergesetz,* bei polizeirechtlicher oder richterlicher Anzeigenerstattung, Rechtsbeistand, Prozessvor- und -nachbearbeitung, Rückkehrberatung und -hilfe, psychosoziale Opferzeuginnenbetreuung und Orientierung in den gesellschaftlichen Strukturen in Deutschland.

• *KONTAKT: Frauenberatungsstelle Hagen, Beratung für Migrantinnen, Bahnhofstraße 41, 58095 Hagen, Telefon 02331/338355, Telefax 02331/338355, frauenberatung.ha@gmx.net*

FRAUENBERATUNGSSTELLE KREFELD

Beratung für → Migrantinnen.

Migrantinnen, Flüchtlingsfrauen und von → *Frauenhandel* betroffene Frauen finden bei der Frauenberatungsstelle in Krefeld Beratung, Unterstützung und Begleitung, Gruppenangebote in der Frauenabschiebehaft Neuss, Unterbringung in Frauenhäusern oder Zufluchtswohnungen sowie Unterstützung und Begleitung in den Zeuginnenschutzprogrammen der Polizei.

• *KONTAKT: Frauenberatungsstelle Krefeld, Beratung für Migrantinnen, Steckendorfer Straße 110, 47798 Krefeld, Telefon 02151/800571, Telefax 02151/601266*

FRAUEN-INFORMATIONS-ZENTRUM

Beratung für → Migrantinnen & Opfer von → Menschenhandel.

Das unter Trägerschaft des Vereins für internationale Jugendhilfe e.V. und dem YWCA in Stuttgart stehende Frauen-Informations-Zentrum bietet Frauen aus Asien, Afrika, Lateinamerika und → *Osteuropa*, die durch Heiratsmigration oder Menschenhandel in die Bundesrepublik gekommen sind, psychosoziale Beratung in der Muttersprache, Kontaktaufname und Begleitung bei Behörden, Anwälten und Ärzten, Unterbringung oder Vermittlung von Unterkünften sowie begleitende Hilfsmaßnahmen.

Selbstverständlich gehört auch die Öffentlichkeitsarbeit zum Aufgabenschwerpunkt des FIZ: Aufklärung über Hintergründe von Frauenmigration, Abbau von rassistischer und frauenspezifischer Diskriminierung, Verbesserung der gesetzlichen Rahmenbedingungen für Migrantinnen und Verhinderung von Frauenhandel und Prostitutionstourismus sind weitere Ziele, die das FIZ verfolgt.

• ***KONTAKT:*** *Frauen-Informations-Zentrum, Landhausstraße 62, 70180 Stuttgart, Telefon 0711/281891, Telefax 0711/284053, fiz-stuttgart@t-online.de*

FRAUENHANDEL

Importmenschen.

Frauenhandel ist die übergeordnete Bezeichnung für die Ausbeutung von Frauen. Diese hat vielerlei Gesichter. Das ursprüngliche Motiv dagegen ist immer das gleiche, traurigerweise für beide Seiten: Geld. In der Regel funktioniert Frauenhandel so: Frauen, die in fremde Länder reisen wollen, weil sie sich dort ein besseres Leben erhoffen (→ *Migrantinnen*), bezahlen so genannte → *Schleuser*, die sie in diese fremden Länder bringen. Dieser Umstand, also die Einreise ins Zielland, ist meist noch nicht einmal illegal, denn die Frauen erhalten von ihren Mittelsmännern ein Touristenvisum, das ihnen einen wenige Monate umfassenden Aufenthalt gewährt.

Die Vermittler, Schlepper oder Schleuser versprechen den Frauen Arbeit im Zielland: Als Haushaltshilfe, Altenpflegerin, oft auch als Prostituierte. In den seltensten Fällen werden Frauen darüber getäuscht, welche Art von Arbeit sie hier erwartet. Das Problem nur: Frauen aus Nicht-EU-Staaten, und das ist der Großteil der Migrantinnen, bekommen – Touristenvisum hin, Touristenvisum her – in Deutschland keine fortdauernde Aufenthaltsgenehmigung. Die ist aber notwendig, um eine Arbeitsgenehmigung zu bekommen. Der Traum vom besseren Leben zerplatzt für die Frauen daher sehr schnell. Gerade diese Rechtlosigkeit, in der die Frauen sich plötzlich im Zielland befinden, macht sie anfällig für ausbeuterische Arbeitsverhältnisse, in die sie → *Zuhälter*, die die Frauen bei ihrer Ankunft in Deutschland von den Schleusern übernehmen, zwingen. Und so wird aus Frauenhandel dann häufig → *Menschenhandel*. Der wird von »§ 180b Abs. 1 und § 181« des → *Strafgesetzbuches* mit → *Zwangsprostitution* gleichgestellt. Wichtig: Unter Frauenhandel fällt auch Heiratsvermittlung. Insbesondere Frauen aus Thailand lassen sich, wie die Beratungsstelle für Opfer des Frauenhandels → *Ban Ying e.V.* in Berlin weiß, die letzten Jahre vermehrt verheiraten, bevor sie nach Deutschland reisen, was sowohl für sie als auch die Zuhälter, meist ihre Ehemänner, den Vorteil hat, dass sie einen legalen Aufenthaltsstatus in Deutschland genießen. »Was aber nicht heißen soll, dass sie nicht auch unter Zwang der Prostitution zugeführt werden«, erklärt Babette Rohner von Ban Ying e.V. Sofern es den Frauen nicht gelingt, sich selbst aus dieser Zwangssituation zu befreien, fällt selbst bei Razzien in den → *Bordellen* oder → *Clubs* nicht auf, dass sie eigentlich Opfer von Menschenhandel sind. Denn schließlich sind sie im Gegensatz zu anderen legal in Deutschland, die Razzien dienen jedoch dem alleinigen Zweck, illegale »Arbeitnehmer« ausfindig zu machen.

Jetzt könnte man natürlich sagen, die Frauen bräuchten sich in dieser Situation doch nur der Polizei gegenüber zu öffnen. Aber gerade das fällt den Frauen schwer, haben die Zuhälter/Ehemänner sie doch perfide an sich gebunden: Sie drohen mit Scheidung! Denn wer weniger als zwei Jahre verheiratet ist, der wird gemäß → *Ausländergesetz*, »§ 19 Eigenständiges Aufenthaltsrecht für Ehegattinnen«, abgeschoben. Gerade das aber wollen die Frauen nicht, sind sie doch nach Deutschland gekommen, um hier Geld zu verdienen.

FREIER (der männlichen Prostitution)

Kunde.

Es ist bereits schwierig, den Freier der weiblichen Prostitution einer Definition zu unterziehen (wie nachfolgender Stichworteintrag beweist). Zu sehr entzieht sich die Klientel in den Grauzonen des → *Rotlicht*milieus den Nachforschungen der Beratungsstellen und Hilfsprojekte, die sich engagieren. Es gab vereinzelte Versuche, Freier in Form einer Studie zu greifen, doch ihr Ergebnis: Zu viele Faktoren spielen eine Rolle, um den Freier als eine homogene Masse zu erkennen. Wie also sollte man die Freier der männlichen Prostitution begreifen lernen, hat diese doch längst noch nicht eine Institutionalisierung wie die der weiblichen Prostitution erfahren?

Selbst → *Querstrich,* die Beratungsstelle für → *Callboys* in Berlin, kann wissbegierigen Sexarbeitern nur mit unkonkreten Angaben dienen: »Den typischen Kunden gibt es nicht«, heißt es auf der »Querstrich«-Webseite. »Alter, Motivationen und Wünsche sind vielseitig. Sprich: der nächste Mann, den Du im Kaufhaus, auf der Strasse oder in der U-Bahn siehst, könnte Dein Kunde sein (muss es aber nicht). Wer zu Dir kommt, ist sicher zum Teil von Deinem Alter, Deinen Angeboten und Inseraten abhängig.«

Vielleicht kann man die Freier daher am ehesten über die Jungs (und somit über ihre sexuellen Präferenzen) begreifen: Der → *Frischfleischjäger* sucht explizit an öffentlichen Plätzen nach Obdachlosen, Ausreißern und → *Trebegängern* im Alter von elf, zwölf, 13 Jahren. Er liest die Kids auf und führt sie in die unter Streetworkern so genannten → *Pädo-Kreise* ein: → *Phädophile* Männer, nicht wirklich Freier, obschon sie für Kost und Logis, die sie den Jungs bieten, eine sexuelle Gegenleistung einfordern. Aber alles geschehe, so die bevorzugte Rechtfertigung dieser Freier, aus Liebe zum Kind. Das hat was vom → *Sozialfreier*, der einem sowohl in der weiblichen als auch in der männlichen Prostitution begegnet. Gerade der Sozialfreier berge »eine sehr ambivalente Situation«, weiß Rainer Ulfers von der Anlaufstelle → *Basis e.V.* in → *Hamburg.* »Auf der einen Seite tun sie etwas für die Jungs, auf der anderen erwarten sie natürlich auch etwas dafür.« Generell muss aber festgestellt werden, liegen Welten zwischen den mit Kalkül handelnden Pädophilen und den Sozialfreiern, »die ihre Schuldgefühle angesichts des eigenen Freierverhaltens mit einem Helferkomplex kompensieren«, so Rainer Ulfers.

Es sind auch die Pädo-Kreise, die die Jungs, kaum dass diese in die Pubertät gekommen sind, ohne mit der Wimper zu zucken fallen lassen. Die Jungs – die bis dahin eine Sozialisierung erfahren haben, die ganz auf Prostitution ausgerichtet ist – geraten in die → *offene Szene,* wo bereits Freier auf sie warten, die konkret nach jungen → *Strichern* im Alter von 14, 15, 16 Jahren an den einschlägigen Treffpunkten wie Bahnhöfe, öffentliche Toilettenanlagen, Pornokinos (→ *Klappe*) und spezielle → *Stricherkneipen* Ausschau halten. In dieser Szene gehe es familiärer zu, glaubt Rainer Ulfers von Basis e.V.: »Man verbringt viel Zeit in den einschlägigen Kneipen und pflegt dort seine Kontakte.« Nicht selten passiert es, dass die Freier neben Geld und Drogen auch Übernachtungsmöglichkeiten über Wochen und Monate anbieten.« Freilich erneut gegen sexuelle Dienstleistungen.

Die meisten dieser Freier haben allerdings keine eigene Identität, weiß Wolfgang Werner von der Beratungsstelle → *SUB/WAY berlin e.V.*: »Das heißt, sie sind identitätslos. Sie mögen zwar ansatzweise eine Identität als Homosexueller, als schwuler Mann haben. Viele haben aber bisexuelle Lebenskonzepte, sie haben heterosexuelle Lebenskonzepte und suchen in der Szene den Ersatz für das, was wir ein verkorkstes Coming Out nennen. Viele Freier sind sogar verheiratet.«

Ein Umstand, der sogar auf meist ältere, gut situierte Männer zutrifft, die Kontakte zu professionionellen → *Callboys* suchen. Sebastian K., der in Köln den → *Gayclub* »Valentino« betreibt: »Das ist ja gerade das Interessante. 50 Prozent der Männer, die ins ›Valentino‹ kommen, sind verheiratet! Ich weiß nicht, ob es Männer sind, die nur Bock auf was anderes haben. Ich glaube, es sind Männer, die – auch in der heutigen Zeit – nicht öffentlich das ausleben können, was sie wollen. Reiche, renommierte Männer, eben Anwälte oder Ärzte, die vor 20 Jahren aus irgendwelchen gesellschaftlichen Zwängen heraus geheiratet, eine Familie gegründet haben, obwohl sie die Neigung zu Männern schon immer in sich drin hatten. Das sind meist die Männer, die am späten Nachmittag kommen, nach Büroschluss, geben ein wenig Gas mit einem jungen Mann, bevor sie zurück nach Hause zur Familie fahren.«

Diese Vermutung wird durch das Ergebnis bestätigt, das eine 1992 vom Sozialpädagogischen Institut Berlin (SPI) durchgeführte, vom Senator für Wissenschaft und Forschung geförderte Umfrage unter Freiern männlicher Prostituierter zu Tage brachte: »Man möchte den schnellen, unkomplizierten Sex, ohne die Rituale der schwulen Szene durchlaufen zu müssen. Der Prostitutionskontakt wird dabei überwiegend als Geschäftsbeziehung gesehen: Austausch von Sex und Geld. In dieser Gruppe finden sich z.B.: Männer, die beruflich stark eingebunden sind und ihre sexuellen Bedürfnisse nicht nur in der schwulen Szene, sondern auch durch Prostitutionsbesuche befriedigen; Männer in homosexueller Partnerbeziehung, die sexuelle Abwechslung oder spezielle Sexualpraktiken suchen, die in der Beziehung nicht gelebt werden (können); bisexuelle sowie nicht offen homosexuell lebende (zum Teil verheiratete) Männer, die ihre sexuellen Bedürfnisse vor ihrer sozialen Umwelt verstecken (müssen).« (Quelle: www.querstrich.de)

Welche Probleme die Heimlichkeit birgt, liegt auf der Hand. Spätestens bei der – ungewollten – Entdeckung gerät das Leben ins Wanken. Erst recht, »wenn bei Männern mit Hetero-Umfeld die psychische Kraft nicht mehr ausreicht, die eigene homosexuelle Identitätsentwicklung mit Hilfe des Strichs in Schach zu halten«, so die spi-Forscher. Zu guter Letzt tummelt sich unter den Freiern männlicher Prostituierter auch der Typ »emotionaler Freier«, der in der Stricherszene den Lebenspartner sucht. Das unterstreicht die Berliner spi-Studie: »Mann ist auf der Suche nach einer Beziehung oder nutzt Prostitutionskontakte als Übergangslösung bis zur nächsten Partnerschaft. Der Prostitutionskontakt wird als Ausgangspunkt oder Versuch betrachtet, eine kurz- oder mittelfristige Beziehung aufzubauen, häufig mit der Absicht, die finanzielle Seite des Kontaktes so bald wie möglich zu beenden und durch eine emotionale Bindung zu ersetzen. Die geschäftliche Komponente des Kontakts wird als unangenehm empfunden.«

Wolfang Werner von SUB/WAY berlin e.V. bestätigt: »Es ist kaum nachvollziehbar, aber es entwickeln sich teilweise Partnerschaften aus dieser Szene heraus, die sogar Jahre lang anhalten.« Wenngleich dies wohl eher Einzelfälle sind. Denn für den, der die Liebe sucht – wozu auch Zuwendung, Vertrauen und Freundschaft gehören – führen die offensichtlichen Gegensätze »Geschäft und Beziehung«, »Strich und Alltag«, »Homo- und Heterosexualität« zu Konflikten.

FREIER (der weiblichen Prostitution)

Kunde.

Frauen, das ist einhelliges Urteil aller Forscher und Sexologen, leben ihre Sexualität durchaus gerne aus, aber nicht auf kommerziellem Wege. Das heißt im Klartext: Wenn überhaupt, tragen die Männer Schuld daran, dass es → *Prostitution* gibt. Wir hören sie bereits stehend applaudieren, die Feministinnen, für die der Mann sowieso die Wurzel allen Übels ist. Zwar ist seit der Blütezeit der nationalen Frauenbewegung viel Wasser den Rhein hinuntergeflossen, dennoch scheint daran etwas Wahres zu sein, glaubt man Richard Rathgeber vom Deutschen Jugendinstitut in München: »Vor allem das Selbstverständnis der Frauen in unserer Gesellschaft hat sich in den letzten Jahren verändert«, sagt er. »Nicht aber das der Männer. Dadurch entstehen Probleme. Die Männer sind meist noch in ihrem alten Rollendenken verhaftet und haben Schwierigkeiten mit den selbstbewussten Frauen von heute.«

»Puff-Frequenz als Spiegelbild unserer Gesellschaft?« fragt die Frauenillustrierte »Joy«. »Sexforscher behaupten: Frauen wissen, was sie wollen, und wissen ihre Wünsche durchzusetzen. Im Puff hat der Mann noch das Gefühl, ein richtiger Mann zu sein. Kaufen Männer im Puff etwa in erster Linie Macht und erst in zweiter Linie Sex?«

Ernest Hemingway entgegnete einst – auf das Thema Prostituierte angesprochen – durchaus wohlgesonnen: »Du zahlst nicht dafür, dass sie bleiben, sondern dass sie gehen.« Das ist höchstwahrscheinlich einer der wichtigsten Gründe, warum Männer ihr Glück im → *Bordell,* im → *Club* oder auf dem → *Straßenstrich* versuchen. Täglich gehen etwa 1,2 Millionen Männer zu einer Prostituierten. Wie groß die Zahl der Freier tatsächlich ist, ist nur schwer zu beantworten. »Die Angaben gehen weit auseinander«, so Joachim Rieker in seinem Buch »Ware Lust« (Fischer Verlag, Frankfurt 1995). Die Freier verschaffen der Branche einen geschätzten Gesamtumsatz von knapp 6 Milliarden Euro. Prozentual stehen die deutschsprachigen Nachbarn in der Schweiz und in Österreich den Bundesbürgern in nichts nach.

Das Bundesministerium für Jugend, Familie, Frauen und Gesundheit stellte 1987 eine Untersuchung an und kam dabei zu dem Ergebnis, dass innerhalb von fünf Jahren nur rund zehn Prozent aller deutschen Männer mindestens einmal eine Prostituierte besuchten. Das war freilich noch vor der Wende. Die Soziologen Dieter Kleiber und Doris Velten fanden 1994 für eine Studie des Gesundheitsministeriums über die »Charakteristika von Besuchern weiblicher Prostituierter« heraus, dass rund 18 Prozent der »geschlechtsaktiven« Männer gelegentlich oder regelmäßig eine Prostituierte aufsuchen.

Jeder fünfte deutsche Mann habe, so behauptet die Frauenillustrierte »Joy« (1995) schon einmal Kontakt mit einer Prostituierten gehabt. Die → *Berliner* Beratungsstelle → *Hydra e.V.* geht heute sogar von jedem dritten Mann aus. In der Altersgruppe der Männer zwischen 16 und 29 Jahren geht durchschnittlich jeder achte zu einer Prostituierten (Quelle: Basisresearch GmbH). Über die Hälfte der Freier seien verheiratet, behauptet die »Zeitschrift für Sexualforschung«.

Bereits 1989 versuchte sich Hydra e.V. als erstes autonomes Hurenprojekt an einer Studie, mit deren Hilfe sie den Freiern, ihren Charakteristiken und Präferenzen auf die Spur kommen wollte. Gewiss ist die Zahl der dazu interviewten Freier, 38, nicht repräsentativ, trotzdem darf zurückgeschlossen werden: »Das Alter der Männer lag beim Erstkontakt [mit einer Prostituierten, d. Aut.] zwischen 15 und 30 Jahren. Die meisten der Interviewpartner waren damals noch nicht volljährig. 13 Männer waren 15 bis 17 Jahre, 13 Männer waren 18 bis 21 Jahre alt. Die bereits ›erwachsenen‹ 12 Männer waren 22 bis 30 Jahre [...] Für die meisten (22) war der Erstkontakt mit einer Prostituierten auch gleichzeitig der erste sexuelle Kontakt zu einer Frau. Sie waren ›Jungmann‹ [...] Gut ein Viertel (9) der Befragten gab an, ›gerade keine Freundin‹ gehabt zu haben. Der Besuch bei einer Prostituierten ersetzte die momental fehlende private sexuelle Beziehung [...] 5 der Interviewpartner hatten zum Zeitpunkt des ersten Kontaktes mit einer Prostituierten eine Partnerin [...] 2 Interviewpartner gaben an, sich nicht mehr erinnern zu können, in welcher persönlichen Situation sie sich damals befanden. Wir schauten uns die 22 Freier, die beim Erstkontakt noch keine sexuellen Erfahrungen hatten, genauer an. Hatten sie außer ihrer ›Jungmännlichkeit‹ und ihrem jugendlichen Alter weitere Gemeinsamkeiten? Die sexuellen Erstkontakte dieser 22 Männer fanden zwischen 1938 und 1989 statt. Ab Mitte der 60er Jahre setzte eine Liberalisierung der Sexualmoral ein. Aufklärungsfilme à la Oswald Kolle und die Studentenbewegung enttabuisierten die Sexualität auf unterschiedliche Weise. Das Zeitalter der sexuellen Freizügigkeit oder die so genannte sexuelle Revolution begann. Ein Einbruch fand mit der Pillenmüdigkeit vieler Frauen Anfang der 80er Jahre statt. Trotz sexueller Liberalisierung hatten 13 der 22 ›Jungmänner‹ ihren ersten sexuellen Kontakt mit einer Prostituierten. Weitergehende Überlegungen zu diesem Phänomen mögen der Phantasie überlassen bleiben.« (Quelle: Freier. Das heimliche Treiben der Männer, Verlag am Galgenberg, Hamburg 1991)

Interessant, allerdings erklärt das alles noch nicht, warum Männer nun eigentlich wirklich zu einer Prostituierten gehen. → *Felicitas Weigmann,* Betreiberin des berühmten → *Café Pssst* in Berlin, vermutet gegenüber »Spiegel Online«: »Zunächst sicherlich aus Erlebnishunger, weil sie Lust auf Abwechslung haben. Für den Freier ist es einfacher, eine Dienstleistung zu bezahlen, als lange zu reden und sich in langwierigen Flirts zu verausgaben. Vielen fehlt dafür auch einfach die Zeit. Bei einer Prostituierten fühlt sich der Mann zu nichts verpflichtet – er muss sich nicht festlegen, rechtfertigen oder erklären. Alles ist vollkommen unkompliziert. Sehr häufig kommen Männer zu uns, die extrem einsam sind oder gerade eine Trennung hinter sich haben. Solche Kunden suchen neben dem Sex vor allem Gesellschaft, ein Gespräch oder Streicheleinheiten. Andere kommen einfach aus Geilheit, um sich zwischendurch abzureagieren. Und schließlich gibt es noch die Klientel, die sich ein Sexabenteuer als krönenden Abschluss eines gelungenen Abends gönnt.«

Gegenüber der Frauenillustrierten »Joy« (Ausgabe März 1995) gaben Männer folgende Gründe an: »Weil ich keine Angst vorm Versagen zu haben brauche. Weil es einfach und unkompliziert ist. Weil ich nicht viel herumreden muss. Weil ich sie nicht erst von mir überzeugen muss. Weil ich sie vorher nicht umwerben muss. Weil es keine emotionale Bindung gibt. Weil ich keine Verpflichtungen eingehe. Weil es dort um Sex und nicht um Gefühle geht. Weil sie alle meine Wünsche erfüllt. Weil mich Sex mit einer Unbekannten reizt. Weil ich beim Sex keine Rücksicht auf sie nehmen muss. Weil der Sex dort keine Tabus beinhaltet. Weil die Mädchen wissen, wie ich es als Mann am liebsten habe. Weil sie mir Wünsche erfüllt, die mir meine Partnerin nicht erfüllen möchte oder kann. Weil die ganze Atmosphäre prickelnd ist. Weil die Mädchen hübsch und sexy sind. Weil ich einfach mal wieder eine andere spüren wollte. Weil ein Mann sexuelle Abwechslung braucht. Weil ich es einfach mal ausprobieren wollte.«

Einer der wesentlichsten Gründe, so fanden die Hydra-Frauen im Rahmen ihrer oben genannten Studie heraus: Der Kontakt sei unkompliziert und problemlos herzustellen. Sie würden ihre Phantasie anregen und Neues erleben wollen. Der Sex wirke dabei wie ein Abenteuer. Die Männer würden – getreu Hemingway – den schnellen, problemlosen Sex genießen, die sofortige Lustbefriedigung, aber ohne Verpflichtung. Sie würden es auch genießen, eine Auswahl unter vielen Frauen treffen zu können, und fänden sexuelle, seelische und körperliche Befriedigung und Selbstbestätigung. Manche Männer würden ein Ventil für Streß- und Frustsituationen suchen. Häufig gingen Männer aber auch zu Prostituierten, weil sie mit ihrer Partnerin gewisse Sexpraktiken nicht ausleben könnten: Dazu gehöre insbesondere → *Oralsex*, Sex mit zwei Frauen, → *SM*, → *Fetischismus*. Inzwischen gibt es für jeden → *Wunsch* ein entsprechendes Angebot.

Vor allem Männer, die in langen Beziehungen leben, würden bei einer Prostituierten Abwechslung suchen. Viele Männer, so erfuhr das Hydra-Team in seiner Studie, litten unter der scheinbar festgefahrenen Rolle in ihrer Partnerschaft; sie wollten nicht immer den aktiven Part übernehmen, sondern genössen es, bei der Prostituierten passiv zu sein, sich ausschließlich verwöhnen zu lassen und sich total egoistisch zu verhalten.

Diese Männer sähen einen Besuch bei einer Prostituierten auch nicht als Untreue gegenüber der festen Partnerin. Denn → *Liebe* sucht ohnehin keiner der Freier bei einer Prostituierten, selbst der → *Sozialfreier* nicht. Er würde sie auch nicht finden. Schon → *Honoré de Balzac* wußte: »Die wahre, heilige, opferfreudige Liebe einer Frau hat andere Wonnen als die, die auf dem Markt der Prostitution gekauft werden können.« Nichtsdestotrotz auffällig ist das starke Bedürfnis vieler Kunden nach Zärtlichkeit, Nähe, Streicheln/Kuscheln, Unterhaltung und viel Zeit – neben der Befriedigung ihres als normal bezeichneten sexuellen Bedürfnisses.

Seit Hydra e.V. die Untersuchungsergebnisse veröffentlichte, sind einige Jahre ins Land gezogen. Inzwischen hat sich die Prostitutionsszene nicht unerheblich gewandelt. Abgesehen davon, dass Prostitution längst nicht mehr → *sittenwidrig* ist, somit die Hemmschwelle für Männer, eine Prostituierte zu besuchen, noch einmal mehr gesunken sein dürfte, hat die vergangenen Jahre vor allem der Anteil der → *Migrantinnen* in den Bordellen und Clubs deutlich zugenommen: Über 200.000 der regelmäßig in Deutschland anschaffenden Prostituierten – geschätzte 400.000, die Dunkelziffer liegt ungleich höher – kommen aus dem Ausland.

Jüngst wagte sich Christiane Howe von der Beratungsstelle → *Agisra e.V.* in → *Frankfurt* an eine Studie über »Motivation, Gründe und Befürchtungen sowie Wünsche und Nachfrage der Freier«, und dabei schenkte sie der Rolle der Migrantinnen ein besonderes Augenmerk. Christiane Howe: »Dass Migrantinnen nachgefragt werden, hat einmal natürlich etwas mit dem Aussehen zu tun: Sie gelten als sehr schön, sie sind auch sehr schön. Aber es ist auch etwas, wo Kommunikation über Einfühlung und über körperliche Sprache funktioniert und funktionieren muss, da viele der Migrantinnen nicht sehr gut die deutsche Sprache beherrschen. Das wiederum kommt der sexuellen Phantasieinszenierung sehr entgegen.«

Gleichwohl es auffällig ist, dass es Männern schwer fällt, über ihre Phantasien zu reden, und zwar nicht nur daheim bei Ehefrau oder Freundin. Howe stieß bei ihren Recherchen auf »viel Verlegenheit, viel Scham. Von wegen, Lilo Wanders lässt grüßen! Wenn es ums Eingemachte geht, kann man das zur Seite stellen.« Sie konkretisiert: »Was schon interessant war: Ich als Frau habe in den Gesprächen natürlich erst einmal Beziehungsebenen abgefragt. Aber das ist Kokolores, darum geht es nicht. Es geht um Phantasien, um sexuelle Phantasien, die inszeniert werden wollen und die inszeniert werden vermittelt an und mit der Frau.« Aber es sei »schwer, sich über sexuelle Wünsche klar zu werden. Diese zu äußern ist noch mal so schwer, selbst in einem Dienstleistungsbereich, wo man dafür Geld bezahlt. Es ist nicht einfach, denn es spielt immer die Angst mit, zurückgewiesen zu werden – auch von einer Hure.«

Viele Beratungsstellen und Hurenprojekte versuchen derweil, ihre Straßensozialarbeit für Prostituierte um den Arbeitsbereich »Freier« zu erweitern. Auch diese wollen für gesundheitliche Prävention sensibilisiert werden, denn → *Aids* ist aus dem Bewusstsein der Menschen weitestgehend verschwunden. Allzu viele Freier verlangen wieder nach Sex ohne → *Kondom.* Der Kontakt zu den Freiern fällt den Sozialarbeitern allerdings schwer. Insbesondere in → *Groß-* oder Messestädten kommen viele der Freier aus dem Ausland. Da ist zu Anfang nicht nur die Sprache ein Hindernis zur Verständigung, auch die unterschiedlichen kulturellen Hintergründe erweisen sich oftmals als

Problem zur Vermittlung der Präventionsbotschaften – die Sozialarbeiter sind in der Regel weiblich. Gerade bei Freiern aus Ländern, in denen Gleichberechtigung der Frau noch ein Fremdwort ist, haben die Streetworker schlechte Karten. Dorothee Türnau von der Beratungsstelle → *Phönix e.V.* in → *Hannover*: »Manche reagieren albern und sind verunsichert, finden es unangehm, gerade wenn sie zu mehreren sind. Dann meinen sie auch, sie müssten sich besonders brüsten. Da spielt sicherlich auch eine Rolle, dass es ausgerechnet Frauen sind, die sie auf das Thema Sexualität ansprechen.«

Und damit schließt sich der Kreis zum Ausgangspunkt, dem neuen Selbstverständnis der Frauen, das auf das alte Rollendenken der Männer prallt.

FREIE TÖCHTER

Frühzeitlicher Begriff für die verfemte Prostituierte.

Prostituierte wurden im Mittelalter in fahrende und sesshafte → *Dirnen* unterteilt. Die offenen Häuser der letzteren (auch Jungfernhöfe genannt) standen häufig außerhalb der Stadtmauern am Stadtgraben; da die Prostituierten wegen ihrer unziemlichen Aktivitäten keine Bürgerrechte erwerben konnten, waren sie praktisch »freie Töchter«. Die Kirchenväter nannten sie → *gefallene Mädchen.*

FREIZEITCLUB

Prostitutionsbetrieb.

Ein »Freizeitclub« ist in der Regel nichts anderes als ein → *FKK-Club* (oder → *Saunaclub*), also ein Prostitutionsbetrieb, der nur deshalb einen anderen Namen trägt, weil sich die → *Prostitution* auf diesem Weg nach außen hin → *verschleiern* lässt. Das geschah bisher, um die → *Sperrgebietsverordnung* zu umgehen, aber auch, um dem Vorwurf der → *Förderung der Prostitution* im Sinne des → *Strafgesetzbuches* vorzubeugen. In letzterem Fall ist eine Verschleierung zumindest nicht mehr von Nöten, seit das neue → *Prostitutionsgesetz* am 1. Janur 2002 in Kraft getreten ist.

Allerdings kann die Bezeichnung »Freizeitclub« auch dem interessierten, aber prostitutionsscheuen Kunden werbewirksam suggerieren, hier würden nur Frauen anwesend sein, die Sex ohne finanzielle Interessen betreiben. Was zwar nicht der Fall ist, aber das muss der

Kunde, der am Eingang brav seinen Eintritt für ein paar Stunden entspannenden Vergnügens entrichtet, ja nicht unbedingt wissen ...

FREUDENHAUS

Szenejargon.

Synonyme: → *Bordell,* → *Puff.* Ein Freudenhaus hat freilich für die Frauen, die dort arbeiten, nichts mit Freude zu tun. Doch grundsätzlich: Wem bereitet Arbeit schon Freude? Das Freudenhaus ist eine verniedlichende Bezeichnung für Bordell oder auch Puff.

FREUDENMÄDCHEN

Szenejargon.

Verniedlichendes oder diskret verhüllendes Synonym für → *Hure* oder Prostitutierte

FRIEDMAN, MICHEL

Jüd. TV-Inquisitor, geb. 1956.

Nach dem Abitur studierte er zwei Jahre lang Medizin, danach Jura. Er arbeitete als Rechtsanwalt und als TV-Moderator für die ARD. Keiner nötigte so unbestechlich und aufdringlich seine Talkgäste zur Wahrhaftigkeit wie Michel Friedman, auch Sittlichkeit und Moral standen bei ihm an oberster Stelle. Und dann das: Im Juni wurde er des Drogenkonsums überführt. Und als wäre das alles noch nicht schlimm genug: Als »Paolo Pinkel« sei Friedman, so ließ die Berliner Staatsanwaltschaft durchsickern, Kunde bei einem → *Callgirl*-Ring aus der Ukraine gewesen, der in Wahrheit → *Menschenhandel* betrieb. Wieso hat er sich als eine Person des öffentlichen Lebens erpressbar machen können? Wieso hat er keine → *Luxus-Callgirls* bestellt? Und wieso hat er die Signale der Gewalt, der die Prostituierten offensichtlich ausgesetzt waren, nicht gesehen?

Fragen über Fragen, doch der TV-Talker flüchtete in die Schweiz, anstatt sich selbst der Wahrhaftigkeit zu verpflichten. Erst nach drei Wochen trat er vor die Kameras und entschuldigte sich für seinen sexuellen Fehltritt (vor allem bei seiner Lebensgefährtin, der Krawall-Talkerin Bärbel Schäfer) und bat um eine zweite Chance (die er wenige Wochen später als Aufsichtsratmitglied bei einem Pinkelhäuschen-Unternehmen bekam).

Die Schriftstellerin Karen Duve bringt es im »Spiegel« auf den Punkt: »Es geht nicht darum, ob Friedmans Argumente und Attacken in Zukunft weniger glaubwürdig sind, weil er persönlich gefehlt hat. Der Skandal ist nicht, dass Friedman als Politiker und Mann des öffentlichen Lebens sich erpressbar gemacht hat. Der eigentliche Skandal ist, dass uns in der Diskussion über Michel Friedmans Verhalten etwas als menschlich, allzu menschlich verkauft werden soll, was zutiefst unmenschlich ist. Wenn das endlich einmal in den Hirnen ankäme, hätte der umstrittene TV-Moderator – wenn auch nur in der undankbaren Rolle als Fallbeispiel – mehr erreicht, mehr aufgeklärt und aufgewühlt als in seiner ganzen bisherigen Laufbahn.«

FRISCHFLEISCH-JÄGER

Szenejargon.

→ *Pädophile* Männer, die an Großstadtbahnhöfen ausharren und darauf warten, dass zwölf- bis 15-jährige Jungs, die von zuhause ausgerissen sind (→ *Trebegänger*), mit der Bahn eintreffen und nicht mehr weiter wissen, werden unter Sozialarbeitern umgangssprachlich »Frischfleisch-Jäger« genannt. Diese Männer »hängen dort teilweise zehn, zwölf, 15 Stunden herum und benutzen so etwas wie ein Sender-Empfänger-System«, weiß Wolfgang Werner vom Stricherprojekt → *SUB/WAY berlin e.V.* » Es gibt Körpersprache, Signale, anhand derer die Männer erkennen, dass es sich bei den Jungs um Wegläufer handelt und es ihnen schlecht geht. Diese Frischfleisch-Jäger haben sich auf die Jungs, die weggelaufen sind, spezialisiert und gehen zielgerichtet auf sie zu. Sie sagen: ›Geht's dir schlecht? Komm, ich weiß, wo du pennen kannst!‹«

Diese Männer nutzen die Situation der Jungs schamlos aus, bieten ihnen entweder Unterkunft und Geld oder alternativ emotionale Zuwendung, die die Jungs von Hause aus nicht erfahren haben. Die Männer werden, je mehr Aufmerksamkeit sie den Jungs schenken, zu einer Vaterfigur. Das Verhängnisvolle: Sie erwarten dafür sexuelle Gegenleistungen. Für die Jungs ist dies in der Regel der Einstieg in die Prostitution, auch wenn die Männer ihnen das lange Zeit erfolgreich auszureden wissen: »Das alles geschieht doch nur aus Liebe!« Deswegen verstehen sich die so genannten »Frischfleisch-Jäger« auch nicht als → *Freier.*

Der Junge wohnt und übernachtet über Wochen oder Monate bei dem Freier, wird von ihm gar in den so genannten → *Pädo-Kreisen* herumgereicht, bis er in die Pubertät kommt und beim Frischfleisch-Connaisseur an Reiz verliert. Er wird danach in die → *offene Szene* ausgespuckt. Da er die Monate und Jahre zuvor eine Sozialisierung zur Prostitution erfahren hat, verdingt der Junge sich fortan als → *Stricher.*

»FRÜHER ABWACKELN«

Szenejargon.

Einen Freier »früher abwackeln« bedeutet, dass eine Prostituierte ihren Kunden entgegen einer Vereinbarung über einen halbstündigen Liebesdienst in weniger Zeit zum Orgasmus bringt.

G

GANGBANG

Rudelficken.

Beim Gangbang machen sich mehrere Männer – die Gang, deren Teilnehmerzahl nach oben hin offen ist – über eine (im Höchstfall zwei) Frau(en) her. Am Ende steht meist das → *Facial.* Vor allem in der → *Pornographie* ist der Gangbang eine beliebte Spielszene. In der Realität fahren nur wenig Frauen darauf ab, von mehreren Männern gleichzeitig genommen zu werden. Die, die sich im Film dafür hergeben, sind dementsprechend hochbezahlt.

In der Prostitution sind Gangbangs eher unüblich. Allerdings gibt es in den letzten Jahren – vor allem in → *Großstädten* – vermehrt einen Trend zu verzeichnen, mit → *porno-* und/oder prostitutionserfahrenen Frauen Gangbang-Parties zu inszenieren – natürlich gegen ein Honorar.

GANGBANG

Im Gespräch: Gangbang-Steffie

Steffie, 23, Ex-Prostituierte, jetzt Porno-Darstellerin, veranstaltet zusammen mit Martin, 41, Gangbang-Parties in Berlin. Sie ist auch im Internet: www.gangbang-steffie.de

Steffie, wann hast du deine besonderen Neigungen entdeckt?

Steffie: Schon ziemlich früh. Da war ich 15. Zu der Zeit bin ich oft in den Bunker (Technoclub in Berlin, d. Aut.) gegangen. Irgendwann saß ich mal draußen und die Leute kamen aus dem Club, dem »Kreuz-Club«. Einige davon lernte ich kennen, und sie haben mich mit in den Club genommen. Das gefiel mir ziemlich gut. Ich meine, ich hatte bereits bei meinem ersten Mal gemerkt, dass das nicht so toll war ... Da fehlte was. Und so habe ich immer mehr meine Neigungen ausgelebt.

Dazu gehören auch Gangbang-Parties?
Steffie: Vor zweieinhalb Jahren habe ich angefangen zu drehen, Hardcore-Pornos und SM. Martin, ein Freund von mir, den ich damals noch nicht so gut kannte, hatte die Idee zu den Parties, probierte es aber mit einer anderen aus.
Martin: Ich hab mich im Internet rumgetrieben und festgestellt, wie viele professionelle Abzocker es dort gibt. Ich dachte mir, man könne ja mal eine Party machen mit jemandem, der daran Spaß hat. Ich fragte eine Frau aus der Pornobranche, die der Meinung war, es würde ihr Spaß machen. Wir haben eine Internetseite gemacht, ein Bild rein, »Gangbang« reingeschrieben, und fertig.
Steffie: Das war aber alles nicht so prickelnd.
Martin: Es kam heraus, dass es ihr keinen Spaß bereitete, sondern sie es nur wegen der Kohle machte. Und das kam natürlich rüber. Wenn jemand nur da liegt, keinen Ton sagt, im Grunde in den Raum geführt, auf den Tisch gelegt werden muss, und das, obwohl eigentlich gar kein Zwang herrscht ... dann lassen wir es besser sein.
Steffie: Irgendwann Anfang 2002 rief Micha mich an.
Martin: Wir haben uns übers Studio kennen gelernt ...
Steffie: Und seitdem bin ich dabei.
Martin: Die erste Gangbang-Party haben wir im März 2002 veranstaltet.
Steffie: Es kommt wohl alles auch ganz gut an.
Martin: Der Unterschied ist wie Tag und Nacht!

Sind die Parties für dich ein Job oder auch Vergnügen?
Steffie: Das ist fifty-fifty. Oftmals ist es sehr anstregend, denn die Männer, die kommen, sind ... ich sage mal ... tot. Ich mache ziemlich viel Action, tanze, probiere eine coole Stimmung zu entfachen, damit die Männer erst mal locker werden. Irgendwann fange ich an zu strippen, gehe auf sie zu, nehme sie mit rein und dann

gibt es irgendwann den Übergang, automatisch, das ist klar. Oftmals bin ich aber der Alleinunterhalter. Wenn ich in den Raum komme, sitzen die Männer sofort still auf den Stühlen. Die Männer kriegen keinen Ton heraus. Dann werde ich sarkastisch. Doch es kommt nicht einmal ein Gegenkommentar, so etwas wie: Du, du, du – du bist jetzt aber unhöflich. Nichts! Da wird nett gelächelt, und das ist manchmal sehr, sehr anstrengend.

Was genau heißt »tot« für dich?
Steffie: Das sind arme Leute, die zuhause alleine sitzen und eigentlich keine richtigen Freunde haben; oder Männer, bei denen die Frau zuhause die Hosen anhat. Solche ...

... armen Schweine?
Steffie: Nein, arme Schweine würde ich nicht sagen. Das hört sich viel zu gemein an. Das möchte ich nicht. Manche tun mir ein bisschen leid. Das macht mich so traurig, dass sie alleine sind, dass sie in ihrem Alter den Sprung nicht schaffen, mal rauszugehen und zu leben. Das ist traurig.

Okay, bei mir ist das was anderes, weil ich schon mal gut auf der Kippe stand. Bis vor einem Jahr war ich anschaffen. Da musste ich ja am Tisch sitzen, an der Bar, warten, bis mich jemand anquatscht, oder ich musste die Männer anquatschen. Das habe ich zwei Jahre lang gemacht. Das war nicht so toll. Das letzte Mal hätte es mich fast das Leben gekostet. Ich lag im Koma. Ich dachte: Scheiße, irgendetwas muss sich ändern!

Zu der Zeit habe ich bereits ab und zu gedreht, auch im SM-Laden gearbeitet. Von da an ging es erst richtig los mit den Filmen. Ich war jeden Tag unterwegs, viel rumgefahren, das war auch sehr schön. Jetzt mache ich auch noch Webcam, ab und zu einen SM-Dreh ... oder eben Gangbangs. Seitdem genieße ich mein Leben. Ich mache das auch gerne, weil ... klar, teilweise aus Eigennutz, weil ich selbst Fun daran habe ... aber ich finde, so etwas muss es auch geben. Bevor die Männer sich andere Tussis suchen und Scheiße mit denen bauen, vergewaltigen oder so, denke ich, sollen sie zu mir kommen. Bei mir können sie sich richtig austoben.

Und wie muss man sich das vorstellen?
Martin: Es fängt meistens abends so gegen neun, halb zehn an und geht bis zwei, drei Uhr nachts. Wir haben eine gute Location, die richtig teuer ist. Die Leute haben ihre Getränke frei. Sie können duschen. Sie können so oft wie sie lustig sind, und wie Steffie Lust hat.
Steffie: Auf meinen Gangbangs ist es so: Sie können so oft wie sie wollen. Da wird nicht einmal rüber und das war's!
Martin: Bei Steffie ist das ganz anders!
Steffie: So was mache ich nicht. Ich versuche immer wieder etwas Neues einzubringen. Mal ein lebendes Buffet, mal eine Sauerei mit Schlagsahne, mit Früchten. Das ist richtig mit Arbeit verbunden. Ich möchte den Leuten immer was Neues bieten, damit es nie langweilig wird. Ich möchte die Leute anheizen. Wenn sie rausgehen, möchte ich, dass sie ein supergeiles Lächeln haben. Sie sollen auf Wolke Sieben schweben. Sie sollen ein richtig geiles, entspanntes Wochenende haben. Ich sehe das genau so. Ich bin früher auch gut feiern gegangen, habe krasse Musik gehört, Gabber, habe das Wochenende gut abgestrampelt, aber das nächste Wochenende, klar, bin ich arbeiten gegangen. War mir egal. Da konnte der Chef mir erzählen, was er will.

Und so ist es bei den Gangbangs. Die sollen zu mir kommen, sollen ablassen, sollen ihren Spaß haben, sich entspannen. Es soll wie ein Kurzurlaub sein. Und das versuche ich herüberzubringen.

Praktisch eine Dienstleistung?
Steffie: Ja klar, warum denn nicht. Ich mache das doch gerne. Das kommt doch alles von Herzen.

Ist es auch eine Form der Prostitution?
Steffie: Nein, das ist schon anders, auf jeden Fall.
Martin: Ich sehe es auch anders. Ich sehe es als Spaß für alle. Und Steffie geht danach nach Hause und hat noch was davon.
Steffie: Ich finde es gut, dass wir das machen. Klar, ich verdiene mein Geld damit. Das macht mich glücklich.

Was muss der Mann für die Teilnahme bezahlen?

Martin: Sagen wir mal so: Wir versuchen den Preis so niedrig zu halten, wie es geht. Er bewegt sich in so niedrigem Rahmen, Niveau Selbstkostenpreis, dass wir auf dem besten Wege waren, Ärger mit anderen Veranstaltern zu bekommen.
Steffie: Es gibt ja genügend Leute, die auch so etwas anbieten ...
Martin: ... und fürs Doppelte.
Steffie: Das ist ganz normale Marktwirtschaft. Konkurrenzkampf!
Martin: Die sind natürlich stinkig. Und es ist nun mal auch schwierig, Frauen zu finden, denen das Spaß macht. Aber ich weiß auch, dass es eine Menge gibt, denen es Spaß macht, und die wir auch schon kennen gelernt haben.
Steffie: Wir hatten auch schon Besuch aus anderen Bundesländern.
Martin: Da haben wir dann Gangbangs zu zweit gemacht, so dass es für die Männer auch mal ein anderes Gesicht ist. Es gibt ja einige Männer, die fast regelmäßig kommen.

Wie viele Männer melden sich?
Steffie: Melden tun sich viele.
Martin: 200, pro Inserat. Alle zwei Wochen.

Und wie viele nehmen teil?
Steffie: Zwischen zehn und 20.
Martin: Wobei nicht alle teilnehmen. Einige Männer wollen manchmal auch nur zuschauen.
Steffie: Es muss nicht jeder mitmachen. Es gibt auch einige, die nur zugucken wollen und so ... Das sind die so genannten »Taschenwichser«.
Martin: Einige checken auch nur, ob es was für sie ist oder nicht. Viele sagen danach auch: Das ist nichts für mich. Es gab Teilnehmer, die meinten: Das ist eine Erfahrung, die ich immer mal machen wollte. Aber das war auch die erste und die letzte, die ich gemacht habe. Wäre ich nicht hingegangen, hätte ich es nicht gewusst.
Steffie: Die hatten die Idee dazu im Kopf, wollten das ausprobieren. Und andere betrügen ihre Ehefrau ...
Martin: Warum betrügen? Fragen wir doch mal so!

Steffie: Klar, das kommt ja nicht von ungefähr. Wenn denen zuhause irgendwas fehlt, suchen sie bei mir den Kick. Oder, das ist vielleicht der Idealfall, wollen erfahren, dass ihre Frau doch die beste ist. Bei manchen Männern ist das so. Die müssen erst woanders hingehen, damit sie wissen, wo sie hingehören.

Melden sich auch interessierte Paare?
Martin: Ja, auch. Aber eher selten. Daher kommt das im Moment nicht infrage. Irgendwann wird das schon passieren. Irgendwann trauen sie sich auch. Die meisten haben Berührungsängste mit dem Thema.

Wie trefft ihr aus den 200 Männern eine Auswahl?
Martin: Die treffen wir gemeinsam.
Steffie: Sauberkeit steht an erster Stelle.
Martin: Einen Test müssen sie haben.
Steffie: Das Äußere ...
Martin: ... ein gepflegtes Äußeres ...
Steffie: ... müssen sie haben. Und Standhaftigkeit.
Martin: Auf jeden Fall!

Inwieweit spielen deine persönlichen Vorlieben eine Rolle?
Steffie: Nee, danach gehe ich nicht. Das gepflegte Äußere ist wichtig. Ein aktueller Test. Und Standhaftigkeit, das A und O.
Martin: Wir machen die Gangbang-Parties und so genannte Castings für unsere Filme. Manche Männer wollen auf die Party und zum Casting. Ich sag mal: Auf einer Party kann man schon absehen, kann der oder kann der nicht ...
Steffie: Wir versuchen die Männer weiterzuvermitteln. Es soll ja nicht nur zu unseren Gunsten sein. Es soll jeder ein bisschen Taschengeld dazuverdienen. Und wenn er das mit Spaß verbinden lamm – das ist doch nicht falsch. Ich meine: Weiß ich, was morgen ist?

Nach dem Motto lebe ich auch. Ich will so viel Spaß am Tag haben ... weil ich nie weiß, was morgen ist. Morgen kann ich vom Auto überfahren werden oder ... Wenn ich später alt und grau bin und nicht mehr kann – irgendwann hört es ja auch mal auf und man ist nicht mehr so gelenkig –, dann kann ich sagen: Okay, ich habe ein geiles Leben gelebt. Ich habe es mir schön gemacht, und ich habe alles erlebt, was ich erleben wollte. Das ist cool!

Gibt es für dich auf den Parties Grenzen?
Steffie: Den Körper voll Sperma ist okay. Aber nicht im Gesicht. Ich habe nämlich eine Allergie. So ein Pech, eine Sperma-Allergie, ausgerechnet ich ... Naja, das ist wohl so was wie eine innere Bestrafung.
Martin: Vor allem Kiffer-Sperma!
Steffie: Voll lustig. Wenn du solche Leute dabei hast, die tropfen ganz gemütlich an, drücken noch ein paar Sprüche mit rein: Kiek mal, Kiffer-Sperma! Ich stell mir das manchmal vor, ganz lustig, das Sperma, wie es sich drum streitet: Ach nee! Komm, geh du mal raus! Lass mich vorher noch mal ziehen an der Bong ... Dann geht's ab. Also richtig langsam, wie man es sich bei einem Kiffer vorstellen kann. Schön smooth.
Martin: Das sieht man wirklich, wenn es Kiffer sind ...
Steffie: Oder bei Leuten, die nicht genügend Vitamine zu sich nehmen. Da sprießt mein Körper förmlich vor roten Flecken und es juckt wie Sau.

Sex ist euer Broterwerb?
Martin: Inzwischen mache ich das hauptberuflich. Wir hatten vor fünf Monaten 57.000 Zugriffe auf unsere Internetseite. Wir drehen Filme, machen Webcam und Chat. Wir haben ein SM-Studio, wo wir uns einmal die Woche treffen.
Steffie: Ja, in der Klinik, da haben wir gleich noch eine Patientin.
Martin: Meine Frau gehört noch dazu. Wir sind ein Team.
Steffie: Wir sind ein richtiges Dreierteam.
Martin: Und richtig gut.
Steffie: Richtig geil. Eine Hand wäscht die andere. Und so muss das auch sein.
Martin: Wir sind alle schon durch die Scheiße gelatscht. Richtig tief, bis zum Hals, bis zur Unterlippe!
Martin: Alle drei von uns.

Wie gehen denn deine Eltern damit um?
Steffie: Mein Vater weiß es nicht. Meine Mutter ... na gut, mit den Gangbangs weiß sie, glaube ich, nicht. Aber das wäre auch egal. Irgendwo muss das ja herkommen. Meine Mutter ist auch nicht ganz ohne.

Sagen wir mal so: Ich habe es meiner Mutter mal aus Hass gesagt, denn das Verhältnis ist leider nicht so, wie man es sich vorstellen sollte. Irgendwann hat sie mir gesagt, ich müsse arbeiten. Ich sagte, ich gehe immer arbeiten. Bis sie sich wunderte, wie ich mir meine Wohnung, meine vielen neuen Klamotten leisten konnte. Da habe ich ihr gesagt, was ich alles mache. Sie saß erst mal mit großen Augen vor mir. Ich sagte ihr: Eigentlich wollte ich dir das nicht verklickern, aber jetzt weißte es. Das ist nun mal mein Ding, was ich machen möchte. Das ist für mich okay.
Martin: Sie steht dazu.
Steffie: Ja logisch stehe ich dazu. Wenn ich nicht dazu stehen würde, würde ich jetzt nicht hier sitzen und dir das erzählen.

Bekommst du denn manchmal irgendwelche Sprüche, wenn dich jemand auf der Straße wiederkennt?
Steffie: Man erkennt mich nicht. Ich bin ein Mensch, der sich immer verändert. Ich sehe alle drei Monate anders aus. Und: Wenn ich am Set bin, bekomme ich so viel Make-up drauf, allein deswegen erkennt mich keiner. Vielleicht manchmal, weil ich mich selber geschminkt habe ... Aber, tja, mein Gott. Eigentlich bin ich ein sehr ehrlicher, sehr offener Mensch, es ist doch im Prinzip scheißegal wie man sein Geld verdient, Hauptsache man kann davon leben. Ich lebe, und wer damit nicht klar kommt, muss einen Schuh machen.

Und Beziehungen?
Steffie: Naja, Beziehungen ist schon schwieriger. Da bekomme ich keinen ab. Und wenn, dann allenfalls für drei Wochen. Dann gehen sie. Das ist nicht okay. Ich leide drunter. Das ist so ein Ding, wo ich manchmal doch überlege ... Vor fünf Tagen wurde ich gerade wieder sitzen gelassen ... In diesem Sinne ist es schon ein Problem. Die Männer kommen damit nicht klar. Aber irgendwie ist

das normal. Welcher Mann oder welche Frau will ihren Partner teilen? Wer kann damit umgehen?

Der Idealfall wäre also ein Mann, der selbst auch aus der Branche kommt?
Steffie: Um Himmels willen! Um Himmels willen! Bin ich denn bekloppt?

Warum?
Steffie: Nee, das will ich nicht. Ich brauch doch mal was Normales ... Mal ehrlich: Ich kenne sehr viele aus der Branche, und wenn man sich mit denen normal unterhalten will ... Vergiss es! Das geht ja noch nicht einmal bei uns drei.
Martin: Wir waren essen ...
Steffie: ... und ringsum saßen Leute, die bekamen solche Ohren.
Martin: Das ist für uns normal geworden. Das ist das Problem. Für andere ist das nicht normal.

Und ein Doppelleben führen?
Steffie: Bin ich denn bekloppt, ihn vollzulügen. Außerdem: Ich kann nicht lügen. Ich wurde mein ganzes Leben lang belogen. Ich hasse solche Leute.

Wenn ich jemanden kennen lerne, rede ich sofort Tacheles. Was bringt mir das, wenn er mich mal erwischt? Angenommen er kommt mal auf eine Gangbang-Party? Oder er landet auf meiner Internet-Seite? Was ist dann?

Leidet die eigene Sexualität darunter?
Steffie: Fifty-fifty. Ich lebe sie ja einerseits aus. Aber andererseits mache ich auch einen Schnitt. Wenn ich weiß, dass ich wieder eine Veranstaltung habe, mache ich einen Schnitt. Dort kann ich nicht so sein, wie ich privat bin. Denn es gibt schon noch ein paar Sachen, die ich privat viel lieber mache als auf Gangbangs ... Aber leiden? Eher austoben.

Also nicht: Je mehr du damit arbeitest, umso weniger Bock hast du am Ende selbst?

Steffie: Nee, das inspiriert doch ...
Martin: ... und ist schlimmer denn je.

Gab es schon Männer, die sich auf deinen Veranstaltungen in dich verliebt haben?
Steffie: Ja, da gab es schon den einen oder anderen, der nicht mehr kommen konnte, weil er zu viel hingeguckt hatte; der zwar vorher meinte, dass ihm das nie passieren würde, weil ich ihm viel zu krass wäre ... Pech gehabt, voll verschossen, der Arme.

Und wie gehst du mit einer solchen Situation um?
Steffie: Gar nicht.

Besteht eine Chance für ihn?
Steffie: Nein. Das ist Prinzip. Das mache ich nicht. Das möchte ich nicht. Das kann ich nicht. Das ist berufsschädigend.

Ist er in Zukunft von den Veranstaltungen ausgeschlossen?
Steffie: Nö. Das ist sein eigenes Problem.
Martin: Die schließen sich dann meistens von selbst aus und kommen nicht mehr.

GASTLICHE PROSTITUTION

Prostitutionsform.
In Chaldäa, der alten Wiege des Menschengeschlechts, lebte vor 3000 Jahren eine wilde, kriegerische Bevölkerung, die inmitten ihrer Berge keine andere Beschäftigung als die Jagd kannte. Dieses Jägervolk übte zuerst die Gastfreundschaft und die damit verbundene gastliche Prostitution, die in gleicher Weise ihre kindliche, wie rohe Denkweise zum Ausdruck brachte – die Ehefrau als Schlafgefährtin und Zeichen der hohen Gastfreundschaft. Lehnte der Gast den Geschlechtsverkehr mit ihr ab, empfand man dies als Beleidigung. Manchmal wurde dem Gast sogar die jungfräuliche Tochter überlassen, was eine besondere Auszeichnung war.

Was wirklich Grund für die Gastprostitution war, ist heute Anlass zu vielerlei Spekulation, noch dazu, weil Kritiker anmerken, es handele sich dabei nur um »sexuelle Gastfreundschaft«, aber nicht um

»Prostitution«, schließlich gab es keine Bezahlung. Oder etwa doch? »In diesen Zeiten, von denen hier die Rede ist, glaubte man noch an den Besuch von Göttern«, mutmaßt Günter Hunold in seinem Buch »Hetären, Callgirls und Bordelle« (Heyne Verlag, München 1980). »Man konnte deshalb nie wissen, ob der Besucher nicht ein verkleideter Gott war. Die Ehefrau oder die Tochter vermochten ihn gnädig zu stimmen. In diesem Sinne war die Gastprostitution allerdings doch nicht nur reine Menschenfreundlichkeit, sondern schon in gewisser Weise eine Art ›Berechnung‹.«

Hinzu komme, so Hunold, dass man sich damals auch Engel als geschlechtliche Wesen vorstellte. »Diese Engel waren dazu bestimmt, ›junge Riesen‹ zu zeugen, die sich pünktlich neun Monate nach dem Besuch des Gastes einzustellen pflegten. Diese Nachkommen wuchsen sich, wie es bei Luther heißt, zu ›Gewaltigen in der Welt und berühmten Leuten‹ aus (Gen., Kap. 6).«

Insofern hat die gastliche Prostitution möglicherweise ihren eigentlichen Ursprung auch im religiösen Bereich. Sicher ist, dass sie später dorthin zurückkehrte und sich mit der → *Tempelprostitution* zum Melitta-Kult vermengte.

GASTSTÄTTENGESETZ

Justiz.

Für die Gerichte war die Rechtsprechung aufgrund §4 und 5 des Gaststättengesetzes bereits in der Vergangenheit einfach: Bordelle mit Getränkeausschank waren unzulässig. Denn solche Einrichtungen fielen unter das Gaststättengesetz, in dem der Widerruf einer Lizenz für den Fall vorgeschrieben ist, dass in einem Lokal der → *Unsittlichkeit* Vorschub geleistet wird.

§ 4 Versagungsgründe.

(1) Die Erlaubnis ist zu versagen, wenn

1. Tatsachen die Annahme rechtfertigen, dass der Antragsteller die für den Gewerbebetrieb erforderliche Zuverlässigkeit nicht besitzt, insbesondere dem Trunke ergeben ist oder befürchten lässt, dass er Unerfahrene, Leichtsinnige oder Willensschwache ausbeuten wird oder dem Alkoholmissbrauch, verbotenem Glücksspiel, der Hehlerei oder der Unsittlichkeit Vorschub leisten wird

oder die Vorschriften des Gesundheits- oder Lebensmittelrechts, des Arbeits- oder Jugendschutzes nicht einhalten wird,

2. die zum Betrieb des Gewerbes oder zum Aufenthalt der Beschäftigten bestimmten Räume wegen ihrer Lage, Beschaffenheit, Ausstattung oder Einteilung für den Betrieb nicht geeignet sind, insbesondere den notwendigen Anforderungen zum Schutze der Gäste und der Beschäftigten gegen Gefahren für Leben, Gesundheit oder Sittlichkeit oder den sonst zur Aufrechterhaltung der öffentlichen Sicherheit oder Ordnung notwendigen Anforderungen nicht genügen oder
3. der Gewerbebetrieb im Hinblick auf seine örtliche Lage oder auf die Verwendung der Räume dem öffentlichen Interesse widerspricht, insbesondere schädliche Umwelteinwirkungen im Sinne des Bundes-Immissionsschutzgesetzes oder sonst erhebliche Nachteile, Gefahren oder Belästigungen für die Allgemeinheit befürchten lässt,
4. der Antragsteller nicht durch eine Bescheinigung einer Industrie- und Handelskammer nachweist, dass er oder sein Stellvertreter (§ 9) über die Grundzüge der für den in Aussicht genommenen Betrieb notwendigen lebensmittelrechtlichen Kenntnisse unterrichtet worden ist und mit ihnen als vertraut gelten kann.

§ 5 Auflagen.

(1) Gewerbetreibenden, die einer Erlaubnis bedürfen, können jederzeit Auflagen zum Schutze

1. der Gäste gegen Ausbeutung und gegen Gefahren für Leben, Gesundheit oder Sittlichkeit,
2. der im Betrieb Beschäftigten gegen Gefahren für Leben, Gesundheit oder Sittlichkeit oder
3. gegen schädliche Umwelteinwirkungen im Sinne des Bundes-Immissionsschutzgesetzes und sonst gegen erhebliche Nachteile, Gefahren oder Belästigungen für die Bewohner des Betriebsgrundstücks oder der Nachbargrundstücke sowie der Allgemeinheit erteilt werden.

Die → *BetreiberInnen* der Etablissements schöpften Hoffnung, als das Berliner Verwaltungsgericht Anfang 2000 im Fall des → *Café Pssst* in

Berlin juristisches Neuland betrat: Zuvor hatte das Bezirksamt Wilmersdorf der Anbahnungsgaststätte (→ *Animierbar*) von → *Felicitas Weigmann* die Gaststättenlizenz entzogen, weil die Anbahnungsgespräche der Prostituierten in dem Lokal der Unsittlichkeit Vorschub leisten würden. Richter Percy MacLean machte diese Entscheidung rückgängig, weil sich die Einstellung der Gesellschaft gegenüber der Prostitution in den vergangenen Jahrzehnten grundlegend gewandelt habe, so dass sie nicht mehr als sittenwidrig bezeichnet werden könne. Dieser Wandel müsse auch in der Rechtsprechung Niederschlag finden.

Mit dem → *Prostitutionsgesetz,* das am 1. Januar 2002 in Kraft trat, wurde Prostitution zum → *Rechtsgeschäft* erklärt, war damit nicht länger sittenwidrig. Problem nur: Die Gesetzeskorrektur betraf das → *Bürgerliche Gesetzbuch* sowie die → *Förderung der Prostitution* im → *Strafgesetzbuch,* nicht aber das Gaststättengesetz: § 4 und 5 und der Passus »Sittlichkeit« blieben unverändert. Da den Behörden zudem keine konkreten Durchführungsrichtlinien fürs Prostitutionsgesetz mit auf den Weg gegeben wurden, können die Gewerbeaufsichtsämter – insbesondere in konservativen Kommunen – nach wie vor Front machen gegen → *Cafés* und → *Bars,* sollten diese ihrer Ansicht nach der Unsittlichkeit Vorschub leisten.

GAY-CLUB

Schwulenbordell.
Synonym: → *Boys-Puff*

GEISHA

Jap. Unterhaltungskünstlerin.
Geisha, so wird allgemeinhin angenommen, sei die japanische Bezeichnung für eine → *Prostituierte* der gehobenen Art. Falsch gedacht! Anders als bei Samurai, Harakiri und Karaoke, einige der wenigen Begriffe, die aus dem Japanischen Einzug in die deutsche Sprache gefunden haben und deren Bedeutung unmittelbar klar ist, erliegen die meisten Deutschen, interessanterweise aber auch Japaner, einem großen Irrtum, geht es um die »Geisha«. Gleichwohl ist die »Geisha« ein Beruf, entstanden in der Tokugawa-Zeit, der Shogun-Dynastie ab 1603. Allerdings war – und ist sie noch heute – die »Unterhaltungsdame«,

genau das bedeutet »Geisha« übersetzt, die in Konversation, Sangeskunst, Tanz und im Spiel der Shamise, einer Art Gitarre, ausgebildet wurde und eben wegen dieser Fertigkeiten hochangesehen war. Ihre Aufgabe bestand nach erfolgter Abschlussprüfung darin, in einer Gruppe mehrerer Geishas in Teehäusern und Restaurants – natürlich gegen Bezahlung – für die künstlerische Unterhaltung zu sorgen.

Weil sich viele Geishas allerdings in der Vergangenheit zur Geliebten machten, geriet ihre Profession ins Zwielicht, und die Assoziation zur Prostitution entstand. Die echten Prostituierten in Japan aber heißen »Shôgi«.

GEFALLENES MÄDCHEN

Altmodisches und zugleich diskret verhüllendes Synonym für → *Hure* oder Prostitutierte. Die Bezeichnung entstammt wahrscheinlich der christlichen Lehre: So wie Luzifer im Neuen Testament ein gefallener Engel war, waren Prostituierte, nach Ansicht der Kirche »incorrigible Weibspersonen«, gefallene Mädchen also, denen aufgrund ihres moralischen Vergehens im sündigen → *Gewerbe* nun nicht mehr der Einzug ins Paradies erlaubt war.

DAS GELBE HAUS AM PINNASBERG

Kinofilm.

Der Film folgte Ende der 60er Jahre dem in Deutschland mit Titeln wie → *»Josefine Mutzenbacher«*, »Liebesspiele junger Mädchen« und »Hänsel und Gretel verliefen sich im Wald« vorherrschenden Trend zum cineastischen Softsex, durchaus beflügelt durch den Sexmeister Nr. 1, Oswalt Kolle, und bot doch – ausgehend vom gleichnamigen Roman von Bengta Bischoff – eine etwas andere Idee. Die »Bild« jedenfalls jubelte auf die ihr eigene Weise: »In allen St. Pauli-Filialen kamen die weiblichen Kino–Besucher bisher zu kurz. Die Leinwand wurde ständig nur von nackten Mädchen bevölkert. Immer mehr Frauen fragten ironisch: ›Wann kommen wir endlich einmal zu unserem Recht. Wir wollen nackte Männer sehen!‹ Jetzt bekommen sie die Gelegenheit dazu. Ein gelbes Haus an einer kleinen Straße in St. Pauli ist der Schauplatz einer frechen Film-Story, in der es acht nackte Hauptrollen gibt: Männer, Männer, Männer! Tätowiert, mit viel oder wenig Haaren auf der Brust, im Seidengewand oder ganz ›ohne‹ hopsen sie von einem Bett ins andere: Die Eros-Brüder vom Pinnasberg. Ihr Hauptberuf: Liebhaber. Sie gehen ihm mit Leidenschaft nach.«

So berauschend kann das cineastische Eros-Werk dann aber wohl doch nicht gewesen sein, denn Ende 2002 hält es Einzug in das Buch »Die schlechtesten Filme aller Zeiten« der etablierten Filmkritiker Rolf Giesen und Ronald M. Hahn (BVA, Berlin 2002).

• *DER FILM: Das gelbe Haus am Pinnasbeg. BRD 1970, 94 Min. Regie: Luggi Waldleitner. Darsteller: Bengta Bischoff (Erzählerin), Siegfried Schürenberg (Werner Zibell), Gernot Endemann (Stefan Bornemann), Eddie Arent (Majordomus)*

GELD-ZURÜCK-GARANTIE

Eine solche gibt es nicht. Sie zu fordern würde unter Freiern und Prostituierten zwangsläufig zu Streit und oftmals auch Gewalt führen. Deshalb verlangen Prostituierte regelmäßig Vorkasse, insbesondere bei unbekannter Laufkundschaft. Sie fühlen sich auch heute immer noch unzureichend geschützt durch das Rechtssystem und das Zivilrecht, auch wenn durch die geänderte Gesetzeslage (→ *Prostitutionsgesetz*) und bereits entschiedene Präzedenzfälle der Liebeslohn prinzipiell eingeklagt werden kann. Schließlich kommt ein Dienst(leistungs)vertrag zu Stande. Bei diesem kann man jedoch nicht wie beim Werkvertrag auf Erfüllung beziehungsweise Erfolg klagen. So kann man zum Beispiel einen Klempner verklagen, weil der Wasserhahn nach der Reparatur immer noch undicht ist, einen Arzt aber nicht, wenn man trotz Behandlung nach den Regeln der ärztlichen Kunst immer noch Ausfluss hat. Es gibt Hurenverbände, die befürchten, auch das neue Prostitutionsgesetz erschwere es den Huren, ihr Recht auf Entlohnung zu bekommen, weil sie ihre Forderung qua Gesetz nicht abtreten dürfen. Durch dieses vorgeblich ihrem Schutz vor ausbeuterischen Zuhältern dienende Gesetz kann die Sexarbeiterin prozesstechnisch nicht als Nebenklägerin etwa zum Clubbetreiber zusätzlich zur Zeuginnenrolle auftreten und bleibt auf sich allein gestellt. (MvF)

GELEGENHEITSFREIER

Szenejargon.

Synonym: Eintagsfliege. Der Gelegenheitsfreier besucht nur ab und zu eine Prostituierte.

GELEGENHEITSPROSTITUTION

Prostitutionsform.

Bei dieser Form der Prostitution gehen die Frauen nur zeitweise oder gelegentlich zur Finanzierung besonderer Anschaffungen, zur Überbrückung einer finanziellen Notlage oder schlicht, weil es ihnen Spaß macht, (→ *Hobbyhuren*) der Prostitution nach. Sind die Probleme aus der Welt, steigen sie in der Regel sofort wieder aus.

GEMEINER LUDE

Szenejargon.

Altmodische Bezeichnung für einen → *Zuhälter* niedriger Art. Das Gegenteil ist der → *Patentlude.*

GESCHLECHTSKRANKHEITEN

Sexuell übertragbare Krankheiten.

Synonyme: → *STDs,* → *venerische Infektionen*

GESELLSCHAFTER

Begleiter.

Synonym: Gigolo. Junge Männer, die ihre Gesellschaft anbieten, aber nicht unbedingt Sex. Gesellschafter treten als Begleiter auf für Geschäftsleute – Männer wie Frauen –, die nicht alleine essen oder ins Theater gehen wollen. Die Honorierung ist zweigeteilt: Die Gesellschaft, die der junge Mann leistet, wird bezahlt; wenn anschließend noch eine sexuelle Dienstleistung erwartet wird, muss für diese erneut bezahlt werden. Sexuelle Dienstleistung gehört aber nicht zwangsläufig zu den Aufgaben eines Gesellschafters.

GESELLSCHAFTERIN

Begleiterin.

Synonym: → *Edel-Prostituierte,* → *Escort-Service*

GESETZ ÜBER ORDNUNGSWIDRIGKEITEN

So steht es noch heute geschrieben:

§ 119 Grob anstößige und belästigende Handlungen

(1) Ordnungswidrig handelt, wer

1. öffentlich in einer Weise, die geeignet ist, andere zu belästigen, oder

2. in grob anstößiger Weise durch Verbreiten von Schriften, Ton oder Bildträgern, Abbildungen oder Darstellungen oder durch das öffentliche Zugänglichmachen von Datenspeichern Gelegenheit zu sexuellen Handlungen anbietet, ankündigt, anpreist oder Erklärungen solchen Inhalts bekanntgibt.

(2) Ordnungswidrig handelt auch, wer auf die in Absatz 1 bezeichnete Weise Mittel oder Gegenstände, die dem sexuellen Gebrauch dienen, anbietet, ankündigt, anpreist oder Erklärungen solchen Inhalts bekanntgibt.

(3) Ordnungswidrig handelt ferner, wer öffentlich Schriften, Ton- oder Bildträger, Datenspeicher, Abbildungen oder Darstellungen sexuellen Inhalts an Orten ausstellt, anschlägt, vorführt oder sonst zugänglich macht, an denen dies grob anstößig wirkt.

(4) Die Ordnungswidrigkeit kann in den Fällen des Absatzes 1 Nr. 1 mit einer Geldbuße bis zu zweitausend Deutsche Mark, in den übrigen Fällen mit einer Geldbuße bis zu zwanzigtausend Deutsche Mark geahndet werden.

§ 120 Verbotene Ausübung der Prostitution; Werbung für Prostitution

(1) Ordnungswidrig handelt, wer

1. einem durch Rechtsverordnung erlassenen Verbot, der Prostitution an bestimmten Orten überhaupt oder zu bestimmten Tageszeiten nachzugehen, zuwiderhandelt oder

2. durch Verbreiten von Schriften, Ton- oder Bildträgern, Datenspeichern, Abbildungen oder Darstellungen Gelegenheit zu entgeltlichen sexuellen Handlungen anbietet, ankündigt, anpreist oder Erklärungen solchen Inhalts bekanntgibt; dem Verbreiten steht das öffentliche Ausstellen, Anschlagen, Vorführen oder das sonstige öffentliche Zugänglichmachen gleich.

Das Gesetz über Ordnungswidrigkeiten, kurz OwiG, verbietet die explizite → *Werbung* für Prostitution – noch heute! Das ist absurd, hat doch das → *Prostitutionsgesetz* vom 1. Januar 2002 die Prostiution zum → *Rechtsgeschäft* erklärt. Leider verzichtete die rotgrüne Regierungskoalititon, das Gesetz über Ordnungswidrigkeiten zu ändern. Das hätte aus dem Prostitutionsgesetz ein im Bundesrat abstimmungspflichtiges Zustimmungsgesetz gemacht, das höchstwahrscheinlich an der christdemokratischen Mehrheit in der Länderkammer gescheitert wäre.

Selbst die harmlose Begrifflichkeit »Safer Sex« ist nach wie vor nicht erlaubt, lässt sie doch einen Rückschluss auf das Angebot sexueller Handlungen zu. Allerdings: Einschlägige Magazine und Zeitschriften bieten Prostituierten trotzdem die Möglichkeit zu werben, indem sie Rubriken wie »Profis« haben, wo der geneigte Freier professionelle → *Liebesdienerinnen* findet. Dort heißt es zum Beispiel: »Zierlich schlanke Jessica, süße 19, verwöhnt vielseitig mit Lust! Ganz privat in Reinickendorf. Unvergesslich!«. Was hier nach privatem Vergnügen einer jungen Dame klingt, ist in Wahrheit die verklausulierte Anzeige einer Prostituierten, die → *Wohnungsprostitution* in einer → *Privatwohnung* betreibt. Die Tücken der Werbung! Oder hier: »Zierl. Nymphe, Konf. 32/34, privat, bes. u. empf. geleg. den solv. Herrn.«

Ungleich eindeutiger sind die augenschreienden Anzeigen für → *FKK-Clubs* in einschlägigen Boulevardzeitungen. Derartige Werbung wird aber sowohl von den Herausgebern und Verlegern der Zeitungen als auch dem Gesetzgeber nur toleriert. Erlaubt ist sie aber nicht.

GESICHT (ZEIGEN)

Wiedererkennung.

Inzwischen ist das → *Internet* auch im → *Rotlicht*milieu auf dem Vormarsch. Ungezählte Webseiten, auf denen sich → *Clubs* und → *Bordelle* präsentieren, meist mit entsprechendem Charakter- und Praktikenprofil ihrer Damen. Prostituierte, die länger im Geschäft sind, preisen sich meist mit Foto an. Verbirgt eine Frau allerdings kunstvoll ihr Gesicht vor dem Fotografen, ist das meist ein Indiz dafür, dass sie noch nicht lange im Geschäft ist. »Eltern dürfen nichts davon wissen, der Freund weiß nichts davon, das hat schon seine Gründe, warum sie ihr Gesicht nicht zeigt«, weiß der → *Bordellbetreiber* Thomas H.

GESETZE

Paragraphendickicht.

Gesetze regeln das menschliche Miteinander. Gerade eine Branche wie die der Prostitution hat wahrscheinlich Gesetze auch bitter nötig, bietet sie doch mannigfaltige Möglichkeiten für kriminelle und ausbeuterische Strukturen. Durch das → *Prostitutionsgesetz* wurde die Prostitution zu einem offiziellen → *Rechtsgeschäft* erklärt, was sie – zumindest im → *Bürgerlichen Gesetzbuch* – der → *Sittenwidrigkeit* enthob. Und die → *Förderung der Prostitution* im → *Strafgesetzbuch* heißt jetzt »Ausbeutung der Prostitution«.

Das vermeintlich älteste → *Gewerbe* der Welt ist jetzt, zumindest in Deutschland, ein → *Beruf*. Allerdings gibt es keinen anderen Beruf, der weiterhin gesetzlich so explizit geregelt ist wie der der Prostitution. Das hat seine Gründe: Um überhaupt das Prostitutionsgesetz am Bundesrat mit seiner christdemokratischen Mehrheit vorbeimogeln zu können, hatte die rotgrüne Regierungskoalition 2001 Abstriche an anderen Stellen machen müssen: Änderungen bei → *Sperrgebietsverordnung*, → *Gaststättengesetz*, → *Gesetz über Ordnungswidrigkeiten* hätten aus dem Prostitutionsgesetz ein im Bundesrat abstimmungspflichtiges Zustimmungsgesetz gemacht, das höchstwahrscheinlich an der christdemokratischen Mehrheit in der Länderkammer gescheitert wäre. Schön und gut, weil die Regierung den Behörden aber keine Durchführungsrichtlinien für das Prostitutionsgesetz mit auf den Weg gab, herrscht seitdem im Zusammenspiel mit anderen, unverändert gebliebenen Gesetzen Willkür auf den Ämtern – je nach politischer Gesinnung mal pro, mal contra der Prostitution.

Das führt zu so mancher Absurdität. Während nämlich in → *München* die Obrigkeiten nach wie vor massiv gegen die Prostitution ankämpfen, überlegt man in Köln derweil die Einführung einer »Sex-Steuer«, eine Abgabe fürs Sexvergnügen. Was nicht weiter schimm wäre, würde es der Gewerbeaufsicht aufgrund des unveränderten → *Gaststättengesetzes* nicht nach wie vor und jederzeit möglich sein, einem → *Café* oder einer → *Bar* die Konzession zu entziehen, sollte sie der Unsittlichkeit Vorschub leisten.

Das ist Entscheidungssache eines jeden einzelnen Beamten. Magenschmerzen bereitet den Beratungsstellen und Hurenprojekten vor allem der nur unmaßgeblich modifizierte Paragraph → *Zuhälterei* im →

Strafgesetzbuch, der die Aushandlung von → *Arbeitsverträgen* verhindert. Arbeitsverträge und damit die Entkriminalisierung des Milieus war jedoch erklärtes Ziel des Prositutionsgesetzes. Doch auch hier liegt der Fehler im Detail: Rechtschaffene Arbeitgeber (→ *Bordellbetreiber*), die mehr als Arbeitszeit und -ort von ihren Angestellten verlangen, können wegen Zuhälterei belangt werden. In München ist selbst der Umstand, dass ein Arbeitsvertrag nur Arbeitszeit und -ort regelt, bereits Anlass, wegen Zuhälterei zu ermitteln. Auch die → *Sperrgebietsverordnung* ist den Kommunen willkommenes Mittel, die Ausübung der Prostitution zu unterbinden. Das → *Gesetz über Ordnungswidrigkeiten* verbietet nach wie vor → *Werbung* für Prostitution.

Da ist es tatsächlich schwer zu begreifen, dass Prostitution fortan ein legales Rechtsgeschäft sein soll.

GESETZ ZUR BEKÄMPFUNG VON GESCHLECHTSKRANKHEITEN

Ungültig.

»Das Gesundheitsamt kann von Personen, die dringend verdächtig sind, geschlechtskrank zu sein und Geschlechtskrankheiten weiterzuverbreiten, verlangen, ein Gesundheitszeugnis vorzulegen«, so hieß es im §4 des Gesetzes zur Bekämpfung von Geschlechtskrankheiten. Freilich konnte der Paragraph auf jeden angewandt werden, der einen lockeren Lebensstil vollzog. Allerdings konzentrierte sich die Arbeit der → *Gesundheitsämter* auf Prostituierte – wohlgemerkt weibliche. Diese mussten bisweilen alle sieben bis 14 Tage aufs Amt zur Untersuchung. Das Gesundheitszeugnis wurde im Szenejargon → *Bockschein* genannt.

§17 des gleichen Gesetzes ließ sogar Zwang zur Durchführung der Behandlung und zur Verhütung der Ansteckung zu. Und Geschlechtskranke, die sich weigerten, sich untersuchen oder behandeln zu lassen, und Personen, die dringend verdächtig waren, geschlechtskrank zu sein und Geschlechtskrankheiten weiterzuverbreiten, und sich weigerten, ein Gesundheitszeugnis vorzulegen, konnte das → *Gesundheitsamt* gemäß §18 vorführen lassen. Wer sich weigerte, dem drohte die zwangsweise Krankenhauseinweisung. Bereits in den 90er Jahren brach das Gesetz zunehmend auf. In einigen Kommunen wurde die Zwangsuntersuchung sogar abgeschafft; in Bremen schon 1987. Am 1. Januar 2001 wurde das Gesetz durch das → *Infektionsschutzgesetz* ersetzt. Dort steht nicht mehr die Kontrolle im Vordergrund, sondern die Prävention.

GESICHTSBESAMUNG

Ejakulation ins Gesicht.
Synonym: → *Facials*

GESUNDHEITSAMT

Viele Jahre machten Prostituierte einen Bogen um die Gesundheitsämter der einzelnen Kommunen. Denn gemäß dem → *Gesetz zur Bekämpfung von Geschlechtskrankheiten* sowie dem → *Bundesseuchengesetz* erzwangen die Behörden vielfach regelmäßige Untersuchungen bei Menschen, »die dringend verdächtig sind, geschlechtskrank zu sein und Geschlechtskrankheiten weiterzuverbreiten«. Die Gesundheitszeugnisse, die nach erfolgter Kontrolle ausgestellt wurden, hießen im Szenejargon → *Bockschein.*

Zwar hätten diese Untersuchungen theoretisch jeden treffen können (müssen), der einen »lockeren Lebenswandel« betrieb. Allerdings wurde das Gesetz fast ausschließlich nur auf Prostituierte angewandt, obwohl, das ist erwiesen, Geschlechtskrankheiten bei ihnen nicht häufiger vorkommen als beim Rest der Bevölkerung. »Unsere Gesundheit ist doch unser Kapital«, erklärt Ex-Hure Karin S., »deshalb schützen wir uns doch ganz besonders vor Krankheiten!«

Trotzdem wurden Prostituierte als Überträgerinnen von Geschlechtskrankheiten gebrandmarkt. Beratungsstellen und Hilfsprojekte unterstellten gar, das Gesetz würde vor allem dazu dienen, Datenmaterial zu sammeln, dieses in Polizeicomputern zu speichern, und damit einen ganzen Berufszweig zu kriminalisieren. Problematisch vor allem für Frauen, die mit den Moralvorstellungen der Gesellschaft zu kämpfen hatten und vor Freunden und Familienangehörigen ein Doppelleben führten. Ihnen drohte durch die Registrierung und regelmäßige Untersuchung die Enttarnung. »Wer sich nicht kontrollieren lassen wollte, fand Mittel und Wege, dass er nicht kontrolliert wurde. Er haute einfach ab«, erinnert Wiltrud Schenk, Sozialarbeiterin beim Gesundheitsamt Charlottenburg. Für die Freier dagegen war der Bockschein der Gesundheitsämter ein trügerischer Beweis für Sicherheit und motivierte erst recht dazu, → *Verkehr* ohne → *Kondom* zu kaufen. Bereits seit Ende der 80er Jahre wurde das Gesetz in den deutschen → *Großstädten* unterschiedlich gehandhabt. Es gab Städte, die die Prostituierten unerbittlich »vorluden«. Das Gesundheitsamt der Stadt → *Bremen* schaffte die Untersuchungspflicht bereits 1987 ab.

Mit Inkrafttreten des → *Infektionsschutzgesetzes* am 1. Januar 2001 verlor das Gesetz zur Bekämpfung von Geschlechtskrankheiten seine Gültigkeit. Seitdem setzt keines der Gesundheitsämter mehr auf Kontrolle. Die Devise der Behörden lautet: Prävention und Aufklärung – sowohl bei Prostituierten als auch bei Freiern. Und, so weist beispielsweise die Stadt Köln auf ihrer Internetseite ausdrücklich darauf hin, die »Anonymität bleibt selbstverständlich gewahrt«.

GESUNDHEITSAMT
Im Gespräch: Wiltrud Schenk, Sozialarbeiterin
Wiltrud Schenk ist Sozialarbeiterin beim Gesundheitsamt Charlottenburg, Beratungsstelle für sexull übertragbare Krankheiten in Berlin.

Liebe Frau Schenk, es gab einst das Bundesseuchengesetz sowie das Gesetz zur Bekämpfung von Geschlechtskrankheiten.
Wiltrud Schenk: Die beiden Gesetze wurden am 1. Januar 2001 abgeschafft.

Die beiden Gesetze sorgten für den so genannten Bockschein, den die Gesundheitsämter den Prostituierten nach Gesundheitskontrollen ausstellten. Diese Untersuchungen waren verpflichtend für die Prostituierten?
Wiltrud Schenk: Das wurde so ausgelegt. Allerdings tauchten im Gesetz zur Bekämpfung von Geschlechtskrankheiten die Wörter »Prostituierte« und »Hure« überhaupt nicht auf. Dem genauen Wortlaut folgend betraf das Gesetz Menschen mit »häufig wechselndem Geschlechtsverkehr« und hätte somit also alle betreffen müssen – Männer, Jugendliche –, was es aber nicht tat. Angewandt wurde es nämlich fast ausschließlich nur auf Frauen in der Prostitution – auch nicht Männer in der Prostitution –, die sich alle sie-

ben bis 14 Tage vom Gesundheitsamt untersuchen lassen mussten und anschließend den Bockschein bekamen. Damals war es noch so, da fuhr das Gesundheitsamt mit einem Bus, dem Senatsbus, durch die Stadt und ließ Frauen, die den Untersuchungsnachweis nicht hatten, zwangsweise ins Krankenhaus bringen.

Allerdings sind die Bundesländer über die Jahre unterschiedlichste Wege gegangen. Dabei gab es ein richtiges Nordsüdgefälle. Berlin hat als allererste Stadt den Bockschein abgeschafft.

Was führte zur Abschaffung der beiden Gesetze?
Wiltrud Schenk: Der Zwang zur Kontrolle hat nichts gebracht. Ich meine: Wer sich nicht kontrollieren lassen will, findet Mittel und Wege, dass er nicht kontrolliert wird. Er haut einfach ab. Der Staat musste also weg von Regeln und Kontrollen hin zur Prävention. Prävention im Sinne von Aufklärung: Wie kann man oder frau krank werden? Wie kann man verhindern, dass man oder frau krank wird? Es musste also begriffen werden, warum Kondombenutzung wichtig ist. Deshalb Prävention im Sinne von Aufklärung, Information, der Verantwortung für sich selbst.

Wie betreiben Sie Prävention?
Wiltrud Schenk: Wir hier beim Gesundheitsamt Charlottenburg haben eine Ärztin, drei Sozialarbeiterinnen, eine Arzthelferin und drei Sprachmittlerinnen, weil viele, die in unserem Stadtbezirk leben und arbeiten, der deutschen Sprache nicht fließend mächtig sind. Wir gehen an alle Orte der Prostitution, die in unserem Einzugsbereich liegen, tagsüber, nachts, wann immer dort gearbeitet wird, und stellen uns dort vor. Wir erklären von Anfang an, dass wir keine Informationen weitergeben, weder an den Bordellbesitzer noch an Polizei oder Ausländerbehörde. Erst dann fangen wir mit dem Gesundheitsaspekt an: Wir berichten, wer wir sind, laden die Frauen in die Sprechstunde ein. Wir sind praktisch wie Vertreter, die ein Produkt anpreisen wollen. Meist werden wir dann gefragt, ob es stimme, dass die Polizei auf dem Amt auf sie lauere – das ist ein gängiges Vorurteil gegenüber den Gesundheitsämtern ... Natürlich stimmt das nicht, und natürlich können sie anonym zu uns kommen.

Und? Kommen sie?
Wiltrud Schenk: Ja, sie kommen. Sie lassen sich untersuchen und beraten. Aber man muss auch ganz klar sehen, dass sie nur aufs Gesundheitsamt kommen, weil wir zuvor zu ihnen gekommen sind.

Haben Sie Probleme, mit Ihrem Anliegen in Bordelle oder Clubs zu kommen?
Wiltrud Schenk: Es gibt nach wie vor das ASorg, das Allgemeine Sicherheits- und Ordnungsgesetz. Danach haben wir ein Zugangsrecht. Wir haben das noch nie mit der Polizei durchsetzen müssen, weil wir die Menschen eigentlich durch »vertrauensbildende Maßnahmen«, so heißt es im Neudeutsch, zu erreichen versuchen. Deshalb ist es uns bisher auch überall gelungen, hineinzukommen. Manchmal muss man dafür zehnmal laufen ... Wobei es nicht die Frauen sind, die nicht wollen, dass wir hineinkommen, sondern die Betreiber.

Wie ist die Reakion der Frauen auf die Mitarbeiter des Gesundheitsamtes, von denen noch heute viele glauben, sie wären eine zwingende Kontrollinstanz?
Wiltrud Schenk: Es ist richtig, es wissen die wenigsten, dass sie nicht zum Gesundheitsamt gehen müssen. Es gibt durchaus Frauen, die sich das zum zehnten Mal anhören und trotzdem nicht kommen. Das ist in Ordnung, sofern sie andere Wege haben, um sich zu informieren und zu schützen. Es gibt auch Frauen, die erklären ausdrücklich, dass sie wirklich ***nur*** mit Kondom arbeiten.

Um die Anbieterinnen von Hotel- und Hausprostitution zu erreichen, gehen Sie wie vor?
Wiltrud Schenk: Eine Zeit haben wir es nicht gemacht. Jetzt rufen wir wieder an. Allerdings ist dies eine schwierige Ausgangssituation für uns. Die Zeiten von »Ich bin ein Freier, wo sitzen Sie denn?« sind längst vorbei, und schwindeln wollen wir auch nicht. Also ist es erst einmal schwer, die Sympathie der Frauen zu gewinnen. Die Prostituierten wissen ja nicht: Können sie uns trauen? Viele Frauen, die aus anderen Ländern kommen, haben meist einen anderen Bezug zum Staat. Deshalb ist es uns erst einmal wichtig, dass sie

wissen, dass es uns gibt. Wir betreiben quasi Werbung, auch unsere Kolleginnen, die russisch, polnisch oder thailändisch sprechen.

Natürlich darf es nicht bei einem Anruf bleiben. Natürlich ist es wichtig, am Ball zu bleiben, freundlich und verständig. Die Frauen sollen wissen: Wir haben heute angerufen, und morgen steht trotzdem nicht die Polizei vor der Tür.

Sie investieren viel Arbeit. Ist es nicht ernüchternd, für Safer Sex zu werben, aber zu wissen, dass der massive Konkurrenzdruck die Frauen dann doch dazu zwingt, immer wieder Sex auch ohne Kondom praktizieren zu müssen?
Wildtrud Schenk: Ich vertrete einen anderen Standpunkt. Ich behaupte, nicht nur in der Prostitution, generell in meinem Leben, in Ihrem Leben – jeder Mensch muss sich jeden Tag entscheiden. Das Argument »Keine Wahl« kann ich nicht akzeptieren.

Allerdings gibt es Frauen, die in der Sexualität nicht richtig aufgeklärt sind, die die deutsche Sprache vielleicht nicht beherrschen, die sehr unter Druck stehen, die mehr als andere auf das Geld angewiesen sind und die deswegen größere Probleme haben. Und trotzdem glaube ich daran – dass mag idealistisch sein –, dass, wenn sich alle Frauen zusammenschließen und sagen: *»Es gibt keinen Laden ohne Kondom!«*, die Männer keine Chance haben.

Es gab eine Zeit, Anfang der 80er, als die Angst vor Aids dominierte, da gab es weniger Kondome als verlangt wurden. In dieser Zeit hat man doch gesehen, dass es auch mit Kondom geht.

HIV und Aids sind jedoch nicht mehr im Bewusstsein der Leute.
Wildtrud Schenk: Ja, leider. Wobei es wichtig ist, nicht nur über HIV und Aids zu reden, sondern auch über andere sexuell übertragbare Krankheiten. Zehnmal einen Tripper haben ist auch nicht unbedingt gesund.

Suchen Sie deshalb auch den Kontakt zu den Freiern?
Wildtrud Schenk: Freierarbeit ist für uns sehr schwer. Alle Männer, die zu uns aufs Amt kommen und beispielsweise einen Tripper haben oder denken, sie hätten einen, waren garantiert nie im Puff! Keiner gibt es zu, obwohl wir ihnen klar machen, dass uns die mo-

ralischen Bedenken überhaupt nicht interessieren. Darum geht es nämlich gar nicht. Jeder kann in den Puff gehen, wie er will – aber er soll verantwortlich sein, sich selbst, den Prostituierten und den eigenen Ehefrauen gegenüber.

Das erklären wir den Freiern auch, wenn wir im Bordell sind und sie dort antreffen: »*Sie sind für sich selbst verantwortlich, egal ob die Prostituierten nun krank sind oder nicht. Sie können sich aktiv selbst schützen, niemand ist vom anderen abhängig.*«

Das ist übrigens auch ein ganz wichtiger Bestandteil unserer Präventionsarbeit, was viele Frauen nicht begreifen: Es geht nicht darum, mit Kondomen zu schützen, damit die Männer sich nicht anstecken, sondern sie schützen auch sich selbst. Sie können es also nicht nur den Männern in die Schuhe schieben ...

Wie ist denn die Reaktion der Freier, die Sie im Bordell antreffen? Peinlich-erwischt, »Kommen-Sie-mir-nicht-mit-Moral«-Ausflüchten oder besteht Interesse?

Wiltrud Schenk: 95 Prozent der Männer sagt: »*Ich trinke hier heute nur ein Bier!*« Ich sage immer mein gleiches Sprüchlein: »*Mir ist egal, was Sie hier machen. Aber falls sich das Biertrinken ändert und Sie möchten doch noch mit einer der Damen ... Bitte, hier haben Sie ein Kondom!*« Das ist eine der Standardsituationen.

Einige fangen tatsächlich ein Gespräch mit uns an. Andere sind total erstaunt: »*Was, das ist auch öffentlicher Dienst, der nachts losläuft und keine Papiere kontrolliert?*« Das passiert nicht oft, aber es gibt durchaus Männer, die sich darüber freuen, dass etwas Sinnvolles mit ihren Steuergeldern passiert.

Ob sich letztendlich was verändert, können wir natürlich nicht sagen. Uns ist einfach wichtig, in den Situationen nicht nur die Frauen anzusprechen, wie es im Prinzip immer war, sondern auch die Männer. Sie bleiben schließlich auch anonym. Ich weiß nicht, wer sie sind, was sie arbeiten. Das ist auch völlig wurscht. Aber es ist wichtig, ihnen Informationsmaterialien zu geben.

Sie sagen, Prävention sei das obere Ziel des Infektionsschutzgesetzes. Die Hurenverbände beklagen jedoch, dass es die Prostituierten nach wie vor einschränke. Im Ernst: Wozu ermächtigt das Gesetz?

Wiltrud Schenk: Es ermächtigt uns zu ganz wenig, eigentlich zu gar nichts. Aber es berechtigt uns. In §19 heißt es, das Gesundheitsamt sei verpflichtet, Prävention zu betreiben und die Frauen zu informieren über die Möglichkeiten, sich vor sexuell übertragbaren Krankheiten zu schützen. Es berichtigt und verpflichtet das Gesundheitsamt, Behandlungen durchzuführen bei Menschen, die nicht krankenversichert sind beziehungsweise kein Geld haben, um sich zu einem Arzt zu begeben. Deshalb ist ein Gesetz, das uns zur Behandlung berechtigt, ganz wichtig!

Ein anderer Punkt sind die Geschlechtskrankheiten. Davon gab es im alten Gesetz vier klar umgrenzte, sexuell übertragbare Krankheiten, von denen es zwei eigentlich gar nicht mehr gab. Alles andere war völlig unklar, zum Beispiel Chlamydien, die heutzutage eine der am häufigsten übertragenen Krankheiten sind. Sie tauchten im alten Gesetz gar nicht auf.

Trotzdem tauchen Begriffe wie »Ermittlungen«, »Beobachtungen«, »Zwangsuntersuchungen« und »Tätigkeitsverbote« im Infektionsschutzgesetz auf.

Wiltrud Schenk: Ich sehe nicht die Möglichkeit, ein Tätigkeitsverbot auszusprechen. Ich denke, die Klagen der Hurenverbände spielen auf → *HIV* und → *Aids* an und den unterschiedlichen Umgang der Bundesländer damit. In Bayern heißt es ja, jemand, der weiß, dass er HIV-infiziert ist und ohne Kondom Sex hat, unternehme einen »Mordversuch«. Politiker und Juristen streiten darüber.

Wir als Medizinerinnen und Sozialarbeiterinnen würden nie so handeln, weil es Kontra ist. Wichtig ist, wie wir eigentlich seit 20 Jahren arbeiten. Erklären, erklären, erklären, und zwar, wie man sich schützen kann, die entsprechenden Mittel zur Verfügung stellen ... Was nutzt ein Tätigkeitsverbot, wenn eine Prostituierte in Charlottenburg nicht arbeiten darf und deshalb nach Braunschweig geht? Wenn Frauen wissen, dass sie krank sind – und wir haben Frauen, die sind HIV-infiziert oder aidskrank –, dann müssen wir mit ihnen reden, wir müssen durch Aufklärung, sehr deutliche Aufklärung darum werben, dass sie andere, vielmehr aber noch sich selbst schützen davor, noch schlimmer zu erkranken. Wenn eine Frau vor uns davon rennt, hilft es niemandem, auch dem Freier nicht.

Ist das bundesweit Praxis?
Wiltrud Schenk: Das gilt für Berlin. Hamburg und Nordrhein-Westfalen gehen seit Jahren den gleichen Weg. Auch die neuen Bundesländer halten sich zurück. In Bayern und Baden-Württemberg dagegen geht man, so berichten Frauen, die von dort kommen, nach wie vor restriktiver vor.

Sind die Klagen der Hurenverbände also berechtigt?
Wiltrud Schenk: Ich denke, es ist eine emotionale Angelegenheit. Die Hurenprojekte haben mit dem vormaligen Gesetz zur Bekämpfung von Geschlechtskrankheiten schlechte Erfahrungen gemacht – es hatte von Bundesland zu Bundesland unterschiedliche Rechtsfolgen. Insofern kann ich die Einwände der Hurenprojekte nachvollziehen; sie befürchten Durchführungsrichtlinien, die sie möglicherweise reglementieren. Das ist jedoch nur ein theoretisches Gefühl. Ich will natürlich die Gefühle anderer nicht verletzen und sagen, das sei nur »Theorie«. Sie haben schlechte Erfahrungen gemacht, und deshalb gestehe ich ihnen das Gefühl zu.

Aber ich glaube, Zwangsuntersuchungen und Tätigkeitsverbote gibt es in der Praxis nicht mehr. Es mag noch Kolleginnen und Kollegen geben, die genauer nachforschen und fragen, wann man zum letzten Mal bei einer Untersuchung war. Aber selbst wenn die Antwort »Vor drei Jahren« lauten würde, ergibt sich daraus nichts, allenfalls die Bemerkung: »Zu ihrem eigenen Interesse ...«

Und für Sie, die Sie, anders als die Politiker, täglich mit der Straße konfrontiert sind, wie sehen Sie das Infektionsschutzgesetz?
Wiltrud Schenk: Einerseits ist es gut, weil es gegenüber der Finanzbehörde Untersuchungen rechtfertigt. Früher mussten wir sehr viel um Medikamente kämpfen. Wenn wir eine Behandlung durchführten, hieß es manchmal: »Warum behandeln Sie Chlamydien, die stehen doch gar nicht im Gesetz.« Heute ist nur die Rede von »sexuell übertragbaren Krankheiten«, und das lässt Interpretationen zu.

Die Kehrseite der Medaille: Dadurch dass die Prostitution durch das »Gesetz zur Regelung der Rechtsverhältnisse von Prostituierten« (kurz Prostitutionsgesetz genannt) die berufliche Anerkennung erhält und kein sittenwidriges Geschäft mehr ist, fragen sich Leute, ob es die Beratungsstellen für sexuelle Krankheiten bei den Gesundheitsämtern noch geben muss. Unter dem Finanzaspekt könnte dies natürlich irgendwann mal ein Bumerang werden.

GEWERBE

Prostitution, so heißt es, sei das älteste → *Gewerbe* der Welt. Das stimmt natürlich nicht, denn Prostitution war als »Gewerbe« nicht anerkannt. Prostitution war → *sittenwidrig*, eine Vereinbarung über ein Entgelt für eine sexuelle Dienstleistung daher nichtig, ein → *Bordell*, → *Nachtclub* oder → *SM-Studio* dementsprechend nicht gewerbefähig. Doch was tun, wenn andere Personen, Dienste und Sachen zur Ausführung der Prostitution benötigt wurden, man gar (Tages-)Mieten einnahm? Für BetreiberInnen der Etablissements, die nicht in die Illegalität gedrängt werden, stattdessen legale Gewerberäume betreiben, sich dadurch aber auch nicht der → *Förderung der Prostitution* strafbar machen wollten, war das ein schwerwiegendes Problem. Selbst der Begriff → *bordellartiger Betrieb*, üblich im Strafrecht und Polit-Jargon, rief bei den Gewerbeämtern moralische Bedenken hervor.

Den Club- und BordellbetreiberInnen blieb keine andere Wahl als die → *Verschleierung* ihres Unternehmens: Aus einer Callgirl-Agentur wurde eine → *Partnervermittlung* oder Promotionagentur, aus einem Bordell eine → *Zimmervermietung* (Beherbergungsbetrieb), aus einem SM-Studio eine »Praxis für Atemtherapie« oder »Institut für alternative Heilmethoden«, aus einem → *FKK-Club* ein → *Freizeitclub*, aus einem Nachtclub »Schankwirtschaft mit Beherbergungsbetrieb«. Wenigstens das war dann – wie ein normales Hotel oder eine Pension – ein ordnungsgemäßes Gewerbe.

Auch mit Inkrafttreten des → *Prostitutionsgesetzes* am 1. Januar 2002, das den Akt »Geld gegen → *Verkehr*« zum → *Rechtsgeschäft* erhob, ist der Betrieb von Prostitutionslokalitäten kein offizielles Gewerbe. Denn ein »Gewerbe zu sein«, so argumentiert → *Stephanie Klee*, die Vorsitzende des → *Bundesverbandes Sexuelle Dienstleistungen e.V.*, »heißt eingebunden zu sein im wirtschaftlichen Geschehen mit Rechten, und die stehen in Gesetzen.«

Rechte allerdings hat die Prostitution noch lange nicht. Viele andere Gesetze – → *Sperrgebietsverordnung*, → *Ausländergesetz*, → *Gast-*

stättengesetz, → *Strafgesetzbuch* – torpedieren die wenigen Möglichkeiten, die das Prostitutionsgesetz einräumt. »Es kollidieren immer noch Paragraphen miteinander«, findet Karin Topper, Mitarbeiterin bei der Prostituiertenselbsthilfe → *Kassandra e.V.* in Nürnberg.

Was fehlt, sind bundeseinheitliche Durchführungsverordnungen. Selbst die Bundesanstalt für Arbeit, die mit entsprechender Ausschreibung in ihrem bundesweiten Stellenpool möglicherweise für klare Verhältnisse sorgen könnte, lehnt dankend ab. Man führe im Bereich der Prostitution keine Arbeitsvermittlung durch, heißt es von Seiten der → *Arbeitsämter,* »weil der damit verbundene Aufwand die bisherige Entwicklung in diesem Marktsegment nicht rechtfertigt«. (Quelle: Spiegel, 21.7.2003) Zwar hat die → *Gewerkschaft* Verdi in Berlin inzwischen begriffen, dass auch sie an der Prostitution zukünftig nicht mehr vorbeikommt, deshalb eigens einen Arbeitskreis Prostitution einberufen, dort seien aber »die verschiedenen und zum Teil widersprüchlichen Interessenlagen erst noch zu analysieren und zu sondieren, bevor eine gewerkschaftliche Position in die breite Öffentlichkeit gegeben werden kann«. Wann diese zu erwarten ist, hat noch niemand in Aussicht gestellt.

Zurückhaltung auf allen Seiten, so bleibt es nicht aus, dass auch das Gewerberecht in verschiedenen Bundesländern unterschiedlich gehandhabt wird. Die → *AG Recht*, ein Zusammenschluss der Hurenprojekte und -verbände, erklärt: »Während es im überwiegenden Teil der Bundesländer eine gewerberechtliche Anerkennung für Prostitutionsbetriebe gibt, wird diese in den Bundesländern Bayern, Baden-Württemberg, Sachsen, Thüringen und Bremen mit dem Verweis auf gewerberechtliche Sittenwidrigkeit von Prostitution generell versagt. Damit gibt es dort auch keine legalen Arbeitsverhältnisse von Prostituierten. Aber selbst dort, wo eine gewerberechtliche Anerkennung möglich ist, ist die Szene von Unsicherheit bestimmt. In Dortmund wurde im Juli 2002 ein Maßnahmenkatalog erlassen, nachdem BetreiberInnen von bordellähnlichen Betrieben ab drei Beschäftigten einen Gewerbebetrieb, unter Beachtung aller im Bau- und Ordnungsrecht enthaltenen Vorschriften, bis September 2002 beim Gewerbeamt anmelden müssen. Inzwischen wurden 15 Etablissements geschlossen, weil sie es versäumten, dem fristgerecht nachzukommen.« In anderen Städten wird weiterhin nach der alten Regelung verfahren und werden Bordelle lediglich »geduldet«, was nicht ausschließt, dass Behörden Auflagen festsetzen, die in der erforderlichen Eile nicht erfüllt werden können. Das Bauamt kann über die Einordnung von »bordellartigen Betrieben« als »Vergnügungsstätten« räumliche Beschränkungen einführen. Vor allem Kleinstbetriebe (→ *Modellprostitution*), meist von einigen Frauen gemeinsam bewirtschaftet, können zum Beispiel Bauvorschriften nicht sofort umsetzen und verlieren ihre Existenzgrundlage.

GEWERKSCHAFT

Arbeitnehmervertretung.

Viel konnten die Gewerkschaften in der Vergangenheit nicht für die Prostituierten tun, schließlich gab es im → *Rotlicht*gewerbe bis dato keine Betriebsräte, geschweige denn Angestelltenverhältnisse. Das kann sich mit Inkraftreten des → Prostitutionsgesetzes ändern: Prostitution ist nicht mehr → *sittenwidrig*, demnach ein reguläres → *Rechtsgeschäft*. → *Arbeitsverträge* sind möglich, von der rotgrünen Regierungskoalition in → *Berlin* sogar ausdrücklich erwünscht Und plötzlich erkennt auch die Vereinte Dienstleistungsgewerkschaft Verdi, etwa zeitgleich mit der Einführung des Prostitutionsgesetzes gegründet, dass Prostituierte eine bislang vernachlässigte Berufsgruppe seien. Ein bundesweiter Arbeitskreis Prostitution mit Vertretern der Hurenprojekte und -beratungsstellen wurde initiiert, der für die Prostituierten bestmögliche Beratungsangebote und entsprechend optimierte Arbeitsverträge für Bordellbetreiber ausarbeiten soll. Insbesondere für die Prostituierten mit legalem Status »entwickelt Verdi Angebote zu folgenden Themenfeldern«, so Emilija Mitrovic von der Hochschule für angewandte Wissenschaften Hamburg in einem Statement für den Verdi-Arbeitskreis: »Arbeitsrechtliche Beratung, Entwicklung eines Arbeitsvertrages, Beratung in Steuerfragen, Unterstützung bei Vernetzungen, Zusammenarbeit mit Ausstiegsprojekten, Arbeitsvermittlungsangebote in andere Branchen durch ›job check‹, Lobbyarbeit im politischen Raum.«

Allerdings stand man auch bei Verdi nach kurzer Zeit vor dem gleichen Problem wie die erste Deutsche Hurengewerkschaft, der → *Bundesverband Sexuelle Dienstleistungen e.V.* Peter Bemme, Fachbereichsleiter Besondere Dienstleistungen bei Verdi, erklärt: »Das Direktionsrecht, in anderen Berufsbranchen üblich, also die Möglichkeit für Arbeitgeber, nicht nur Ort und Zeit, sondern auch Art der Dienstleistung zu bestimmen, würde in der Prostitution wegen ›180a Zuhälterei‹ des → *Strafgesetzbuches* sofort zur Strafverfolgung wegen → *Zuhälterei* führen.« Noch ist man bei Verdi zu keiner Patentlösung gekommen. Eines wisse man allerdings, so Bemme: »Das Direktionsrecht der Arbeitgeber muss eingeschränkt sein!«

GIGOLO

Die alte Schule.

Synonym: → *Gesellschafter.* Einst war der Gigolo der so genannte Eintänzer, der alleinstehende Damen zum Tanz aufs Parkett führte. Dafür wurde er von der Direktion der Tanzhäuser entlohnt. Zusätzlich bekam er ein Trinkgeld von den Damen, meist auch für anschließende Dienstleistungen auf den Zimmern der Damen, weswegen »Gigolo« heute umgangssprachlich auch synonym für → *Callboy* steht. Allerdings steht ein Gigolo in seinem ursprünglichen Verständnis durchaus auch nur als Begleitung für die Dame zur Verfügung.

GLEITMITTEL

Hilfsmittel.

Auch wenn so mancher → *Freier* was anderes glaubt und Kontaktanzeigen wie diese ihn in diesem Glauben bekräftigen: »Verspielte, naturgeile Lady, 23, rotblond, schlank verwöhnt von zart bis hart.« Die Wahrheit ist: Die wenigsten → *Prostituierten* sind naturgeil. → *Stricher* noch viel weniger. Weswegen sie für den → *Verkehr* Gleitmittel verwenden. Empfohlen werden von den Beratungsstellen einhellig wasserlösliche und silikonhaltige Gleitmittel.

Sie warnen: »Niemals zum Bumsen öl- oder fetthaltige Mittel benutzen (zum Beispiel Nivea-Creme, Baby-Öl, Margarine), da gehen die → *Gummis* kaputt.«

GLÜHWÜRMCHEN

Szenejargon.

Als Glühwürmchen werden minderjährige Mädchen und Jungs, häufig im Alter zwischen zwölf und 14 Jahren, bezeichnet, die in ihrer Heimat, meist Moldawien, Albanien, dem früheren Jugoslawien oder

Nachfolgestaaten der Sowjetunion (→ *Osteuropa*), gekidnappt, dort in Hinterzimmern für 1500 bis 2500 Euro wie Vieh ersteigert und von → *Schleppern* nach Westeuropa gebracht, wo sie von skrupellosen → *Zuhältern* als Kinderhuren und → *Stricher* zur → *Kinderprostitution* auf dem → *Babystrich* gezwungen werden.

GMBH

Einstiger St. Pauli-Clan

In den 70er Jahren laut Journalistin Ariane Barth die einzige Gesellschaft der Bundesrepublik, die nicht ins Handelsregister eingetragen war: Die GMBH bestand aus dem Geschäftsmann Gerd, dem → *Schönen Mischa,* dem Beatle und dem »hundertjährigen Harry« und kontrollierte einen Ring aus 120 → *Aufreißern*, die der Firma auf Teufel komm raus 180 Stammfrauen → *poussierten,* was den vier Gesellschaftern zeitweilig Monatsgehälter von 150.000 bis 200.000 Mark bescherte. Anfang der 80er Jahre wurde die Luft auf dem → *Kiez* allerdings dünner; neue Gangs tauchten auf, mit ihnen die Waffengewalt. Nach dem Selbstmord vom Schönen Mischa war die GMBH am Ende.

GOGH, VINCENT VAN

Franz. Maler, geb. 1853, gest. 1890.

Vom jungen → *Henri de Toulouse-Lautrec* in die → *Freudenhäuser von* Paris eingeführt, reiste der Maler 1888 in die Provence, wo er des nachts einem Verbrechen beiwohnte. Seinem Bruder Theo schrieb er: »Ich habe gestern der Untersuchung eines Verbrechens beigewohnt, das vor einem Bordell begangen wurde. Ich habe die Gelegenheit genutzt und bin in das Bordell in der kleinen Rue des Ricolettes gegangen, meine bisher erste amouröse Begegnung mit den Damen von Arles.«

Weitere Begegnungen in den Freudenhäusern der Stadt sollten folgen, bis er sich für das von Madame Virginie geführte Haus in der »Rue du Pont-d'Arles 1« entschied, wo ihn ganz besonders eine Gaby alias Rachel reizte. Er → *verkehrte* jedoch nicht nur mit ihr, sondern malte auch sie und ihre Kolleginnen. Aber »die braven Huren«, schrieb er, »haben Angst, sich zu kompromittieren; sie befürchten, dass man über ihre Porträts lacht.« Die Mädchen sollen seine Zeichnungen grausig gefunden haben. So fehlte ihm auf Dauer sogar das Geld fürs Nötigste. Van Gogh verzweifelte: »Ich habe seit drei Wochen nicht einmal die Francs, um in diesem Bordell eine Liebesnacht zu verbringen.«

Er spielte mit dem Gedanken, eine Malschule in Arles zu gründen. Er bat Freund Gauguin um Hilfe. Dieser kam ihn besuchen, doch nur über den Absinth und die Mädchen herrschte Einigkeit, in Fragen der Kunst gingen die Auffassungen weit auseinander. Van Gogh malte die »Sonnenblumen«, Gauguin kommentierte lapidar. »Typisch Vincent!« Nach einem wiederholten Abend der Auseinandersetzungen erlitt Van Gogh einen seiner in letzter Zeit vermehrt auftretenden Anfälle geistiger Umnachtung und schnitt sich den unteren Teil seines linken Ohres ab. Er wickelte es in Zeitungspapier und brachte es der Prostituierten Rachel als »Geschenk« ins Freudenhaus.

GO-GO-GIRL

Engl.: go-go – schwungvoll.

Go-Go-Tänzerinnen sind meist in Großraumdiskotheken oder auf großen Partyevents anzutreffen, wo sie auf der Theke, neben der Bühne, auf den überdimensionierten Lautsprechern als Schautänzerinnen oder → *Animierdamen* in aufreizender Kleidung – meist Stiefel, Hotpants und Bikini-Top – das Eis beim Publikum zu brechen versuchen. Im Gegensatz zur → *Striptease*tänzerin behält die Go-Go-Tänzerin ihre Kleidung an.

GOLDEN SHOWER

Dirty Sex.

Synonyme: → *Natursekt,* Pisse, Urin

GONORRHÖ

Griech.: goné – Samen; rhéo – fließen.

Synonym: Tripper. Gonorrhö ist die häufigste aller sexuell übertragbaren Krankheiten (→ STDs). Die Erreger, die Gonokokken, können außerhalb des menschlichen Körpers nicht überleben, werden daher ausschließlich durch intime Körperkontakte ohne → *Kondom* übertragen. Für → *Stricher* und → *Prostituierte* mit wechselnden Sexpartnern, die meist Sex ohne Kondom verlangen, ist die Gefahr der Infizierung sehr groß.

Beim Mann zeigt sich die Erkrankung nach zwei bis fünf Tagen durch Brennen beim Wasserlassen, eitrigen Ausfluss und Rötung der Eichel. Bei der Frau sind die Symptome ähnlich, zusätzlich Schmierblutung und Unterleibsschmerzen. Bei der Nichtbehandlung drohen beiderlei Geschlecht Unfruchtbarkeit.

GRANT, HUGH

Brit. Schauspieler, geb. 9.9.1960.

Charakterdarsteller Hugh John Mungo Grant begann in Filmen wie »Die letzten Tage in Kenya« (1987) und »Der Biss der Schlangenfrau« (1988), bevor er mit Hollywood-Schmonzetten wie »Vier Hochzeiten und ein Todesfall« (1993), »Neun Monate«, »Sinn und Sinnlichkeit« (1995) sowie »Notting Hill« (1999) zum Typ Schwiegersohn aufstieg. Dieses Image erlitt allerdings 1995 Schaden, als er beim → *Blow Job* mit einer Prostituierten im Auto mitten auf dem Sunset Boulevard in Los Angeles von der Polizei erwischt wurde. Skandal, denn Prostitution ist in den → *USA* strafbar. Grant und die Prostituierte landeten auf dem Revier, die obligatorischen »Brustbilder mit Nummer« waren über Wochen der Bringer in den internationalen Gazetten. Gesprächsstoff war nicht nur, dass wieder ein Promi über eine Prostituierte »gestolpert« war, sondern auch, dass es diesmal kein → *Luxus-Callgirl*, sondern nur eine schlichte → *Straßendirne* war.

GRIECHISCH

Sexpraktik.

Synonyme: → *Analverkehr*, Arschfick, Pofick

GROSSE FREIHEIT

Offenherzige Straße.

Ursprünglich war mit der »Großen Freiheit« der Hamburger Berg gemeint, eine Fläche zwischen den Städten Hamburg und Altona, auf der Religions- und Gewerbefreiheit herrschte. Hier siedelte sich die → *Huren* an, die wegen ihrer »gewerbsmäßigen Unzucht« der Stadt verwiesen worden waren. Je mehr Unterhaltungsbetriebe, Schausteller und Bars vor den Toren der Stadt gebaut wurden, umso größer wurde das Viertel, das entstand. → *St. Pauli* war sein Name, durchkreuzt von der sündigen → *Reeperbahn*. Eine ihrer nicht weniger sündhaften Seitenstraßen wurde in Erinnerung an die ersten Tage auf dem Berg »Große Freiheit« genannt. Nomen est omen, noch heute: An der Großen Freiheit reiht sich ein Sex-Show-Lokal an das andere. Berüchtigt sind Rene Durands → *Salambo* (Nr. 11) und das »Tabu« (Nr. 14), in dem – laut Tafel am Hause – 1957 die erste Nacktschau Deutschlands gezeigt worden sein soll. Internationale Berühmtheit erlangte die Große Freiheit durch den Film → *»Große Freiheit Nr. 7«* mit dem Hamburger Recken → *Hans Albers.* Wegen der anhaltenden Bombenangriffe auf Hamburg wurde der Film allerdings nicht am Originalschauplatz, sondern in den Barrandov-Filmateliers in Prag gedreht.

GROSSE FREIHEIT NR. 7

Kinofilm.

Der Film, der 1944 zur Erbauung des kriegsmüden Nazideutschland gedreht wird, entführt in die gute, alte Zeit der Hamburger → *Reeperbahn* und ihrer berühmten Seitenstraße, eben der → *Großen Freiheit,* wo sich zwar Gauner, schräge Vögel, Bonvivants, Salonlöwen und Herzensbrecher herumtreiben, diese aber noch Herz und Schnauze, Gradlinigkeit und Kameradschaftsgeist, Ehrlichkeit und Anständigkeit groß schreiben. Ursprünglich sollte der Film nur »Große Freiheit« heißen. Dann musste er aber nummeriert werden, da die Nationalsozialisten unter »Freiheit« etwas anderes verstanden als eine Straße im Hamburger Vergnügungsviertel.

In der Großen Freiheit Nr. 7, einem Amüsierhippodrom mit Bierausschank und Varieté arbeitet der große, blonde Hannes als Stimmungssänger und erinnert in seinen Liedern an die schöne Zeit auf See. Er pflegt die Galanterie gegenüber den Frauen und zeigt sich gleichermaßen hart und unbarmherzig gegenüber den Zumutungen der Außenwelt – das Idealbild des starken Reeperbahn-Recken. Bis er an das Sterbebett seines Bruders Jan gerufen wird. Er verspricht, sich um dessen Braut Gisa zu kümmern. Er verliebt sich in Gisa und trennt sich von Anita, seiner bisherigen Braut, der Chefin der »Großen Freiheit Nr. 7«. Doch Gisa verliebt sich in den Werftarbeiter Wilhelm. Für Hannes bleibt die See die einzige »Braut«, wie es in seinem Lied »La Paloma«, das er anstimmt, heißt. Er kehrt zurück aufs Meer. Als der Film fertig war, war er den Nazi-Schergen noch immer zu unsittlich. Nicht nur, dass ein deutscher Seemann unmöglich so viel saufe wie der große, blonde Hannes, die altehrwürdige See- und Handelsstadt würde außerdem durch einen Amüsierschuppen wie die dargestellte Große Freiheit Nr. 7 »böswillig verunglimpft« werden. So kam es, dass der Film am 15. Dezember 1944 nur in Prag uraufgeführt wurde, und erst am 9. September 1945 in Deutschland. Gleichwohl beschwört er in mehrerlei Hinsicht einen Mythos: Er erzählt vom Volk, von Männern und ihrer Sehnsucht nach dem Meer und nach den Frauen, eben von der großen Freiheit auf dem → *Kiez* (interessant das Hurenlied: »Beim ersten Mal da tut es noch weh«). Bezeichnend mag daher sein, dass der Film wegen der anhaltenden Bombenangriffe auf Hamburg nicht wirklich auf der Reeperbahn, sondern in den Barrandov-Ateliers in Prag gedreht wurde. Irgendwie war wohl alles nur eine große, verklärende Lüge.

In der echten Großen Freiheit Nr. 7 gibt es seit 1993 ein → *Hans-Albers*-Museum mit zahlreichen Requisiten des Schauspielers. Bereits 1984 gibt es im Hamburger Operettenhaus eine Musical-Fassung von »Große Freiheit Nr. 7«, mit Freddy Quinn und Kirsten Nehberg in den Hauptrollen.

• ***DER FILM:*** *Große Freiheit Nr. 7. D 1944, 109 min. Regie: Helmut Käutner. Darsteller: Hans Albers (Hannes Kröger), Ilse Werner (Gisa), Hans Söhnker (Willem), Hilde Hildebrand (Anita), Gustav Knuth (Fiete)*

GROSSSTADT

Metropole.

Die Großstadt, komplex und schier unüberschaubar, ist der ideale Nährboden für Prostitution: Manager, Handlungsreisende und Geschäftsleute, gestresst und nur mit wenig Privatleben, aber auch Touristen suchen sexuelle Erfüllung, den schnellen Quickie, beim → *horizontalen Gewerbe.* Viele Städte haben → *Sperrgebiete* ausgewiesen, noch dazu breite Front gegen das Milieu gemacht, doch haben sie das → *Rotlicht*milieu nicht wirklich ausmerzen können. Am Ende hat es über die Stadtväter gesiegt – Prostitution ist jetzt legales → *Rechtsgeschäft.*

Doch so wie jede Großstadt Deutschlands mit ihren Bürgern, kulturellen Gegebenheiten und nicht zuletzt ihrem Dialekt einen eigenen Charakter besitzt, so hat jede dieser Städte – ob → *Hamburg,* → *Bremen,* → *Berlin,* → *Frankfurt a. Main,* → *Köln,* → *Hannover,* → *Mün-*

chen oder das Ballungszentrum → *Ruhrgebiet* seine Besonderheit, wenn es um die Prostitution geht: → *Frankfurt a.d. Oder* hebt sich noch einmal durch seine unmittelbare Nähe zur polnischen Grenze hervor.

Selbst in der Herkunft der Prostituierten – immerhin 200.000 der geschätzt 400.000 tätigen Huren sind → *Migrantinnen* – unterscheiden sich die Städte. In Frankfurt arbeiten nach Einschätzung von → *Agisra e.V.* viele Brasilianerinnen, in Hamburg dagegen überdurchschnittlich viele Thailänderinnen, während die klassische Mittelosteuropa-Route über Berlin, Hamburg und das Ruhrgebiet dazu geführt hat, das in eben jenen Metropolen Frauen aus Polen, Bulgarien, Tschechien und Russland → *anschaffen.*

GROSZ, GEORGE

Dt. Künstler, geb. 1838, gest. 1959.

George Grosz war früher Mitbegründer des »Dadaismus« in Deutschland und Mitglied der »Roten Gruppe Berlin«. Seine Darstellungen galten in Parallele zu → *Otto Dix* dem Großstadtleben, der Halbwelt und dem → *Rotlichtviertel,* Titel seiner verschiedenen grafischen Folgen waren unter anderem »Gott mit uns«, »Abrechnung folgt!« und

»Das Gesicht der herrschenden Klasse«. Auf hinreißende Weise karikierte er darin auch die »abscheulichen Bürger«, die in → *Freudenhäusern* fette Mädchen vernaschen. Ein Kritiker schrieb: »Grosz hat den Bürger dargestellt, der von den schmutzigen Dingen des Sex angezogen wird, von den als unzüchtig betrachteten Körperteilen der Frauen in den Bordellen, die ihren Hintern und ihr dunkles Geschlecht zur Schau stellen.«

Grosz wurde mehrfach wegen Pornographie und Gotteslästerung verurteilt, die Nazis verbrannten gar seine Werke. Er selbst schrieb: »Männer sind Schweine, und das Geschwätz von der Moral ist eine Lüge, die für Dummköpfe bestimmt ist!«

Anfang der 30er Jahre emigrierte Grosz in die USA.

GRUPE, NORBERT

Prinz von Homburg.

Noch einer der ungezählten → *Boxer*, die aus dem Sport kamen und im Milieu vergingen. Sein Kampfname war Prinz von Homburg, benehmen tat er sich allerdings in und außerhalb des Rings wie einer, der aus der Gosse kam. 1969 verlor er desaströs gegen Oscar Bonavena und ließ wenig später – legendär – im »Aktuellen Sportstudio« des ZDF alle Fragen des Moderatos Reiner Guenzler über sich ergehen, ohne darauf zu antworten. Anschließend bedankte er sich: »Es war reizend.« Der Bund Deutscher Berufsboxer sperrte Grupe auf Lebenszeit wegen »unsportlichen Verhaltens«. Das Boxverbot wurde zwar später rückgängig gemacht, doch Grupe blieb ein ungehemmter Selbstdarsteller, der, je mehr er sich in → *Hamburg* verstrickte, für negative Schlagzeilen sorgte: Großmäuligkeit, Drogen, Schutzgelderpressung, → *Rotlicht*milieu. Am Ende saß er fünf Jahre im Knast.

Wieder draußen, versucht er sich als Schauspieler, unter anderem bei Hitchcock und Herzog. Heute lebt Grupe in Los Angeles.

2000 dreht der Filmemacher Gerd Kroske eine Biographie, in der sich sowohl Grupe als auch seine einstigen Weggefährten, die Herren vom Kiez, ehemalige Boxer, → *Bordellbetreiber* und → *Zuhälter*, erinnern an Kämpfe und Kohle, die ihnen entgangen ist, und daran, wie man sich durchschlägt in einem Milieu aus Prostitution, Männerkumpanei, Frauenverachtung und Gewalt. »Als einen Film über den ›lebenslangen Behauptungswillen eines Einzelgängers‹ will Kroske seinen Film verstanden wissen. Tatsächlich aber erscheint der ›Boxprinz‹ als ein Mann, der sich vor allem in seinen Lebenslügen eingerichtet hat, der sich von Journalisten verleumdet und von Ring- wie Strafrichtern ungerecht behandelt fühlt. Eindrucksvoller als die Selbstinszenierungen des Wilhelm von Homburg sind Kroskes Annäherungen an dessen Zeit- und Milieugenossen, alte Männer, die ein lächerlich groteskes Machogehabe zelebrieren und sich ihrer glorreichen Vergangenheit in einer klebrigen Mischung aus Sentimentalität und Maulheldentum erinnern, die unversehens in Brutalität kippen kann, wie jener alternde Kiez-Potentat demonstriert, der nebenbei und vor laufender Kamera einen jungen Ausländer beschimpft und ins Gesicht schlägt.« (epd-Film)

• *DER FILM: Doku, BRD 2000, 100 Min. Regie: Gerd Krosk. Darsteller: Norbert Grupe, Hanne Kleine, Wolli Koehler, Domenica, Maria Esteban, Blues Kopperschmid, Jürgen Blin, Manfred Littmann, Hans Häfke, Egon Koltermann, Walter Staudinger, Werner Herzog*

GUMMI

Tüte Sicherheit.

Synonyme: → *Kondome,* Pariser, Verhüterli.

H

HAMBURG

→ *Großstadt.*

Keine Stadt steht so sehr synonym für Prostitution wie die Hansestadt mit ihrem weltberühmten Stadtteil → *St. Pauli*, wo auch die legendäre → *Reeperbahn* mit ihrer → *Herbertstraße* und der → *Davidwache* liegt, der bekanntesten Polizeistation der Republik. Allerdings: Im Gegensatz zu Frankfurt, wo die Bordelle nach wie vor in deutscher Hand sind, sind in Hamburg die alteingesessenen → *Kiez*-Könige wie der → *Schöne Mischa,* der → *Schöne Klaus* oder → *Neger-Kalle* von der → *osteuropäischen* Mafia der Reihe nach aus dem Geschäft verdrängt worden.

Die Hamburger Innenbehörde spricht von rund 4000, inoffizielle Quellen von 10.000 Prostituierten, die in der Hansestadt arbeiten, etwa die Hälfte auf St. Pauli. 2000 Frauen sollen dort auf dem → *Straßenstrich* → *anschaffen*, 3000 in → *Privatwohnungen* oder → *Modellwohnungen.* Ein Großteil der Frauen befindet sich in der Hand der Zuhälter, von denen es in Hamburg 1500 geben soll. Von insgesamt 2200 ausländischen Prostituierten in Hamburg kommen geschätzte 80 Prozent aus → *Osteuropa.*

Im Stadtteil St. Georg, eigentlich ein → *Sperrbezirk,* blüht vor allem die → *Kinderprostitution* mit ihrem → *Babystrich* und der → *Beschaffungsprostitution.* In St. Georg liegt auch der Hamburger Hauptbahnhof, wie in vielen anderen → *Großstädten* Zentrum der männlichen Prostitution. »Allein im Stadtteil St. Georg gibt es ein halbes Dutzend Kneipen und zwei Hotelbars mit Stundenzimmern, in denen Männer für Geld andere Männer kaufen«, berichtete »Spiegel-TV«.

Wie viele → *Stricher* sich in St. Georg anbieten, kann nur geschätzt werden. »Wir können keine absoluten Zahlen sagen, die sind sehr schwer zu ermitteln«, erklärt Thomas Nebel, Geschäftsführer vom Verein → *Basis e.V.*, der sich der Stricher und ihrer Kunden in der Hansestadt angenommen hat und ihnen neben warmem Essen, Wäschewechsel und der Vermittlung von Übernachtungsplätzen eine Fülle an Beratungsmöglichkeiten und anderen Formen der (Über-)Lebenshilfe bietet. »Wir können aber sagen, dass wir pro Jahr mit etwa 350 verschiedenen Jungs in unserer Anlaufstelle Kontakt haben, die also einmal oder fast jeden Tag kommen.«

Die Auseinandersetzungen der einzelnen Zuhälterbanden, für die Hamburg bekannt wurde, sind auf ein Normalmaß geschrumpft, dafür macht neuerdings die »neue soziale Kälte« der Schwarz-Schill-Regierung schwer zu schaffen. Vor allem die minderjährigen und jungerwachsenen Beschaffungsprostituierten in St. Georg werden verstärkt durch Polizeirazzien in Gegenden vertrieben, in denen sie den Freiern schutzlos ausgeliefert sind. Als Verschärfung dieser Politik ist die Einrichtung eines geschlossenen Heimes für minderjährige Prostituierte vorgesehen.

HANDENTSPANNUNG

→ *Handmassage*

HANDMASSAGE

Szenejargon.

Synonyme: Handarbeit, Handbetrieb, Handentspannung, Onanieren, Wichsen. Das preisgünstigste Angebot in Sachen käuflicher Sex ist die Handmassage – mit → *Kondom.* Für viele → *Prostituierte* dient der Handverkehr auch nur als Einstieg – zu mehr Geld. Eine Prostituierte gab in der Lifestyle-Postille »Max« preis, sie → *kobere* ihre → *Freier* mit dem Angebot, für 25 Euro würde es »richtig schmutzigen Sex« geben. Auf dem Zimmer angelangt komme dann aber die Ernüchterung: Eine Handmassage. Er: »Du hast gesagt, für 25 Euro kriege ich Sex.« Sie: »Wir machen gerade Sex, Spatz.« Er: »Dann nimm ihn wenigstens in den Mund.« Sie: »Französisch kostet extra.« Das sei der Punkt, so die Prostituierte weiter, »an dem sich entscheidet, wie es weitergeht. Entweder er packt wieder ein und verschwindet.« Dann habe sie in zehn Minuten 25 Euro gemacht. Oder er legt 25 Euro drauf. In → *Bars* und → *Cafés* ist der Handbetrieb sogar nur die einzige Möglichkeit, die die Frauen den Männern zur → *Entspannung* anbieten, ebenso in → *Massage-Salons,* die die Handmassage mit der → *Russischen Ölmassage* gleichwohl zur Perfektion gebracht haben.

HANNOVER

→ *Großstadt.*

Etwa 1800 Prostituierte sollen nach Polizeiangaben in Hannover regelmäßig → *anschaffen*, vor allem im Bereich → *Wohnungsprostitution*. Die Dunkelziffer liegt weitaus höher. Zur Weltausstellung Expo 2000 hieß es, dass sich die Zahl der in Hannover tätigen Prostituierten verdoppeln würde. Andere Stimmen prophezeiten, der Stadt drohe der »Hurenkollaps«. Der eigens vor dem Expo-Gelände für anreisende Besucher eingerichtete Wohnwagenparkplatz drohte zum neuen → *Straßenstrich* zu werden. → *Bordell-* und → *Clubbetreiber* verfielen in Euphorie. Die Deutsche Presse Agentur dpa berichtete: »Die einen haben sich Tipps bei der Wirtschaft geholt, andere renoviert oder einen Internet-Auftritt gestartet. Die Hoffnungen des Rotlichtmilieus in und um Hannover auf ein dickes Geschäft durch die Weltausstellung waren groß.«

Nach einem Drittel der Veranstaltung mochte im Milieu keiner mehr das Wort »Expo« in den Mund nehmen. Und der Rest der Welt, so schien es, ebenfalls nichts, weil er die Expo nämlich übernaupt nicht kannte. Kaum Besucher, leere Hallen, flauer Sex. »Wir haben alle gehofft«, erklärte der Betreiber eines Bordells in der Innenstadt mit mehr als 40 Zimmern der Presseagentur. »Ich habe Zimmer renoviert und neue gebaut. Kollegen haben Häuser eröffnet oder komplett renoviert.«

»Der fehlende Ansturm rund um die käufliche Liebe hat«, so kommentierte die dpa, »aber auch Vorteile. Die Kriminalität hat sich nicht so ausgebreitet, wie es die Polizei befürchtet hatte. Von brutalen Verteilungskämpfen im Milieu keine Spur.«

Stattdessen blieb alles beim Alten, nicht unwesentlich anders als an anderen Messetagen in Hannover. Immerhin, es herrscht in der Landeshauptstadt Niedersachsens keine Behördenwillkür wie in anderen Großstädten. Das Hurenprojekt → *Phönix e.V.* sitzt zusammen mit Sozialeinrichtungen, Institutionen und Behörden wie Finanzamt, Gewerbeamt, Ordnungsamt, Polizei und Kripo an einem »Runden Tisch« und erarbeitet Möglichkeiten zum einheitlichen Umgang mit den Prostituierten und Bordellbetreibern auch in Hinsicht auf das neue → *Prostitutionsgesetz*. Selbst im Internet gibt es bereits einen Online-Zusammenschluss für Prostituierte: Unter www.rotlicht-hannover.de sind für hilfesuchende Prostituierte und Stricher kurz und knapp Infos und Kontaktadressen von → *Phönix e.V.*, den Projekten → *La Strada*, → *Kobra* sowie vom Gesundheitsamt (Telefon 0511/168-43148) und dem FK Milieu der Polizei (Telefon 0511/109-5203) angegeben.

Etwa 50 bis 60 Prozent der Prostituierten in Hannover sind nach Behördeninformationen → *Migrantinnen* aus Thailand, Südamerika, Afrika, insbesondere aber aus → *Osteuropa*, was nicht verwundert, bildet doch Hannover den geographischen Mittelpunkt der traditionellen Ostwestachse Berlin-Amsterdam. Insbesondere nach der Grenzöffnung 1989 erlebte die Stadt einen außerordentlichen Zuzug. »Viele → *Trebegängerinnen* und Frauen aus der DDR strömten in Richtung Westen, gefolgt von Polinnen und Frauen aus den GUS-Staaten«, weiß Dorothee Türnau von der Beratungsstelle → *Phönix e.V.* in Hannover. »Inzwischen kommen sie aus Bulgarien, Ungarn, Rumänien, Litauen.« Der Anteil der Migranten unter den Konsumenten harter Drogen liegt in Hannover überdurchschnittlich hoch, nach Erkenntnissen des → *Ethno-Medizinischen Zentrums* bei etwa 20 Prozent, Tendenz steigend. Deswegen rief das Ethno-Medizinische Zentrum 1996 die → *Interkulturelle Suchthilfe Hannover ISH* – Prävention und Beratung für Migranten – ins Leben, das erste Drogenpräventionsprojekt für Migranten in Deutschland.

HARI, MATA

Niederl. Nackttänzerin, geb. 1876, gest. 1917.

Margarethe Zelle wurde im niederländischen Friesland geboren. Ihren Mann, einen holländischen Kolonialoffizier, den sie 1895 heiratete, brachte sie aufgrund ihrer Verschwendungssucht in ernsthafte finanzielle Schwierigkeiten. Die beiden zogen in die Kolonie Java um, doch der Verlust des gemeinsamen Sohnes machte den Graben zwischen beiden nur noch tiefer. Sie ließen sich scheiden. Margarethe beschloss ihr Glück in Paris zu suchen. Dort sicherte sie sich die Bewunderung und finanzielle Unterstützung diverser Liebhaber. Sie avancierte zu einem Star des »Pariser Lebens«. Ausschlaggebend für ihren Erfolg waren ihre exotisch anmutenden Tänze, mit denen sie einen Hauch »Fernost« in die Salons und Theater brachte. 1905 begann sie als Lady MacLeod als professionelle Tänzerin. Nach ersten Erfolgen gab sie sich selbst den Künstlernamen »Mata Hari« – ein malaysischer Ausdruck für die Sonne, der wörtlich »Auge des Tages« bedeutet. Mit ihren asiatischen Tänzen fuhr sie bald großen Erfolg ein. Aber »eigentlich war das, was sie machte, überhaupt kein Tanzen, aber sie verstand es, sich auszuziehen ...«, erklärte die Schriftstellerin → *Colette,* die selbst eine Weile als Nackttänzerin arbeitete. Tatsächlich war es vor allem Mata Haris Bereitschaft, sich nackt in der Öffentlichkeit zu präsentieren, die sie europaweit zum Inbegriff der verführerischen Frau machte, und noch heute gilt sie als Wegbereiterin der → *Striptease.*

Durch ihre Tätigkeit wird sie mit vielen einflussreichen Persönlichkeiten aus Politik und Gesellschaft bekannt. Nach der Trennung von ihrem Mann hat Mata Hari viele kurze Beziehungen, zumeist mit Offizieren oder anderen Militärs. Diese trugen im Laufe des Ersten Weltkrieges diverse Spionageangebote an sie heran, auf die sie bereitwillig einging – zu ihrem eigenen Verhängnis. Der französische Geheimdienst deckte ihre Doppelagentenschaft auf und machte ihr einen Schnellprozess. 1917 wurde Mata Hari hingerichtet.

HAUS- & HOTELBESUCH

Prostitutionsform.

Haus- und Hotelbesuche (in → *Werbe*anzeigen abgekürzt mit H/H) werden, der Name sagt es, von → *Callgirls* angeboten. Es gibt Prostituierte, die diese Dienstleistung selbstständig in Kontaktanzeigen einschlägiger Magazine und Zeitungen offerieren und darauf warten, dass die → *Freier* sich telefonisch bei ihnen melden. Diese Form der Prostitution birgt allerdings vielerlei Risiken. »Die 1:1-Situation ist nicht unbedingt gesundheits- und sicherheitsfördernd«, weiß Wildtrud Schenk, Sozialarbeiterin beim → *Gesundheitsamt* Charlottenburg. »Es passiert natürlich nicht ständig und überall etwas, aber dass was uns die Frauen erzählen, wenn sie zu uns kommen, lässt darauf schließen, dass die Brutalität zunimmt. Aber das ist wahrscheinlich in der Gesellschaft generell so.« Sicherer ist es, wenn ein Callgirl ihre Dienstleistung über eine Agentur oder einen → *Escort-Service* abwickeln lässt, die die Adresse des Freiers und seine Wünsche entgegennehmen, anschließend die Prostituierte zum Freier in die Privatwohnung schicken.

Grundsätzlich muss man unterscheiden: Es gibt professionelle Callgirls, die den Job aus freiem Antrieb machen und gerade diese Form gewählt haben, weil sie – sowohl selbstständig als auch bei einer Agentur – kaum Organisation und Einrichtung benötigt. Dementsprechend verspricht diese Tätigkeit viel Gewinn.

Häufig wird die Haus- und Hotelprostitution aber auch von → *Zuhältern* genutzt, die ausländische Frauen von → *Menschenhändlern* in Empfang nehmen und diese fortan zur Prostitution zwingen. Diese Frauen werden meist zu mehreren in anonymen Hochhäusern »gehalten« und auf Abruf von einem Taxifahrer – einem Kurier – zu den Freiern gefahren, die auf Anzeigen wie diese reagieren: »Exklusive Polen-Modelle, 18-29 J. H./H., diskrete Top-Modelle mit viel Spaß« oder »Naturgeile jg. Ukrainerinnen 24 h H/H Service«. Von naturgeilem Spaß kann bei diesen Frauen keine Rede sein. Zuletzt sorgte der Fall → *Michel Friedman* für Aufsehen, als der TV-Moderator sich von Menschenhändlern aus der Ukraine mehrere Prostituierte aufs Hotelzimmer des Inter-Conti in Berlin schicken ließ und damit ins Visier der Fahnder geriet.

DAS HAUS TELLIER (LA MAISON TELLIER)

Novelle von Guy de Maupassant, geb. 1850, gest. 1893.

Im normannischen Fécamp betreibt die »Madame« Tellier ein »gastfreundliches Haus«: Unten die Matrosenkneipe, oben den »Jupitersalon«, wo sich die Honoratioren der Stadt allabendlich ein Stelldichein geben. Das Haus und seine fünf Mädchen – die »üppige Blondine« Fernande, die »schöne Jüdin« Raphaele, Rosa, das »Ross« sowie die »beiden Pumpen« Louise und Flora – genießen einen untadeligen Ruf und allgemeine Achtung. Eines Samstags allerdings stehen die angesehenen Männer der Gemeinde vor verschlossenen Türen: »Wegen Erstkommunion geschlossen« ist auf einem Schild zu lesen. Und tatsächlich hat Madame Tellier mit den Mädels einen Ausflug zur Nichte auf dem Lande unternommen, um an deren Erstkommunionsfeier teilzunehmen. Das sonnige Wetter und das rührselige Fest tragen dazu bei, dass die Mädchen sich an ihre eigene, noch unbescholtene Kindheit erinnern und ausgelassen feiern. Die Freude hält bis zu ihrer Rückkehr in den »Jupitersalon« an. Hier spendieren die Herren den Sekt, die Damen ihre Gunst.

Ursprünglich gedachte Maupassant, der Novelle den Titel »Die Bordellmädchen bei der Erstkommunion« zu geben. Davon rückte er ab. Gleichwohl soll die Geschiche mit dem Schild – »Wegen Erstkommunion geschlossen« – auf ein tatsächliches Erlebnis eines Freundes von Maupassant zurückgehen. Gut möglich, dass es aber auch Maupassant selbst passierte, denn er gehörte zu den regelmäßigen Kunden französischer → *Freudenhäuser.* Es wird berichtet, Maupassant solle gerne auch mit seinen sexuellen Leistungen geprotzt haben. → *Gustave Flaubert,* Maupassants Lehrmeister, wiederum schenkte diesen Erzählungen keinen Glauben, woraufhin Maupassant in einem Bordell seiner Wahl vor Zeugen »in einer Stunde sechs Mädchen« genommen haben soll.

HEIERMANN

Fünfmarkstück.

Der Euro hat ihm den Garaus gemacht, dem Heiermann. Der stammt von der Heuer, dem Handgeld, das Matrosen beim Anheuern bekamen und das sie, wie überliefert ist, oft noch schnell vor dem Auslaufen des Schiffes bei den → *Dirnen* im Hafen anlegten, die ihre Dienstleistungen für den Heiermann anboten.

HEILIGE PROSTITUTION

Histor. Prostitutionsform.

Synonyme: Sakralprostituiton, → *Tempelprostitution*

HEIM & WELT

Frauenzeitschrift.

Seit 1948 wöchentlich erscheinende Frauenillustrierte mit, so wirbt der herausgebende Klambt Verlag, »Berichten über Prominenz und Adel. Hier finden Sie die Tipps und Kleinanzeigen, die frau braucht.« Ein Abo, das bringt's: Denn »die Leserin findet in ›Heim und Welt‹ eine ausführliche Berichterstattung zu Show und Adel, kombiniert mit einem umfassenden Kleinanzeigenteil, Gesundheitstipps und sonstigen Anregungen für die abwechslungsreiche Gestaltung Ihrer Freizeit.« Angesichts solch vollmundiger Offerten hat es einen gewissen Unterhaltungswert, dass sich die »Heim & Welt« mittlerweile zu Deutschlands größter Jobbörse gemausert hat, mit mehr oder weniger verklausulierten Anzeigen für bordellsuchende Huren und hurensuchende Clubbetreiber.

• *BEZUG: Heim & Welt, Klambt Verlag GmbH & Cie, Pressehaus, Im Neudeck 1, 67325 Speyer, Telefon 07221/3501-301, Telefax 07221/3501-304, kontakt@klambt.de, www.klambt.de*

HEPATITIS

Sexuell übertragbare Krankheit, → STDs.

Synonym: Leberentzündung. Hepatitis wird über alle Schleimhäute übertragen, also beim Küssen, Petting, Sex ohne Kondom, über Blut, Geschirr, Speichel oder Sperma.

Hepatitis A tritt vor allem bei Jugendlichen auf. Die Übertragung der mit Kot ausgeschiedenen Viren geschieht in erster Linie über den Mund (oral) infolge einer Schmier- und Schmutzinfektion oder durch verunreinigte Lebensmittel (auch Trinkwasser). Nach einer Inkubationszeit von 10 bis 40 Tagen kommt es zur Erkrankung mit Müdigkeit, gelber Haut, gelblichem Augenweiß, braunem Urin, hellem Stuhlgang, Durchfall, grippeähnlichen Symptomen, die lebenslange Immunität gegen diesen Erregertyp hinterlassen.

Hepatitis B wird insbesondere durch Einbringen des in Blut, Speichel, Schweiß und anderen Körperflüssigkeiten enthaltenen Erregers in die Blutbahn übertragen, zum Beispiel bei Bluttransfusionen, durch verunreinigte Spritzen und beim Geschlechtsverkehr. Hepatitis B hat eine Inkubationszeit von 40 bis 160 Tagen. Das Krankheitsbild ist ähnlich dem von Hepatitis A, nur ungleich schwerer und um Leberbeschwerden, Erbrechen sowie Übelkeit erweitert. Neben der passiven Immunisierung ist auch die für Risikogruppen, zu denen auch Prostituierte und Stricher gehören, empfohlene vorbeugende Impfung mit antigenhaltigem Serum möglich.

Hepatitis C ist nach Übertragung und Verlauf der Hepatitis B ähnlich, nur lässt sich nicht dagegen impfen; meistens sind Menschen, die gemeinsam eine Nadel zum Fixen benutzen, davon betroffen.

Nach der Hepatitis-Erkrankung, die unterschiedlich lange anhält, kommt es meist zur Abheilung; 10 bis 15 Prozent der B- und C-Viren gehen in ein chronisches Stadium über, das ausheilen kann oder aber zu einer Leberzirrhose führt. Eine ursächliche Behandlung ist nicht möglich; allgemeine Maßnahmen sind Bettruhe, kohlenhydrat-, vitamin- und eiweißreiche (1,5 g je kg) Diät, Fettreduktion, Verzicht auf alkoholische Getränke für mindestens ein Jahr.

HERBERTSTRASSE

Verborgene Lustmeile.

Mit der Machtergreifung der Nazis 1933 wurde die »Ausübung gewerbsmäßiger Unzucht« auch auf der → *Reeperbahn* in → *Hamburg* verboten. Da sich die Prostitution aber nicht in Gänze eindämmen ließ, machten die Nationalsozialisten eine Ausnahme: In der kurzen, schmalen Herbertstraße, einer Nebenstraße der sündigen Meile, durften Prostitutierte nach wie vor ihrem → *Gewerbe* nachgehen, allerdings nicht länger öffentlich sichtbar. Schließlich musste die Volksmoral gewahrt bleiben. Aus diesem Grund wurden am Ein- und Ausgang der Gasse Blenden angebracht; durch diese schmalen Durchgänge konnten die → *Freier* zu den → *Dirnen.*

1945 fiel Hitler-Deutschland, die Sichtblenden aber blieben zu beiden Seiten der Herbertstraße stehen. Die Straße ist damit eine der letzten derart abgeschotteten Bordellstraßen der Republik. Natürlich sollen die Sichtblenden nicht mehr das sündige Treiben vor der Gesellschaft verbergen (davon gibt es in der unmittelbaren Umgebung sowieso ausreichend), sondern sie machen – einer Touristenattraktion gleich – deutlich, das ist ungeschriebenes Gesetz, dass nur erwachsene Männer auf der anderen Seite erwünscht sind. Es gibt Erzählungen über Frauen, die trotzdem einen Versuch wagten – der ist ihnen teuer zu stehen gekommen.

HERPES

Sexuell übertragbare Krankheit, → *STDs.*

Die Erstinfektion mit dem Virus findet meist im frühen Kindesalter statt, in der Regel als »stummer Infekt«, und führt zur Bildung von Antikörpern, ohne jedoch eine Immunität zu hinterlassen. Häufig verbleibt der Erreger in Ruhe (Latenz) im Körpergewebe und bricht erst bei schweren Störungen des immunologischen Gleichgewichts (bei fiebrigen Erkrankungen, während der Menstruation) hervor. Anfangs erzeugt Herpes ein Spannungsgefühl unter geringfügigem Brennen, bis die stecknadelkopfgroßen Bläschen nach drei, vier Tagen hervorbrechen und eine knappe Woche bis zur Abheilung brauchen.

Wer Herpes bisher noch nicht hat, sollte den direkten Kontakt mit Herpesinfizierten meiden – nicht → *küssen*, Sex nur mit → *Kondom*. Wer aber einmal mit Herpes infiziert ist, wird es an den Übergangsstellen zwischen Haut- und Schleimhaut (Lippen) oder an den Geschlechtsteilen (Herpes genitalis) nicht mehr los.

DAS HERZ VON ST. PAULI

Kinofilm.

Auf → *St. Pauli* ist Ende der 50er Jahre auch nicht mehr alles das, was es einmal war, daran ließ bereits → *Große Freiheit Nr. 7*, → *Hans Albers'* erster großer Kinofilm, keinen Zweifel. Aus den Varietés und Hafenkneipen werden Sex-Buden und Dessous-Shows, so auch aus der gemütlichen Pinte »Das Herz von St. Pauli«, die sich der Ex-Kapitän Jonny Jensen als Lieblingshort auserkoren hat. Und als sich herausstellt, dass die neuen Betreiber Jabowski und Tanne auch noch Gauner sind, bringt es für Jensen das Fass zum Überlaufen. – Unspektakuläres wie folkloristisches St. Pauli-Dramolette, am 17. Dezember 1957 uraufgeführt, das – der Titel sagt's – das Herz des längst ins Alter gekommenen → *Kiez* beschwört.

• ***DER FILM:*** *Das Herz von St. Pauli. BRD 1957, 105 Min. Regie: Eugen York. Darsteller: Hans Albers (Käpt'n Jonny Jensen), Hansjörg Felmy (Hein Jensen), Jürgen Wilke (Fietje Jensen), Gert Fröbe (Jabowski), Werner Peters (Tanne)*

HETÄREN

Griech.: hetaire – Gefährtin, Geliebte.

Hetären waren im alten Griechenland die bezahlten Geliebten bedeutender Männer. Ihr Einfluss und ihr Ansehen beruhten auf einer zum Teil außergewöhnlichen musischen und philosophischen Bildung, die sie anfangs autodidaktisch, später auch durch den Besuch von eigenen Hetärenschulen erwarben. Damit waren sie als einzige Frauen den Männern ebenbürtig und sozial anerkannt. Sie nahmen wesentlichen

Anteil am gesellschaftlichen und intellektuellen Leben, manche gehörten zu den gebildetsten, die Geschichte ihrer Zeit geistig mitbestimmenden Frauen Griechenlands. Die bekanntesten Hetären sind Aspasia, die Freundin des Perikles und Schülerin des Sokrates; Thais, die Geliebte Alexander des Großen; Phryne, die Geliebte des Praxiteles; Leontion, die Schülerin und Geliebte Epikurs. Es heißt, es sei leichter gewesen, Nikaretes Gunst durch Auflösung einer algebraischen Formel als durch Gold zu gewinnen ...

HIGHHEELS
Arbeitskleidung.
Synonyme: Stilettos, → *Stöckelschuhe*

HIV
Engl.: Human Immunodeficiency Virus – humanes (das heißt: den Menschen befallendes) Immunschwächevirus.
Sexuell übertragbares Virus. → *STDs*. Mit HIV kann man sich infizieren, wenn man mit HIV-infizierten Personen → *Verkehr* ohne → *Kondom* praktiziert, ganz gleich ob → *oral*, → *anal* oder vaginal. Für → *Stricher* und → *Prostituierte* mit → *Freiern*, die Sex ohne Kondom verlangen, ist die Gefahr der Infizierung sehr groß, denn meist ist dem Freier die Infektion nicht anzumerken. Selbst nach sechs bis zehn Jahren müssen nicht unbedingt Symtompe einer Krankheit auftauchen. Die HIV-Infektion ist allenfalls und nur über den Antikörpertest nachweisbar. In der Regel zeigen sich dann erst nach vielen Jahren Symptome einer Erkrankung. Diese heißt → *Aids*.

H/H
Prostitutionsform.
In Kontaktanzeigen von → *Callgirls* verwendete Abkürzung für → *Haus- & Hotelbesuch*

HOBBYHURE
Prostitution privat.
Synonym: Gelegenheitshure. Frauen mit geregeltem Leben und Arbeit bieten sich über Kontaktanzeigen in einschlägigen Rubriken der Stadtmagazine und Tageszeitungen oder im Internet als Prostituierte

an. Ihre Gründe sind mannigfaltig: Manche suchen den »Kick«, den ihnen das normale Sexleben nicht mehr bietet, anderen ist es ein einträglicher Nebenerwerb. Meist bieten sie Sex mit heimlicher, zweiter Identität an, »denn sie haben auch etwas zu verlieren«, erklärt der Autor Felix Ihlefeldt in seinem Buch »Abenteuer Hure. Prostitution als heimliches Hobby«. »Den ›guten Ruf‹, oder schlimmer, einen Arbeitsplatz in einem ganz normalen Beruf und Verwandte und Freunde, die so etwas nie verstehen würden.«

• *INFO: Felix Ihlefeldt. Abenteuer Hure. Prostitution als heimliches Hobby. Schwarzkopf & Schwarzkopf Verlag, Berlin 2003*

HONKA, FRITZ

Hurenmörder, geb. 1935, gest. 1998.

Es dauerte vier Jahre, bis man ihm auf die Schliche kam: dem in den Medien sensationslüstern »Frauenmörder von → *St. Pauli*« genannten Fritz Honka. Teile seines ersten Opfers – Kopf, Brüste, Hände, ein Bein der 43-jährigen → *Prostituierten* Gertrud B. – wurden am 2. November 1971 auf einem Schrottplatz im → *Hamburger* Stadtteil Altona gefunden. Die Polizei tappte bis zum 17. Juli 1975 im Dunkeln, bis sie bei einem Wohnungsbrand nur 300 Meter vom Schrottplatz entfernt Leichenteile von vier Frauen fand, darunter auch den Torso von Gertrud B. Bei der Vernehmung der Nachbarn stießen die Beamten auf Fritz Honka, einen kleinen, schielenden Nachtwächter. Sein Vater war im KZ gestorben, seine Mutter außerstande, neun Kinder aufzuziehen. Fritz wuchs im Heim auf, machte eine Maurerlehre, die er wegen einer Allergie – Zementkrätze – abbrach. Er floh in den Westen, arbeitete als Hilfsarbeiter auf Bauernhöfen, heiratete zweimal, wurde zweimal geschieden.

Bei der Vernehmung verwickelte er sich in Widersprüche, und noch am selben Abend gestand er alle vier Morde. Seine Opfer las er auf im »Goldenen Handschuh«, einer düsteren Kneipe auf der → *Reeperbahn.* »Und auch gegenüber im ›Elbschloss Keller‹ war er wohlbekannt«, notiert Ariane Barth in ihrem Buch »Die Reeperbahn. Der Kampf um Hamburgs sündige Meile« (Hoffmann & Campe Verlag, Hamburg 1999). »Da fand sich St. Paulis härteste Szene der sozialen Deprivation ein. In diesem Schattenreich von gesellschaftlichen Verlierern, chronischen Säufern und gealterten Prostituierten hatte er seinen Platz, ein erbärmlicher Wichtigtuer in Nachtwächteruniform und Schaftstiefeln.« Hier fand er alt gewordene Huren, bereit, für ein paar Gläser Schnaps und ein Dach über dem Kopf eine Nacht mit ihm zu verbringen. Er selbst behauptete, den Auftrag zum Morden von → *Jack the Ripper* erhalten zu haben. Wahrscheinlicher ist, dass die Frauen außer Alkohol oder Geld nichts von ihm wollten und er sie aus Frust darüber tötete. Seine Untaten fielen Jahre lang nicht auf, weil die Opfer selbst im St. Pauli-Milieu schon so weit gefallen waren, dass niemand eine Vermisstenanzeige aufgab.

Rolf Bossi, Staranwalt aus → *München*, erreichte bei der Verteidigung, dass Honka bei seiner Verurteilung am 20. Dezember 1976 nicht lebenslänglich ins Gefängnis wanderte, sondern erst in eine psychiatrische Klinik eingewiesen und danach 15 Jahre eingesperrt wurde. Ab 1993, da wurde ihm wegen fortgschrittener Altersdemenz Ungefährlichkeit bescheinigt, lebte er unter neuer Identität, als Peter Jensen, in einem Seniorenheim in Scharbeutz an der Ostsee, wo er 1998 starb, ohne dass jemand ahnte, wer er war.

HORIZONTALES GEWERBE

Ugs. Bezeichnung f. Prostitution.

Nomen est omen. Auch wenn die Prostitution zwar Zeit ihres Bestehens nie ein offizielles → *Gewerbe* war (und auch heute, im Jahre 2 nach dem → *Prostitutionsgesetz,* noch nicht wirklich ist), spricht man gerne von ihr als das horizonale Gewerbe.

HOSTESS

Verschleierung.

Siehe dazu → *Modellprostitution*

HOSTESSENPROSTITUTION

Prostitutionsform.

Synonym: → *Modellprostitution*

HOTELBESUCH

→ *Haus- & Hotelbesuche*

HOTLINE

Heiße Nummer.

Unter dem Begriff »Hotline«, »Partyhotline« oder »Sexhotline« werben Anbieter von → *Telefonsex* in Tages- oder Monatszeitschriften, in Kontaktmagazinen sowie im Nachtprogramm der privaten Fernsehsender. In der Regel muss der Anrufer eine kostenintensive → *0190*er-Nummer anwählen, bei der ihn ein Tonband in der Leitung zu halten versucht.

HÜHNER

Szenejargon.

Als Hühner bezeichnet ein → *Zuhälter* die Frauen, die für ihn → *anschaffen.*

HURE

Autob. Roman von Nelly Arcan, geb. 1975.

»Ja, das Leben ist durch mich durchgegangen, die Männer sind zu Tausenden in meinem Bett, in meinem Mund gewesen«, so beginnt die Ich-Erzählerin, »Männerzipfel an jedem oder fast jedem Tag, nur ihre Schwänze, Schwanzspitzen, die aus irgendeinem Grund erregt sind.« Auf den nächsten 170 Seiten folgt »ein fast punkt- und absatzloses Bekenntnis, das Exerzitium einer unbarmherzig genauen Selbst- und Körperbefragung, eine einzige atemlose Tirade voller Hass, Selbstverachtung, auch Selbsthilfe – ein Text, der wie ein Loop in einem Elektro-Popstück dasselbe Motiv qualvoll wiederholt, minimal variiert und in der finsteren Beschwörung des Selbstmords endet«, rezensiert »Der Spiegel«. Das Magazin der »Librairie Pantoute« erklärt: »Der Bericht, der sich dem Leser wie das quälende Bekenntnis einer Edel-Prostituierten gegenüber ihrem Psychoanalytiker präsentiert, kommt ohne schmuddeligen Exhibitionismus oder Selbstmitleid aus. Im Gegenteil: In seiner Scharfsinnigkeit bietet er eine radikale Interpretation der Geschlechterbeziehung zu Beginn des 21. Jahrhunderts.«

• ***DER ROMAN:*** *Nelly Arcan: Hure, C.H. Beck Verlag, München 2002*

HURE

Ugs. Bezeichnung f. → *Prostituierte.*

Im Althochdeutschen als »huor« bezeichnet wurde der außereheliche

Beischlaf oder Ehebruch. »Huoron« bedeutete, außerehelicher Beischlaf oder Ehebruch wurde betrieben. Da dies der christlichen Moralvorstellung widersprach, wurde die »Hure« schnell ein geflügeltes Schimpfwort für sexuell umtriebige Frauen mit häufig wechselnden Partnern. »Im Allgemeinen wird das Wort ›Hure‹ verächtlich gebraucht«, weiß Günther Hunold in seinem Buch »Hetären, Callgirls und Bordelle« (Heyne Verlag, München 1980). »Die Hure ist danach eine Frau, die sich zur Befriedigung der eigenen Wollust oder zu Erwerbszwecken Männern – mehr oder weniger wahllos – preisgibt und die durch ihre Unzüchtigkeit und ihren ausschweifenden Lebenswandel die Gesetze der Sittlichkeit verletzt. Der Ausdruck Hure enthält immer eine negative moralische Wertung und kennzeichnet die persönliche Ablehnung des Sprechers.«

Doch ein Blick auf die indogermanische Entsprechung zeigt, was hinter der verrufenen Hure tatsächlich steckt: die »lüsterne, begehrliche« (lett.: kārs) und »liebe, teure, werte« (lat.: carus) Frau, der nicht umsonst so viele Männer nachsteigen. Na also: Warum sollte eine Hure, die Prostituierte, die öffentlich Unzucht feilbietet, schlechter sein als die Männer, die für sie bezahlten?

Die Hurenbewegung setzte sich seit Beginn der 80er Jahre für ein klischeefreies Berufssbild »Hure« ein, mit allen Rechten wie andere Arbeitnehmer auch. Inzwischen gibt es Prostituierte, die von sich selbst freimütig und voller Stolz als »Hure« sprechen, wenngleich, das darf auch nicht verschwiegen werden, es immer noch eine Minderheit ist. Die Rede ist sogar von der Hurenehre.

Die → *Poussierstengel* der alten Schule wussten schon immer den Wert einer Hure zu schätzen: In der Gesellschaft am Rande, stand sie im Milieu ganz oben. Für altgediente → *Zuhälter* hatte die Hure durchaus etwas Ehrenhaftes an sich: Sie schaffte freiwillig an, drückte einen Teil ihrer Einnahmen aus Liebe ab (→ *abdrücken*), küsste bei der Arbeit nicht, schob gerne mal eine → *Falle*. Ihr Ansehen sank jedoch in jenem Augenblick, in dem sie sich außerhalb eines → *Bordells* oder → *Nachtclubs* verkaufte. Noch heute, in Zeiten der → *FKK-Clubs* und ihres niedrigpreisigen Discount-Sex' mit → *Kuss* und ohne → *Kondom* sprechen die Poussierstengel gerne von der geschätzten → *Puff-Frau* und der unwürdigen → *Club-Fotze*. Dabei hat das, was die Poussierstengel so zu schätzen wissen, im Grunde auch nur mit der Professionalisierung der Prostituierten zu tun. Dazu gehöre, so brachte eine zweimonatige Feldforschung im Nürnberger Prostitutionsmilieu hervor, »nie ohne Kondom arbeiten, das wurde meist zuerst genannt. Kein Küssen, keine Gefühle, keine Zärtlichkeiten, war ein weiteres zentrales Gebot. Ebenso hielten alle Frauen ein selbstbewusstes Auftreten und das Einhalten der Absprachen mit dem Kunden für wichtig. Manche Frauen erwähnten, dass eine gute Prostitutierte an ihre Zukunft denkt. Dazu gehören Altersversorgung und Krankenversicherung. Eine regelmäßige Gesundheitskontrolle und das Vermeiden gesundheitsschädlicher Aktivitäten wurden ebenfalls angesprochen. Einige betonten, dass eine gute Hure schauspielerische Begabung braucht, denn der Kunde sollte zum einen das Gefühl haben, der Wichtigste zu sein, und zudem den Eindruck bekommen, die Sexarbeiterin genieße die Aktivitäten mit ihm.«

DIE HURE (WHORE)
Milieustudie.
»Kein Metier wird im Kino so häufig verklärt und verzeichnet wie das der Prostitution«, schreibt das TV-Magazin »Prisma«. Mit »Die Hure« gehe Regisseur Ken Russell »andere Wege. Seine Hauptdarstellerin Theresa Russell (weder verwandt noch verschwägert mit dem Regisseur) muss sich dagegen alle möglichen Erniedrigungen gefallen lassen, die nicht im allerseligsten Märchenhimmel enden.« Bereits ihr Einstieg in die Prostitution, zu dem sie Geldmangel zwingt, lehrt sie, dass es auf der Straße nicht zugeht wie bei → *Pretty Woman*: Eine Horde Jugendlicher macht sich über sie her und wirft sie danach aus dem fahrenden Auto. Doch einmal der Verlockung des schnellen Geldes erlegen, kann Liz sich nicht mehr dem Strudel von Ekel, Verachtung und Gewalt entziehen. Fortan wacht der Zuhälter Blake über sie; wenn seine → *Pferdchen* nicht spuren oder abhauen wollen, verliert er nicht viele Worte, lässt die Fäuste sprechen. Liz erträgt die Qual, wem soll sie auch davon erzählen. Freunde hat sie keine, ihre Ehe ist gescheitert, ihr Kind lebt bei Pflegeeltern. Ihr einziger Ansprechpartner ist der Zuschauer. Dieser erlebt, wie Blake einen ihrer → *Freier* tötet, ihn ausraubt und in seinem Rausch droht, auch Liz umzubringen. Der Kleindealer Rasta kommt ihr zu Hilfe, und mit seiner Hilfe glaubt Liz sich endlich befreien zu können. Doch sie ist von ihrem Be-

ruf, der zweifellos in alle Bereiche ihres Lebens vorgedrungen ist, bereits so sehr eingeschlossen, »dass sie sentimental wird, wenn sie von aparten Stammkunden berichtet; dies sind die einzigen Menschen, die ihr geblieben sind. Um sich sonst ein Lächeln abzuringen, muss sie sich schon in Erinnerungen an bessere Zeiten flüchten. Dies ist vielleicht der bestürzendste Moment des Films: Liz scheint sich mit ihrer Situation arrangiert und damit resigniert zu haben, nicht mehr Willen und Kraft aufbringen zu können, um dem Milieu zu entfliehen, und wünscht sich nur, ihrem Zuhälter zu entkommen, um als freie Prostituierte arbeiten zu können. Ein Neuanfang, mit dem sie die Straße nicht verlassen würde.« (Filmrezension.de) – »Ken Russells Gegenstück zu → *Pretty Woman*. Gewalt, Sex, rüde Dialoge, bitterer Humor.« (TV Movie)

»Die Hure« entstand nach dem Theaterstück »Bondage« des Londoner Taxifahrers David Hines. Hines verarbeitete darin Berichte von Prostituierten, die er chauffiert hatte.

• ***DER FILM:** Die Hure (Whore). USA 1990, 85 Min. Regie: Ken Russell. Darsteller: Theresa Russell (Liz), Antonio Fargas (Rasta), Benjamin Mouton (Blake), Elisabeth Morehead (Katie), Sanjay (Inder), John Diehl (Penner)*

HURENBOCK

Ugs. Bezeichnung f. → Freier.

Die Bezeichnung kommt vom umgangssprachlichen »bocken« für »stoßen wie ein Bock« (»Geschlechtsverkehr«) und dem »Bock« als Schimpfwort für »(geiler) Mann«.

HURENKIND

DTP-Fachjargon.

Ein Hurenkind hat nichts mit → *Prostitution* zu tun, sondern bezeichnet im Grafikdesign beziehungsweise Layout eine einzelne Zeile, die innerhalb des Fließtextes in der neuen Spalte steht, während die anderen Absatzzeilen in der Spalte vor dem Spaltenumbruch bleiben.

HURENKONGRESS

Der erste Hurenkongress wurde im Oktober 1985 von dem autonomen Hurenprojekt → *Hydra e.V.* in → *Berlin* veranstaltet. Es kamen

30 Frauen aus sieben Bundesländern, darunter Vertreterinnen der → *Frankfurter* Selbsthilfegruppe → *HWG*, der Stuttgarter Gruppe Rotstift und des 4. Hamburger Frauenhauses. In den Jahren darauf wurde der Kongress jeweils im Frühjahr und Herbst in unterschiedlichen Städten veranstaltet, in denen sich nach und nach Selbsthilfegruppen, Beratungsstellen und Sozialprojekte für Prostituierte gründeten.

Inzwischen ist die Veranstaltung in → *Fachtagung der Prostituierten* umbenannt, denn sie soll nicht nur Huren, sondern alle, die das Thema Prostitution tangiert, ansprechen.

HURENLOHN

Ugs. Bezeichnung f. Hungerlohn.

Häufig sorgten → *Poussierstengel*, → *Zuhälter*, → *Bordellbetreiber* und nicht zuletzt auch Vater Staat dafür, dass den Huren nicht viel von ihrem Entgelt für die sexuelle Dienstleistung blieb. Ein Hurensprichwort besagt: »Hurengeld geht in einen Fingerhut.« Womit in der Gesellschaft nicht wirklich jemand ein Problem hatte, denn die vorherrschende Moralvorstellung der Kirche festigte über Jahrhunderte den Glauben, die Arbeit einer Prostituierten sei ohnehin → *unsittlich*, daher minderwertig und nur als »billig« anzusehen.

Diese Ansicht hat Einzug gehalten in den alltäglichen Sprachgebrauch: Wenn heutzutage jemand eine Arbeit für wenig Geld verrichtet, dann heißt es, er arbeite für einen »Hurenlohn«.

HURENSELBSTHILFE SAARBRÜCKEN E.V.

Beratung und Hilfe.

Knapp 400 Prostituierte schaffen regelmäßig in Saarbrücken an. »Die Dunkelziffer ist«, weiß Ute Löw, Sozialarbeiterin bei der Hurenselbsthilfe Saarbrücken e.V., »noch mal so hoch!« Viele Jahren waren die anschaffenden Frauen im Saarland nahezu auf sich alleine gestellt, bis 1991 die Gleichstellungsbeauftrage im Frauenbüro der Stadt Saarbrücken aufgrund vielfältiger Anfragen zum Thema Einstieg, Ausstieg, Arbeits- und Wohnungssuche die Gründung einer Hurenselbsthilfe anregte. Die Vereinsleitung als Vorsitzende übernahm Ute Löw, eine ehemalige Prostituierte, die wusste, worauf es bei der Arbeit mit den Huren ankommt. »Der Ausstieg steht bei der Arbeit nicht an oberster Stelle«, erklärt sie. »Die Frauen müssen von selbst wissen, wann sie aussteigen wollen. Wenn wir sie unter Druck setzen, bringt es gar nichts. Dann kommen sie nicht mehr zu mir in die Anlaufstelle, und wenn ich Streetwork mache und die Frauen in den Häusern und auf der Straße aufsuche, wollen sie nichts mit mir zu tun haben. Ich kann ihnen im Prinzip nur den Weg weisen: ›*Wenn ihr ein Problem habt, dann kommt! Wir sind zu jeder Hilfe bereit!*‹«

Freierarbeit ist für Ute Löw ein wichtiges Thema, denn der »Wunsch nach → *Verkehr* ohne → *Kondom* nimmt immer mehr zu«, so Ute Löw. Aber, so klagt sie weiter, »leider kriegt man die Freier so schwer zu greifen. Die kommen aus dem Club heraus und sind immer noch kein Freier; es gibt doch eigentlich gar keine Freier ...« Deshalb erarbeitet sie gegenwärtig zusammen mit der Deutschen Aids-Hilfe e.V. ein Projekt zur optimierten Freierarbeit.

Die Sachkosten muss der Verein durch Eigenmittel finanzieren. Durch MiFAGS (50 Prozent) und Stadtverband Saarbrücken und Landeshauptstadt Saarbrücken (zu je 25 Prozent) werden die Personalkosten für eine Diplom-Pädagogin sowie eine Verwaltungsangestellte getragen, die sich ausschließlich um das Wohl der → *Migrantinnen* in Saarbrücken kümmern; immerhin 60 Prozent der Prostituierten kommen aus dem Ausland. »Sie kommen aus der ganzen Welt«, erklärt die Diplom-Pädagogin Barbara Filipak, »vor allem Bulgarien ist jetzt im Kommen. Es kommen aber auch Frauen aus Russland, Ukraine, Lettland, Polen und Tschechien.« Nicht selten sind die Frauen Opfer von → *Menschenhandel* geworden. Barbara Filipak: »Wie viele das genau sind, ist natürlich schwer zu sagen. Viele der Frauen verfügen inzwischen über einen legalen Aufenthaltsstatus, weil sie hier verheiratet worden sind. Wir hatten kürzlich einen Fall, bei dem ein Mann eine Frau nur geheiratet hat, weil er sie danach zur Prostitution zwingen wollte.«

• ***INFO:*** *Hurenselbsthilfe Saarbrücken e.V., Postfach 101413, 66014 Saarbrücken,. Telefon 0681/373631, Telefax 06818308676, hurenselbsthilfe@freenet.de, Öffnungszeiten: Mo-Fr 9-15 Uhr, Wochenende Telefonbereitschaft*

HURENSOHN

Ugs. Schimpfwort.

Die vorherrschende Moralvorstellung war über Jahrhunderte, Prostitution sei → *unsittlich*, daher minderwertig. Wenn man jemanden beschimpfen wollte, nannte man ihn einen »Hurensohn«, also den männlichen Nachkommen einer liderlichen → *Hure*. Was Schlimmeres konnte es kaum geben!

Heute darf der so benannte Mann sich eher geschmeichelt fühlen, hat die Hurenbewegung, die sich zu Beginn der 80er Jahre formierte, dafür gesorgt, dass der Begriff »Hure« durchaus mit Stolz von den → *anschaffenden* Frauen getragen werden kann. »Hure« ist, so deren Ansicht, eine Berufsbezeichnung, nicht mehr, nicht weniger.

HWG E.V.

Huren wehren sich gemeinsam.

HWG in → *Frankfurt* wurde 1984 nach → *Hydra e.V.* in → *Berlin* als zweites autonomes Hurenprojekt der Bundesrepublik gegründet. Damals hieß es: »Wir, die HWG, verstehen uns als eine Selbsthilfegruppe von Prostituierten, Ex- und Nicht-Prostituierten.« HWG e.V. gab die vielbeachtete »Zeitung für leichte und schwere Mädchen« heraus, in der Aktuelles über die Arbeitsbedingungen der Frankfurter Prostituierten zu lesen war, Veranstaltungen angekündigt, Neuigkeiten und Infos über die nationale und internationale Prostituiertenbewegung mitgeteilt wurden.

Arbeitsschwerpunkte ergaben sich durch die → *Aids*problematik und die neue Frankfurter → *Sperrgebietsverordnung*, mit der das zentrale Bahnhofsviertel geräumt wurde und eine drastische Verschlechterung der Arbeitsbedingungen für Prostituierte erfolgte. 1999 löste sich HWG e.V. auf.

HYDRA E.V.

Treffpunkt und Beratung für Prostituierte in Berlin.

Ein autonomes Beratungsprojekt für Prostituierte, die Idee dazu entstand Ende der 70er Jahre in der Beratungsstelle »Geschlechtskrankheiten« des Gesundheitsamtes Charlottenburg. Die Sozialarbeiterin und Mitinitiatorin des Projekts, Heide Simon, erklärte damals: »Ich bin seit mehreren Jahren in der Beratungsstelle für Geschlechtskranke des Bezirksamtes Charlottenburg als Sozialarbeiterin tätig. Gemeinsam mit meinen Kolleginnen und Kollegen wird uns die Problematik der Frauen, die verpflichtet sind, alle 14 Tage zur Untersuchung zu kommen, weil sie der Prostitution nachgehen und gefährdet sind, Geschlechtskrankheiten zu verbreiten, täglich bewusster, ohne dass wir im Rahmen unserer Aufgaben Möglichkeiten einer kontinuierlichen und effektiven Hilfe sehen. Es ist für uns oft unerträglich, zu sehen, zu erleben und zu erfahren, dass diese Frauen in einem täglichen Kampf stehen mit sich, ihrer Situation, mit ihrem Leben und ihrer Umwelt, ohne Aussicht auf Veränderung. [...] Um den Frauen eine geeignete Form der intensiven Beratung und Hilfe zu bieten, ist eine Einrichtung erforderlich, die frei von Kontrollfunktionen und behördlichen Zwängen sich ausschließlich um die Bedürfnisse, die Rechte und Ansprüche der Frauen und Mädchen kümmert. Die Masse der Gesellschaft zu verändern hieße z.Z. noch, gegen Windmühlen zu kämpfen. Der Frau aber, die der Prostitution nachgeht, den Rücken zu stärken, ihr entweder das Leben mit der Prostitution zu erleichtern, mit ihr alle Rechte zu erkämpfen, die erkämpfenswert sind, und ihr die Möglichkeit zu geben, sich ihre Situation bewusster werden zu lassen und – sollte sie selbst das Bedürfnis haben, aus dieser Situation auszubrechen, die Prostitution aufzugeben – ihr mit allen Mitteln und Möglichkeiten zu helfen, eine neue Lebensperspektive zu finden, ist eine sehr wichtige Aufgabe.« (aus: Hydra (Hg.): Beruf: Hure. Ullstein Verlag, Berin 1991)

Sozialarbeiterinnen, Sozialpädagoginnen, Juristinnen, Ärztinnen, Lehrerinnen und Psychologinnen riefen 1979 den »Verein zur Förderung der beruflichen und kulturellen Bildung weiblicher Prostituierter e.V.« ins Leben, die erste autonome Hurenorganisation Deutschlands. Der Verein war nicht unumstritten. Als wohl eifrigster Widerpart der tolerierten und für die Zukunft etablierten Prostitution erwies sich insbesondere → *Alice Schwarzer*, die die »Verräterinnen der Frauenbewegung« in ihrem Magazin → *Emma* an den Pranger stellte (zuletzt in der Ausgabe Juni 2003).

Die Frauen in Berlin ließen sich davon nicht beirren. Ein Jahr später eröffneten sie den Treffpunkt und Beratungsladen »Café Hydra«. »Hydra«, das war eine neunköpfige Schlange aus der griechischen Mythologie, der immer zwei Köpfe nachwuchsen, wenn man einen abschlug. Ähnlich unschlagbar sollte sich schon bald die Arbeit des Vereins erweisen; der Name »Hydra« stand ab 1982 synonym für den Verein, dessen Öffentlichkeitsarbeit, Streetwork und Beratung und die eigene Zeitschrift → *Nachtexpress.* Mit Auftauchen von → *Aids* wurde auch »Hydra« in die Präventionsverantwortung genommen, noch im gleichen Jahr bekam der Verein von der Berliner Senatsverwaltung für Gesundheit zwei halbe Personalstellen bewilligt, die fortan eine regelmäßige Arbeit ermöglichten. Zusammen mit Prostituierten aus Frankfurt, die sich zum Projekt → *HWG* zusammengeschlossen hatten, wurde im Oktober 1985 der 1. Nationale Prostituierten-Kongress in Berlin veranstaltet, an dem Frauen aus sieben Bundesländern teilnahmen. Die → *Hurenkongresse* werden inzwischen zweimal im Jahr – umbenannt in → *Fachtagung der Prostituierten* – durchgeführt und bilden eine bundesweite Plattform für die Hurenbewegung.

Heute hat »Hydra« 4,4 finanzierte Stellen. Eine Verwaltungskraft und sechs Mitarbeiterinnen teilen sich die Stellen. Die Posten der Sozialarbeiterinnen werden von zwei Soziologinnen und vier Sozialpädagoginnen besetzt, die teilweise selber Prostitutionserfahrungen haben, teilweise »nur« Sozialpädagoginnen sind. Sie beraten und begleiten:

- Frauen, die mit dem Gedanken spielen, in die Prostitution einzusteigen
- Prostituierte in allen Lebensfragen, zum Beispiel in Beziehungskonflikten, sozialrechtlichen Fragen, Fragen zum Thema Aids und anderen sexuell übertragbaren Krankheiten (→ *STDs*), Krisen- und Gewaltsituationen
- beim Umstieg in eine andere berufliche Tätigkeit (Vermittlung von Schulungs- und Qualifizierungsmaßnahmen; Vermittlung von regulären, befristeten Arbeitsplätzen)
- beim Beantragen von Sozialhilfe, Wohngeld, anderen Sozialleistungen und bei Ämtergängen
- Frauen, die Schulden haben
- Angehörige
- Freier zum Thema Safer Sex

Beim Streetwork besuchen die »Hydra«-Mitarbeiterinnen die Frauen an ihren Arbeitsplätzen: in → *Clubs*, → *Bordellen*, am → *Straßenstrich.* Für → *Migrantinnen* stehen nach Absprache Dolmetscherinnen zur Verfügung, und bei aufenthaltsrechtlichen Fragen werden Anwältinnen zu Rate gezogen. In den Räumlichkeiten von »Hydra« findet zweimal monatlich ein Stammtisch statt, einmal monatlich eine kostenlose Rechtsberatung mit einer Anwältin, dort treffen sich Selbsthilfegruppen, stehen kreative Angebote, ein Rechtshilfefonds, eine Bibliothek, ein Archiv und Professionalisierungsangebote für Huren zur Verfügung.

• *INFO: Hydra e.V. Treffpunkt und Beratung für Prostituierte. Köpenicker Straße 187-188, 10997 Berlin. Telefon 030/6110023, Telefax 030/6110021, www.hydra-ev.org, hydra@ipn-b.de. Öffnungszeiten: Mo, Di, Fr 10-14 Uhr, Do 16-20 Uhr*

HYDRA E.V.
Im Gespräch: Marion Detlefs, Sozialpädagogin.
Marion Detlefs, 41, arbeitet beim Verein »Hydra e.V. – Treffpunkt und Beratung für Prostituierte« in Berlin

Seit 1980 existiert der Verein Hydra e.V. Wie sah die Arbeit in den Anfangszeiten aus?

Marion Detlefs: Zu Beginn gab es nur einen Raum, in dem sich Prostituierte treffen konnten. Sie hatten die Möglichkeit, sich auszutauschen, sich in der Sache zu stärken und solidarischer nach außen aufzutreten. Die Idee, politisch in die Öffentlichkeit zu gehen, war sehr innovativ, denn Anfang der 80er stand man dem Thema Prostitution noch nicht so aufgeschlossen gegenüber wie heute. Für viele Frauen war es eine Erleichterung, endlich zu ihrer Arbeit stehen und die Doppelrollen-Situation, in der sie steckten, untereinander besprechen zu können. Auch der Begriff Hure, mit dem die Frauen bislang diskriminierend behandelt wurden, konnte ins Gegenteil gekehrt werden. Plötzlich wurde der Ausdruck Hure sehr provokativ genutzt.

Für die Prostituierten war es in den 80er Jahren neu zu sagen: »Es ist ein Job wie jeder andere auch.« Diese Aussage war sehr extrem. Aber die Gründerinnen von Hydra agierten auch sehr bedingungslos. Ich denke sogar, dass sie radikal sein mussten. Je nach ihrer Zusammensetzung waren sie sehr dogmatisch, vor allem in Bezug auf Feminismus. Männliche Getränkelieferanten beispielsweise durften die Hydra-Räume nicht betreten. Es gab Zeiten, da hättest du als Journalist hier nicht einfach so sitzen dürfen ...

Etwa in den Jahren 1982/83 stellte sich heraus, dass ein großer Bedarf an sozialarbeiterischer Tätigkeit herrschte. Den Frauen reichte es nicht mehr, nur sagen zu können »Ich bin eine selbstbewusste Hure«. Sie wollten auch anderweitige, berufliche Perspektiven für sich entwickeln können. So erweiterte sich der Themenschwerpunkt Prostitution um Fragen, die viele andere Menschen auch beschäftigen: »Wie beantrage ich Sozialhilfe? Wie komme ich mit Steuern klar?« Fragen, die natürlich auch von Behörden beantwortet werden konnten. Für die Prostituierte allerdings bedeutete ein Behördengang immer folgende Schwierigkeit: Geht sie zu einer offiziellen Stelle, läuft sie Gefahr, ihre Tätigkeit eventuell aufdecken zu müssen. Deshalb schaltete sie lieber Hydra dazwischen.

Unsere Vorgängerinnen konnten diese immer häufiger werdenden Anfragen nach Hilfe in diesen Bereichen nur begrenzt bedienen – schließlich arbeiteten sie alle auf ehrenamtlicher Basis. Daran drohte der Hydra-Treffpunkt beinahe zu scheitern.

Mit Hydra ging es dann aber trotzdem weiter, auch dank des Berliner Senats?

Marion Detlefs: Ja, denn 1985, als das Thema HIV/Aids die Gesellschaft berührte, erkannte die Berliner Senatsverwaltung für Gesundheit ihre Verantwortung im Bereich der Prostitution und unterstützte Hydra bei ihrer Gesundheitsaufklärung mit öffentlichen Geldern. Daraufhin konnte eine Beratungsstelle aufgebaut werden. Etwa zur gleichen Zeit zeigte auch die Senatsverwaltung für Frauen Interesse an unserer Arbeit und finanzierte uns über ihren Antigewalt-Bereich.

Versteht sich Hydra eigentlich nur als regionale Einrichtung oder auch als nationale Anlaufstelle?

Marion Detlefs: Bei den Gründungsgedanken sind die Auswirkungen auf andere Städte nicht bis ins Letzte durchdacht worden. Finanziert werden wir heute aus regional gebundenen Fördergeldern. Über unsere Kontakte zu anderen Städten sagt das aber nichts aus. Es existieren enge Verbindungen zu Schwesternorganisationen, die sich nach dem Grundkonzept von Hydra gegründet haben. Natürlich werden wir zu bestimmten Themen aus anderen Orten befragt. Des Weiteren veranstaltet die Hurenbewegung zweimal im Jahr einen Kongress, den ehemaligen »Hurenkongress«, der mittlerweile »Fachtagung für Prostituierte« heißt. Mit der Umbenennung reagierten wir auf die zunehmende Entwicklung, dass nicht mehr nur Sexarbeiterinnen und Sozialarbeiterinnen aus Hurenprojekten daran teilnahmen, sondern alle Menschen, die sich mit diesem Thema beschäftigen. Wir treffen uns für drei Tage, um uns auszutauschen und vor allem politische Veränderungen zu diskutieren.

Wie schaut der Alltag bei Hydra heute aus? Gehört auch Streetwork zu Ihrer Arbeit?

Marion Detlefs: Obwohl Hydra mittlerweile einen hohen Bekanntheitsgrad erreicht hat, arbeiten wir auch vor Ort. Seit einem Jahr verstärken wir die Streetwork sogar und streben an, dass jede von unseren Mitarbeiterinnen einmal die Woche – im Team zu zweit – zu den Frauen an ihren Arbeitsplatz geht. Diese Entscheidung haben wir einerseits aus Gründen der Zielgruppennähe getroffen und andererseits, weil wir merkten, dass die meisten Prostituierten Hydra zwar kennen, dass sie aber nichts Näheres über unser Projekt wissen. Aufgrund unserer Streetwork können sie jetzt Gesichter mit dem Projekt verbinden und melden unter Umständen direkt Beratungsbedarf an. Wenn es sich einrichten lässt, beantworten wir sofort anstehende Fragen. Unser Wunsch in solchen Situationen ist natürlich, die Frauen zu uns einzuladen und sie hier zu unterstützen, denn eine Beratung in unseren Räumen mit Zeit und Ruhe bietet mehr Handlungsspielraum. Oft beziehen sich Frauen, die zu Hydra kommen, auch auf unsere Streetwork. Für Fälle, bei denen Auskünfte zu ganz enggefassten Spezialgebieten nötig sind, können wir mittlerweile ein externes Beraternetz anbieten. Einmal im Monat steht beispielsweise ein Steuerberater für Fragen zur Verfügung. Des Weiteren findet einmal monatlich eine kostenlose Rechtsberatung mit einer Rechtsanwältin statt.

Könnten Sie noch mal konkret darstellen, ob das Ziel von Hydra die Schaffung eines sicheren Arbeitsumfeldes für die Prostituierte

ist oder aber ihr möglicher Ausstieg?
Marion Detlefs: Das oberste Prinzip unserer Tätigkeit ist, dass wir akzeptierend arbeiten. Natürlich schließt das den Wunsch mit ein, dass es Frauen unserer Zielgruppe – potentiellen Einsteigerinnen, Prostituierten oder Ex-Prostituierten – auch gut geht mit dem, was sie machen. Dass sie dafür in einem relativ gewaltfreien Raum arbeiten sollten, versteht sich von selbst.

Wir sind mit unserem Angebot sehr offen; wir wollen die Frauen dort abholen, wo sie stehen. Eine Frau, die einsteigen möchte beispielsweise, rüsten wir mit detaillierten Informationen aus unter der Voraussetzung, dass wir den Eindruck haben, die Arbeit ist für sie physisch und psychisch nicht verletzend. Genauso versuchen wir einer Frau, die umsteigen will, den Ausstieg aus der Prostitution zu ermöglichen. In unseren Angeboten findet sich ja schließlich die Einstiegsberatung neben der begleitenden Beratung, der Krisenberatung, der Schuldnerberatung und der Umstiegsberatung.

Wann genau setzt eine Krisenberatung ein?
Marion Detlefs: Bei Frauen, die vor dem Hintergrund entweder eines zuhälterischen-ausbeuterischen Verhältnisses zu uns kommen; bei Menschen, die sich bedroht fühlen oder die irgendwie das Gefühl haben, sie können nicht eigenständig aus der Prostitution aussteigen. Natürlich sprechen wir mit unserer Krisenberatung Frauen an, die massiv unter Selbstwertkränkungen leiden, die suizidal sind, die Depressionen haben, deren Ursprung beispielsweise in dem schmerzvollen Auseinanderbrechen ihrer Partnerschaft liegen kann. Männer haben ja oft Schwierigkeiten, mit der Prostitutionstätigkeit ihrer Partnerin umzugehen. Häufig scheitert die Liebe daran. Manchmal funktionalisieren Männer die Beschäftigung ihrer Freundin. Sie betrachten dann die Partnerschaft als Geschäftsbeziehung und wollen von dem Geld leben, was ihre Lebensgefährtin anschafft. Das geht schon in Richtung Zuhälterei. Oder aber Männer vertreten die Einstellung, dass sie mit diversen anderen Frauen Sex haben können, da ihre Freundin ja auch permanent mit anderen Männern zu tun hat. Die Partnerin wiederum fühlt sich dadurch ungerecht behandelt, da sie ihre Sexualkontakte als Erwerbstätigkeit begreift.

Und: Frauen in der Prostitution laufen Gefahr, Gefühle zu leugnen. »Unten lasse ich in mich eindringen, aber küssen lasse ich mich nicht!« ist eine Aussage, die wir häufig hören. Der Oberkörper wird zum Heiligtum erklärt, der Unterkörper dadurch zwangsläufig degradiert. Oder aber Klientinnen sagen: »Dort ist mein Job, da können überhaupt keine Gefühle aufkommen.« Ich bin der festen Überzeugung, dass das nicht funktioniert. Befinden sich zwei Menschen in einem Raum, entstehen Emotionen, Sympathien oder Antipathien. Diese dann permanent leugnen zu wollen ist auf Dauer eine große Gefahr; es gelingt den wenigsten und macht sie deshalb krank. In der Folge gleiten die Frauen dann häufig in Depressionen ab oder entwickeln körperliche Leiden. Womit ich in diesem Fall keine Geschlechtskrankheiten meine, die durch ungeschützten Verkehr hervorgerufen wurden, sondern Krankheiten der Körperteile, die für Sexualität zuständig sind, mit psychischen Ursachen. Diese reagieren mit Krankheitsanzeichen und zeigen so Grenzen auf.

Auch die Öffentlichkeitsarbeit ist ein wichtiger Bestandteil Ihrer Tätigkeit. Lässt sich hier eine Veränderung im Vergleich zu früher feststellen?

Marion Detlefs: Ja, ganz bestimmt. Aufgrund der Anfragen können wir feststellen, dass sich die Einstellung zu dem Thema Prostitution gewandelt hat. Journalisten sind heute viel eher dazu bereit, sich mit der Materie intensiv zu befassen und nicht mehr nur den Voyeurismus zu bedienen. Früher wurden Prostituierte zu Talkshows eingeladen, um zu erfahren, welche Körbchengröße sie haben oder ob Freier blonde oder braune Haare bevorzugen. Inzwischen haben wir das Gefühl, dass Reporter begriffen haben, dass Sexarbeit zu unserer Gesellschaft gehört. So wird dann beispielsweise auch die Stellungnahme einer Prostituierten zum Ladenschlussgesetz erbeten. Dieses Umdenken hat, meiner Meinung nach, ganz viel zu tun mit der jahrelangen Aufklärungsarbeit von Hydra und anderen Einrichtungen. Leider konnten wir immer noch nicht die vorherrschende Doppelmoral in unserer Gesellschaft auflösen; übrigens auch nicht in der Politik, die ja immer noch vorrangig von Männern besetzt ist. Männer lehnen sich bei diesem

Thema bekanntlich nicht so gerne aus dem Fenster. Ein Schwarzweiß-Denken, im Sinne von »CDU ist immer gegen uns, die Grünen immer für uns«, können wir aber nicht feststellen. Die Unterstützung kommt aus allen Parteien. Die Schwierigkeit von Männern, zu dem Phänomen Prostitution eindeutig Stellung zu beziehen, ist oft die Angst davor, als potentielle Freier enttarnt zu werden. Frauen wiederum fühlen sich von dem Thema oft bedroht, weil die intensive Beschäftigung damit einer ganz starken Bereitschaft bedarf, sich selbst und die eigene Sexualität zu reflektieren.

Inwiefern?
Marion Detlefs: Hier muss ich ein bisschen weiter ausholen: Bei der Einstiegsberatung zum Beispiel – die dazu dient, die Situation und Motivation der jeweiligen Frau zu hinterfragen – höre ich oft den Grund, die Frau wolle einfach nur Geld verdienen. Daraufhin entgegne ich meist so etwas wie, »das wollen wir alle, möglichst schnell und möglichst viel!«, um klar zu machen, dass die wenigsten mit diesem Vorhaben alleine gut in der Prostitution aufgehoben sind. Ich erlebe immer wieder, wie verletzend Prostitution für solche Frauen sein kann und wie sie Gefahr laufen, auf Dauer krank zu werden.

Den meisten Klientinnen, die zur Einstiegsberatung kommen, ist der Handel Sex gegen Geld nicht ganz fremd. Ich möchte unterstellen, dass wir Frauen generell oftmalig in Berührung mit dieser Materie sind. Wir haben gelernt, Sex zu funktionalisieren: »Ich schlafe mit meinem Partner, weil ich Unterstützung im Haushalt möchte, weil ich mir mehr Zuwendung erhoffe, oder anderes.« Auch die Frauen, die zur Einstiegsberatung kommen, machen das bereits ihr Leben lang und wollen es jetzt endlich auf den Punkt bringen, nämlich Geld dafür bekommen. Ich persönlich glaube auch nicht daran, dass sich das Männerbild von Prostituierten durch ihre Arbeit verändert – eine Frage, die häufig gestellt wird. Eher wird dieses noch stärker unterstrichen: Wir bekommen eine Bestätigung für das, was wir ohnehin in uns tragen.

Um jetzt auf den Ausgangspunkt der Frage zurückzukommen: Die Prostitution ist als ein Spiegel der Gesellschaft zu sehen, als ein Spiegel der Frauen im Allgemeinen und jeder einzelnen Frau im

Speziellen. Eine Prostituierte wird bei ihrer Arbeit exzessiv mit ihrem Inneren konfrontiert. Ist sie bereit, sehr bewusst damit umzugehen, hat sie die Möglichkeit, sich und ihre Sexualität besser kennen zu lernen.

Gibt es eigentlich viel Gewalt in der Prostitution?
Marion Detlefs: Sicherlich gibt es Extreme, und einige Männer haben den Drang nach Unterdrückung und Gewalt, was dann aber weniger mit Sexualität zu tun hat. Meiner Ansicht nach nimmt das Gewaltpotential in unserer Gesellschaft generell zu, so auch in der Prostitution.

Frauen, die keine, beziehungsweise keine unverarbeiteten Gewalterfahrungen in sich tragen, gelingt es sehr gut, sich in der Prostitution unabhängige und gewaltfreie Räume zu schaffen – ohne Zuhälter, ausbeuterische Unterdrücker oder Freier, die massiv über Grenzen gehen. Auch hier spielt das eben Erwähnte eine Rolle: Das, was wir erleben, ist meist eine Bestätigung für das, was wir in uns tragen.

Sie haben gesagt, dass ein Großteil aller Frauen in der Prostitution nicht gut aufgehoben ist – die Prostituierte, die Spaß an ihrem Job hat, ist also nur eine Mär?
Marion Detlefs: Nein natürlich nicht, denn wenn eine Frau bereit ist, mehr über sich und ihre Sexualität zu lernen, Grenzen bewusster auszuloten oder ein Feedback erhalten möchte darüber, wie sie mit Männern umgeht, kann die Prostitution durchaus bereichernd sein. Dann kann sie dem Freier sicherlich mit mehr Interesse und Spaß entgegen gehen, als eine Frau, die unter Druck arbeiten muss. Die Selbstbestimmung steigert sich auch, wenn eine Frau bereits andere berufliche Perspektiven hat, die Prostitution ist dann möglicherweise sogar lohnenswert für sie. Die Erfahrung hat uns gelehrt, dass Frauen, die in ihrem ›normalen‹ Leben, sagen wir mal, Lehrerin sind, es wirklich faszinierend finden, noch einmal aus ihrer Konvention auszubrechen. Diese können es sich dann leisten, neben ihrem angepassten Job, beispielsweise, nur zweimal die Woche anschaffen zu gehen. In einer solchen Situation fällt natürlich der finanzielle Druck weg, so dass diese Frauen meist auch viel bes-

ser verdienen. Männer spüren diese Freiheit. Sie sind zwar nicht die emphatischsten Wesen auf dieser Welt, aber so etwas kriegen sogar Männer mit.

Nein, jetzt mal im Ernst: Die meisten Freier, wenn es keine Vergewaltiger sind, die auf Zwangsgeschichten und Macht abfahren – auf sexualisierte Gewalt, die nichts mehr mit Sex zu tun hat – der normale Mann also will ganz sicher eher mit einer Frau zu tun haben, die Spaß am Sex hat; es hat sich mittlerweile herumgesprochen, dass Frauen Lust am Liebesspiel haben, über Sexualität Bescheid wissen und einen Orgasmus haben können. Für den Mann bedeutet eine Partnerin mit Freude an der Sache eine Bestätigung seiner Person. Deshalb »törnt« die Prostituierte, die darauf angewiesen ist, ihre Miete »hereinzuvögeln« und somit ständig unter Druck steht, den Freier eher »ab«.

Welche Motive führen, Ihrer Erfahrung nach, noch dazu, dass Frauen freiwillig in die Prostitution gehen?
Marion Detlefs: Mit dem Ausdruck »freiwillig« arbeiten wir sehr ungern, wir präferieren eher den Begriff »selbstbestimmt«.

Ein Grund, warum Frauen in die Prostitution gehen, kann beispielsweise sein, dass sie es als faszinierend empfinden, etwas Verbotenes, Geheimnisvolles zu tun. Ein weiterer Grund kann sein, dass Frauen sich in der Prostitution wohl fühlen, weil sie sich damit von ihrem, die Sexualität tabuisierenden Elternhaus extrem abgrenzen. Doch auch diese Motive können sich wieder ändern. Auf Dauer wird die Doppelrollen-Situation eventuell belastend für die Frau. Sie sucht nach neuen Perspektiven und versucht umzusteigen. Auch wenn es uns gelingt, für die jeweilige Klientin einen neuen Arbeitsplatz zu finden – was sich bei der angespannten Situation auf dem Arbeitsmarkt als äußerst schwierig gestaltet – können wir oft konstatieren, dass eine psychische Sympathie zur Prostitution bis hin zur Abhängigkeit von derselben herrscht. Das kann zur Folge haben, dass sich die Empfindung der Frauen erneut, kaum raus aus der Prostitution, ins Gegenteil umwandelt. Sie hat Sehnsucht nach dieser Arbeit, weil ihr in den normalen, konventionellen Arbeitsverhältnissen etwas fehlt. Viele Frauen manövrieren sich auch in Opferrollen, um keine Perspektiven sehen zu müssen. Hiervon gibt es sehr viele Beispiele. Diesen Klientinnen bleibt es oft verwehrt, locker an die Problematik heranzugehen, sich der Situation zu stellen und anderen Motiven zu öffnen. Die Frage, warum sie sich eigentlich in dieser Lage befinden, weicht allzu oft der Aussage: »Ich weiß nichts anderes!«

Sie haben auch von der Zwangssituation gesprochen. Was kann Hydra tun, um Frauen zu helfen, die unter Zwang arbeiten?
Marion Detlefs: Am ehesten erreichen wir solche Frauen während der Streetwork. Hier haben wir die größten Chancen, solche Zwangssituationen überhaupt aufzudecken. Hin und wieder rufen auch Frauen an, die sich in einer gezwungenen Lage befinden, oder sie kommen zu uns in die Krisenberatung. In einer solchen Situation können wir den betroffenen Klientinnen über unsere Vernetzung mit Frauenhäusern und Zufluchtsorten geschützte Räume suchen, in denen sie Abstand von ihrer Notsituation finden können. Darüber hinaus bieten wir ihnen längerfristige Begleitung an. Wir helfen ihnen zum Einen, ihre Muster, die sie in die jeweiligen Krisensituationen gebracht haben, zu hinterfragen. So können die Frauen dann, aufbauend auf einem neuen Bewusstsein, neue Strukturen entwickeln beziehungsweise alte Verhaltensweisen als solche erkennen. Zum Anderen helfen wir ihnen mit praktischem Beistand bei der Organisation ihres alltäglichen Lebens.

Häufig wird mit Zwangssituation die Problematik der Migrantinnen verbunden. Hier zeigt unsere Erfahrung, dass die meisten der eingewanderten Frauen wussten, dass sie in Deutschland der Prostitution nachgehen werden. Dass ihnen unsere Ausländergesetze die Arbeit jedoch erheblich erschweren oder gar unmöglich machen, weil sie keine Aufenthaltsberechtigung erhalten, war ihnen nicht bewusst. Das erst schafft das Abhängigkeitsverhältnis zu den Zuhältern, die ihnen einen »Deckmantel« für ihre Tätigkeit versprechen. Ich will die Problematik des Frauenhandels mit dieser Aussage nicht wegreden, sie existiert definitiv – aber nicht in dem geballten Ausmaß, wie es die Medien oft suggerieren. Im Bauwesen gibt es sicherlich genau so viele Menschen, die unter Vorspiegelung falscher Tatsachen nach Deutschland kommen. Wir finden diese Tatsache ebenso verwerflich, die Medien jedoch lenken unseren Blick meist auf das Berufsfeld Prostitution. Im Bild der Öffentlichkeit existieren vorrangig zwei Arten von Prostituierten: Die Edelhure, die das dicke Geld verdient, oder das arme, gehandelte Opfer. Tatsächlich sind beide Formen aber eher Randerscheinungen. Das breite Spektrum Prostitution macht etwas ganz anderes aus.

Stichwort Strafgesetzbuch. Im Januar 2002 ist das neue Prostitutionsgesetz in Kraft getreten. Was ändert sich dadurch für Sie und Ihre Arbeit?
Marion Detlefs: Die Gesetzesänderungen sind auf relativ niedrigem Niveau gehalten. Prostitution ist heute nicht mehr als sittenwidrig eingestuft, so dass diese Arbeit nun nicht verhüllt werden muss. In der Praxis bedeutet das, dass eine Bordellbetreiberin den Frauen eine angenehme Arbeitsatmosphäre schaffen kann. Sie kann die Zimmer freundlich einrichten oder Kondome bereitstellen, ohne dass sie sich wie früher der »Förderung der Prostitution« strafbar macht. Auch hat sie heute die Möglichkeit, bestimmte Frauen zu vermitteln, wenn ein Freier konkrete Wünsche zur äußerlichen Erscheinung der Prostituierten an sie heranträgt. Früher handelte sie auch bei diesem Sachverhalt gesetzeswidrig. Die Chefin eines Bordells darf darüber hinaus den Arbeitsort und die Arbeitszeit ihrer Angestellten bestimmen. Weitergehende Definitionen über die Arbeitsweise der beschäftigten Frauen sind ihr jedoch untersagt. Das bedeutet für die Betreiberin konkret, dass sie kein Preis- oder Leistungsangebot in ihrem eigenen Laden aufbauen kann, was in anderen wirtschaftlichen Branchen sehr wohl üblich ist. Die Bordellbetreiberin jedoch würde sich durch eine solche schriftliche Anweisung immer noch der Zuhälterei strafbar machen. Der positive Aspekt von Arbeitsverträgen für die Prostituierten, nämlich die Eingliederung in das Sozialsystem, wie Krankenversicherung, Arbeitslosengeld und Rente, geht durch diese Schwierigkeiten völlig verloren. Eine Arbeitgeberin, die nur einen derart unkonkreten Arbeitsvertrag ausschreiben darf, wird sich aus Gründen der Rentabilität hüten, solche anzubieten, da sie sonst ihren Betrieb höchstwahrscheinlich schließen müsste. Was macht sie denn, wenn sie eine Frau einstellt, die einen Monat nur herumsitzt und keinen Mann

bedient, die sie aber laut Vertrag bezahlen muss. In der Praxis werden wir daher immer noch mit großen Verunsicherungen aller Beteiligten konfrontiert. Viele unserer Klientinnen sind noch nicht so aufgeklärt, wie wir das wünschen. Manche fragen sich, was für Konsequenzen auf sie zukämen, würden sie aus dem Dunkelfeld heraustreten. Andere fragen uns nach den Folgen, die ihnen durch das neue Gesetz entstehen könnten, oder wollen wissen, ob sie jetzt steuerpflichtig sind in offensichtlicher Unkenntnis darüber, dass sie die ganze Zeit steuerpflichtig waren. Wieder andere sind sich nicht sicher, ob sie diese Doppelleben-Situation in aller Gänze aufgehoben wissen wollen. Ich kann mir vorstellen, dass sich die Atmosphäre der Prostitutionsszene stark wandelt und diverse Freier deshalb nicht mehr zu einer Prostituierten gehen wollen. Viele Männer reizt gerade das Verbotene und Mystische. Andere wiederum würden es als eine Art Erlaubnis empfinden, etwas zu tun, was sie sich schon immer wünschten, und erst mit der gesetzlichen Billigung diesen Schritt gehen.

Alles in allem sind wir froh über den Teilerfolg. Aber wir wünschen uns ganz stark, dass eine profundere Auseinandersetzung mit dem Thema in Gang kommt. Faktisch geschieht das schon dann, wenn beispielsweise Bordellbetreiberinnen Arbeitsämter mit dem Umstand konfrontieren, dass sie Arbeitsplätze anzubieten haben …

… und andererseits der »Zuhälterparagraph« eben diesen Arbeitgeberinnen weitere Steine in den Weg legt?

Marion Detlefs: Ja, die Existenz dieses Paragraphen müsste in jedem Fall überprüft werden. Unser ausdrücklicher Wunsch ist es, dieser Passus würde ganz herausfallen. Erpressung und Einsperren von Menschen, ebenso wie Gewalt und Ausbeutung sind laut Strafgesetzbuch ohnehin verboten. Es bedürfte also nicht noch eines »Zuhälterparagraphen«, der explizit in Verbindung mit Prostitution steht. Im Gegenteil, er schränkt wohlwollende Arbeitgeberinnen, wie gesagt, enorm ein.

Die Stadt Berlin ist pleite und kürzt, wo es nur geht, die Fördergelder, auch die Zuwendungen für Hydra. Wie wirkt sich das auf Ihre Arbeit aus?

Marion Detlefs: Sehr!

Wie ernst ist denn die Lage?
Marion Detlefs: Sehr ernst!

Ist die Beratung in Gefahr?
Marion Detlefs: Bisher haben wir relativ gut dagestanden. Natürlich hat die Senatsverwaltung sinnvollerweise versucht, Mehrfachangebote zu bündeln. Da unser Projekt in Berlin aber einzigartig ist, waren wir hiervon noch nicht betroffen. Im Antigewaltbereich der Senatsverwaltung für Frauen, von der wir unter anderem ja auch gefördert werden, wurde vorrangig an Bildungs- und Qualifizierungsmaßnahmen gekürzt. So wurden wir auch hier verschont. Dazu kommt, dass wir in der Fülle der Aids-Projekte das einzige Frauenprojekt sind, das sich ausdrücklich mit dem Thema Prostitution beschäftigt. Deshalb hatten wir bisher auch dort einen relativ guten Stand.

Aber es wäre naiv und blauäugig zu sagen, dass man uns nicht morgen schon den Geldhahn zudrehen könnte. Unter dem Druck der immer knapper werdenden Mittel können wir feststellen, dass Vorstellungen und Ansprüche viel massiver seitens unserer Förderer an uns herangetragen werden als je zuvor. Wir müssen uns in diesen Tagen vermehrt der Auseinandersetzung stellen, inwieweit wir einerseits die ursprüngliche politische Intention des Vereins in unserer Arbeit umsetzen können und andererseits die Anforderung des Senats, unseres Geldgebers.

Erhaltet Sie eigentlich auch Spenden?
Marion Detlefs: Wir haben uns natürlich mit der Möglichkeit des Sponsorings auseinander gesetzt. Um das aber kontinuierlich zu verfolgen, bräuchten wir zeitliche Kapazitäten, die wir nicht haben. Und Geldkürzungen gehen immer einher mit Personaleinsparungen, so dass noch weniger Freiraum für dieses Thema vorhanden wäre. Im Augenblick sponsert uns die Firma »London« mit Kondomen, die wir zur Streetwork mitnehmen. Das sind dann aber auch schon alle Mittel, die wir bekommen. Im Zuge immer knapper werdender Mittel versuchen natürlich alle Vereine Gelder aus

unterschiedlichsten Kanälen zu akquirieren. Für andere Sozialeinrichtungen ist es einfacher als für uns, das eine oder andere Budget heranzuziehen. Keine Bank wird sich damit brüsten, das Thema Prostitution in ihrem Förderetat zu haben.

I/J

INFEKTIONSSCHUTZGESETZ

Justiz.

Das Gesetz zur Verhütung und Bekämpfung von Infektionskrankheiten beim Menschen – kurz: Infektionsschutzgesetz (IfSG) – wurde vom deutschen Bundestag mit Zustimmung des Bundesrates am 20. Juli 2000 beschlossen und im Bundesgesetzblatt am 25. Juli 2000 veröffentlicht. Es trat am 1. Januar 2001 in Kraft. Durch das Infektionsschutzgesetz traten das → *Bundesseuchengesetz* sowie das → *Gesetz zur Bekämpfung der Geschlechtskrankheiten* außer Kraft.

Letzteres nannte mit → *Syphilis*, → *Gonorrhoe*, → *Weichem Schanker* und Lymphogranuloma inguinale nur einige sexuell übertragbare Krankheiten (→ *STDs*), war damit also alles andere als »zeitgemäß«. Inzwischen gab es bestimmte Genitalentzündungen, → *Aids* sowie → *Hepatitis,* ebenfalls sexuell übertragbare Krankheiten.

Wesentliche Änderung: Das Infektionsschutzgesetz schreibt keinen regelmäßigen Kontrollzwang für Prostituierte (→ *Bockschein*) mehr vor. Konkret heißt es in den relevanten Passagen:

§ 3 Prävention durch Aufklärung

Die Information und Aufklärung der Allgemeinheit über die Gefahren übertragbarer Krankheiten und die Möglichkeiten zu deren Verhütung sind eine öffentliche Aufgabe. Insbesondere haben die nach Landesrecht zuständigen Stellen über Möglichkeiten des allgemeinen und individuellen Infektionsschutzes sowie über Beratungs-, Betreuungs- und Versorgungsangebote zu informieren.

§ 19 Aufgaben des Gesundheitsamtes in besonderen Fällen

(1) Das Gesundheitsamt bietet bezüglich sexuell übertragbarer Krankheiten und Tuberkulose Beratung und Untersuchung an oder stellt diese in Zusammenarbeit mit anderen medizinischen Einrichtungen sicher. Diese sollen für Personen, deren Lebensumstände eine erhöhte Ansteckungsgefahr für sich oder andere mit sich bringen, auch aufsuchend angeboten werden und können im Einzelfall die ambulante Behandlung durch einen Arzt des Gesundheitsamtes umfassen, soweit dies zur Verhinderung der Weiterverbreitung der sexuell übertragbaren Krankheiten und der Tuberkulose erforderlich ist. Die Angebote können bezüglich sexuell übertragbarer Krankheiten anonym in Anspruch genommen werden, soweit hierdurch die Geltendmachung von Kostenerstattungsansprüchen nach Absatz 2 nicht gefährdet wird.

(2) Die Kosten der Untersuchung und Behandlung werden getragen:

1. von den Trägern der Krankenversicherung nach dem fünften Abschnitt des dritten Kapitels des Fünften Buches Sozialgesetzbuch, falls die Person bei einer Krankenkasse nach § 4 des Fünften Buches Sozialgesetzbuch versichert ist,
2. im Übrigen aus öffentlichen Mitteln, falls die Person die Kosten der Untersuchung oder Behandlung nicht selbst tragen kann; des Nachweises des Unvermögens bedarf es nicht, wenn dieses offensichtlich ist oder die Gefahr besteht, dass die Inanspruchnahme anderer Zahlungspflichtiger die Durchführung der Untersuchung oder Behandlung erschweren würde. Wenn bei der Untersuchung oder der Feststellung der Behandlungsbedürftigkeit der Kostenträger noch nicht feststeht, werden die Kosten vorläufig aus öffentlichen Mitteln übernommen. Der Kostenträger ist zur Erstattung verpflichtet.

(...)

§ 28 Schutzmaßnahmen

(1) Werden Kranke, Krankheitsverdächtige, Ansteckungsverdächtige oder Ausscheider festgestellt oder ergibt sich, dass ein Verstorbener krank, krankheitsverdächtig oder Ausscheider war, so trifft die zuständige Behörde die notwendigen Schutzmaßnahmen, insbesondere die in den §§ 29 bis 31genannten, soweit

und solange es zur Verhinderung der Verbreitung übertragbarer Krankheiten erforderlich ist. Unter den Voraussetzungen von Satz 1 kann die zuständige Behörde Veranstaltungen oder sonstige Ansammlungen einer größeren Anzahl von Menschen beschränken oder verbieten und Badeanstalten oder in § 33 genannte Gemeinschaftseinrichtungen oder Teile davon schließen; sie kann auch Personen verpflichten, den Ort, an dem sie sich befinden, nicht zu verlassen oder von ihr bestimmte Orte nicht zu betreten, bis die notwendigen Schutzmaßnahmen durchgeführt worden sind. Eine Heilbehandlung darf nicht angeordnet werden. Die Grundrechte der Freiheit der Person (Artikel 2 Abs. 2 Satz 2 Grundgesetz), der Versammlungsfreiheit (Artikel 8 Grundgesetz) und der Unverletzlichkeit der Wohnung (Artikel 13 Abs. 1 Grundgesetz) werden insoweit eingeschränkt.

(2) Für Maßnahmen nach Absatz 1 gilt § 16 Abs. 5 bis 8, für ihre Überwachung außerdem § 16 Abs. 2 entsprechend.

§ 29 Beobachtung

(1) Kranke, Krankheitsverdächtige, Ansteckungsverdächtige und Ausscheider können einer Beobachtung unterworfen werden.

(2) Wer einer Beobachtung nach Absatz 1 unterworfen ist, hat die erforderlichen Untersuchungen durch die Beauftragten des Gesundheitsamtes zu dulden und den Anordnungen des Gesundheitsamtes Folge zu leisten. § 26 Abs. 2 gilt entsprechend. Eine Person nach Satz 1 ist ferner verpflichtet, den Beauftragten des Gesundheitsamtes zum Zwecke der Befragung oder der Untersuchung den Zutritt zu seiner Wohnung zu gestatten, auf Verlangen ihnen über alle seinen Gesundheitszustand betreffenden Umstände Auskunft zu geben und im Falle des Wechsels der Hauptwohnung oder des gewöhnlichen Aufenthaltes unverzüglich dem bisher zuständigen Gesundheitsamt Anzeige zu erstatten. Die Anzeigepflicht gilt auch bei Änderungen einer Tätigkeit im Lebensmittelbereich im Sinne von § 42 Abs. 1 Satz 1 oder in Einrichtungen im Sinne von § 36 Abs. 1 sowie beim Wechsel einer Gemeinschaftseinrichtung im Sinne von § 33. § 16 Abs. 2 Satz 4 gilt entsprechend. Die Grundrechte der körperlichen Unversehrtheit (Artikel 2 Abs. 2 Satz 1 Grundgesetz), der Freiheit der Person (Artikel 2 Abs. 2 Satz 2 Grundgesetz)

und der Unverletzlichkeit der Wohnung (Artikel 13 Abs. 1 Grundgesetz) werden insofern eingeschränkt.

(...)

§ 31 Berufliches Tätigkeitsverbot

Die zuständige Behörde kann Kranken, Krankheitsverdächtigen, Ansteckungsverdächtigen und Ausscheidern die Ausübung bestimmter beruflicher Tätigkeiten ganz oder teilweise untersagen. Satz 1 gilt auch für sonstige Personen, die Krankheitserreger so in oder an sich tragen, dass im Einzelfall die Gefahr einer Weiterverbreitung besteht.

Trotzdem gibt das Infektionsschutzgesetz insbesondere den Hurenverbänden und Beratungsstellen Anlass zum Unmut: Begrifflichkeiten wie »Ermittlungen«, »Beobachtungen«, »Zwangsuntersuchungen« und »Tätigkeitsverbote« würden zu sehr an alte Tage erinnern. Die → *Gesundheitsämter* dagegen wehren ab: Im Vordergrund stehe die Prävention, nicht mehr die Kontrolle.

INFEKTIONSSCHUTZGESETZ

Im Gespräch: Heidrun Nitschke-Özbay, Gesundheitsamt Köln

Heidrun Nitschke-Özbay, Ärztin für Gynäkologie, arbeitet in der Beratungsstelle zu sexuell übertragbaren Krankheiten im Gesundheitsamt Köln.

Sehr geehrte Frau Nitschke-Özbay, vor geraumer Zeit hat das Infektionsschutzgesetz das Bundesseuchengesetz sowie das Gesetz zur Bekämpfung der Geschlechtskrankheiten abgelöst. Was hat sich geändert?

Heidrun Nitschke-Özbay: Die Geschlechtskrankheiten waren bis 2000 in einem eigenen Gesetz geregelt. Wie bei den anderen Infektionskrankheiten stand aber auch hier die Identifikation der Infektionsträger, Quarantäne, Diagnose sowie gegebenenfalls eine Therapie, soweit möglich, im Vordergrund. Sprich: Gefahr identifiziert, Gefahr erkannt, Gefahr beseitigt, Problem gelöst! Das machte für bakterielle Erkrankungen Sinn, und das Gesetz zur Bekämpfung der Geschlechtskrankheiten war ein Gesetz, das sich ausschließend auf vier bakteriell bedingte Erkrankungen bezog. für chronische virale Erkrankungen dagegen ergibt es keinen Sinn. Hier steht die Vorbeugung im Vordergrund. Mit der Zunahme der viralen STD machte es denn auch keinen Sinn zu differenzieren zwischen sexuell übertragbaren Krankheiten und nicht sexuell übertragbaren Krankheiten.

Mit dem Infektionsschutzgesetz gibt es daher nur noch ein Gesetz, das heißt, die Geschlechtskrankheiten haben keine Sonderstellung mehr. Hinsichtlich sexuell übertragbarer Krankheiten gibt es auch keine Festlegung auf vier bakterielle Erkrankungen, sondern es ist die Rede von STD im Allgemeinen. Da können auch Erreger bzw. Erkrankungen hinzukommen, von denen man im Verlauf der Jahre erfährt, dass sie sexuell übertragbar sind.

Und der Schwerpunkt des neuen Infektionsschutzgesetzes liegt auf Prävention. Wie der Name sagt: Es ist ein Infektionsschutzgesetz und hebt sich damit deutlich von dem eher von obrigkeitsstaatlich geprägten Eingriffsdenken der alten Gesetze ab.

Damit ist die Prostitution endlich aus dem Gesetz gestrichen?
Heidrun Nitschke-Özbay: Damit wir uns richtig verstehen: Auch zuvor, im Gesetz zur Bekämpfung der Geschlechtskrankheiten, gab es keinen Paragraphen zum Thema Prostitution. Es gab lediglich die Interpretation, Prostituierte seien dringend verdächtig, geschlechtskrank zu sein **und** andere anzustecken. Neben der nirgends bewiesenen Hypothese, dass Prostituierte wirklich häufiger geschlechtskrank sind als andere Personen und der fragwürdigen Verknüpfung von »krank« und »andere anstecken« war die ganze Argumentationskette problematisch. »Wer sich nachgewiesenermaßen auffälligerweise dem anderen Geschlecht nähert, ist verdächtig.« Wie ist dies zu definieren? Jeder Mann, der bestimmte Bezirke mit dem Auto abfuhr, näherte sich in auffälliger Weise dem anderen Geschlecht; doch daran traute man sich politisch nicht heran. »Nachgewiesenermaßen, auffälligerweise« blieben am Ende die Frauen, die sich nicht entsprechend kleideten oder die sonst dem Stereotyp »zurückhaltende Frau, die nicht wirbt« nicht entsprachen, das heißt diese wurden als »Nutten« und damit als erkrankungsverdächtig definiert. Neben all den anderen Fragwürdigkeiten ist auch eine derartige Definition aufgrund von Kleidung

oder Stereotypen in einer offenen Gesellschaft wie der heutigen nicht mehr möglich.

Noch einmal: Damit müssen die Prostituierten also auch nicht mehr regelmäßig zur Untersuchung auf die Gesundheitsämter kommen?
Heidrun Nitschke-Özbay: Das sage ich ja gerade. Auch wenn zu Zeiten der alten Gesetzgebung eine Frau geklagt hätte, hätte schon damals das Konstrukt Prostitution = Erkrankungsverdacht = Untersuchungspflicht sich aufgrund der Epidemiologie und der Zuschreibung wahrscheinlich nicht halten lassen. Anfang der 50er Jahre, in der Nachkriegszeit, waren tatsächlich auch noch andere Menschen verpflichtet, sich untersuchen zu lassen, zum Beispiel die Leute, die sich in den Nachkriegswirren die Syphilis zugezogen hatten Aber das wurden mit der Zeit immer weniger und am Ende blieben nur noch die Huren. Daraus wurde eine Art Gewohnheitsrecht, das von Gesundheitsamt zu Gesundheitsamt unterschiedlich gehandhabt wurde. Auf dem einen Amt mussten die Frauen einmal die Woche, bei einem anderen alle zwei Wochen, auf noch einem anderen alle drei Wochen erscheinen, ohne dass die Epidemiologie dies gerechtfertigt hätte. Andererseits haben viele Gesundheitsämter, vor allem in den Großstädten, diese Verpflichtung schon vor Jahren aufgegeben, weil sie genau wussten, dass es keinen Einfluss auf die STD-Verbreitung hatte. Wenn die Gesundheit der Prostituierten das Ziel war, hätte die Frage eher lauten müssen: Warum sollte eine Hure nicht wie jede andere Frau präventiv zu einem Gynäkologen gehen können? Warum musste sie unbedingt für ihre Gesundheit zum Gesundheitsamt gehen? Wenn der Gynäkologe um den Job der Frau weiß, sie adäquat versorgt, die Frau adäquat in der Lage ist, das zu reklamieren, dann gibt es zunächst überhaupt keinen Grund dafür, dass das Gesundheitsamt diese Untersuchungen machen muss. Dass dies nicht funktioniert, hat andere Ursachen: der fehlende Zugang zur Krankenversicherung, die anhaltende Stigmatisierung und die Tatsache, dass ein hoher Anteil der Frauen im Sexbusiness Migrantinnen ohne Papiere sind.

Der Schwerpunkt Ihrer Arbeit ist also Prävention. Wie erreichen Sie die Prostituierten?

Heidrun Nitschke-Özbay: Wir in Köln haben bereits 1995 die Frauen nicht mehr zur Untersuchung verpflichtet. Natürlich haben wir aufsuchende Arbeit bereits zuvor im Rahmen der Aids-Prävention unternommen, doch mit der Streichung der Bockscheine haben wir die Straßenarbeit bewusster strukturiert. Dass es funktioniert, mit aufsuchender Arbeit die Prostituierten zu erreichen, das zeigten auch die Erfahrungen aller anderen Gesundheitsämter, die mit Streetwork arbeiteten. Vor allem erreichten wir ganz andere Frauen als die Gesundheitsämter, die noch mit der Verpflichtung arbeiteten.

Es gibt auch Frauen, die nicht in Clubs oder Bordellen anschaffen, sondern über Haus- und Hotelprostitution. Wie erreichen Sie sie?
Heidrun Nitschke-Özbay: Tatsächlich ist die Nutzung der elektronischen Medien zunehmend ein Problem, und auch die Handys. Wir telefonieren Handynummern relativ regelmäßig ab. Für den Erfolg unserer Arbeit spricht, dass wir häufig feststellen, dass sich hinter einer neuen Nummer eine Frau verbirgt, die wir bereits früher über eine andere Handynummer kontaktiert haben.

Erschwert der Konkurrenzdruck, der auf den Frauen lastet, Ihre Arbeit? Das heißt konkret: Sie betreiben zwar Prävention, die Frauen schlafen aber trotzdem ohne Kondom, weil der Markt es so verlangt ...
Heidrun Nitschke-Özbay: Na ja, grundsätzlich gehören immer zwei dazu, nicht nur die Sexarbeiterin, sondern auch die Freier, also die Kunden. Das heißt, wir arbeiten auch daran. Das Gesundheitsamt Köln ist beispielsweise beteiligt an einer Arbeitsgruppe zum Thema »Prävention für Freier«, die von der Bundeszentrale für gesundheitliche Aufklärung initiiert wurde.

Bislang war dies eher ein kontrovers diskutiertes Thema: Wie kann ein Mann als ein Freier angesprochen werden? Sie sind genau so wenig zu identifizieren wie die Prostituierten über den kurzen Rock, die langen Stiefel und die auffällige Schminke. Prostitutionskunden sind eigentlich nur vor Ort zu identifizieren, und bisher herrschte die Vorstellung, dass es dort eher schwierig ist, die Botschaft an den Mann zu bringen. Unsere Erfahrung des letzten

Jahres aus den Kneipen ist allerdings, dass wir staunen, wie sehr uns von den Männern die Broschüren aus den Händen gerissen werden. Wir haben inzwischen ein Köfferchen mit Broschüren für die Frauen und ein Köfferchen mit Broschüren für die Männer bei uns, und wenn wir von einem Einsatz zurückkehren, sind beide Koffer leer. Es stimmt also nicht, dass die Freier nicht ansprechbar sind. Man muss nur ein adäquates Mittel finden.

Natürlich gehört auch Frustrationstoleranz dazu. Jede Präventionsarbeit hat Frustationsmomente. Es rauchen immer noch Leute und es fangen immer noch Kids mit zwölf, 13 Jahren damit an, obwohl auch beim Rauchen immens viel Präventionsarbeit unternommen wird. Menschliches Verhalten ist eben nur bis zu einem gewissen Grad vorausschauend und präventiv, und es ist die manchmal schwierige Aufgabe, das präventive Verhalten zu unterstützen.

Deshalb sehe ich es auch als wesentliche Aufgabe unserer Arbeit an, junge Frauen zu erreichen, die in einer biographisch kritischen Situation sind, da sie noch nicht genau planen können, was in zwanzig Jahren mit ihnen passiert – was sie im Übrigen nicht von anderen Mädchen im Alter von 18 Jahren unterscheidet. Aber auch hier muss ich damit leben, dass ich nur einen Teil der Frauen erreiche, andere nicht. Ich muss einerseits die Frauen stark machen und ihnen Wissen vermitteln und andererseits muss ich zusehen, dass ich die andere Seite – die Kunden – erreiche und sich nebenher auch im Bewusstsein der Öffentlichkeit etwas verändert. Dabei ist das Infektionsschutzgesetz – damit schließt sich der Kreis – eine gute Hilfe. Es nimmt die einseitige Zuweisung der Verantwortung an die Prostituierten weg und macht deutlich: Das, was stattfindet, ist eine Sache zwischen zwei Personen, zwei erwachsenen Menschen. Es kann nicht die Aufgabe der Behörden oder des Staates sein, einen der beiden erwachsenen Menschen vor der eigenen Unvernunft zu schützen, indem sie dem anderen erwachsenen Menschen Auflagen macht.

Trotzdem, im neuen Infektionsschutzgesetz würden, so wird von Seiten der Hurenprojekte argumentiert, Begriffe auftauchen wie »Ermittlungen«, »Beobachtungen«, »Zwangsuntersuchungen« und »Tätigkeitsverbote«. Ergo: Es hat sich nicht wirklich viel verändert.

Heidrun Nitschke-Özbay: Im Gesetz heißt es: »Die zuständige Behörde kann Kranken, Krankheitsverdächtigen, Ansteckungsverdächtigen und Ausscheidern die Ausübung bestimmter beruflicher Tätigkeiten ganz oder teilweise untersagen.«

Das muss so drin stehen. Denn natürlich ist es das Recht des Bürgers, auch staatlichen Schutz vor Infektionsrisiken zu erwarten, auf die er keinen Einfluss hat. Also muss eine Behörde in bestimmten Einzelfällen oder bei bestimmten Erregern durchaus auch eingreifend tätig werden können. Das heißt konkret: Niemand kann ernsthaft akzeptieren wollen, dass eine Erzieherin mit einer offenen Tuberkulose weiterhin im Kindergarten arbeitet; hier gibt es ein öffentliches Interesse, dass die Gesundheitsbehörde tätig wird!

Und auch im Infektionsschutzgesetz gibt es eine Generalklausel: Wenn beispielsweise jemand mit einer blutgefüllten Spritze durchs Flugzeug läuft und sagt: »Ich piek euch alle und spritze euch Hepatitis C!« müssen selbstverständlich auch repressive Maßnahmen ergriffen werden können. Für die sexuell übertragbaren Krankheiten im Allgemeinen macht es jedoch keinen Sinn, mit Regeln staatlich in den Bereich dieser hochintimen Handlung einzugreifen, der sich ohnehin direkter, allgemeiner Kontrolle entzieht. Wie will man denn ernsthaft das Tätigkeitsverbot kontrollieren?

Phantasieren wir mal, und zwar im Sinne der Hurenverbände: Gehen wir davon aus, es gäbe tatsächlich die reglementierte Zulassung zum Beruf Hure, mit Ausbildung, Staatsexamen und so weiter. Dann würde unter Umständen, ähnlich wie wir einen hippokratischen Eid haben, auch ein Berufsethos für Prostituierte gelten und dies könnte unter Umständen umfassen, dass eine Sexarbeiterin mit bestimmten Erkrankungen ihren Beruf aufgeben sollte. Dennoch bleibt die Frage der Kontrollierbarkeit, und deswegen halte ich es eher für übertriebene Sorge, wenn die Hurenverbände sich an einem solchen Satz im Infektionsschutzgesetz stören. Die Übertragung von Keimen hat schließlich nichts damit zu tun, ob der Sex kommerziell ausgeübt wird oder privat.

Alles ist also nur Polemik?

Heidrun Nitschke-Özbay: Es ist möglicherweise auf beiden Seiten Polemik. Natürlich kann es sein, dass manche Menschen, die den guten, alten Zeiten, als alles noch unter Kontrolle schien, nachtrauern, diese Generalklausel gerne zu Hilfe nehmen würden, um die Frauen zu häufigeren Untersuchungen zu bewegen. Allerdings bezweifle ich, dass dies irgendeinen Einfluss auf die Epidemiologie hätte und tatsächlich dazu beitragen könnte, mehr Frauen zu erreichen. Ich halte es auch nicht für durchsetzbar. Vor allem angesichts der Realität, dass mehr als 60 Prozent der Sexarbeiterinnen Migrantinnen sind, für deren Gesundheit noch ganz andere Faktoren eine Rolle spielen, die Frage, ob sie krankenversichert sind, ob die ärztliche Versorgung ihnen sprachlich und kulturell gerecht wird und manches mehr.

Angenommen, Sie stoßen bei Ihrer Arbeit auf Migrantinnen, die illegal in Deutschland arbeiten ...
Heidrun Nitschke-Özbay: Das würden wir nur dann sicher wissen, wenn wir in Erfüllung unserer Arbeit die Personalien der Frauen überprüfen müssten. Die Frage danach wäre aber im Sinne des Infektionsschutzgesetzes eher kontraproduktiv. Würden wir nach dem Pass fragen, bestünde die Gefahr, dass Frauen ohne gültige Papiere aus Angst abtauchen. Auch deshalb sieht das Infektionsschutzgesetz die Möglichkeit anonymer Untersuchungen in den Gesundheitsämtern vor. Was interessiert, ist die Prävention sexuell übertragbarer Krankheiten, die Durchsetzung arbeits- oder aufenthaltsrechtlicher Vorschriften ist für uns nicht relevant. Frauen, die in die Sexarbeit gezwungen wurden und die sich hilfesuchend an uns wenden, vermitteln wir natürlich an hierfür spezialisierte Beratungsstellen.

Wie viele Mitarbeiter haben Sie?
Heidrun Nitschke-Özbay: Wir arbeiten mit vier Mitarbeiterinnen im Streetwork, darüber hinaus gibt es weitere Mitarbeiterinnen in den anderen Arbeitsbereichen: Erstkontakt, Medizin, Beratung, sexualpädagogische Arbeit.

Die reichen aus?
Heidrun Nitschke-Özbay: Die Streetworkerinnen reichen aus für die Kölner Prostitutionsszene. Sie reichen jedoch nicht aus, um zusätzlich gezielt Präventionsangebote für Freier zu machen.

INFORMATION PROVIDER

Fachterminus.

Ein Unternehmen, das bestimmte Dienstleistungen per Telefonanruf oder -abruf anbietet. Meist geschieht dies über eine 0190er- oder 0900er Nummer. Beispiele sind Sportinformationen, Horoskope und die so genannten → *Hotlines* für → *Telefonsex.*

INFORMATIONSZENTRUM DRITTE WELT HERNE

Beratungs- und Informationsstelle für → Migrantinnen aus Afrika, Asien, Lateinamerika und Osteuropa.

Das Informationszentrum Dritte Welt Herne richtet sich unter der Trägerschaft des Kirchenkreises an Opfer von → *Menschenhandel* und Heiratsmigrantinnen. Es bietet unter anderem vertrauliche und anonyme Beratung, Hilfestellung und Begleitung in persönlichen, familiären und rechtlichen Fragen sowie psychosoziale Beratung und Unterstützung für Frauen sowie Betreuung von Frauen in Menschenhandelsverfahren. Das Informationszentrum betreut Zeuginnen in Menschenhandelsverfahren, sorgt sich um die Vernetzung der spezialisierten Frauenberatungsstellen gegen Menschenhandel in NRW und der Bundesrepublik, veranstaltet Seminare, Vorträge und gibt Presseveröffentlichungen heraus: »Um Gegenstrategien zu entwickeln, halten wir es für notwendig, ein Bewusstsein für die wahren Ursachen zu schaffen, z.B. über die wachsende Kluft zwischen reichen und armen Ländern und den weltweiten Wanderungsdruck, dem eine restriktive Einwanderungspolitik entgegen steht. Es muss auch gesehen werden, dass Migrantinnen vorrangig zur Befriedigung von persönlichen und gesellschaftlichen Bedürfnissen hierher geholt werden, gleichzeitig aber die jeder deutschen Frau zustehenden Rechte oder Entscheidungsräume für sie nicht gelten.«

• *KONTAKT: Informationszentrum Dritte Welt Herne, Beratungs- und Informationsstelle für Migrantinnen und Afrika, Asien, Lateinamerika und Osteuropa. Overwegstraße 31, 44625 Herne, Telefon 02323/9949719, Telefax 02323/9949711, info@blueplanet-ev.de, www.blueplanet-ev.de*

INTERKULTURELLE SUCHTHILFE HANNOVER (ISH)

Projekt für Migranten & Migrantinnen.

Die »Interkulturelle Suchthilfe Hannover ISH – Prävention und Beratung für Migranten« wurde 1996 im → *Ethno-Medizinischen Zentrum Hannover* in Zusammenarbeit mit der Landeshauptstadt → *Hannover* und der drobs-Hannover gegründet und ist das erste Drogenpräventionsprojekt für → *Migranten* in Deutschland. Zielgruppe sind nicht ausschließlich Prostituierte aus dem Ausland, wenngleich es in der Expo-Stadt → *Hannover* überdurchschnittlich viele davon gibt. Beim ISH heißt es: »Bei der Zielgruppe des Projektes handelt es sich um Migranten, hierunter verstehen wir Menschen, die einen Migrationshintergrund haben, also auch eingebürgerte Migranten und Aussiedler, obwohl sie deutsche Staatsbürger sind.«

• *KONTAKT: Ethno-Medizinisches Zentrum e.V., Projekt Interkulturelle Suchthilfe, Königstraße 6, 30175 Hannover, Telefon 0511/168-41020, Telefax 0511/457215, ethno@onlinehome.de, www.interkulturelle-suchthilfe.de, Öffnungszeiten: Öffnungszeiten: Mo-Fr 9-12.30 Uhr, 13.30-17 Uhr*

INTERNETSEX

Cybersex.

Mit der Verbreitung des Personal Computers und der zunehmend einfacheren Methode, diesen für das Internet zu nutzen – jeder Standard-PC wird inzwischen mit einem Modem ausgeliefert – erlebt insbesondere die Erotik einen Boom. Es war wahrscheinlich auch die Sex-Branche, die die Möglichkeiten des schnellen, globalen Datentransfers als allererstes erkannt hat. Wer das Stichwort »Sex« in einem der herkömmlichen Suchdienste eingibt, erlebt kein Wunder mehr: »Ungefähr 2.210.000 Seiten innerhalb von 0,07 Sekunden« listet die führende Suchmaschine »Google.de«, so viele wie zu keinem anderen Suchwort. Ein Großteil der unter Sex aufgeführten Anbieter entstammt allerdings der → *Pornographie* und bietet eine Auswahl an Bildern als freie Teaser und eine Fülle an Bildern und MP3-Filmen gegen Gebühr, die meist über Kreditkarte oder die → *0190*er-Nummern, die über einen → *Dialer* angewählt werden, zu entrichten ist.

Aber selbst wer das Stichwort »Prostitution« eingibt, kommt bei »Google.de« noch auf »ungefähr 99.910 Seiten innerhalb von 0,18 Sekunden«. Darunter sind eine Vielzahl an durchaus aufschlussreichen Internetseiten zu finden, die über Herkunft, Geschichte und Gegenwart der Prostitution informieren, des Weiteren über Gesetze, Ereignisse und Personen. Vereine und Verbände regen Diskussionen an, Kirche und Feministinnen sorgen sich dagegen um das Heil der Frauen und Männer. Natürlich präsentieren sich inzwischen auch sehr viele → *Bordelle* und → *Privatclubs* im Internet, die die Atmosphäre des Etablissements und die Bereitschaft ihrer Girls vollmundig preisen; auch → *SM-Studios* nutzen die Möglichkeit zur Darstellung ihrer → *Dominas*, → *Sklaven* sowie der Praktiken, die sie anbieten. Vereinzelt sind sogar → *Callgirls* mit einer »Visitenkarte« im Netz. Selbstredend gibt es Portale und Magazine, die sich ausschließlich mit der Prostitution beschäftigen, pro und contra diskutieren, Hilfe geben, Kontakte vermitteln, sozusagen virtuelle Bordellführer.

Auch die Cyberprostitution blüht in Form von → *Live-Cams*, bei denen der PC-Nutzer Geld dafür bezahlt, dass er am Monitor einer Frau beim → *Striptease* und nachfolgend sexuellen Handlungen, in der Regel Masturbation mit Hilfsmitteln, zuschaut. Im → *Chat* mit Live-Cam tritt er sogar in Kontakt mit der Frau und darf mittels Tastatur Anweisungen geben, was die Frau als nächstes zu tun hat. Rein rechtlich aber gelten sowohl Live-Cams als auch Chats nicht als Prostitution. Was wiederum für viele die Hemmschwelle, diese Dienstleistung in Anspruch zu nehmen, verringert, denn so kommen sie nicht in Berührung mit dem mit Negativurteilen behafteten → *Rotlicht*-Milieu.

IN VIA E.V.

Katholische Mädchensozialarbeit für das Erzbistum Berlin e.V.
Frauen, die zur Prostitution gezwungen werden und/oder in andere Zwangslagen wie Gewalt in der Ehe und/oder ausbeuterische Arbeitsverhältnisse geraten sind sowie von → *Menschenhandel* betroffene Frauen aus Mittel- und → *Osteuropa* finden bei In Via e.V. Informationen und Beratung in Deutsch, Polnisch und Russisch, des Weiteren psychosoziale Betreuung, Begleitung bei Behördengängen, Hilfe bei der Suche nach geeigneten Unterbringungsmöglichkeiten sowie spezielle Rückkehrberatung.

• ***KONTAKT:*** *In Via e.V. Katholische Mädchensozialarbeit für das Erzbistum Berlin e.V., Pfalzburger Straße 18, 10719 Berlin, Telefon 030/86424850, Telefax 030/86424879*

JACK THE RIPPER

Prominentester Hurenmörder.

Prostituierte waren ob ihres sündigen Lebenswandels schon immer ein bevorzugtes Angriffsziel für durchgeknallte Moralapostel. Und obwohl im Verlauf vieler Jahrhunderte viele → *Huren* während der Arbeit ihr Leben lassen mussten, so ist bis heute doch nur ein Mörder nachhaltig in Erinnerung geblieben: Jack the Ripper, der zwischen August und November 1888 in Whitechapel, dem East End von London, fünf Prostituierte grausam meuchelte – zumindest sind so viele der Öffentlichkeit bekannt geworden; Kriminalexperten gehen davon aus, dass ungleich mehr Morde unentdeckt blieben, weil die Opfer bereits so weit gefallen waren, dass niemand eine Vermisstenanzeige aufgab.

Als erste erwischte der Ripper Martha Tabran, der er außerordentliche Stich- und Schnittwunden an den Genitalien zufügte. Sein zweites Opfer war Mary Ann Nichols, das dritte Annie Chapman. Bei der Verstümmelung von Elizabeth Stride wurde der Mörder durch ein Pferdefuhrwerk gestört, das in den Hof gefahren kam; das trieb ihn zur Raserei und nur weniger als eine halbe Stunde nach der Ermordung von Elizabeth Stride zerschnitt der Ripper Catherine Eddows fast bis zur Unkenntlichkeit und entfernte ihre Gebärmutter.

Bis heute ist nicht umfassend geklärt, wer der Ripper – der erste Serienmörder der Geschichte – wirklich war: Lange Zeit erweckte der Duke of Clarence, ein Mitglied der Königsfamilie, den Verdacht der Ermittler, ohne dass man einen Beweis für seine Schuld fand. Die Kriminalschriftstellerin Patricia Cornwell wagte sich 2002 an eine spektakuläre Lösung des Falls. Sie investierte Millionen Dollars für Recherchen, fand Zutritt zu lang gehüteten Archiven und Akten, rollte den Fall akribisch von vorne auf, listete Details und erging sich wie ihre berühmte Roman-Heldin Scarpetta in Kleinigkeiten, bis am Ende ihre Beweiskette auf den wahren Täter zeigte: Der berühmte impressionistische Maler Walter Sickert soll der Hurenmörder gewesen sein. Ein Maler, der die Frauen hässlich mochte. In Expertenkreisen wird Cornwells Amateurdetektivismus angezweifelt.

• ***INFO:*** *Patricia Cornwell: Wer war Jack the Ripper? Porträt eines Killers. (Portrait of a Killer. Jack the Ripper. Case Closed) Hoffmann und Campe Verlag, Hamburg 2002*

JADWIGA

Ökumenische Beratungsstelle für Opfer von → Frauenhandel.

Jadwiga in München ist ein Projekt der ökumenischen GmbH »Stop dem Frauenhandel«, deren Gesellschafter zwei kirchliche Verbände sind, die bereits vor 120 Jahren gegen den Mädchen- und Frauenhandel gekämpft haben: der Verein für Internationale Jugendarbeit, Landesverein Bayern e.V., sowie In Via Katholische Mädchensozialarbeit, Landesverband Bayern e.V. Jadwiga wird außerdem gefördert durch das Bayrische Staatsministerium für Arbeit und Sozialordnung, Familie, Frauen und Gesundheit, das Diakonische Werk Bayern und durch verschiedene private Spender und Spenderinnen.

Opfern von Frauenhandel durch Prostitutionstourismus (→ *Sextourismus*), internationale Ehevermittlung und illegale Arbeitsanwerbung sowie Frauen aus Mittel- und → *Osteuropa* bietet Jadwiga muttersprachliche Beratung und Begleitung, Hilfe in Krisensituationen, Unterstützung als Zeuginnen in Strafprozessen, Besuche in Gefängnis oder Abschiebehaft, Vermittlung von sozialer, rechtlicher, medizinischer Hilfe, Rechtsbeistand bei Gerichtsverfahren, Beratung und Unterstützung bei der Rückkehr ins Heimatland, kooperative Zusammenarbeit mit anderen in- und ausländischen Beratungsstellen und Institutionen sowie Förderung der Zusammenarbeit mit Beratungsstellen in den Herkunftsländern.

• *KONTAKT: JADWIGA, Ökumenische Beratungsstelle für Opfer von Frauenhandel, Lessingstraße 3, 80336 München, Telefon 089/54497-233, Telefax 089/54497-232, jadwigamuenchen@aol. com, Öffnungszeiten: Mo-Do 9-12 Uhr, und nach Vereinbarung*

JÜRGENS, CURD

Dt. Schauspieler, geb. 1915, gest. 1982.

Als Sohn eines reichen Hamburger Export-Kaufmanns wuchs Curd Jürgens in → *München* und → *Berlin* auf, sollte Diplomat werden, schlug sich als Lokalreporter und Dressman durch, nahm Schauspielunterricht und erhielt sein erstes Engagement 1936. Ein französischer Filmkritiker schrieb über ihn: »Er ist einer der vier schlechtesten Schauspieler der Welt.« Jürgens mit dieser Aussage konfrontiert, entgegnete: »Und wer sind die anderen drei?« Sein Stil war sein Image, arrogant und protzend. Allerdings lag genau da auch das Problem, zumindest was die fünfteilige → *St. Pauli*-Reihe betrifft, mit der Regisseur → *Rolf Olsen* den Schauspieler auf den → *Kiez* schickte. Jürgens als der Kosmopolit, erfolgsverwöhnt mit Rolls Royce, Champagner, fünf Ehefrauen und anders als → *Hans Albers* privat dem hanseatischen Leben gar nicht zugeneigt, geht die Volksnähe völlig ab. Insofern mehrten sich die Kritiker, die meinten, er sei in den Filmen → *Der Arzt von St. Pauli,* → *Käpt'n Rauhbein aus St. Pauli,* → *Das Stundenhotel von St. Pauli,* → *Der Pfarrer von St. Pauli* sowie dem Remake des Hans-Albers-Klassikers → *Auf der Reeperbahn nachts um halb eins* alles andere als eine Idealbesetzung für den aufrechten Recken der → *Reeperbahn.*

K

KAFFEEKLAPPE

Beratungsstelle.

Die Beratungsstelle Kaffeeklappe, 1973 vom Diakonischen Werk eingerichtet, hatte anfangs Räumlichkeiten direkt am → *Straßenstrich* am → *Hamburger* Fischmarkt und bot den dort → *anschaffenden* Frauen durch ihre nächtlichen Öffnungszeiten die Möglichkeit, sich in ihren Pausen in der Kaffeeklappe aufzuhalten, zu treffen oder sich von dort mitarbeitenden Frauen wie Männern beraten zu lassen.

Durch die Verlegung des → *Autostrichs* am Fischmarkt und den Umzug der Kaffeeklappe in eine Nebenstraße der → *Reeperbahn* ergab sich eine Änderung des Angebots und der Öffnungszeiten; sie hat jetzt nur noch Mitarbeiterinnen und unterscheidet sich in ihrem Beratungsangebot und ihren Zielsetzungen nur noch wenig von den anderen autonomen Prostituiertenprojekten: Schwerpunkt sind Straßensozialarbeit, Ämterbegleitung, Kursangebot, Beratung in arbeits-, sozial- und mietrechtlichen Fragen und Unterstützung beim Ausstieg. Auch dient die Kaffeeklappe als Treffpunkt für Frauen vom → *Kiez*. Hier können sie im Internet surfen, an der Nähmaschine Kleidungsstücke ändern oder beim Deutschunterricht für → *Migrantinnen* ihre Sprachkenntnisse verbessern.

Seit mehr als 25 Jahren wird die Einrichtung gemeinsam von der Nordelbischen Kirche und von Spenderinnen und Spendern getragen ohne finanzielle Beteiligung der Stadt Hamburg.

• *KONTAKT: Kaffeeklappe, Telefon 040/316495, Telefax 040/ 31993 702, Öffnungszeiten: Mo-Do 11-15 Uhr*

KÄPT'N RAUHBEIN AUS ST. PAULI

Kinofilm.

Die Geschichte ist eine altbekannte, diesmal ins frivol-fidele Seemannsleben von → *St. Pauli* verlegt: Der Kapitän Marcus Jolly legt mit seinem Dampfer fünf Tage früher als geplant im Hafen an. Zuhause findet er Denez Törzes auf seiner Gattin sich abmühen, was folgerichtig zum Ehekrach führt. Dabei stürzt die Gattin übers Treppengeländer in den Tod. Es kommt zur Gerichtsverhandlung, an deren Ende Jolly freigesprochen wird. Er fährt wieder aufs Meer hinaus, wo er die restliche Zeit bösen Buben hinterherjagt, die ihm seine Ladung abspenstig machten. Was das mit dem hanseatischen Leben zu tun hat, ist bis heute nicht geklärt. Gleichwohl bedeutet der Film den Abschluss der fünfteiligen St. Pauli-Reihe von Regisseur → *Rolf Olsen.*

• *DER FILM: Käpt'n Rauhbein aus St. Pauli. BRD 1973, 113 Min. Regie: Rolf Olsen. Darsteller: Curd Jürgens (Markus Jolly), Heinz Reincke (Oliver Kniehase), Johanna von Koczian (Dr. Karin Andersen), Christine Schubert (Vroni)*

KARO

Grenzüberschreitendes Sozialprojekt zur Zielgruppenspezifischen → HIV/→ AIDS-Prävention.

Mit dem Fall des eisernen Vorhangs ist nicht nur das Wohlstandsgefälle zwischen Deutschland und der Tschechischen Republik, sondern auch die → *Straßenprostitution* und die Zahl → *bordellartiger Betriebe* entlang der Grenze angestiegen. Allerdings gingen die Prostituierte dort mit einer Unbedarfheit ans Werk, die wiederum → *Frauenhandel,* → *Zwangsprostitution*, kommerzielle sexuelle Ausbeutung von Kindern sowie verschiedenste Formen von Gewalt sowie Drogenkonsum begünstigten. 1994 wurde deshalb Karo gegründet als Landesmodellprojekt zur Prävention von → *HIV,* → *Aids* und sexuell übertragbaren Krankheiten (→ *STD*) in der Euroregion Egrensis (Cheb, Kynsperk, Sokolov, Karlovy-Vary, Ostrov und Jachimov in der Tschechischen Republik sowie die Regionen um Plauen, Oelsnitz, Markneukirchen, Klingenthal, Adorf und Bad Brambach in Sachsen auf deutscher Seite).

Arbeitsschwerpunkt war damals und ist noch heute die Streetwork – und zwar auf beiden Seiten der Grenze. Mehrmals wöchentlich suchen die drei Soizalarbeiterinnen (und eine Verwaltungsangestellte) bei Karo die illegalen und legalen Straßenstrichbereiche auf, die an fast allen Haupt- und Nebenstraßen in- und außerhalb der Städte, an zentralen Punkten wie Supermärkten, Tankstellen, Parkanlagen vorhanden sind. Dabei verteilen sie Präventions- und Grundversorgungsmittel wie → *Kondome*, → *Gleitcreme*, Tampons, Feuchttücher, Spritzen, Alkoholtupfer, nehmen aber auch Informationen über gewalttätige Sextouristen entgegen und leiten diese weiter. Frauen, die aus der Prostitution → *aussteigen* wollen, bekommen Unterstützung und Schutz.

Natürlich hat Karo auch eine Beratungs- und Anlaufstelle: In der Stadt Plauen steht das Büro allen Menschen offen, die sich in der Prostitutions- und Drogenszene bewegen. Ihnen werden Beratungen, Hilfen und präventive sowie vermittelnde Angebote zu den Themenbereichen HIV/Aids und sexuell übertragbare Krankheiten angeboten. Die Frauen haben die Möglichkeit zum Essen, Duschen und Wäschewaschen. Notschlafstellen sind ebenfalls vorhanden. 1996 baute Karo zusätzlich die Beratungsstelle »Marita P.« auf tschechischer Seite auf, in der die Frauen ebenfalls Hilfe bei psychosozialen und medizinischen Problemen erhalten, dort essen, duschen, Wäsche waschen und in Notfällen auch schlafen können. Drogenabhängige können ihre Spritzen tauschen.

Cathrin Schauer, Sozialarbeiterin bei Karo: »Neben den notwendigen fachlichen Gesichtspunkten haben auch die menschlichen Aspekte einen wichtigen Stellenwert in der täglichen Arbeit der SozialarbeiterInnen von Karo. Dabei ist es notwendig, den KlientInnen zu vermitteln, dass es in zwischenmenschlichen Beziehungen nicht nur negative Erfahrungen gibt. Das bedeutet, sie in den Arm zu nehmen, ihre Tränen zu trocknen oder ihnen einfach nur zuzuhören.« Ludmila Irmscher und Cathrin Schauer bekamen im März 2002 für ihre Arbeit bei Karo den Preis »Frauen Europas – Deutschland 2002« verliehen. Die anlässlich dieser Preisverleihung gehaltene Rede wurde im Juni 2002 wiederum als die »Deutsche Europarede 2002« ausgezeichnet.

• *KONTAKT: Karo. Grenzüberschreitendes Sozialprojekt zur Zielgruppenspezifischen HIV/AIDS-Prävention. Am Alten Markt 3, 08523 Plauen, Telefon 09374/1276851, Telefax 09374/1276853, karo.adorf@t-on-*

line.de, www.karo-sozialprojekt.de, Öffnungszeiten: Di 12-29 Uhr, Do 14-22 Uhr, sowie nach Vereinbarung

KASSANDRA E.V.

Prostituiertenselbsthilfe und Beratungsstelle.

Als 1987 in Bayern ein Maßnahmenkatalog eingeführt wurde, der die Prostituierten verpflichtete, sich regelmäßig einer → *HIV*-Untersuchung durch das → *Gesundheitsamt* zu unterziehen, die im schlimmsten Fall ein Arbeitsverbot nach sich ziehen konnte, schwante den anschaffenden Frauen in Nürnberg Böses. Sie beschlossen, sich gegen diese und bereits vorherrschende Repressionen zur Wehr zu setzen, und nannten ihre Selbsthilfegruppe bezeichnenderweise Kassandra.

Der Nürnberger Kassandras oberstes Ziel war: »Nicht mehr länger Sonderregelungen für Prostituierte, sondern Gleichstellung mit anderen Erwerbstätigen.« Wie weiland die Seherin der griechischen Sage sollte ihr Ruf vorerst unerhört bleiben, wenngleich Presse, Fachhochschulen, StudentInnen und Frauenvereine reges Interesse an ihrer Arbeit bekundeten. Auch die anderen Huren Nürnbergs entdeckten Kassandra: Aus dem Kampf für die Hurenrechte wurde bald auch Beratung, Hilfe und Dienstleistung von Prostituierten für Prostituierte. In einem Raum der Aids-Hilfe Nürnberg e.V. befand sich die erste Anlaufstelle von Kassandra, das ein Jahr später als gemeinnützig anerkannt wurde. Nach einem zähen Verfahren gegen die Regierung von Mittelfranken, die der Stadt Nürnberg untersagte, Kassandra finanzielle Unterstützung zu gewähren, wurde dem Anliegen der Kommune stattgegeben, der Verein erhielt fortan Fördermittel.

Rund 900 Prostituierte schaffen nach letzten Schätzungen des Gesundheitsamtes in Nürnberg an. Bei Kassandra e.V. geht man davon aus, dass

die Dunkelziffer doppelt so hoch ist. Diesen Frauen bieten die heute sieben Kassandra-Mitarbeiterinnen auf Teilzeit anonyme Telefonberatung, persönliche Beratung innerhalb und außerhalb der Beratungsgespräche, Einzel- und Gruppengespräche, Krisenintervention, Streetwork in → *Appartements*, → *Clubs* und Justizvollzugsanstalten, Haftbesuche, Unterstützung bei Ämter- und Behördenangelegenheiten, Informationen über die realen Bedingungen und Gefahren, die ein → *Einstieg* in die Prostitution mit sich bringen würde, Informationen zu Gesundheitsfragen, Begleitung bei Gerichtsverfahren, regelmäßige Treffs für Prostituierte und Ex-Prostituierte an jedem dritten Mittwoch im Monat (19 Uhr, Beratungsstelle), Netzwerkarbeit, Veranstaltungen und Aktionen, nach wie vor politische Interessenvertretung im Kampf für eine rechtliche und soziale Gleichstellung von SexarbeiterInnen. Karin Topper, Öffentlichkeitsarbeiterin bei Kassandra e.V. ergänzt: »Wir arbeiten grundsätzlich parteilich für die Frauen, versuchen uns also mit unserer Arbeit nach dem zu richten, was den Wünschen oder Vorstellungen der Frauen entspricht.«

Gleichwohl schenkt man dem → *Ausstieg* und dem Umstieg seit einigen Jahren besonderes Augenmerk. Dazu wurden eigens zwei Modellprojekte ins Leben gerufen:

PUMA (Perspektive Umstieg aus der Prostitution durch kompetente Selbsthilfe mit Multiplikatoren Aufgaben) unterstützt ehemalige Prostituierte und Frauen, die mit der Sexarbeit aufhören wollen, bei der Arbeits- und Wohnungssuche und begleitet sie zu Ämtern. »Frauen, die den Umstieg aus der Prostitution bereits hinter sich haben, begleiten Frauen, die den Umstieg gerade versuchen«, erläutert Karin Topper. »Diese Mitarbeiterinnen zeichnen sich durch ein besonderes Verständnis für die Umsteigerinnen aus, da sie viele der auftretenden Probleme bereits selbst bewältigen mussten.«

KOBRA (Kaufmännisch orientierte berufsrelevante Qualifizierung für Aussteigerinnen aus der Prostitution) schloss die Lücke und unterstützte die Frauen bei ihrer beruflichen Neuorientierung. »Kobra bot jeweils zwölf Frauen über ein Jahr intensive sozialpädagogische und psychologische Betreuung an und vermittelte Kenntnisse in EDV- und kaufmännischen Tätigkeiten«, so Karin Topper, »um Perspektiven und Strategien alternativer Möglichkeiten zur Sicherung ihres Lebensunterhaltes jenseits von Sozialhilfe zu entwickeln.« Obwohl die Modellprojekte von Erfolg gekrönt sind, stehen sie demnächst vor dem Aus: Es fehlt die Anschlussfinanzierung.

Schwacher Trost: Im Januar 2002 wurde – um im Kontext der griechischen Sage zu bleiben – der Ruf der Kassandras endlich erhört: Das → *Prostitutionsgesetz* machte die Arbeit der deutschen Prostitutierten zum legalen → *Rechtsgeschäft*. »Wir finden, es war ein Schritt in die richtige Richtung«, urteilt Karin Topper. »Aber es fehlen ganz viele Konkretisierungen. Es kollidieren immer noch Paragraphen miteinander.« Wohl auch deshalb wird auch in Zukunft Kassandras Stimme weiterhin zu hören sein.

• *INFO: Kassandra e.V. Wirthstraße 36, 90459 Nürnberg. Telefon 0911/442889 (Beratung Mo, Do 13-18 Uhr), Telefon 0911/4597548 (Büro, Mo-Fr 10-12 Uhr), Telefax 0911/440533, kassandra@kassandra-nbg.de, www.kassandra-nbg.de*

KÄUFLICHES MÄDCHEN

Altmodisches und zugleich verniedlichendes oder diskret verhüllendes Synonym für → *Hure* oder Prostitutierte«, eine, die käuflich ist. »Doch wer ist es nicht?« halten selbstbewusste Frauen, die → *anschaffen*, gerne dagegen. Denn jeder, der arbeiten gehe, um seinen Lebensunterhalt zu finanzieren, sei käuflich.

KAVIAR

Dirty Sex.

→ *Fetischismus*. Synonyme: Kot, Scat, Scheiße. Koten auf den Körper des anderen und/oder essen. In der → *SM*-Szene ist die so genannte → *Koprolagnie* eher ein Randphänomen; gleichwohl bieten viele professionelle Dominas Kaviar, abgekürzt »KV«, als Dienstleistung, häufig im Rahmen der → *Extremerziehung* und gegen Aufpreis an.

KEELER, CHRISTINE

geb. 22. Februar 1942.

Nicht viel hat das britische Empire in der Vergangenheit zum Erbeben gebracht. Dass ausgerechnet eine Prostituierte das Königreich durcheinander wirbelte, war deshalb umso schlimmer. Christine Keeler war ihr Name. Im Alter von 16 Jahren hatte sie ihr Elternhaus verlassen und arbeitete als Tänzerin in London. Ihre Freundin Mandy

Rice-Davies brachte sie in Kontakt mit Dr. Stephen Ward, Betreiber eines → *Luxus-Callgirl*-Rings, der sie wiederum in die offiziellen Kreise einführte. In einer heißen Juli-Nacht 1961 auf einer Pool-Party traf Keeler auf John Profumo, Kriegsminister Ihrer Majestät. Die stürmische Bettgeschichte, die folgte, hätte allenfalls für einen zweiwöchigen Sittenskandal in der einschlägigen englischen Boulevard-Presse getaugt. Doch stellte sich heraus, dass Keeler das Bett auch mit dem sowjetischen Militärattaché Jewgeni Iwanow teilte. Ost und West im selben Lotterbett – und das mitten im Kalten Krieg! Profumos Affäre mit Keeler galt als Gefährdung der nationalen Sicherheit.

Am 4. Juni nahm Profumo seinen Hut, Dr. Ward sich das Leben. Keeler geisterte noch eine Weile durch die Presse. Zuletzt lebte sie in einer Londoner Sozialwohnung. 1988 wurde die Affäre Keeler verfilmt.

• ***VERFILMUNG:*** *Scandal (Scandal), GB 1988, 109 Min. Regie: Michael Caton-Jones. Darsteller: Joanne Whalley-Kilmer (Christine Keeler), John Hurt (Stephen Ward)*

KENIA

→ *Sextourismus*

KIEZ

Abgelegener Ort.

Trend- und In-Viertel einer → *Großstadt,* zum Beispiel im → *Berliner* Raum, werden umgangssprachlich »Kiez« genannt, was soviel bedeutet wie »abgelegener Ort«. Eben ein Ort der Leute, die ein bisschen anders beziehungsweise trendy sind. Die genaue Herkunft des Begriffes »Kiez« ist ungeklärt. »Kiez« oder »Kietz« bedeutet im Slawischen »Ort, wo die Fischer wohnen« und wurde dann auf die den Burgen vorgelagerten Siedlungen niederer slawischer Dienstleute angewendet. Daraus entstand im Volksmund der spöttische Begriff »Kiez« für »ärmliche Vorstadt«. Vielleicht stammt der Begriff auch von »Kieze«, das ist ein Tragekorb, so wie angeblich die Ortsbezeichnung »Korb« oder »Kober« für kleine Nebensiedlungen vorkommt (sagt das Duden-Herkunftswörterbuch). Unter → *kobern* versteht man im → *Rotlichtmilieu* das Ansprechen und -locken von → *Freiern.* Der berühmteste »Kiez« ist die → *Reeperbahn* im → *Hamburger* Stadtteil → *St. Pauli.*

KINDERPROSTITUTION

Prostitutionsform. Synonym: → *Babystrich,* → *Phädophilie.*

> **§ 182 Sexueller Missbrauch von Jugendlichen**
>
> (1) Eine Person über achtzehn Jahre, die eine Person unter sechzehn Jahren dadurch missbraucht, dass sie
>
> 1. unter Ausnutzung einer Zwangslage oder gegen Entgelt sexuelle Handlungen an ihr vornimmt oder an sich von ihr vornehmen lässt oder
> 2. diese unter Ausnutzung einer Zwangslage dazu bestimmt, sexuelle Handlungen an einem Dritten vorzunehmen oder von einem Dritten an sich vornehmen zu lassen, wird mit Freiheitsstrafe bis zu fünf Jahren oder mit Geldstrafe bestraft.
>
> (2) Eine Person über einundzwanzig Jahre, die eine Person unter sechzehn Jahren dadurch missbraucht, dass sie
>
> 1. sexuelle Handlungen an ihr vornimmt oder an sich von ihr vornehmen lässt oder
> 2. diese dazu bestimmt, sexuelle Handlungen an einem Dritten vorzunehmen oder von einem Dritten an sich vornehmen zu lassen, und dabei die fehlende Fähigkeit des Opfers zur sexuellen Selbstbestimmung ausnutzt, wird mit Freiheitsstrafe bis zu drei Jahren oder mit Geldstrafe bestraft.
>
> (3) In den Fällen des Absatzes 2 wird die Tat nur auf Antrag verfolgt, es sei denn, dass die Strafverfolgungsbehörde wegen des besonderen öffentlichen Interesses an der Strafverfolgung ein Einschreiten von Amts wegen für geboten hält.

Grundsätzlich ist die Kinderprostitution strafbar, aber anscheinend nicht vermeidbar, da es in unserer Gesellschaft zu viele → *pädophile* Männer gibt. Und leider gibt es zu viele Mädels und Mädchen, die eben diese Nachfrage auf dem so genannten → *Babystrich* stillen.

Die → *Dortmunder Mitternachtsmission e.V.*, die in ihrem Jahresbericht 2001 alarmiert eine Zunahme der Kinderprostitution registrierte, glaubt: »Die Gründe, aus denen junge Mädchen und Frauen den Weg in die Prostitution wählen, sind individuell verschieden. Die Chancen und Perspektivlosigkeit bei der Arbeitssuche, aber auch die schlechte Bezahlung in typischen Mädchen- und Frauenberufen können als Gründe angesehen werden. Mangelnde Lebenserfahrung, fehlende Vorbilder, Gutgläubigkeit und Lenkbarkeit durch Männer, die Hoffnung auf ein besseres Leben – die Konsumgesellschaft hat ihre Versprechungen nicht erfüllt – und die Doppelmoral im sozialen Umfeld erleichtern den Schritt zum Bruch des Tabus Prostitution.«

Wobei die Mädchen sich selbst nicht als Prostituierte erleben. »Sie gehen mit den Männern mit, weil sie eine Unterbringungsmöglichkeit brauchen, Liebe, Zuwendung oder Geld wollen. Sie würden sich aber nicht ›Prostituierte‹ nennen«, so die Sozialarbeitern einer Berliner Beratungsstelle.

Die Dortmunder Mitternachtsmission e.V. bestätigt: »Oft stehen emotionale Defizite im Vordergrund, zum Beispiel Überbehütung, negative Erfahrungen mit Sexualität, Streitigkeiten in der Familie und Umfeld. Mangelnde Liebe und fehlende Anerkennung veranlassen diese jungen Menschen, sich einer Gruppe (Gang/Clique) oder einer Person (z.B. Zuhälter) anzuschließen, zu deren Lebensunterhalt sie durch den Prostitutionslohn beitragen. Durch diesen Beitrag erhoffen sie sich eine enge Bindung, Liebe und Wertschätzung von Seiten der oben genannten Personen. Häufig werden sie in die Prostitution hineingeredet. Manche Mädchen empfinden ihre Situation zunächst durchaus positiv, da sie verhältnismäßig viel Geld zur Verfügung haben, sich auf Grund ihrer Erfahrungen erwachsen fühlen und sie zu einer Gruppe oder einer Person gehören, zu der sie emotionale Bindungen aufgebaut haben.«

Häufig passiert es, dass Minderjährige mit psychischer und physischer Gewalt zur Aufnahme der Prostitution gezwungen werden. Dieses Schicksal trifft insbesondere auf Ausreißerinnen aus Heimen und Familien zu.

Sie scheuen den Kontakt zu MitarbeiterInnen von Institutionen, da sie befürchten, wieder zurückgebracht zu werden. Sie sehen sich gezwungen, unterzutauchen, müssen aber gleichzeitig ihren Lebensunterhalt sichern. So geraten sie leicht an Personen, die ihre Hilflosigkeit ausnutzen, indem sie ihnen zum Beispiel einen Schlafplatz zur Verfügung stellen und anschließend die Prostiution als Gegenleistung verlangen. Das ist eindeutiger Straftatbestand der → *Zwangsprostitution* und → *Menschenhandel*. Gerade in den → *osteuropäischen* Staaten hat sich die Zahl der Opfer von Kinderhandel seit dem Fall des

Eisernen Vorhangs erhöht. »Die betroffenen Mädchen werden häufig von → *Zuhältern* stark kontrolliert und reglementiert. Einige sehr junge Frauen berichten von einzelnen → *bordellähnlichen Betrieben* (→ *Clubs* und → *Appartements*), in die sie verkauft werden sollten oder in denen sie bereits gearbeitet haben«, so die Dortmunder Mitternachtsmission e.V.

Die Hilfsorganisation → *Karo* in Plauen bestätigt: Die Kinder würden »von Zuhälterringen zum Zweck der Prostitution aus verschiedenen Regionen der Tschechischen Republik sowie aus mittel- und osteuropäischen Ländern in die Grenzregionen und in andere europäische Länder verkauft. Dabei werden sie wie Ware transferiert.«

Auf diesem Wege hat in Polen und Tschechien entlang der Grenze zu Deutschland die → *Straßenprostitution* enorm zugenommen; von Seiten deutscher → *Freier* hat sich ein richtiggehender → *Sextourismus* entwickelt. Cathrin Schauer von der Hilfsorganisation → *Karo* in Plauen: »Wir haben Kinder, die zu uns in die Beratungsstelle kommen, und die uns dann auch erzählen, zum Beispiel wie lang sie schon der Prostitution nachgehen bzw. was deutsche Prostitutionskunden mit ihnen machen. Die können uns sehr gut darüber Auskunft geben und wir haben halt im Laufe der Jahre sehr viele Beobachtungen gemacht, dass die eben zu Deutschen ins Auto einsteigen, dass die an bestimmte Plätze fahren, dass die dann von den Deutschen wieder abgegeben werden. Also ich denke, es gibt da sichere Hinweise.« (Quelle: www.anti-kinderporno.de)

Doch so schlimm das Problem der Zwangsprostitution Minderjähriger auch sein mag, weitaus schlimmer sind die Männer zu bewerten, die das Schicksal der Kinder für ihre Zwecke ausnutzen. »Die zahllosen → *Freier* auf dem so genannten Babystrich oder Sextouristen werden kaum wegen Unzucht mit Minderjährigen verfolgt! Der Schaden, den sie anrichten, ist unermesslich.

Sie sind nicht selten biedere Männer oder gar Familienväter«, schreibt Charlotte Köttgen, Fachärztin für Kinder- und Jugendpsychiatrie (in: A.Trojan/A.Döhner: Gesellschaft, Gesundheit, Medizin. Mabuse Verlag, Frankfurt 2002). Ein junges Mädchen berichtet von einem Freier: »Er kam aus dem Auto und hat mir ein Messer an den Hals gesetzt. Er hat gesagt, ich soll mich ins Auto setzen und nichts tun, dann hab ich mich hingesetzt und er hat mir zuerst die Hände gefesselt, dann hat er mir einen Klebestreifen auf den Mund geklebt, dann sind wir irgendwo hingefahren.« Die Kinderprostitution geht meist mit der → *Beschaffungsprostitution* einher: Minderjährige Drogenabhängige verkaufen sich zur Finanzierung ihrer Sucht auf dem Straßen- oder → *Drogenstrich*. In ihrem Jahresbericht 2001 schreibt die Dortmunder Mitternachtsmission e.V.: »Beim Einstieg in die Drogenabhängigkeit oder Alkoholsucht ist die verzweifelte Situation der Mädchen – sie brauchen das Suchtmittel, um ihre Probleme vorübergehend zu vergessen und die Prostitutionstätigkeit ertragen zu können – und ihrer Pespektivlosigkeit von großer Bedeutung.« Die Mädchen konsumieren Alkohol und/oder illegale Drogen (Heroin, Kokain und auch Ecstasy). Nicht unerwähnt sollte allerdings bleiben, dass auch Mädchen und junge Frauen den Weg in die Prostitution suchen, die aus scheinbar intakten Familien stammen und die keine sichtbaren Probleme haben. »Sie finanzieren durch den Prostitutionslohn Dinge, die sie benötigen, um in ihrer Gleichaltrigengruppe anerkannt zu werden (zum Beispiel bestimmte Kleidung, ausreichend Geld für Discobesuche) und die sie sich von ihrem Taschengeld beziehungsweise Schülerjobs nicht ermöglichen können.«

Für viele der Mädchen ist das der Einstieg ins Milieu. Sie vernachlässigen den Schulbesuch, sehen nicht mehr die Notwendigkeit einer Berufsausbildung beziehungsweise eines Schulabschlusses, gehen Beziehungen zu Männern ein, die ebenfalls in diesem Milieu verwurzelt sind (Zuhälter, aber auch → *Stricher*, die nur zum Teil homosexuell sind) und brechen Kontakte zu Bekannten außerhalb des Milieus ab. Sie aus dieser Situation zu befreien ist für die Sozialarbeiter der Beratungsstellen nicht einfach, denn Kinderprostitution findet – da verboten – im Verborgenen statt. Da die Orte häufig wechseln, die Mädchen sehr schnell in die Gewalt der Zuhälter gelangen und von ihnen in andere Städte verschoben werden, ist es für die Sozialeinrichtungen und Beratungsstellen schwer, langfristig Kontakte zu minderjährigen Prostituierten zu halten.

Minderjährige Jungs, die sich prostituierten, sind ein anderes Thema. Denn im Gegensatz zur weiblichen Prostitution funktioniert die so genannte → *Stricher*szene, der sich häufig → *Päderasten* bedienen, fast ausschließlich nur mit Jungs unter 18 Jahren.

KISS

Kriseninterventionsstelle für Stricher.

Mitte der 80er Jahre initiierte die damalige Bundestagspräsidentin Rita Süßmuth ein Sofortprogramm zur Bekämpfung von → *Aids*. Streetwork am → *Frankfurter* Hauptbahnhof und in Frankfurter Stricherkneipen übernahm der Diplom-Pädagoge Hans-Peter Schlich von der AIDS-Hilfe Frankfurt e.V. Er stellte fest, dass es nicht ausreicht, nur Präventions- und Info-Material, Kondome und Gleitmittel in den Hauptbetroffenengruppen zu verteilen, sondern dass die Stricher vor allem über einen Ort der Entspannung und Krisenintervention, einen »stress-freien Raum« verfügen müssen. Im Rahmen seiner Arbeit bei der AIDS-Hilfe Frankfurt e.V. gründete Schlich 1990 »KISS«, die KrisenInterventionsStelle für Stricher, deren Projektleitung ihm noch heute obliegt.

Zusammen mit seiner Stellvertreterin, der Diplom-Pädagogin Karin Fink, sucht er regelmäßig den Kontakt zu Jungs und jungen Männern, die in Frankfurt anschaffen, bietet als Ansprechpartner und Bezugsperson Hilfe und Unterstützung in Krisensituationen, die das Leben auf der Straße und unprofessionelles Arbeiten in der Prostitution mit sich bringen können. Hans-Peter Schlich erklärt: »Anliegen des KISS ist die Stabilisierung der Lebenssituation der Stricher, die Verbesserung ihrer körperlichen, psychischen und seelischen Konstitution und darüber letztlich die Stärkung ihres Gesundheitsbewusstseins.«

Neben der aufsuchenden Sozialarbeit offeriert KISS den Jungs auch praktische Hilfen. In einer Anlaufstelle, einem »Ort des sozialen Lernens und Verstehens«, können sie essen und trinken, sich duschen, Wäsche waschen. »Darüber hinaus ist das KISS eine Schutz- und Ruhezone, die von den Klienten individuell genutzt werden kann«, erläutert Karin Fink. »In Beratungsgesprächen mit den Mitarbeitern, im Gespräch untereinander oder einfach nur als Platz zum Ausruhen. Den Klienten stehen zwei Tagesruheliegen zur Verfügung.«

Einmal die Woche schaut eine Beraterin des Gesundheitsamtes vorbei und bietet Informationen zu Geschlechtskrankheiten. Karin Fink und Hans-Peter Schlich selbst stehen den Jungs zur Verfügung bei Problemen mit Ämtern und Behörden, unterstützen und begleiten in persönlichen Krisen und helfen bei der Entwicklung neuer Lebensperspektiven. Ein besonderes Augenmerk in der psychosozialen Begleitung der zumeist jugendlichen Klienten liegt auf der Entwicklung deren sexueller Identität. »Viele der Jungs definieren sich weder als schwul noch als Stricher«, so Karin Fink. »Denn die Freier sind nicht ihre Freier, sondern ihre Freunde oder väterlicher Ersatz.«

Manchmal geraten einige der Jungs sogar in sektenähnliche Strukturen. »Dort wird ihnen erzählt, dass Homosexualität des Teufels ist«, berichtet Karin Fink, was die Seelenlage der Jungs noch ein weiteres Mal verschlimmert. Glücklicherweise bietet eine Theologiestudentin bei KISS den Jungs Seelsorge.

KISS hat leider bis heute noch keine gesicherte Projektfinanzierung. Obwohl es die einzige hessische Anlaufstelle für Stricher ist, sind der AIDS-Hilfe Frankfurt e.V. die Zuschüsse gekürzt worden, was auch die beiden hauptamtlichen Mitarbeiter zu spüren bekamen. Denn die finanziellen Zuschüsse von der Stadt Frankfurt und des Hessischen Sozialministeriums decken die KISS-Kosten nur zur Hälfte. Das Projekt ist auf Spenden angewiesen.

• *INFO: KISS, Kriseninterventionsstelle für Stricher, AIDS-Hilfe Frankfurt e.V., Alte Gasse 37, 60313 Frankfurt, Telefon 069/293671, Telefax 069/293671, kiss@frankfurt.aidshilfe.de, Öffnungszeiten: Mo, Mi 14-19 Uhr, Do 16-20 Uhr. Individuelle Beratung auch außerhalb der Öffnungszeiten*

KISS
Im Gespräch: Karin Fink, Diplom-Pädagogin
Karin Fink arbeitet seit 1992 als Diplom-Pädagogin beim Stricherprojekt KISS, der Kriseninterventionsstelle für Stricher in Frankfurt.

Frau Fink, Sie arbeiten seit 1992 als Sozialpädagogin in der Stricherszene. Wie hat sich die Stricherszene über die Jahre verändert?
Karin Fink: Zu Anfang meiner Arbeit gab es noch viele »Junkie-Stricher«. Aufgrund der Veränderung der Drogenpolitik und der damit verbundenen Einrichtung von Drogenkrisenzentren sind diese Klienten dorthin gegangen, weil dort der Drogenkonsum im Mittelpunkt der sozialpädagogischen Arbeit steht. Die »Junkie-Stricher« gibt es heute kaum noch. Was aber nicht heißt, dass die Jungs in der Stricherszene keine Drogen nehmen. Für viele ist es nur kei-

ne manifeste Abhängigkeit, eher eine latente. Wir haben hier Leute, die LSD, Kokain, Crack, Ecstasy, Shit, Gras, auch Alkohol konsumieren ... Dieser veränderte Drogenkonsum ist unter anderem mit verantwortlich dafür, dass die Brutalität in der Szene zugenommen hat. Außerdem ist eine Tendenz feststellbar, dass die Jungs immer früher von zuhause abhauen und anschaffen gehen, also dass das Alter immer jünger wird. Mir fällt auf, dass die Jungs immer mehr Probleme aufweisen: Das soziale und familiäre Umfeld ist häufig sehr früh gestört.

Durch die Grenzöffnung, vor allem die Öffnung nach Osteuropa, sind vermehrt Jungs bei uns gestrandet, die über keinen regulären Aufenthaltsstatus verfügen, hier in Deutschland aber trotzdem versuchen, Fuß zu fassen, indem sie das »Phantasma« des goldenen Westens leben. Insofern hat auch die Zahl der Stricher zugenommen.

Warum schaffen die Jungs an?

Karin Fink: Sie schaffen an, weil sie einerseits überleben wollen, andererseits emotionale Zuwendung suchen. 80, 90 Prozent der Jungs, so erzählen sie mir aber auch, haben bereits Missbrauchserfahrung körperlicher, sexueller wie auch seelischer Art erlebt, in ihren Familien, in Heimen oder wo immer sie untergekommen sind. Auch das ist ausschlaggebend dafür, dass sie letztlich anschaffen gehen. Sie haben also diese Gewalterlebnisse beziehungsweise Übergriffe erfahren. Und sie kennen auch das Damit-Kokettieren-Irgendwas-Zu-Bekommen-Wenn-Ich-Mich-Anbiete. Das kehrt sich natürlich um. Plötzlich sind die Jungs jemand, die dadurch Macht besitzen, und zwar über den Freier.«

Von wie viel Strichern gehen Sie in Frankfurt aus?

Karin Fink: Wir gehen von etwa 800 Strichern aus. Aber das variiert. Wir haben keine empirisch überprüfbaren Werte. Es sind also Schätzwerte.

Wie viele kommen aus dem Ausland?

Karin Fink: Man kann davon ausgehen, dass 40 Prozent der Stricher aus dem Ausland kommen, 60 Prozent aus Deutschland.

Aus welchen Regionen kommen diese Jungs?

Karin Fink: Das ist schwer zu sagen. In der männlichen Prostitution sind die Jungs sehr mobil. Das heißt, wenn sie nicht mehr attraktiv sind für die Freier, sich also ein paar Wochen oder Monate in der Szene aufgehalten haben, reisen sie weiter, um Geld zu verdienen.

Wir in Frankfurt haben Stricher aus der ganzen Welt, haben überwiegend Polen, Tschechen, Rumänen, Italiener, Griechen, Türken, Brasilianer ...

Viele der Jungs sind ohne geregelten Aufenthalt in Deutschland. Ergeben sich dadurch Schwierigkeiten für Ihre Arbeit?

Karin Fink: Natürlich stoßen wir an Grenzen: Wir können sie nicht mit unserem Netzwerk der Hilfssysteme auffangen, sprich dass sie Sozialhilfe beantragen, eine Wohnung oder Arbeit auf legalem Wege finden können. Ähnlich die medizinische Versorgung, die sehr begrenzt ist: Es gibt zwar eine Stelle am Gesundheitsamt, bei der die Jungs sich kostenlos und anonym auf Geschlechtskrankheiten untersuchen beziehungsweise einen HIV-Test machen lassen können. Zusätzlich gibt es noch eine Straßenambulanz, aber dann wird es schon eng ... Wenn die Jungs beispielsweise Zahnprobleme, aber kein Geld haben, um den Arzt direkt zu bezahlen, gibt es kaum Hilfe für sie. Wir bei KISS haben glücklicherweise das Angebot zweier ehrenamtlicher Ärzte, aber die sind auch nur einmal die Woche eine Stunde anwesend ... Das heißt im Grunde, wir von KISS versuchen, mit unseren Hilfsangeboten mögliche Schäden, die durch das Leben auf der Straße bzw. durch unprofessionelles Arbeiten in der Prostitution entstehen können, abzuwenden bzw. zu vermindern.

Mit zwei Mitarbeitern stößt man schnell an Grenzen.

Karin Fink: Personalknappheit ist unser Problem, und deswegen können wir nicht jeden Wochentag die Anlaufstelle öffnen. Streetwork und Einzelfallhilfen finden an den Tagen statt, wenn das Projekt nicht geöffnet ist.

Hinzu kommt, die AIDS-Hilfe Frankfurt e.V. hat im vergangenen Jahr eine Kürzung von knapp 12 Prozent erfahren, was darauf hinaus lief, dass ein Großteil der Mitarbeiter auf Gehalt und Sonderleistungen wie Weihnachtsgeld verzichtete, damit niemandem gekündigt werden musste. Damit einhergegangen ist natürlich auch eine Stundenreduzierung. Wir bei KISS haben seit diesem Jahr nur noch eine Vier-Tage-Woche.

Das klingt alles andere als positiv. Ist es auf Dauer nicht ernüchternd, dass Sie das, was Sie bei den Jungs leisten müssten, einfach nicht erreichen können?
Karin Fink: Was heißt »leisten müssen«? Man darf nicht seine eigenen Vorstellungen dem Klienten überstülpen, was für ihn gut ist und was nicht. Wichtig ist im Grunde der individuelle Blick auf den Stricher: Was will der einzelne Junge? Was wünscht er? Und was ist machbar? Aufgrund dieses Wissens kann man Schritt für Schritt vorgehen.

Wenn ein Junge mir sagt, er möchte sehr wohl anschaffen, er wolle auf dem Strich bleiben, ihm gefalle das Leben in der Szene, dann ist das genauso in Ordnung wie die Aussage eines Jungen, der es nicht mehr aushält und aussteigen möchte.

Ich finde es falsch, mit der Einstellung einer Mittelschicht an die Szene heranzutreten. Damit stößt man auf keine Resonanz. Und dann wird man natürlich frustriert und es ist verdammt ernüchternd ...

Also ist der Ausstieg nicht das oberste Ziel?
Karin Fink: Nein, was zählt, ist der Blick auf die individuellen Bedürfnisse der Klienten. Natürlich muss man immer mal wieder den Anstoß geben und nachfragen. Denn der Wunsch ist bei dem einen oder anderen Jungen da. Ihn zu realisieren ist allerdings schwer.

So paradox es sich anhört: Viele der Jungs erleben die Szene als ein Abenteuer. Für sie ist die Szene eine Art Ersatzfamilie. Sie fühlen sich dort geborgen.

Allerdings ist das nur eine Scheingeborgenheit. Ab einem gewissen Alter sind sie uninteressant für die Freier. Wie können Sie als Beratungsstelle die Jungs darauf vorbereiten?
Karin Fink: Das ist ein Problem. Wir thematisieren es mit den Jungs.

Gerade bei denen, die noch relativ jung sind, ist der Ausstieg einfacher zu realisieren als bei älteren. Wir geben immer wieder mal einen Anstoß. Wir veranstalten Aktionstage, informieren über Möglichkeiten zur Schulbildung, informieren uns beim Arbeitsamt. Letztendlich entscheiden muss der Einzelne. Wenn er ablehnt, ist nichts zu machen. Denn mit Zwang geht es wirklich nicht. Wer aber mit Ende 20 die Kurve nicht gekriegt hat, finden wird es schwierig.

Sie haben keine Schulabschlüsse, keine Ausbildung – was bleibt den Jungs denn dann noch?
Karin Fink: Wir können ihnen nur noch ganz wenige Möglichkeiten bieten. Sie können im Grunde nur Hilfsarbeiten machen, viele möchten auch mit Menschen arbeiten, also als Kellner in der Gastronomie. Aber ansonsten wird es schwierig. Wir haben einige, die Ende 20, Anfang 30 sind und von denen man sagen kann, sie gehen einer typischen Obdachlosenkarriere entgegen.

Inwiefern können Sie den Jungs helfen, zum Beispiel einen Schulabschluss nachzuholen?
Karin Fink: Die Bereitschaft dazu ist bei den Jungs vorhanden. Die Fähigkeit, das dann jedoch tatsächlich in Angriff zu nehmen, ist verschwindend gering.

Ein anderes Problem ist das der Pädo-Kreise. Für viele Jungs sind diese Männer der Einstieg in die Szene.
Karin Fink: Es ist schwierig, in diese Kreise hineinzukommen. Es bleiben also nur Präventionsprojekte, wie sie die Kollegen von SUB/WAY in Berlin und Looks in Köln betreiben: Sie suchen Kinder an jenen Stellen auf, an denen sie sich aufhalten, sprich in Kaufhäusern, Badeanstalten oder auf öffentlichen Plätzen. Wir in Frankfurt können das leider nicht anbieten, aus bekannten finanziellen und personellen Gründen. Wir würden es gerne machen, weil wir die Wichtigkeit sehen ... Aber wir sind gerade mal froh, dass wir das KISS erhalten können.

Also bleibt auch die Freierarbeit auf der Strecke?

Karin Fink: Dazu sind wir in der Tat zu wenig Mitarbeiter. Sagen wir mal so: Wir haben es in unserem Konzept auch nicht drin. Denn man kommt immer ganz schnell in Loyalitätskonflikte. Natürlich begegnen wir beim Streetwork den Freiern. Es kommen auch Freier auf uns zu, die Beratung wünschen, die ein Gespräch suchen, möglicherweise weil ein Junge bei ihnen wohnt und es Probleme gibt. Dann stehen wir helfend und beratend zur Seite.

Was aber immer wichtig ist: Wenn es um einen Jungen geht, der uns bekannt ist, beziehen wir ihn mit ins Gespräch ein, damit er über das Gespräch informiert wird. Ansonsten erleiden wir ja auch einen Vertrauensverlust, denn in erster Linie sind wir Anwalt der Jungs.

KLAPPE

Szenejargon.

Der Begriff bezeichnet in der Homosexuellenszene Orte, die als Treffpunkt für schnellen, meist anonymen Sex dienen, zum Beispiel Parks, öffentliche Toilettenanlagen, → *Porno*kinos und Parkplätze. Gerade die beiden letzt genannten Locations sind aber auch Anlaufstelle für → *Stricher.*

KLEE, STEPHANIE

Hurenrechtlerin, geb. 1961 – »das sag ich zumindest meinen Kunden«.

Die Tochter eines Handelsvertreters und einer Hausfrau macht Abitur, studiert Sozialarbeit und sammelt dabei erste Erfahrungen in einem Nachtclub, anfangs hinter der Bar, später auf dem Zimmer. »Und es machte einfach Spaß«, erinnert sie sich. »Mich hat niemand getrieben oder gezwungen.«

Sie wird Amtmännin und arbeitet als Verwaltungswirtin beim Bundesamt für Anerkennung ausländischer Asylbewerber in Nürnberg. Nebenher jobbt sie immer mal wieder in → *Bordellen*, schaltet Anzeigen und empfängt Freier in ihrer Wohnung (→ *Wohnungsprostitution*). »Weil ich diese Form von Sex interessant finde«, sagt sie. Und: »Weil Prostitution ganz ohne Umwege und authentisch funktioniert, so wie Sexualität ein absolut direkter Impuls ist.«

In den 80ern nimmt sie sich die Freiheit und geht als Sozialarbeiterin nach Berlin. Sie geht weiter → *anschaffen*, auf dem → *Straßen-*

strich, im Bordell, → *Haus- & Hotelprostitution,* die ganze Palette – und noch mehr. Mit ihrer Erfahrung setzt sie sich zunehmend dafür ein, dass das gesellschaftliche Bild der Prostitutierten sich wandelt. Scheu vor der Öffentlichkeit wie viele ihrer Kolleginnen hat sie nicht. Geht auch nicht, nicht wenn man Gerechtigkeit, Anerkennung und Respekt einfordert. Sie beschwört wiederholt, dass sie und die anderen einen wertvollen Beitrag in dieser Welt leisten: »Menschen mit gutem Sex gehen glücklicher durchs Leben als Menschen ohne Sex. Ich möchte nicht wissen, was in unserer Gesellschaft los wäre, wenn es plötzlich keine Prostituierten gäbe.« Dementsprechend ist auch ihre Lebensphilosophie: »Ich bin eine Hure und stolz darauf.« So sol-

len aber auch andere denken können, unabhängig davon, was Gesellschaft, Kirche, Politik ihnen einzureden versuchen. Deshalb arbeitet sie von 1986 an als Projektmanagerin beim Hurenprojekt → *Hydra e.V.* in Berlin. 1995 strengt sie sogar einen Prozess gegen einen Kunden an, der ihr den vereinbarten Lohn schuldig blieb. Rückblickend sagt sie heute: »So lebe ich, so bin ich. Ich lebe ein bisschen blauäugig in die Welt hinein. Dann passieren irgendwelche Sachen, und ich denke, dann muss ich es eben machen. Ich wollte den Prozess nicht. Der Prozess war ja eigentlich kein Prozess. Der Freier ist nicht erschienen, der Richter hat es sich leicht gemacht, hat die Prostitution gar nicht würdigen müssen, der Streitwert war so klein, er wusste, es geht nicht in die Berufung, und er hat gesagt, mir stehe mein Geld zu. Einfacher geht es ja gar nicht.«

Aber der Prozess war natürlich ein Mosaikstein, einer von vielen, der dazu führte, dass das → *Prostitutionsgesetz* am 1. Januar 2002 in Kraft trat. Und dass drei Monate später Stephanie Klee zur Vorsitzenden des frisch gegründeten → *Bundesverbands Sexuelle Dienstleistung e.V.* gewählt wurde, die erste → *Gewerkschaft* für Prostituierte und InhaberInnen → *bordellartiger Betriebe*. Der »Spiegel« nannte sie »die typische Betriebsratsvorsitzende in Hurengestalt«. Doch als Politikerin will sie sich nicht verstanden wissen: »Nein, um Gottes willen«, wehrt sie entsetzt ab. »Aber ich verstehe mich auch nicht nur als Prostituierte. Ich habe ja so einen komischen Mix in mir, und deswegen arbeite ich auch so. Ich muss ehrlich zugeben: Ich könnte nicht den ganzen Tag als Prostituierte arbeiten. Ich habe es immer wieder versucht, aber: Den ganzen Tag auf der Straße stehen finde ich grottenlangweilig. Dreiviertel der Zeit steht man und wartet ... Acht Stunden im Puff zu sitzen und Fernsehen zu gucken, um auf die Freier zu warten, die vielleicht zweimal in der halben Stunde kommen, das kann ich auch nicht. Aber ich könnte auch nicht den ganzen Tag irgendwelche politischen Statements halten, verhandeln und Briefe diktieren. Und den ganzen Tag Kondome verkaufen, das finde ich auch doof.«

Stephanie Klee, das ist so etwas wie das Mensch gewordene Unternehmen »Prostitution«. Ihre Agentur nennt sie, sinnigerweise, »highLights«. »Eine Dreierkombination aus meiner eigenen Prostitution, ein wenig Vermittlung von Kolleginnen, entweder in direkter Beziehung zu einem Gast oder Termingeschäfte, ein bisschen Kondomverkauf und Verkauf anderer Materialien sowie Vorträge, Seminare, Schreib- und Fachberatung«, so führt sie aus. »Ich sage immer: ›Eine Dienstleistung rund um Prostitution.‹ Ich kann nichts anderes. Deswegen gucke ich mir Prostitution mal von der rechten, mal von der linken Seite an. Kenne die Praxis, kenne die Theorie, kenne die Gesetze, kenne die Arbeitsmaterialien, weiß, wie man mit Studenten reden muss, wie man Aufklärung macht.«

• *KONTAKT: highLights. Agentur für Begleitung, Service, Vermittlung und Bildung. Stephanie Klee, Emmentaler Straße 99, 13409 Berlin, Telefon 030/4967867, www.highlights-berlin.de*

KLEMM, RINGO

Kiez-Größe,

die sich in den 70er Jahren von ihrem Lokal, dem »Chikago« am Hans-Albers-Platz auf → *St. Pauli,* nach und nach ausbreitete und den Zuhälter-Clan so benannte. Der Konkurrenz begegnete der Chikago-Clan mit ungewöhnlicher Härte, dennoch mit Stil. Das hatte Erfolg. Schon bald besaß Ringo → *Clubs* und → *Laufhäuser,* in denen die Frauen für ihn → *anschafften*, und fuhr das Geld in Schubkarren nach Hause. Mitte der 80er siedelte er über nach Costa Rica, wo die meisten Prostituierten keine → *Zuhälter* hatten – eine Herausforderung für die deutsche Tüchtigkeit und eine Möglichkeit, der zunehmenden Gewalt auf dem → *Kiez* durch ausländische Ringe zu entfliehen. Dort wurde Ringo im Dezember 1987 aufgegriffen, nach Deutschland gebracht. Man konnte ihm allerdings nichts anhängen außer eine Beteiligung im Fall → *Mucki Pinzner*: Drei Jahre dafür, dass er dem Killer die Waffe beschafft haben soll.

In Freiheit scheiterte die Renovierung seines Chikago, und auch beim Einstieg in den Handel mit dem kolumbianischen Kali-Kartell bewies er ein unglückliches Händchen: Sechs Jahre ging er in den Bau, um im Anschluss St. Pauli den Rücken zu kehren.

KLINIKUM

Fetischstudio.

Neulich in einer Kleinanzeige: »Anal- und Hodenuntersuchung, Akkupunktur-Therapie, Transformationen ... Amtsärztin Noelle bestimmt d. Methode.« Unzweifelhaft, Noelle arbeitet in einem Klinikum. Viele bringen ein Klinikum mit einem → *SM-Studio* in Verbindung. Das ist so nicht ganz richtig, auch wenn vielen → *Dominastudios* ein Klinikum angeschlossen ist. Denn viele der → *Freier,* die in ein Dominastudio kommen, sehnen sich nach einer Begegnung mit einer dominanten (Amts)Ärztin oder herrischen Militärärztin, die sie mit ihren speziellen Mitteln »untersucht«: Dem Kunden »droht« der Drill mit medizinischen Zwangsbehandlungen.

Ein Klinikum bedingt aber nicht immer und zwangsläufig den masochistisch oder sadistisch veranlagten Kunden. »Ein Klinikliebhaber ist nicht gleichzeitig ein SM-Liebhaber«, weiß Lady Silvana, die in Bonn neben ihrem SM-Studio auch ein Klinikum betreibt. Wer auf Kliniksex steht, lebe viel mehr einen → *Fetischismus* aus. Das heißt: Ein Freier möchte sexuelle Erlebnisse mit einer Ärztin oder willenlosen Krankenschwester in entsprechend septischem Ambiente haben. »Der Klinikliebhaber lebt die weißen Träume aus«, erklärt Roxanne T., professionelle »Ärztin« in einem Frankfurter Klinikum. »Jeder Mann hat wahrscheinlich mal im Krankenhaus gelegen, sich zu Tode gelangweilt und davon geträumt, die Schwester kommt rein, hat die Strapse unter dem Kittel und fällt über ihn her.«

Ebenso häufig suchen Männer die klinische Umgebung, um dort ein Trauma aus ihrer Kindheit oder Jugend nachzuerleben, um es diesmal

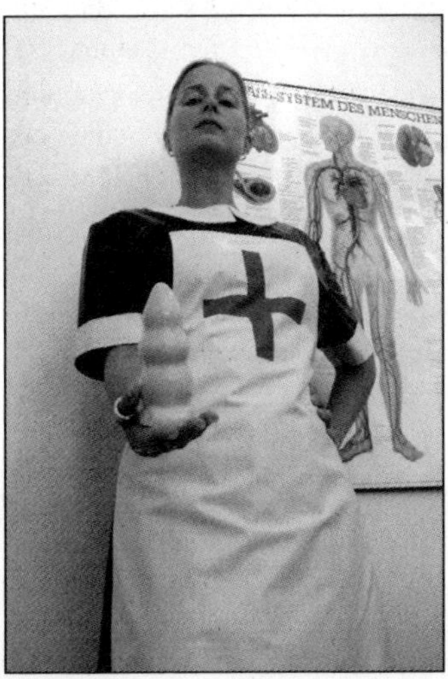

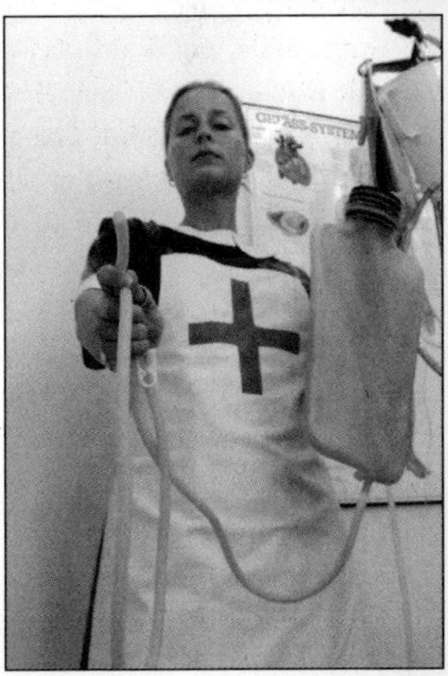

und endlich in angenehme Bahnen lenken zu können. »Und es gibt natürlich jene Männer, die einmal im Krankenhaus lagen, einen Katheder gelegt und dabei eine Erektion bekommen haben. Das muss bei vielen Männer wohl häufig der Fall sein, das hat mir mal jemand erzählt, der Altenpflege macht«, verrät Roxanne T. Bei dieser Art von Kliniksex geht es dann um vorgetäuschte medizinische Eingriffe, die die Lust steigern sollen. Dazu würden die unterschiedlichsten Wünsche vom Fiebermessen bis zur Verwendung von Sonden und Spekula gehören, so Arne Hoffmann in seinem »Lexikon des Sadomasochismus« (Lexikon Imprint, Berlin 2001), aber auch manche Piercings oder das extremere Zusammennähen oder -tackern von Penis und Hoden oder den Schamlippen. »Außerdem wünschen sich die Kunden Klistiere und Einläufe«, ergänzt Lady Silvana. »Diese wollen sie so realistisch wie möglich an sich erleben. Da reicht es nicht, dass da ein Gyn-Stuhl steht, die Frau einen weißen Kittel trägt und ein wenig an dem Mann herumbastelt. Die Männer verlangen danach, dass der ›Eingriff‹ mit allem Drum und Dran vollzogen wird, mit Instrumenten, Gerätschaften, Kleidungen, am besten noch mit OP-Tisch, den wir auch haben, und Narkosewagen. Die Kunden wollen es richtig authentisch erleben, aber diesmal im sexuellen Bereich, dass sie also ihren Spaß dabei haben.«

Unabdingbar, dass in einem professionellen Klinikum Hygiene und Sterilität an erster Stelle stehen. Wer Interesse daran hat, sollte sich einschlägige Magazine kaufen, die über Seriosität und Qualität einzelner SM-Studios und ihre Einrichtungen berichten.

KLISTIER

Lat.: klistier – Spülung, Reinigung.

Synonym: Einlauf. Der Darmeinlauf wird vor allem beim professionellen Kliniksex (→ *Klinikum*) als eine Stimulation, in Verbindung mit

→ *sadomasochistischen* → *Rollenspielen* als eine Form der → *Züchtigung* angewendet: Mittels eines Schlauches oder Rohres wird Wasser in den Mastdarm eingeführt, um ihn zu entleeren beziehungsweise zu reinigen.

KOBERFENSTER

Szenejargon.

Das Koberfenster ist ein Fenster in einem → *Bordell* oder → *Puff*, das/der aus mehreren Häusern oder einem Straßenzug besteht. Die Frauen sitzen hinter den Scheiben und werben um die vorbeilaufenden → *Freier* (→ *kobern*).

KOBER

Kommunikations- und Beratungsstelle für Prostitutierte.

1986 gab Professor Stallberg an der Universität → *Dortmund* ein Seminar zum Thema »Sozialarbeit in der Prostitution«. Daraus entwickelte sich das Projekt »Café Kober« in der Leopoldstraße. Ein Jahr später, 1987, übernahm der Sozialdienst Katholischer Frauen SKF e.V. in Dortmund das Projekt, wo es – in direkter Tradition der Arbeit von SKF-Gründerin Agnes Neuhaus (1854-1944), die sich bereits vor 100 Jahren gefallener Mädchen annahm – in besten Händen befand.

Das Café gibt es zwar noch heute, angeschlossen an die neue Beratungsstelle in der Nordstraße, doch der Arbeitsschwerpunkt der sieben Mitarbeiterinnen Diplom-Pädagoginnen, Sozialarbeiterinnen, eine Psychologin – sowie zwei Begleitkräfte – ist die Straßensozialarbeit und die Einzelfallhilfe. Brigitte Smolka-Zimpel, Sprecherin des KOBER-Teams, erklärt: »Wir sind sechsmal an fünf Tagen in der Woche sehr präsent auf dem Straßenstrich an der Ravensberger Straße, wo wir im Auftrag der Stadt Dortmund zur gesundheitlichen Prävention einen Beratungscontainer in der Form eines Café-Betriebes unterhalten.«

Über den Verkauf von → *Kondomen* und das Anbieten von heißen und kalten Getränken treten die Kober-Mitarbeiterinnen in Kontakt zu den Prostituierten und bieten ihnen wie in der Beratungsstelle in der Nordstraße psycho-soziale Beratung und Betreuung, gesundheitliche Prävention, Hilfe und Unterstützung für alle Lebensbereiche der Prostituierten von Arbeitssuche über Schuldnerberatung und Straftat bis Wohnungssuche und Kinderobhut. Etwa 160 Prostituierte nehmen dieses Angebot regelmäßig in Anspruch. Wie viele tatsächlich auf dem Straßenstrich anschaffen, ist allerdings ungewiss: »Die Fluktuation ist sehr hoch«, weiß Brigitte Smolka-Zimpel.

Ein wesentlicher Schwerpunkt der Kober-Arbeit ist ferner, den Frauen außerhalb der Prostitution eine berufliche Existenz zu ermöglichen. Diese → *Ausstiegsberatung* und -begleitung wird seit 1997 im Rahmen des Modellprojekts »Schritt für Schritt – Wege aus der Prostitution« nicht nur vom NRW-Landesministerium für Jugend, Frauen und Gesundheit wissenschaftlich begleitet, sondern auch finanziert: 70 Prostituierten verhalf KOBER in dieser Zeit zum Ausstieg. Das mag nach wenig klingen, ist aber viel, wenn man bedenkt, dass »eine Prostituierte, die aussteigen möchte, nicht innerhalb von drei Monaten aussteigen kann«, so Brigitte Smolka-Zimpel. »Denn der Ausstieg ist in der Regel ein sehr langer Prozess, der über Jahre dauern kann.«

• *INFO: Kober, Kommunikations- und Beratungsstelle für Prostituierte. Nordstraße 50, 44145 Dortmund, Telefon 0231/861032-0, Telefax 0231/861032-15, kober-do@t-online.de. Öffnungszeiten der Beratungsstelle: Mo-Do 8.30-16.30 Uhr, Fr 8.30-15 Uhr, Öffnungszeiten des Beratungscontainers: Mo-Do 20-24 Uhr, Mo/ Fr 12-14 Uhr*

KOBERN

Szenejargon.

Synonym: Locken, Verkuppeln, Werben. Jede große → *Puffmeile* hatte sie, die Portiers, die die Männer, Passanten, Touristen, fachmännisch und mit den blumigsten Worten in die Lokalitäten koberten, sprich lockten, in denen die gewinnenden Mädels nur darauf warteten, einen netten Abend zu bereiten. Einer dieser Koberer war auch Theodor Vetter in → *Hamburg* auf → *St. Pauli*, den viele nur als »Tattoo-Theo, den Tätowierten vom Kiez« kennen. In seiner Biografie erzählt er über die Zeit als »Portier«: »Er musste die Gäste in die Lokale locken. Bei Briten und Amerikanern war das schwierig, aber die Schweden, Norweger und Finnen ließen gerne Geld springen.« Am einfachsten erwiesen sich die Leute aus der Provinz. Sie waren ein gefundenes Fressen für die »Dummenfänger«, wie man Portiers wie Theo nannte. Theo hatte immer eine Kleiderbürste bei sich. Damit ging er auf einen potentiellen Gast zu: Der Herr hat einen Fleck am Anzug.

Manchmal bezweifelte Theo an der Eingangspforte das Alter des Gastes. Er ließ sich das Gegenteil durch den Ausweis beweisen. Oder er ließ sich das Geld für Zigaretten wechseln. So oder so, der Gast musste stets die Brieftasche zücken. Mit geübtem Blick wußte Theo sofort, ob der Gast genug Geld bei sich hatte – und dann schwärmte und schwindelte Theo, was sich im Lokal alles tat: »50 chemisch gereinigte Pastorentöchter« oder »das Perverseste, was Sie je sahen«. Einem hochrangigen Kripomann schwärmte er: »Hier werden Sie von unseren Damen in den Oberschenkel gebissen.«

Wenn der Herr dann in der Kneipe war, wurde nicht gebissen, sondern nur beschissen. Die große Zeit der Koberer ist inzwischen vorbei. Aus wirtschaftlichen Gründen werden ihre Stellen eingespart, aufgeklärte Männer wissen heutzutage, was sie im → *Bordell* erwartet. Das eigentliche Werben obliegt den Mädels im Laden selbst. Lässt sich der Freier auf sie ein, kann es allerdings sein, dass auf dem Zimmer erst noch einmal → *nachgekobert* wird.

KOBRA

Die zentrale Koordinierungs- und Beratungsstelle für Opfer von Frauenhandel.

»Kobra« wurde 1997 von → *Phoenix e.V.* in Hannover ins Leben gerufen. Die Beratungsstelle bietet den Opfern von Frauenhandel psychosoziale Betreuung, Beratung in der Muttersprache, Unterstützung und Prozessbegleitung bei Gerichtsverhandlungen gegen → *Menschenhändler* sowie Hilfe bei der Rückreise in die Heimatländer. »Ein weiterer wichtiger Bereich Kobras ist die nationale und internationale Vernetzung mit Nichtregierungsorganisationen«, erklärt Dorothee Türnau vom Kobra-Trägerverein Phoenix e.V. »Zudem führt Kobra Fortbildungen und Schulungen für Institutionen und Behörden, die mit dem Thema Menschenhandel befasst sind, durch.«

Das Projekt Kobra begann seine Arbeit 1997 mit einer Juristin, einer Sozialpädagogin und einer Verwaltungskraft in Teilzeit. 1999 wurde aufgrund des erhöhten Beratungsbedarfs der Opfer von Frauenhandel eine zusätzliche Sozialpädagogin eingestellt.

• ***KONTAKT:*** *Kobra c/o Phoenix e.V., Postfach 4762, 30047 Hannover, Telefon 0511/7011517, Telefax 0511/7011369*

KOFIZIA – IN VIA

Kontakt- und Informationszentrum für Afrikanerinnen, Asiatinnen und Lateinamerikanerinnen

Unter der Trägerschaft der Katholischen Sozialarbeit Nürnberg e.V., das Frauen, die aus eben diesen Ländern und durch Heirat, Arbeitsanwerbung oder zum Zweck der Eheschließung nach Nürnberg gekommen sind, Beratung und Information bietet bei persönlichen und familiären Schwierigkeiten, bei Rechts- und Sozialfragen, bei Problemen in der binationalen Partnerschaft sowie bei der Rückkehr durch Kontaktaufnahme zu Stellen in den Herkunftsländern. Beratung und Begleitung bei Behördengängen und Gesundheitsfragen gehören ebenso zum Arbeitsinhalt von Kofizia wie monatliche Treffen landessprachlicher Selbsthilfegruppen, Vermittlungen von Notunterkünften sowie Sprachkurse.

• ***KONTAKT:*** *Kofizia – In Via. Kontakt- und Informationszentrum für Afrikanerinnen, Asiatinnen und Lateinamerikanerinnen, Harmoniestraße 16, 90489 Nürnberg, Telefon 0911/58686920, Telefax 0911/5868 6950*

KOKOTTE

Szenejargon.

Synonyme: Luxushure. Eher altertümlicher Begriff (»Rokoko-Kokotte«), der scherzhaft-ironisch eine Frau beschreibt, »meist gutaussehend und mit guten Umgangsformen, auch von einer gewissen Eleganz, die sich aus finanziellen Erwägungen Männern preisgibt«, weiß Günther Hunold in seinem Buch »Hetären, Callgirls und Bordelle.« (München 1980). »Die Kokotte wählt jedoch bereits aus und nimmt nicht jeden Mann.« Heute vergleichbar mit der → *Edel-Prostituierten.*

KOK POTSDAM E.V.

Bundesweiter Koordinierungskreis gegen Frauenhandel und Gewalt an Frauen im Migrationsprozess.

1987 als Koordinierungskreis gegründet, um die Zusammenarbeit der Frauenorganisationen und Beratungsstellen zu vernetzen, zu stärken und bundesweit zu koordinieren. Im Dezember 1999 wurde ein Büro in Potsdam eröffnet, in dem zwei Bundesreferentinnen sowie eine Assistentin 34 Frauenorganisationen, Frauenberatungsstellen und

Frauen, die im KOK zusammengeschlossen sind, vertreten, in dem sie Öffentlichkeits- und Pressearbeit sowie die Organisation von Aktionen und Kampagnen gegen → *Frauenhandel* und Gewalt an Frauen im Migrationsprozess übernehmen; die Sensibilisierung der bundesweiten Öffentlichkeit durch Veröffentlichungen zum Thema Frauenhandel und Gewalt an Frauen in der → *Migration* gehören zu den Schwerpunkten der KOK-Arbeit, ferner die Organisation und Durchführung von Fachtagungen, Seminaren, Konferenzen und Bildungsveranstaltungen für MultiplikatorInnen, der Ausbau und die Pflege von nationalen und internationalen Kontakten sowie Austausch und Kooperation mit anderen nationalen und internationalen Nichtregierungsorganisationen.

• ***KONTAKT:*** *KOK Potsdam e.V. Bundesweiter Koordinierungskreis gegen Frauenhandel und Gewalt an Frauen im Migrationsprozess. Behlertstraße 35, 14467 Potsam, Telefon 0331/2803300, Telefax 0331/2803307, office@kok-potsdam.de, www.kok-potsdam.de, Öffnungszeiten: Mo/Mi 10-14 Uhr, Di/Do 10-16 Uhr*

KÖLN

Großstadt.

Die Domstadt am Rhein preist sich, das größte Laufhaus der Republik zu haben: Das → *Pascha* im traditionellen → *Rotlicht*viertel am Eigelstein. Interessanterweise lockt direkt gegenüber vom Pascha das »Schütz«, das zweite Großbordell Kölns. 4000 bis 6000 Prostituierte gehen nach vorsichtigen Schätzungen der Polizei in Köln und um Köln herum anschaffen, entweder in → *Clubs*, vermehrt aber auch in → *Wohnungen* und → *Appartements*, in denen Frauen zu zweit oder zu dritt arbeiten. Bundesweit bekannt geworden ist Köln durch seinen »experimentellen → *Straßenstrich*« an der Gestemünder Straße. Ein Blick zurück. Köln hatte wie viele andere Städte eine → *Sperrgebietsverordnung*, dergemäß die Innenstadt tabu fürs Rotlicht war. Nichtsdestotrotz gab es einen Straßenstrich, und zwar am Reichensberger Platz, direkt in einem Wohnviertel. Anwohnerbeschwerden über den Suchverkehr, über Belästigungen durch → *Freier* und umherliegende → *Kondome* nahmen kein Ende. Außerdem flößte die Anwesenheit von Drogendealern den Mietern Angst ein. Mit Platzverweisen konnte man der innerstädtischen → *Beschaffungsprostitution* nicht beikommen. Der Versuch, die Frauen, Freier und Dealer aus der Innenstadt zu vertreiben, schlug fehl. Sie kehrten zurück, wurden erneut vertrieben. Das ständige Hin und Her, Flucht, Rückkehr, Schattendasein, Flucht, Rückkehr, führte nicht nur dazu, dass die Prostituierten für keinerlei Prävention der Beratungsstellen, die sich um Wohl und Weh der Kölner Prostituierten kümmerten, empfänglich waren. »Wer ständig auf der Flucht ist, kann kein Kondompäckchen entgegennehmen«, so eine Sozialarbeiterin. Die Frauen waren zusätzlich der Gewalt der Freier ausgesetzt. Trauriger Höhepunkt war der Mord an zwei Prostituierten. Endlich kam Bewegung in die Angelegenheit: In sehr zähen Verhandlungen von Polizei, Ordnungsamt, Sozialdienst Katholischer Frauen und → *Gesundheitsamt* wurde zunächst ein Kontaktbusprojekt initiiert, bis die vier Einrichtungen einen Standort außerhalb der Innentadt gefunden hatten, der den Bedürfnissen der Frauen gerecht werden würde: Geplant waren eine öffentlich-rechtliche »Anbahnungszone« nebst »Verrichtungszone«. »Eine Rolle spielten dabei die Erreichbarkeit des öffentlichen Nahverkehrs, die Möglichkeit, Toiletten zu bauen, Parkmöglichkeiten und eine vertretbare Anwohnerbelästigung«, so der Kölner Polizist Karsten A. Natürlich wurde kontrovers diskutiert, und sobald ein Ort ausgeguckt war, erhob eine Anwohnerinitiative ihre Stimme.

Nach langen Beratungen schien eine geeignete Lösung in greifbarer Nähe. Der Drogenstrich sollte an den Niehler Hafen verlegt werden. Leider befanden sich dort drei Sportvereine, die mit massivem Widerstand drohten. Aufkleber wie »Ich war auf dem Straßenstrich« wollten sie den Freiern verpassen und klagen »dagegen, dass unsere jungen Sportler von Dealern und Verbrechern bedroht werden«. Der Oberbürgermeister wurde auf einem Flugplatt als → *Zuhälter* bezeichnet und ein Arbeitskreis für Störmaßnahmen gegen den Straßenstrich gegründet. »Wenn Sie einen Nachbarn haben, den Sie nicht leiden können, dann finden Sie auch garantiert Wege und Mittel, ihm dies unmissverständlich klar zu machen«, ließ der Geschäftsführer des Kölner Clubs für Hockey- und Tennissport, Herbert Bohlscheid, verlauten. Er kündigte Aktionen während der Bauarbeiten am Strich und für die Zeit danach an. Die für die Geschäftsausübung geplanten Boxen sollten permanent gestört werden. »Die Damen werden sich jedenfalls nicht wohl fühlen, und die Freier erst recht nicht.«

Anfang 2002 war endlich der ideale Ort gefunden: Zwar liegt die Gestemünder Straße etwas in der Peripherie, aber trotzdem akzeptabel erreichbar. Die auf dem Gelände stehende alte Scheune wurde mit Separées ausgebaut, in die die Freier mit dem Auto hineinfahren können. Das Gelände wird vom Ordnungsamt und von der Polizei »bewacht«, indem Ordnungswidrigkeiten und Straftaten geahndet sowie Gewalt verhindert werden. Es gibt täglich ein Angebot vom Sozialdienst Katholischer Frauen, die Brötchen, Suppe, Getränke im Beratungsraum eines Containers verteilen. Das Gesundheitsamt ist dreimal die Woche vor Ort und unternimmt Gesundheitsaufklärung.

Das Projekt entwickelte sich bis heute gut und wurde sowohl von Freiern als auch Prostituierten angenommen. Zwar war es streckenweise nicht einfach, die einzelnen Rollen der Beteiligten auseinander zu dividieren: Die Polizei ist jetzt nicht mehr nur Strafverfolger, sondern auch Helfer gegen Straftaten. Dito das Ordnungsamt. Das hat beiden Seiten, auch den Seiten der Polizei und des Ordnungsamtes, Gewöhnung abverlangt. Doch das Ergebnis kann sich sehen lassen: In den anderthalb Jahren ist es noch zu keiner Gewalttat gekommen. »Wir haben Schutz vor Gewalt«, freuen sich die Prostituierten, denen auch eine Notglocke zur Verfügung steht. »Die Frauen sind erreichbar für Prävention«, loben die Mitarbeiter des Gesundheitsamtes Köln. »Und es gibt keine Anwohnerbeschwerden mehr«, freuen sich die Stadtoberen, »nicht mehr im Innenstadtbezirk, nicht mehr draußen ...« Vielfach wurde das Projekt »Gestemünder Straße« zwar als »kontrolliertes Freiluftbordell« kritisiert, trotzdem hat es inzwischen bundesweit Modellcharakter. Was übrigens auch für die »Sexsteuer« (→ *Steuer*) gelten könnte, die der Stadtkämmerer für Bordelle und Prostituierte einführen möchte. Mit dieser »Vergnügungssteuer« möchte er das Haushaltsloch der Stadt stopfen.

KOMMEN

Ejakulation.

Synonyme: → *Abspritzen*, → *Cumshot,* Final Shot, Kommen.

KONDOME

Gummisicherung.

Synonyme: Gummi, Pariser, Verhüterli. Ein Arzt am Hofe des englischen Königs Charles II. (1660-1685) soll der Erfinder sein, sein Name Dr. Condom, sein Produkt »ein Bollwerk gegen die Lust und ein Spinnweb gegen die Gefahr«, wie eine zeitgenössische Quelle zu berichten weiß. Wer, wie, wann und wo auch immer, die Erfindung, das Kondom, diente damals der Schwangerschaftsverhütung. Hoch angesehen war es allerdings nicht, denn Staat und Kirche lehnten die »künstliche Familienplanung« ab. Die Kirche tut das übrigens noch heute. Anfangs wurde das Kondom aus Schafsdarm, Blinddarmmembranen, Schweineblasen, später Leinensäckchen hergestellt – zu teuer und kaum erschwinglich für den einfachen Pöbel, noch dazu unzuverlässig. Erst 1843, mit der Erfindung der Vulkanisation des Gummis wurden Kondome preisgünstig und hielten dicht. Latex, die Milch des Kautschukbaumes, ist das Material, aus der die Tüte Sicherheit heute besteht, erarbeitet im Tauchverfahren auf Porzellan- oder Glasformen, durch Schwefel und andere Zusätze angereichert, unter Hitze zu elastischem Gummi vernetzt. Das nennt man Vulkanisation. Die Wandstärke eines modernen Kondoms beträgt 0,04 bis 0,08 Millimeter. Seit 1995 gibt es für Kondome eine europäische Norm: EN 600.

Die Beratungsstellen für Prostituierte und → *Stricher* weisen sowohl Sexarbeiter als auch → *Freier* immer wieder darauf hin, es nur »mit« zu treiben. Denn die einfach zu handhabenden, nebenwirkungslosen (von Latexallergie abgesehen) und durchweg sicheren Kondome bewahren nicht mehr nur vor Schwangerschaft, sie schützen auch vor → *sexuell übertragbaren Krankheiten* (→ *STDs*) wie → *Hepatitis,* → *Syphilis,* → *Tripper* oder → *Aids*. Es gibt übrigens keinen anderen Schutz vor diesen Krankheiten – es sei denn, man verzichtet auf Sex. Kondome sind rezeptfrei in Supermärkten, Drogerien oder Apotheken zu kaufen; von Kondomen aus dem Automaten wird abgeraten, da die Haltbarkeit und Lagerung vor Kauf nicht überprüft werden kann.

Es gibt → *Prostituierte,* die sich strikt an die Weisung halten, allerdings nur, um geschäftliche und private Kontakte voneinander zu trennen. Im Beruf und ohne Gefühl »mit«, privat und mit Gefühl »ohne«. Auch viele → *Bordellbetreiber* raten ihren Mädels zum Gebrauch der Gummis. »Ob sie es tun, liegt aber im persönlichen Ermessen der Mädels«, so die → *Clubbetreiberin* Stefanie A. Der → *Zuhälter* Siegfried L. weiß: »Du kannst *immer* ohne ficken, brauchst nur ein paar Euro mehr bezahlen.« → *FKK-Clubs* mit ihrem → *Discount-Sex* werben in den einschlägigen Rubriken der Tageszeitungen sogar explizit dafür, dass Männer bei ihnen »garantiert ohne Gummi« kommen dürfen. Das ist für die Gesundheit der Frauen zwar sehr gefährlich, entspringt aber einer vehementen Konkurrenzsituation, in der sich die vielen Bordelle und Clubs in der gegenwärtigen Rezession befinden. Hinzu kommt, in vielen Bordellen arbeiten → *Migrantinnen*, Frauen, die illegal, das heißt ohne Aufenthalts- und Arbeitsgenehmigung, in Deutschland anschaffen.

»Safer Sex« verliert für sie, die sie schnell viel Geld verdienen wollen und möglicherweise noch dazu unter Einfluss von → *Menschenhändlern* oder Zuhältern stehen, an Bedeutung. Veronika Munk vom Präventionsprojekt → *Tampep* weiß: »Die gesundheitliche Situation der Frauen, also das, was Safer Sex anbelangt, ist abhängig von der rechtlichen Situation in den jeweiligen Ländern. Wenn die Frauen unter Druck stehen oder unter schlechten Arbeits- und Lebensbedingungen arbeiten und leben, wird Safer Sex zu einer absoluten Nebensache.«

Selbst im → *Bundesverband Sexuelle Dienstleistungen e.V.* kam es beim Thema Kondome zu ersten Auseinandersetzungen. »Die Diskussion ›Kondom, ja oder nein? – Preise, hoch oder niedrig?‹ ist ein sehr heikles Thema, das auch innerhalb des Verbandes sehr unterschiedlich gehandhabt wird«, erklärt die Vorsitzende → *Stephanie Klee.*

Die Bordellbetreiberin Dana M. weiß warum: »Weil da nämlich ganz viel Konkurrenzkampf läuft, und weil jede Frau, auch die Bordellbetreiberinnen, wirklich jeden Taler umdrehen muss und sich mittlerweile sehr genau überlegt, ob sie irgendwelche Standards einführen kann, die am Ende geschäftsschädigend sind; einer dieser Standards wären zum Beispiel Frauen, die nur mit Kondomen arbeiten. Denn warum sollte ein Mann mit Gummi ins Bordell gehen, wenn er im FKK-Club ohne Kondom vögeln darf?«

Dass der Mann überhaupt noch in Zeiten von → *Aids* und → *STDs* ohne Kondom ficken möchte, verdankt er vielfach der irrtümlichen Annahme, noch heute wären → *Bockscheine* bei Huren gang und gäbe. Doch die per → *Gesetz zur Bekämpfung der Geschlechtskrankheiten* zwangsverordneten, regelmäßigen Gesundheitskontrollen sind in der BRD längst abgeschafft.

KONDYLOM

Sexuell übertragbare Krankheit, → STDs.
Synonym: → *Feigwarze*

DER KÖNIG VON ST. PAULI

TV-Serie.
Das → *Strip*lokal »Blaue Banane« ist legendär, und sein Besitzer, Rudi Kranzow, ist der König von → *St. Pauli.* Doch Rudi ist ein leidenschaftlicher Spieler, weswegen man ihn auch »Würfel Rudi« nennt. Eben diese Würfel werden sein Verhängnis; er verzockt 70.000 Flocken und damit seine »Blaue Banane«. Problem nur: Er will den Laden partout nicht abtreten, zumal dort seine rechte Hand Sugar, die Ex-Hure Mizzi, die Putze Charlotte, die Transe Karin und Lajana, die Atraktion der »Banane«, leben. Die Schuldner pusten ihn um, Rudi überlebt nur knapp. Er hat keine andere Wahl, holt seinen Sohn Robert, den Jurastudenten, zurück nach St. Pauli. Der, durch und durch spießig, mag so gar nicht auf den → *Kiez* passen. Doch Familie bleibt Familie und Robert begreift, das wahre Leben ist anders, als ihn seine Gesetzbücher lehren. – In der SAT.1-Serie trieft es nur so zwischen den Szenen; immerhin, Regisseur Dieter Wedel ist intelligent genug zu wissen, dass niemand ihm dieses soziale Rührstück als Versuch einer realistischen Annäherung an den Hamburger Kiez abnehmen wird. Doch was wollte er sonst damit zeigen? »Ein Melodram, angesiedelt in einem zeitgemäßen, etwas ungewöhnlichen Ambiente? Eine Parabel auf die Natur des Menschen? Wohl kaum. Bestenfalls kann man den ›König von St. Pauli‹ als Versuch einer anspruchsvolleren Fernsehunterhaltung auffassen, mit Drama, Liebe, Gewalt, Tragik und viel nackter Haut. Schlimmstenfalls als eine eigenartig lieblose, fadenscheinige Milieustudie mit guten Schauspielern.« (Dr. Zapp, Hinternet.de)
• *DIE SERIE: Der König von St. Pauli. BRD 1998, 6 Episoden à 100 Min. Regie: Dieter Wedel. Darsteller: Hilmar Thate (Rudi Kranzow), Oliver Hasenfratz (Robert Kranzow), Heinz Hoenig (Sugar), Julia Stemberger (Julia), Sonja Kirchberger (Lajana), Maja Maranow (Mizzi)*

KONTAKTHOF

Anbahnungsort.
Kontakthöfe finden sich meist in → *Bordellen*, die aus mehreren Ge-

bäuden oder ganzen Straßenzügen bestehen. Im Kontakthof warten die → *Prostituierten* auf die → *Freier,* um bei erfolgter Kontaktaufnahme mit ihnen auf die Zimmer zu verschwinden.

KOOFRA

Koordinierungsstelle gegen → Frauenhandel.

Frauen, die von Frauenhandel betroffen sind, bietet Koofra unter der Trägerschaft von → *Amnesty for Women e.V.* Unterbringung, geschulte muttersprachliche Betreuung und rechtliche Beratung, grundlegende Sicherung des Lebensunterhaltes, medizinische Versorgung durch spezialisierte Ärztinnen, Begleitung zu Ämtern und Behörden, therapeutische Gespräche sowie die notwendige Vorbereitung für die Rückkehr in die Heimatländer.

• *KONTAKT: KOOFRA. Koordinierungsstelle gegen Frauenhandel, Postfach 306144, 20327 Hamburg, Telefon 040/67999757, Telefax 040/67999758, koofra@t-online.de*

KOPROLAGNIE

Sexpraktik.

Synonym: Koprophilie. Sex mit → *Kot.* Auch in der SM-Szene eher ein Randphänomen; gleichwohl bieten viele professionelle → *Dominas* in ihren → *SM-Studios* diese Dienstleistung als so genannte → *Extremerziehung* an.

KOT

Dirty Sex.

Synonyme: → *Kaviar,* Scat, Scheiße.

KRANKENVERSICHERUNG

Sozialleistung.

Eine Krankenversicherung war für einen Großteil der Prostituierten bislang ein schier unerreichbarer Luxus. Eine der Aufnahmebedingungen zur Krankenkasse ist die abhängige Beschäftigung. Diese wiederum setzt einen Arbeitgeber mitsamt → *Arbeitsvertrag* voraus. → *Bordellbesitzer,* die dies wagten, machten sich der → *Förderung der Prostitution* gemäß → *Strafgesetzbuch* schuldig. Folglich gab es keine Arbeitsverträge, somit keine Krankenversicherung. Zwar hatte es für

Prostituierte noch die Möglichkeit, sich als Selbstständige freiwillig bei den Gesetzlichen Krankenkassen zu versichern – diese scheuten wegen der → *Unsittlichkeit* aber die Prostituierten wie der Teufel das Weihwasser. Ihre Ablehnung rechtfertigten die Krankenkassen mit dem Argument der Vorversicherungszeiten, die die Frauen nicht hätten, da sie zuvor nicht versichert, aus dem sozialen Netz herausgefallen, demnach nicht versicherungsfähig waren. So blieb den Frauen, die die Illegalität ihrer Arbeit verlassen wollten, nur die → *Verschleierung* als Tänzerin, Model oder Künstlerin »Was natürlich nicht ging«, weiß man bei der Berliner Beratungsstelle → *Hydra e.V.* »Wenn eine Frau in → *Strapsen* und → *Stöckelschuhen* über die Schwelle eines → *Bordells* stolpert und sich ein Bein bricht, dann ist das in diesem Fall praktisch schon ein Versicherungsbetrug.«

Dass eine Krankenversicherung aber durchaus möglich war, sogar unter Begrifflichkeiten wie »Prostituierte« oder »Sexarbeiterin«, bewies die BKK Novitas, deren Vorstandsvorsitzender nach einem Treffen mit → *Hydra e.V.* in Berlin zu verstehen gab: »Wenn wir etwas für die Frauen tun können, dann tun wir es.« Leider war die BKK bis zuletzt die rühmliche Ausnahme.

Vereinzelt gab es private Versicherungsgesellschaften, die an Hurenprojekte und -Vereine herantraten mit dem Angebot, Prostituierte zu versichern. Aus der Angst heraus, die »etablierten Versicherten« würden ihnen aber in Scharen davonlaufen, verknüpften auch die Privaten das Angebot mit der Forderung, die Arbeit nicht als »Prostituierte«, sondern als »Bardame«, »Tänzerin« oder »Künstlerin« zu bezeichnen. Einzig zwei private Versicherer erklärten sich bereit, Prostitutierte als Prostituierte zu übernehmen:

- »IHI International Health Insurance Danmark« (Kontakt: VKS Versicherungsmakler GMbH, Hamburger Straße 205, 22083 Hamburg, Telefon 040/2999400) verlangt keinen Gesundheits-Check, es müssen nur die Gesundheitsfragen im Antrag wahrheitsgemäß ausgefüllt werden. Die Beitragshöhe richtet sich dann danach und nach dem Alter sowie nach dem gewünschten Versicherungsumfang.
- »DKV Deutsche Krankenversicherung AG« (Kontakt: Albert Schweigert, Telefon 08221/34215) verlangt ein Gespräch mit einem DKV-Mitarbeiter und eine Untersuchung beim selbst gewähl-

ten Arzt oder beim Gesundheitsamt. Die Beitragshöhe richtet sich nach dem Alter und den gewünschten Dienstleistungen.

Ein Großteil der Prostituierten blieb ohne Krankenversicherung. »Das hat zur Folge, dass sie im Krankheitsfall ärztliche Behandlung nur in Anspruch nehmen können, wenn sie die Arzt-, Zahnarzt- oder Krankenhausbehandlung privat bezahlen – oder einen entsprechenden Antrag beim Sozialamt stellen«, kritisierte noch im August 2001 das Diakonische Werk. »Da die Prostitution mit einem hohen gesundheitlichen Risiko einhergeht, wird oftmals eine Schuldenspirale in Gang gesetzt, die es doppelt schwer macht, aus der Prostitution auszusteigen. Häufig werden Krankheiten nicht rechtzeitig und fachgerecht behandelt und es kommt zu Komplikationen oder chronischem Verlauf von Krankheiten.« Eine entsprechende Auskurierung war nicht möglich, wurde doch aufgrund fehlender Arbeitsverträge im Krankheitsfall kein Lohn fortgezahlt.

Das → *Prostitutionsgesetz,* im Januar 2002 in Kraft getreten, hat vieles verändert, positiv wie negativ. Da Prostitution inzwischen ein → *Rechtsgeschäft* ist, können nicht nur Arbeitsverträge abgeschlossen werden. es könnten sich die in der Prostitution tätigen Frauen endlich auch bei den gesetzlichen Krankenkassen versichern – *könnten!* Denn leider kommt es bisher in den seltensten Fällen zum Abschluss der Arbeitsverträge. Und leider hat der Gesetzgeber auch für Selbstständige und freiwillig Versicherte den Zugang erschwert: Zutrittswillige Frauen müssen Arbeitsbescheide über zwölf Monate ununterbrochener Beschäftigung oder eine Vorversicherungszeit von mindestens 24 Monaten innerhalb der letzten fünf Jahre vorweisen.

Da Prostituierte das aber in den meisten Fällen nicht können, haben sie nach wie vor keinen Zugang zu den gesetzlichen Krankenkassen. »Es hat sich also nicht viel verändert«, bedauert auch Annette Schuckardt, Dienststellenleiterin der BKK Novitas in Duisburg. »Wenn man es böse formulieren möchte: Unser Eindruck ist, das Gesetz hat allenfalls dem Fiskus etwas erleichtert, nämlich den Zugriff auf die Frauen.«

KRÄTZE

Sexuell übertragbare Krankheit, → STDs.

Synonym: Skabies. Bereits ein längerer Körperkontakt ebenso wie

Kontakt mit milbenverseuchter Bettwäsche oder Kleidungsstücken genügt zur Übertragung der 0,3 bis 0,4 Millimeter großen Parasiten. Einmal mit den Krätzmilben beglückt, bohren sich die Weibchen bis zu ein Zentimeter lange Gänge in die Oberhaut, in die sie auch ihre Eier ablegen. Dadurch entsteht einige Wochen nach der Ansteckung ein nachts spürbarer Juckreiz und ein roter Ausschlag, vor allem zwischen den Fingern, an Handgelenken, Ellenbogen, in den Kniekehlen, unter den Achseln, an den Brustwarzen, Gürtellinie und den Genitalien.

Die Milbenerkrankung wird durch eine Salbe örtlich behandelt. Bei Kleidung und Bettwäsche genügt das Waschen in der Waschmaschine.

KUPPE

Szenejargon.

Die »Kuppe« ist das Geld, das die Prostituierte nach Abzug aller Unkosten (→ *Blockschulden*) für Miete, Spielgeräte und → *Kondome* (manchmal auch noch die → *Abstecke*) erwirtschaftet, also ihr Reingewinn.

KUSINE LISBETH (LA COUSINE BETTE)

Roman von Honoré de Balzac, geb. 1799, gest. 1850.

»Wenn in Paris sich eine Frau entschlossen hat, aus ihrer Schönheit ein Gewerbe und eine Ware zu machen, so ist das noch kein Grund, dass sie auch ihr Glück macht«, heißt es in Honoré de Balzac's Roman über Lisbeth, Hausfaktotum des neureichen Seifen- und Parfümhändlers Crevel, die erzürnt über dessen Werben um die Baronin Hulot die gesamte Familie ruinieren möchte. Das Glück über ihr Vorhaben währt nicht lange, kommt es nach verbissenen Streitigkeiten und einigen Gifttoden zur überraschenden Versöhnung. Voller Enttäuschung stirbt Lisbeth. »Das Leben besteht aus Leidenschaften«, schrieb Balzac, Begründer des soziologischen Realismus, 1829 – auch »Kusine Lisbeth« ist eine Monographie der Leidenschaft, Besessenheit und der sexuellen Obsessionen, doch »die wahre, heilige, opferfreudige Liebe einer Frau hat andere Wonnen als die, die auf dem Markt der Prostitution gekauft werden können«.

KUSS

Intimität.

Nach wie vor herrscht das Klischee, → *Prostituierte* würden nicht küssen, weil es die einzige Form von → *Intimität* sei, die sie sich vorbehalten hätten. Früher war der Kuss etwas, was die → *Huren*ehre verbot. Heute hat es mit Professionalität zu tun, dass Prostitutierte keinen Zungenkuss anbieten. In einer zwei Monate währenden Feldforschung in Nürnberg kamen die Sozialarbeiter zu dem Ergebnis: »Sie Sexarbeiterinnen brauchen Körperteile, die für andere Frauen zum Intimbereich gehören, für ihre Arbeit mit dem Freier; daher bilden sie für andere Körperbereiche die Intimsphäre. Zur Wahrung dieses Intimbereichs gehört auch die Weigerung der Prostitutierten, ihre Kunden zu küssen. Ingrid erläutert: ›Ich finde, ein Zungenkuss ist das Intimste, was es überhaupt gibt. Wenn ich heute einen Geschlechtsverkehr habe, dann mache ich da einen Präser drüber, das ist nicht so intim, als wenn ich mit einem Mann einen Zungenkuss austausche. Ich finde, ein Zungenkuss ist was ganz Intimes, das sollte man wirklich bloß mit seinem Partner machen und nicht mit irgendeinem, der ein Gebiss drin hat oder Knoblauch gegessen hat oder sonstiges.‹« Die Forscher erklären weiter: »Viele der Frauen, die nicht im Sexgeschäft tätig sind und deshalb von Prostituierten als → *Solide* bezeichnet werden, empfinden den Geschlechtsverkehr als ihre intimste Begegnung. Für die Sexarbeiterinnen ist dagegen der Kuss das innigste Zeichen ihrer Zuneigung. Deswegen bleibt Küssen dem Lebenspartner vorbehalten, der Kopf wird zur Tabuzone erklärt. In der Durchführung von → *Oralsex* sehen die Prostituierten keinen Widerspruch dazu, da sie dabei Kondome benutzen.«

Die Professionalität der Prostituierten wird in der vorherrschenden Rezession allerdings von den → *Migrantinnen* vorwiegend aus → *Osteuropa* untergraben, die vielfach in → *FKK-Clubs* → *anschaffen*. FKK-Clubs werben explizit damit, dass bei ihnen keine Tabus herrschen, sondern alles Mögliche auch möglich wäre, vor allem: »Zungenküsse, Schmusen, Knutschen«, und das alles zum Billigpreis.

Für die → *Zuhälter* der alten Schule, die um ihre Frauen noch → *poussierten,* zeigt sich hier auch der Unterschied – zwischen ehrenhaften → *Puff-Frauen,* die nicht küssen, und minderwertigen → *Club-Fotzen,* die küssen.

L

LACOUR, HUGO

König von Saarbrücken, geb. 1943.

Als jüngster von 13 Geschwistern machte Hugo Lacour von Kindes Beinen von sich reden – als Schläger, Zocker und später als gewiefter → *Zuhälter*. Die Regionalpresse kürte ihn bald zum »ungekrönten König des Saarbrücker Nachtlebens«, später zum »König der Saarbrücker Unterwelt«, bevor er 1993 mit der so genannten »Rotlichtaffäre« bundesweit in die Schlagzeilen geriet: Er drohte mit der Veröffentlichung kompromittierender Nacktfotos führender Landespolitiker, darunter auch peinliche Bilder vom Ministerpräsidenten in der → *Nachtbar* »Cascade«. Lacour machte die Drohung nicht wahr, wurde stattdessen 1997, von den Medien nahezu unbeachtet, nach zwei Jahren Prozess wegen Mordes aus Habgier zu lebenslanger Haft verurteilt. Das Saarbrücker Schwurgericht sah es als erwiesen an, dass Lacour in der Nacht vom 22. auf den 23. August 1985 den 62-jährigen Saarbrücker Kaufmann Heinz Weirich einen Wechsel und Vermögensübereignungen zu unterschreiben zwang und ihn anschließend ermordete.

LADY

Szenejargon.

Synonym: → *Domina*, Mistress

LA GOULUE

Franz. Wegbereiterin des Striptease, geb. 1866, gest. 1929.

Mit bürgerlichem Namen Louise Weber wagte La Goulue, »Die Unersättliche«, wie man sie nannte, vor 110 Jahren, am 8. Februar 1893, im → *Moulin Rouge* zu Paris, was bis dahin undenkbar schien: Sie vollzog den ersten, amtlich nachgewiesenen → *Striptease* der Menschheitsgeschichte. Zwar ließ sie nicht alle ihre Hüllen fallen (und das waren, der Zeit entsprechend, weiß Gott nicht wenige), doch für die Biedermänner waren es mehr als genug. La Goulue sei »eine reine provokative Exhibitionistin, die es genoss, ihr Publikum zu reizen und es dann erahnen zu lassen, was unter ihren Unterröcken verborgen war. Wenn sie ihr Bein hob, zeigte sie viel nacktes Fleisch zwischen den Strumpfbändern und der ersten Lage Unterwäsche. Der durchsichtige Stoff verhüllte kaum ihren Körper, und indem sie die Faszination, die sie hervorrief, genoss, wurde sie immer kühner und regte die Neugier ihres Publikums zu immer absurderen Spekulationen an.«

»La Goulue, die wie ein Hund ihr Bein hob, verletzte jedes Schamgefühl«, schreibt die britische Historikerin Lucinda Jarret in ihrem Buch »Striptease. Die Geschichte der erotischen Entkleidung« (Rütten & Loening, Berlin 1999). »Die Pariser, Richter, Politiker, Rechtsanwälte, Schriftsteller und Intellektuelle, waren empört, strömten aber nichtsdestotrotz herbei.

Man besuchte den ›Palast der Frauen‹, um sich schockieren, unterhalten oder sexuell anregen zu lassen. Das Moulin Rouge wurde zum Wahrzeichen von Paris und war bald ebenso berühmt wie der Louvre oder der gerade errichtete Eiffelturm.« Selbst der berühmte Maler → *Henri de Toulouse-Lautrec* malte für ein Reklame-Plakat des Moulin Rouge die hemmungslose La Goulue.

LAMPE

Szenejargon.

Eine Lampe bezeichnet im Milieu eine Straftat.

»... LAMPE BAUEN«

Szenejargon.

Synonyme: Verzinken. Wenn jemand eine Lampe baut, dann bedeutet dies, er verpfeift andere Jungs aus dem Milieu an die Polizei. Das kann wegen → *Drogen*delikten sein, aber auch wegen → *Zuhälterei* oder → *Förderung der Prostitution,* wobei Letzteres seit Inkrafttreten des → *Prostitutionsgesetzes* nicht mehr strafbar ist.

LANGE NACHT DER PUFFS

Tag der offenen Tür.

Zwanzig → *Bordelle* in einer Nacht? Demnächst kein Problem. Einen genauen Termin gibt es zwar noch nicht, aber beim → *Bundesverband Sexuelle Dienstleistungen e.V.* laufen die Vorbereitungen zur »Langen Nacht der Puffs« in → *Berlin* auf vollen Touren. Vorbild ist die »Lange Nacht der Museen«, die in vielen Städten Deutschlands inzwischen Hunderttausende Menschen zu Museumsbesuchen mit Musik und Entertainment bewegte. Ob die »Lange Nacht des Rotlichts«, wie sie wahlweise heißt, ebenso viele Besucher finden wird, bleibt allerdings zweifelhaft.

Trotzdem, ist sicher, wird die Nacht der offenen Türen für mächtig Medienrummel sorgen. Denn es ist ein Unikum, dass die durch die restrektive Haltung der Gesellschaft und Politik so verschlossene und von Misstrauen zerfressene Branche sich auf diesem Wege öffnet; allerdings ein geeigneter Weg zu beweisen, dass die moderne Prostituierte längst nicht mehr nur das »abhängige, ausgenutzte, außerhalb des Milieus sozial isolierte und rundherum bedauernswerte Geschöpf« ist und dass das zeitgemäße Bordell mit dem zwielichtigen Animierlokal, das ebenso zwielichtige Gestalten am Rande der Legalität und am Rand der Gesellschaft führen, nichts mehr gemein hat.

Die exakte Zahl der teilnehmenden → *Clubs* steht zwar noch nicht fest. Aber »wer mehrere Puffs besichtigen möchte, kann unseren Bus-Shuttle benutzen«, erklärte Mitinitiatorin und BSD-Vorsitzende → *Stephanie Klee* auf einer ersten Pressekonferenz. Auch »Lesungen im Puff« seien geplant. »Die Kunst spielt schon jetzt in der Prostitution eine wichtige Rolle, im Bett und an der Wand.«

Sogar ein Maskottchen besitzt die Veranstaltung: »Knutschi«, eine überlebensgroße Frauenplastik aus Hartgips mit riesigem Kussmund und echter Korsage, geschaffen von der Bildhauerin Maria Wüllner aus Neureetz im Oderbruch.

LA STRADA

Anlauf- und Beratungsstelle für drogenabhängige Mädchen & Frauen.

»La Strada« wurde 1994 von → *Phoenix e.V.* in Hannover mit vier Sozialpädagoginnen und einer Verwaltungskraft in Teilzeit für drogenabhängige Frauen und Mädchen, die → *anschaffen* gehen, ins Leben gerufen. Finanziert wird die Anlauf- und Beratungsstelle durch das Niedersächsische Frauenministerium und die Landeshauptstadt Hannover. Zielsetzung ist es, den drogenabhängigen Mädchen und Frauen, die der → *Beschaffungsprostitution* nachgehen, einen männerfreien Schutzraum zu bieten, in dem sie in ihrer derzeitigen Lebenssituation unterstützt werden. Die niedrigschwelligen Angebote wie Spritzentausch, Wund- und hygienische Grundversorgung werden ebenso von den Klientinnen in Anspruch genommen wie die Einzelberatung, die psychosoziale Betreuung im Rahmen der Methadonsubstitution und die Therapievermittlung. Kontaktaufnahme erfolgt in der Anlaufstelle und durch aufsuchende Sozialarbeit auf dem → *Straßenstrich.*

1995 konnte durch Drittmittelfinanzierung ein Bus für die nächtliche aufsuchende Arbeit auf dem Straßenstrich gekauft werden. Er bietet eine zusätzliche Anlaufstelle zum Spritzentausch, Ausruhen und für Gespräche.

• ***KONTAKT:*** *La Strada, Escher Straße 25, 30159 Hannover, Telefon 0511/14023, Telefax 0511/14007, la_strada@t-online.de*

LAUFHAUS

Prostitutionsbetrieb.

Synonyme: → *Bordell*, → *Eros-Center,* Freudenhaus, → *Puff.* Das Laufhaus war Ende der 60er Jahre die vielgerühmte, modernste Form der Prostitution, das Prinzip einfach: Unbehelligt vom Rest der Welt führte ein schier endloser Gang durch ein großes Gebäude vorbei an den Zimmern, vor denen sich die Mädels für Schaulustige und → *Freier* positionierten. Das erste dieser Art ließ der König von → *St. Pauli,* → *Willi Bartels,* 1967 auf der → *Reeperbahn* bauen und nannte es »Eros-Center«. Seitdem steht der Begriff als Synonym für diese Bordell-Form. Das größte seiner Art in Europa steht heute in Köln: das → *Pascha.*

Nach Ansicht der Branche sind Laufhäuser jedoch ein aussterbender Wirtschaftszweig. Einhergehend mit der sexuellen Revolution, mit dem Ausbruch von → *Aids* sowie dem Wunsch der Frauen, selbstständig arbeiten zu können, hat sich die Prostitution zunehmend in den privaten Bereich verlagert, in die → *Clubs:* → *Nachtclubs* oder → *Privatclubs* sowie die → *Saunaclubs* und → *FKK-Clubs,* die den Eindruck attraktiver → *Freizeitclubs* erwecken; hier wird auch dem wachsenden Bedürfnis der Freier nach Privatheit begegnet. Das »Point of Sex«

auf der Reeperbahn zählt über 200 Zimmer, von denen im Höchstfall 70 bis 80 mit Prostituierten belegt sind. »Ich denke, dass es die Laufhäuser in spätestens fünf Jahren nicht mehr gibt«, erklärt die Clubbetreiberin Dana M.

LEASING-FRAUEN

Szenejargon.

Geflügeltes Wort aus dem polnischen Grenzbereich zu Deutschland, wo die Prostituierten von den → *Menschenhändlern* geparkt (→ *parken*) werden: Skrupellose → *Bordellbetreiber* oder → *Zuhälter* suchen sich jene Frauen aus, die ihnen für ihr → *Bordell* in Deutschland lukrativ erscheinen. Sollte dem wider Erwarten nicht so sein, können sie die Frau jederzeit an den Händler zurückgeben.

DIE LEBENSGESCHICHTE EINER WIENERISCHEN DIRNE

→ *Josefine Mutzenbacher*

LEICHTES MÄDCHEN

Ugs. Bezeichnung.

Altmodisches und zugleich verniedlichendes oder diskret verhüllendes Synonym für → *Hure* oder Prostitutierte; eine, die es leicht nimmt mit der Liebe und der Moral.

LIEBE

Verbundenheit.

Liebe empfinden die Prostituierten für ihre Freier gewiss nicht, meist nur Verachtung. Nicht selten steht aber am Anfang der Prostitution die Liebe. Wenn die Frau bereits → *anschafft,* ist es für den Mann ein bequemes, an den Einnahmen seiner Partnerin zu partizipieren. Ist er dadurch aber sofort ihr → *Zuhälter?*

Von anderen Männern wird der Einstieg in die Prostitution wiederum bewusst gesteuert: Sie → *poussieren* um die Mädels, bis diese – getreu Martin Luthers Worte »Liebe ist dann da, wenn wir andern dienen wollen« – vor lauter Liebe aus ihnen den → *Gigolo* machen. Die Ex-Prostituierte Dana K.: »Ein Zuhälter-Hure-Verhältnis entsteht oft erst vor dem Hintergrund der Liebe, einer Beziehung oder eines beziehungsähnlichen Verhältnisses.« Wobei der Mann in solchen Fällen nach wie vor nicht als Zuhälter gilt, schließlich schafft die Frau freiwillig für ihn an. Erst wenn Gewalt, Ausbeutung und Erpressung ins Spiel kommen, spricht man im Milieu vom Zuhälter (→ *Zwangsprostitution*). Und gewiss nicht mehr von Liebe.

Gleichwohl kann es pasiseren, dass ein → *Freier* sich in eine Prostituierte verliebt. Im Idealfall erwidert sie die Gefühle, wodurch sich für sie eine Chance zum → *Ausstieg* ergibt. Je nachdem, wie das Umfeld der Prostituierten ist, muss sie oder ihr neuer Freund einen → *Abstand* bezahlen.

LIEBESDIENERIN

Ugs. Bezeichnung.

Verniedlichendes oder diskret verhüllendes Synonym für → *Hure* oder Prostitutierte. Natürlich kommt in der Bezeichnung auch der patriarchaische Wunsch eines jeden Mannes zum Ausdruck nach der → *Sklavin,* die ihm und seinen Gelüsten jederzeit bereitwillig zu Diensten ist. Die Anhängerinnen der → *Emanzipation* wenden sich mit Grausen ab.

LINDENBERG, UDO

Dt. Sänger, geb. 1946.

Udo Lindenberg wurde in → *Hamburg* geboren und lebt noch heute, abgesehen von einem Abstecher nach München, nicht unweit der → *Reeperbahn* in der obersten Etage eines Hotels. Mit seinem Song »Reeperbahn« hat er der roten Meile ein Denkmal gesetzt: »Da gibt es so 'nen Boulevar, die Große Freiheit auch ganz nah, und ich weiß, mich zieht's zum Kiez. Reeperbahn – ich komm an, Du geile Meile, auf die ich kann. Reeperbahn – alles klar, Du alte Gangsterbraut, jetzt bin ich wieder da. Davidswache – Schmidt's – Dock's – Chicago – Cafe Keese Top Ten – Salmob – Freiheit 36 – Tropical Brazil, La Paloma – Mary Lan's – Herbertstraße – Prinzenbar, Grünspan – Klimbim – Wo ist der neue Starclub?«

LIVE-CAM

Cyberstriptease.

Die Live-Cam bietet modernen → *Striptease.* Statt in eine → *Tabledance*-Bar ist nur noch der unkomplizierte Weg zum Computer im

Wohnzimmer von Nöten. Der Mann startet seinen PC und kann in Realtime dabei zuschauen, wie eine Frau an beliebigem Ort der Welt vor einer Webcam strippt. Das Einzige, was er braucht, ist ein leistungsfähiges Modem (möglichst mit schnellem DSL-Anschluss), damit die Übertragung nicht eine ruckelnde Abfolge von Momentaufnahmen ist. In der Regel kann der Betrachter sogar noch mehr sehen als in einem Striptease-Lokal, da die Frauen sexuelle Handlungen vortäuschen. Beim Internet-→ *Chat* mit Live-Cam nimmt der Kunde sogar Einfluss auf die sexuellen Handlungen der Frau, indem er mittels Tastatur seine Wünsche äußert, die die Frau zu erfüllen verspricht.

Dafür entstehen natürlich Kosten. Um Zugriff auf eine Live-Cam zu bekommen, gibt es zwei Möglichkeiten: Der Kunde muss seine Kreditkartennummer preisgeben.

In diesem Fall wird ein Betrag für eine vorher bestimmte Zeit abgebucht; ist die Zeit abgelaufen, wird die Verbindung unterbrochen, der Bildschirm schwarz. Meist sind die Aktionen der Frauen vor der Kamera noch nicht weit gediehen, denn der Kunde wird hingehalten, damit er abermals einen Betrag investiert.

Weitaus häufiger muss der Kunde einen → *Dialer* auf seinen PC herunterladen, der den Computer hiernach über eine kostenintensive → *0190*er-Nummer ins Internet und auf ein bestimmtes Portal einwählt. Dort kann der Mann dann aus einer Vielzahl an Frauen, die ihre Dienstleistung anpreisen, auswählen. Das ist für Kunden umso tückischer, denn wie beim → *Telefonsex* versuchen die Frauen den Mann möglichst lange in der Leitung zu halten, so dass schnell eine enorme Summe auf der nächsten Telefonrechnung zustande kommen kann.

Warum diese Art von »Sex« boomt, hat mehrere Gründe: Ein entscheidender liegt in der explosionsartigen Verbreitung des Internets und der dadurch gewährleisteten Verfügbarkeit der Informationen zu jeder Zeit an jedem Ort – auch sexueller Informationen. Entscheidend aber ist, dass der Mann seine Anonymität nicht aufgeben muss und somit nicht Gefahr läuft, dass es in einem Striptease-Lokal zu einer peinlichen Begegnung mit Arbeitgeber, Kollege oder Freund kommt. Das Credo Live-Çams ist: Der Betrachter sieht alles, ohne selbst gesehen zu werden. Das hat durchaus auch etwas Voyeuristisches.

Darüber hinaus liegt der Reiz einer Live-Cam natürlich darin, dass der den technischen Möglichkeiten angepasste Mann auf niemanden

Rücksicht nehmen, außer (kurzzeitig) finanziellen keine weiteren Verpflichtungen eingehen, niemanden körperlich berühren oder riechen muss, er sich keinerlei Gefahr aussetzt, mit Krankheiten infiziert zu werden, trotzdem wie bei einer → *Prostituierten* seine sexuellen Vorlieben bestimmen kann. Aber im Gegensatz zu einer Prostituierten hat er keinen direkten Kontakt zum → *Rotlicht*-Milieu, denn rechtlich gesehen gilt Sex mittels Web-Cam nicht als → *Prostitution.*

LIVE-CAM
Im Gespräch: Rosi S., Internet-Stripperin
Rosi S., 25, arbeitete für zwei Monate als »heiße Kim« mit Live-Cam im Internet.

Wie bist du an den Job gekommen?
Rosi S.: Durch die »Zweite Hand« (Anzeigenblatt in Berlin, d. Aut.). Da war eine Annonce, dass meine Chefin Leute für Internet-Chat sucht. Ich habe angerufen, mich vorgestellt ...

Warum hast du dich dort gemeldet?
Rosi S.: Weil das meine Freundin auch gemacht hat. Sie hatte bereits längere Zeit im Internet-Chat gearbeitet. Sie sagte: »Das ist okay! Du verdienst gut Geld.«

Das Geld war also entscheidend?
Rosi S.: Ja. Ich bin arbeitslos. Ich brauche das Geld. Also habe ich mir das angetan.

Angetan? War es so schlimm?
Rosi S.: Ich musste mich erst mal vor meiner Chefin ausziehen. Die prüfte meine Klamotten, ob ich damit überhaupt auftreten könne. Vor dem ersten Mal, das Ausziehen vor der Kamera, also vor Fremden, die man eigentlich nicht sieht, das war schon eine seltsame Situation. Ich meine, ich wusste, da sitzt irgendwo ein Typ vor dem PC und keult sich einen, in der einen Hand hat er seinen Schwanz, die andere Hand hat er zum Schreiben ... Aber danach war es eigentlich okay. Ich glaube, das hatte viel mit dem Arbeitsklima zu tun. Das war sehr herzlich, wir waren ein richtiges Team, das sich am nächs-

ten Tag immer wieder in die Arme fiel. Da war Wärme, Nähe, Offenheit. Im Gegensatz zu der kalten, technischen Arbeit, die man vor Kamera, Computer und dem fremden Kunden ausführte.

Wie war der Ablauf?
Rosi S.: Meine Chefin war Prostituierte, die stellte Rechner, Räumlichkeiten, Hilfsmittel und die vier Werbeflächen mit meinen Fotos auf dem Portal zur Verfügung. Das Geld, das ich verdiente, teilte ich mit ihr 50:50.

In wie vielen dieser Chats warst du?
Rosi S.: Vier Stück. Drei liefen über 0190er-Nummern, einer über Kreditkarte.

Wie viele Leute haben sich eingewählt?
Rosi S.: Unterschiedlich. Einer der 0190er-Chats lief immer besser als die anderen zwei. Bei den schlechten waren vielleicht zwei Gäste am Abend, verteilt auf sechs Stunden. Bei dem anderen manchmal 20 Leute am Abend. Und bei dem Chat mit Kreditkarte, da hatte ich vielleicht drei Gäste insgesamt – in zwei Monaten.

Wie lange dauerte denn die Session mit einem Kunden?
Rosi S.: Wenn's richtig gut lief, eine Stunde. Dann sprangen für mich 60 Euro raus. Natürlich musste ich den Kunden richtig scharf machen, auch versuchen ihn hinzuhalten. Was manchmal nicht schwer war. Die Männer wollen ja schließlich was, schreiben dir, was sie sich wünschen – und das dauert seine Zeit. Das bringt alles Geld.

Was wurde von dir verlangt?
Rosi S.: Meine Chefin hat mir gesagt, ich soll alles machen, was *ich* möchte. Mehr nicht.

Was war denn das Extremste, was von dir verlangt wurde?
Rosi S.: Fisting ... Das wollten die Männer absolut sehen. Gerade die Engländer, die waren Spezialisten darin. Fisting vaginal. Anal hatte ich nur einmal!

Wenn der Kunde etwas verlangt hat, was du nicht wolltest?
Rosi S.: Dann konnte ich den an ein anderes Mädel weitervermitteln, das bei uns gearbeitet hat.

Wo lagen deine Grenzen?
Rosi S: Ja. Ich wollte mich nicht zu devot verhalten. Also wenn jemand kam und zu mir meinte: »Du kleine Drecksau!« Dann war bei mir Schluss. Dann konnte er zu einer anderen gehen.

War der Job für dich Prostitution?
Rosi S.: Nein, so würde ich es nicht nennen. Aber richtig, ich verkaufe meinen Körper. Und ich versuche ihn gut zu verkaufen. Klar, es ist Schauspielerei. Nichts anderes. Das ist Geschäft.

Hast du erfahren, wer deine Kunden sind?
Rosi S.: Geschäftsmänner, die keine Familie haben, die keine Zeit haben, sich um eine Freundin zu kümmern. Solche Leute sind das, Leute, die in der Mittagspause mal schnell chatten gehen.

Das erzählten sie dir?
Rosi S.: Ungelogen, du glaubst gar nicht, wie viele meiner Kunden in den Chats sich als solche Leute vorgestellt haben. Manche hielten sich total bedeckt, aber viele gaben so viel von sich preis. Ich meine, das war ja auch mein Ziel. Ich wollte sie in ein Gespräch verwickeln. Ein Gespräch braucht Zeit, und Zeit war für mich Geld. Ich habe immer versucht herauszufinden, woher sie kamen, denn dann konnte ich ihnen eventuell ein Treffen vorschlagen. Das hielt die Typen dann noch viel länger im Chat, das Wissen, das sie mich sogar live erleben können.

Und echt, es hat mich erstaunt, wie oft die Typen mich tatsächlich treffen wollten. Die schrieben mir gleich: »Wir treffen uns dann und dann auf dem Parkplatz, um zu poppen!« Ich glaube, die dachten, ich bin nur geil, den ganzen Tag über. Die schrieben mir konkrete Termine, Orte, Uhrzeiten. Und später schrieben sie mir dann, warum ich nicht gekommen wäre. Die nehmen den Chat echt ernst ... Ich muss sagen, man kriegt ein anderes Bild von Männern. Wenn ich durch die Stadt lief, dann dachte ich mir bei manchen

Männern immer: »Das ist ein potentieller Kunde! Der sieht so aus, als würde er heute abend vor dem PC sitzen und bei meinem Anblick einen keulen.«

Nach zwei Monaten hast du aufgehört. Warum?
Rosi S.: Das war nicht mein Ding. Auf Dauer hätte mich das kaputt gemacht. Ich glaube, man kriegt dann Paranoia, entdeckt hinter jedem Mann auf der Straße einen der Chat-Kunden. Und man bekommt Hass auf die Männer. Man trägt einen Schaden davon, garantiert.

LAPDANCE

Tanz für zwei.
Gefällt einem Gast in einem Nachtclub die Vorführung der → *Striptease*-Tänzerin, kann er sie zu einem → *Lapdance* ordern, einem Solotanz im → *Séparée*. Dort strippt die Dame dann ausschließlich für ihn. Während dem Mann jegliches Berühren der Frau verboten ist, darf die Frau ganz bewusst den Körperkontakt suchen. Ihr Ziel ist es, den Mann scharf zu machen, damit er sie nach dem Lapdance nicht gleich wieder fortschickt, sondern ihr nach Möglichkeit einen Piccolo spendiert. An dem Verkauf der hochpreisigen Getränke wird die Tänzerin zu 50 Prozent beteiligt.

LODDEL

Altmod. Szenejargon.
Synonym: Fosenhahn, Louis, Lude, Ludewig, Stenz, → *Zuhälter*

LOOKS e.V.

Strichereinrichtung.
»Looks«, das ist englisch und heißt »Blicke«. Mittels Blicke stellen in der Szene → *Freier* und → *Stricher* Kontakt zueinander her. Symbolisch steht »Looks« für Ausblick. Vorausschau. Hoffnung. Das ist es, was das Projekt Looks e.V. in Köln den Jungs, die in Stricherkneipen und Schwulenpuffs der Domstadt anschaffen, auf den Weg geben möchte.

Gemeint ist damit nicht unbedingt der Ausstieg: »Für viele Jungs ist es die einzige Chance, überhaupt Geld zu verdienen«, sagt Sabine Reinke, Geschäftsführerin von Looks e.V. »Warum sollte man es ihnen wegnehmen?« Die vier für Looks e.V. tätigen Sozialarbeiter arbeiten akzeptierend und parteilich. Sie setzen auf Freiwilligkeit, Anonymität und Niedrigschwelligkeit. »Ziel unserer Arbeit ist, dass die Lebensumstände, in denen sich die Jungs befinden, verbessert werden, und das in verschiedenen Bereichen, vor allem im Gesundheitsbereich, → *HIV*- und → *Aids*prävention und der psycho-sozialen Hilfestellung«, betont Sabine Reinke.

Es war auch die HIV- und Aidsprävention Anfang der 90er Jahre, während der das Kölner Gesundheitsamt erkannte, männliche Prostitutierte seien ein von der HIV- und AIDS-Prävention nicht wahrgenommener und deshalb vernachlässigter Bereich. Zunächst wurde die Projektgruppe »Männliche Prostitution«, die aus Vertretern schwuler sozialer Einrichtungen bestand, ins Leben gerufen. Bald stellte sich die Erkenntnis ein, dass die Arbeit mit Strichern in einem rein schwulen Kontext nicht richtig aufgehoben sei, denn nicht alle Jungs und Männer, die anschaffen gehen, sind schwul. Am 21. März 1995 gründete sich der eigenständige Verein »Looks e.V.« als erste und bis heute einzige Stricherinstitution Nordrhein-Westfalens. Auftrag war die HIV-Prävention, Gesundheitsversorgung und psychosoziale Versorgung männlicher Prostituierter in Köln.

In der Anlaufstelle, finanziert von der Stadt Köln, Gesundheit und Jugend, durch das Land NRW und durch Spenden, bieten sich den Jungs kostengünstige Getränke und Essen, Waschmaschine, Trockner, Dusche, Kleiderkammer und Schließfächer, wöchentliche medizinische Sprechstunden, Gratis-Kondome und Gleitmittel als Schutz, Beratung, Betreuung und Information, ein Ruhe- und Schutzraum sowie Freizeitgestaltung in Form von Spielen und Ausflügen, Internet und soziale Kontakte.

Im Dezember 2001 wurde Looks e.V. bei der bundesweiten Kampagne »start social« aus 2000 Bewerbern ausgewählt und als eine der wichtigsten und besten Institutionen von Bundeskanzler Gerhard Schröder im Kanzleramt in Berlin ausgezeichnet.

• *INFO: Looks e.V., Pipinstraße 7, 50667 Köln, Telefon 0221/2405650, Telefax 0221/2405650, info@looks-ev.org, www.looks-ev.org. Öffnungszeiten Anlaufstelle: Di-Do, 15-18 Uhr. Bürozeiten: Mo.-Do. 10.00-19.30 Uhr*

LOOKS E.V.
Im Gespräch: Sabine Reinke, Geschäftsführerin
Sabine Reinke ist Geschäftsführerin der Strichereinrichtung Looks e.V. in Köln.

Looks e.V. arbeitet mit vier Mitarbeitern. Denen stehen wie viele Stricher gegenüber?
Sabine Reinke: Über das Jahr verteilt gehen in Köln über 1000 Jungs anschaffen. Man muss diese Zahl so verstehen: Die Jungs – wie sie sich selbst nennen – sind nicht immer und ständig in der Szene. Aber wenn wir uns die An- und Abläufe innerhalb eines Jahres anschauen, haben wir Jungs, die das ganze Jahr über zu Looks kommen, Jungs, die nur für ein paar Monate verweilen, Jungs, die nur auf der Durchreise sind.

Reichen vier Mitarbeiter aus?
Sabine Reinke: Natürlich hätten wir gerne mehr, keine Frage. Wir versuchen zwar in so vielen Bereichen wie möglich mitzuarbeiten, egal wo es nur geht und wo wir denken, dass es wichtig ist, präsent zu sein. Gewisse Arbeitsbereiche können wir jedoch einfach nicht abdecken. Allerdings hat es auch Vorteile, dass wir klein sind. Wir bieten unserer Klientel, den Jungs, etwas Familiäres. Das kommt natürlich an!

Wie viele Jungs kommen durchschnittlich?
Sabine Reinke: Zwischen zehn und 20 kommen täglich. Sind es 20 oder mehr, ist es nicht mehr zu händeln. Dazu reichen die Räumlichkeiten nicht aus und auch nicht unsere personellen Kapazitäten. Ein Junge kommt, weil er eine Beratung will. Der nächste will Wäsche waschen, der dritte will etwas essen. Und noch andere wollen die Schließfächer nutzen. Schließfächer sind wichtig für die Jungs, da viele obdachlos sind und ihre persönlichen Sachen außer in den teuren Schließfächern am Bahnhof nirgendwo unterbringen können.

Aber wir möchten auch nicht umziehen; Räumlichkeiten sind erstens schwer zu finden in Köln, zweitens sind wir hier in der Pipinstraße direkt vor Ort, dort, wo die Szene ist.

Ihr wartet aber nicht nur, bis die Jungs zu euch kommen. Ihr geht auch raus auf die Straße.
Sabine Reinke: Streetwork ist bei uns ein großer Arbeitsbereich. Wir haben Giveaways dabei, kleine Rücksäckchen, die mit Kondomen und Gleitmittel bestückt sind, die wir den Jungs in die Hand drücken. Damit gehen wir zwei Mal die Woche in die Kölner Kneipenlandschaft raus, um die Verbindung zu halten, um neue Kontakte zu den Jungs zu knüpfen und vor Ort zu beraten. Zusätzlich führen wir Präventionsveranstaltungen zu HIV- und STD's (sexuell transmitted deseases) in Clubs und Bordellen durch. In Köln haben wir zwei professionell geführte Schwulenclubs. Es gibt noch einige private Etablissements, aber es ist schwierig, diese ausfindig zu machen und Kontakte zu den Betreibern herzustellen. Die Jungs erzählen uns davon, aber wenige Tage später ist das Geschäft dort bereits wieder tot.

Wie sehr unterscheidet sich ein Schwulenpuff vom Hurenbordell?
Sabine Reinke: Nicht viel. Ein Kontaktraum, Zimmervermietung, das Übliche. In der männlichen Prostitutionshierachie ist die Clubarbeit hoch angesehen. Den Jungs geht es dort »relativ« gut: Sie können wohnen, sie bekommen etwas zu essen und sind in gesundheitlicher und hygienischer Hinsicht abgesicherter als Jungs, die auf der Straße leben müssen.

Danach kommt die Altstadt mit ihren Stricherkneipen. Der Bahnhof ist ganz unten, sozusagen das untere Ende der »Karriereleiter«.

Also seid ihr auch am Bahnhof unterwegs?
Sabine Reinke: Wir waren eine Weile am und im Kölner Hauptbahnhof unterwegs, aber dort hat sich die Szene zerschlagen. Durch den noblen Umbau des Bahnhofs, die Kamera-Überwachung und erhöhte Präsenz von Polizei und Sicherheitspersonal hat sich die Anzahl der Jungs in der Bahnhofsszene vermindert. Die veränderte Situation führte dazu, dass die Jungs den Bahnhof oft nur noch als Treffpunkt mit ihren Freiern nutzten und sich weniger für eine Kontaktanbahnung dort aufhielten. Darüber hinaus veränderten sich die Strukturen der Kontaktanbahnung. Häufig genutzte Medien sind das Handy und das Internet.

Köln ist eine Schwulenhochburg. Inwiefern hebt sich hier die Stricherszene von der in anderen Städten ab?
Sabine Reinke: Ich bin in Köln vor Ort und kenne die Szenen in anderen Städten durch Berichte der Kollegen und Kolleginnen, die dort arbeiten. Wir sind im Arbeitskreis der deutschsprachigen Stricherprojekte, mit dem wir uns zweimal im Jahr treffen. Von daher weiß ich, dass Berlin eine weitaus größere Stricherszene als Köln hat. Berlin hat aber auch ein anderes Drogenproblem: In Köln spielen Drogen zwar auch eine Rolle, aber keine so massive.

Weil wir die einzige Strichereinrichtung in Nordrhein-Westfalen sind, haben wir vor zwei Jahren eine Studie für Köln, Düsseldorf und das Ruhrgebiet unternommen. Im Rahmen dieser Studie stellten wir fest, dass in Düsseldorf eine ähnlich große Szene wie in Köln existiert, Düsseldorf allerdings – hinsichtlich der Einwohnerzahl – sehr viel kleiner ist; im Gegensatz zu Köln hat Düsseldorf mehr Drogenuser und -abhängige unter den Strichern. Und in Essen gibt es ebenfalls eine Szene.

Alles in allem würde ich aber nicht behaupten, dass sich die Stricherszene in Köln – als eine Schwulenhochburg – durch etwas Besonderes hervorhebt.

Wer sind die Stricher?
Sabine Reinke: Das ist nicht einfach zu beantworten. Stricher sind eine unglaublich heterogene Gruppe. Den klassischen Stricher gibt es nicht, aber es gibt immer wieder Merkmale, die auf viele zutreffen. Unsere Klienten zum Beispiel sind zwischen 15 und 25; und mit 25 ist man alt.

Im Gegensatz zu Callboys oder auch zu Huren haben Stricher keine Identität ausgebildet über das, was sie machen. Die wenigsten bezeichnen sich selbstbewusst als Stricher. Die meisten gehen »halt mal mit und kriegen Geld dafür«.

Es ist unglaublich schwierig für eine Lebensweise, die derartig mit Tabus belegt ist, eine selbstbewusste Identität zu entwickeln. Daher wird das Anschaffen im Eigenerleben vieler Jungs gar nicht als solches registriert und wahrgenommen.

Warum schaffen die Jungs an?

Sabine Reinke: Geld, Unterkunft! Jemand, der keine Anbindung an beispielsweise das Sozialamt hat, der ist auf Geld und Obdach angewiesen. Eben um das Notwendigste zu bestreiten: seinen Lebensunterhalt, ein bisschen Essen, Klamotten, Unterkunft, was man so braucht. Auch Drogen, klar, spielen immer wieder eine Rolle.

Wenn du sagst, mit 25 ist der Stricher alt, was passiert dann mit ihm?
Sabine Reinke: Und dann? Das ist die große Frage ... Wenn jemand Ausstiegswünsche an uns richtet, dann helfen wir ihm natürlich. Wir machen die so genannte Intensivbetreuung, die so genannte PSB-Betreuung, bei der wir mit unseren Klienten intensiv schauen, was für sie möglich ist.

Wir haben sehr gute Verbindungen zur Kommunalverwaltung und dort Sonderkonditionen für unsere Klienten ausgehandelt. Für jemanden, der lange Jahre in keiner Struktur gelebt hat, ist der Gang durch die Ämter ein Alptraum. In Köln aber muss, wer Sozialhilfe bekommen möchte, durch Wohnungs-, Beschulungs- und Arbeitsmaßnahmen. Das halten die meisten unserer Jungs nicht durch. Deswegen haben wir Sonderkonditionen, mit Hilfe derer die Jungs sich erst einmal ein halbes Jahr stabilisieren können, bevor man mit Schule oder Arbeit anfängt. Das funktioniert ... manchmal! Das funktioniert natürlich nicht immer. Denn wir haben auch Klienten, die nicht komplett aus der Szene aussteigen, die aber dabei sind, sich ein zweites Leben zu erarbeiten, indem sie einen Schulabschluss nachholen, gegebenenfalls eine Lehre beginnen. Trotzdem kehren sie immer wieder in die Szene zurück, schließlich war und ist die Szene für sie ein Zuhause, dort fühlen sie sich wohl. Warum sollten sie die Szene also verlassen?

Wir erleben leider auch sehr viele Jungs, die es nicht schaffen – aus den verschiedensten Gründen, meist weil die Anforderungen zu hoch sind oder falsche Erwartungen an das »normale Leben« geknüpft werden. Sie haben es natürlich schwer, sobald sie älter werden, die meisten bleiben irgendwie in der Szene, werden Quasi-Geschäftsführer von irgendwelchen dubiosen Privatpuffs oder machen Vermittlungsgeschäfte. Manche gehen einfach weg. Manchmal wissen wir dann auch nicht konkret, wo sie abbleiben.

Wir haben sehr viele psychiatrisch auffällige Klienten, von denen wir wissen, dass sie niemals im Leben einen »normalen« Beruf ausüben können. Sie befinden sich immer mal wieder für längere Zeit im stationären Aufenthalt von psychiatrischen Krankenhäusern, kommen raus, treiben sich in der Szene herum bis zum nächsten Vorfall, nach dem sie erneut in der Psychiatrie landen. Wir bemühen uns um Schadensbegrenzung, bieten ihnen eine Anbindung an uns, wenigstens einen Halt, damit sie nicht völlig den Bach runtergehen. Im Februar 2003 hatten wir den traurigen Fall, dass ein Junge ums Leben kam. Er hatte einen schrecklichen Unfall.

Was ich damit sagen will? Der Ausstieg aus der Szene ist sehr schwer. Wer in der Szene ist, verlässt sie entweder gar nicht oder mit ganz kleinen Schritten. Das wäre, als würde man seine Heimat verlassen.

Ich möchte aber auch sagen, dass die Jungs meinen Respekt genießen. Ich persönlich würde das Leben, das viele Jungs führen, kaum länger als zwei Wochen durchstehen.

Deshalb die Frage: Wie oft gelingt faktisch der Ausstieg?
Sabine Reinke: Diese Frage ist nicht einfach zu beantworten. Denn es gibt Jungs, die manchmal nur für drei Monate anschaffen, weil sie vielleicht Geld brauchen. So kennen wir zum Beispiel auch Studenten, die für eine kurze Dauer anschaffen gehen. Für die ist der »Ausstieg« praktisch kein Ausstieg, sie haben ja ohnehin noch ein Leben drumherum.

Grundsätzlich finde ich, es wird viel zu viel Wert auf Ausstieg gelegt, als wäre es das erkorene Ziel. Nein, das ist es nicht! Jedenfalls ist das nicht der Auftrag und das Selbstverständnis von Looks e.V. Wenn wir mit dieser »Ausstiegshaltung« unseren Klienten begegnen würden, würden wir vermitteln: »Das, was du machst, ist schlecht. Deshalb bist du ein schlechter Mensch. Dir muss geholfen werden.« Mit dieser Haltung würden wir keinen Kontakt und keine tragfähige Beziehung zu den Jungs aufbauen können und sie würden uns niemals vertrauen. Für viele Jungs ist es die einzige Chance, überhaupt Geld zu verdienen, und für viele ist die Szene ihr Zuhause. Warum sollte man es ihnen wegnehmen? Sicherlich, wenn die Jungs rauswollen, sind wir da und helfen. Aber wir ziehen sie weder hinein, noch wollen wir sie unbedingt rausziehen. Und schon gar nicht erheben wir Sozialarbeiter uns zum Experten über einen Jungen.

Sucht ihr auch den Kontakt zu Freiern?
Sabine Reinke: Wenn wir in Clubs gehen, alle sechs Wochen, meist bei einem lockeren Frühstück, sind diese noch geschlossen. Das heißt, es sind noch keine Freier anwesend, nur die Jungs, mit denen wir über Gesundheitsvorsorge reden. Wir haben gerade zum Beispiel in Köln eine verstärkte Anzahl von Syphilis-Fällen. Wir müssen die Jungs aufklären über Schutz, erste Anzeichen, Behandlungsmöglichkeiten oder Hilfe.

Wenn wir uns in den Kneipen bewegen, sind natürlich auch Freier anwesend. Natürlich wollen sie wissen, wer wir sind. Wir sprechen mit ihnen und klären sie über unsere Tätigkeit auf. Allerdings: Wenn uns die Jungs im Freierkontakt sehen, werden sie argwöhnisch: »Was machen die da? Reden die etwa über mich?« Woraufhin es für uns schwierig wird, unsere Parteilichkeit den Jungs gegenüber zu verdeutlichen. Deshalb halten wir die Kontakte zu Freiern kurz, freundlich, sachlich und informativ.

In unserer Anlaufstelle haben Freier keinen Zutritt, allenfalls wenn sie mit uns einen Termin vereinbart haben außerhalb der Öffnungszeiten. Wir haben solche Fälle, in denen uns so genannte »Sozialfreier« kontaktieren, die einen Jungen aufgenommen haben und ihm unbedingt helfen wollen, aus dem Milieu rauszukommen. Früher oder später kommen sie an den Punkt, an dem es schwierig wird, dann rufen sie uns an und bitten um ein Gespräch mit uns und dem Jungen. In der Regel fragen wir jedoch die Motivation zu einem Gespräch bei dem Jungen ab, um Parteilichkeit zu demonstrieren.

Sozialfreier?
Sabine Reinke: So genannte selbsternannte Sozialarbeiter

Was treibt einen »Sozialfreier« an, den Jungen aus der Szene zu holen, wo doch auch bei ihm ursprünglich der Deal war: Geld gegen Sex?

Sabine Reinke: Absolut! Sex ist immer eine Ware, die heiß gehandelt wird. Es ist immer nur ein Tauschgeschäft. Ich möchte solchen Freiern noch nicht einmal das bewusste Motiv unterstellen; manchmal ist es auch nur eine unbewusste Forderung: »Wenn ich dir helfe, habe ich auch eine Gegenleistung verdient. Und folgendermaßen stelle ich mir das vor ...« Das ist der Moment, an dem es kritisch wird. Die Vorstellungen desjenigen, dem geholfen werden soll und der es vielleicht gar nicht selbst will, sind in der Regel ganz andere als die des Freiers.

Natürlich geschieht es auch, dass enge emotionale Bindungen zwischen Strichern und Freiern entstehen. Beispielsweise verliebt sich ein Freier in einen Jungen. Damit ist der Konflikt vorprogrammiert, weil sich nun »Geschäft« und »Gefühle« vermischen. Daraus entsteht ein Verhältnis, welches auf wechselseitiger Abhängigkeit basiert: Emotionale Abhängigkeit des Freiers versus materielle Abhängigkeit des Strichers. Weil sich das Verhältnis auf keiner gleichberechtigten Ebene befindet, steht am Ende der Entwicklung oftmals viel Leid für beide: Verachtung, Betrug und Gewalt.

Dadurch, dass der Junge dem Freier jetzt was schuldig ist, würde er quasi in eine noch schlimmere Abhängigkeit geraten.
Sabine Reinke: Richtig. Von daher ist die Freierarbeit schwierig. Wir bei Looks haben beschlossen: Wir würden gerne Freierarbeit machen, aber es passt nicht originär in unseren Kontext. Vielmehr könnten Freiergruppen bei anderen Institutionen angesiedelt werden. Wir führen mit befreundeten Einrichtungen gerade darüber Gespräche.

Ein ganz anderes Problem sind die pädosexuellen Kreise. Gerade sie sind häufig mitverantwortlich, dass Jungs überhaupt in die Prostitution geraten.
Sabine Reinke: Viele der Jungs wurden häufig schon in einem Alter von neun bis 14 Jahren von pädophilen Männern kontaktiert. Die Beziehung der Jungs zu diesen Männern ist in der Regel durch sexuelle Dienstleistungen gekennzeichnet, die durch materielle und emotionale Zuwendungen entlohnt werden. Damit erhalten diese Beziehungen bereits einen deutlich prostitutiven Charakter. Für

viele Jungs ist das der Einstieg in die Stricherszene.

Akzeptanz hin, Akzeptanz her, wir haben uns gesagt, es gibt eindeutige Grenzen. Diese ist hier erreicht und vom Gesetzgeber klar definiert. Wir wissen zwar, dass wir mit unseren Möglichkeiten und Mitteln keinen Pädo-Ring ausheben können. Aber was wir machen können, ist, vermeintlich betroffene Opfer – Kinder und Jugendliche –, ausfindig zu machen und an den Orten und Plätzen, an denen sie sich treffen, Präventionsarbeit zu betreiben.

Dazu haben wir ein Projekt mit dem Namen »PänzUp« ins Leben gerufen. Inhalt von »PänzUp« ist die Prävention vor solchen pädosexuellen Übergriffen. Nach der Konzeptionierung des Projekts, der Untersuchung und Analyse der Örtlichkeiten sowie dem Aufbau eines institutionellen Netzwerks in 2002 steht nun die konkrete Präventionsarbeit bei der Zielgruppe sowie die Aufklärung und Sensibilisierung der Öffentlichkeit für dieses Thema an.

Denn pädosexuelle Männer suchen häufig gezielt dort den Kontakt zu den »kleinen« Jungs, wo sie ihre Freizeit verbringen, zum Beispiel in Spielwaren- und Computerabteilungen größerer Kaufhäuser oder in öffentlichen Schwimmbädern. Überall dort, wo sich ein zunächst unverdächtiger Kontakt zwischen Tätern und Opfern herstellen lässt. Um den Blick für die Strategien der Täter zu trainieren, führen wir Schulungen für das Verkaufs- und Beaufsichtigungspersonal durch.

Okay, ihr wollt den Blick der Kinder und Jugendlichen sowie des Personals öffentlicher Freizeiteinrichtungen schulen. Aber was ist mit den Jungs, die bereits in den Pädokreisen sind?
Sabine Reinke: Wenn ein Junge bereits in pädokriminellen Kreisen steckt, wissen wir, kriegen wir ihn nicht mehr heraus. Da versagt öffentliche Jugendhilfe. Öffentliche Jugendhilfe kann dem Jungen nicht bieten, was der pädosexuelle Freier ihm bietet: die tollsten Jeans, eine Playstation, 50 Euro am Tag.

Dieser Junge ist nicht mit Worten, nicht mit Taten herauszuholen. Selbst mit staatlicher Gewalt ist es so gut wie nicht möglich, Jungen aus diesen Verhältnissen zu lösen. Die meisten kehren immer wieder zu dem Mann zurück. Wir wissen aber auch: Der seelische und der körperliche Schaden, den ein Junge erleidet, der in solchen Pädokreisen gefangen ist, ist nicht wieder gut zu machen. Deshalb: Es muss vorher vernünftige Präventionsarbeit geleistet werden, damit die Jungs nicht in die Kreise hineingeraten.

Doch wie soll das ausschauen? Ihr könnt schlecht in Schwimmbäder gehen und den Kids sagen: »Passt auf, wenn euch jemand anspricht!« Das schürt allenfalls bei den Eltern Panik.
Sabine Reinke: Ja, das ist ein heißes Eisen. Es ist sehr schwierig, die Präventionsmethoden und Inhalte so aufzubereiten, dass sie keine Angst machen oder Panik verursachen, sondern Vertrauen vermitteln und den Kiddies das Gefühl geben, zu wissen, wie sie sich gegen Übergriffe wehren können und wen sie ansprechen können, anstatt diese Form der Übergriffigkeit als persönliches Schicksal zu betrachten. Deshalb werden wir uns auch gezielt an Eltern wenden.

Während einer Umfrageaktion gestanden uns Jungen, derart bereits von Tätern angesprochen worden zu sein.. Auf die Frage, warum sie niemandem davon erzählt hätten, entgegneten sie: »Weil uns niemand danach gefragt hat.«

LOUIS

Altmod. Szenejargon.
Synonym: Fosenhahn, Loddel, Lude, Ludewig, Stenz, → *Zuhälter.* Volkstümlich ist »Louis«, ursprünglich aus dem französischen, auch eine Bezeichnung für einen liederlichen Burschen.

LUDE

Szenejargon.
Synonyme: Fosenhahn, Loddel, Louis, Stenz, → *Zuhälter.* »Lude« ist ursprünglich eine Abkürzung von → *Ludewig,* wie der Zuhälter im Volksmund des 19. Jahrhunderts, vor allem in Berlin, genannt wurde, und wird noch heute häufig als Synonym für den Zuhälter verwendet.

LUDEWIG

Altmod. Szenejargon.
Synonym: Fosenhahn, Loddel, Louis, Lude, Stenz, → *Zuhälter.* Die Bezeichnung »Ludewig« wurde im 19. Jahrhundert, insbesondere in

Berlin, volkstümlich für den Zuhälter verwendet; die Abkürzung »Lude« ist noch heute als Synonym gebräuchlich.

LUES

Sexuell übertragbare Krankheit, → STDs.
Synonyme: Lustseuche, Syph, → *Syphilis*

LUSTSKLAVIN

Szenejargon.
Synonym: Serva, → *Sklavia,* → *Zofe.* Lustsklavinnen leben ihre Unterwürfigkeit im kommerziellen Bereich aus und bedienen den Mann im Rahmen von Fesselspielchen: Sie müssen den Mann dabei → *oral* bedienen, zelebrieren den → *Verkehr* in einer demütigen Form, bekommen bei Fehlverhalten ein paar Klapse auf den Po (→ *Spanking*) und zum Abschluss in der Regel eine → *Gesichtsbesamung.* Sie machen den Job, weil er Geld bringt, nicht weil sie eine devote Ader haben. Was nicht heißen soll, dass es Lustsklavinnen nicht auch im privaten Bereich gibt. Das sind Frauen, die echte devote Neigungen ausleben.

LUXUS-CALLGIRL

→ *Edel-Prostituierte*

M

MÄC-UP

Schutz- & Schonraum für Mädchen und Frauen.

Das Café Mäc-Up in Köln ist ein Schutz- und Schonraum für Mädchen und Frauen (14 bis 27 Jahren), die auf der Straße leben. Die Besucherinnen können hier essen, sich duschen, Second-Hand-Kleidung erhalten, ihre Wäsche waschen und sich miteinander unterhalten. Zwei mal in der Woche können sich die Mädchen und Frauen von einer Ärztin medizinisch betreuen lassen. Sozialarbeiterinnen bieten Beratung sowie Vermittlung von Hilfen an. Die Gespräche mit den Mitarbeiterinnen werden vertraulich behandelt, die Besucherinnen können anonym bleiben. Für die Straßensozialarbeit steht ein Bus montags bis donnerstags von 21.30 bis 24 Uhr am → *Straßenstrich*. Sozialarbeiterinnen bieten dort Prostituierten Kaffee, Gespräche und Beratung an. Als präventive Maßnahmen werden Kondome verteilt und Spritzen getauscht.

Die Mitarbeiterinnen vom Mäc-Up bieten ferner Präventionsveranstaltungen für Schulen und Mädchen zu Themen wie Konfliktlösung, Freizeit und Sexualität an.

• ***KONTAKT:*** *Mäc-Up, Schutz- & Schonraum für Mädchen und Frauen. Machabäerstraße 31, 50668 Köln, Telefon 0221/133557, Telefax 0221/1397968, maec-up@skf-koeln.de, Öffnungszeiten: Mo 15-18.30 Uhr, Di 12-15.30 Uhr, Mi/Do 13-16.30 Uhr, Fr 12-15.30 Uhr*

MADAME BILLY

Bordellbesitzerin, geb. 1901,

Mit bürgerlichem Namen Aline Soccodato, geborene Roblot. Aline

Roblot verlor ihre Eltern in jungen Jahren. Sie arbeitete auf einem Bauernhof, dann als Verkäuferin, bevor sie die lesbische Milliardärin Grace Palmier mit dem »großen Leben« vertraut machte: Kaviar, Champagner, Nachtlokale und → *Nachtclubs.* Palmier war es auch, die Aline – angelehnt an die Gedichte von Piere Louys – den Namen »Bilities« gab. Aline machte daraus »Billy«. Sie lernte den Sänger Joseph Soccodato kennen, heiratete ihn und trug mit ihrer Arbeit in → *Stundenhotels* zum Famililieneinkommen bei. Bereits 1938 eröffnete sie ihr erstes → *Bordell.* 1941, unter deutscher Besatzung, richtete sie das Luxusbordell → *Étoile de Kléber* ein. Obwohl im Verborgenen, wurde es zur heiß gehandelten Adresse sowohl für nationalsozialistische als auch später für alliierte Offiziere.

DAS MÄDCHEN IRMA LA DOUCE (IRMA LA DOUCE)

Kinoklamotte.

Der Polizist Nestor wird in den Norden von Paris versetzt, wo sich die → *Huren* und → *Zuhälter* mit den Polizsten arrangiert haben. Davon weiß er allerdings nichts, weshalb er eine Razzia durchführt und dabei auch Inspektor Lefèvre verhaften lässt, der sich gerade vergnügt. Nestor verliert seinen Job und legt sich mit Hippolyte an, dem üblen → *Zuhälter* der jungen Irma. Mit viel Glück – und einem baumelnden Kronleuchter – streckt Nestor Hippolyte nieder, weswegen ihn alle bewundern, insbesondere Irma la Douce, die ihn zu seinem Zuhälter macht. Er aber verliebt sich in Irma und will sie von der Straße holen. Wie verrückt ackert er auf dem Markt, um sich zweimal pro Woche als Lord X verkleiden und Irma für eine Nacht bezahlen zu können; dabei will er nichts anderes von ihr, als mit ihr reden und Karten spielen. Als Irma den Lord auf sein Schloss begleiten will, kommt er in Zugzwang und täuscht einen Selbstmord vor; für Hippolyte, der ihn dabei ertappt, sieht es dagegen wie Mord aus und er ruft die Polizei. Ausgerechnet Inspektor Lefèvre verhaftet Nestor, der zu 15 Jahren Knast verurteilt wird. Sein Freund Moustache verhilft ihm zur Flucht, damit er als Lord X auferstehen kann. Daraufhin wird Nestor freigesprochen und heiratet Irma, die inzwischen schwanger ist. Die Geschichte der Irma la Douce, die Regisseur Billy Wilder in gewohnter *screwball comedy*-Manier fürs Popcorn-Kino der frühen 60er inszenierte, hat keinen Anspruch auf Wahrheitsgehalt, geschweige denn Realismus. Sie geht auf ein Bühnenstück von Alexandre Breffford zurück.

• *INFO: Das Mädchen Irma la Douce (Irma la Douce). Kinofilm, USA 1963, 135 min. Regie: Billy Wilder. Darsteller: Shirley MacLaine (Irma), Jack Lemmon (Nestor), Lou Jacobi (Hippolyte).*

MÄDCHENWOHNHEIME

Szenejargon.

Synonyme: → *Bordell,* → *Freudenhaus,* → *Puff*

»MÄDELS KNACKEN«

Szenejargon.

Synonym: → *poussieren*

MADONNA E.V.

Beratung und Hilfe für Prostituierte.

Im Sommer 1991 wurde auf Anregung einer Bochumer Prostituierten, die bei dem Hurenprojekt → *Hydra e.V.* in Berlin Erfahrungen hatte sammeln können, Madonna als Selbsthilfeverein für Bochum gegründet Bereits im März 1992 wurde eine zunächst ehrenamtliche Beratungsstelle in der Gussstahlstraße eröffnet – in direkter Nachbarschaft der → *Bordell*meile »Im Winkel«, eine Sackgasse, die von der Gußstahlstraße abzweigt und von Ansässigen gerne auch »Eierberg« genannt wird. Noch im gleichen Jahr wurde Madonna als gemeinnütziger Verein anerkannt und erfuhr durch die Genehmigung von ABM-Stellen eine zunehmende Professionalisierung.

»So wie sich häufig Selbsthilfe in Institution verändert – eine Entwicklung, die nicht nur uns von Madonna e.V. betrifft, sondern auch Kommunikationszentren oder Jugendeinrichtungen, die in den 80ern gegründet wurden –, haben auch wir uns die Jahre über durch neue Möglichkeiten der Finanzierung verändert, sicherlich nicht inhaltlich, so aber doch in der Art der Arbeit«, erklärt Dorothee Schmidt, Projektleiterin bei Madonna e.V. Heute stehen Ausstiegsberatung, psychosoziale Beratung, Schuldner-

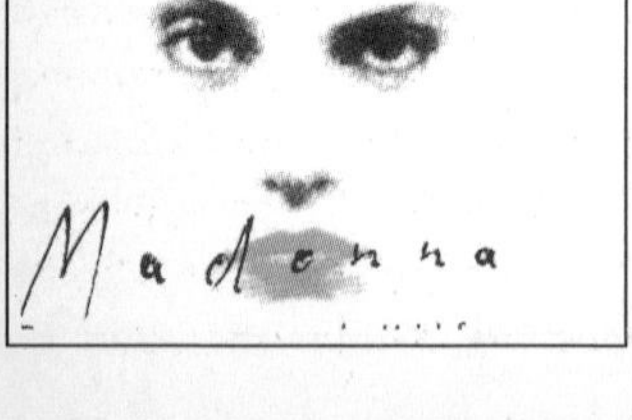

beratung, Beratung bei gesundheitlichen Problemen, aber auch Tipps beim Einstieg und Beratung von → *Migrantinnen* auf der Liste der aktiven Hilfestellungen, die das Madonna-Team den Prostitutierten gewährt. Streetwork dagegen steht anders als bei anderen Beratungsstellen und -organistationen in Deutschland nicht auf dem Programm, was durchaus logische Gründe hat: Die Beratungsstelle Madonna e.V. liegt noch heute in Nachbarschaft zur Rotlichtmeile »Im Winkel«. »Streetwork findet zu den Arbeitszeiten der Frauen in den Bordellen statt«, erläutert Dorothee Schmidt. »Wenn die Frauen sich aber in den Bordellen aufhalten, arbeiten sie. Da stört man nicht gerne.«

Wenn die Prostituierten Probleme haben, wissen sie, dass das Madonna-Team für sie da ist. Dorothee Schmidt: »Prostituierte kommen in unsere Beratungsstelle, weil sie Probleme in ihrer Lebensführung oder in ihrem Berufsalltag haben. Manchmal, aber nicht immer, entwickelt sich dabei ein Ausstiegswunsch.« Diesem schenkt man bei Madonna e.V. ein besonderes Augenmerk, »wobei wir«, betont Dorothee Schmidt, »Frauen nicht dazu überreden auszusteigen. Der Wunsch muss von Seiten der Frauen kommen.«

Seit 1997 läuft bei Madonna e.V. eigens das Projekt »Neustart«, das vom Ministerium für Frauen, Jugend, Familie und Gesundheit des Landes Nordrhein-Westfalen gefördert wird. »Das Projekt soll die Frauen – auf der Grundlage dessen, was sie sich für ihre Zukunft vorstellen – für ein Berufsleben außerhalb der Sexindustrie, das heißt für den Arbeitsmarkt ›fit‹ machen«, erklärt Dorothee Schmidt.

Im Januar 1998 startete das Computerprojekt »HOPe«, durchgeführt von Madonna e.V. in Kooperation mit der Deutschen Angestellten Akademie in Bielefeld. Das Projekt ist nicht ausschließlich auf den Ausstieg gerichtet, bietet stattdessen Qualifizierungsmaßnahmen und Hilfen zum Einstieg in einen neuen beruflichen Bereich und leistet Beratungs- und Vermittlungsarbeit bei der Planung einer selbstständigen Tätigkeit, die durchaus in der Sexbranche liegen kann. Dorothee Schmidt: »Die Qualifizierungsmaßnahme ist für alle Huren sowie für Frauen, die in anderen Bereichen der Sexindustrie gearbeitet haben beziehungsweise arbeiten, konzipiert. Sie erhalten eine Computerschulung und bekommen grundlegendes kaufmännisches Wissen.« Das Projekt wurde mit Mitteln der EU und des ehemaligen Ministeriums für Arbeit, Soziales, Stadtentwicklung, Kultur und Sport des

Landes NRW gefördert. Aufgrund der angespannten NRW-Haushaltslage hat das Ministerium die Zuschüsse für 2002 allerdings eingefroren, so dass das Projekt gegenwärtig pausieren muss. Was wiederum zur Folge hatte, dass Madonna e.V. vier seiner bislang neun Mitarbeiterinnen entlassen musste.

Im Dezember 1998 übernahm Madonna e.V. für zwei Jahre die erste eigenständige Trägerschaft eines EU-Projektes: »Analyse der Kompetenzprofile von Prostituierten als Voraussetzung für die sozio-professionelle Integration in den ersten Arbeitsmarkt – ANAKO«. Dorothee Schmidt erläutert: »Das ›Anako‹-Projekt setzte bei der ganz simplen Grundüberlegung an, dass der Satz ›Ich gehe anschaffen, sonst kann ich nichts‹ nicht stimmt. Es ging davon aus, dass Frauen, die eine sexuelle Dienstleistung anbieten, durchaus Qualifikationen innerhalb ihrer Tätigkeit erwerben, diese den meisten der Frauen aber nicht bewusst ist. Davon ausgehend wurde im Rahmen eines so genannten Trainings ein Kompetenzprofil entwickelt, aus dem unter anderem die Organisation des Arbeitsplatzes, vorbereitende Tätigkeiten, Kundenakquise, Kundenservice und -verabschiedung erkennbar wurden.«

Das Training erwies sich als so erfolgreich, dass Madonna e.V. es nach Abschluss des EU-Projekts als wesentlichen Bestandteil der Qualifizierungsmaßnahme »HOPe« in das Angebot von Madonna e.V. integrierte. Seit 2000 arbeitet Madonna e.V. außerdem am Archiv »Prostitution und Prostituierte«, in dem es einen außerordentlichen Fundus an Presseveröffentlichungen, Gerichtsurteile, historische Dokumente und Veröffentlichungen der internationalen Hurenbewegung zusammenträgt und inhaltlich erfasst.

• ***KONTAKT:*** *Madonna e.V. Beratung und Hilfe für Prostituierte, Gussstahlstraße 33, 44793 Bochum, Telefon 0234/685750, Telefax 0234/685751, info@madonna-ev.de, www.madonna-ev.de, Öffnungszeiten: Mo/Do 11-13 Uhr, 14-16 Uhr, Fr 11-13 Uhr, Mi 16-20 Uhr, sowie nach telefonischer Vereinbarung*

MARGUERITTES, VICTOR

Franz. Schriftsteller, geb. 1866, gest. 1942.

In seinem Roman »Prostituée« (1911) schildert Marguerittes die absonderlichen Gelüste, denen die → *Dirne* Rose in verschiedensten → *Freudenhäusern* begegnet: »Rose trat zunächst in das Mercy ein, in dessen Arsenal sich zahlreiche Riemen, Ruten, harte, stechende Bürsten und mit Nägel gespickte Schnüre befanden. Für äußerst bescheidene Summen musste sie sich schlagen, kneifen und treten lassen. Perverse Typen ohrfeigten sie oder schlugen sie mit Reitpeitschen oder Paletten, bis ihre Haut richtiggehend marmoriert war.« Das Buch offenbarte nichts, was man nicht schon wusste, erlebte dennoch über zehn Auflagen innerhalb kürzester Zeit. Marguerittes ließ in dem Buch angesichts der Erniedrigung fragen: »Wann wird es endlich gleiche Rechte und Pflichten für alle menschlichen Wesen geben? Eine einzige Moral, eine einzige Gerechtigkeit?«

Mit diesem als Modellfall ausgegebenen Lebensbild eines neuen Frauentyps rief er einen Skandal hervor; er wurde daraufhin sogar aus der Ehrenlegion ausgeschlossen, der er seit 1914 angehörte. Kritik und Öffentlichkeit protestierten gegen die hier dargestellte, extreme Form der → *Emanzipation*. Marguerittes ließ sich nicht beirren und entwickelte konsequent die neuen Weiblichkeitsentwürfe, eine veränderte Vorstellung von Männlichkeit, in seinem Buch »Die Aussteigerin« (1922) weiter. Auch hier statten feine Herrschaften den → *Dirnen* einen Besuch ab, doch diese wissen sich inzwischen beim Gruppensex das zu nehmen, was sie wünschen. »Das Bordell«, so ließ Marguerittes die Mädchen sagen, »das ist mittlerweile der einzige Salon, in dem man sich noch amüsiert. Hier bekommt man wenigstens keine falsche Ware angedreht.«

Dank der unverblümten Schilderung des Sexuallebens und der sozialen Misere zu Beginn der zwanziger Jahre fand »Die Aussteigerin« starken Anklang.

• *DAS BUCH: Die Aussteigerin (La Garçonne), Suhrkamp Verlag, Frankfurt 1989*

EIN MANN FÜR GEWISSE STUNDEN (AMERICAN GIGOLO)

Kinothriller.

Julian Kay sieht gut aus und ist gebildet, ein Mann, mit dem die Frauen gerne ihre Zeit verbringen. Als → *Gigolo* schlägt er routiniert sein Kapital daraus, lässt sich von seiner »Entdeckerin« Anne sowie dem zwielichtigen Leon James vermitteln. Letzterer verschafft ihm einen gutbezahlten, aber verhängnisvollen Job bei Mr. Rheiman, der dabei zuschauen möchte, wie Julian es mit seiner Frau Judy treibt, während er sie fesselt und schlägt. Julian lässt sich darauf ein, nur blöd, dass Judy Rheiman wenig später ermordet aufgefunden wird. Für Detective Sunday, das genaue Gegenteil von Julian, ist der Fall klar, und er schreckt nicht einmal vor unlauteren Methoden zurück, um die Schuld des → *Callboys* zu beweisen. Ausgerechnet jetzt verliebt sich der sonst gegen Gefühle gefeite Julian, ausgerechnet in die ihm zugeneigte Senatorengattin Michelle Stratton. Sie ist es, die ihn sogar entlasten könnte, doch leider hat sie einen guten Ruf zu verlieren ... Thriller mit Richard Gere als idealbesetzter → *Callboy*, der nicht nur spannend ist, sondern zwischen den Zeilen die heuchlerische Doppelmoral der → *amerikanischen* Gesellschaft auf den Punkt bringt.

• *DER FILM: Ein Mann für gewisse Stunden (American Gigolo). USA 1979, 112 Min. Regie: Paul Schrader. Darsteller: Richard Gere (Julian Kaye), Lauren Hutton (Michelle Stratton), Hector Elizondo (Detective Sunday), Nina Van Pallandt (Anne), Bill Duke (Leon), Brian Davies (Charles Stratton)*

MARIKAS

Beratungsstelle für anschaffende Jungs und Männer.

Anfang der 90er Jahre stießen die Mitarbeiterinnen von → *Mimikry*, der Beratungsstelle für anschaffende Mädchen und Frauen in München, während der Streetwork zunehmend auf Jungs, die sich und ihren Körper verkauften. Auch die Stricher verlangten nach Prävention, Beratung und insbesondere Hilfe. »Wir haben diese Kontakte zu den Jungs aufrecht erhalten«, berichtet Heike Schütte, stellvertretende Dienststellenleiterin der Evangelischen Hilfswerk GmbH, seit Anfang 2003 eine gemeinnützige Tochtergesellschaft der Inneren Mission e.V. und Träger von Mimikry und Marikas. Anträge wurden gestellt, Zuschüsse vom Jugendamt bewilligt. 1993 wurde »Marikas«, Beratungsstelle und Café-Treffpunkt für Stricher, ins Leben gerufen.

Hier bemühen sich zwei Mitarbeiter und Simone Ortner, Diplom-Sozialpädagogin und Leiterin der Beratungsstellen Mimikry und Marikas, um Kontakt zu den Jungs. Diese können wiederum tagsüber Zuflucht im Café suchen, gratis duschen, Wäsche waschen und trocknen. Ferner gibt es ein kostenloses Koch- und Speiseangebot, das durch die Zulieferung der »Münchner Tafel« ermöglicht wird. Auf Anfrage stellt Marikas den Jungs Notschlafplätze zur Verfügung.

Gegenwärtig umfasst Marikas auch die Arbeit einer kulturellen Mediatorin aus der Slowakei. »Ein Großteil unserer Klientel kommt aus osteuropäischen Staaten«, weiß Heike Schütte. »Bei diesen Jungs geht es nicht nur um die sprachlichen Barrieren, sondern auch um den kulturellen Hintergrund. Wir haben gemerkt: Seit die kulturelle Mediatorin uns bei der Streetwork begleitet, fällt uns der Kontakt zu den Jungs leichter.«

• *INFO: Marikas. Treffpunkt und Beratungsstelle für anschaffende Jungs (Stricher, Callboys), Evangelisches Hilfswerk München, Dreimühlenstr. 1, 80469 München, Telefon 089/7259084, Telefax 089/74793943, marikas@hilfswerk-muenchen.de, www.hilfswerk-muenchen.de, Öffnungszeit: Mi/Do 14-16 Uhr, Fr. 13-16 Uhr*

MARIKAS

Im Gespräch: Heike Schütte, Diplom-Sozialpädagogin

Die Diplom-Sozialpädagogin Heike Schütte ist stellvertretende Dienststellenleiterin der Beratungsstellen → *Mimikry* (für Prostituierte) und → *Marikas* (für Stricher).

Liebe Frau Schütte, bitte erklären Sie mir, was ist ein Stricher?

Heike Schütte: Es gibt eine Definition, die wir mit anderen Stricherprojekten erarbeitet haben: Dergemäß wird Prostitution verstanden als das regelmäßige oder gelegentliche Angebot und der Verkauf sexueller Dienstleistungen eines Jugendlichen oder erwachsenen Mannes, der dafür Geld oder materielle Werte erhält. Das bedeutet natürlich auch, dass es durchaus Stricher gibt, die kein Bargeld bekommen, sondern einen anderen materiellen Wert: Das könnte zum Beispiel auch nur Unterkunft sein, die einem wohnungslosen Jungen geboten wird, der dafür sexuelle Dienste leistet.

Die Stricherszene ist anders als die der weiblichen Prostitution. Wie sieht daher Ihre Arbeit mit Strichern aus?

Heike Schütte: Grundsätzlich unterscheidet sich München vom Rest der Republik: Für Stricher gibt es keinen offiziell genehmigten Platz, wo die Jungs und Männer anschaffen dürfen. Es gibt keinen Straßenstrich. Von offizieller Seite heißt es, sie könnten sich ja theoretisch mit auf den Straßenstrich der Frauen stellen. Das ist unrealistisch, das würden die Frauen gar nicht dulden. Das heißt, die Orte, an denen die Jungs anschaffen gehen, liegen in der Regel im Sperrbezirk, wo es nicht erlaubt ist.

Das macht unsere Arbeit schwieriger. Wir kennen bestimmte Kneipen und öffentliche Plätze, an denen angebahnt wird. Wir versuchen dort mit einer starken Präsenz regelmäßig in Kontakt zu den Strichern zu kommen. Dabei sind wir natürlich abhängig von den Wirten dieser Kneipen, denn die müssen uns erlauben, in ihre Kneipen zu kommen, dürfen unsere Arbeit nicht als störend empfinden.

Gegenwärtig sind wir dabei, auch übers Internet Kontakt aufzunehmen. Ein Kollege hat damit begonnen, einen Newsletter an bestimmte E-Mail-Adressen zu verschicken, also an Jungs, die sich im Internet anbieten.

Wobei doch die Jungs, die im Internet inserieren, ohnehin professionalisiert, sprich Callboys sind.
Heike Schütte: Dazu habe ich eine eigene Meinung. Natürlich kann man diese Jungs eher als Callboys bezeichnen, aber ich weigere mich, sie gleich automatisch als »professionell« zu bezeichnen. Ich denke, man muss differenzieren.

Natürlich haben Callboys meist nicht die Probleme, wie sie Stricher besitzen, die wohnungslos sind und zusehen müssen, wo sie eine Unterkunft für den nächsten Tag herbekommen. Möglicherweise sind Callboys besser organisiert, wenn sie über Internet inserieren und über Handy Kontakte knüpfen. Aber ob sie deswegen unbedingt professioneller arbeiten? Was ist professionell? Es gibt sicherlich auch Stricher, die professioneller arbeiten als ein Callboy ...

So kann es durchaus sein, dass auch ein Callboy keine eigene Wohnung hat und stattdessen in einem Boyhaus arbeitet und wohnt. Die Frage, ob das angenehmer ist, lasse ich offen ...

Wie viele Stricher schaffen in München an, und wie alt sind sie?
Heike Schütte: Wir haben etwa 300 bis 350 Kontakte im Jahr. Der Schwerpunkt liegt zwischen 20 und 25, wobei es sicherlich auch jüngere gibt, ebenso wie es ältere gibt.

Ab einem gewissen Alter sind Stricher für die Freier uninteressant. Arbeiten Sie daher bei den Jungs »akzeptierend« oder auf einen Ausstieg hinaus?
Heike Schütte: Unser Ziel ist nie der Ausstieg! Es ist unser oberstes Prinzip, geeignete Lebens- und Arbeitsbedingungen für die Jungs zu schaffen. Wenn ich einen 20-Jährigen bei uns sitzen habe, der gut ausschaut und verhältnismäßig viel Geld verdient, brauche ich ihm ohnehin keine Alternativen aufzeigen. Ich würde auf taube Ohren stoßen. Bei einem Stricher dagegen, der älter ist und dementsprechend nicht mehr viel verdient, kommt der Wunsch nach einer Alternative zwangsläufig. Wenn er zu uns kommt und sagt, er wolle aussteigen, wird er natürlich von uns unterstützt. Wenn ich einen Stricher bei der Straßenarbeit treffe, ins Gespräch komme und er Bemerkungen macht, aus denen deutlich wird, er komme in seinem Job nicht mehr klar, dann übergehe ich solche Signale nicht. Das ist ja die Professionalität der SozialarbeiterInnen, genau solche Dinge aufzugreifen und Perspektiven aufzuzeigen.

Wie könnten diese Perspektiven aussehen? Welche Möglichkeiten gibt es?
Heike Schütte: Die Möglichkeiten sind bei Marikas momentan begrenzt, da unsere Hauptklientel Migranten sind. Es sind Jungs, die in Deutschland einen Touristenstatus haben, also kein Bleiberecht. Das bedeutet auch, dass sie eigentlich keine offizielle Hilfe in Anspruch nehmen dürfen: Keine Jugendhilfe, keine Sozialhilfe, kein Arbeitslosengeld. Selbst die Unterbringung der Jungs wird damit zu einem schwierigen Unterfangen.

Momentan beschränkt sich unsere Arbeit in diesem Bereich auf das persönliche Gespräch, in dem wir auch wirklich realistische Perspektiven entwickeln. Das kann unter Umständen bedeuten, dass wir mit dem Jungen die Möglichkeit in Betracht ziehen, in sein Heimatland zurückzukehren. Wir sind vernetzt mit verschiedenen Projekten in verschiedenen Ländern, mit denen wir die rechtlichen Rahmenbedingungen für eine Rückkehr des Jungen und mögliche Perspektiven klären.

Der eine oder andere Junge entschließt sich tatsächlich, in sein Heimatland zurückzukehren. Für uns macht es das aber schwierig, eine konkrete Zahl zu nennen, wie viele von den Jungs am Ende wirklich aussteigen. Vielleicht kehren sie ja ins Heimatland zurück und merken dort nach wenigen Monaten, dass die Rückkehr ihnen nichts bringt, so dass sie erneut nach Deutschland reisen, diesmal nicht nach München, sondern nach Hamburg ...

Bei Strichern mit Bleiberecht oder auch deutschen Strichern ist das dringlichste Problem zu Anfang meist die Wohnung, die die Jungs benötigen. Das ist in München nicht einfach, denn es herrscht akute Wohnungsnot. Es ist schwierig, Jugendliche oder junge Erwachsene geeignet unterzubringen, zum Beispiel in einer betreuten Wohngemeinschaft der Jugendhilfe oder einer Sozialwohnung. Wir bei Marikas haben zwar eine Notschlafstelle, in der Jungs sieben Tage im Monat kostenlos übernachten dürfen – aber auch nicht länger, so dass die Notschlafstelle nicht wirklich eine Alternative zur Wohnungslosigkeit bietet. Im Übrigen verfügt die Stelle nur über fünf Plätze, die dementsprechend häufig ausgebucht sind.

Hinzu kommt: Viele der Jungs geraten früh in die Szene, verfügen nicht über einen Schulabschluss oder eine Berufsausbildung.
Heike Schütte: Das bedeutet für uns, wir müssen einen nachträglichen Schulabschluss in Erwägung ziehen: Manchmal bieten sich Arbeitstrainingsmaßnahmen an, möglicherweise gibt es unterstützende Maßnahmen vom Arbeits- oder Sozialamt. Allerdings gibt es für solche Maßnahmen immer weniger Geld.

Ein anderes Thema sind pädosexuelle Übergriffe. Für viele Stricher ist dies der Einstieg in die Szene.
Heike Schütte: Ja, ich weiß von Strichern, die ich selbst in Beratung hatte, dass ihr Einsteig mit etwa 14 Jahren begann. Das ist noch nicht einmal das jüngste Alter. Die ersten Kontakte fanden meist im Alltag der Kinder statt, im Freibad, im Kaufhaus, dort, wo Freier gezielt nach Kindern und Jugendlichen suchen. Beim ersten Kontakt bieten die Freier meist schon dafür Geld, dass die Jungs ihnen »nur« beim Onanieren zuschauen. Das ist verlockend für jemanden, der vielleicht nicht viel Taschengeld bekommt. Und jeder weiß, wie viel Geld Jugendliche heutzutage brauchen, um sich Markenkleider und sonstigen Konsum leisten zu können.

Dem Mann also zuzuschauen oder nicht, das ist eine Entscheidung, die in Sekunden gefällt werden muss. Wenn der Junge es das erste Mal gemacht hat, ist der zweite Schritt nicht mehr so weit ... Ähnlich verhält es sich bei den Mädchen. Zusätzlich kann es bei ihnen aber noch der Mann sein, den sie kennen lernen und der sie irgendwann dazu überredet, anschaffen zu gehen. Dabei spielen Gefühle eine Rolle, die Sehnsucht nach Bestätigung, also eher die klassische Nummer.

Fakt ist: Freier, die es überall gibt, finden die Kinder. Sie gehen durch die Stadt, suchen die Kids, sprechen sie einfach an. Im Rahmen einer Zusammenarbeit mit der Sendung »Live aus dem Schlachthof«, die auf Bayern 3 lief, wurde vor vielen Jahren ein Lockvogel ins Untergeschoss des Münchner Hauptbahnhofes gestellt: Ein 14-jähriges Mädchen, ganz normal gekleidet, das quasi auf eine Verabredung wartete. Es wurde eine Stunde mit versteckter Kamera gefilmt und in dieser Zeit wurde das Mädchen 20 Mal angesprochen und bekam eindeutige Angebote.

MARTHE. GESCHICHTE EINER DIRNE (HISTOIRE D'UNE FILLE)

Roman von Joris-Karl Huysmans.

Da liegt sie, in einem Bordell mit roten Samtwänden, nur spärlich bekleidet, des Lebens überdrüssig und voller Ängste und Ekel. Die Geschichte ist an Eindringlichkeit nicht zu überbieten. Vielleicht ist es gerade dieser Realismus, für den Huysmans auch in anderen Werken wie »Gegen den Strich« gelobt wird, der dazu führt, dass der Roman in Frankreich wegen »Erregung öffentlichen Ärgernisses« verboten wurde. Huysmans wusste jedoch, worüber er schrieb, war selbst regelmäßiger Kunde in den Bordellen der Stadt, sogar als er Beamter des Innenministeriums war.

• *DAS BUCH: Marthe. Geschichte einer Dirne (Histoire d'une fille). Manholt Verlag, Bremen 1987*

MASOCHISMUS

Sexuelle Neigung.

Es war der Arzt und Sexualforscher Richard Freiherr von Krafft-Ebing, der die sexuelle Lust am Leiden, an Schmerzen, Demütigung und Erniedrigung, Masochismus nannte – nach dem österreichischen Schriftsteller Leopold Ritter von Sacher-Masoch. Dessen Roman »Venus im Pelz« war 1870 erschienen und erlangte weltweiten Ruhm.

Heute unterteilt man den Masochismus in drei Untergruppen, von denen an dieser Stelle der nichtsexuelle oder psychische Masochismus (auch pathologischer, so genannter Realmasochismus) außen vorbleiben soll. Er wird praktiziert von Menschen, die nach Niederlagen im privaten und gesellschaftlichen Leben und Unterordnung im Beruf nach Demütigung und Misserfolg trachten; auch diese Menschen können allerdings zu den Klienten in → *Dominastudios* gehören.

Weitaus mehr Verbreitung hat jedoch der sexuelle Masochismus erfahren: »Gemeint ist das Bedürfnis nach Geschlechtsverkehr im Zusammenhang mit Schmerzzufügung und Demütigung durch einen Sexualpartner.

Der sexuelle Masochist möchte mit dem sexuellen Akt Gefühle des Schmerzes und der Unterordnung erleben«, erläutert die Sozialtherapeutin Johanna Martina Dorsch (Quelle: www.netdoktors.de). Der dominierende Geschlechtspartner sollte nach Möglichkeit während einer so genannten → *Session*, die in ein → *Rollenspiel* eingebunden werden kann, besondere herrische Kennzeichen aufweisen wie zum Beispiel enge Lederkleidung, Stiefel oder eine Peitsche, was sehr viel mit → *Fetischismus* zu tun hat.

Es gibt durchaus weibliche wie männliche Masochisten. Während die Frauen allerdings ihre Neigung auf privater Ebene, meist in Beziehung zu einem dominanten Partner (→ *Dominus*) ausleben, greifen Männer schneller auf kommerzielle Angebote der → *Dominas* und ihrer → *SM-Studios* zurück. Das, weil ihnen generell eine entsprechende Partnerin fehlt, weil sie sich in einer Beziehung entweder nicht trauen, mit ihrer Partnerin offen über ihre Wünsche zu reden, oder weil ihre Partnerin die Neigungen als »pervers« empfindet.

Psychologisch gesehen spricht man allerdings erst von »perversem oder Kompensations-Masochismus«, wenn das Bedürfnis nach körperlichem Schmerz und psychischer Demütigung den Wunsch nach

Geschlechtsverkehr« ersetzt. »Die sexuellen Wünsche, zum Beispiel, von einer nackten Frau ausgepeitscht zu werden, leiten nicht mehr den Geschlechtsverkehr ein und vergrößern auch nicht den sexuellen Reiz beim Koitus, sondern treten an dessen Stellen«, so die Sozialtherapeutin Johanna Martina Dorsch. Auch Domina Lady Vera, die in Berlin das SM-Studio »5D« unterhält, weiß von Klienten, die keinen Orgamus wünschen. »Es gibt auch Leute, die sagen: ›*Das will ich gar nicht.*‹« Nach Ansicht der Sexualforscher kann eine solche Form von Masochismus anerzogen werden, zum Beispiel wenn die Eltern dem Kind nur dann Zuwendung schenken, wenn es Schmerzen erleidet, es jedoch immer ablehnen, wenn es fröhlich ist.

MASSAGE-SALON

Massage-Studio.

Anders als in den → *Bordellen* gibt es in einem Großteil der Massage-Salons nur eine → *erotische Massage,* keinen Geschlechtsverkehr. Nur in wenigen Studios gehört → *Verkehr* dazu. Manche → *Betreiber* stellen es den bei ihnen tätigen Frauen frei, ob sie mit oder ohne Sex arbeiten. Obschon es bei der Massage natürlich immer um einen Orgasmus geht.

»Da geht es ja bei jedem Mann drum«, findet Verena N., die als »Masseurin« in einem Massage-Salon arbeitet. Ein Großteil der Frauen, die in Massage-Salons arbeiten, sind keine ausgebildeten Masseurinnen, deshalb heißen sie offiziell auch → *Masseuse.* Ihr Angebot sind eine einfühlsame Ganzkörpermassage mit anschließender → *Handentspannung*: »Mit sanften Händen und doch festem Griff sowohl physische als auch psychische Befriedigung«, erklärt Mona Gasse, Ex-Masseuse, in ihrem Buch »Gestatten: Callgirl – Die Freiheit nehm ich mir« (Gatzanis Verlag, Stuttgart 1996). Der Preis für eine Entspannungskur beträgt bis zu 100 Euro; in Einzelfällen gibt es dafür auch die → *spanische Massage.* In einigen Salons ist es dem Mann erlaubt, die Frau, die meist nackt ist, zu berühren, während sie ihn mit ihren Händen streichelt.

Massage-Salons sind offensichtlich vor allem bei beruflich erfolgreichen Menschen beliebt, die zum Stressabbau etwas anderes suchen als den schnöden Sex. »Ich wundere mich jedes Mal, was für Leute zu uns kommen«, erklärt Verena N. »Tolle Männer, Filmemacher, Theaterintendanten, Geschäftsleute, die Entspannung suchen. Und seltsamerweise viele, viele Architekten, wenig Lehrer!«

MASSAGE-STUDIO

→ *Massage-Salon*

MASSEUSE

Streicherin.

Die Masseuse ist das erotische Pendant zur therapeutischen Masseurin. Ihr Angebot, meist in einem → *Massage-Salon* oder -studio, besteht aus der → *erotischen Massage,* weswegen sie sich gerne auch verschleiernd »Tantra-Masseurin« nennen.

MASTER

Szenejargon.

Synonym: → *Dominus,* Herr, Sir

MEINE 265 LIEBHABER

→ *Josefine Mutzenbacher*

MELITTA-KULT

→ *Tempelprostitution*

DIE MEMOIREN DER FANNY HILL (MEMOIRS OF A WOMAN OF PLEASURE)

Erotischer Klassiker.

Fanny Hill, die Unschuld vom Lande, wird von einer Kupplerin ins sündige London gebracht, wo sie nach der Verführung durch die lesbische Phoebe im → *Freudenhaus* der Mrs. Brown arbeiten soll. Hier erfreuen sich die Männer daran, sie in die Künste der Liebe einzuweihen, was sie durchaus zu genießen weiß, bis sie in dem Kunden Charles ihre große Liebe entdeckt.

Er will sie aus dem Dirnenhaus retten. Als er allerdings auf Auslandsreise muss, hat Fanny keine andere Wahl: Sie arbeitet weiterhin als → *Liebesdienerin*, ergibt sich willenlos und depressiv den Ausschweifungen, bis ihr ein Freier sein Vermögen vermacht. Damit kehrt sie ihrem bisherigen Leben den Rücken, macht sich auf die Suche nach Charles und wird, als sie ihn gefunden hat, zur glücklichen Ehefrau und Mutter.

Die Memoiren der ehrbarsten Hure der Welt, Fanny Hill, sind ein Briefroman, in dem sie einer als »Madam« bezeichneten Freundin ihren Werdegang von der Kurtisane zur Lebensdame schildert. Tatsächlich wurde das Buch vom englischen Schriftsteller John Cleland (geb. 1710, gest. 1789) geschrieben: »Der Einfluss von Erziehung auf die Integrität von Mann und Frau wird immer wieder betont. Zwar schildert Cleland detailliert und plastisch jede körperliche Gefühlsregung, vermeidet aber die offene und zotige Beschreibung. Im Zusammentreffen von physiologischer Akkuratesse mit den moralischen Erläuterungen Fannys ergibt sich ein fast ironischer Grundton. Clelands Interesse gilt im gesamten Werk der Beschreibung der Entwicklung zur Tugendhaftigkeit.« (aus: »Das Buch der 1000 Bücher«, Harenberg Verlag)

Trotz dieses hehren Ansatzes musste sich John Cleland 1748/49, bei Erscheinen von »Die Memoiren der Fanny Hill«, vor Gericht verantworten – wegen Unzüchtigkeit.

Er wurde freigesprochen, blieb aber gesellschaftlich isoliert. Das Buch wurde in den 200 Jahren danach mit etlichen Verboten, Indexierungen und Gerichtsverfahren überzogen, auch in Deutschland stand es bis in die 60er Jahre auf dem Index. Heute gilt es als eines der Hauptwerke der erotischen Literatur.

• *DAS BUCH: John Cleland: Die Memoiren der Fanny Hill (Memoirs of a Woman of Pleasure). Rowohlt Verlag, Reinbek 1980*

• *DIE FILME: 1.* ***Fanny Hill – Memoiren eines Freudenmädchens (Fanny Hill – Memoires of a Woman of Pleasure)****, BRD/USA 1964, 98 Min. Regie: Russ Meyer. Darsteller: Letitia Roman (Fanny Hill), Miriam Hopkins (Mrs. Brown), Ulli Lommel (Charles), Chris Howland (Mr. Norbert), Helmut Weiss (Mr. Dinklespieler), Walter Giller (Mr. Hemingway).*

*2. **Und Amor sagt O.K. dazu (The Notorious Daughter of Fanny Hill).** USA 1967, 92 Min. Regie: Arthur P. Stootsberry. 3. **Fanny Hill auf schwedisch (Fanny Hill – Sverige).** S, 89 Min. Regie: Mac Ahlberg. Darsteller: Diana Kjaer (Fanny), Gio Petré. 4. **Fanny Hill (Fanny Hill).** GB 1983, 101 Min. Regie: Gerry O'Hara. Darsteller: Lisa Raines, Oliver Reed, Shelly Winters. 5. **Fanny Hill (Fanny Hill).** USA 1995, 103 Min. Regie: Valentine Palmer. Darsteller: Cheryl Dempsey (Fanny Hill), James Highton (Charles), Melanie Shepherd (Phoebe), Mary Hudson (Mrs. Brown)*

MENSCHENHANDEL

Importfrauen.

Etwa 200.000 der 400.000 in Deutschland in der Prostitution tätigen Frauen sind, so Schätzungen der Hurenverbände, Ausländerinnen. Veronika Munk von → *Amnesty For Women e.V.* in → *Hamburg*, geht sogar von mehr aus: »Wir haben 2001 eine bundesweite Erhebung unter NGO's [Non-Governmental Organisation] und GO's, die mit der Zielgruppe arbeiten, vorgenommen«, berichtet sie. »Zwischen 55 und 60 Prozent der in der Prostitution Tätigen sind → *Migrantinnen*. Natürlich ist uns bewusst, dass das nur Tendenzen sind; illegale Menschen kann man nicht zählen, sie entziehen sich jeder Erhebung.«

Migrantinnen, das heißt, die Frauen kommen aus dem Ausland, vor allem aus Lateinamerika (Kolumbien, Dominikanische Republik), Asien (insbesondere Thailand), Afrika (insbesondere Nigeria, Ghana) sowie → *Osteuropa*. Die Verteilung ist unterschiedlich: In Stuttgart beispielsweise arbeiten sehr viele Brasilianerinnen, in Hamburg dagegen sehr viele Thailänderinnen. Frauen aus Mittelosteuropa sind eher in → *Berlin*, Hamburg und im → *Ruhrgebiet* zu finden, was seit vielen Jahren eine der klassischen Einreiserouten ist. In → *Frankfurt* sind sehr wenig osteuropäische Frauen in → *Bordellen* und → *Laufhäusern* anzutreffen – angeblich wegen eines inoffiziellen Agreements zwischen Bordellbetreibern und Polizei, um sich – so heißt es – die »Russenmafia« vom Leib zu halten. Das Agreement scheint fruchbaren Boden gefunden zu haben: Der Großteil der Frankfurter Bordelle ist, anders als beispielsweise in Hamburg oder Berlin, nach wie vor in deutscher Hand, oftmals sogar im Besitz alteingesessener Rotlicht-Dynastien. »Russen oder Albaner haben einen gehörigen Respekt davor«, weiß ein einheimischer Milieukenner. Nicht selten wird mit dem Begriff »Migrantinnen« Menschenhandel in Verbindung gebracht. Menschenhandel ist gemäß §180b Abs. 1 des → *Strafgesetzbuches* gleichgesetzt mit → *Zwangsprostitution.*

§ 180b Abs. 1 StGB (Menschenhandel):
»Wer auf eine andere Person seines Vermögensvorteils wegen einwirkt, um sie in Kenntnis einer Zwangslage zur Aufnahme oder Fortsetzung der Prostitution zu bestimmen, wird mit Freiheitsstrafe bis zu fünf Jahren oder mit Geldstrafe bestraft. Ebenso wird bestraft, wer auf eine andere Person seines Vermögensvorteils wegen einwirkt, um sie in Kenntnis der Hilflosigkeit, die mit ihrem Aufenthalt in einem fremden Land verbunden ist, zu sexuellen Handlungen zu bringen, die sie an oder vor einer dritten Person vornehmen oder von einer dritten Person an sich vornehmen lassen soll.«

Friedericke Strack von der Beratungsstelle → *Hydra e.V.* in Berlin bestätigt: »Das ist durchaus ein wichtiges Thema und es ist ebenso wichtig, dass man etwas dagegen unternimmt. Das Problem ist nur, dass immer gleich alle Migrantinnen Betroffene des Menschenhandels sind. Das ist nicht richtig!«

Juanita Henning, Sprecherin der Hurenselbsthilfe → *Dona Carmen e.V.* in Frankfurt, konkretisiert: »Es gibt ein Randphänomen innerhalb der Prostitution, dass Frauen mit Gewalt zur Prostitution gebracht werden. Aber das sind absolute Einzelfälle, das ist nicht strukturiert oder organisiert durch Mafiabanden oder dergleichen. Es sind Ausnahmeerscheinungen.«

»Diese Extremfälle gibt es, aber es gibt sie sehr selten«, meint Christiane Howe, Soziologin bei der »Arbeitsgemeinschaft gegen internationale sexuelle und rassistische Ausbeutung«, → *Agisra e.V.*

Doch allen Beschwichtigungen zum Trotz, das Problem ist vorhanden. Und es sei längst »nicht so rosarot, wie die Hurenverbände es sehen wollen«, behauptet Christian Steiof vom Landeskriminalamt Berlin, Abteilung Rotlichtmilieu

*

Ein kleines Dorf, Polen, 2001.
Anja wuchs bei ihren Großeltern auf. Mit ihrem Großvater, Dozent an

einer Kunsthochschule, verband sie eine besondere Beziehung: Er war Maler, von ihm hat sie ihr zeichnerisches Talent geerbt. Die beiden konnten stundenlang über Bilder und Kunst reden. Als Anja 14 Jahre alt war, starb ihre Großmutter. Anjas Großvater, dem die Zeit für ihre Erziehung fehlte, gab Anja zu ihrer Mutter zurück. Anjas Mutter allerdings war Alkoholikerin, seit ihr Mann sich aus dem Staub gemacht hatte.

Mehrmals riss sie von Zuhause aus, ging nur noch unregelmäßig zur Schule, trieb sich mit Freunden herum. Mit 19 Jahren wurde sie schwanger – ein Unglück. Während ihre Mutter das Baby betreute, kümmerte sich Anja fortan um den Lebensunterhalt. Da sie jedoch keinen Schulabschluss besaß, bekam sie nur Aushilfsjobs. Ihr Verdienst war sehr gering. Mehrmals äußerte sie gegenüber Freunden ihren Unmut und was sie dafür geben würde, endlich einen gut bezahlten Beruf zu erhalten.

Eines Tages wurde ihr von einem Bekannten ein Job in einer Bäckerei in Spanien versprochen. Anja war auf Anhieb begeistert von der Idee. Die erste Ernüchterung: Nicht nur die Reise nach Spanien würde sie Geld kosten, auch dass sie den Job überhaupt antreten dürfe, müsse sie entsprechend honorieren: 20.000 Euro. Anja war am Boden zerstört, Spanien rückte in unerreichbare Ferne.

Der Bekannte wusste glücklicherweise Abhilfe: Es würde sie günstiger kommen, so klärte er Anja auf, wenn sie kurzerhand einen deutschen Mann heirate: 12.000 Euro. Anja, geblendet von den Verdienstmöglichkeiten, die der Mann ihr versprach, willigte ein: »Klar, warum auch nicht?« wird sie sich später im Gespräch mit Sozialarbeitern erinnern. »Ich hab zwar ein Kind, bin aber ledig! Was kostet die Welt?« Da ihre Familie auch nicht der Hort der Glückseligkeit war, willigte sie ein.

*

Der Bundesweite Koordinierungskreis gegen Frauenhandel und Gewalt an Frauen im Migrationsprozess in Potsdam (→ *KOK e.V.*) weiß in seinem »Schattenbericht« von einer Zunahme der vom Menschenhandel betroffenen Frauen zu berichten: »Im Zeitraum von 1996 bis 1998 wurden von den Organisationen, die an der Befragung teilgenommen haben, insgesamt 2035 Klientinnen, die von Frauenhandel betroffen sind, betreut. Die Zahl der betreuten Frauen stieg. 1996 waren es 573, 1997: 630 und 1998: 845.«

Auch das Bundesministerium für Familie, Senioren, Frauen und Jugend erklärt, der Deliktbereich des Menschenhandels stelle in Deutschland zunehmend ein Problem dar. Etwa 1300 weibliche Opfer des Menschenhandels wurden 1999 polizeilich erfasst – meist anlässlich von Razzien in Bordellen oder bordellähnlichen Betrieben. Die Dunkelziffer liege erheblich höher. Die Frauen stammen überwiegend aus Polen, der Ukraine, aus Tschechien, Russland, Lettland, Litauen und Rumänien (Reihenfolge nach Häufigkeit).« (Quelle: www.bmfsfj.de, Gewalt gegen Frauen hat viele Facetten, 3.1.2001)

Das Bundeskriminalamt hat die Fälle von Menschenhandels-Opfern ausgewertet: Im Jahr 2000 gab es laut »Lagebericht Menschenhandel« des BKA 1.016 erfasste Fälle von »Menschenhandel«, im Jahr darauf 746 mit 923 »Opfern«. 9,9 Prozent davon stammen aus Afrika und Asien, 69 Prozent aber aus Osteuropa: davon aus Litauen 12,1 Prozent, aus Lettland 4,1 Prozent, aus Polen 8,5 Prozent, aus Russland 7,4 Prozent, aus Weißrussland 14,2 Prozent, aus der Ukraine 13,0 Prozent.

Bertha Pappenheim in Sisyphus-Arbeit, 1910:
»Betrachtet man die Ware, die der Moloch Prostitution braucht und verschlingt, dann sieht man in den Ländern des Ostens wieder in erschreckender Menge Mädchen, die ihm verfallen, indem sie Prostitutionsware für die ganze Welt, bis in die Bordelle von Japan bilden. Als Ursache dafür wird meist die ökonomische Notlage der Bevölkerung in Russland, Galizien und Rumänien angegeben. Dass die ökonomische Not einen großen Faktor in der Frage bildet, ist zweifellos. Mir scheint die geistige Not (...) ein noch größerer und unendlich schwerwiegender. Die Nichtachtung der Menschenrechte der Frau, die in der doppelten Moral ihren Ausdruck findet, lässt sie zur Ware herabsinken.«

Der Großteil der Opfer kommt aus Mittel- und Osteuropa. Was seine Gründe hat. Migration aus Lateinamerika, Afrika und Südostasien findet bereits seit den 70er Jahren statt; seitdem haben sich gut funktionierende Netzwerke und Strukturen herausgebildet, mit Hilfe derer die Frauen ohne Dazutun dritter Personen nach Deutschland gelangen. Häufig sind es Verwandte, Bekannte und Freunde, die die Wege geebnet haben. Frauen aus Mittel- und Osteuropa dagegen fanden diese Strukturen nicht vor, als ihre politischen Systeme Ende der 80er Jahre zusammenbrachen. Sie waren auf die Hilfe Dritter angewiesen – und das öffnete dem organisierten Menschentransport in Osteuropa erst Türen und Tor. Er funktionierte ganz einfach, wie bereits Mitte der 90er Jahre Joachim Rieker in seinem Buch »Ware Lust« (Fischer Verlag, Frankfurt 1995) zu beschreiben wusste: »Kommt nun ein mehr oder weniger charmanter Schlepper und bietet einer jungen Frau die Chance, der tristen Wirklichkeit eine Zeit lang zu entfliehen und dabei auch noch Geld zu verdienen, trifft er meist auf wenig Widerstand. ›Die Aussicht auf harte Devisen vernebelt den Mädchen die Sinne‹, sagt Petr Vosolsobe, Vizepolizeichef von Prag. Und auch BKA-Experte Willi Fundermann wundert sich, mit ›welch unwahrscheinlicher Blauäugigkeit‹ viele Frauen zwischen Oder, Don und Donau auf die zwielichtigen Angebote hereinfallen. Wenn neben Abwechslung und Abenteuer auch noch ein wenig Wohlstand winkt, werden Zweifel und Skrupel rasch beiseite geschoben.«

Die Strukturen, in die die Frauen dann geraten, sind unerbittlich: »Frauen werden von Zuhälterringen zum Zweck der Prostitution aus verschiedenen Regionen der Tschechischen Republik sowie aus mittel- und osteuropäischen Ländern in die Grenzregionen und in andere europäische Länder verkauft«, weiß man beim Sozialprojekt → *Karo* in Plauen, Sachsen, wo entlang der Grenze ein soziales Spannungsfeld entstanden ist: »Dabei werden sie wie Ware transferiert.«

Die Frauen werden in der Grenznähe »geparkt«, in einem Bordell oder auf dem Straßenstrich, wo sie für einige Tage anschaffen müssen. Hier besuchen sie Bordellbetreiber oder Zuhälter aus ganz Deutschland, aus → *Köln*, Frankfurt, → *Hannover* oder auch → *München*. Diese geben sich als → *Freier* aus und »testen« Frauen, die ihnen lukrativ erscheinen. Fällt ihr Urteil positiv aus, kaufen sie die Frauen den Händlern ab. Inzwischen spricht Uta Ludwig vom Beratungsprojekt → *Bella Donna e.V.* in → *Frankfurt a.d. Oder* sogar von »Leasing-Frauen«, die, sollten sie entgegen der Annahme doch nicht lukrativ sein, jederzeit zurückgegeben werden können.

Seit dem Fall des Eisernen Vorhangs im Jahr 1989 gebe es in der Tat eine völlig neue Dimension des Menschenhandels, konstatiert ein Sprecher des Bundeskriminalamtes. Laut »New York Times« sollen in den 90er Jahren rund 400.000 Ukrainerinnen unter dreißig Jahren nach Westeuropa gekommen sein. Vorsichtigen Schätzungen der EU-Kommission zufolge belief sich die Zahl der Opfer des Menschenhandels in Osteuropa bis 1998 auf 500.000.

*

Kaum dass Anja ihm ihre Entscheidung mitteilte, erklärte der Bekannte, er habe bereits alles eingefädelt. Er stellte ihr ihren zukünftigen Gatten aus Deutschland vor, kontaktierte das Standesamt, auf dem er einen »Freund« zu sitzen hatte, wie er augenzwinkernd mitteilte.

Plötzlich ein erneuter Schock: Anjas Zukünftiger war in einen Versicherungsbetrug verwickelt und wurde beim Grenzübertritt erwischt, verhaftet und weggesperrt. Damit war ihr Bräutigam futsch, die Hochzeit geplatzt. Und damit auch die Chance, viel Geld zu verdienen.

Doch abermals unterbreitete ihr Bekannter eine Alternative: Diesmal wolle er ihr ein Touristenvisum ausstellen, mit dem sie nach Spanien einreisen könne. Anja war es inzwischen egal, wie und auf welchem Wege sie nach Spanien gelangen könne. Seit sie von der Möglichkeit erfahren hatte, wollte raus aus ihrem beschissenen Leben daheim und nach Spanien.

Es dauerte aber noch einmal ein Vierteljahr, bis sie das Touristenvisum in den Händen hielt: Es galt für 14 Tage. Anja verstand zwar nicht, warum nur für 14 Tage, doch ihr Bekannter wusste sie zu beschwichtigen. »Erst einmal in Spanien«, so meinte er, »wirst du deine endgültigen Papiere erhalten.« Dafür müsse sie jedoch ihren Pass abgeben, damit er, während sie unterwegs sei, entsprechende Schritte einleiten könne.

Das klang logisch. Anja händigte ihm ihren Ausweis aus. Sie sprach mit ihrer Mutter, die sich einverstanden zeigte, sich in der Zeit von Anjas Abwesenheit um das Baby zu kümmern. Dafür versprach Anja, ihr regelmäßig einen Teil ihres Lohnes zu schicken.

Anja reiste mit dem Zug bis an die polnische Grenze, wo sie wie verabredet ein Deutscher abholte. Sie erkannte ihn auf Anhieb, hatte ihr Bekannter ihr doch bis ins Detail beschrieben, wie er ausschaut, was er trägt. Der Deutsche schaffte sie über die Grenze nach Deutschland. In Frankfurt a.d. Oder nahm sie ein anderer Mann in Empfang, der sie nach Berlin fuhr. »Von dort geht das Flugzeug nach Spanien«, meinte der Mann.

*

Gewalt spielt beim Menschenhandel entgegen landläufiger Meinung aber keine Rolle, zumindest am Anfang. Das Landeskriminalamt Hessen hat festgestellt, dass von 60 Prostituierten aus Ost- und Mitteleuropa, die 2001 erfasst wurden, keine der jungen Frauen angab, mit Gewalt nach Deutschland gebracht worden zu sein. Auch das BKA räumt im »Lagebild Organisierte Kriminialität 2000« ein: »Nur wenige Frauen wurden über die Tätigkeit, die sie in Deutschland ausüben sollten, getäuscht.«

»Neun von zehn Frauen aus Osteuropa, die in Hamburg der illegalen Prostitution nachgehen, kommen freiwillig, aber alle sind Fälle klassischer Armutsprostitution«, erklärt Bernd Schulz-Eckhardt, Chef der Abteilung Organisierte Kriminalität im Hamburger Landeskriminalität. In allen östlichen Ländern liegt das, was Frauen im Durchschnitt verdienen, weit unter dem Existenzminimum. So suchen viele von ihnen ihr Glück im »Goldenen Westen«.

Christiane Howe von Agisra e.V.: »Die meisten Frauen, die nach Deutschland kommen, wissen zwar, dass sie in der Prostituion arbeiten werden, nur den wenigsten wird etwas von ›Kellnerin‹ oder ›Serviererin‹ vorgemacht. Sie wissen allerdings nicht, unter welchen Bedingungen sie arbeiten werden, denn in Deutschland in der Prostitution zu arbeiten ist etwas anderes, als es in Thailand oder Lateinamerika ist. Hier herrschen härtere Bedingungen, auch von Seiten der Freier, ihrer Menge und ihren Wünschen.«

Beim Berliner Migrantinnen-Hilfswerk → *Ban Ying e.V.* weiß man aus Gesprächen mit Opfern, »dass immer mehr Frauen vor ihrer Abreise gewusst haben, dass sie in der BRD in der Sexindustrie arbeiten würden. Sie waren hiermit einverstanden, wurden aber getäuscht über Arbeitsbedingungen, Verdienstmöglichkeiten und Sexualpraktiken etc., die sie hier erwarten.«

Das Problem Menschenhandel ist der Zwang, der sich erst aus dem Handel, also der Schleusung nach Deutschland, ergibt. Denn die Vermittler, Schmuggler oder Menschenhändler verlangen von den Frauen, die sie nach Deutschland eingeführt haben, bei Ankunft horrende Summen, Zinsen und Zinseszinsen für diese Dienstleistung. Christian Steiof vom LKA Berlin konkretisiert: »In Deutschland oder im Bordell angekommen, wird den Frauen gesagt: ›Naja, bevor du Geld verdienst, musst du erst einmal die 4000 Euro für die Schleusung, die 3000 Euro für die Auslagen, die der Kumpel drüben für deine Anwerbung hatte, die 1000 Euro für den falschen Pass zurückzahlen.‹ Das sind für die Frauen erst einmal ein Haufen Schulden, und die Frau ist überhaupt nicht in der Lage, wochen- oder monatelang irgendein Geld für sich in Anspruch zu nehmen.«

In dieser Situation, hilf- und sprachlos im fremden Land, beginnt der eigentliche kriminelle Kreislauf: Denn verschärft wird die Lage der Frau durch die Illegalität, in der sie sich nach geltendem Ausländerrecht in Deutschland befindet. Zwar hat das Prostitutionsgesetz, das am 1. Januar 2002 in Kraft trat und mit dem die rot-grüne Regierung die Huren aus dem gesellschaftlichen Abseits holen wollte, den Prostituierten in Deutschland mehr Vorteile, vor allem rechtliche Sicherheiten gebracht, leider aber nur den einheimischen Prostituierten. »Den illegal arbeitenden Ausländerinnen, räumt die grüne Bundestagsabgeordnete Irmingard Schewe-Gerigk ein, »hat das Gesetz nichts genützt.«

*

Berlin, Deutschland 2002

Die Tage in Berlin zogen ins Land. Der Mann und seine beiden Freunde, bei denen Anja in Berlin untergekommen war, wussten sie zu vertrösten. Erst hätte es Probleme mit den Tickets gegeben. »Der Flug ist ausgebucht«, erklärten sie. Dann hätte sich der Antrag ihres Ausweises verzögert. »Dein Ausweis muss in Spanien noch bearbeitet werden«, sagten sie. Für Anja durchaus verständliche Gründe. Sie beruhigte die Mutter eines anderen Mädchens, die sich Sorgen darüber machte, was mit ihrer Tochter in Spanien geschehen würde. Anja wusste die Mutter zu besänftigen, so dass diese zurück nach Polen fuhr. Sie freundete sich mit Bela, so der Name des Mädchens, an. Bela und Anja teilten fortan nicht nur ihr Zimmer, sondern auch ihr Glück: »Unser Leben wird besser werden!«

Zwei Tage, nachdem ihr Touristenvisum abgelaufen war, erreichte Anja die Hiobsbotschaft: »Spanien ist zu teuer! Der Job ist weg!« Die Männer klärten sie darüber auf, dass sie illegal in Deutschland sei und zurück nach Polen müsse. Anja gab zu verstehen, dass sie auf keinen Fall zurück nach Polen wolle und dass sie durchaus auch einen anderen Job übernehmen könne. »Ich muss ja nicht unbedingt in einer Bä-

ckerei arbeiten.« Die Männer boten ihr daraufhin einen Pass an, mit dem sie in Deutschland bleiben könne Der Pass war nicht auf ihren Namen ausgestellt. Es war ein deutscher Name. Auf dem Foto war aber ein Mädchen zu sehen, das ihr ähnlich sah. Zum ersten Mal kamen Anja Zweifel: »Was ist mit meinem Personalausweis geschehen?« Lief damit vielleicht ein anderes Mädchen herum und gab sich als Anja aus?

Anja stellte die Männer zur Rede. Diese erklärten ihr, und plötzlich waren sie gar nicht mehr so freundlich: »Spanien ist nicht, Rückreise nach Polen auch nicht. Du musst hier bleiben. Und überhaupt: Was denkst du denn? Bäckerei? Denk doch mal genau nach! Du wirst in der Prostitution arbeiten.«

Anja lehnte ab. Woraufhin man ihr mit der Polizei drohte, die sie als »Illegale« ins Gefängnis stecken würde. Anja weigerte sich dennoch. Die Männer erklärten ihr: »Dann verdienst du nichts. Dann kannst du nichts essen.« Anja musste in der Wohnung bleiben und bekam nichts zu essen. Bela reichte ihr heimlich einen Teil ihrer Speisen. Als die Männer dahinter kamen, wurde Bela verprügelt und Anja in ein Einzelzimmer gesperrt. Tagelang hungerte sie, bis sie übermüdet und am Ende ihrer Kräfte nachgab und anzuschaffen begann. Anja musste in Clubs und Bordellen arbeiten, die Freunde der drei Männer betrieben.

*

Als Nicht-EU-Bürgerinnen besitzen die Migrantinnen keine Aufenthalts- und damit keine Arbeitsgenehmigung. Christiane Howe von Agisra e.V.: »Dadurch dass Frauen nicht legal nach Deutschland einreisen können, sind sie angewiesen auf Hilfe und Unterstützung, auf so genannte Vermittler, was im Grunde auch in Ordnung ist. Diese Vermittler nehmen Geld für ihre Arbeit, was ebenfalls grundsätzlich okay ist. Das alles führt einerseits dazu, dass den Frauen eine Arbeitsmigration ermöglicht wird, sie andererseits aber aufgrund der Illegalität in unsichere Strukturen geraten, die Möglichkeiten für Zwang, Ausbeutung und Erpressung bieten.«

Die litauische Prostituierte Tania erklärt: »Es ist psychisch schwer zu verkraften, in der Prostitution zu arbeiten und permanent Angst zu haben, kontrolliert und mitgenommen zu werden. Niemandem würde es gefallen, wie ein Schwerverbrecher abgeführt und in Haft genommen zu werden. Ich möchte nichts Illegales machen, aber sie erlauben es mir nicht, mich zu legalisieren.«

Von den Behörden drohen den Frauen also Strafen, Gefängnis, meist Abschiebung. Die Zuhälter wiederum »bieten« ihnen Sicherheit im Zimmer einer Wohnung in einem anonymen Hochhaus. Dieser Situation können und werden die Frauen nicht entfliehen. Wohin auch? »Die Frauen wissen, dass sie rechtlos sind«, erklärt Veronika Munk, die mit → *Amnesty for Women* in Hamburg auch das Migrantinnen-Projekt → *Tampep* koordiniert. »Die Täter wiederum wissen, dass die Frauen sich nicht wehren können, zum Beispiel gegen die überzogenen Mietpreise.«

Für die in der Regel heruntergekommenen Zimmer müssen die Frauen zusätzlich zu den Schulden, die sie ohnehin bei den Menschenhändlern haben, zwischen 50 und 100 Euro Miete pro Tag bezahlen. Ein Taxifahrer, der nicht wirklich einer ist, sondern ein Kurier, fährt die Frauen zu den Freiern, mit denen die Zuhälter die Termine aufgrund von Anzeigen wie »Naturgeile jg. Ukrainerinnen 24 h H/H Service« oder »18 J. Topfigur, hübsch, naturgeil, rasiert. H+H« in einschlägigen Zeitungen vereinbaren.

Frauen, die sich all dem widersetzen, sind Repressalien ausgeliefert, die jedoch nicht immer aus massiver körperlicher Gewaltausübung bestehen, wie die → *Dortmunder Mitternachtsmission e.V.* betont, »sondern häufig auch durch Einschüchterungen (zum Beispiel Körpersprache, Drohgebärden, Anschreien, erzwungene Anwesenheit bei Vergewaltigungen und Misshandlungen anderer Frauen)«.

Christian Howe von Agisra e.V. bestätigt: »Es ist nicht so, dass sie hier eingesperrt oder geprügelt werden. Es reicht schon, dass man ihnen mit der Familie im Heimatland droht.« Da heißt es dann: »Wenn du nicht das Geld heranbringst, passiert deinen Kindern was!«

Veronika Munk: »Die Frauen müssen also arbeiten, sie werden auch arbeiten, aber sie sind abhängig.«

Die Lage hat durchaus etwas von einer Schuldknechtschaft. Das Bundesministerium für Familie, Senioren, Frauen und Jugend: »Die andere Seite der Medaille ist die Nachfrage nach sexuellen Dienstleistungen in Deutschland, wobei es die Kunden offenbar wenig interessiert, ob die Prostituierte wirklich freiwillig arbeitet oder zum Sex gezwungen wird.

Schließlich profitieren auch sie von der Abhängigkeit und Rechtlosigkeit der ausländischen Frauen, bei denen sie ihre Wünsche leichter und preiswerter meinen durchsetzen zu können.« (Quelle: www.bmfsfj.de, Gewalt gegen Frauen hat viele Facetten, 3.1.2001)

*

Eines Tages gelang Anja die Flucht aus einem der Clubs. Anfangs ist sie hilflos. Zur Polizei kann sie nicht gehen, schließlich ist sie illegal in Deutschland. Dann begegnete sie drei Männern türkischer Herkunft, die ihr bereits bei ihren Zuhältern in Berlin mehrmals über den Weg gelaufen waren. Sie machten einen soliden Eindruck auf sie und erklärten, ihr helfen zu wollen. Sie meinten: »Wenn du nicht in der Prostitution arbeiten willst, hätten wir da einen schwerreichen Rentner für dich. Er besitzt eine Baufirma und lebt alleine. Vielleicht kannst du ihm ein wenig im Haushalt helfen.«

Anja war skeptisch. Die Männer beschwichtigten: »Erst einmal für einen Monat. Du kriegst dafür auch viel Geld.«

Die drei Männer wussten, dass Anjas Interesse dunkelhaarigen, muskulösen Männer galt. Asmil T., einer der drei, begann ihr zu schmeicheln, poussierte aufs Allerfeinste. Er versprach sie zu heiraten und mit ihr zurück nach Polen zu kehren. Anja kam zu dem Entschluss, dass Asmil T. und seine beiden Kumpanen ihre Freunde seien und sie ihr den schwerreichen Baumagnaten aus Wohlwollen vermittelt hätten. Am Ende würde alles gut werden für sie und Asmil T. ...

*

An die Polizei können sich betroffene Frauen nicht wenden. »Kaum eine ausländische Hure wendet sich freiwillig an die Polizei, schließlich hat sie sich wegen ›unerlaubter Erwerbstätigkeit‹ selbst strafbar gemacht«, weiß der Journalist Joachim Rieker. »›Wenn du nicht gehorchst, melde ich dich dem Ausländeramt‹ – diese Drohung eines Zuhälters verfängt bei jeder Frau, die offiziell als Touristin nach Deutschland gekommen ist und nun als Prostituierte arbeitet.«

Hinzu kommt, viele der Frauen aus osteuropäischen Ländern haben auch »schlechte Erfahrungen mit der Polizei gesammelt. Wenn eine Frau aus einem Dorf in Weißrussland kommt, wo die Polizei korrupt ist und sowieso mit den Zuhältern gemeinsame Sache macht, können wir nicht erwarten, dass sie bei uns sofort Vertrauen zur Polizei fasst«, erklärt Christian Steiof vom Landeskriminalamt Berlin. Zumal auch die Täter gut in der Lage sind, bei den Frauen Misstrauen zu schüren. Die Beispiele korrupter Ermittler nutzen Zuhälter, um die

Frauen einzuschüchtern: Die deutsche Polizei sei ähnlich verdorben wie die Behörden im Osten, drohen sie oft – wer mit Beamten rede, dem werde es schlecht ergehen. »Gute Verbindungen zu Polizei und Ausländerbehörden werden vorgetäuscht, um so ein umfassendes Machtgefüge darzustellen, demgegenüber die Frauen alle Hoffnungen auf Entkommen aufgeben«, wissen auch die Mitarbeiterinnen der Dortmunder Mitternachtsmission e.V.

»Oder es würden«, so Christian Steiof vom Landeskriminalamt Berlin, »zwei Freunde für ein paar Euro angeheuert, die dann als Polizisten ins Bordell kommen, den Frauen drohen, Gewalt zufügen, sie vergewaltigen ...« Damit haben Menschenhändler und Zuhälter freies Spiel. »So kommt es nach einiger Zeit dazu, dass die Opfer nicht mehr mit brutaler physischer Gewalt überwacht und eingesperrt werden müssen. Die Fesseln befinden sich im Kopf der Opfer«, bedauert eine Sprecherin der »Dortmunder Mitternachtsmission e.V.«

Gelingt einer Frau die Flucht oder wird sie von den Ermittlungsbehörden aus ihrer Zwangslage befreit, droht ihr die Abschiebung, oder wie es im Amtsdeutsch heißt: »Ausreiseverpflichtung«. Diese könne gemäß §55 Abs. 3 des Ausländergesetzes allenfalls ausgesetzt werden, wenn erhebliche öffentliche Interessen die vorübergehende weitere Anwesenheit des ausreisepflichtigen Ausländers im Bundesgebiet erfordern. »Erhebliche öffentliche Interessen« können vorliegen, wenn der Ausländer als Zeuge in einem Strafverfahren benötigt wird. Meist ist es schwierig, die Frauen als Zeuginnen gegen die Übeltäter zu gewinnen. Damit dies gelingt, muss nicht nur ihre Angst aus dem Weg geräumt werden, sondern auch ihre Hoffnungslosigkeit. Das gelingt nur selten. Von den 2001 beim Bundeskriminalamt als Menschenhandelsopfer erfassten 923 Frauen konnten gerade mal 21 bundesweit in den »Zeugenschutz« genommen werden.

*

Anja hatte sich in Asmil T. verguckt. Sie ließ sich zu dem Millionär Richard K. in der Eiffel fahren. Dort angekommen klagte sie diesem jedoch ihr Leid und bat ihn, bei der Beschaffung eines Passes behilflich zu sein. »Ich möchte doch nur noch zurück nach Polen«, so Anja. Richard K. versprach ihr: Wenn sie für vier Wochen seine Geliebte werde in der Nacht, würde sie nicht nur 5000 Euro bekommen, sondern er sich auch um ihren Pass bemühen.

Das klang erneut nach Prostitution. Asmil besänftige die aufgebrachte Anja. »Alles wird zum Besten kommen«, sagte er. Anja ließ sich auf das Spiel mit dem schwerreichen Millionär ein. Unglücklicherweise verhaspelten sich eines Tages die beiden Begleiter Asmils und sprachen in ihrer Anwesenheit von »deinem Zuhälter«. Für Anja brach eine Welt zusammen. Sie beschloss erneut zu fliehen. Vorher ging sie zu Richard K. und forderte ihr versprochenes Geld ein: 5000 Euro!

Richard K. sah sie ungläubig an: »Wieso?«, meinte er. »Ich habe das Geld doch deinen Leuten schon gegeben. Sie haben das Geld einkassiert.« Asmil T., ihr »Verlobter«, ließ es sich gut gehen – auf ihre Kosten. Als Anja Richard K. wenigstens um ihren Ausweis bat, den er ihr in Aussicht gestellt hatte, weigerte dieser sich mit den Worten: »Du bist nicht wie vereinbart vier Wochen bei mir geblieben!«

Anja flüchtete erneut und reiste zurück nach Berlin. Sie suchte Hilfe bei Bela, die inzwischen den Absprung geschafft hatte und in einem Club arbeitete, der von einer ehemaligen Prostituierten geführt wurde. Anja ging sich den Club ansehen: Er war exklusiv ausgestattet mit Dominastudio und Whirlpool und es gab, so wusste Bela zu berichten, keinen Grund zur Klage. Die Frauen, die dort arbeiteten, bekamen 60 Prozent ihrer Einnahmen ausgezahlt; das war weit über dem, was normalerweise in Clubs gezahlt wurde. Bela meinte: »Komm, lass uns das hier durchziehen, es geht ganz einfach, wir verdienen uns unser Geld und hauen dann ab nach Polen!«

Anja willigte ein. Als sie sah, wie Bela eines Abends Heroin spritzte, meinte diese nur: »Ich muss mich ja ab und zu wohl fühlen. Manchmal geht es eben doch nicht so einfach.«

Nach einer Weile hatten die beiden ausreichend Geld zurückgelegt und wollten nach Berlin, um dort Anjas Pass zu beantragen. Am Bahnhof traf Bela einen Dealer und organisierte sich Heroin. Sie setzte sich umgehend einen Schuss. Anja sollte ihr dabei helfen, Bela erklärte ihr, wie es funktioniert: »Drück mir zu!« Als Bela ihr ebenfalls einen Schuss anbot, dachte Anja: »Naja, ich kann es ja mal kennen lernen.«

Und wann, wenn nicht jetzt? Sie ließ sich von Bela die Nadel setzen und …

*

Mit »Zeugenschutz« ist weniger der aus TV-Krimis bekannte Zeugenschutz gemeint. Der ist nur Personen aus dem Täterkreis der Organisierten Kriminalität vorbehalten. Opfer von Menschenhandel erfüllen die Aufnahmekriterien aus vielfältigen Gründen nicht, so fehlen ihnen zum Beispiel in der Regel detaillierte Kenntnisse der Organisationsstruktur. Christian Steiof vom LKA Berlin: »Zeugenschutz im klassischen Sinne bedeutet die vollkommene Aufgabe der Identität, des früheren Lebens, Abbruch sämtlicher sozialer Kontakte. Das wollen wir nicht! Wir wollen sicher stellen, dass die Frauen keinen Repressalien der Täter ausgesetzt sind. Wir bringen sie daher an Orten unter, die keinem bekannt sind. Wir wollen ihnen aber sozialen Halt geben. Sie sollen ja Kontakte in ihr früheres, soziales Umfeld haben. Sie sollen auch Kontakte in ein neues, soziales Umfeld haben, das mit dem Milieu nichts zu tun hat.«

Wird eine Frau von den Ermittlungsbehörden aus ihrer Zwangslage befreit, steht ihr gemäß Ausländergesetz eine vierwöchige Bedenkzeit zu. Wird sie sich für eine Zeugenaussage entscheiden? Die Organisationen, die sich um die Opfer von Menschenhandel kümmern, empfehlen den Schutzsuchenden nicht immer, sich als Zeuginnen zur Verfügung zu stellen: »Zu oft verbinden die Frauen damit die Hoffnung, dafür ein Bleiberecht zu erhalten«, sagt die Agisra e.V-Mitarbeiterin Judith Rosner. Doch meist seien die Zeuginnen – sofern es ihnen nicht gelingt nachzuweisen, dass in ihrem Heimatland Gefahr für Leib und Leben besteht – nur solange gelitten, »wie sie von Interesse für den Prozess sind«. Im Amtsdeutsch heißt das wiederum: »Die Frauen werden solange, wie das Verfahren läuft, in Deutschland geduldet«, so Christian Steiof.

Bis zum Prozess gegen ihre einstigen Peiniger leben die Frauen in der Regel von rund 190 Euro pro Monat, etwa dem Satz für Asylbewerber. Bis es zu einem Prozess kommt, können gut und gerne drei Jahre vergehen. »Danach lässt man sie oft wie eine heiße Kartoffel fallen«, beschwert sich Judith Rosner. Kaum dass der Prozess abgeschlossen ist, tritt die Ausreiseverpflichtung wieder in Kraft. Das ist auch ein Grund, weshalb Theda Kröger von der Beratungsstelle → *Kobra* in Hannover sagt, dass »die meisten Opfer hinterher bereuen, überhaupt ausgesagt zu haben«.

»Und so schweigen und leiden viele lieber, als ihre Zuhälter auffliegen zu lassen, oft bis sie daran zerbrechen«, resümiert »Der Spiegel« in einem Beitrag »Importware Sex« vom 23. Juni 2003.

*

... erwachte im Krankenhaus. Haftkrankenhaus. Schonend brachte man ihr bei, dass Bela tot sei. Der Dealer, der ihnen das Heroin verkauft hatte, hatte den Stoff mit Medikamenten gestreckt.

Vier Monate lag Anja im Haftkrankenhaus. Es gab zwar eine Fachberatungsstelle, die regelmäßig in dem Abschiebegewahrsam Angebote für Opfer von Menschenhandel machte, die Sozialarbeiterinnen nahmen aber keine Notiz von ihr, denn Anja war eingeliefert als Drogenopfer. Ein Verfahren war angesetzt, die Abschiebung geplant. Anja erledigt.

Als sie allerdings sah, wie eine Frau, die seit kurzem mit ihr die Zelle teilte, einen Zettel bekam, ließ sie sich das Faltblatt zeigen und las. Dann erklärte sie: »Das, was dort geschrieben steht, trifft doch auch auf mich zu!« Es war die Info-Broschüre einer Beratungsstelle für Opfer von Menschenhandel.

Anja suchte den Kontakt zur Fachberatungsstelle. Jetzt zeigte auch die Polizei Interesse an ihr. Man sicherte ihr ein Opferschutzprogramm zu, Anja erklärte sich bereit, gegen ihre Zuhälter auszusagen. Bei der ersten Vernehmung erfuhr sie, dass Asmil T., ihr vermeintlicher »Verlobter«, bereits seit fünf Jahren verheiratet sei. Erst jetzt ging ihr wirklich auf, welch böses Spiel die letzten Monate mit ihr getrieben worden war. Und als wäre das nicht genug, erreichte sie das Ergebnis der Untersuchung, der man sie unterzogen hatte: HIV-positiv, Hepatitis B, Hepatitis C – und das alles durch einen einzigen, ihren ersten Schuss!

*

Nach Ansicht optimistischer Zeitgenossen werden sich zumindest viele Probleme schon 2004 von selbst lösen. Die EU-Osterweiterung ermögliche Frauen, die aus einigen der ehemaligen Ostblockstaaten nach Deutschland kommen, einen legalen Aufenthaltsstatus und damit die ersehnte Arbeitsgenehmigung, was sie somit nicht mehr in dem Ausmaß anfällig für hinterlistige und brutale Zuhälterstrukturen mache. Doch es gibt auch Zweifler: »Die EU-Osterweiterung wird allenfalls dafür sorgen, dass Frauen, mit denen gehandelt wird, nicht mehr illegal nach Deutschland reisen, sondern einen legalen Aufenthaltsstatus genießen«, meint eine Sozialarbeiterin, die an der deutschpolnischen Grenze Streetwork leistet. »Das macht es den Menschenhändlern um einiges einfacher. Die Umschlagplätze für Frauen wird es aber weiterhin geben, genauso wie die Schuldenfalle, in die sie durch die Reise- und Schlepperkosten geraten.«

MENSCHENHANDEL

Im Gespräch: Christian Steiof, Landeskriminalamt Berlin

Christian Steiof ist beim LKA Leiter des Referats 23 – Migrationskriminalität, das in Sachen Schleuserkriminalität und Rotlichtmilieu ermittelt.

Herr Steiof, bitte erklären Sie mir: Was ist Menschenhandel?

Christian Steiof: Menschenhandel ist ein dehnbarer Begriff. Allgemein bezeichnet er die Einschleusung von Menschen nach Deutschland. Menschenhandel im strafrechtlichen Sinne dagegen ist eingeschränkt und bedeutet das Anwerben und Herbringen von Frauen, die dann der Prostitution zugeführt werden, und zwar auf unterschiedliche Weise: Beispielsweise mit List oder durch Gewaltanwendung. Im strafrechtlichen Sinne geht es bei dem Begriff Menschenhandel also fast ausschließlich um den Aspekt der Prostitutionsausübung.

Wie funktioniert Menschenhandel?

Christian Steiof: Menschenhandel ist grundsätzlich ein internationales Problem. Allerdings funktioniert er nicht, indem beispielsweise Täter A in die Ukraine fährt, dort erklärt, er brauche eine Frau für sein Bordell, er sie dann mit dem Taxi nach Deutschland fährt und dort in seinem Bordell unterbringt. So ist es natürlich nicht.

Es gibt spezialisierte Strukturen, die dafür sorgen, dass Frauen nach Deutschland gebracht und der Prostitution zugeführt werden. So gibt es zum einen Leute, die Frauen meist unter falschen Versprechungen anwerben – man erklärt ihnen, sie würden in Deutschland als Au-pair-Mädchen, Reinigungskraft, Verkäuferin, Haushaltshilfe, als Serviererin, im Höchstfall als Gogo-Tänzerin in einem Etablissement auftreten. Ferner gibt es Leute, die quasi über die komplette Logistik verfügen und die sich auf den Part der Einschleusung spezialisiert haben, also das illegale Hineinbringen nach Deutschland auf verschiedenstem Wege. Und dann gibt es natürlich die Abnehmerseite, also Zuhälter, die die Frauen an der Grenze oder hier in Berlin abnehmen, und Bordellbetreiber, die ihre Läden zur Verfügung stellen.

Ihren Worten nach zu urteilen geht Menschenhandel also mit Zwangsprostitution einher?
Christian Steiof: Das ist vom strafrechtlichen Standpunkt und von dem, was wir in der Fachdienststelle Rotlichtmilieu bearbeiten, fast synonym zu gebrauchen: Internationaler Frauenhandel ist in aller Regel gleichzusetzen mit Zwangsprostitution. Denn im Strafrecht heißt es, nicht nur das zwangsweise Zuführen zur Prostitution, sondern auch das Halten, das Verhindern des Ausstiegs, was ja in aller Regel im Zielland passiert.

Nun gibt es allerdings auch Frauen, die freiwillig nach Deutschland kommen, mit dem festen Wissen oder Vorhaben, hier in der Prostitution zu arbeiten. Sie kommen allerdings durch Schleuserorganisationen nach Deutschland. Ist das bereits Anlass für Sie, Ermittlungen aufzunehmen?
Christian Steiof: Ja, natürlich! Der strafrechtliche Teil »Menschenhandel« schließt nicht aus, dass die Frauen bewusst hierher kommen, um der Prostitution nachzugehen oder dies bereits im Heimatland getan haben. Entscheidend ist: Werden die Frauen am Ausstieg gehindert?

Damit wir uns richtig verstehen: Es geht hier nicht um die Frage der Prostitutionsausübung an sich, sondern um die Frage der Umstände. Wenn die Frauen beispielsweise – davon gehen ja auch die Hurenverbände aus – der Prostitution nachgehen, um, sagen wir mal, das schnelle Geld zu machen, was ja durchaus zu verdienen ist, ist das die eine Seite. Aber die Frauen, von denen ich hier rede, kriegen in aller Regel gar nichts, im Gegenteil, es läuft so: In ihrem Heimatland suggeriert man ihnen falsche Tatsachen oder erklärt ihnen von vorn herein: »Prostitution im Bordell, fünfzig-fünfzig, sechzig-vierzig, du kannst ganz gut Geld verdienen.«

In Deutschland oder im Bordell jedoch angekommen, wird ihnen gesagt: »Naja, bevor du das Geld verdienst, musst du erst einmal die 4000 Euro für die Schleusung, die 3000 Euro für die Auslagen, die der Kumpel drüben für deine Anwerbung hatte, die 1000 Euro für den falschen Pass zurückzahlen.« Das sind für die Frauen erst einmal ein Haufen Schulden, und die Frau ist überhaupt nicht in der Lage, wochen- oder monatelang irgendein Geld für sich in Anspruch zu nehmen.

Und dann ist ja auch noch die Frage: Wie geht der Zuhälter damit um? Aller Berufs- und Lebenserfahrung nach sagt er nicht: »Ach, es ist nicht so, wie du es dir vorgestellt hast? Naja, dann eben nicht, viel Spaß noch und geh zurück!« Im Gegenteil, er wird sagen: »Solange die Kohle nicht abgearbeitet ist, bleibst du hier – gegen deinen Willen!«

Es wird den Frauen alles weggenommen, inklusive dem Pass. Die Frauen sind also in einem Kreislauf unmenschlicher Arbeitsbedingungen gefangen: Schulden, Zwang, Freiheitsberaubung. Und in solchen Momente findet sie den Job gar nicht so prickelnd. Das ist dann auch der Moment, an dem wir sagen, egal ob sie wollte, ob sie wusste oder nicht, hier ist strafrechtlich der Tatbestand des Menschenhandels oder des schweren Menschenhandes erfüllt.

Passiert es häufig, dass eine Frau freiwillig nach Deutschland kommt, hier aber in Abhängigkeit gerät?

Christian Steiof: Die Frage der prozentualen Anteile kann ich Ihnen nicht beantworten. Das würde bedeuten, dass wir auch die legalen Fälle erfassen – aber das tun wir nicht. Denn diese Fälle interessieren uns strafrechtlich nicht. Wir betrachten als Landeskriminalamt Berlin Prostitution per se, genauso wie die Gesellschaft es tun sollte, nicht als verbotene Tätigkeit. Uns interessieren immer nur die Umstände. Denn Zwang und Freiheitsberaubung entspricht nicht den Vorstellungen einer freien Berufswahl und -ausübung.

Im Zusammenhang mit Menschenhandel wird häufig auch von »Organisierter Kriminalität« gesprochen. Inwiefern muss man differenzieren?

Christian Steiof: Es gibt eine Schnittmenge. Denn nicht jeder Menschenhandel im Rotlichtbereich ist automatisch Organisierte Kriminalität. Aber sicherlich ist gerade diese Grauzone oder das kriminelle Umfeld, das sich zwangsläufig in allen Kulturen zu jeder Zeit der Weltgeschichte ums Rotlichtmilieu rankt, Nährboden für organisierte Strukturen.

In Deutschland allerdings gibt es Organisierte Kriminalität nicht in Form klassischer, mafioser Strukturen, wie es beispielsweise in den USA oder Italien der Fall ist. In Deutschland gibt es eine lose Netzstruktur verschiedenster, krimineller, häufig ethnischer Gruppierungen, die sich je nach dem, was gebraucht wird, aushelfen oder für einen Zeitraum miteinander kooperieren.

Ähnlich ist es im internationalen Menschenhandel. Es gibt Gruppierungen, die ganz bewusst, gewollt und auf Dauer international zusammenarbeiten, in denen jeder genau weiß, was der andere macht, aber auch nicht genau weiß, wer dahinter steckt. Insofern sprechen wir hier schon von organisierten Strukturen. Mit Menschenhandel ist viel Geld zu machen, das ist auch der Motivator Organisierter Kriminalität.

Ich habe kürzlich gelesen, Menschenhandel habe der Drogen- und Waffenschieberei finanziell den Rang abgelaufen.
Christian Steiof: Das würde ich seriös nicht unbedingt bestätigen oder verwerfen wollen. Darüber können wir keine Aussagen treffen. Fakt ist nur eines: Mit Menschenhandel ist erheblich viel Geld zu verdienen.

Das heißt konkret?
Christian Steiof: Eine Frau, die nach Deutschland kommt und zwangsprostituiert wird, hat eine Sieben-Tage-Woche, das geht über die Körperzyklen hinaus, da wird keine Rücksicht darauf genommen, ob eine Frau gut drauf ist oder nicht – das Geschäft ist knallhart! Wenn sie am Tag zwischen fünf und zehn Freier macht, die ihr alle zwischen 30 und 150 Euro auf den Tisch legen, wovon die Frau einen Bruchteil – wenn überhaupt – abbekommt, dann gibt es eine erhebliche Menge Geld zu verdienen.

Aus welchen Ländern werden Frauen nach Deutschland gebracht?
Christian Steiof: Als Herkunftsländer kommen in den letzten Jahren vermehrt die osteuropäischen Länder in Betracht, also die bal-

tischen Staaten, Weißrussland, Ukraine, auch Polen, Tschechien und Bulgarien.

Wie viele Frauen werden von dort nach Deutschland gebracht?
Christian Steiof: Seriöse Zahlen zu bekommen ist sehr schwierig. Wir haben es beim Menschenhandel mit einem Delikt zu tun, das in einer ausgesprochenen Dunkelzone geschieht. Darüber hinaus ist es eine Kontrollkriminalität. Das heißt: Ohne dass die Polizei oder andere Behörden tätig werden, würden die kriminellen Vergehen nicht aufgedeckt werden. Insofern ist es auch ganz stark abhängig von den Kapazitäten der Polizei.

Ich denke, es ist auch den Interessenverbänden der Prostitutierten nicht möglich, seriöse Zahlen über Art und Anzahl ausländischer und auch deutscher Prostituierter zu nennen. Da gibt es ganz unterschiedliche Zahlen, selbst für Berlin. Wir gehen in Berlin von ungefähr 7000 bis 8000 Prostituierten aus. Wir schätzen den Anteil der ausländischen bei etwa über 40 Prozent.

Und wie viele davon werden zur Prostitution gezwungen?
Christian Steiof: Die Frage der zwangsweisen Ausübung der Prostitution – denn nicht jede der Prostituierte, die aus dem Ausland kommt, ist zwangsläufig dazu gezwungen worden – kann man seriös fast gar nicht schätzen. Im Durchschnitt der letzten Jahre haben wir über 100 Verfahren wegen Menschenhandel und schwerem Menschenhandel eingeleitet, bei denen es tatsächlich deliktisch darum ging, dass Frauen in Deutschland der Prostitution entweder zwangsweise zugeführt oder darin gehalten werden.

Wenn man allerdings bedenkt, was Hintergrund und Schutzgut unserer Arbeit ist, dann wäre eigentlich schon ein Fall ausreichend genug. Das menschliche Elend, das dahinter steckt, ist enorm. Stellen Sie sich vor, Sie sind völlig hilflos ausgeliefert in einem fremden Land, dessen Sprache und Schrift Sie nicht beherrschen und haben eigentlich als sozialen Bezugspunkt nur die Leute, die Sie hierher gebracht haben, aber die das nicht aus Menschenverständnis oder Freundlichkeit gemacht haben, sondern nur mit ihnen Geld verdienen wollen. Dann sind Sie in einer Situation, aus der Sie nicht herauskommen. Das ist menschenverachtend. Von daher denke ich, es ist absurd, über Zahlen oder Massen zu reden. Die Tatsache, dass es so etwas gibt, ist schlimm genug.

100 Verfahren sind jedoch, das ist mein Eindruck, nicht wirklich viele. Die Hurenverbände und -projekte fühlen sich deshalb bestätigt, sie behaupten, das Problem Menschenhandel sei nicht so gravierend, wie es die Behörden offiziell darstellen.
Christian Steiof: Das ist immer eine Frage der Sichtweise. Diejenigen, die sich in den Interessenverbänden organisieren, bewegen sich auf einem Feld der Prostitution, an dem die Polizei überhaupt kein Interesse hat. Dort läuft alles problemlos wie, ich sage mal, in einem normalen Gewerbebetrieb. Die Interessen derjenigen, die unter zwangsweisen Umständen hier arbeiten, sei es körperlicher oder psychischer Zwang, die sind weder organisiert in Interessenverbänden noch, so bezweifele ich, können die offziellen Hurenverbände so detailliert für diese Frauen sprechen.

Es ist ja nicht so, dass wir die eine oder andere Ukrainerin im Auge haben, die in einem Berliner Nobelbordell arbeitet. Da gibt es durchaus einige, die aufgrund der kulturellen Vielfalt in dieser Szene gefragt sind. Wir beim LKA reden von irgendwelchen Hinterhofkaschemmen, von einem Bereich der Haus- und Hotelprostitution, also Frauen, die in irgendwelchen anonymen Hochhäusern zusammengehalten und auf Bestellung von irgendwelchen ominösen Taxifahrern – also nicht wirklich Taxifahrer, sondern Kuriere – zu den Freiern gebracht werden.

Ich denke, das sind Subkulturen, die auch die Interessenverbände überhaupt nicht abschätzen oder einschätzen können. Da, behaupte ich, ist die Polizei wesentlich eher in der Lage zu sagen, was schief läuft.

Ist das Verhältnis zu den Hurenprojekten deshalb angespannt?
Christian Steiof: Von einem gespannten Verhältnis ist keine Rede. Es ist ein eigentlich lockeres Verhältnis. Aber es sind zwei unterschiedliche Sichtweisen. Ich will die Sichtweise der Hurenverbände, ihre Interessenlage, überhaupt nicht negieren, auf keinen Fall, nur ist nicht alles so rosarot, wie sie es manchmal sehen wollen. Von daher ergibt sich von meiner Seite keine Notwendigkeit einer

Spannung. Es sind zwei nebeneinander laufende Interessen, einerseits die strafrechtliche, andererseits die Lobby-Arbeit.

Wobei man sagen muss, dass sich die beiden Interessenlagen inzwischen angenähert haben. Vor Jahren liefen zwei völlig verschiedene Zweige nebeneinander her. Die Hurenprojekte haben auf uns geschimpft, weil sie unsere Sichtweise nicht verstehen konnten, und Polizisten sind in aller Regel so veranlagt, dass sie die psychosozialen Aspekte ausgesprochen unerträglich finden.

Im Laufe der Jahre hat aber eine zwangsweise, notwendige Annäherung stattgefunden. Vielfach arbeiteten gleiche Personen sowohl auf unserer als auch auf Seiten der Interessenverbände. Man kannte sich mit der Zeit. Insofern lief da zunehmend vieles kooperativ. Was ja auch Sinn macht: Die Hurenverbände haben und müssen Interesse daran haben, dass schwarze Schafe aus dem Milieu herausgebrochen werden. Natürlich ist es nicht so, dass sie ständig petzen. Daran können sie nun wiederum auch kein Interesse haben.

Inwiefern können Ermittlungen auch international geführt werden?
Christian Steiof: Natürlich werden Ermittlungen international geführt. Doch man muss ganz klar sagen: Polizeiliche Zusammenarbeit international ist ein äußerst schwieriges Unterfangen, weil die Rechtssysteme noch nicht sehr kompatibel sind und weil die Zusammenarbeit, die bei uns vom Bundeskriminalamt geführt wird, sehr langwierig ist. Nicht alles ist strafbar in anderen Ländern. Umgekehrt ist manches, was in anderen Ländern sehr streng genommen wird, bei uns nicht so strafrechtrelevant. Da gibt es sehr viele Inkompatiblitäten.

In aller Regel gehen wir beim Landeskriminalamt in unseren Ermittlungen vom Standort Berlin und im weitesten Sinne Umland aus, weil hier die tatsächliche Ausübung der Prostitution und dementsprechend die Zwangshandlung stattfindet. Wir versuchen aber natürlich auch die Wege zu ermitteln: Woher kommen die Frauen? Wer sind die Zulieferer? Wer sind Kontaktpersonen? Bordelle? Agenturbetreiber?

Wie gehen Sie dabei vor?

Christian Steiof: Es gibt unterschiedlichste Arten. In der Berliner Polizei sind verschiedenste Dienststellen mit Kontrollen in so genannten bordellartigen Betrieben beschäftigt. Wir kennen unsere Pappenheimer, bei denen wir eigentlich immer fündig werden. Das heißt natürlich einerseits Eigeninitiative. Andererseits werden wir aktiv aufgrund von Anzeigen und anonymen Hinweisen, die in dem Milieu aufgrund von Streitigkeiten zustande kommen. Die dritte Möglichkeit ist die Frage der Auswertung von Hinweisen, Informationen und Ermittlungsverfahren, die wir selbst betreiben, und daraufhin die Initiative ergreifen. Wenn uns beispielsweise auffällt, dass an einem Ort häufiger ausländische Prostituierte arbeiten, es plötzlich eine vermehrte Anzahl bestimmter Staatsangehörigkeiten gibt oder vermehrt Minderjährige in einem Laden arbeiten, sagen wir uns: »Den Laden schauen wir uns mal näher an!«

Angenommen in einem Laden arbeiten tatsächlich Frauen illegal und unter Zwang. Wie hoch ist die Wahrscheinlichkeit, dass die Frauen von selbst Anzeige erstatten?
Christian Steiof: Eher gering. Viele der Frauen aus den osteuropäischen Ländern haben zuhause schlechte Erfahrungen mit der Polizei gemacht. Wenn eine Frau beispielsweise aus einem Dorf in Weißrussland kommt, wo die Polizei korrupt ist und sowieso mit den Zuhältern gemeinsame Sache macht, können wir nicht erwarten, dass sie bei uns sofort Vertrauen zur Polizei fasst. Zumal die Täter auch bei uns durchaus gut in der Lage sind, bei den Frauen Misstrauen zu schüren. Da werden dann zwei Freunde für ein paar Euro angeheuert, die dann als Polizisten ins Bordell kommen, den Frauen drohen, Gewalt zufügen, sie vergewaltigen. Klar, dass die Frauen kein Vertrauen zu den deutschen Behörden fassen ...

Welche Rolle spielen Drogen?
Christian Steiof: Es ist des Öfteren so, dass wir während unserer Ermittlungsverfahren Hinweise darauf bekommen, dass Frauen über Drogenkonsum gefügig gemacht werden sollen. Es gibt verschiedene Arten, Frauen willig zu halten. Andererseits muss man aber auch sagen, dass die Bereitschaft, in einer solchen psychischen wie physischen Zwangssituation Drogen als Betäubung für die

Stresssituation zu gebrauchen, natürlich wächst. Jemand, der bisher nichts mit Drogen zu tun hatte, kommt irgendwann zu dem Punkt, an dem er sagt: »Ich saufe mir die Birne zu, ich nehme Koks oder Ähnliches, um die Situation nicht mehr bewusst mitzubekommen.«

Angenommen Sie nehmen einen Laden hoch, in dem Frauen illegal und unter Zwang arbeiten müssen. Wie groß ist die Bereitschaft der Frauen, als Zeugen gegen die Täter auszusagen?
Christian Steiof: Die Frage der Aussagewilligkeit, und das ist das Entscheidende für uns, nämlich der Zeugenbeweis der Geschädigten des Täters, ist recht gering. Aber es passiert.

Warum sollten die Frauen auch aussagen, droht ihnen doch sowieso die Abschiebung ins Heimatland.
Christian Steiof: So schreibt es das Ausländerrecht vor: Ein Ausländer, der sich illegal aufhält, muss in aller Regel schnellstmöglich aus Deutschland verschwinden, entweder durch Abschiebung oder durch eine Ausweisungsverfügung. Er wird aufgefordert, selbst auszureisen.

Im Bereich des Menschenhandels gibt es seit Jahren aber die erkannte Notwendigkeit, diese Regelung zu durchbrechen. Es gibt zwischen den Nicht-Regierungsorganisationen, die sich um die Problematik Frauenhandel kümmern und die psychosoziale Betreuung der Frauen übernehmen, sobald diese aus dem Milieu aussteigen, und der Polizei – sprich unserer Dienststelle, dem LKA 23 – einen Kooperationsvertrag. Wir versuchen einerseits, die Frauen als Zeugen für den Strafprozess zu gewinnen, weil nur sie Aussagen über ihre eigentliche Situation machen können, und andererseits ihnen die Möglichkeit zu bieten, wieder festen Boden zu erhalten. Diesen Part übernehmen dann die Frauenorganisationen.

In diesem Moment, wo wir so genannte »Opferzeuginnen« haben, sind wir natürlich daran interessiert – und das gelingt durchgehend –, die Frauen mit einem legalen Status hier in Deutschland zu halten.

Wird sie dann als legale Prostituierte arbeiten?

Christian Steiof: Nein, das läuft in aller Regel nicht über die Legalisierung der Prostitution; im Gegenteil, wenn sie in der Prostitution bleibt, ist die Gefahr, dass sie zurückrutscht oder Kontakt mit den Tätern bekommt und somit erneut Repressalien ausgesetzt ist, viel zu groß. Wir müssen die Frauen aus dem Milieu herausholen. Es werden sich Gedanken gemacht darüber, was die Frau machen möchte. Der Lebensunterhalt läuft meist über die Sozialhilfe und im ausländerrechtlichen Status über die Duldung. Das heißt, sie werden solange, wie das Verfahren läuft, in Deutschland geduldet. Wir bringen sie dazu an Orten unter, die keiner kennt.

Das ist das »Zeugenschutzprogramm«?
Christian Steiof: Nicht ganz, denn der Zeugenschutz läuft noch eine ganze Spur strenger ab. Zeugenschutz im klassischen Sinne bedeutet die vollkommene Aufgabe der Identität, des früheren Lebens, Abbruch sämtlicher sozialer Kontakte. Das wollen wir nicht! Wir wollen sicherstellen, dass die Frauen keinen Repressalien der Täter ausgesetzt sind.

Wir bringen sie daher an Orten unter, die keinem bekannt sind. Wir wollen ihnen aber sozialen Halt geben. Sie sollen ja Kontakte in ihr früheres, soziales Umfeld haben. Sie sollen auch Kontakte in ein neues soziales Umfeld haben, das mit dem Milieu nichts zu tun hat.

Wobei wir nicht alle, die wir als Opferzeuginnen erkannt haben, bis zum bitteren Ende in Deutschland halten, damit sie aussagen. Es ist eine Sache der Freiwilligkeit. Wir versuchen mehr mit der Überzeugung zu arbeiten anstatt mit der Verpflichtung: »Du bist Zeugin, du hast auszusagen!« Das bringt nichts. Wir lassen den Frauen die Wahl darüber, ob sie zurück und sofort in ihr Heimatland wollen, wobei wir sie unterstützen, oder ob sie gewillt sind, etwas gegen ihre Peiniger zu tun, und uns helfen. Für gewöhnlich lassen wir den Frauen für eine Entscheidung Zeit, je nach Einzelfall ein bis vier Wochen. Das klappt natürlich nicht, sobald wir Festnahmen machen müssen, wenn akute Vorfälle bekannt werden, zum Beispiel wenn wir bei einer Bordellkontrolle feststellen, dass eine Frau völlig zusammengeschlagen ausschaut. Dann kann man natürlich nicht vier Wochen warten, bis die Frau aussagebereit ist, sondern muss sofort Festnahmen machen und versuchen, Beweise zu erheben.

Sie sagten, bis zum Abschluss des Verfahrens werden die Frauen »geduldet«. Was passiert anschließend mit ihnen?
Christian Steiof: Anschließend wird neu verhandelt. Es gibt durchaus Frauen, die anschließend einen dauerhaften, legalen Status in Deutschland erlangen und bleiben.

Wie hoch ist die Wahrscheinlichkeit, dass Frauen, die in ihr Heimatland zurückkehren, schon bald erneut hier in Deutschland anzutreffen sind?
Christian Steiof: Das ist des Öfteren der Fall. Es ist ja auch nicht so, dass jeder Bordellbetrieb, der Ausländerinnen beschäftigt, dies im Rahmen strafrechtlichen Menschenhandels tut. Das heißt: Bei einer Frau, die hier »normal« entlohnt wird, also zum Beispiel eine Fünfzig-Fünfzig-Regelung zwischen Betreiber und Frau, die das aber aufgrund ihres Ausländerstatus' eigentlich gar nicht darf, dabei angetroffen und abgeschoben wird, ist es nur eine Frage der Zeit, bis sie wieder einreist.

Hat das Prostitutionsgesetz Auswirkungen auf den Menschenhandel?
Christian Steiof: Die Frage der Sittenwidrigkeit ist ja eigentlich eine gewerberechtliche, eine ordnungsrechtliche Problematik, die natürlich auch mit der Zielrichtung der Hurenverbände übereinstimmt, die die Prostitution mehr und mehr als legales Gewerbe aus der Grauzone herausholen wollen.

Das hat aber keinerlei Auswirkungen auf den kriminellen Markt. Das interessiert einen Zuhälter überhaupt nicht, ob das, was er macht, sittenwidrig ist oder nicht. Er hat es vorher gemacht, als es noch sittenwidrig war, er macht es jetzt, wo es nicht mehr sittenwidrig ist.

Auch für das Landeskriminalamt ist die Sittenwidrigkeit nicht entscheidend. Wer eine Frau schlägt, weil sie nicht mehr will, der hat es vor und nach dem Prostitutionsgesetz gleichermaßen gemacht – und nur das ist strafrechtlich relevant.

MIGRANTINNEN

Lat.: jmd., der eine → Migration durchführt.

Etwa 200.000 der etwa 400.000 in Deutschland in der Prostitution tätigen Frauen sind, so Schätzungen der Hurenberatungsstellen, »Migrantinnen«. Veronika Munk von → *Amnesty For Women e.V.*, die außerdem als Koordinatorin für das Migrantinnen-Projekt → *Tampep* tätig ist, geht sogar von mehr aus: »Wir haben 2001 eine bundesweite Erhebung unter NGO's [Non-Government Organisation, *d.Aut.*] und GO's, die mit der Zielgruppe arbeiten, vorgenommen«, berichtet sie. »Zwischen 55 und 60 Prozent der in der Prostitution Tätigen sind Migrantinnen. Natürlich ist uns bewusst, dass das nur Tendenzen sind; illegale Menschen kann man nicht zählen, sie entziehen sich jeder Erhebung.«

Migrantinnen, das sind Frauen aus dem Ausland, die in der Hoffnung, Arbeit zu finden, nach Deutschland gekommen sind. Sie arbeiten als Pflegerinnen, Haushaltshilfen, in den meisten Fällen aber als Prostituierte. Sie kommen aus Lateinamerika (Kolumbien, Dominikanische Republik), Asien (insbesondere Thailand), Afrika (insbesondere Nigeria, Ghana) sowie Mittelosteuropa (Russland, Polen, Ukraine, Bulgarien). Ihre regionale Verteilung in Deutschland ist unterschiedlich: Im Stuttgarter → *Rotlicht*milieu beispielsweise arbeiten sehr viele Brasilianerinnen, in → *Hamburg* dagegen sehr viele Thailänderinnen. Frauen aus Mittelosteuropa sind eher in Berlin, Hamburg und im Ruhrgebiet zu finden, was seit Fall des Eisernen Vorhangs eine klassische Einreiseroute ist. In → *Frankfurt* sind sehr wenig osteuropäische Frauen in → *Bordellen* und → *Laufhäusern* anzutreffen, eher in → *Clubs*; stattdessen gibt es in Mainhattan einen hohen Anteil an Kolumbianerinnen.

Nicht selten wird mit den Migrantinnen → *Zwangsprostitution* und → *Menschenhandel* in Verbindung gebracht. »In den Medien wird sehr viel von Frauenhandel gesprochen«, bestätigt Friedericke Strack vom Hurenprojekt → *Hydra e.V.* in Berlin. »Das ist durchaus ein wichtiges Thema und es ist ebenso wichtig, dass man etwas dagegen unternimmt. Das Problem ist nur, dass immer gleich alle Migrantinnen Betroffene des Frauenhandels sind. Das ist nicht richtig!«

Veronika Munk von Tampep*:* »Unsere Erfahrung ist: Die meisten Frauen sind *nicht* gehandelt. Die meisten sind ›freiwillig‹ hier; in Anführungszeichen, weil die meisten sich aus finanziellen Gründen zur Migration entscheiden, und das ist nicht unbedingt freiwillig ... Aber sie sind freiwillig im Sinne von: Nicht von dritten Personen abhängig.«

Warum das so ist? Frauen, die aus Lateinamerika oder Südostasien nach Europa kommen, nicht nur nach Deutschland, haben diesen Migrationsweg schon viele Jahre lang hinter sich. Schon in den 70er Jahren kamen Frauen aus Lateinamerika nach Europa, wo sie in der Prostitution arbeiteten. Das heißt, es hat sich über diese vielen Jahre ein Netzwerk, eine Struktur herausgebildet, mittels derer Frauen ohne Schleuser aus diesen Regionen nach Deutschland gelangen. Durch diese quasi ausgetretenen Pfade werden sie hier bei uns sofort angenommen und an die entsprechenden Stellen weitergeleitet. Es wartet also ein Arbeitsplatz auf sie. Wohlgemerkt nicht nur in der Prostitution, auch im Haushaltswesen oder in der Altenpflege, die ebenfalls Teile des Migrationsprozesses ausmachen. Das Problem ist ihre Illegalität, in der sie in Deutschland → *anschaffen.* Als Nicht-EU-Bürgerinnen bekommen sie keine Aufenthaltsgenehmigung, folglich auch keine Arbeitserlaubnis. Gerade diese Rechtlosigkeit, mit der die Frauen in Deutschland arbeiten, macht sie anfällig für ausbeuterische Arbeitsverhältnisse. Und erst dann wird aus der Migration Menschenhandel. Das Problem ist nach Ansicht der Hurenverbände und Beratungsstellen das geltende → *Ausländergesetz*. Friederike Strack von Hydra e.V. glaubt: »Wenn man den Frauen, die hier für drei oder sechs Monate arbeiten, länger wollen die meisten ja gar nicht bleiben, eine Aufenthalts- und Arbeitserlaubnis geben würde, würde man diesen ganzen ausbeuterischen Strukturen, die herrschen und die in Wirklichkeit in den Medien angeprangert werden, vorbeugen.«

Christiane Howe von → *Agisra e.V.*: »Die Frauen, die nach Deutschland kommen, wollen hier ein halbes Jahr, ein Jahr oder zwei bleiben. Ich frage mich: Warum gibt man ihnen nicht einfach eine Arbeits- und Aufenthaltsgenehmigung? Sie können hier arbeiten, sie können sich ihre Arbeitsplätze aussuchen, sie können bescheuerte Kunden anzeigen, sie können beknackte Bordellbetreiber anzeigen, sie können quasi ihr Leben selbstbestimmen. Warum soll das nicht gehen?«

Tatsächlich könnten die Frauen dann ganz legal in Deutschland arbeiten und müssten keine Angst haben, dass jeden Augenblick eine

Razzia passiert. Der → *Bundesverband Sexuelle Dienstleistungen e.V.* fordert daher »mehr Offenheit und neue Regelungen« für die Migranten, »z.B. in Richtung Green Card oder einer Künstler-Agentur, denn ohne unsere Migranten-KollegInnen können wir in der Prostitution in Deutschland auch nicht mehr zurechtkommen«, so die BSD e.V.-Vorsitzende → *Stephanie Klee.*

MIGRATION

Lat.: migrieren – wandern.

Der Duden spricht: »Wanderung beziehungsweise Bewegung von Individuen oder Gruppen im geographischen oder sozialen Raum, die mit einem Wechsel des Wohnsitzes verbunden ist.«

Siehe dazu auch → *Migrantinnen.*

MIMIKRY

Beratungsstelle für anschaffende Mädchen und Frauen.

Was vielleicht die wenigsten wissen: Mimikry in München gibt es bereits seit den 30er Jahren. Gegründet wurde die Anlaufstelle für Prostituierte in den Vorkriegsjahren als Mitternachtsmission vom gleichnamigen Verein. Der Arbeitsschwerpunkt lag allerdings getreu dem Namen auf missionarischer Arbeit – bis 1989, als die Akzeptanz der Prostituierten in Bezug auf die Streetworker, allesamt Schwestern in Missionarskleidung, die die »gefallenen Mädchen« bekehren wollten, gegen Null ging. So wurde im deutschdeutschen Wendejahr auch in München bei Mimikry ein Kurs- sowie Personalwechsel beschlossen. Die Innere Mission München e.V. – Diakonie in München und Oberbayern e.V. – übernahm die Trägerschaft. Seit 1. Januar 2003 ist der Träger von Mimikry das Evangelische Hilfswerk GmbH, eine gemeinnützige Tochtergesellschaft der Inneren Mission e.V., die die Beratungsstelle durch Eigenmittel und durch Zuschüsse von der Stadt München und vom bayrischen Staatsministerium finanziert.

Die Arbeit mit den Prostituierten ist im christlich-sozialen Bayern allerdings nicht immer einfach; die Huren scheuen sich vor öffentlichen Einrichtungen, die wiederum mit anhaltend repressiven Maßnahmen Vorurteile schüren. Ein wesentlicher Faktor der vier Mimikry-Mitarbeiterinnen – drei Sozialpädagoginnen in Teilzeit und Simone Ortner, Diplom-Sozialpädagogin und Leiterin der Beratungsstellen Mimikry und → *Marikas* – ist daher nach wie vor die Streetwork. »Ohne die Säule der Streetwork würde unsere Beratungsstelle nicht existieren können«, weiß Heike Schütte, stellvertretende Dienststellenleiterin. »Wir besuchen die Frauen vor Ort, auf dem Straßenstrich, in Bordellen, Clubs und Animierbars, also überall da, wo Prostitution stattfindet. Wir nehmen Kontakt auf und den Frauen die Hemmschwelle vor der Beratungsstelle.«

Dort bietet das Mimikry-Team Beratung und Betreuung in persönlichen und sozialen Angelegenheiten (tätigkeitsbegleitend/ aus-/umstiegshilfenorientiert/nach Prostitutionstätigkeit), Information und Treffpunkt für Sexarbeiterinnen, Einstiegsberatung, Angehörigenberatung sowie Fachberatung für soziale Einrichtungen. »Das Angebot richtet sich an alle Frauen und Mädchen, die sexuelle Dienstleistungen anbieten, anbieten wollen, oder angeboten haben«, so Heike Schütte. »Die Hilfen zielen ab auf Verbesserung der Lebens- und Arbeitsbedingungen, auf die Abwehr moralisierender Bewertung und die Förderung attraktiver Alternativen zur Prostitutionstätigkeit. Insbesondere in der Jugendarbeit kommt der Prävention besondere Bedeutung zu. Die Hilfeangebote entsprechen dem Prinzip der Freiwilligkeit und der konkreten Bedarfslage.«

Ferner betreiben die Mimikry-Mitarbeiterinnen Multiplikatorinnen-, Informations- und Öffentlichkeitsarbeit, damit in der Gesellschaft ein Umdenken einsetzt. Heike Schütte: »Wir engagieren uns auf Stadtteilfesten, machen Informationsveranstaltungen für Studenten, leisten kollegiale Hilfe in den anderen Beratungsstellen.«

Im Gegensatz zu anderen Einrichtungen in Deutschland schließt Mimikry Freierarbeit aus seinem Angebot kategorisch aus. »Das ist mit Konflikten behaftet«, befürchtet Heike Schütte. »Wir sind parteilich für die Frauen und möchten das auch bleiben. Es kommt zwar vor, dass Freier bei uns anrufen und um Rat suchen, weil sie sich über Ansteckungsgefahren informieren wollen oder weil sie sich in eine Prostituierte verliebt haben, aber nicht wissen, was sie jetzt tun sollen. Natürlich weisen wir die Freier nicht ab, wir beraten sie durchaus. Aber wir werden nicht von unserer Seite aktiv und gehen auf Freier zu.«

• ***INFO:*** *Mimikry. Beratungsstelle für anschaffende Mädchen und Frauen, Evangelisches Hilfswerk München, Dreimühlenstraße 1, 80469 München. Telefon 089/7259083, Telefax 089/74793943, mimikry@hilfs-*

werk-muenchen.de, www.hilfswerk-muenchen.de, Sprechstunden: Di 17-20 Uhr, ansonsten nach telefonischer Vereinbarung

MINDERJÄHRIGE PROSTITUTION

→ *Prostitutionsform.*
Synonyme: → *Babystrich,* → *Kinderprostitution*

MISSIONARSSTELLUNG

Sexpraktik.
Neben dem → *Oralsex* und dem Sex zu dritt ist die Missionarsstellung die bei Prostituierten am meisten nachgefragte Sexualpraktik. Der so genannte → *Verkehr* gehört zum → *vollen Programm.*

MISTRESS

Szenejargon.
Synonym: → *Domina,* Lady

DORTMUNDER MITTERNACHTSMISSION e.V.

Beratung, Hilfe und Anlaufstelle.
Die Mitternachtsmission geht auf die »midnight-mission« der englischen Pfarrersfrau Josephine Butler in der zweiten Hälfte des 19. Jahrhunderts zurück. Bereits Anfang des 20. Jahrhunderts war die Gefährdetenfürsorge auch in Deutschland eine → *großstädtische* Angelegenheit: Es gab sie in → *Hamburg,* → *Berlin,* Dessau, Dresden, Düsseldorf, → *Hannover* und anderen größeren Städten des Deutschen Reiches. So auch in Dortmund. Dort wurde sie 1918 ins Leben gerufen. In der »Statistik der evangelischen Liebestätigkeit« informierte der Central-Ausschuss für Innere Mission 1929 über die Arbeit der Dortmunder Mitternachtsmission: »Das Arbeitsgebiet der Dortmunder kirchlichen Mitternachtsmission umfasst folgende Gebiete: a) Fürsorge für Gefährdete und Gefallene; b) ethische Bekämpfung der Geschlechtskrankheiten; c) Hebung der öffentlichen Sitte. Die Arbeit wird von zwei Missionarsarbeiterinnen geleistet und erstreckt sich zur Zeit bei den weiblichen Gefährdeten auf Seelsorge im Gerichtsgefängnis, der Hautklinik, der städtischen Krankenanstalt, Hausbesuche, Straßendienst, Unterbringung von Mädchen in Dienststellen und Heimen, Fühlungnahme mit der Evangelischen Fürsorge der Städtischen

Gesundheitsbehörde, den Städten Wohlfahrtsamt usw.«

Neben der Tätigkeit mit Frauen und Mädchen entwickelte die Mitternachtsmission schon damals auch eine so genannte »Arbeit an der Männerwelt«. Dies bedeutete vor allem, dass freiwillige Helfer an der Linienstraße, der → *Bordell*straße Dortmunds, standen, um jeden Besucher mit »gewissenschärfenden« Flugblättern »auf die verheerenden Folgen des Lasters an Leib und Seele« hinzuweisen. Unzweifelhaft hatte die Arbeit der Mitternachtsmission, ihrem Namen entsprechend, missionierenden Charakter, waren die Mitarbeiterinnen von der Frauenmission Malche ausgebildete Bibelhaus-Schwestern, denen die »Hebung der Volkssittlichkeit« ein besonderes Anliegen war.

Freilich hat sich parallel zum Wandel der Gesellschaft auch die Zielsetzung der Mitternachtsmission verändert. Der christlich-missionarische Auftrag wich der akzeptierenden Beratung und Hilfestellung. Ein Grund, warum seit den frühen 80er Jahren ausschließlich nur noch Sozialarbeiterinnen für die Dortmunder Mitternachtsmission arbeiten. »Gleichwohl lassen wir unseren christlichen Hintergrund nicht außer Acht«, betont Gisela Zohren, pädagogische Mitarbeiterin der Mitternachtsmission. Als die Mitternachtsmission 1985 den stationären Bereich, eine Zufluchtsstätte für Frauen, an das Diakonische Werk Dortmund übergab, um sich ganz auf die aufsuchende Sozialarbeit zu konzentrieren, wurde von vielen Seiten geraten, einen anderen Namen zu finden: Mitternachtsmission, das klänge so altmodisch und bigott und entspräche so gar nicht dem Stand der modernen Sozialarbeit. Das Team war anderer Ansicht: »Die Verbundenheit und der Respekt für die Arbeit derer, die vor uns unterwegs waren, lässt uns an dem Namen festhalten, mit dem Wunsch dafür zu sorgen, dass es ein guter Name bleibt«, erklärt Jutta Geißler-Hehlke, Leiterin der Dortmunder Mitternachtsmission e.V. »Und eines hat sich sicher nicht geändert: Unsere Arbeit findet immer noch überwiegend

nachts statt, und sie ist immer noch Mission.« Obschon diese Mission inzwischen ausschließlich nur noch der Prostitution und den darin tätigen Frauen und ihrem Umfeld gilt. »Es haben sich die Inhalte natürlich umfassend erweitert«, erläutert Gerlinde Iking, Diplompädagogin der Mitternachtsmission. »Wir haben die Arbeitsbereiche → *bordellähnliche Betriebe* (die → *Clubs* und → *Appartements*) und die Linienstraße (die Bordellstraße) in Dortmund, in denen wir aufsuchende Sozialarbeit machen. Wir betreuen Beschaffungsprostituierte auf dem Straßenstrich und betreiben Aids- und STD-Beratung. Wir bieten in unserer Beratungsstelle Ausstiegshilfen an, betreuen ehemalige Prostituierte. Anfang der 90er Jahre sind Beratung und Betreuung der Opfer von → Menschenhandel hinzugekommen. Ein neuer Arbeitsschwerpunkt sind Kinder und Jugendliche in der Prostitution sowie → Beschaffungsprostitution.«

Seit Inkrafttreten des neuen → *Prostitutionsgesetzes* – bei dessen Zustandekommen Jutta Geißler-Hehlke nicht unwesentlich beteiligt war: sie saß in der Anhörungskommission der Bundesregierung – kümmert sich das gegenwärtig zwölfköpfige Team der Mitternachtsmission, unterstützt von Honorarkräften und ehrenamtlichen Mitarbeiterinnen, außerdem um die entsprechende Umsetzung, Beratung und Hilfestellung vor Ort. Inzwischen gibt es im Raum Dortmund, das ist bis dato ein bundesdeutsches Unikum, tatsächlich erste → *Arbeitsverträge* zwischen → *Bordellbetreibern* und Prostituierten. Auch ein Verdienst der Mitternachtsmission. Finanziert wird ihre Arbeit von der Evangelischen Kirche, der Stadt Dortmund und vom Land NRW. Den größten Teil finanziert sie jedoch durch Spenden.

• *KONTAKT: Dortmunder Mitternachtsmission e.V., Dudenstraße 2-4, 44137 Dortmund, Telefon 0231/144491, mitternachtsmission@gmx.de, www.standort-dortmund.de/mitternachtsmission, Öffnungszeiten: Mo-Fr 10-13 Uhr, und nach Vereinbarung*

MODELLAGENTUR

→ *Verschleierung*

MODELLPROSTITUTION

Prostitutionsform.

Synonym: Hostessenprostitution. Nicht selten wird der Begriff »Modellprostitution« in Verbindung mit → *Wohnungsprostitution* oder → *Appartementprostitution* verwendet, doch funktioniert die Modellprostitution meist anders. Denn das »Modell« signalisiert eine gewisse Professionalität, und so bieten eine oder mehrere Frauen die sexuelle Dienstleistung nicht in einer → *Privatwohnung*, sondern in Gewerberäumen an, die nicht im Sperrbezirk liegen. Die Wohnung umfasst mehrere Zimmer, für jede der Frauen eines, sowie einen Aufenthaltsraum, in dem die Frauen auf → *Freier* warten. Meist sind die Frauen auch offiziell als Künstlerinnen oder Model beim → *Finanzamt* gemeldet. Sie selbst nennen sich auch – verhüllend – Hostess, im Sinne der lateinischenen Wortherkunft: »Gastgeberin«.

Im Gegensatz zur → *Straßenprostitution* bietet die Modellprostitution natürlich mehr Sicherheit, hygienische Voraussetzungen in Form von sanitären Anlagen; allerdings herrscht große Konkurrenz und die Frauen müssen lange Wartezeiten mit anderen Kolleginnen in meist beengten Aufenthaltsräumen in Kauf nehmen.

MONTMARTRE

Pariser Vergnügungszentrum.

Der Hügel Montmartre (Butte Montmartre) im Norden ist die höchste Erhebung von Paris. Zu Beginn des 19. Jahrhunderts lag dort ein Dorf mit 30 Mühlen, in das wegen der günstigen Mieten vor allem die Künstler zogen. 1889 eröffnete das »Moulin Rouge«, die rote Mühle, ihre Türen. Weitere Varietés und Revuen folgten, die das Viertel zum begehrten Anlaufpunkt der Pariser Künstler machten. Mit den Touristen stiegen die Mieten, und während die Künstler nach Montparnasse flohen, eroberten Sexhops, → *Bordelle*, → *Animierbars* und andere einschlägige Etablissements Montmartre. Heute ist es das größte Vergnügungszentrum von Paris, und über allem wacht die Kirche Sacré-Cœur.

MOULIN ROUGE

Pariser Nachtlokal.

Der Hügel → *Montmartre*, die höchste Erhebung von Paris, war zu Beginn des 19. Jahrhunderts ein Dorf mit 30 Mühlen. Die berühmteste ist wohl die rote Mühle: »Moulin Rouge«, heute das Sinnbild für Pariser Nachtleben auf Montmartre.

Am 6. Oktober 1889 öffneten Joseph Oller und Charles Zidler ihr Nachtlokal und gaben ihm den Untertitel »Le Premier Palais des Femmes« (Der erste Frauenpalast). Die Shows waren nach wirksamem Rezept: viel Federn, Strass, Pailletten, zauberhafte Dekors, originelle Musik und natürlich wunderschöne Frauen mit endlos langen Beinen. Vom ersten Tag an kam das Publikum in Scharen zum Place Blanche, wo sie Teil des leichten Lebens werden wollten. Im »Moulin Rouge« traf die High Society auf den Pöbel und die → *leichten Mädels*. Aber das störte niemanden. Heerscharen von Malern und Bildhauern fühl ten sich zum »Moulin Rouge« hingezogen. Der Maler → *Henri de Toulouse-Lautrec* beispielsweise schuf etliche Plakate für das Lokal.

Die umliegenden Mühlen wichen im Verlauf der Jahre dem Wunschbild der Sinne: Rund ums »Moulin Rouge« entstanden ungezählte Varietés, Revues, Sexshops, Bordelle und andere einschlägige Etablissements, doch keines konnte ihm den Rang ablaufen: Noch heute steht das »Moulin Rouge« als Synonym für den erotischen Tanz schlechthin. 2001 setzte Hollywood dem »Moulin Rouge« ein, wenngleich misslungenes, cineastisches Denkmal.

• ***KONTAKT:*** *Bal du Moulin Rouge, 82 boulevard de Clichy, 75018 Paris, Frankreich, Telefon 0033/0/153098282. http://www.moulinrouge.fr*

• ***DER FILM:*** *Moulin Rouge (Moulin Rouge), Kinomusical, USA 2001, 125 min. Regie: Baz Luhrmann. Darsteller: Nicole Kidman (Satine), Ewan McGregor (Christian)*

MÜNCHEN

→ *Großstadt.*

Die bayrische Landeshauptstadt ist eine Stadt voller Widersprüche, vor allem was das Thema Sitte und Moral betrifft. In christlich-sozialer Umgebung hegen und pflegen die Stadtväter das Image der »sauberen Metropole im Süden«, in der es Probleme wie Prostitution und → *Frauenhandel* zwar gebe, aber nicht in dem Ausmaß wie anderswo. Da scheint sogar was dran zu sein, denn die einschränkende Politik und der vehemente Polizeieinsatz auf dem → *Straßenstrich*, in den → *Bordellen*, → *Clubs* und → *Appartements* haben dafür gesorgt, dass München vor kriminellen, mafiösen Strukturen anders als andere Städte, in denen sich nach Mauerfall die → *osteuropäischen* Organisationen Auseinandersetzungen um ganze Straßenzüge lieferten, verschont blieb. Das bestätigen nicht nur die Behörden, darüber zeigen sich auch die Prostituierten vor Ort erfreut. Selbst in Sachen → *Migrantinnen* scheint die Stadt im Bundesdurchschnitt weit abgeschlagen: Nur etwa 30 Prozent der etwa 2000 Prostituierten kommen aus dem Ausland, dort allerdings dann doch aus dem mittelosteuropäischen Raum. Immerhin den aus diesen Regionen gefürchteten → *Menschenhandel* gibt es in München nicht, ist von Seiten der Behörden zu erfahren. Gibt es doch, hält man bei → *Jadwiga*, der ökumenischen Beratungsstelle für Opfer von Frauenhandel, entgegen, nur finde er aufgrund des massiven Polizeiaufgebots viel stärker im Verborgenen statt.

Wie auch immer, das Vorgehen der Behörden macht die Stadt zwar für die Huren zu einem sicheren Pflaster, schränkt sie zugleich aber in ihrem Bewegungsraum erheblich ein. Obwohl das neue → *Prostitutionsgesetz* vom 1. Januar 2002 bundesweit → *Arbeitsverträge* zwischen → *Bordellbetreibern* und → *Huren* ermöglicht, ist ein Arbeitsvertrag und die darin enthaltenen Vereinbarungen über Ort, Zeit und Ausmaß der Berufsausübung – in anderen Berufssparten durchaus gängige Praxis – für die Staatsanwaltschaft München Grund genug, gegen die Bordellbetreiber wegen → *Zuhälterei* zu ermitteln. »Warum«, so fragt der Münchner Clubbesitzer Frank S., der den Frauen nur faire Arbeitsbedingungen schaffen möchte, »sollten wir also Arbeitsverträge abschließen, wenn wir damit bereits mit einem Bein im Gefängnis stehen?«

Ein bajuwarisches Unikum ist das »Ausübungsverbot für Autos«. Gemäß dieser Verordnung dürfen Frauen, die auf dem → *Straßenstrich* arbeiten, zwar Kontakt zum Freier knüpfen und Vereinbarungen über die angebotene Dienstleistung treffen, diese aber nicht im Auto ausführen. Ihnen bleibt daher nur der Beischlaf in angemieteten Wohnungen, die meist in → *Sperrgebieten* liegen, von denen München wiederum außergewöhnlich viele hat. Alternativ bleiben den Frauen → *Stundenhotels*. »Was paradox ist, denn die Freier, die auf den Straßenstrich fahren, haben dafür einen Grund«, weiß → *Heike Schütte* von der Münchner Hurenanlaufstelle → *Mimikry*. »Ansonsten könnten sie ja direkt auf das Zimmer in einen Club oder ein Bordell gehen.« Beim einmaligen Vergehen müssen die Prostituierten ein Bußgeld bezahlen, bei wiederholter Zuwiderhandlung wird daraus ein Straftatbestand.

Die → *Stricher*szene trifft es noch härter, weiß man beim Stricherprojekt → *Marikas*. Eine offene Szene wie in anderen Städten an Bahnhöfen oder auf einem offiziell genehmigten → *Straßenstrich* gibt es in München nicht. Von offizieller Seite wird argumentiert, die Jungs könnten sich mit auf den Frauenstraßenstrich stellen. Ein Vorschlag, der an der Realität völlig vorbeigeht, denn Jungs auf ihrem Strich würden die Prostituierten nicht dulden. Die Orte, an denen die etwa 300 bis 350 registrierten Jungs in München – gut 80 Prozent davon → *Migranten* –anschaffen gehen, liegen deshalb meist innerhalb der Sperrgebiete. Also ein doppeltes Problem: Illegale Prostitution in verbotenen Stadtteilen. Ein Grund mehr für die Einsatzkräfte, gegen die Stricher vorzugehen.

Deshalb fällt es den Sozialarbeitern der NGO's (Non-Governmental Organisation) mitunter schwer, ihre Zielgruppe für die Beratung, Hilfe, vor allem aber die wichtige Gesundheitsprävention zu erreichen. Was im Übrigen auch für den → *Babystrich* gilt, der in München von den Ermittlern mit aller Härte zerschlagen wird. Minderjährige Jungs und Mädchen, die aufgegriffen werden, werden umgehend zu den Eltern oder ins Heim zurückverfrachtet, im schlimmsten Falle geschlossen untergebracht. In der Nähe von München gibt es ein geschlossenes Mädchenheim. Im Umkehrschluss bedeutet dies, die → *pädophile* Szene, die es in München trotz aller Bemühungen gibt, agiert im Verdeckten. Doch einschränkende Maßnahmen sind die eine Seite, Verständnis die andere. So ruft der dritte Bürgermeister der Stadt München seit Jahren bereits zum »Arbeitskreis Prostitution«, um die Situation für Huren in der bayrischen Landesmetropole zu verbessern. Ein Erfolg: Die Öffentlichkeit bringt den Münchener Prostituierten inzwischen mehr Toleranz entgegen. »Jetzt muss nur noch die Politik folgen«, so Clubbetreiber Frank L.

MUNDFICK
→ *Blowjob*

MUNDVERKEHR
→ *Blowjob*

MUTZENBACHER, JOSEFINE

Wiener Hure, geb. um 1860, gest. unbek.

Josefine Mutzenbacher ist die vielleicht bekannteste Hure im deutschsprachigen Raum. Ihre Eskapaden sind bis heute in aller Munde. Dafür sorgte Felix Salten, Autor des 1923 erschienenen Tiermärchens »Bambi«, das 1942 erfolgreich von Walt Disney verfilmt wurde. Salten, ein Freund des Schriftstellers Arthur Schnitzler, ließ die »Memoiren« der Josefine Mutzenbacher 1906 als Privatdruck in einer einmaligen Auflage von 1000 Exemplaren drucken – anonym. Dazu konstruierte er eigens eine, wenngleich durchsichtige und daher leicht als Fälschung zu erkennende Rahmenhandlung: Es soll angeblich die in die Jahre gekommene Josefine sein, die ihr Leben aufschreibt, »nur zu ihrem eigenen Vergnügen«; diese Erinnerungen sollen, so soll sie verfügt haben, nach ihrem Tod verbrannt werden. Ihre Enkelin habe die Lebensgeschichte im Nachlass gefunden und heimlich verlegen lassen.

Obwohl Josefine Mutzenbacher also wirklich gelebt hat, ist es eher unwahrscheinlich, dass es sich um ihre eigenen Aufzeichnungen handelt. »Deutlich hebt sich dieses Buch aus der Flut der gängigen Erotica heraus«, urteilt ein unbekannter Kritiker, »einmal durch den sozialen Hintergrund und die atmosphärische Dichte des Wienerischen, zum anderen durch das literarische Stilgefühl des Autors, der das Buch über den Voyeurismus hinaus zu einer Parodie auf die pornographische Literatur der Zeit macht.«

Indes galt das Buch selbst lange Jahre als Pornographie, wurde verboten und zu Anfang des 20. Jahrhunderts nur unter den Tischen der Wiener Kaffeehäuser weitergereicht. Neben der plastischen Schilderung der Arbeiterklasse in der österreichischen k.u.k.-Metropole, dem Elend ihres arbeitslosen Vaters, ihres ersten »festen G'spusi« (Affäre) mit einem reichen Fleischer, der ihr eine kleine Wohnung samt Dienstmädchen finanzierte, ihrer ersten Erfahrung als Prostituierte, ihrer Zeit als Laternenhure am Praterstrich mit dem besoffenen und kleinkriminellen Klientel, ihren Erlebnissen als »Kaffeehausmädchen« und als Hure im Edelpuff mit → *SM* darf der Leser ausführlich und munter derbe Anteil haben an den vielfältigen Eskapaden, die Josefine in der Welt der Erotik macht. Dabei werden allerdings viele Klischees bedient: »So zum Beispiel, dass Josefine und andere handelnde Frauen immer und überall unersättlichen sexuellen Appetit haben, dass (fast) alle Männer immer und überall können und riesige Penisse haben, jede(r) alle Praktiken mag und und und. Josefine gibt auch an, aus Spaß an der Sache Dirne (Hure) geworden zu sein. Angesichts der Hintergrundgeschichte, die recht pragmatisch die damaligen Lebensverhältnisse beschreibt, erscheint eher wahrscheinlich, dass viele junge Frauen aus der Not heraus zur Prostitution kamen. Auch die positive Darstellung dieses Berufsstandes halte ich für übertrieben. Hier verrät sich eindeutig der (männliche) Autor.« (Ciao.dc)

Heute wird die Geschichte der Josefine Mutzenbacher in zwei Büchern verlegt: »Die Lebensgeschichte einer Wienerischen Dirne« und »Meine 265 Liebhaber«. Es gibt eine Vielzahl an Verfilmungen; besonders Erotik-Regisseur Hans Billian tat sich mit wiederholtem Eifer hervor, Josefines Leben aus allen (Kamera-)perspektiven zu beleuchten ...

• ***DAS BUCH:*** *Josefine Mutzenbacher. Die Lebensgeschichte einer Wienerischen Dirne. Rowohlt Verlag, Reinbek 1978.* • *Josefine Mutzenbacher: Meine 365 Liebhaber. Rowohlt Verlag, Reinbek 1979*

• ***DIE FILME:*** ***1. Josefine Mutzenbacher.*** *BRD 1970, 92 Min. Regie: Kurt Nachmann. Darsteller: Christine Schuberth (Josefine), Renate Kasché (Zenzi), Uli Steigberg (Vater), Elisabeth Volkmann (Stiefmutter)* • ***2. Josefine Mutzenbacher II: Meine 365 Liebhaber,*** *BRD 1971, 101 Min. Regie: Kurt Nachmann. Darsteller: Christine Schuberth (Josefine), Renate Kasché (Zenzi)* • ***3. Josefine Mutzenbacher. Wie sie wirklich war.*** *BRD 1976, 87 Min. Regie: Hans Billian. Darsteller: Patricia Rhomberg (Josefine Mutzenbacher), Marie France Morel (Zenzi), Siggi Buchner (Horak), Sepp Gneissl (Eckhard)* • ***4. Die Beichte der Josefine Mutzenbacher.*** *BRD 1978, 94 Min. Regie: Hans Billian. Darsteller: Jane Iwanoff (Josefine), Bar-*

bara Moose, Mario Pollak, Linda Rogers, Irene Silver • *5.* ***Aus dem Tagebuch der Josefine Mutzenbacher.*** *BRD 1981, 88 Min. Regie: Hans Billian. Darsteller: Melitta Berger, Siggi Buchner, Hans-Peter Kremser, Peter Strasser, Andrea Werdien* • *6.* ***Die Liebesschule der Josefine Mutzenbacher.*** *BRD 1986, 93 Min. Regie: Hans Billian. Darsteller: Desirée Bernardy, Stacey Donovan, Nadja Kleiber, Jill Oliver* • *7.* ***Josefine Mutzenbacher – Manche mögens heiß.*** *BRD 1992, 94 Min. Regie: Hans Billian*

MYKOSE

Sexuell übertragbare Krankheit, → STDs.
Synonyme: → *Candida*, Pilzinfektion

N

NACHKOBERN

Preiswucher.

Vor gar nicht langer Zeit durchaus üblich: Erst wurde der → *Freier* gekobert (→ *kobern*). Erlag er dann dem → *Werben* der Prostituierten und vereinbarte eine Dienstleistung, zum Beispiel → *Französisch,* konnte es passieren, dass die Dame – sofern sie ihren Liebeslohn bereits im Vorfeld erhalten hatte – auf dem Zimmer nur französisch zu ihm sprach. Von → *Oralsex* aber keine Spur! »Das verwirrt die Männer und verschafft mir Zeit, ein paar Kleidungsstücke abzulegen. Das macht die Verhandlungen leichter«, verrät eine Prostituierte der »Max«. Jetzt wird nachgekobert: Um tatsächlich zur sexuellen Erfüllung zu gelangen, musste der Freier noch einmal drauflegen.

Diese Abzocke barg für die Prostituierte – je nachdem wie verärgert der Freier war – ein Risiko, weswegen sie dieses Spiel meist nur spielen konnte, wenn ein → *Zuhälter,* → *Bordellbetreiber* oder andere Frauen für ihre Sicherheit sorgten. In wirtschaftlich knappen Zeiten wie heute, in denen auch das Milieu den Gürtel enger schnallen muss, kann sich eine Prostituierte dieses Spiel kaum noch erlauben. Das Kerngeschäft wird mit → *Stammkunden* bestritten, und die kommen – einmal beschissen – ein zweites Mal natürlich nicht mehr wieder.

NACHTBAR

→ *Bar*

NACHTCLUB

→ *Club*

NACHTFALTER
Fachberatungsstelle für Prostituierte und Opfer von Menschenhandel. Die Beratungsstelle »Nachtfalter« wurde 1989 unter der Trägerschaft des Caritasverbandes für das Bistum Essen und des *Gesundheitsamtes* der Stadt Essen gegründet und durch Landes- und Bundesmittel gefördert. Ursprünglicher Arbeitsauftrag war die → *HIV-* und → *Aidsprävention,* da man damals davon ausging, dass Prostituierte eine Risikogruppe darstellen. Bei der Gesundheitsberatung allein blieb es nicht. Der »Nachtfalter« wurde zu einer Beratungsstelle für Frauen, die der Prostitution nachgehen, gegangen sind oder nachgehen möchten. »Unser Angebot richtet sich nach den individuellen Bedürfnissen der Frauen. Wir arbeiten anonym, vertraulich und kostenlos«, betont Christine Noll, die Leiterin der Beratungsstelle.

Zwei Sozialarbeiterinnen und eine pädagogische Hilfskraft bieten direkte Hilfen für betroffene Frauen an, psychosoziale Beratung zu allen Lebenslagen, Begleitung auf Ämter und zu Behörden sowie Einzelgespräche. Darüber hinaus bieten sie Fachberatung für Berufsgruppen an, die direkt oder indirekt mit Prostituierten zusammentreffen. Wichtig ist auch die Zusammenarbeit mit anderen Beratungsstellen und Institutionen. In den letzten Monaten diskutierte das Nachtfalter-Team gemeinsam mit benachbarten Beratungsstellen aus dem Prostitutionsbereich und einigen Gesundheitsämtern der Region mit Experten der Dienstleistungsgewerkschaft Verdi (→ *Gewerkschaft*) über die Gestaltung von Arbeitsverträgen für Prostituierte.

Seitdem sich Fälle von Menschenhandel im Ruhrgebiet häuften, bietet das Nachtfalter-Team Fachberatung für Opfer von Menschenhandel an. Das Ruhrgebiet mit seinem traditionell hohen Ausländeranteil liegt auf der Ostwest-Reiseroute. Essen, die größte Stadt des Reviers, ist geographischer Mittelpunkt und damit auch eines der Hauptzielgebiete des Menschen- bzw. Frauenhandels. In Kooperation mit anderen Partnern aus Herkunfts-, Transit- und Zielländern des Frauenhandels, konnte ein Netzwerk der Hilfen und des Informationsaustausches aufgebaut werden. Besonderer Schwerpunkt liegt bei den ost- und südosteuropäischen Ländern, da der Menschenhandel ein internationales Problem ist und die Frauen nicht nur in Deutschland, sondern oftmals auch nach der Rückkehr in ihr Heimatland Hilfe benötigen. Darüber hinaus hat die Caritas für das Bistum Essen eine Reihe von Veranstaltungen, Kongressen, Austauschprogrammen und Symposien zum Thema Menschenhandel veranstaltet. Diese Veranstaltungen fanden im Rahmen von EU-Projekten statt. Beteiligt waren internationale Vertreter von Polizei, Staatsanwaltschaft, Ausländerbehörden, Grenzpolizei und Nicht-Regierungs-Organisationen.

• *INFO: Nachtfalter, Segerothstraße 110a, 45141 Essen, Telefon 0201/8853413, Telefax 0201/8852412. nachtfalter@caritas-essen.de, Öffnungszeiten: Mo/Mi/Do 8-14 Uhr*

NADEL-NUTTE

Szenejargon.

Synonym: Beschaffungsprostituierte, Drogenprostituierte. Siehe dazu → *Beschaffungsprostitution*

NADESCHDA

Frauenberatungsstelle für Opfer von → Menschenhandel.

Der Arbeitskreis ostwestfälischer Frauenreferate, ehrenamtlich tätige Frauen und die Gleichstellungsbeauftragte des Kreises Herford setzten sich im Rahmen der ökumenischen Dekade »Kirchen in Solidarität mit den Frauen« (1989-1999) im Jahre 1996 intensiv mit dem Thema Menschenhandel auseinander. Dabei wurde deutlich, dass es dringend notwendig ist, eine spezialisierte Beratungsstelle für von Menschenhandel betroffene Frauen in Ostwestfalen einzurichten, wie es sie in anderen Regionen bereits gibt. Das Bundesministerium für Familie und das Landesministerium für die Gleichstellung von Frau und Mann stellte Gelder für anderthalb Planstellen zur Verfügung und die Evangelische Frauenhilfe in Westfalen wurde als Trägerin gewonnen – 85 Prozent und eine Honorarstelle werden vom Land NRW finanziert, 15 Prozent sowie Sachkosten von der Evangelischen Frauenhilfe. Eine weitere halbe Stelle wird von kommunalen und kirchlichen Kreisen im Kreis Ostwestfalenlippe gefördert.

Die Beratungsstelle nahm ihre Arbeit am 1. August 1997 in Herford auf. Ihr Name: Nadeschda. Das kommt aus dem Russischen und heißt Hoffnung. Die braucht das Nadeschda-Team auch angesichts des »boomenden Menschenhandels«, den sie in den 30 Etablissements des Kreises Herford antrifft. Im Kreis Minden-Lübbecke befinden sich 70 → *Clubs*, → *Bars* und private Wohnungen. Allein im Jahr 2002 hat das Nadeschda-Team 48 Opfer betreut. Für die betroffenen Frauen ist es wichtig, an einem sicheren dezentralen Ort untergebracht zu werden, um ihre psychische und physische Genesung zu gewährleisten. »In einem sicheren Umfeld kann eine betroffene Frau Vertrauen aufbauen, Abstand zur erlebten Gewalt finden und so eventuell bereit sein, gegen Menschenhändler auszusagen und der Belastung eines Prozesses standzuhalten. Die Beratungsstelle hat daher ein umfangreiches Unterbringungsnetz aufgebaut«, heißt es bei Nadescha.

Des Weiteren gehören zur Arbeit von Nadeschda die Versorgung mit Lebensmitteln, Bekleidung und Hygieneartikeln, die psychische Betreuung, um die Auswirkungen von körperlicher Gewalt, Bedrohung und Einschüchterung zu lindern sowie die soziale und medizinische Versorgung. Viele Frauen und Mädchen sind in einem schlechten gesundheitlichen Zustand (Unterleibserkrankungen, Geschlechtskrankheiten, HIV-Infektion). Zudem sind häufig ungewollte Schwangerschaften durch → *Zwangsprostitution* und Vergewaltigung zu verzeichnen. Dementsprechend gewährleistet Nadeschda Hilfen zum Lebensunterhalt, indem es beim Umgang mit Ämtern und Behörden hilft.

Die Nadeschda-Mitarbeiterinnen begleiten Opfer bei Strafprozessen und sorgen für eine Wiedereingliederung und Prävention. Die Beratungsstelle hilft bei der Beantragung von gültigen Ausweisdokumenten, die den Betroffenen in der Regel fehlen. Ebenso wird die von den meisten Frauen gewünschte schnellstmögliche Ausreise begleitet. Um eine sichere Rückkehr der Frauen in ihre Heimatländer zu gewährleisten, werden Kontakte zu dortigen Frauenprojekten oder Kirchengruppen aufgenommen. Die Präventionsarbeit in den Herkunftsländern hat die Nadeschda-Beratungsstelle verbessert, indem sie ein Netzwerk mit Projektgruppen und Organisationen aufbaut. Dazu gehören Kooperationen in Polen, Tschechien, Litauen, Weißrussland und der Ukraine.

• *KONTAKT: Nadeschda. Frauenberatungsstelle für Opfer von Menschenhandel, Hansastraße 55, 32049 Herford, Telefon 05221/840200, Telefax 05221/840201, frauenberatungsst.-nadeschda@t-online.de, Beratungstermine nach Absprache*

NANA

Roman von Emile Zola, geb. 1840, gest. 1902.

Nana, die hübsche Prostituierte in Paris Mitte des 18. Jahrhunderts, darf als Venus in einem dubiosen Varietétheater auftreten: Sie kann weder singen noch schauspielern, dennoch sind ihre Vorstellungen – fast nackt, nur mit einem durchsichtigen Schleier bekleidet – jeden Abend ausverkauft. Sie weiß ihre Sinnlichkeit zu nutzen: Obwohl es ihr keinen Spaß macht, schläft sie sich die gesellschaftliche Leiter hoch. Sie hasst die Oberschicht und möchte doch dorthin, um sich für das jahrelange Leben im verhassten Milieu zu rächen. Als der bigott-prüde und unglücklich verheiratete Graf Muffat ihr verfällt, genießt sie die Macht und die gesellschaftliche Stellung, die er ihr verschafft, gleichwohl niemand die → *Kokotte,* die Nana geworden ist, akzeptiert. Doch Geld gleicht vieles aus ...

Zola erzählt diese so geradlinige wie brutale Geschichte mit naturalistischer Pose. Da wird kein Blatt vor den Mund genommen, und die Sprache der Gosse kommt voll zur Geltung. Die sexuellen Aspekte mit Ausbeutung und Rache werden – für die damalige Zeit – schonungslos dargestellt. »Skandalös!« empörten sich dementsprechend die Leser 1880 beim Erscheinen von »Nana«. Die Prostituierte, die sich für den erhofften gesellschaftlichen Aufstieg verkauft, wurde zum literarischen Sinnbild triebhafter Verderbtheit. Gleichzeitig entlarvte Zola die vorgebliche Ehrenhaftigkeit der Freier und Liebhaber aus der Oberschicht als abscheuliche Doppelmoral. »Von der vermeintlichen Ehrbarkeit des Bürgertums bleibt nicht viel übrig. Und wenn am Ende Nana vereinsamt stirbt, gönnt der Autor ihr nicht einmal ein rührendes Mitleid. ›C'est la vie‹, scheint er zu sagen.« (Egotrip.de)

Emile Zola arbeitete als Schreiber beim Hafenzoll, dann als freier Journalist. 1862 bekam er eine Anstellung im Verlagshaus Hachette, das er nach dem Erfolg seiner ersten beiden Bücher wieder verließ. Zola gilt als der Hauptvertreter des europäischen Naturalismus. Kennzeichnend für seine Romane ist die minuziöse Beschreibung des Milieus, in dem sie spielen; er liefert so ein umfassendes Zeitgemälde der französischen Gesellschaft. Sein bekanntestes Werk ist neben »Nana« (1880) »Germinal« (1885).

NATALIE – ENDSTATION BABYSTRICH

TV-Reihe.

Die 14-jährige Natalie kommt aus einer scheinbar intakten, mittelständischen → *Frankfurter* Familie: Vater Peter arbeitet in der Bank,

Mutter Elke als Taxifahrerin. Die Doppelverdiener sind selten daheim, und wenn, dann dreht sich ihr bescheidenes Leben um die asthmakranke jüngere Schwester Vanessa. Natürlich fühlt sich Natalie einsam und unverstanden. Unter dem Einfluss einer ehemaligen Mitschülerin gerät sie an einen Fotografen, der ein Model aus ihr machen möchte. Allerdings soll sich Natalie für die Aufnahmen entkleiden; sie ergreift die Flucht und zerstört dabei die Kamera des Fotografen. Zum Glück beschützt sie der nette Nico vor dem tobenden Fotografen. Doch ein Narr, wer nichts Arges dabei denkt: Nico ist skrupelloser Zuhälter, der Liebe spielt, solange Natalie ihn anschaut, aber die Kohle möchte, sobald sie ihm den Rücken wendet. Am Ende steht Natalie auf dem → *Babystrich* irgendwo auf einer kleinen Brücke in Frankfurt am Main und die Eltern fragen sich. »Wenn wir bloß wüssten, was wir falsch gemacht haben?«

Klischeebeladen und mit hölzernen Darstellern besetzt dümpelt die Story vor sich hin. Weil sich aber »acht Millionen Fliegen nicht irren können und auch sechs Millionen Zuschauer bei Natalie 2 (Die Hölle nach dem Babystrich) eine ordentliche Quote waren, konnte analog zu den Schulmädchenreporten vergangener Zeiten der Erfolg kaum ausbleiben« (Süddeutsche Zeitung über Natalie 3: Babystrich Online). Doch »schon die ersten Minuten offenbarten die schauderhafteste Milieuzeichnung seit langem: Hier durfte sich offenbar jemand über Jugendliche und Jugendkultur auslassen, der nur selten im wahren Leben unterwegs ist. Auch anschließend reihte man lediglich Stereotypen aus dem Dr. Sommer-Repertoire klassischer Teenie-Probleme aneinander, statt eine wirklich ausgearbeitete Geschichte zu erzählen: Natalie ist schwanger, ihr Vater schimpft, ihre Mutter schimpft mit ihrem Vater, ihr Freund scheint fremdzugehen, eine HIV-positive Freundin stirbt, und schließlich muss Natalie selbst noch befürchten, sich mit der Immunschwächekrankheit infiziert zu haben. Das ist wie eine ganze Staffel ›Marienhof‹ in anderthalb Stunden zusammengefasst oder als ob ›Unsere kleine Farm‹ gleichzeitig von BSE, MKS, Hochwasser, Klimakatastrophe und einem tobsüchtigen Kampfhund heimgesucht wird. Alles nur kurz angerissen und abgefrühstückt. Einfach zu viel des Guten.« (Neue Osnabrücker Zeitung über: Natalie 4: Das Leben nach dem Babystrich)

• ***DIE FILME: Natalie – Endstation Babystrich.*** *BRD 1994, 94 Min. Re-*

gie: Hermann Zschocke. Darsteller: Anne-Sophie Briest (Natalie Schneider), Udo Schenk (Peter Schneider), Nina Hoger (Elke Schneider), Falk-Willy Wild (Nico) • ***Natalie 2 – Die Hölle nach dem Babystrich.*** *BRD 1997, 94 Min. Regie: Heidi Kranz. Darsteller: Anne-Sophie Briest (Natalie Schneider), Udo Schenk (Peter Schneider), Nina Hoger (Elke Schneider)* • ***Natalie 3 – Babystrich Online.*** *BRD 1998, 95 Min. Regie: Dagmar Damek. Darsteller: Anne-Sophie Briest (Natalie Schneider), Udo Schenk (Peter Schneider), Nina Hoger (Elke Schneider), Simon Verhoeven (Sven Ritter), Julia Palmer-Stoll (Miriam Lerz), Rainer Grenkowitz (Kommissar Rink).* • ***Natalie 4 – Das Leben nach dem Babystrich,*** *BRD 2001, 94 Min., Regie: Dagmar Damek, Darsteller: Anne-Sophie Briest (Natalie Schneider), Udo Schenk (Peter Schneider), Nina Hoger (Elke Schneider), Annekathrin Lange (Vanessa).* • ***Natalie 5 – Im Spinnennetz des Babystrichs.*** *BRD 2002, 94 Min. Regie Franziska Meyer Price. Darsteller: Darsteller: Anne-Sophie Briest (Natalie Schneider), Udo Schenk (Peter Schneider), Nina Hoger (Elke Schneider), Annekathrin Lange (Vanessa)*

NATURSEKT

Szenejargon.

Synonyme: Pisse, Golden Shower. Urinieren auf den Körper des anderen und/oder trinken. In den Anzeigen der professionellen → *Dominas* ist das Spiel mit Urin, die Urolagnie, meist mit »NS« abgekürzt. Siehe auch: → *Fetischismus.*

NEEDLE-SHARING

Szenejargon.

Nicht typisch für das Milieu, aber insbesondere auf dem → *Drogenstrich* ein hohes Gesundheitsrisiko, wenn Drogen mit einer Nadel gespritzt werden, die schon von jemand anderem benutzt wurde – »Needle-Sharing«. Die größte Gefahr: Eine Infizierung mit → *HIV.*

NEGER-KALLE

Kiez-Größe

Mit bürgerlichem Namen Karl-Heinz »Kalle« Schwensen. Gerne präsentierte sich der ewig schöne, boxende »Dauerlude« als »Victory-Poser«. Wann immer er auf → *St. Pauli* eine Kamera erspähte, reckte er Zeige- und Mittelfinger entgegen. Dann der Schock: Neger-Kalle, wie man ihn auch nennt, soll für den Auftragskiller → *Werner Pinzner* die Kanone beschafft haben, mit der dieser 1986 den Staatsanwalt, seine Frau und sich selbst bei der Vernehmung erschoss. Kalle bekam dafür drei Jahre und drei Monate Gefängnis, obwohl er unablässig beteuerte, es nicht gewesen zu sein.

Mitte der 90er gründete der Mann im Maßanzug (»Trägt sich netter«) die »Empire Box Promotion«, ging damit aber relativ schnell zu Boden. Im August 1996 – Kalle war nur noch eine der wenigen verbliebenen Kiez-Größen, was im wesentlichen auch seinen prominenten Ruf begründete – scheiterte eine Boxgala, die er veranstalten wollte, kurz darauf schossen ihn drei türkische Kampfsportler über den Haufen. »Locker bleiben, ich lebe noch«, begrüßte Schwensen den Notarzt. Als er mit Sonnenbrille auf der Bahre abtransportiert wurde, zeigte er das V der Sieger.

Heute ist Schwensen eher Promi, der sich gerne mit anderen Promis schmückt. Er sitzt ab und an in Talkshows und lässt, natürlich Sonnenbrillen-bewehrt, den dicken Max heraushängen. Der Sprung aus der → *Rotlicht*branche scheint gelungen: Mit der HipHop-Combo Fünf Sterne deluxe singt er »Der Typ«, agiert im Kurzfilm »Edendale« und gründet mit Popstar Xavier Naidoo eine Produktionsfirma, mit der er Spielfilme auf die Kinoleinwand bringen möchte. Nur wenn seine »Freunde« der Punkband Die Ärzte mal wieder für eine Foto-Session die richtigen Frauen suchen, dann ruft er noch mal kurz die alten Kontakte zur Hilfe ...

NIEDERLANDE

Niederlande, das sei der »Vorreiter einer in Europa einzigartigen Toleranzpolitik«, urteilte Mitte 2003 das Süddeutsche TV. Und tatsächlich, bereits wiederholt hat das kleine Land an der Nordseeküste bewiesen, was im menschlichen Miteinander alles möglich ist: Zum Beispiel Marihuana für jedermann. Oder Sterbehilfe. Oder eben zuletzt die legalisierte Prostitution. Und das, obwohl die Prostitution erst 1911 noch vollständig verboten wurde. Doch die Geschichte der Menschheit hat bewiesen: Prostitution lässt sich nicht verbieten. Auch nicht in den Niederlanden. Statt in Bordellen boten sich die Prostituierten fortan in den Tanzsälen des Landes an, dort wo die Dirnen bereits in früheren Jahrhunderten ihre Liebesdienste offeriert hatten.

Die niederländische Regierung lenkte ein und entkriminalisierte die Prostitution 1988. Seitdem kann jeder der Prostitution nachgehen. Die Beschäftigung von Prostituierten ist jedoch ausschließlich dann erlaubt, wenn der oder die Betroffene der Prostitution freiwillig nachgeht und älter als 17 Jahre ist. Das klingt ähnlich dem → *Prostitutionsgesetz*, das die rotgrüne Regierungskoalition in Deutschland 2002, knapp 13 Jahre nach den Niederlanden, auf den Weg brachte.

Wie zu erwarten, entwickelte sich die Prostitution in den Niederlanden rasant. Eine Touristenattraktion sind beispielsweise die Schaufenstermädels entlang der Grachten in Amsterdam geworden. Die Metropole gilt heute als der größte Rotlichtbezirk der Welt, der »Redlight Disctrict« ist das Touristenziel Nr. 1. Über 6000 Frauen schaffen hier täglich an. Die »walletjes«, wie die Frauen hinter den → *Koberfenstern* heißen, erschlafen einen Umsatz von geschätzten 24 Millionen bis 84 Millionen Euro, so genau weiß es keiner, sicher ist nur: Der tatsächliche Betrag liegt irgendwo dazwischen.

Die Hürde zur endgültigen Legalisierung des Berufsbildes Prostituierte nahm die niederländische Regierung am 1. September 2000 mit einer weiteren Gesetzesänderung. Die Aufhebung des 88 Jahre alten Verbots der Prostitution stieß vor allem bei protestantischen Gemeinden auf Unmut. Aufgrund des neuen Gesetzes darf die Eröffnung eines Bordells nicht mehr aus moralischen Gründen verboten werden, denn es würde der Verfassung zuwiderlaufen, die die Freiheit der Berufswahl garantiert – anders als in Deutschland, wo immer noch die → *Sperrgebietsverordnung* existiert.

Im Grunde fiel das Gesetz nicht sonderlich ins Gewicht. Denn in etwa jeder fünften niederländischen Stadt wurde die Prostitution ohnehin bereits seit Jahren toleriert. Und weil → *Bordellbesitzer* und viele Prostituierte bereits seit Jahren → *Steuern* bezahlten, hat das → *Gesetz* für die Vorsitzende der einzigen Gewerkschaft niederländischer Huren, »Roter Draht«, Dick Lavina, auch eher einen symbolischen Wert: Indem es anerkennt, dass Prostitution ein → *Beruf* wie jeder andere ist.

Gleichwohl wurden infolge der Aufhebung des Bordellverbots die Bestimmungen des Privatrechts und damit auch arbeitsrechtliche Bestimmungen anwendbar. Bordellbetreiber müssen das Arbeitsrecht und Hygienevorschriften befolgen. In den Bordellzimmern müssen seither Waschgelegenheiten mit fließendem warmen und kalten Wasser vorhanden sein. Es ist ferner die Pflicht der Bordellbetreiber, auf Safer Sex mit → *Kondomen* zu achten, Gelegenheit für Aufklärungsaktivitäten zu bieten und die Beschäftigten anzuhalten, sich regelmäßig auf Krankheiten untersuchen zu lassen. Inzwischen gibt es in den Niederlanden sogar einen Verband der Bordellbetreiber mit über 300 Mitgliedern, der darüber wacht, dass jedes Bordell den Standards entspricht. Die Prostituierten dagegen haben leichteren Zugang zu den → *Krankenversicherungen*.

Mit der neuen Regelung bezweckte die niederländische Regierung, den Prostituierten zu helfen und das unübersichtliche Sexgewerbe für die Polizei und die Gemeinden kontrollierbarer zu machen. Ferner soll mit der Legalisierung der Prostitution auch der Kampf gegen → *Zwangsprostitution* und die Ausbeutung von Kindern und Ausländern ohne Aufenthaltsgenehmigung verstärkt werden. Ob das gelingt, bleibt abzuwarten. Eines scheint zumindest tatsächlich gelungen: Gewalttätige Übergriffe im »Redlight Disctrict« gibt es in Amsterdam so wenig wie nirgendwo anders in Europa. Davon träumt sogar → *Schweden*, das die Prostitution 1999 gänzlich verboten hat.

NITRIBITT E.V.

Treffpunkt und Beratung für Mädchen und Frauen, die anschaffen gehen.

1986 schaffte das Hauptgesundheitsamt der Stadt Bremen die Untersuchungspflicht für Prostituierte (→ *Gesetz zur Bekämpflung der Geschlechtskrankheiten*) ab: Stattdessen übernahmen fortan zwei Sozialarbeiterinnen der Beratungsstelle für Haut- und Geschlechtskrankheiten die Präventionsarbeit für Mädchen und Frauen, die anschaffen gehen. Die beiden Sozialarbeiterinnen wurden bei Gesprächen mit den Prostituierten, mit denen sie schon seit Jahren zusammenarbeiteten und zu denen gute Kontakte bestanden, jedoch wiederholt mit dem Bedürfnis konfrontiert, einen unabhängigen Treffpunkt außerhalb des Milieus zu haben, wo sie aber dennoch offen über ihre Situation sprechen können. Da die Einrichtung eines Treffpunktes einerseits von den beiden Sozialarbeiterinnen arbeitsmäßig nicht mehr zu leisten gewesen wäre, andererseits aber von ihnen auch sehr deutlich gesehen wurde, dass eine inhaltliche Verknüpfung zur Arbeit der Beratungsstelle des Gesundheitsamtes die Errichtung eines unabhängigen Treffpunktes unmöglich macht, initiierten sie ein ABM-Projekt, das sich um diese Aufgaben kümmern sollte und inhaltlich mit der Beratungsstelle nichts zu tun hatte. Am 1. Januar 1987 begannen drei ABM-Kräfte mit dem Aufbau eines Treffpunktes, dessen erste Räumlichkeiten seinerzeit in der Desinfektionsabteilung des Bremer St. Jürgen-Krankenhauses lagen.

Freilich wurde das Angebot von den Frauen anfangs nur zögerlich angenommen, doch das Interesse stieg. Dabei wurde deutlich, dass ein unabhängiger Verein viel eher die Möglichkeit hat, Interessen von Prostituierten in der Öffentlichkeit zu vertreten. Am 28. Oktober 1987 wurde der Verein von Prostituierten und Sozialarbeiterinnen gegründet; er bekam den Namen des bekanntesten deutschen Callgirls: → *Rosemarie Nitribitt*.

»Man hat sich für diesen Vereinsnamen entschieden, um die Doppelmoral in der Gesellschaft zu reflektieren«, erklärt Gabrielle Lau, eine der beiden Sozialarbeiterinnen von Nitribitt e.V. heute »Denn die Nitribitt hatte ja auch des Nachts Kunden aus Politik und Wirtschaft, die sich tagsüber an ihren Schreibtischen gegen die Prostitution äußerten. Insofern ging es dem Verein damals einerseits um die Entstigmatisierung der Prostitution, andererseits um Aufklärung der Bevölkerung, dass die durch Presse, Funk und Fernsehen vermittelten Bilder einer Prostituierten nicht ganz stimmig sind: Es gab im Grunde doch nur die Edelprostituierte, die in einer Nacht 1000 Mark verdiente, oder die Hure, die drogensüchtig an der Straße stand.«

1988 bezog der Verein eigene Räumlichkeiten in der Stader Straße, in denen das Nitribitt-Team nicht nur den Treffpunkt, sondern über die Jahre in zunehmendem Maße auch Beratung für die Mädchen und Frauen, die anschaffen gehen, initiierte. »Wenn eine Frau sich, aus welchen Gründen auch immer, dafür entschieden hat, mit sexuellen Dienstleistungen ihren Lebensunterhalt zu verdienen, dann soll sie es unter anständigen Bedingungen und unbehelligt von gesellschaftlicher und rechtlicher Diskriminierung tun«, sagt Gabrielle Lau.

Nitribitt e.V. ist Ansprechpartner bei Rechtsfragen, Schuldenregulierung, bei Hilfestellung bei dem Wunsch nach beruflicher Neuorientierung sowie bei persönlichen Schwierigkeiten, bedingt unter anderem durch Alkohol, Tabletten, Drogen oder bei Fragen zum gesundheitlichen Schutz vor sexuell übertragbaren Krankheiten (→ *STD*). Am Bremer Straßenstrich (nicht Drogenstrich) stellten die Nitribitt-Mitarbeiterinnen, die von ehrenamtlichen Helferinnen – häufig betroffene Frauen oder Aussteigerinnen – unterstützt werden, außerdem einen Bauwagen auf und richteten ihn nett her, quasi als Nitritbitt-»Außendienststelle«.

Finanziert wird die Arbeit von Nitribitt e.V. durch den Bremer Senat, durch das Arbeitsamt der Hansestadt sowie durch Spenden. Der Vereinsvorstand, das ist bundesdeutsches Unikum, besteht noch heute ausschließlich aus Prostituierten und Ex-Prostituierten, ist somit in der Lage, praxisnah zu entscheiden.

• *KONTAKT: Nitribitt e.V., Stader Straße 1, 28205 Bremen. Telefon 0421/448662, Telefax 0421/4986031, Öffnungszeiten: Di 10-15 Uhr, Mi 9-16 Uhr, Do 14-18 Uhr*

NITRIBITT, ROSEMARIE

Edelhure, geb. 1933, gest. 1957.

Rosemarie Nitribitt wuchs bei Pflegeeltern und in Heimen auf, arbeitete als → *Animiermädchen,* wollte aber aufsteigen – um jeden Preis. Erst geriet sie an Kriminelle, dann angelte sie sich Reiche. Sie wurde tatsächlich eine mondäne Dame von Welt, musste dafür aber eine Gegenleistung erbringen. Ihr Unternehmen → *Wohnungsprostitution* in der Stiftstraße 36 in Frankfurts City prosperierte, wie die Stadt, die Messe, die Börse und das → *Rotlicht*milieu. Ein schwarzes Mercedes-Coupé SL mit roten Lesersitzen, weißen Breitbandreifen und dem Kennzeichen H70-6425, große Topfhüte, Zweikaräter am Finger, Pelzmantel, Nerzstola und Pudel waren das Markenzeichen des → *Luxus-Callgirls*. Rebecca war ihr »Künstlername«, zuweilen auch Gräfin Marizza. Am 29. Oktober 1957 wurde sie ermordet, am 1. November fand man ihre Leiche in ihrem 72 Quadratmeter-Appartement. Neben ihr soll ein Notizbuch gelegen haben mit Adressen und Telefonnummern von mehr als 100 Kunden, alles hochangesehene Leute: prominente Wirtschaftsbosse, Rechtsanwälte, Ärzte und Politiker, allesamt Macher der neuen Republik, Leitbilder der prüden Fünfziger, in die eine Hure nicht passte und schon gar nicht die Nitribitt. Mit dem Bekanntwerden der Existenz dieses Notizbuches wurden die Werte in ihren Grundfesten erschüttert, hatte das Wirtschaftswunder in Deutschland seinen ersten Gesellschaftsskandal. Anhand der Nitribitt zeigte sich die Doppelmoral, der moralische Niedergang der Wirtschaftswunder-Bourgeosie. Deutschland war plötzlich nur noch eine Bananenrepublik. Was dem Volk zu Ohren kam, unterstrich dies nur einmal mehr: Bewusst sollen während der Ermittlung Beweise vernichtet worden, brisante Akten verschwunden sein. Von Politikern aus Bonn wurde gemunkelt, die geschont werden sollen, von Industriebossen und einem Dauerliebhaber aus einer Ruhrgebiets-Dynastie, Harald von Bohlen und Halbach, Bruder von Alfred Krupp, dem Chef des Hauses Krupp. Im Keller eines Ermittlungsbeamten fanden sich erst kürzlich Halbachs Briefe, Postkarten und ein Tonband voll sehnsüchtiger Liebesbekenntnisse.

Die Kripo damals tat sich vor allem durch Fehler bei der Spurensicherung und den Ermittlungen hervor. So wurde Nitribitts Leiche in die Heimatstadt ihrer Mutter, Düsseldorf, überführt – ohne Kopf, den die Staatsanwaltschaft beschlagnahmte; erst als er dort nur noch störte, schickte man einen Beamten mit dem Schädel zur Mutter. Schließlich wurde ein Vertrauter Nitribitts, Heinz Pohlmann, Handelsvertreter und Lebemann, des Raubmords angeklagt, im Prozess aber freigesprochen. Bis heute ist der Mord nicht aufgeklärt. Es hält sich aber das Gerücht, dass der Mörder in prominenten politischen Kreisen zu suchen ist.

• ***INFO im BUCH:*** *Erich Kuby: Rosemarie. Des deutschen Wunders liebstes Kind, Rotbuch Verlag, Hamburg 1996*

• ***INFO im FILM:*** *1. Das Mädchen Rosemarie, Kinofilm, BRD 1958, 101 Min. Regie: Rolf Thiele. Darsteller: Nadja Tiller (Rosemarie Nitribitt), Peter van Eyck (Fribert), Carl Raddatz (Hartog), Gert Fröbe (Bruster), Mario Adorf (Horst), Karin Baal (Do), Horst Frank (Student) • 2. Das Mädchen Rosemarie, TV-Film, BRD 1995, 134 Min. Regie: Bernd Eichinger. Darsteller: Nina Hoss (Rosemarie Nittrebitt), Til Schweiger (Nadler), Heiner Lauterbach (Hartog), Mathieu Carrière (Fribert)*

NUMMER MACHEN/SCHIEBEN

Sex.

In den → *Bordells* des alten Rom gab es so genannte Bordellmarken. Diese trugen Nummern, die die Anzahl der Besuche und bestimmte Sexualpraktiken kennzeichneten. Historiker vermuten, dass daher das Synonym für → *Verkehr* kommt: »eine Nummer machen« (»eine Nummer schieben«).

NUTELLA-BANDE

Einstige St. Pauli-Gang,

deren Mitglieder aufgrund ihres Alters von der Konkurrenz »Nutella-Bande« genannt wurden, als ob sie zum Frühstück noch eben diese Schokocreme essen würden. Die Nutella-Jungs hatten mit dem Spott kein Problem, machten ihn sogar zum tatsächlichen Namen ihres Zuhälterrings. Dem gehörten 180 → *Aufreißer* an, die über 240 Frauen → *poussierten*. Dreh- und Angelpunkt der Nutella-Bande waren der → *Schöne Klaus* und Karate-Tommy, eigentlich Thomas Born, ehamliger deutscher Karatemeister und Europameister im Kick-→ *Boxen.*

Als Anfang der 80er Jahre neue Zuhälter die Führung auf St. Pauli übernahmen und ein Blutbad auch unter der Nutella-Gang anrichteten, war das für den »schönen Klaus« als Verfechter der charmanten → *Zuhälterei* Grund, dem Kiez den Rücken zu kehren.

NUTTE

Ugs. Bezeichnung f. → Prostituierte.

»Nutte«, auch »Nute«, steht eigentlich für Fuge, Rille. Im vulgären Sprachgebrauch wird eine Frau seit Anfang des 20. Jahrhunderts abwertend als Nutte (eigentlich: Ritze, Spalt [der weiblichen Scham]) bezeichnet, wenn sie eine sexuelle Dienstleistung für Geld verkauft.

Im Milieu dagegen gilt »Nutte« als Schimpfwort für Frauen, die sich umsonst darbieten, und zwar in lockerer Regelmäßigkeit. »Das, was man klassisch als Schlampe bezeichnet, eine Frau, die ihre Männer wie die Unterhosen wechselt, nennen → *Huren* eine ›Nutte‹«, erklärt die Prostituierte Sandy W.

O

OFFENE SZENE

Stricherszene.

Die offene Szene ist unter → *Strichern* das, was bei den Frauen der → *Straßenstrich* ist. Jungs bieten sich, meist im Umfeld der Bahnhöfe, den → *Freiern* an.

OLSEN, ROLF

Öster. St. Pauli-Regisseur, geb. 1919, gest. 1998.

Nach künstlerischer Ausbildung an der Theresianischen Akademie Wien spielte Rolf Olsen während des Zweiten Weltkriegs am deutschsprachigen Theater in Bielitz (Südpolen), an Bühnen in Gablonz, Linz und Wien und debütierte 1947 als Autor in dem Nachkriegsfilm »Singende Engel«. Ab 1961 führte er auch Regie, drehte zwei austro-teutonische Western und führte Mitte der 60er Jahre »sex and crime« als Stilmittel im deutschsprachigen Flm ein. Daraus folgte von 1968 bis 1971 die fünfteilige, populäre → *St. Pauli*-Reihe mit → *Curd Jürgens* in der Hauptrolle: → *Der Arzt von St. Pauli,* → *Käpt'n Rauhbein aus St. Pauli,* → *Das Stundenhotel von St. Pauli,* → *Der Pfarrer von St. Pauli* sowie ein Remake des → *Hans-Albers*-Klassikers → *Auf der Reeperbahn nachts um halb eins.* »Alle Filme, zu denen Olsen selbst die Drehbücher schrieb, sind natürlich gesättigt mit kinogerechtem Kiez-Milieu, mit Schmugglern, primitiven Schlägern, → *Zuhältern* im feinsten Zwirn, → *Strichmädchen*, aber auch mit wahren Männerfreundschaften unter Seeleuten, echter Liebe und Stripperinnen mit dem Herzen auf dem rechten Fleck«, schreibt der Kinoexperte Manfred Hobsch in seinem Buch »Mach's noch einmal. Das große Buch der

Remakes« (Schwarzkopf & Schwarzkopf Verlag, Berlin 2003). Doch trotz aller Klischees und stereotyper Figuren scheint aus Olsens St. Pauli-Reihe immer wieder auch seine Kritik an der spießbürgerlichen Doppelmoral heraus: Es sind die Wohlstandsbubis, die Recht und Ordnung grob missbrauchen, die vermeintlichen Gauner der → *Reeperbahn* dagegen sind eine große, eingeschworene Familie, in der Kameradschaft, Ehrenhaftigkeit und Männlichkeit noch groß geschrieben werden. An Hauptdarsteller Curd Jürgens indes scheiden sich die Geister: Ihm gehe jegliche, für Filme wie diese im Rotlicht-Milieu notwendige Volksnähe ab. Olsen drehte ferner den Film → *Wenn es Nacht wird auf der Reeperbahn.*

ONA E.V.

Arbeitsgemeinschaft zur Wahrung der Interessen von Frauen aus Mittel- und Osteuropa.

»Viele Frauen aus mittel- und osteuropäischen Ländern kommen nach Westeuropa in der Hoffnung, ihre Lebenssituation zu verbessern«, heißt es bei Ona e.V. »Sie erleben oftmals, dass ihre Erwartungen enttäuscht werden und Arbeits- und Menschenrechte massiv verletzt werden. → *Frauenhandel* stellt dabei eine extreme Form von Menschenrechtsverletzungen dar.« Deshalb wurde Ona e.V. im Juni 1999 gegründet. Der Verein setzt sich für die Unterstützung von Frauen aus Mittel- und Osteuropa ein, die Gewalt in der → *Migration* erfahren und von Frauenhandel betroffen sind. »Ona« bedeutet »Sie« in mehreren slawischen Sprachen und steht für die Stärkung der Rechte von Frauen in der Prostitution. Schwerpunkt der Ona-Arbeit ist die Zufluchtswohnung, die Frauen Schutz bietet, die von Menschenhandel betroffen sind, in Zwangsverhältnisse geraten sind und die in ausbeuterischen Arbeitsverhältnissen Gewalt erfahren haben. Ferner bietet Ona e.V. Beratung und Unterstützung in Krisensituationen, Begleitung bei Ämter- und Behördengängen, Kontakt und Begleitung zu ÄrztInnen und RechtsanwältInnen, Beratung und Begleitung von Zeuginnen in → *Menschenhandel*sverfahren, Prozessbegleitung, psychosoziale Betreuung, Unterstützung bei der Entwicklung von Zukunftsperspektiven sowie Hilfe bei Rückkehr ins Herkunftsland.

• *KONTAKT: Ona e.V. – Zufluchtswohnung, Postfach 870218, 13162 Berlin, Telefon 030/48096281, Telefax 030/48096282, onfazuf@aol.com*

OSTEUROPA

Ostblock.

Seit dem Fall des Eisernen Vorhanges sind die einstigen Staaten des Ostblocks, zumindest wirtschaftlich gesehen, am Ende. Noch heute haben sie unter der Umstellung von Plan- auf Marktwirtschaft zu kämpfen. Den jungen Menschen bieten sich kaum Berufsperspektiven, dementsprechend wenig Geld. Daran hat sich bis heute, ein Dutzend Jahre nach der Wende, nicht viel verändert. Oder vielleicht doch: Immer mehr Frauen aus Polen, Russland, Bulgarien, Ungarn, Rumänien, Tschechien, der Ukraine oder der Slowakei suchen ihr Glück als → *Prostituierte* in Grenznähe. Dort hat die Zahl der → *Straßenprostitution* und bordellähnlichen Einrichtungen in den letzten zehn Jahren zugenommen.

Andere Frauen dagegen haben als so genannte → *Migrantinnen* den Weg in den »goldenen« Westen gefunden, wo sie Arbeit suchten. Entweder als Haushälterinnen, Altenpflegerinnen oder – am wahrscheinlichsten, wissentlich und freiwillig – als Prostituierte. Inzwischen dürfte der Anteil der osteuropäischen Migrantinnen in der deutschen Sexbranche sogar höher sein als der der Frauen aus den bisher traditionellen Herkunftsländern Südamerikas. Das ist, das soll nicht verschwiegen werden, auch ein »Verdienst« der organisierten Kriminalität. → *Menschenhandel* hat der Waffenschieberei oder dem Waffenschmuggel längst den Rang abgelaufen. Allerdings verschiebt sich Menschenhandel zunehmend auch in den Bereich der Minderjährigen (→ *Kinderprostitution*, → *Sextourismus*).

Die Strukturen, in die die Frauen geraten, sind unerbittlich: »Frauen werden von Zuhälterringen zum Zweck der Prostitution aus verschiedenen Regionen der Tschechischen Republik sowie aus mittel- und osteuropäischen Ländern in die Grenzregionen und in andere europäische Länder verkauft«, weiß man beim Sozialprojekt → *Karo* in Plauen, Sachsen. »Dabei werden sie wie Ware transferiert und müssen unter sklavenähnlichen Bedingungen leben und arbeiten. Gewalt und ein streng organisiertes Zuhältersystem prägen die Szene.«

Die EU-Osterweiterung 2004 könnte in diesem Punkte möglicherweise Abhilfe schaffen, glauben zumindest optimistische Zeitgenossen. »Am Menschenhandel wird sich aber nichts ändern«, weiß eine Sozialarbeiterin, die in der deutschpolnischen Grenzregion Streetwork leistet. »Die Umschlagplätze für Frauen wird es weiterhin geben, genauso wie die Schuldenfalle, in die sie durch die Reise- und Schlepperkosten geraten. Mit dem kleinen Unterschied, dass sie in Zukunft legal nach Deutschland einreisen können.«

OWiG

→ *Gesetz über Ordnungswidrigkeiten*

P/Q

PÄDERAST

Homosexueller,
der seine sexuellen Begierden auf männliche Jugendliche oder Kinder richtet. Siehe dazu auch Stichworteintrag → *Pädo-Kreise.*

PÄDO-KREISE

Szenejargon.
So unglaublich es klingt, aber → *pädophile* Männer haben die Wahl: Sie betreiben → *Sextourismus* in die Dritte Welt, wo sie sich über ihnen mannigfaltig dargebotene Mädchen und Jungs hermachen können – und meist straffrei dafür ausgehen. Seit dem Fall des Eisernen Vorhangs brauchen Männer mit Wunsch nach → *Frischfleisch* aber nicht unbedingt mehr in die Ferne schweifen, entwickelt sich vor allem in den → *osteuropäischen* Grenzstaaten zu Deutschland, Polen und Tschechien eine von → *Zuhältern* und Gewalt geprägte Szene, in der die kommerzielle sexuelle Ausbeutung von Kindern eine immer größere Rolle spielt. Dort geht → *Kinderprostitution* meist im Zusammenhang mit → *Menschen-*, Kinderhandel und Kinderpornographie einher. »Hi«, ist in einem Internetchat zu lesen. »Ich war gerade wieder bei der Maus. Hab 2 Std. mit ihr gehabt, mehr diesmal nicht, aber dafür allein ... Sie ist so schön, so lieb, so ... weit weg! Ich war jedenfalls dort, hab ein bisschen (dafür intensiv) mit ihr geknuddelt, und dann musste ich wieder fahren. Sie ist meine Erfüllung. Ich liebe sie, doch ist sie erst acht Jahre alt.« (Quelle: Grandt/van der Let: Ware Kind, Patmos Verlag, Düsseldorf 1999) Pädosexuelle Männer können sich aber auch in Deutschland jederzeit bedienen. In nahezu jeder →

Großstadt gibt es für so genannte »Girl-Lover« einen → *Babystrich*, wo sie ihre »Mäuse«, »Engelchen«, »Kullerchen« oder »Lolitas« finden: Mädchen, die zum Teil wegen Drogenproblemen der Prostitution nachgehen. Manchmal werden dort von Kinderhändlern oder Zuhältern auch die »Boy-Lover« oder → *Päderasten* bedient, also Männer, die minderjährige Jungs bevorzugen. Doch die Prostitution mit minderjährigen Jungs weist insgesamt Unterschiede zu der mit Mädchen auf.

Boy-Lover tummeln sich in einer speziellen Szene, die perfider und eingespielter nicht funktionieren könnte und Schuld daran trägt, dass junge Ausreißer, so genannte → *Trebegänger*, über kurz oder lang in die Prostitution abrutschen und sich von da an bis zum Erreichen der Volljährigkeit oder wenige Jahre darüber hinaus als → *Stricher* verdingen.

Die Szene funktioniert so: Die Männer treiben sich in Einrichtungen der Jugendhilfe genauso wie in Einkaufszentren, Schwimmbädern, auf Abenteuerspielplätzen sowie noch viel mehr an Bahnhöfen, U-Bahn- und S-Bahnstationen herum. »Diese Szene bewegt sich in sehr verdeckten Zonen«, weiß Rainer Ulfers von der Anlaufstelle → *Basis e.V.* in → *Hamburg*. »Wir haben solche Leute schon einmal in Kaufhäusern beobachtet, wo sie in den Spielzeugabteilungen die Jungen angesprochen haben. Gerade sehr junge Obdachlose, Ausreißer und Trebegänger kommen schnell mit diesen Männern in Kontakt.«

In den Beratungsstellen für Stricher nennt man diese Männer auch → *Frischfleischjäger.* Es sind Männer, die zu unüblichen Zeiten unterwegs sind – vormittags, während der Schulzeit, wenn die Jungs, die sie suchen, eigentlich in der Schule, abends, wenn die Jungs zu Hause sein müssten. Manchmal warten diese Männer zehn, zwölf Stunden. Sie kennen die Körpersignale, anhand derer deutlich wird, dass es sich bei den Jungs um Wegläufer handelt und es ihnen schlecht geht. Die Männer gehen zielgerichtet auf die Jungs zu. Sie sagen: »Geht's dir schlecht? Komm, ich weiß, wo du pennen kannst!«

Sozialarbeiter wissen: »Wenn ein Junge merkt, dass du dich um ihn kümmerst, wirst du ihn nicht mehr los.« Das wissen auch die Frischfleischjäger. Jungs, die auf sie hereinfallen, sind emotional ausgetrocknet, haben zuhause keine Vaterfigur, wachsen ohne Väter auf oder mit Vätern, die sie schlagen. Sie suchen Zuwendung, emotionale Geborgenheit. Sie wollen ernst genommen werden, mit jemandem reden. Meist entsteht zwischen dem Mann und dem Kind tatsächlich so etwas wie eine »Beziehung«. »Viele [der Kinder, d. Aut.] bekommen ein eigenes Zimmer mit Computer zur Verfügung gestellt und den Haustürschlüssel in die Hand gedrückt«, so Rainer Ulfers von Basis e.V.

Doch die Wahrheit ist: »Die Beziehung der Jungs zu diesen Männern ist in der Regel durch sexuelle Dienstleistungen gekennzeichnet, die durch materielle und emotionale Zuwendungen entlohnt werden«, erklärt Sabine Reinke vom Stricherprojekt → *Looks e.V.* in → *Köln*. »Damit erhalten diese Beziehungen bereits einen deutlich prostitutiven Charakter.«

Die Jungs sehen das gar nicht so. Schließlich wissen die Männer, in deren Obhut sie sich befinden, das geschickt zu → *verschleiern*. Manche ziehen die antike Mythologie zur Rechtfertigung der »Beziehung« heran, die Weisungsgabe auf den Jugendlichen, sehen sich als Mentor, die die Jungs aus einer schlechten Situation herausholen und fördern wollen. Standardsatz: »Wir machen das doch nur aus Liebe für dich!« Dafür spricht, dass die Jungs sich tatsächlich nicht als → *Stricher* an einschlägigen Treffpunkten (→ *Klappe*) verdingen müssen. Die Männer, die sich deswegen nicht → *Freier* nennen, wollen sich auch klar von denen distanziert wissen, die sich in der Stricherszene Jungs holen. »Das, was die machen ist schmutziger Sex gegen Geld«, so ein Mann im Internetchat. »Das, was wir machen, ist idealisierte Liebe.«

Noch andere geben sich als → *Sozialfreier.* Doch auch das sei am Ende »immer nur ein Tauschgeschäft«, stellt Sabine Reinke von Looks e.V. klar: »Ich möchte solchen Freiern noch nicht einmal das bewusste Motiv unterstellen; manchmal ist es auch nur eine unbewusste Forderung: ›*Wenn ich dir helfe, habe ich auch eine Gegenleistung verdient. Und folgendermaßen stelle ich mir das vor …*‹ Das ist der Moment, an dem es kritisch wird. Die Vorstellungen desjenigen, dem geholfen werden soll und der es vielleicht gar nicht selbst will, sind in der Regel ganz andere als die des Freiers.«

Vergessen werden darf auch nicht, dass die Jungs mit ihren elf, zwölf oder 13 Jahren minderjährig sind und ihre Situation – Obdachlosigkeit, Geldmangel, Hilflosigkeit – schamlos ausgenutzt wird. »Da gibt es seltsame Verstrickungen, wenn zum Beispiel der Mann mit dem Jungen plötzlich in dessen Familie auftaucht und er dann Jugendamtsangelegenheiten regeln kann«, sagt Wolfgang Werner von der Beratungsstelle → *SUB/WAY berlin e.V.* Manchmal geht das Verhältnis zu einem Jungen so weit, dass dieser den Tag über bei dem Pädophilen verbringt, während er nachts bei seiner Familie übernachtet. »Da geschehen so viel Verstrickungen, dass der Junge am Ende gar nicht mehr weiß, wo er sich befindet, was er eigentlich sucht, was er geben muss, um das zu bekommen, was er eigentlich haben will.«

Früher gab es sogar Kneipen, in denen sich Päderasten ganz offen mit ihrem Frischfleisch trafen und sie es sogar untereinander austauschten. Mit der zunehmend restriktiven Verfolgung durch die Justiz und mit der Verbreitung des dank seiner Anonymität für solche Zwecke hervorragend geeigneten Internets hat sich die Szene zwar nicht aufgelöst, jedoch verlagert. Jetzt kommunizieren die Männer mittels Handy oder Internet, reichen die Kinder in informellen Zirkeln umher. »Heftig, was sich da herumtreibt«, erklärt ein Streetworker, der Zugang zur Szene hat, deshalb lieber ungenannt bleiben möchte. »Faschos, Kinderpornoproduzenten, Polizisten – da könnte ich reinschlagen!«

Die Kids aus diesen Kreisen zu befreien gelingt nur selten. Nicht, weil der Druck der Männer so stark ist. Sabine Reinke bedauert: »Öffentliche Jugendhilfe kann dem Jungen nicht bieten, was der pädosexuelle Freier ihm bietet: die tollste Jeans, eine Playstation, 50 Euro am Tag. Dieser Junge ist nicht mit Worten, nicht mit Taten herauszuholen. Selbst mit Gewalt kriegen wir den Jungen nicht heraus; er wird immer wieder zu dem Mann zurückkehren. Wir wissen aber auch: Der seelische und der körperliche Schaden, den ein Junge erleidet, der in solchen Pädo-Kreisen gefangen ist, ist nicht wieder gutzumachen. Deshalb wissen wir: Wenn, muss vorher etwas passieren, damit die Jungs nicht in die Kreise hineingeraten.«

Einmal in den Kreisen gefangen, ist das weitere Schicksal der Jungen meist besiegelt: Mit 14, 15, 16 Jahren, der Pubertät, mit der sie für die »Frischfleisch«-Connaisseure uninteressant werden, nehmen jüngere Kids ihren Platz ein. Die Männer – idealisierte Liebe hin, Sozialfreier her – lassen sie fallen, quasi in die → *offene Szene* an den Bahnhöfen, wo sie sich als → *Stricher* verdingen. Vereinzelt werden in den → *Großstädten* Projekte ins Leben gerufen, die Aufklärung und Prävention betreiben sollen. SUB/WAY in → *Berlin* hat PVP initiiert,

»Prävention vor pädosexuellen Übergriffen« (PVP), mit dem die Sozialarbeiter Jungs im entsprechenden Alter erreichen möchten. Looks e.V. in Köln hat das Projekt »PänzUp« gestartet. Sabine Reinke: »Inhalt von PänzUp ist die Prävention vor solchen pädosexuellen Übergriffen. Nach der Konzeptionierung des Projekts, der Untersuchung und Analyse der genannten Örtlichkeiten sowie dem Aufbau eines institutionellen Netzwerks in 2002 steht nun die konkrete Präventionsarbeit bei der Zielgruppe sowie die Aufklärung und Sensibilisierung und Schulung des Personals in Kölner Bädern an.«

Der Bedarf an solchen Projekten ist vorhanden. Viel zu oft erleben die Sozialarbeiter während der Prävention, dass die Kids gestehen, von Pädo-Sexuellen angesprochen worden zu sein. Auf die Frage, warum sie niemandem davon erzählt hätten, entgegnen sie: »Weil uns niemand danach gefragt hat.« Dieses Schweigen auf beiden Seiten, der der Kinder, der der Eltern, gilt es zu durchbrechen. Dass man dabei äußerste Vorsicht walten lassen muss, liegt auf der Hand. Schnell droht ansonsten Panik bei den Eltern. Sabine Reinke: »Das ist ein heißes Eisen. Es ist sehr schwierig, die Prävention so aufzubereiten, dass sie keine Angst macht oder Panik verursacht, sondern Vertrauen vermittelt und den Kiddies das Gefühl gibt, damit umzugehen, anstatt es vielleicht als persönliches Schicksal zu betrachten.«

PÄDOPHILIE

Griech.: paîs, paidós – Kind, Knabe.

Pädophilie, die (sexuelle) Zuneigung Erwachsener zu Kindern oder Jugendlichen (beiderlei Geschlechts) ist in der Prostitution nicht unüblich, sogar die Ursache für die Existenz solcher Abarten wie dem → *Babystrich,* auf dem sich minderjährige Mädchen und junge Frauen anbieten. Es muss gesagt werden, dass kommerzieller Sex mit Minderjährigen nur einen Teilbereich der Prostitution darstellt, die Widerwärtigkeit der Männer soll diese Feststellung jedoch nicht schmälern. Insbesondere entlang der Grenze zu → *Osteuropa* hat sich die so geartete → *Kinderprostitution*, meist in Zusammenhang mit → *Menschen-*, Kinderhandel und Kinderpornographie, in den Jahren seit Fall des Eisernen Vorhangs sehr stark entwickelt. Organisiert sind auch die → *Päderasten*, Männer, die auf gleichgeschlechtliche Minderjährige stehen. Sie bilden eine eingespielte Szene, die von Sozialprojekten → *Pädo-Kreise* genannt wird, in der die minderjährigen Jungs von Mann zu Mann gereicht werden. Diese versprechen »Zuneigung«, sind in Wahrheit aber nur an sexuellen Leistungen interessiert. »Ein achtjähriger Junge, der keinen Vater hat, sucht massiv körperliche Zuwendung, indem er sich an mich klammert und mich streichelt«, erzählt ein Päderast. »Ich mag ihn wirklich, aber ich liebe ihn halt nicht.« (Quelle: Grandt/van der Let: Ware Kind, Patmos Verlag, Düsseldorf 1999)

Mit dem Erreichen der Volljährigkeit sind die Jungs meist zu alt für die Pädo-Szene.

PARISER

Tüte Sicherheit.

Synonyme: Gummi, → *Kondome,* Verhüterli

»... PARKEN«

Auf Probe.

→ *Vermittler,* → *Schleuser* oder → *Menschenhändler* parken eine Frau aus dem Ausland in einem → *Bordell* oder auf dem → *Straßenstrich* in Grenznähe, wo diese für ein paar Tage → *anschaffen* muss. Hier besuchen sie skrupellose → *Bordellbetreiber* oder → *Zuhälter* aus ganz Deutschland, → *Köln,* → *Frankfurt,* → *Hannover,* die sich als → *Freier* ausgeben und Frauen, die ihnen lukrativ erscheinen, »antesten«. Fällt ihr Urteil positiv aus, kaufen sie die Frauen den Händlern ab (→ *Abstand*).

Das ist insbesondere an der deutschpolnischen Grenze (→ *Frankfurt a.d. Oder*) üblich, einem der Hauptumschlagplätze für Prostituierte aus dem mittelosteuropäischen Raum.

Neuerdings gibt es nach Erkenntnissen der Beratungsstellen, die dort Straßensozialarbeit betreiben, immer häufiger so genannte → *Leasing-Frauen*. Das bedeutet: Sollte die Frau für den Bordellbetreiber oder Zuhälter nach Kauf nicht lukrativ sein, wie es anfangs den Anschein hatte, kann sie jederzeit zurückgegeben werden.

PARTNERVERMITTLUNG

→ *Verschleierung*

PARTYTREFF
Szenejargon.
Unverfängliche Bezeichnung für einen → *Club.* Siehe dazu auch Stichworteintrag → *Verschleierung.*

PASCHA
Wirtschaftsunternehmen.
Europas größtes → *Laufhaus*: Knapp 110 Prostituierte auf elf Etagen und Heerscharen von schaulustigen, die Eintritt wie im Kino bezahlen, um durch die Flure zu tigern. »Allein schon dieser Clou und dazu noch die Zimmermieten der Gunstgewerblerinnen machten das Kölner Pascha zu einer sprudelnden Geldquelle«, schreibt die Journalistin Ariane Barth in ihrem Buch »Die Reeperbahn. Der Kampf um Hamburgs sündige Meile« (Hoffmann & Campe Verlag, Hamburg 1999). Investor war Anfang der 90er der bayerische Immobilienkaufmann Georg Bitterwolf, der eigens dazu die »Pascha Multi-Media Entertainment GmbH« gründete – Interessierte können Anteile kaufen, eine »erzkonservative krisenfeste Kapitanlage mit einer Mindestrendite von 8,25 Prozent«, so Bitterwolf. Verantwortlich für das gewinnbringende Interieur in Köln war Bitterwolfs Vertrauter Hermann

Müller. Dessen Devise lautete: »Ich bin kein Macho, ich bin ein Pascha. Ein Pascha ist ein intelligenter Macho. Bei ihm sind die Frauen glücklich.«

Dass dem so sei, wollte er in den Jahren nach Eröffnung werbewirksam beweisen. Das Laufhaus – offiziell als »Erotikhotel« deklariert – war das erste seiner Art, das vehement die Öffentlichkeit suchte. Monatelang geisterte es durch die TV-Shows, ließ die Sender und Journalisten jederzeit in den Laden, um zu beweisen, dass Prostitution nichts anderes als ein gut funktionierender Wirtschaftszweig ist – ein → *Beruf* wie jeder andere eben. Man warb sogar mit dem Slogan, lange bevor Media Markt ihn für seine technischen Produkte entdeckte: »Wenn der Kunde unzufrieden ist, gibt es Geld zurück!«

Heute beschäftigt das Pascha vier Manager, die 24 Stunden pro Tag für ihre »Mieter« da sind. Ein Zimmer kostet die Mädels 150 Euro Miete, eine Stunde mit dem Mädel kostet den Freier 250 Euro. »Alles ist möglich, aber alles hat seinen Preis«, so eine der Prostituierten. Außerdem gibt es in dem Großbordell einen Massagesalon, einen Friseur, eine Boutique für aufreizende Wäsche sowie seit Inkrafttreten des → *Prostitutionsgesetzes* auch eine Kantine. Mitte 2003 wurde eine ans Pascha angrenzende → *Tabledance*-Bar eröffnet. Die Betreiber

spekulieren in den wirtschaftlich knappen Zeiten, dass die vom Alkohol und den nackten Mädels angeregten Männer noch schneller den Weg ins Pascha finden. Interessanterweise befindet sich auf der gegenüberliegenden Straßenseite das »Schütz«, Kölns zweites Großbordell.
• *ADRESSE: Pascha Eros, Hornstraße 87, 50823 Köln, Telefon 0221/1774-1*

PATENTLUDE
Szenejargon.
Altmodische Bezeichnung für einen → *Zuhälter* gehobener Sorte. Das Gegenteil ist der → *gemeine Lude.*

PATTE
Szenejargon.
Synonym: Bargeld

PEEPSHOW
Prostitutionsform. Engl.: to peep – heimlich zuschauen.
In einer Peepshow tanzte die Frau zur Stimulanz auf einer sich drehenden Bühne, während die Männer in kleinen Kabinen rundherum standen und, wenn sie Münzen warfen, der Frau durch ein Fenster zusehen konnten. »Die Peep-Show ist was für den Mann, der liebt zu wichsen, dann und wann. Er wirft mal schnell ein Markstück ein, Klappe auf, schon wichst das Schwein. Klappe zu, jetzt wird es schwierig, ein Markstück sucht der Wichser gierig. Klappe auf, nun steht er wieder und die Hand geht auf und nieder.« (Quelle: Hydra [Hg.]: Beruf Hure, Ullstein Verlag, Berlin 1991)

Ein sexueller Kontakt zwischen → *Freier* und Frau war nicht vorgesehen, in der Regel war Selbstbefriedigung angesagt. Allerdings hatten einige Läden kleine → *Separées* eingerichtet, in denen die Männer gegen entsprechendes Entgelt eine »Privatshow« mit abschließender → *Handmassage* bekommen konnten. 1981 erklärte das Bundesverwaltungsgericht die Peepshows für → *sittenwidrig*, denn »den dort arbeitenden Frauen wird eine objekthafte und damit entwürdigende Rolle zugewiesen«. Peepshows würden durch die Umstände ihres Ablaufs die Menschenwürde der dort zur Schau gestellten weiblichen Personen verletzen, da diese zu Sexualobjekten degradiert würden.

Dass das Gros der Darstellerinnen jedoch freiwillig arbeitete, wurde geflissentlich übersehen. Das Bundesverwaltungsgericht ging davon aus, dass die Frauen nicht auf die Menschenwürde verzichten könnten, so dass es die Schutzpflicht des Staates sei, solche Angriffe auf die Menschenwürde abzuwehren. Ellen P., die heute als → *Striptease*-Tänzerin arbeitet: »Schutzpflicht? Der Staat drängt mir den Schutz doch auf! Ich finde, Menschenwürde heißt, ich darf mich und meine Umwelt aufgrund einer eigenverantwortlichen getroffenen Entscheidung nach meinen Vorstellungen gestalten. Ich finde, was spricht dagegen, dass ich aus freien Stücken meinen Lebensunterhalt als Nacktdarstellerin einer Peep-Show verdiene?« Auch die Frauenbewegung mochte dieser Argumentation nicht folgen: Peepshows seien der Gipfel der Frauenverachtung und Entwürdigung, so ihr Vorwurf. Anhaltende Proteste führten schließlich zu endgültigen Peepshow-Verboten in vielen Städten. Heute sind die Peepshows so gut wie ausgestorben. An ihre Stelle sind Striptease-Bars, → *Sexkinos* oder → *Videoshows* mit entsprechenden Kabinen getreten, in denen → *Pornos* gezeigt werden.

PEITSCHENSPIELE

Zartdominante Behandlung.

Synonyme: Englisch, → *SM*. Sie würden niemals erklären, auf → *SM* zu stehen, doch einige → *Freier* mögen es, sich der → *Prostituierten* zu unterwerfen. Sie lassen sich mit Handschellen ans Bett fesseln und ihren Penis oder Po mit der Peitsche bearbeiten, eher sanft denn hart. Auf mehr würde sich die gewöhnliche Prostituierte, die in einem → *Club*, → *Privatclub* oder → *Bordell* arbeitet, auch nicht verstehen; dazu gibt es speziell ausgebildete → *Dominas*.

PHILIPPINEN

→ *Sextourismus*

PHOENIX E.V.

Trägerverein.

1988 gründeten SozialarbeiterInnen, ein Mediziner sowie aktive und ehemalige Prostituierte in → *Hannover* Phoenix e.V. »Dessen Ziel war es, den Frauen und Männern in der Prostitution Beratung und Unterstützung bei der Durchsetzung ihrer Rechte anzubieten«, erinnert Dorothee Türnau, heute eine der Phoenix-Sozialarbeiterinnen. Was als Hurenberatung und -hilfe begann, ist heute ein Trägerverein, unter dessen Dach sich drei Projekte um das Schicksal der Frauen und Männer im hannoverschen Milieu vereinen: »Phoenix« ist die Beratungsstelle für Prostituierte mit fünf Mitarbeiterinnen in Teilzeit. »Mit diesem Projekt fing es 1988 an, deshalb trägt es auch den Namen des Vereines«, so Dorothee Türnau. »Phoenix« führt das Angebot fort, für das 1988 der Grundstein gelegt wurde: telefonische Beratung wie Betreuung von Frauen und Männern, die aktiv in der Prostitution sind, die Umstiegswünsche äußern oder die bereits ausgestiegen sind, beziehungsweise von Frauen und Männern, die einsteigen wollen. Seit 1994 gibt es zusätzlich ein spezielles Angebot für osteuropäische Prostituierte. Drei polnisch und russisch sprechende Mitarbeiterinnen bieten muttersprachliche Beratung an. Auch Streetwork ist zur Routine geworden, nur so kann der Kontakt zu den Prostituierten überhaupt hergestellt beziehungsweise gepflegt werden. Dazu gehört auch Präventionsarbeit – sowohl für Prostituierte als auch für Freier. »Wir machen spezielle Freieraufklärungsaktionen«, betont Dorothee Türnau. Allerdings sind diese Aktionen gegenwärtig in einer Umstrukturierung begriffen, da es sich bei den unterschiedlichen kulturellen Hintergründen der Freier als schwierig erweist, dass das Phoenix-Team ein reines Frauenteam ist. »Manche reagieren albern und sind verunsichert, finden es unangehm, gerade wenn sie zu mehreren sind. Dann meinen sie auch, sie müssten sich besonders brüsten. Da spielt sicherlich auch eine Rolle, dass es ausgerechnet Frauen sind, die sie auf das Thema Sexualität ansprechen«, bedauert Dorothee Türnau.

Während »Phoenix« Frauen hilft, die freiwillig anschaffen, hilft das Projekt »Kobra«, 1997 als Beratungs- und Koordinierungsstelle installiert, Frauen, die Opfer von Frauenhandel, Gewalt und Zwang geworden sind. »Diese Frau sind meist traumatisiert und deswegen herrscht bei ihnen ein ganz anderer Beratungsbedarf«, erläutert Dorothee Türnau. Bereits 1993 wurde außerdem mit »La Strada« als Beratungsstelle für drogenabhängige Frauen und Mädchen, die anschaffen gehen, ein drittes Projekt unter Phoenix e.V. eingerichtet.

• ***KONTAKT:*** *Phoenix e.V., Postfach 4762, 30047 Hannover, phoenix.e.v.@t-online.de.* ***Phoenix:*** *Telefon 0511/14646, Telfax 0511/1612679, Öffnungszeiten: Mo-Fr 10-15 Uhr*

PILZINFEKTION

Sexuell übertragbare Krankheit, → STDs.
Synonyme: → *Candida,* Mykose

PINZNER, WERNER »MUCKI«

Kiez-Eliminator.
Zehn Jahre saß Werner »Mucki« Pinzner im Knast – bei einem Raubzug in einem Supermarkt hatte er 24.000 Mark mitgenommen, einen Filialleiter dafür tot zurückgelassen. Als er 1984 erstmals Hafturlaub bekommt, überfällt er mit einem Kumpel einen ADAC-Geldboten. Sie erbeuten 71.000 Mark. Als es wenig später darum geht, einem unangenehmen Zeitgenossen eine Lektion zu erteilen, erklärt Mucki, er werde den Job auf seine Art erledigen. Als er drei Wochen später erneut Hafturlaub hat, erledigte er den Job tatsächlich – mit Kopfschuss. Fortan empfahl er sich als Eliminator. Und wahrscheinlich hätte er noch mehrere Morde ausgeführt, wäre nicht ein kleines Tier umgefallen. Die Polizei kam Pinzner auf die Spur. Als der Staatsanwalt ihn mit den Ermittlungsakten konfrontierte, soll Pinzner gesagt haben: »Das könnt ihr alles wegschmeißen. Ich kann Ihnen alles erzählen. Ich habe acht Menschen umgebracht. Ich bin es.« In einem Brief soll er sein Geständnis noch um drei Personen erhöht haben: »Dann sind es 11 Dück, die ich putte macht hab!« An seine erste Ehefrau Elfie schickte er einen Brief, endend mit den Worten: »Küsschen – Dein Mucki-›Killer‹.« (Quelle: Ariane Barth: Die Reeperbahn, Hoffmann & Campe, Hamburg 1999)

Am 29. Juli 1986 wollte Werner Pinzner weitere Taten gestehen und Hintermänner nennen. Die Ermittler gingen davon aus, dass Pinzner dadurch Vergünstigungen im Gefängnis erreichen wollte. Doch der hatte für diesen Tag ganz andere Pläne. Die Aufforderung eines Kriminalbeamten »Na, dann schießen Sie mal los« nahm Pinzner wörtlich. Er erschoss den Staatsanwalt, seine Frau und zuletzt sich selbst. Ein furioser Abgang.

Die Pistole hatte sich Pinzner von seiner Frau ins Vernehmungszimmer schmuggeln lassen, seine Anwältin hatte die Waffe von → *Neger-Kalle* besorgt. »3. Juli. Sie besorgt mir einen 38er – versucht aber auch alles, damit ich unter die Erde und sie an die Kohle kommt«, hatte Pinzner in seinem Tagebuch notiert.

PISSE
Dirty Sex.
Synonyme: → *Natursekt,* Golden Shower, Urin.

POFICK
Sexpraktik.
Synonyme: → *Analverkehr*, Arschfick, Griechisch.

POLIZEIREVIER DAVIDSWACHE
Kinokriminaldrama.
Die Davidswache ist das berühmte Polizeirevier auf St. Pauli. Der Film von Regisseur → *Jürgen Roland* und Drehbuchautor Wolfgang Menge (»Das Millionenspiel«) blickt den Beamten 24 Stunden bei ihrer alltäglichen Arbeit über die Schulter – und zeigt dem Zuschauer Heiteres wie Spannendes, aber auch entsetzlich Trauriges. Denn Hauptwachtmeister Glanz, der sich auf nichts mehr als den Besuch seiner Tochter Lilo freut, die er lange nicht gesehen hat, muss im Verlauf des Tages, noch bevor er seinen Sprössling in die Arme schließen kann, sein Leben lassen. – »Das Kriminaldrama ›Polizeirevier Davidswache‹ konnte zwar seinem Anspruch, ein authentisches Bild vom Polizistenalltag auf dem Hamburger Kiez zu liefern, wegen allerlei Zugeständnissen an den Unterhaltungswert nicht vollends gerecht werden, war jedoch nichtsdestotrotz eine der besten und ehrlichsten Kinoproduktionen dieser Filmgattung in Deutschland nach 1945«, urteilt Kay Weniger in »Das große Personenlexikon des Films« (Schwarzkopf & Schwarzkopf, Berlin 2001). Der »Spiegel« schrieb: »Jürgen Roland und Wolfgang Menge gelang mit der bewusst realistisch gehaltenen Reportage ein stilbildender Klassiker des deutschen Polizeifilms.«

Der Film bekommt das »Filmband in Silber« in der Kategorie »Abendfüllender Spielfilm« vom Deutschen Filmpreis verliehen, Darsteller Wolfgang Kieling sogar das Filmband in Gold.

• ***DER FILM:*** *BRD 1964, 101 Min. Regie: Jürgen Roland. Darsteller: Wolfgang Kieling (Hauptwachtmeister Glantz) Günther Neutze (Hauptwachtmeister Schriever), Günther Ungeheuer (Bruno Kapp), Hannelore Schroth (Margot)*

PFEIFEN

Szenejargon.

Synonyme: Annonce aufgeben, fingern, jemandem eine Lampe bauen, verraten, → *verzinken*

PFERDCHEN

Szenejargon.

Als Pferchen bezeichnet ein → *Zuhälter* eine Frau, die für ihn → *anschafft.* Mehrere Pferdchen sind ein → *Stall.*

PORNO

Abk. v. → *Pornographie.*

Umgangssprachlich für einen pornographischen Film benutzt: »Lass uns heute einen Porno gucken!«

PORNOGRAPHIE

Griech.: porne – Dirne; gráphein – schreiben.

»Pornographie« ist Sex, und zwar in aller Deutlichkeit. Doch was hat das offenherzige Rudelrammeln in Wort und Bild mit Prostitution zu tun? Sehr viel sogar. Schon die Herkunft des Wortes »Pornographie« stellt die Verbindung unzweideutig her: »pornográphos« stammt aus dem Griechischen, und bedeutet »Prostituierte« (pórne) und »Schreiben« (gráphos) – also »jemand, der über Prostituierte schreibt«. »Ursprünglich verstand man unter Pornographie also die Beschreibung von Leben und Sitten der Prostituierten und ihrer Kunden (Freier), da das Sexualleben der ›normalen‹ Bevölkerung öffentlich bekannt war«, so der »Brockhaus« (München 2002). Karsten Stempel von der Ruhr-Universität Bochum glaubt, Pornographie diente der »Befreiung der Sexualität aus den Banden der christlichen Sexualethik, Entlarvung der Scheinmoral, Gegenreaktion auf die Verschärfung der Anstandsregeln und die Zensierung erotischen Vokabulars, motiviert durch den von der Aufklärung erhobenen Anspruch auf innerweltliches Glück.«

Im Laufe der Jahrhunderte wandelte sich der Begriff mit zunehmender Tabuisierung. Im 19. Jahrhundert wurde aus dem griechischen »pornográphos« das französische »pornographe« entlehnt: »Verfasser unzüchtiger Schriften«. Dass im viktorianischen Zeitalter daraus »pornography« wurde, »um jegliche Form erotischer Darstellungen zu bezeichnen, sagt mehr über die Prüderie der Viktorianer als über den Inhalt von Pornographie aus«, findet Arne Hoffmann, Verfasser des »Lexikon des Sadomasochismus« (Schwarzkopf & Schwarzkopf Verlag, Berlin 2001)

Mit der Erfindung des Fotoapparats in den zwanziger Jahren des 19. Jahrhunderts und der Möglichkeit, Motive dauerhaft auf Papier zu fixieren, dauerte es nicht lange, bis die Unzüchtigkeit eine Visualisierung erfuhr. Ab etwa 1847 wurde die Aktdarstellung Gegenstand der Fotografie, und kaum dass Heinrich von Stephan 1865 den »Sparbrief« – die Postkarte – eingeführt hatte, kamen Bildpostkarten in Umlauf. Neben Andenken-, Heimat- und Juxpostkarten entstanden auch Ansichtskarten erotischen Inhalts. Anfangs aus den sächsischen und bayrischen Druckereien, später dann vermehrt aus Frankreich, verteilten sich die pikanten Kartonbildchen in alle Welt. »Sie entsprachen einem veränderten Zeitgeist und einer gewissen erotischen Aufgeschlossenheit, die das Nackte und Sinnlich-Erregende nicht mehr völlig verdammte«, schreibt Kurt Starke in dem »Lexikon der Erotik« (Knaur Verlag, München 1996). »Die nackten oder halbnackten Mädchen sind in teils anmutiger, teils kitschiger Pose vor ausgesuchtem Hintergrund dargestellt. Sie haben ein liebliches Gesicht und lächeln den Betrachter keck an.«

Häufig wurden diese Aufnahmen dem Zeitgeschmack entsprechend mit Farbpigmenten nachkoloriert und auch retuschiert. Später folgten ungezählte Magazine mit eindeutigen Fotos. Das berühmteste und gleichzeitig umstrittenste gab US-Verleger Larry Flint heraus, der mit »Hustler« den Hardcore sogar an den Kiosk brachte.

Bereits 1887 lernten die Bilder mit Thomas Edisons »Kinetoskop« laufen; der deutsche Filmemacher Anton Mester war 1902 der erste, der nackte Schauspielerinnen und Schauspieler auf der Leinwand präsentierte – in nicht viel mehr als in Aktstudien. Schon bald wurde dem voyeuristischen Auge mehr geboten, allerdings nur in speziellen Kinos, bevor der pornographische Film mit dem Videorekorder Einzug ins Pantoffelkino hielt. Der Computer sorgte, anfangs noch umständlich über Mailbox und Btx, heute über Internet, für eine schnelle und globale Verbreitung der Bilder und Filme. Diese Pornographie ist im Gegensatz zum weichzeichnerischen Softporno, der manchmal im Abendprogramm der Privatsender flimmert, in der Regel die explizite oder ausschließliche Darstellung sexueller Akte, oder wie es Kurt Starke in dem »Lexikon der Erotik« definiert, »als schamverletzend-obszön bewertete Darstellungen sexuellen Inhalts«.

Obschon der Scham und Obszönität ähnlich wie der Moral von Anbeginn unserer Zivilisation ein ständig wechselndes, subjektives Empfinden vorausgehen, sind die Pornofilme Futter für die Kanonen der Frauenbewegung. Deren Sprecherinnen und feministische Autorinnen wie Catharine McKinnon und Andrea Dworkin brachten das Thema in den 80er Jahren zunächst in den USA in die öffentliche Diskussion ein. McKinnon erklärte, Männern Pornos zu zeigen sei, wie einem trainierten Kampfhund »Fass!« zuzurufen. Andrea Dworkin veröffentlichte ihr Buch »Pornographie. Männer beherrschen Frauen«. Susan Brownmiller vertrat die These: »Pornographie ist die Theorie, Vergewaltigung die Praxis.«

Alice Schwarzer, die 1987 in ihrer Postille »Emma« die Pornodebatte in Deutschland lostrat und einen Anti-Porno-Gesetzesentwurf (PorNO-Gesetz) einbrachte, ging noch weiter und behauptete: »Pornographie ist die Kriegserklärung gegen Frauen.« Radikale Frauenkämpferinnen verglichen Pornographie mit Völkermord, und den Playboy-Chef Hugh Hefner gleich mit Adolf Hitler.

Heute wissen wir: »Keine reputable Untersuchung in den USA, Europa oder Asien hat je einen klaren Zusammenhang zwischen Pornographie und Gewalt entdeckt«, so die »Feminists for Free Expression«. Im Gegenteil, das fanden führende seriöse Forscher schon 1971 heraus, Pornographie reduziere das Aggressionsniveau und Gewaltpotential im Manne, habe ähnlich der → *Prostitution* eine Ventilfunktion. »Es ist vermutlich kein Zufall, dass in Japan, einem Land mit einer für selbst westliche → *Sadomasochisten* schwer erträglichen Ästhetik von erotisch kodierten Schmerzen und Fesselungen, die Vergewaltigungsrate ein Viertel der Rate in den puritanischen USA beträgt und in den letzten Jahren um 45 Prozent zurückging«, erklärt Arne Hoffmann.

Und wer sagt, dass Pornographie nicht auch für Frauen sexuell anregend sein kann. Inzwischen gibt es sogar Filmproduktionen, die sich darauf spezialisiert haben, ausschließlich erotisches Material für Frauen zu drehen – eben weil sich Frauen emanzipiert, ihren eigenen Körper und dessen Lust entdeckt haben. »Was ist so unseriös an dem, was ich vorher gemacht habe? Erotik und Pornographie gehören nun mal zu unserem Leben. In welchem Maße, muss jeder für sich selbst entscheiden«, sagt beispielsweise Michael Schaffrath, die Mitte der 90er Jahre als Pornostar Gina Wild Berühmtheit erlangte. »Als Gina Wild waren die Pornos eine Art und Weise, meinen Exhibitionismus auszuleben. Und das habe ich auch sehr genossen.«

Nach aktuellen Schätzungen gibt es in Deutschland knapp 180 Produktionsfirmen, die Erotika und Pornographie herstellen. Weltweit werden pro Jahr rund 6000 Filme produziert und sind mit etwa 4,6 Millionen legal hergestellten Kopien auf dem Markt, in 900 Sex- und Pornoshops werden sie verkauft und in 5000 Videotheken ausgeliehen. Schätzungen des Gesamtumsatzes der Branche schwanken zwischen 400 Millionen und 700 Millionen Euro. Die Gesamtzahl der im Porno-Biz Beschäftigten wird mit bis zu 30.000 angegeben. Und, damit schließen wir den Kreis, Pornodarsteller machen im Grunde nichts anderes als männliche und weibliche Prostituierte – sie bieten Sex gegen Geld.

• *INFO: Eva Dane, Renate Schmidt: Frauen und Männer und Pornographie. Fischer Verlag, Frankfurt 1990* • *Andrea Dworkin: Pornographie. Fischer Verlag, Frankfurt 1990* • *Helmut Ortner: Die verkaufte Lust. Berichte aus der sexuellen Marktwirtschaft. Ullstein Verlag, Berlin 1993*

POUSSIEREN

Frz.: pousser – stossen, drücken. 1. (landsch.) flirten, anbändeln; mit jmdm. in einem Liebesverhältnis stehen. 2. (veraltet) jmdm. schmeicheln; jmdn. gut behandeln u. verwöhnen, um etwas zu erreichen.

Synonym: »Mädel knacken«. Wie einst ein → *Gigolo* bandelte der → *Poussierstengel* mit den Mädels an, schmeichelte ihnen und verwöhnte sie, um sein Ziel – ihr Geld – zu erreichen. Als → *Zuhälter* oder → *Lude* sah er sich dabei nicht, auch wenn die Mädels meist erst nach der Bekanntschaft mit ihm → *anschaffen* gingen, entweder im → *Puff* oder im → *Privatclub,* der zufälligerweise ihm gehörte. Denn der Sex geschah aus freien Stücken, genauso wie die Mädels das Geld der → *Freier* freiwillig mit ihm teilten (→ *abdrücken*), in der Regel 50:50. »Dafür bin ich aber auch gut zu ihr: essen gehen, Kleider kaufen, in Urlaub fahren«, erklärt Siegfried L. »Das ist doch was anderes, als wenn ich hingehe, ihr was aufs Maul schlage und sage, sie muss jetzt für mich anschaffen gehen und mir die Kohle geben, oder?« Nur wer das täte, sei im Milieu-Jargon ein Zuhälter, ansonsten eben ein Poussierstengel.

POUSSIERSTENGEL

Szenejargon.

Synonym: Aufreißer. Ein junger Mann, der gerne viel mit Mädchen → *poussiert,* ist ein Poussierstengel. Das klingt auf alle Fälle besser und ist auch für die → *Prostituierten* angenehmer, denn anders als ein → *Zuhälter* oder → *Lude* zwingt ein Poussierstengel die Frauen nicht zum → *Anschaffen.*

PRETTY BABY (PRETTY BABY)

Cineastische Milieustudie.

Violet ist ein zwölfjähriges Mädchen, das in einem noblen → *Bordell* im New Orleans von 1917 aufwächst. Von der sichtlich überforderten Mutter Hetti wird sie herumgestoßen und vernachlässigt, gegenüber den herrschaftlichen Männern als Hettis »kleine Schwester« vorgestellt; es soll bloß keiner auf den Gedanken kommen, die attraktive Hetti habe bereits eine zwölf Jahre alte Tochter. Das könnte das Geschäft schädigen. Violet ist nur dann ihre Tochter, wenn einer der → *Freier* sich an dem jungen Anblick ergötzt. Dann soll Violet sogar dabei zuschauen.

Es ist nicht ihre Mutter, die Violet sich zum Vorbild aussucht; es ist der Glamour und der Pomp in dem Nobelbordell, dem sie erliegt, ohne dabei zu erkennen, dass das einzige Ziel, dass die Mädels antreibt, ein Mann ist, der sie aus ihrem täglichen Lustlaster erlöst, sie heiratet und fortnimmt.

Eines Tages ist es soweit. Violet wird feingemacht und in die käufliche Liebe eingeführt. Die herrschaftlichen Männer wetteifern um die Jungfräulichkeit. Für 400 Dollar bekommt ein Griesgram den Zuschlag. Violet, »so frisch wie die Lippen einer Neugeborenen«, erlebt ihren ersten Sex, ihren ersten Orgasmus und steckt fortan im Geschäft.

Ihre Mutter angelt sich derweil einen reichen Freier, heiratet ihn und verschwindet. Violet angelt sich einen Fotografen, zieht, nachdem die Puritaner dem Bordell den Garaus machen, sogar zu ihm, stürzt ihn lolitahaft in ihren Bann, bis ihre Mutter kommt und sie zu ihrer neuen Familie holen will. Violet beherrscht das Geschäft – und in der Schlussszene wirft sie dem Mann ihrer Mutter einen unschuldig verheißungsvollen Blick zu ...

• *DER FILM: Pretty Baby (Pretty Baby). Milieustudie, USA 1978. Regisseur: Louis Malle. Darsteller: Brooke Shields (Violet), Susan Sarandon (Hetti), Keith Carradine (Popa) u.a.*

PRETTY WOMAN (PRETTY WOMAN)

Kinofilm.

Der erfolgreiche, aber einsame Spekulant Edward Lewis verfährt sich in Los Angeles. Am Sunset-→ *Straßenstrich* entdeckt er die Prostituierte Vivian, die dringend ein wenig Geld braucht, und bittet sie, ihm den Weg zum Hotel zu zeigen. Dort angekommen will Edward das Praktische mit dem Angenehmen verbindet: Er behält Vivian für eine Nacht. Aus der einen Nacht wird eine Woche, denn er braucht für einen wichtigen Geschäftstermin eine Begleitung und bietet Vivian 3000 Dollar für sieben Tage. Diese verändern beider Welten. Vivian entdeckt – erwartungsgemäß mit einigen peinlichen Patzern – die luxuriöse High Society, Edward sein soziales Gewissen (→ *Sozialfreier*). Am Ende der Tage sind beide hoffnungslos ineinander verliebt. Doch während der Krösus sie nur als Geliebte möchte, erwartet die zur Frau gereifte Straßengöre mehr vom Leben als goldene Kreditkarten, teure Autos und schicke Wohnungen. Vivian sucht das Weite. Erst als Edward vor ihrem kleinen Appartement mit schneeweißem Cadillac vorfährt und mit roten Rosen aus dem Schiebedach winkt, öffnet er sein Herz. Die erfolgreichste Aschenputtel-Romanze der 90er Jahre findet ihr Happy-End.

Echte Prostituierte schütteln nur den Kopf angesichts des klischeebeladenen Hollywood-Epos im Schwarzweißmuster. Doch Publikum und Filmrezensenten kamen ins Träumen und weinten Tränen: »Das bekannte ›Pygmalion‹-Thema in einer unterhaltsamen Neuauflage, angesiedelt vor der schicken Hollywood-Kulisse des Rodeo Drive und des Luxushotels Beverly Willshire. Eine elegant von der Komödie zum märchenhaften Melodram wechselnde Fabel, die im spielerischen Umgang mit den Klischees Zeit und Lust findet, der menschlichen Seite des Stoffes näherzukommen, und das Happy-End in eine Kino-Illusion par excellence verwandelt.« (Lexikon des internationalen Films)

• *DER FILM: Pretty Woman (Pretty Woman). USA 1990, 119 Min. Regie:Garry Marshall. Darsteller: Richard Gere (Edward Lewis), Julia Roberts (Vivian Ward), Ralph Bellamy (James Morse), Hector Elizondo (Hotelmanager)*

PRIVATCLUB

Bordellartiger Betrieb.

Ein Privatclub ist von außen als solcher nicht zu erkennen: Keine rote Laterne und keine Leuchtreklame weisen darauf hin. Ein Privatclub wird meist unauffällig in einer Villa oder einem größeren Wohnhaus mit drei, vier oder mehr Zimmern betrieben. Meist kann man einen Privatclub nur anhand des Klingelschildes erkennen, auf dem der unauffällige Clubname steht. Manche BetreiberInnen haben sogar nur einen Allerweltsnamen wie »Müller«, »Meier« oder »Peters« gewählt. Privatclubs werden eben wegen dieser Privatheit, sprich Anonymität, von den → *Freiern* geschätzt, genießen bei ihnen sogar den Ruf des »Exklusiven«. Wobei dies allerdings nicht unbedingt auf die Ausstattung zurückschließen lässt. Ein Privatclub bietet bisweilen nur das allernötigste: Matratzen, → *Kondome*, Sanitäranlagen. Ein »exklusiver Privatclub« dagegen bietet gehobene Ausstattung (Wasserbetten, Whirlpool), luxuriöses Ambiente (Kerzen, Musik, Blumen), niveauvolle Damen – und verlangt entsprechende Preise. Ein Beispiel (Preise variieren von Club zu Club) aus einem Privatclub in Magdeburg:

- 55 Euro: → *französisch* oder → *Verkehr,* 15 Minuten.
- 80 Euro: Einseitig französisch mit Verkehr, 20-25 Minuten (der Herr kann die Dame verwöhnen oder die Damen den Herrn, das darf der Kunde sich aussuchen)
- 105 Euro: Beidseitig französisch mit Verkehr, 30 Minuten (→ *volles Programm*)
- 155 Euro: Beidseitig französisch mit Verkehr, 60 Minuten
- 205 Euro: Beidseitig französisch mit Verkehr und Whirlpool, 60 Minuten.
- Extras wie Französisch ohne → *Kondom,* → *Natursektspiele*, → *Peitschenspiele* kosten jeweils 25 Euro extra.

In den wenigsten Privatclubs gibt es einen Gastronomiebereich; nicht nur, dass ein/e → *BetreiberIn* nur unschwer eine Konzession dafür bekommen würde (→ *Gaststättengesetz*), es würde dem privaten

Charakter einer solchen Einrichtung entgegenwirken. Deshalb warten die Frauen in einem gesonderten Warteraum auf die Freier, die entweder auf Termin kommen oder unerwartet an der Tür klingeln. Letztere werden dann von einem der Mädels auf eines der Zimmer geführt, wo die Frauen sich und ihre »Vorlieben« der Reihe nach vorstellen. Der Kunde darf hiernach auswählen.

Meistens sind in einem Privatclub nur wenige Frauen tätig. Frauen bevorzugen diesen Arbeitsplatz wegen der Anonymität. → *Arbeitsverträge* sind zwar rein rechtlich möglich, werden aber in den seltensten Fällen abgeschlossen. Nach wie vor wird ein Privatclub als → *Zimmervermietung* betrieben. Die Frauen bezahlen Miete, die aus 50 Prozent ihrer jeweiligen Einnahmen besteht. Der/die ClubbetreiberIn kümmert sich im Gegenzug um das Ambiente im Club, um die → *Werbung* sowie den Einkauf wichtiger Hilfsmittel wie → *Kondome*, → *Gleitmittel* und → *Dildos*.

PRIVATCLUB
Im Gespräch: Saskia Sommer, Betreiberin
Saskia Sommer, 30, betreibt einen exklusiven Privatclub in Münster. Sie ist auch im Internet: www.saskia-ms.de.

Du hast früher selber angeschafft. Wie kam es dazu?
Saskia Sommer: Ich habe früher in der Gastronomie richtig hart gearbeitet, immer sechs oder sieben Tage die Woche, zwölf oder vierzehn Stunden am Tag. Das hat mir nie etwas ausgemacht. Ich habe schon damals ziemlich viel verdient, weil ich so viel gearbeitet habe. Das ist jetzt zehn Jahre her.

Irgendwann kam ich in Diskotheken und Bars rein, in denen die Leute aus dem Milieu verkehrten. Ich lernte sie näher kennen und dachte mir: »Das sollte ich mal tun.« Diese Leute gefielen mir, waren immer lustig, die hatten keine Probleme, die interessierte es nicht, ob die Wäsche auf 30 oder auf 60 Grad gewaschen wird, ob die Oma gerade krank zu Hause liegt oder der Vater was an der Schilddrüse hat. Darum bin ich in das Milieu ... weil ich dieses Milieu einfach reizvoll fand – nicht finanziell. Finanziell wußte ich gar nicht, was ich darin verdienen konnte. Wirklich nicht.

Ich habe nicht aus finanziellen Gründen mit dem Anschaffen angefangen. Überhaupt nicht. Ich hatte jemanden kennen gelernt und bat ihn, mir einige Läden zu nennen, in denen ich anfangen könne. Er sagte mir: »Du, ich zeig dir die Straße, ich zeig dir 'nen Puff, ich zeig dir 'nen Club, ich zeig dir 'ne Bar, ich zeig dir 'n Privathaus. Such dir aus, was dir am besten gefällt.«

Wir sind als erstes zu einer Adresse in Münster gegangen, das war eine große Exklusivvilla. Die hat mir von den Räumlichkeiten sehr gut gefallen, Chef und Chefin auch. Ich arbeitete einen Tag und bin von da an dort geblieben, ohne mir andere Sachen anzugucken. Ich habe einen Tag dort gearbeitet, habe den ersten Gast, den ersten Freier gemacht – und für mich war alles klar. Ich habe die Kündigung zu meinem Chef geschickt, meine Wohnung in Gelsenkirchen ebenfalls direkt gekündigt und bin in Münster geblieben. Ich habe alle Zelte hinter mir abgebrochen.

Auch die Freunde?

Saskia Sommer: Ich habe mit meinen Freunden komplett gebrochen. Dadurch, dass ich von Gelsenkirchen nach Münster gezogen und in dieses Gewerbe gegangen bin und nur Freunde in Gelsenkirchen hatte, die soliden Berufen nachgingen, habe ich es einschlafen lassen. Ich wollte mit diesen Leuten nichts zu tun haben, weil mir diese Leute auch noch nie Spaß gemacht haben, wirklich nicht. Sie haben mir zu gesellschaftlich gedacht: Damit man morgens um acht Uhr aufstehen konnte, musste man abends um zwölf im Bett sein, da konnte man nicht mal bis um zwei oder drei Uhr nachts wachbleiben. Diese Leute haben mir keinen Spaß gemacht und deswegen ist es mir nicht schwer gefallen, mich dort zu verabschieden. In gewisser Weise war das Anschaffen für mich auch ein wenig, den gesellschaftlichen Konventionen zu entfliehen.

Wie hat denn deine Familie darauf reagiert?

Saskia Sommer: Meine Familie wohnt nur wenige hundert Kilometer weiter, ich hatte also keine Chancen, es zu verbergen. Direkt am ersten Tag, an dem ich in Münster arbeitete, rief meine Mutter im Puff an und fragte nach ihrer Tochter, ob ich wohl da wäre. Sie hatte es von meinen Ex-Freund erfahren, der sie angerufen und Bescheid gegeben hatte, dass ich in einem Bordell in Münster stehe.

Mir blieb also nichts anderes übrig; ich fuhr zu meiner Mutter und stellte alles klar. Meine Mutter kam sogar nach Münster und hat sich das Etablissement angeguckt – und dann war gut.

Es gab keine Auseinandersetzungen?
Saskia Sommer: Es gab Auseinandersetzungen, klar gab es die! Aber ich bin ein offener Mensch, ich hätte es nie ein halbes Jahr lang verheimlichen können – und auch nicht wollen. Ich bin mit 17 zuhause ausgezogen, ob meine Mutter das wollte oder nicht. Ich habe mein Leben immer so gelebt, wie ich es wollte, war immer ein Einzelgänger. Nachdem meine Mutter sah, dass das Bordell okay war, es nicht dem Klischee entsprach, nicht alles dunkelrot und keine Zuhälter, oder Brutalität vorhanden waren, wußte sie, dass es ihrer Tochter gut geht, und mir ging es wirklich sehr gut – das hat sie erfreut.

Gab es eine große Hemmschwelle für dich, deinen Körper gegen Geld zu verkaufen?
Saskia Sommer: Überhaupt nicht. Überhaupt gar nicht.

Wie war das erste Mal mit dem Freier?
Saskia Sommer: Das war geschäftlich. Ich habe vom ersten Tag an noch nie an einen Orgasmus gedacht oder daran, mich verwöhnen zu lassen. Ich habe die Männer verwöhnt, und ich habe immer versucht, sie glücklich zu machen. Wirklich, ohne Abzocke! Ich habe noch nie abgezockt gearbeitet, zum Beispiel aus einer Stunde eine halbe Stunde gemacht. Es waren auch nie Freier für mich. Es waren immer Gäste für mich.

Für die du eine Dienstleistung erbringen willst?
Saskia Sommer: Ja, auf jeden Fall. In gewisser Weise eine Sozialleistung am Mann ... Ich wollte andere Männer glücklich machen. Es gibt ja auch wirklich arme Würmer, ich sage mal: arme Gäste, die krank sind, die einen psychischen Schaden haben, die ... ich weiß es nicht, welche Probleme sie haben. Wenn es ihnen Spaß

macht, dann hat es mir auch Spaß gemacht. Und wenn ich dann sehe, dass sie wiederkommen oder anrufen und einen Termin vereinbaren mit mir – das ist doch eine tolle Sache. Ich habe es immer gerne gemacht, und dazu gestanden. So wie ich arbeite, konnte ich schon immer dazu stehen. Ich war nie drogenabhängig, bin nie in der Gosse gelandet oder war von Natur aus die Schlampe. Ich konnte immer zu dem stehen, was ich gemacht habe. Wenn mich jemand in der Stadt ansprechen und fragen würde, dann würde ich dem die Wahrheit sagen.

Wieso kommen Männer in deinen Club?
Saskia Sommer: Die Männer kommen zu mir, weil sie ihr Sexualleben zuhause nicht ausleben können. Dies können sie nicht, weil sie nicht kommunizieren können. Und dafür sind wir da. Deshalb sind wir wichtig, weil sie es zuhause alleine nicht hinkriegen. Um zu reden, kommt wirklich keiner, ich sage mal, das passiert bei 1000 Männern vielleicht einmal. Die wollen ihr Sexualleben ausleben und wir wissen, was sie gerne möchten. Bei uns brauchen sie nicht sprechen.

Natürlich, einige Männer müssen reden, sie müssen sagen, dass sie auf Natursekt, Kaviar, auf Peitschenspiele stehen. Das ist das, was sie sich zuhause nicht zu sagen trauen; sie leben lieber mit einer Lüge der Partnerin gegenüber und geben das Geld im Bordell aus, anstatt es ihrer Partnerin zu sagen. Das finde ich traurig. Aber andererseits finde ich gut, dass es so ist, denn ansonsten können wir ja nicht existieren.

Was ist dir bei der Arbeit mit den Männern nachdrücklich in Erinnerung geblieben?
Saskia Sommer: Was meinst du, wie viele Leute dreckig sind und stinken, und vor allem Geschäftsleute? Es sind meistens Leute, die vermögend sind und in Anzügen von Versace hereinkommen. Bei denen zuhause läuft so wenig sexuell, weil die Männer noch nicht einmal wissen, wie sie ihren Schwanz waschen müssen. Das ist wirklich so! Okay, es ist nicht so, dass du es vor Gestank nicht aushalten könntest, aber es gibt Fälle, da ziehst du die Vorhaut zurück und denkst dir: »Was ist das? Was ist das da unten? Blumen-

kohl? Rosenkohl?« Das liegt wirklich daran, dass daheim sexuell nichts läuft. Vielleicht läuft gerade deswegen sexuell zuhause nichts, weil der Mann ein Schwein ist, und seine Frau kann ihm nicht sagen, dass er ein Schwein ist.

Sagst du es ihm?
Saskia Sommer: Du musst natürlich gucken, wie du es jemandem sagst. Da musst du ganz viel Vorsicht walten lassen. Du kannst natürlich nicht sagen: »Mein Gott, wie siehst du denn aus? Sieh zu, dass du dich waschen gehst!« Das kannst du nicht machen, das ist ja geschäftsschädigend. Du musst abwägen, ob du ihn darauf ansprechen kannst oder nicht, oder solltest du die Augen zumachen und durch ... Das kommt drauf an; manchmal kannst du es dem Mann einfach nicht sagen.

Hat sich dein Männerbild verändert?
Saskia Sommer: Ja, definitiv. Ich habe ein anderes Männerbild bekommen.

Inwiefern?
Saskia Sommer: Ich habe keinen Respekt mehr vor Männern. Ich weiß genau, wie sie denken, wie sie sind. Und es dreht sich immer nur ums eine – ums Ficken. Darum habe ich den Respekt vor den Männern verloren und Frauen mehr geachtet.

Ist das eine Erfahrung, die du allen Frauen empfiehlst, oder kann man drauf verzichten?
Saskia Sommer: Das kommt darauf an, wie man dieses Geschäft angeht. Wenn du es so angehst wie ich, dann sollte jede Frau diese Erfahrung machen. Aber wenn du das Geschäft angehst, weil du Geld verdienen willst und der Rest dir scheißegal ist, dann solltest du es lieber lassen. Dann hast du nichts in dem Gewerbe verloren.

Es ist eine Erfahrung, und ich möchte sie nicht missen. Ich habe es nicht eine Minute bereut, aber ... ich stehe mit meiner Denkweise alleine da.

Mir kann keiner mehr etwas vormachen, denn ich sehe, wie es

abläuft auf den Zimmern, sehe, was manche Gäste wollen: Natursekt oder Kaviar. Du reibst sie mit Scheiße ein; Leute, die du anguckst und denkst: »Das kann doch gar nicht sein!« Es ist manchmal sehr erschreckend, und es ist nicht immer gut, wenn man das alles mitkriegt.

Wo waren deine Grenzen?
Saskia Sommer: Grenzen gab es. Ich habe niemals französisch ohne Kondom gemacht, geschweige denn Verkehr ohne Kondom. Ich habe mir nicht in den Mund spritzen lassen. Ansonsten habe ich eigentlich alles gemacht.

Wenn du sagst, dein Männerbild hat sich unter deinem Job verändert, wie sehr hat dein eigener Sex darunter gelitten?
Saskia Sommer: Mein eigener Sex hat mein ganzes Leben schon gelitten. Seit ich 17 bin, habe ich keinen Bock auf Sex. Wirklich, noch nie! Ich hatte immer mehr Bock auf Frauen denn auf Männer, und konnte trotzdem diese Dienstleistung super rüberbringen, gerade weil ich so gut geschauspielert habe ... Nein, ernsthaft: Seit ich 17 bin, hatte ich eigentlich nie großartig Lust auf Sex. Ich war noch nie geil, noch nie jeden Tag geil, vielleicht einmal die Woche – aber noch nie war ich diejenige, die auf den Mann oder womöglich den eigenen Freund zugeht und sagt: »Wollen wir miteinander schlafen?« Das hatte ich noch nie. Ich kann mehr auf Streicheln, Kuscheln und auf andere Spielchen – aber der Verkehr selbst, den brauchte ich noch nie. Von daher kann ich auch nicht sagen, dass mich dieses Gewerbe verändert hat. Ich war schon immer so.

In gewisser Weise absurd, oder?
Saskia Sommer: Das ist es! Es ist komisch, aber es ist so. Es ist total schizophren, paradox. Aber es ist so.

Ist es dein Traumjob?
Saskia Sommer: Ja, auf jeden Fall.

Jemals darüber nachgedacht, etwas anderes gelernt oder gemacht zu haben?

Saskia Sommer: Ja, ich hätte mehr sparen sollen, dann bräuchte ich jetzt gar nichts mehr machen. Dann könnte ich mit meinem Hintern in Spanien in der Sonne liegen und bräuchte nicht mehr dieses Geschäft machen. Das war vielleicht der einzige Fehler, den ich gemacht habe. Ansonsten würde ich nichts anders machen wollen.

War es dein erklärtes Ziel, irgendwann selbst einen Club zu eröffnen?
Saskia Sommer: Ich kann es gar nicht mehr so genau sagen. Irgendwie ja, irgendwie nein. Ich arbeitete in dem Privathaus in Münster bestimmt anderthalb Jahre; mir wurde es zu langweilig und ich bin nach Holland, dann nach Belgien, wo ich arbeitete.

Was heißt »langweilig«?
Saskia Sommer: Es war okay, ich hatte jeden Monat ein Vermögen verdient, Monat um Monat, und es hörte nicht auf. Aber es war jeden Tag das Gleiche, es waren immer dieselben Gäste, jeden Tag dieselben Frauen. Ich dachte, ich muss was anderes sehen. Somit bin ich für ein paar Monate nach Holland, nach Belgien, habe auf verschiedenen Messen gearbeitet, in Berlin, Düsseldorf, Köln. Überall wo gerade große Messen waren, habe ich im Nachtclub gearbeitet. Irgendwann bin ich in Bielefeld gelandet und stellte nach all den Jahren in Nachtclubs fest, es gibt nichts Schöneres als privat zu arbeiten. Man sieht was vom Tag, hat noch was von der Nacht, man hat überhaupt was vom Leben und wird nicht alt dabei. Es ist einfach so: Durch den ganzen Alkohol siehst du schon entsprechend aus; wenn du das mehrere Jahre machst, nimmt das deinen Körper ganz schön mit. Darum habe ich mich danach gesehnt, morgens um 10 mein Geschäft aufzuschließen und abends um 10 einfach wieder abzuschließen – und nicht mit Alkohol konfrontiert zu werden.

Darum bin ich nach Münster zurückgekehrt. Hier habe ich anderthalb Jahre gearbeitet, habe auch meinen Stamm, also Kunden, die regelmäßig zu mir gekommen sind und nur zu mir. Ich wusste: Wenn ich mir hier eine Wohnung anmiete und schreibe: »Saskia ist wieder da!«, werden da schon einige hängenbleiben.

In der »Heim und Welt«, eine Koch- und Strickzeitschrift, die einmal die Woche mittwochs erscheint und im Innenteil Anzeigen aus dem Milieu hat, war eine Anzeige: »Wohnung zu vermieten. 3 Zimmer, Küche, Bad – auf Tagesmiete.« Ich bin nachts nach Münster gefahren, habe mir das angeguckt, angemietet und alleine angefangen.

Wie bist du an den Laden herangegangen? Hattest du konkrete Vorstellungen?
Saskia Sommer: Ich war eigentlich immer schon auf dem exklusiven Trip, weil ich selbst so gearbeitet habe.

Als ich aber den Laden übernahm – das heißt, es wurde vorher schon darin gearbeitet, da war es allerdings eine Wohnung, die kein Vergleich war zu dem, was ich kannte. Oben wohnten Alkoholiker, unten Drogensüchtige und in der Mitte war ich mit Müllbergen vor der Tür, soweit das Auge reichte. Die Zimmer waren sehr klein, alle mit Futtonbetten eingerichtet, die Einrichtung hat alles in allem vielleicht 5000 Mark gekostet. Ich dachte mir: »Egal!« Ich putzte 14 Stunden, entfernte den Müll, kaufte Gardinchen, stellte ein paar Blümchen rein, habe alles schön gemacht, den Laden aufgemacht und geguckt, was kommt.

Was kam?
Saskia Sommer: Es hat gerappelt, trotz dieses Scheißambientes. Wirklich, die Männer kamen in Scharen. Irgendwann kam eine zweite, sehr hübsche Kollegin hinzu. Somit war mir klar, dass es nicht auf das Etablissement ankommt, sondern auf die Frauen. Und darauf, dass die Lage ein bisschen diskret ist. Sonst kommt es auf nichts an.

Wenn du sagst »exklusiv«, was bedeutet das?
Saskia Sommer: Das bedeutet für mich: keine Futton-Betten, keine Blümchentapeten, kein brauner Teppichboden, keine Kunstblumen in der Ecke. Exklusiv ist für mich: heller, lieblicher, teurer gestaltet, einfach schön eingerichtet.

Wirkt sich das auf den Preis aus?

Saskia Sommer: Natürlich. Denn wenn du exklusiv bist, kannst du auch andere Preise nehmen.

Inwiefern?
Saskia Sommer: Wie die Preise ausschauen? Teste doch mal an ...

Wie viele Frauen arbeiten heute bei dir?
Saskia Sommer: Unterschiedlich. Mal vier, mal sechs, manchmal auch acht Frauen.

Wie bist du an sie gekommen?
Saskia Sommer: Indem ich in diversen Zeitungen akquiriere. Sprich: »Heim und Welt«. Dort sind im Innenteil vier Seiten nur Stellenangebote irgendwelcher Clubbetreiber, Puffbesitzer oder egal was, die Frauen suchen. Darin annonciere ich, meist acht Wochen am Stück. Die Frauen rufen bei mir an, fragen, wo sie sich vorstellen können, kommen vorbei und ich wähle aus.

Schaltest du regelmäßig?
Saskia Sommer: Ja. Ich habe zwar einen festen Frauenstamm, vier Damen, die bereits lange Zeit im Haus sind, aber der Rest wechselt ständig. Eine hört auf, weil die mit der befreundet ist, und sie die andere nicht leiden kann, noch eine wird krank und die andere bricht sich das Bein. Deshalb annonciere ich in der Regel zwei Monate lang, mache einen Monat Pause, inseriere wieder zwei Monate.

Was treibt Frauen dazu, sich bei dir zu bewerben?
Saskia Sommer: Ich habe so viele Frauen hier arbeiten, die Studentin sind oder drei Tage im Kosmetikstudio und zwei Tage hier arbeiten, um zusätzlich Geld zu verdienen. Bei denen geht es nur ums Geld, um nichts anderes. Nicht um eine Dienstleistung, nicht um Dabeisein, es geht einfach nur um die Kohle.

Inzwischen ist dein Privatclub in neuen Räumlichkeiten. Ich habe mir sagen lassen, das war am Anfang nicht einfach für dich, diese zu beziehen?

Saskia Sommer: Ich hatte einen Immobilienmakler beauftragt, der mir ein Haus im Gewerbegebiet in Münster klarmachte. Der Vermieter wusste sogar Bescheid darüber, was ich vorhatte. Zur gleichen Zeit bin ich zum Gewerbeamt gegangen und holte mir einen Gewerbeschein als Hostess- und Begleitagentur. Ich habe mir dies vom Ordnungsamt beglaubigen lassen, begann in das Haus zu investieren. Und nachdem alles fast fertig war, kam das Ordnungsamt raus und meinte: »Sie haben zwölf Nachbarwidersprüche. Uns ist zu Ohren gekommen, dass Sie keinen Hostess- und Begleitservice machen, sondern einen Bordellbetrieb. Es wird Verkehr in diesem Haus stattfinden.«

Ich sagte: »Das ist richtig.« Die Stadt Münster meinte: »Es tut uns Leid, aber dann nehmen sie die Motorsäge, zersägen sie alles und suchen sie sich einen anderen Platz aus. Verkehr wird in diesem Haus nicht geduldet, dafür ist die Konzession nicht ausreichend.« Was aber für Clubs in Münster nichts Ungewöhnliches war. Ich hatte einfach nur das Pech, dass zwölf Nachbarn Widerspruch einlegten. Somit habe ich die Stadt Münster verklagt, das Bauamt, das Ordnungsamt. Das hat 13 Monate gedauert. 13 Monate musste ich das Haus geschlossen halten, Miete zahlen, Anwälte zahlen, verdiente aber kein Geld, gar nichts, obwohl ich nicht wusste, ob es klappt oder nicht. Doch nach 13 Monaten habe ich vor Gericht in Münster gewonnen und erstmals als einzige in Münster eine Konzession erhalten für einen Hostess- und Begleitservice mit bordellartigem Betrieb. Abgesehen davon: Ich lasse abends nur bis 22 Uhr geöffnet, und sonntags ist geschlossen, um die Privatatmosphäre der anderen Bewohner in dieser Straße nicht zu stören.

Hat sich seitdem das Verhältnis zu den Nachbarn geändert?
Saskia Sommer: Nein. Sie grüßen mich, aber das war's.

Hast du versucht, mit ihnen ins Gespräch zu kommen?
Saskia Sommer: Nein. Ich habe meine Konzession, und der Rest ist mir wurscht.

Seit Beginn 2002 ist das neue Prostitutionsgesetz in Kraft. Was hältst du davon?

Saskia Sommer: Ich profitiere davon. Das fängt bereits bei kleinen Dingen an, zum Beispiel Werbung. Da ich ein Privatetablissement betreibe und keine rote Laterne vor dem Haus steht, bin ich von der Werbung abhängig. Früher mussten die Mädels in einen Werbepool einbezahlen, aus dem ich bei der Zeitung die Werbung für den Club bestreiten konnte. Hätte ich die Werbung für die Mädchen aus meiner eigenen Tasche bezahlt, hätte ich mich der Förderung der Prostitution schuldig gemacht.

Mit dem neuen Prostitutionsgesetz sind Arbeitsverträge für Prostituierte möglich. In deinem Club auch?
Saskia Sommer: Nein, diese existieren nicht! Würde ich auch nicht tun. Ich kann jeder Frau nur vor den Kopf gucken, weiß aber nicht, wie sie arbeitet. Selbst wenn ich eine Probezeit einrichten würde und die gute Dame, die ich eingestellt habe, arbeitet phantastisch, nach den drei Monaten bekomme ich von den Gästen mit, dass die Dame abgezockt arbeitet, habe ich noch nicht einmal die Möglichkeit, sie herauszuschmeißen. Oder sie nimmt sich einen Krankenschein. Oder sie wird schwanger – dann muss ich noch Mutterschaftsgeld bezahlen. Nein, das will ich nicht.

Was ist mir dir? Arbeitest du selbst auch noch?
Saskia Sommer: Ab und zu samstags, alle vierzehn Tage. Weil ich mich von meinen armen Jungs nicht ganz verabschieden möchte. Das sind Gäste, die ich schon seit acht, neun Jahren habe. Die lieben mich über alles, und wenn ich für die nicht mehr da wäre, würde eine Welt zusammenbrechen. Von daher bin ich für die alle vierzehn Tage da, und wirklich nur für meine Stammgäste und nur auf Termin. Ich empfange keine Gäste, die einfach an der Tür klingeln, auch keine neuen Gäste. Nur Gäste, die ich seit Jahren habe.

PRIVATWOHNUNGEN

→ *Wohnungsprostitution.*

In der Regel kleine Wohnungen in normalen Wohnhäusern mit ein bis vier Zimmern, die zum Geschlechtsverkehr speziell eingerichtet sind, dazu gehören die sanitären Einrichtungen und ein Aufenthaltsort für die Frauen. Zudem wird der private Charakter durch die Einrichtung unterstrichen. Meistens sind hier nur wenige Frauen tätig, üblicherweise so viele, wie es Zimmer gibt. Jede von ihnen arbeitet in einem eigenen Zimmer, die Miete für die Wohnung wird aus einem Gemeinschaftstopf bezahlt. Die auf selbstständiger Basis arbeitenden Prostituierten bevorzugen diesen Arbeitsplatz der so genannten Wohnungsprostitution wegen der Anonymität, und die Freier zudem wegen des bereits erwähnten privaten Charakters.

Jede der Frauen schaltet für sich eine oder mehrere Anzeigen mit unterschiedlichem Wortlaut in den einschlägigen Rubriken der Tageszeitungen und Stadtmagazine: »Dunkelhaariges frauliches Verwöhnmodell 35J bläst dir deinen schönen Schwanz pur bis zum Schluss Marion privat unter ...« oder »Zierl. kleine Nymphe, Konf. 31/34, geb. und privat, empf. geleg. Den gepfl. Herrn.«

Nicht selten liegt die Privatwohnung, in der die Frauen ihre Dienstleistung anbieten, in einem → *Sperrbezirk.* Häufig arbeiten die Prostituierten schwarz, was sie – anders als im Fall der → *Modellprostitution* – ins Visier der Ermittler geraten lässt. Die Fahnder gehen zur Überführung der Steuersünderinnen perfide vor: Sie rufen als Freier an, vereinbaren Dienstleistung und Termin, zu dem sie in Zivilkleidung kommen, damit die Frauen durch den Türspion keinen Verdacht schöpfen. Wird die Tür geöffnet, schlagen die Fahnder zu.

PROSTITUTION HEUTE

Reportfilm.

Regisseur Ernst Hofbauer hat im Verlauf seiner Karriere einige Kinodokumentationen und Filmreports gedreht: Die bekannteste dürfte die vermeintlich lüsterne, tatsächlich langweilende Reihe »Schulmädchen-Report« in den 70er Jahren sein. Aus dem Sammelsurium erotischer Schmuddelstreifen wie »Rasputin – Orgien am Zarenhof«, »Das Geheimnis der drei Dschunken«, »Die jungen Tiger von Hongkong«, »Schwarzer Markt der Liebe«, »Die Liebesquelle« und »Heißes Pflaster Köln« ragt positiv »Prostitution heute« heraus, vielleicht sogar der Beste aller »Report«-Filme, die Hofbauer je drehte. Der Film beleuchtet die Rotlichtviertel in → *Berlin*, → *Bremen*, Duisburg, Düsseldorf, → *Hamburg*, → *Hannover*, → *Köln*, → *München* und Stuttgart, zeigt Shows und schamlose Darbietungen, zeichnet das Schicksal vereinzelter → *Huren* und → *Zuhälter* nach.

• ***DER FILM:*** *Prostitution heute. BRD 1970, 97 Min. Regie: Ernst Hofbauer*

PROSTITUTION (männliche)

Lat.: pro stituere – vor aller Augen, sich öffentlich preisgeben.

Frauen, die sich prostituierten, stellten sich bloß, entehrten sich, boten ihren Körper öffentlich zur Unzucht. Das hieß im Lateinischen »pro stituere«. Die französische Sprache übernahm den Begriff im 18. Jahrhundert: »se prostituer«. Was das mit männlicher Prostitution zu tun hat? Im Grunde sehr viel, und irgendwie auch wieder nicht. Es gibt einige wenige, dafür grundsätzliche Gemeinsamkeiten der männlichen und weiblichen Prostitution: Beide, Mann wie Frau, gehen → *anschaffen*. Sie bieten sexuelle Dienstleistungen für ein Entgelt. Und wie weibliche gibt es männliche Prostitution schon immer. »Männliche Prostitution hat es in der Nähe großer Bahnhöfe schon immer gegeben«, weiß der Sozialpädagoge Rainer Ulfers vom Stricherprojekt → *Basis e.V.* in Hamburg im Gespräch mit »Spiegel Online«. »Im Unterschied zu heute vollzog sie sich unauffälliger und die Jungs wurden bei Entdeckung sofort in Fürsorgeheime gesteckt.«

Weibliche Prostitution ist institutionalisiert. Es gibt → *Bordelle*, → *Clubs*, sogar eine Vielzahl → *Gesetze*, die die Prostituierten maßregeln. Und es gibt → *Zuhälterei* und → *Menschenhandel*, was in der männlichen Prostitution nur in den seltensten Fällen vorkommt. Frauen können, so sagt man auch, bis ins hohe Alter anschaffen gehen, für jeden → *Fetisch* gibt es schließlich auch → *Freier*. Jungs, die anschaffen, können das nicht, es sei denn, sie spezialisieren sich als → *Callboys* und bieten spezielle Dienstleistungen. Frauen werden heute auch nur noch in den seltensten Fällen in ihrer sexuellen Identität angegriffen, sobald sie kund tun, sie würden als Prostituierte arbeiten. Männer, die anschaffen gehen, gelten automatisch als schwul. Doch »die Begegnung mit einem →*Stricher* ist irgendwas, was auch immer – gleichgeschlechtlich, aber nicht schwul!« erklärt der Polizist Matthias A. aus Düsseldorf. »Keiner der beiden Seiten würde sagen, er wäre schwul. Meist sind es die Familienväter, die einem normalen, geordneten Familienverhältnis entstammen und ein Abenteuer suchen. Wobei ›meist‹ relativ ist. Erwiesen ist, dass in den seltensten Fällen ein homosexueller Mann zum Stricher geht, um ihn für seine sexuellen Praktiken zu gebrauchen. Das gibt es zwar auch, aber dann besteht meist ein festes Stricher-Freier-Verhältnis. Schwule Männer werden eher fündig in der → *Klappe*, wobei sich auch dort Stricher auf der Suche nach Freiern herumtreiben.«

»Wir haben sehr viele Jungs, die sich als heterosexuell beziehungsweise bisexuell verstehen«, weiß Karin Fink von → *KISS*, der Beratungsstelle für Stricher in Frankfurt.

Trotzdem unterliegen sie, so Rainer Ulfers, zunächst einer doppelten Stigmatisierung – sie gelten als schwul und sind auch Stricher, gehören also gleich zwei gesellschaftlichen Randgruppen an. Demnach ist ihre Diskriminierung größer als bei weiblichen Prostituierten. Ein Grund, warum viele Jungs auch nicht zum Sozialamt gehen und erklären, dass sie Stricher waren.

Sie haben Angst davor, noch mehr diskriminiert zu werden, als sie es vorher sowieso schon wurden. Obwohl die meisten der Jungs ohnehin keine Identität als Stricher haben. Sabine Reinke vom Stricherprojekt → *Looks e.V.* in Köln: »Die Wenigsten bezeichnen sich selbstbewusst als Stricher. Die meisten gehen ›halt mal mit und kriegen Geld dafür‹.«

Das heißt: In ihren eigenen Augen prostituieren die Jungs sich nicht. Was aber machen sie dann? Was genau sind Stricher eigentlich?

Mehr dazu unter dem Stichworteintrag → *Stricher*.

PROSTITUIERTE
Im Gespräch: Wibke T., 36, Ex-Hure
Wibke T. arbeitet seit dem Abi mehrere Jahre als Prostituierte. Vor kurzem gelang ihr der Ausstieg. Heute arbeitet sie als Wirtschafterin in einem → *Nachtclub*.

Wie bist du eingestiegen?
Wibke T.: Ich hatte damals mit meinem Freund zusammen gewohnt. Dessen bester Kumpel war mit einem Mädchen zusammen, die zu der Zeit anschaffen ging. Die wollte damals nach Hannover zur CeBit, weil sie für die Dauer der Messe gut Geld verdienen konnte.

Sie wollte aber nicht alleine dorthin; es ist immer ein bisschen heikel, wenn man als Prostituierte in einem Puff neu anfängt. Man kennt niemanden, die anderen Frauen nicht, deshalb ist es eigentlich immer besser, wenn man eine Freundin dabei hat. Es ist schon ein hartes Geschäft, auch von wegen Mobbing und so.

Sie arbeitete in einem Puff in Essen, von ihren Kolleginnen dort wollte aber keine mit. Sie fragte mich, ob ich nicht Lust hätte. Das war im April, ich hatte zwei Wochen Zeit vor dem Abi. Ich dachte mir: »Warum nicht? Guckst es dir einfach für eine Woche an.« Und dabei habe ich so viel Geld verdient.

»Angucken« bedeutete für dich also »anschaffen«?
Wibke T.: Ja.

Keine Schwierigkeit gehabt, deinen Körper preiszugeben?
Wibke T.: Nein. Ich meine, es ist jetzt fünfzehn Jahre her. Und damals haben die Frauen im Puff noch ganz anders gearbeitet. Die haben den Gästen alles versprochen, das Blaue vom Himmel versprochen ... Von wegen: »Da musst du mir noch 50 Mark geben! Ach, und ich habe da noch eine Idee, gib mir noch mal 50 Mark. Dann können wir noch dies und das machen.« Und wenn der Gast keinen Pfennig mehr im Portemonnaie hatte, gab es eine fixe Handmassage und er wurde wieder rausgeschmissen. Insofern war es eigentlich gar nicht so schwer.

Es kam für dich gar nicht in Frage, nach dem Abi einen anderen Job zu suchen?
Wibke T.: Ja. Es war schnell und einfach verdientes Geld, und zwar ziemlich viel. Wir haben die Gäste über viele Jahre abgezockt. Zum Schluss ging es nicht mehr, weil das Geld knapper wurde und wir mehr oder weniger auf Stammgäste angewiesen waren. Da mussten wir schon ein bisschen mehr machen fürs Geld. Aber die ersten Jahre, mein Gott, was haben wir die Leute verarscht!

Und was sagte deine Familie?
Wibke T.: Die Prostitution habe ich versucht zu verheimlichen. Naja, es war meine Freundin, die eigentlich dachte, dass meine Mutter davon wüsste. Sie sind beide zusammen im Urlaub gewesen und sie hat ganz locker dieses Thema angesprochen. Meine Mutter ist aus allen Wolken gefallen. Für sie ist eine Welt zusammengebrochen. Sie war sehr geknickt, sehr, sehr enttäuscht von mir.

Sie hat mich dann ein halbes Jahr später, als wir beide zusammen im Urlaub waren, in einer ruhigen Minute darauf angesprochen. Naja, leugnen ging ja eh nicht mehr. Also habe ich es ihr versucht zu erklären, aber sie wollte davon nichts wissen. Deshalb haben wir das Thema abgehakt und seitdem nie wieder darüber gesprochen.

Hat dein eigener Sex darunter gelitten?
Wibke T.: Nö. Das wüsste ich auch von anderen Frauen nicht. Wir reden immer offen darüber, und ich glaube, viele trennen es strikt, unbewusst.

PROSTITUTION (weibliche)

Lat.: pro stituere – vor aller Augen, sich öffentlich preisgeben.
Frauen, die sich prostituierten, stellten sich bloß, entehrten sich, boten ihren Körper öffentlich zur Unzucht. Das hieß im Lateinischen »pro stituere«. Die französische Sprache übernahm den Begriff im 18. Jahrhundert: »se prostituer«.

Heute schaffen 400.000 Frauen in Deutschland regelmäßig an, 200.000 davon kommen aus dem Ausland, so genannte → *Migrantinnen*. Sie bieten sich nicht vergeblich an, denn vorsichtigen Schätzungen zufolge suchen täglich 1,2 Millionen Männer im → *Bordell*, in einem → *SM-Studio,* in einem → *Club* oder auf dem → *Straßenstrich* ihr kurzes Glück und verschaffen dem »Marktsegment Prostitution« (→ *Arbeitsamt*) einen jährlichen Umsatz von geschätzten 6 Milliarden Euro. Angeblich soll jeder dritte männliche Bundesbürger bereits einmal eine Frau für eine Sexdienstleistung bezahlt haben. Aber über die Freier spricht keiner – abgesehen von den Emanzen. Aber die sehen im Mann ohnehin die Wurzel allen Übels.

Wann immer in den Jahrhunderten zuvor von Prostitution die Rede war, war von den Frauen die Rede, die Prostitution ausüben, und von ihrem unmoralischen Angebot, das sie den Männern unterbreiteten. So lange es Prostitution schon gibt, so lange hat der Mensch ein Problem mit ihr. Mal brachte sie den Frauen Schande. Mal waren die Frauen Berufsverbrecherinnen, also Straftäterinnen, die es von Staats wegen zu verfolgen galt. Und manchmal drohte den Frauen einfach nur Verderben im Leben danach. So wollte es zumindest die Kirche, die sich trotz des lodernden Fegefeuers nie davon abhalten ließ, mit Bordellen und Steuern am horizontalen Gewerbe mitzuverdienen. Doppelmoral war bestimmend im Umgang mit der Prostitution und den Prostituierten. Und ist es noch heute.

Immerhin, der Gesetzgeber hat entschieden, Prostitution ist eine Form des sexuellen Verkehrs, bei der eine Person ihren Körper unbestimmt vielen Personen zu deren sexueller Befriedigung gegen materielle Entlohnung anbietet. Die Beziehung zwischen Kunden und Prostituierten ist dabei ohne emotionale Bindung – allerdings seit Inkrafttreten des → *Prostitutionsgesetzes* im Januar 2002 durchaus verbindlich, was die Vereinbarung des Geschäftes betrifft, ein → *Rechtsgeschäft*.

Mit anderen Worten: Prostitution ist ein → *Beruf.* Selbst die Vereinte Dienstleistungsgewerkschaft Verdi in Berlin hat erkannt: »Das neue Gesetz zur Verbesserung der rechtlichen und sozialen Lage von Prostituierten bedeutet für diese erste Gruppe [Prostituierte mit legalem Status, d.Aut.] einen positiven ersten Schritt im Sinne der Anerkennung ihrer Tätigkeit und der Garantie ihrer Rechte in sozialen und arbeitsrechtlichen Belangen.«

Dafür hat die Hurenbewegung lange gekämpft. Die Hurenbewegung rekrutierte sich Anfang der 80er Jahre aus Frauen, die gegen vorherrschende Moral aufbegehrten und erklärten, eine stolze Hure zu sein. Begründet wurde dies mit dem »sozialen Auftrag«, den die Prostituierten erfüllen würden. → *Stephanie Klee,* Vorsitzende des → *Bundesverbandes Sexuelle Dienstleistungen e.V,* beschwört: »Menschen mit gutem Sex gehen glücklicher durchs Leben als Menschen ohne Sex. Ich möchte nicht wissen, was in unserer Gesellschaft los wäre, wenn es plötzlich keine Prostituierten gäbe.« Warum also jemanden diskriminieren, der sich freiwillig zu dieser Profession entschlossen habe?

»Ja, wenn Sie mit freiwillig meinen, dass es Frauen gibt, die ohne physischen Druck die Prostitutionstätigkeit aufnehmen«, erklärt Jutta Geißler-Hehlke, Leiterin der → *Dortmunder Mitternachtsmission e.V.* »Unseren Erfahrungen nach liegen aber immer schwerwiegende Gründe vor, wenn sich eine Frau für die Prostitution entscheidet. Meist führt der Wunsch, ein stark belastendes Problem (zum Beispiel Verlassenwerden vom Ehemann oder Partner und dadurch bedingte Mittellosigkeit, die Furcht, die Kinder materiell nicht ausreichend sichern zu können, Überschuldung, plötzliche eigene Arbeitslosigkeit oder die des Ehemannes, drohender Wohnungsverlust) dazu, dass eine Frau sich der Prostitution als vermutete Lösungsmöglichkeit zuwendet. Ich habe keine Frau kennen gelernt, die sich gewünscht hat, Prostituierte zu werden.«

Doch prostituieren wir uns nicht alle, mehr oder weniger täglich? »Ich bin der Meinung«, sagt → *Felicitas Weigmann*, Betreiberin des berühmten → *Café Pssst* in → *Berlin*, »dass sich jeder Mensch in einer gewissen Form prostituiert – das zieht sich wie ein roter Faden durch das ganze Leben. Ich würde auch eine Frau, die sich einen reichen Liebhaber hält, um versorgt zu sein und ihren Lebensstandard zu halten oder zu verbessern, als Gelegenheitsprostituierte bezeichnen. Wenn sie den Mann dabei lediglich erträgt und keine Gefühle für ihn hegt, dann ist das für mich persönlich eine sehr viel schwierigere Form der Prostitution. Ich könnte so nicht leben. Im Prinzip kann jede Form von Dienstleistung auch Prostitution sein. Ich glaube, man verkauft sich ab dem Moment, wo man Zugeständnisse machen und über den eigenen Schatten springen muss, um etwas zu erreichen.«

ANTJE, 48, EHEMALIGE PROSTITUIERTE

Ich bin im Kinderheim aufgewachsen. Meinen Vater lernte ich erst mit 20 kennen. Da hatte ich bereits zwei Kinder von meinem Freund. Mit 21 bekam ich einen Brief – darin die Todesanzeige von meinem Vater. Das war's ...

Ein Jahr zuvor war mein Freund arbeitslos geworden. Er hatte wiederum einen Freund, der Mädels in Amsterdam laufen ließ. Mein Freund meinte, ich solle ihn doch unterstützen und das auch machen. Er war total nett und lieb. Mit 20 begann ich für ihn hinter den Fenstern in Amsterdam zu arbeiten. Wenn man mich heute fragt, warum ich das gemacht habe – ich war einfach verliebt und wollte alles tun, damit mein Freund sich wohl fühlt. Ich wurde damals also, sagen wir mal, auf eine »nette Art« dazu gezwungen. Ich heiratete dann auch meinen Freund.

Das erste Mal mit einem Freier war seltsam. Ich hatte meinen ersten Freier, der mit mir auf das Zimmer ging. Ich sagte ihm, dass es für mich das erste Mal sei. Er zeigte Verständnis. Ich versuchte ihm das Kondom überzustreifen, was mir natürlich nicht gelang. Er hatte Geduld, und am Ende meinte er, er würde wiederkommen, wenn ich richtig im Geschäft wäre.

Der Weg dorthin war nicht einfach. Die Freier legen ihr Geld hin und meinen, sie können alles mit dir machen. Als wärst du ihre Puppe! Mit der Zeit stumpft man ab. Und ganz ehrlich: Das Geld ist einfach verdient.

Aber wenn man mich fragt, ob ich glücklich war, dann weiß ich eines: Nein, ich war es nicht. Denn am liebsten hätte ich eine normale Arbeit gehabt. Welche, ist mir wurscht! Von mir aus auch in der Fabrik. Aber das war nicht einfach. Auch wenn man nicht anschafft, man hat den Stempel aufgedrückt bekommen. Man beginnt sich unsauber zu fühlen. Man schämt sich. Vor sich selbst.

Ich habe auch ein Problem mit meiner eigenen Sexualität bekommen. Was ich ganz sicher nicht mehr machen kann sind One-Night-Stands. Da hätte ich das Gefühl, ich ficke mit einem Kunden, und der legt mir nach der Nummer das Geld auf den Tisch. Bei mir muss Gefühl dabei sein – unbedingt! Ohne Gefühl könnte ich mit keinem Mann einfach so schlafen ...

Viel schlimmer war die Erkenntnis, dass mein Mann mich nicht wirklich liebte. Er machte keine Anstalten, einen Job zu finden. Ich merkte, es war alles geplant von ihm. Ich sollte für ihn anschaffen. Er war auch nicht mehr lieb und nett zu mir. Er war sadistisch. Er drückte mir Zigaretten auf dem Rücken aus, schob mir kaputte Glasflaschen in die Scheide. Ein paar Mal habe ich versucht, wegzulaufen. Ich bin immer wieder zu ihm zurück. Manchmal hat er mich irgendwo gefunden, manchmal hat er mich über die Kinder zurückgeholt. Er hat mir gedroht, sie mir wegzunehmen.

Welche Wahl hatte ich? Bis 1983 arbeitete ich hinter den Fenstern in Amsterdam. Dann bekam ich unerwartet die Möglichkeit, in einem Club zu arbeiten. Es war ein Chauffeur, der die Frauen herumfuhr, der von einem Club erzählte, dessen Betreiber aufhören wollten. Das war für mich die Gelegenheit, mich selbstständig zu machen, mich auch von meinem Mann zu lösen. Ich wollte ihn Stück für Stück aus meinem Leben drängen, ohne dass er es so recht merkt.

Ich nahm mein Erspartes und übernahm den Club. Er lag außerhalb einer Wohngegend, hatte eine gültige Konzession, die es erlaubte, Sex anzubieten. Das war in Holland im Gegensatz zu Deutschland erlaubt. In dem Club gab es einen Barbereich, einen Whirlpool mit Sauna, zwei Zimmer mit Bad, zwei normale Zimmer mit jeweils einem Waschbecken. Weil die Nachfrage danach groß war, hatte ich auch einen SM-Bereich. Mir war sehr wichtig: Es sollte ausreichend Waschmöglichkeiten geben. Die Räumlichkeiten sollten sauber sein. Die Mädels suchte ich per Annonce. Sie mussten einen gültigen Ausweis haben, volljährig sein. Dick oder dünn war egal, Hauptsache, eine saubere Erscheinung. Es gab ein Gesetz: Nur mit Gummi! Wenn ich dahinter kam, dass die Mädels sich nicht daran hielten, flogen sie raus! Und ich selbst erlaubte es mir, nicht mehr mit den Männern aufs Zimmer zu gehen. Ich arbeitete nur noch hinter der Bar. Mir ging es gut.

Der Club lief richtig gut. Bis mein Mann merkte, dass ich die Distanz wollte. Er war zwar noch immer an meiner Seite, auch im Club, aber unglaublich aggressiv. Ich bat ihn daher, während der Öffnungszeiten fernzubleiben. Er klinkte aus und eines Tages, nach fünf Jahren, steckte er meinen Club in Brand. Natürlich erzählte ich der Polizei davon. Aber sie konnten es ihm nicht nachweisen.

Nachdem der Club abgebrannt war, arbeitete ich ein Jahr in einem anderen Puff, musste natürlich wieder mit den Freiern bumsen. Dort lernte ich auch einen lieben Mann aus Deutschland kennen. Der war zwar Stammkunde im Club, aber schlafen wollte er nicht mit mir. Sicherlich dadurch entstanden auch Gefühle bei mir für ihn. Er verhalf mir schließlich zu einer Flucht nach Deutschland. Das sollte mein Ausstieg werden. Aber Arbeit? Ich konnte kein Deutsch. So landete ich erneut in der Prostitution und ging anschaffen, jetzt in Deutschland.

Ich heiratete meinen Freund und versuchte es mit ihm nach Österreich. Dort wurde er allerdings wegen Urkundenfälschung, Versicherungsbetrug und Diebstahls gesucht, Delikte, die er noch vor meiner Zeit begangen hatte, die er mir verschwiegen hatte. Er wurde verhaftet, was mich sehr betroffen machte. Ich war erst mal wieder alleine. Was sollte ich tun? Welche Wahl hatte ich alleine in einem fremden Land?

Ich kehrte nach Holland zurück. Dort drohte mir von meinem Ex-Mann keine Gefahr mehr. Ich hatte erfahren, dass er inzwischen eine neue Frau an seiner Seite hatte. In Holland ging ein Traum in Erfüllung. Ich bekam einen Job in einer Fabrik für Mieder & Dessous und arbeitete dort ein Jahr – bis ich 1992 per Zufall den Chef kennen lernte. Es war ein ehemaliger Kunde von mir. Und weil er Angst davor hatte, dass ich sein »dunkles« Geheimnis preisgeben würde, musste ich die Firma sofort verlassen. Da mein Mann in Österreich fünf Jahre Knast aufgebrummt bekam, ging ich wieder anschaffen, um Geld zu verdienen.

Das letzte Jahr war mein Mann bereits auf Bewährung draußen. Wir eröffneten ein Autohaus in Deutschland. Da mein Mann natürlich keinen guten Leumund hatte, lief das Autohaus auf meinen Namen. Ich selbst war kaum im Geschäft, das regelte mein Mann. Die erste Zeit lief das Geschäft bombig, es ging uns gut, ich brauchte nicht mehr anschaffen. Bis es im Oktober 2001 eine Anzeige wegen Steuerhinterziehung gab. Wieder hatte mein Mann hinter meinem Rücken etwas ausgefressen. Immerhin, ich konnte die Staatsanwaltschaft davon überzeugen, dass die Firma nur auf meinen Namen lief, ich ansonsten aber nichts mit dem Geschäftsbetrieb zu tun hatte. So bekam ich zum Glück nur acht Monate auf zwei Jahre Bewährung.

Und wieder stand ich alleine da: Eine Autofirma mit Neuwagen. Keine Ahnung davon. Dazu Steuerschulden in Höhe von 400.000 Mark. Ich beantragte Konkurs, beantragte Scheidung. Allerdings bekam ich so viele Bitt- und Bettelbriefe von meinem Mann, er wolle sich doch ändern, ich solle ihm noch eine Chance geben, dass ich den Antrag auf Scheidung wieder zurücknahm.

Aber – ich war selbstständig, bekam kein Arbeitslosengeld, war 48 Jahre. Wo steh ich jetzt? In einer Bar hinter der Theke. Ich bin zu alt fürs Geschäft. Wer will noch mit mir vögeln? Ich mag gar nicht an die Zukunft denken. Ich habe keine Zukunft! Ein Freund meinte kürzlich, ich solle was Neues wagen, Abendschule oder so ... Ich haben keinen Bock mehr. Wenn ich mit der Schule aufhöre, bin ich 51. Wer stellt mich dann noch ein?

Ich muss halt zusehen, dass ich den Kopf über Wasser halte. Von Männern habe ich die Schnauze voll. Ich habe keinen Respekt mehr vor Männern. Es kotzt mich an: Der Mann kommt in den Club, geht mit mir nach oben: *»Du bist so lieb. Du bist aber schön. Du brauchst diesen Job doch gar nicht!«* Das sind genau die Worte, die der Mann gebraucht hat, in dessen Firma ich später nicht arbeiten durfte, weil er mein Freier war. Das kotzt mich an. Welchen Job soll ich denn dann machen?

Oder: Ich war einmal in einer Diskothek und spürte, wie sich jemand über mich unterhielt. Es war ein Kunde mit seinen Kumpels. Sie redeten über mich. Das kotzte mich an. Ich ging hin: *»Hast du es über mich? Hast du deinen Kumpels erzählt, dass du mit mir gefickt hast? Hast du ihnen auch gesagt, dass du dafür bezahlt hast?«*

Da hat er so eine Birne gekriegt. Das war ihm so peinlich. Das kotzt mich an. Es war einer, der noch auf dem Zimmer zu mir sagte: *»Aber das hast du doch gar nicht nötig!«* Das kotzt mich an.

PROSTITUTIONSGESETZ

Gesetz zur Regelung der Rechtsverhältnisse der Prostituierten, kurz: Prostitutionsgesetz.

»Der Schritt nach vorn ist ein Schritt zurück.« So ließ sich eine Prostituierte kürzlich vernehmen, als das neue Prostitutionsgesetz während eines Interviews zur Sprache kam. Sie bringt damit auf den Punkt, was die Branche denkt, zumindest die professionell und jenseits illegaler und krimineller Strukturen → *anschaffenden* Sexarbeiterinnen.

Ohne Zweifel macht das von der rotgrünen Bundesregierung am 1. Januar 2002 auf den Weg gebrachte Gesetz zur Regelung der Rechtsverhältnisse der Prostituierten den ersten Schritt in eine Richtung, für die Hurenrechtler, Prostituiertenverbände, manchmal auch → *Bordell-* und → *Clubbetreiber* viele Jahre gekämpft haben: Die Anerkennung der Prostitution als Erwerbstätigkeit (→ *Beruf*), also eine gesellschaftliche Position, die ihnen durch die bürgerliche Neuzeit genommen wurde. Denn im Mittelalter, die wenigsten werden es wissen, gehörten die Prostituierten zum Straßenbild und hatten sich den Kleidervorschriften wie alle anderen Handwerker zu fügen. Bis vor 100 Jahren, als die Prostitution plötzlich im → *Bürgerlichen Gesetzbuch* für → *sittenwidrig* erklärt wurde, → *Sperrgebietsverordnungen* die Lokalitäten der Prostituierten maßregelten und das → *Strafgesetzbuch* die → *Förderung der Prostitution* unter Strafe stellte.

Durch das Prostitutionsgesetz hat sich zumindest die Rechtsstellung der Prostituierten – von der nach wie vor vorherschenden Moralvorstellung sei an dieser Stelle keine Rede – in Deutschland verbessert. Der Artikel 1 des Prostitutionsgesetzes beinhaltet folgende Paragraphen:

Gesetz zur Regelung der Rechtsverhältnisse der Prostituierten, kurz: Prostitutionsgesetz – ProstG – Artikel 1

§ 1

Sind sexuelle Handlungen gegen ein vorher vereinbartes Entgelt vorgenommen worden, so begründet diese Vereinbarung eine rechtswirksame Forderung. Das Gleiche gilt, wenn sich eine Person, insbesondere im Rahmen eines Beschäftigungsverhältnisses, für die Erbringung derartiger Handlungen gegen ein vorher vereinbartes Entgelt für eine bestimmte Zeitdauer bereithält.

§ 2

Die Forderung kann nicht abgetreten und nur im eigenen Namen geltend gemacht werden. Gegen eine Forderung gemäß § 1 Satz 1 kann nur die vollständige, gegen eine Forderung nach § 1 Satz 2 auch die teilweise Nichterfüllung, soweit sie die vereinbarte Zeitdauer betrifft, eingewendet werden. Mit Ausnahme des Erfüllungseinwandes gemäß des § 362 des Bürgerlichen Gesetzbuchs und der Einrede der Verjährung sind weitere Einwendungen und Einreden ausgeschlossen.

§ 3

Bei Prostituierten steht das eingeschränkte Weisungsrecht im Rahmen einer abhängigen Tätigkeit der Annahme einer Beschäftigung im Sinne des Sozialversicherungsrechts nicht entgegen.

Was bedeutet das Paragraphen-Kauderwelsch im Klartext? Folgendes: Die Arbeit einer Prostituierten, die ihre Tätigkeiten wohlgemerkt freiwillig anbietet, verstößt nicht länger gegen die guten Sitten. Mehr noch: Nach Vereinbarung einer sexuellen Dienstleistung gegen Entgelt besteht für die Prostituierte zukünftig die Möglichkeit, bei Nichtzahlung ihren Lohn einzuklagen. Kunden dagegen können aus dieser Vereinbarung allerdings keine Ansprüche auf sexuelle Leistungen gegenüber der Prostiuierten herleiten. Das Abtretungsverbot sorgt dafür, dass nicht Dritte wie zum Beispiel → *Zuhälter* von der neuen Gesetzgebung profitieren; das Abtretungsverbot steht indes einer unmittelbaren Zahlung der Kunden an die BordellbetreiberInnen nicht entgegen. Die Prostituierte erhält in diesem Fall ihr Gehalt von den BordellbetreiberInnen und diese das Geld vom Kunden. → *Arbeitsverträge* wären damit theoretisch möglich – mehr dazu später noch.

Der Artikel 2 des Prostitutionsgesetzes nimmt Streichungen im Strafgesetzbuch vor.

Gesetz zur Regelung der Rechtsverhältnisse der Prostituierten, kurz: Prostitutionsgesetz – ProstG – Artikel 2

StGB § 180a Ausbeutung der Prostitution

(1) Wer gewerbsmäßig einen Betrieb unterhält oder leitet, in dem Personen der Prostitution nachgehen und in dem diese in persönlicher oder wirtschaftlicher Abhängigkeit gehalten werden, wird mit Freiheitsstrafe bis zu drei Jahren oder mit Geldstrafe bestraft.

(2) Ebenso wird bestraft, wer

1. einer Person unter achtzehn Jahren zur Ausübung der Prostitu-

tion Wohnung, gewerbsmäßig Unterkunft oder gewerbsmäßig Aufenthalt gewährt oder
2. eine andere Person, der er zur Ausübung der Prostitution Wohnung gewährt, zur Prostitution anhält oder im Hinblick auf sie ausbeutet.

Von dieser Gesetzesänderung profitieren vor allem Bordell- und ClubbetreiberInnen, die sich nicht länger der Gefahr der »Förderung der Prostitution« aussetzen, wenn sie Prostituierte beschäftigen, die freiwillig und ohne Ausbeutung arbeiten. Sie können ohne Weiteres → *Werbung* für ihr Unternehmen betreiben, Anrufe entgegennehmen, die Frauen vermitteln, außerdem für einen geregelten Ablauf und eine »angenehme Arbeitsatmosphäre« im Hause sorgen, indem sie → *Kondome,* → *Gleitmittel,* → *Dildos,* Bettwäsche und Ähnliches kaufen und den Frauen zur Verfügung stellen. Insbesondere dies wurde bislang mit der Begründung verboten, dass gute Arbeitsbedingungen die Frauen nicht dazu animieren würden, aus der Prostitution auszusteigen.

Soweit zum entscheidenden Schritt nach vorne. Manche würden sagen: die Theorie. In der Praxis zeigt sich, das Gesetz hat seine Tücken. Aus gutem Grund, denn es ist nur eine abgespeckte Version, die die rotgrüne Regierung an der christdemokratischen Bundesratsmehrheit »vorbeimogelte«. Das heißt konkret: Um überhaupt das Gesetz zur rechtlichen Besserstellung der Prostituierten auf den Weg bringen zu können, durfte die Bundesregierung kein Zustimmungsgesetz schaffen, also ein Gesetz, das partiell von den Bundesländern umgesetzt wird, deshalb im Bundesrat in toto zustimmungspflichtig ist.

So kommt es, dass die Bundesländer das Gesetz unterschiedlich handhaben, Behörden es variierend auslegen, Rechtssicherheiten auf allen Seiten fehlen und nicht zuletzt andere, die Prostitution berührende Gesetze (→ *Sperrgebietsverordnung,* → *Gaststättengesetz,* → *Gesetz über Ordnungswidrigkeiten*) vom Prostitutionsgesetz ausgenommen sind. Sie wären nämlich im Bundesrat zustimmungspflichtig gewesen und hätten das Unternehmen »Prostitution« von Rotgrün wohl an der Haltung der christdemokratischen Mehrheit der Länderkammer scheitern lassen. Die Bundesregierung entschied daher: »Besser eine kleine als gar keine Reform.«

Das macht es der Sexbranche wiederum schwierig, das Gesetz in die Tat umzusetzen: Unglücklicherweise gab die Bundesregierung den Behörden in Land und Kommunen keine klaren Durchführungsanweisungen mit auf den Weg, anhand derer das Zusammenspiel mit den die Prostitution berührenden Gesetzen ersichtlich ist. Die → *AG Recht*, ein Zusammenschluss der deutschen Hurenprojekte und Beratungsstellen, erklärt in einer Stellungnahme: »Die nach wie vor, wegen fehlender Durchführungsbestimmungen, ungeregelte Umsetzung des Gesetzes führt bei allen Beteiligten – Prostituierten, BetreiberInnen und Behörden – zu großer Verunsicherung.«

Ute Löw von der → *Hurenselbsthilfe Saarbrücken e.V.* bringt es auf den Punkt: »Es kennt sich keiner damit aus!«

So wurde die Sittenwidrigkeit zwar aus dem Bürgerlichen Gesetzbuch gestrichen, doch gilt sie nach wie vor im → *Gaststättengesetz.* Laut »§4 Versagungsgründe« müssen → *bordellartige Betriebe* wie → *Bars* oder → *Nachtclubs* gewerberechtlich nicht anerkannt werden, wenn bei ihnen der Unsittlichkeit Vorschub geleistet wird. Ämter in konservativen Landstrichen wie Bayern, Baden-Württemberg, Sachsen, Thüringen und Bremen lassen es gar nicht erst darauf ankommen und versagen generell die Anmeldung. Karin Topper von der Prostituiertenselbsthilfe → *Kassandra e.V.* in Nürnberg: »In manchen Ländern kann man Bordellbetriebe als Gewerbe anmelden, in Bayern, Baden-Württemberg, Bremen, Thüringen und Sachsen kann man es nicht.« So dass die Etablissements dort nach wie vor als → *Zimmervermietung,* → *Café* oder als »Schankwirtschaft mit Beherbergungsbetrieb« → *verschleiert*, die Frauen in einer → *Bar* oder → *Freizeitclub* als → *Animierdamen* oder → *Tänzerinnen* eingestellt werden. »Damit gibt es dort auch keine legalen Arbeitsverhältnisse von Prostituierten«, klagt die AG Recht.

Sinn und Zweck des neuen Gesetzes aber war die Schaffung legaler Arbeitsverhältnisse. Arbeitsverträge mit regulärer Sozial- und → *Krankenversicherung* sollten, so wurde im Vorfeld vollmundig gepriesen, in Zukunft für die → *Rotlicht*branche möglich sein. Auch wenn inzwischen die Vereinte Dienstleistungsgewerkschaft Verdi (→ *Gewerkschaft)* in einem eigens gegründeten Arbeitskreis Prostitution das Problem beratschlagt, so richtig traut sich keiner, seinen Namenszug unter schriftliche Arbeitsvereinbarungen zu setzen – weder Prostituierte noch Bordellbetreiber. Einer der Gründe dafür liegt auf Seiten der Prostituierten: Viele wollen das Dunkelfeld der Prostitution nicht verlassen, weil sie ob der noch immer in der Gesellschaft verankerten Moralvorstellung eine Diskriminierung befürchten. Außerdem gibt es keine → *Krankenkasse,* die Prostituierte annimmt: Den Frauen fehlen die Vorversicherungszeiten. Was das → *Finanzamt* aber nicht davon abhält, von den Frauen bei einer erfolgten Anmeldung eine Steuernachzahlung für die letzten zehn Jahre zu verlangen. Paradoxa par excellence! Aus den genannten Gründen bevorzugen viele Prostituierte nach wie vor die »Grauzone« ihres Gewerbes, zumal sie die Tätigkeit nach eigenem Bekunden ohnehin nicht ihr ganzes Leben ausüben wollen. »Für viele Frauen ist die Prostitution eine Übergangsphase. Ob das gut ist, ist eine andere Frage«, sagt Lady Vera, → *Domina* in einem → *SM-Studio* in → *Berlin.* »Aber diese Frauen wollen beispielsweise keine Arbeitsverträge abschließen. Sie haben Angst, dass diese Tätigkeit, wenn sie irgendwann später wieder einen bürgerlichen Beruf ausüben, wieder auftaucht und sie dadurch Schwierigkeiten bekommen.«

Ein anderer Grund, der Arbeitsverträge nahezu unmöglich macht, liegt auf Seiten der Club- und Bordellbetreiber. Denn im Rahmen des Prostitutionsgesetzes – Artikel 2 wurde der »§181a Zuhälterei« des Strafgesetzbuches ebenfalls modifiziert. Allerdings nur geringfügig. Dort heißt es jetzt:

Gesetz zur Regelung der Rechtsverhältnisse der Prostituierten, kurz: Prostitutionsgesetz – ProstG – Artikel 2

StGB § 181a StGB Zuhälterei

(1) Mit Freiheitsstrafe von sechs Monaten bis zu fünf Jahren wird bestraft, wer

1. eine andere Person, die der Prostitution nachgeht, ausbeutet oder
2. seines Vermögensvorteils wegen eine andere Person bei der Ausübung der Prostitution überwacht, Ort, Zeit, Ausmaß oder andere Umstände der Prostitutionsausübung bestimmt oder Maßnahmen trifft, die den anderen davon abhalten sollen, die Prostitution aufzugeben, und im Hinblick darauf Beziehungen zu

dem anderen unterhält, die über den Einzelfall hinausgehen.

2) Mit Freiheitsstrafe bis zu drei Jahren oder mit Geldstrafe wird bestraft, wer die persönliche oder wirtschaftliche Bewegungsfreiheit einer anderen Person dadurch beeinträchtigt, dass er gewerbsmäßig die Prostitutionsausübung der anderen Person durch Vermittlung sexuellen Verkehrs fördert und im Hinblick darauf Beziehungen zu ihr unterhält, die über den Einzelfall hinausgehen.

(3) Nach den Absätzen 1 und 2 wird auch bestraft, wer die im Ansatz 1 Nr. 2 und 2 genannten Handlungen oder die in Absatz 2 bezeichnete Förderung gegenüber seinem Ehegatten vornimmt.

Dieser Paragraph trägt Schuld daran, dass unter den Bordell- und ClubbetreiberInnen bis heute Verunsicherung herrscht über die Rechtssicherheit, die ihnen das Gesetz gewährt – oder auch nicht. Klar ist nämlich nur, dass die »echte Zuhälterei«, also die Ausbeutung und Nötigung der Prostituierten – der so genannte → *Menschenhandel* (d.i. → *Zwangsprostitution*) – strafbar ist. Unklar dagegen, was die Club- und BordellbetreiberInnen von einer angestellten Prostituierten tatsächlich verlangen dürfen, außer dass sie Ort und Arbeitszeit vertraglich vorgeben. Denn gemäß Artikel 1 des Prostitutionsgesetzes dürfen Huren jederzeit Kunden und Sexualpraktik ablehnen. Was wiederum bedeutet: Die potentiellen ArbeitgeberInnen haben nur ein eingeschränktes Weisungsrecht. Setzen sie sich darüber hinweg, üben sie Zwang aus. Und das ist → *Zuhälterei.* Marion Detlefs von der Beratungsstelle → *Hydra e.V.* in Berlin: »Die Chefin eines Bordells darf den Arbeitsort und die Arbeitszeit ihrer Angestellten bestimmen. Weitergehende Definitionen über die Arbeitsweise der beschäftigten Frauen sind ihr jedoch untersagt. Das bedeutet für die Betreiberin konkret, dass sie kein Preis- oder Leistungsangebot in ihrem eigenen Laden aufbauen kann, was in anderen wirtschaftlichen Branchen sehr wohl üblich ist. Die Bordellbetreiberin jedoch würde sich durch eine solche schriftliche Anweisung immer noch der Zuhälterei strafbar machen. Der positive Aspekt von Arbeitsverträgen für die Prostituierten, nämlich die Eingliederung in das Sozialsystem, wie Krankenversicherung, Arbeitslosengeld und Rente, geht durch diese Schwierigkeiten völlig verloren. Eine Arbeitgeberin, die nur einen derart unkonkreten

Arbeitsvertrag ausschreiben darf, wird sich aus Gründen der Rentabilität hüten, solche anzubieten, da sie sonst ihren Betrieb höchstwahrscheinlich schließen müsste. Was macht sie denn, wenn sie eine Frau einstellt, die einen Monat nur herumsitzt und keinen Mann bedient, die sie aber laut Vertrag bezahlen muss.«

»Darin unterscheiden wir Prostituierten uns immer noch von einer ... sagen wir mal: Bäckereifachverkäuferin«, so bringt es die Clubbetreiberin Dana M. auf den Punkt: »Man nehme nur mal an, ein Bäcker könne seiner Verkäuferin nicht auftragen, wie sie die Brötchen zu backen hat ...«

Ergo: »In der Praxis werden sich viele Bordellbetreiber deshalb überhaupt nicht auf solche Arbeitsverträge einlassen«, bedauert Juanita Henning vom Frankfurter Selbsthilfeprojekt → *Dona Carmen e.V.*

Auch die → *Arbeitsämter*, die fortan ohne Bedenken Jobangebote für Prostituierte in ihren bundesweiten Stellenpool aufnehmen könnten, tragen mit ihrer Weigerung nicht zur Verbesserung der Situation bei. Man führe im Bereich der Prostitution keine Arbeitsvermittlung durch, heißt es von Seiten der Bundesanstalt für Arbeit, »weil der damit verbundene Aufwand die bisherige Entwicklung in diesem Marktsegment nicht rechtfertigt«. (Quelle: Spiegel, 21.7.2003)

Hurenverbände und Beratungsstellen für Prostituierte bewerten das neue Gesetz daher nur als »Tropfen auf den heißen Stein« und als »halbherzig«. Veronika Munk vom Hamburger Beratungsprojekt → *Tampep*: »Wir müssen uns weiterhin politisch engagieren, obwohl es schwierig ist, kurzfristig Resultate zu erbringen. Man sieht es an der deutschen Hurenbewegung und die vielen Jahre, die sie brauchte, um dieses Gesetz auf den Weg zu bringen. Und dieses Gesetz ist nur ein erster Schritt, ein kleiner Schritt, der für die deutschen Huren gemacht wurde. Es muss allerdings noch viel mehr verändert werden, und dabei spreche ich jetzt erst einmal nur von den deutschen Prostituierten, nicht von den Migrantinnen. Diese müssen aber auf Dauer auch in die Gesetzgebung einbezogen werden, weil sie mehr als die Hälfte der Prostituierten in Deutschland stellen.«

Auch für die → *Migrantinnen*, die mit über 200.000 Prostituierten weit mehr als die Hälfte aller Huren in Deutschland stellen, hat sich durch das Prostitutionsgesetz nicht viel verändert. Christiane Howe von dem Migrantinnen-Projekt → *Agisra e.V.* in → *Frankfurt*: »Vor dem neuen Prostitutionsgesetz war es zwangsläufig so, dass Migrantinnen illegal in Deutschland arbeiteten. Weil die Prostitution sittenwidrig war, konnte die Ausländerbehörde keine Arbeitserlaubnis erteilen. Das heißt, die Frauen konnten aufgrund dessen, weil sie in Deutschland als Prostituierte arbeiten wollten, keine Arbeitserlaubnis bekommen. Was hätten sie machen können?

Sie hätten EU-Bürgerin werden können, weil es ihnen als solche erlaubt wäre, innerhalb der EU zu arbeiten Oder sie hätten heiraten und dann als Prostituierte arbeiten können. Das wären die einzigen Wege gewesen. Heute ist die Prostitution natürlich nicht mehr sittenwidrig und damit der Wunsch der Frauen nach Arbeit erlaubnisfähig.« Doch das Problem ist das unveränderte → *Ausländergesetz*. Migrantinnen bleiben als Nicht-EU-Bürgerinnen nach wie vor ohne Chance auf eine Aufenthaltsgenehmigung. Immerhin die Migrantinnen aus einigen der → *osteuropäischen* Staaten dürfen hoffen: Die EU-Osterweiterung wird vielen von ihnen 2004 einen legalen Status verleihen.

PROSTITUTIONSGESETZ

Im Gespräch: Friederike Strack, Rechtsexpertin bei Hydra e.V. Berlin

Frau Strack, am 1. Januar 2002 trat das Gesetz zur »Regelung der Rechtsverhältnisse von Prostituierten (ProstG)« in Kraft. Wo liegen aus heutiger Sicht die Vorteile, wo die Nachteile?

Friederike Strack: Die Vorteile befinden sich gegenwärtig noch auf theoretischer Ebene. In der Praxis werden wir momentan eher mit Schwierigkeiten konfrontiert. Allerdings muss ich hinzufügen, dass es von Bundesland zu Bundesland sehr verschieden ist. In Berlin beispielsweise spüren wir kaum Veränderungen.

Ein positiver Aspekt des Gesetzes ist natürlich die Aufhebung der Sittenwidrigkeit. Bislang konnte eine Prostituierte zahlungsunwillige Freier nicht belangen, da ein Rechtsgeschäft, welches als sittenwidrig eingestuft wurde, keine rechtswirksame Forderung begründete. Heute könnten die Frauen ihren Lohn vor Gericht einklagen. In der Praxis allerdings sind diese Fälle irrelevant, da Sexarbeiterinnen meist mit Vorkasse arbeiten. Sollte dies nicht der Fall gewesen sein, ist es unserer Erfahrung nach dennoch sehr selten, dass eine Prostituierte ihre Vergütung einklagt. In dem Fall müsste sie Ihre Arbeit öffentlich machen, was die wenigsten Frauen wollen.

Ein weiterer positiver Aspekt ist die Möglichkeit Arbeitsverträge abzuschließen und somit auch an dem Sozialversicherungssystem teilzuhaben. Prostituierte könnten mit diesen Arbeitsverträgen in die gesetzlichen Krankenkassen, in die Arbeitslosen- und Rentenversicherungen aufgenommen werden. Sie hätten demzufolge Anspruch auf Mutterschutz oder arbeitsamtfinanzierte Umschulungen. Nachdem aber in den Verträgen, aufgrund des eingeschränkten Weisungsrechts, nur Ort und Zeit festgelegt werden dürfen, ist ein Abschluss derselben äußerst selten; die BetreiberInnen von Bordellen müssen natürlich, wie jeder andere Arbeitgeber auch, Einfluss nehmen können auf Preise und Angebote ihrer Angestellten. Wie schon gesagt, variiert die Lage von Bundesland zu Bundesland sehr stark. In München beispielsweise stellt ein abgeschlossener Arbeitsvertrag mit freiwillig getroffenen Vereinbarungen über Ort und Zeit einen Anlass dar, gegen die ArbeitgeberInnen wegen des Verdachts auf Zuhälterei zu ermitteln.

Außerdem gibt es im Zusammenhang mit der »Ausbeutung einer Prostituierten« in dem Gesetzestext den schwer nachzuvollziehenden Passus der »persönlichen & wirtschaftlichen Abhängigkeit«. Jeder Arbeitnehmer befindet sich doch zwangsläufig in einer gewissen persönlichen und wirtschaftlichen Gebundenheit zu seinem Arbeitgeber. Hier wird nicht unterschieden, dass es auch Formen der Ausbeutung geben kann, die, wie im Fall des neuen Prostitutionsgesetzes, mit Freiheitsstrafen bis zu drei Jahren geahndet werden können. BordellbetreiberInnen befinden sich aufgrund dieser sehr auslegungsoffenen Formulierung in einer schwierigen Situation. Wollen sie ihre Betriebe endlich legalisieren und melden ihn als Gewerbe an, werden sie, wiederum abhängig vom Bundesland, mit Problemen der unterschiedlichsten Couleur konfrontiert.

Gibt es denn zu den oben genannten noch weitere?
Friederike Strack: Ja, die Liste der Ungeklärtheiten ist leider noch ziemlich lang. Es gab einen Bund-Länder-Ausschuss, der eine Emp-

fehlung gegeben hatte zum Umgang mit Prostitution. Diese Vorgabe regt an, Bordelle oder bordellartige Betriebe als Gewerbe zu definieren, dass die einzelnen Frauen aber keinen Gewerbeschein benötigen. Fünf Länder sind ausgeschert – Bayern, Baden-Württemberg Sachsen, Thüringen und Bremen – und erkennen die jeweiligen Betriebe nicht als Gewerbe an. Städte in anderen Bundesländern verweigerten BetreiberInnen die Legalisierung ihrer Betriebe mit der Begründung, dass es unmoralisch sei.

Aber auch dort wo eine gewerberechtliche Anerkennung möglich ist, ist die Szene von Unsicherheit bestimmt. In Dortmund wurde im Juli 2002 ein Maßnahmenkatalog erlassen, nachdem BetreiberInnen von bordellähnlichen Betrieben ab 3 Beschäftigten einen Gewerbebetrieb, unter Beachtung aller im Bau- und Ordnungsrecht enthaltenen Vorschriften, bis September 2002 beim Gewerbeamt anmelden müssen. Inzwischen wurden 15 Etablissements geschlossen, weil sie es unter anderem versäumten, dem fristgerecht nachzukommen.

Man legt den BetreiberInnen durch die uneinheitliche und nahezu willkürliche Handhabung einen behördlichen Stein nach dem anderen in den Weg, so dass die Legalisierung ihrer Betriebe praktisch unmöglich wird. Aus diesen Gründen sind die meisten BordellbetreiberInnen unschlüssig und verhalten sich eher abwartend, was das Abschließen von Arbeitsverträgen anbelangt.

Eine weitere Verunsicherung hindert die Frauen und Männer beider Seiten, ihren Arbeitsstatus vollends zu legalisieren: Bei der Meldung beim Finanzamt laufen die Betroffenen Gefahr, dass sie Nachweise über ihr Einkommen aus den letzten zehn Jahren erbringen müssen. In München beispielsweise wurden BordellbetreiberInnen wegen Lohnsteuerhinterziehung angeklagt, obwohl sie früher angesichts der rechtlichen Situation ihren Betrieb gar nicht hätten anmelden können. Anschaffende Frauen, die aus unterschiedlichsten Gründen keine Steuern gezahlt hatten, sei es aus dem Bewusstsein der Ungerechtigkeit heraus oder auch aus Unwissenheit, die anlässlich der heutigen Rechtslage Steuern zahlen möchten, können ebenfalls über ihre Einkünfte der letzten zehn Jahre befragt werden. Bei nicht schlüssigen Erklärungen kann auch ihnen eine Anklage wegen Steuerhinterziehung drohen. Zu wünschen wäre hier eine Art

Stichtagsregelung, mit der solche abschreckenden Hürden aus dem Weg geräumt werden könnten.

Alles in allem ist das größte Manko des Prostitutionsgesetzes, dass keine Durchführungsrichtlinien vorliegen. Die Beamten haben keinerlei Vorgaben, nach denen sie sich orientieren können. So handeln sie meist nach eigenen Gutdünken.

Hinzu kommt, dass es noch weitere Gesetze gibt, die von dem Prostitutionsgesetz tangiert werden.
Friederike Strack: Richtig! Das Prostitutionsgesetz müsste eigentlich Änderungen nach sich ziehen in der Sperrgebietsverordnung, im Werbeverbot, im Baunutzungsrecht und im Ausländergesetz.

Könnten wir beim Thema Werbung bleiben! Eigentlich wird doch tagtäglich für FKK- oder Nachtclubs in den Tageszeitungen geworben oder auch für Callgirls in den Stadtmagazinen …
Friederike Strack: … aber das Wort »Prostitution« oder »Safer Sex« ist nicht zu lesen. Die Auslegung des Auszuges aus dem Gesetz über Ordnungswidrigkeiten, dass nicht für »grob anstößige oder belästigende Handlungen« geworben werden darf, ging und geht auch heute noch meist in die Richtung, dass man die Reklame von Prostitution eben als Werbung für »grob anstößige oder belästigende Handlungen« einstuft und somit verbieten kann. Es ist eine Scheinheiligkeit einerseits Prostitution als Rechtsgeschäft anzuerkennen, andererseits aber Werbung dafür zu verbieten.

Was ist denn mit der Sperrgebietsverordnung, die Sie angesprochen haben?
Friederike Strack: Diese Verordnung führt dazu, dass Prostituierte in manchen Städten nur in kleinen Toleranzzonen arbeiten dürfen. In diesen können sich aufgrund der Raumverknappung ausbeuterische Strukturen bilden, da die Frauen keine andere Wahl haben, als beispielsweise eine Wuchermiete für ihren Arbeitsraum zu zahlen. Oder aber sie müssen in weit entfernten, abgelegenen Gebieten arbeiten, in denen sie nur sehr ungeschützt und oft ohne sanitäre Einrichtungen ihrer Tätigkeit nachgehen können. Nachdem Prostitution heute kein sittenwidriges Rechtsgeschäft mehr ist, hät-

te in letzter Konsequenz die Sperrgebietsverordnung abgeschafft werden müssen. Hätte man aber diese Themenfelder bei der Einführung des Gesetzes mit einbeziehen wollen, so hätten sie einer Zustimmung des Bundesrates bedurft und das Gesetz in der Form aller Voraussicht nach keine Mehrheit gefunden.

Also wird sich in nächster Zeit nicht allzu viel entwickeln?
Friederike Strack: Wir hoffen, dass sich nach der Überprüfung des Prostitutionsgesetzes Anfang 2005 an der Sperrgebietsverordnung etwas ändern wird. Allerdings steht zu befürchten, dass sich die Kommunen diese Befehlsgewalt nicht nehmen lassen werden. Interessanterweise gibt es in Berlin keine Toleranz- oder Verbotszonen. Hier zeigt sich, dass es kaum Probleme mit dem Phänomen Prostitution gibt. Sie verteilt sich über die gesamte Stadt und nur selten fühlen sich Anwohner gestört dadurch. In der Oranienburgerstraße, auf der die Frauen neben den angesagten Szeneläden stehen, wird sie sogar Touristenattraktion.

Und dann gibt es noch das Ausländergesetz ...
Friederike Strack: Dieses Gesetz ist insofern sehr wichtig, als dass 50 bis 60 Prozent der Prostituierten Migrantinnen sind. Wie viele dieser Frauen allerdings eine Aufenthaltsgenehmigung haben, können wir nicht sagen.

Kann man denn davon ausgehen, dass der Großteil der Migrantinnen aus freien Stücken in Deutschland anschaffen geht?
Friederike Strack: Der Begriff »Freiwilligkeit« ist sehr dehnbar. Was tun wir heutzutage nicht alles vermeintlich selbstbestimmt? Bei dieser Problematik gibt es sehr verschiedene Varianten.

Es gibt Frauen unter den Migrantinnen, die vorher wussten, dass sie anschaffen werden, aber von den Arbeitsbedingungen hier andere Vorstellungen hatten. Dann wiederum gibt es Frauen, die relativ genaue Kenntnisse haben durch Freundinnen oder Verwandte, die schon in Deutschland gearbeitet hatten. In Ländern, die bereits eine längere Migrationgeschichte haben, wie zum Beispiel die Dominikanische Republik bestehen zum Teil Netzwerke, über die Sexarbeiterinnen schon seit den frühen 80er Jahren nach Europa einwandern. Diese Frauen besitzen natürlich einen sehr hohen Wissensstand über die Szene in Deutschland.

In den Medien wird sehr viel über Frauenhandel berichtet. Natürlich ist das ein nicht zu vernachlässigendes Thema und die Bekämpfung desselben ebenso wichtig. Aber nicht alle Migrantinnen sind Betroffene des Frauenhandels!

Gäbe man den Betroffenen, die hier für drei oder sechs Monate arbeiten – viele wollen gar nicht länger bleiben – eine Aufenthalts- und Arbeitserlaubnis, würde man den ausbeuterischen Strukturen, die meist nur durch die Illegalität der Frauen entstehen, immens vorbeugen. Die Prostituierten könnten hier legal arbeiten und wären der Angst enthoben, dass jeden Augenblick eine Razzia erfolgt. Sollte ihnen etwas zustoßen, könnten sie zur Polizei gehen und Anzeige erstatten. Mit einer Arbeitserlaubnis würden sie nicht mehr kriminalisiert werden. Sie müssten nicht in ständiger Angst vor einer drohenden Abschiebung arbeiten. In der Öffentlichkeit existieren nur zwei Stereotype, das der Kriminellen und das des Opfers. Die selbstbestimmt arbeitenden Migrantin wird als kriminell stigmatisiert, während eine vom Menschenhandel betroffene Frau als passiv gesehen wird. Ihr mutiger, selbstbestimmter Schritt der Migration wird hierbei außer acht gelassen. Dieses Gegensatzpaar kann durch eine Legalisierung aufgelöst werden.

Alles in Allem höre ich eine gewisse Ernüchterung aus Ihren Worten?

Friederike Strack: Nein, denn die Einführung des Gesetzes begrüßen wir, sie steht nicht in unserer Kritik. Für uns bedeutet das Gesetz einen Schritt in die richtige Richtung, eine Weiterentwicklung ist aber von Nöten.

In der Praxis bewirkt es, aufgrund der Kürze der Zeit, doch noch sehr wenig. Viele Behörden schlagen im Umgang mit der neuen Rechtslage, wie oben erwähnt, eigene Wege ein. Dadurch besteht die Gefahr, dass neue Diskriminierungsformen entstehen. Es fehlen viele Nachbesserungen und vor Allem Durchführungsrichtlinien, um ein gleiches Vorgehen zu sichern. Das Gesetz darf nicht zu einer bloßen Absichtserklärung degradiert werden, sondern muss geprüft und reformiert werden.

PROSTITUTIONSTOURISMUS

→ *Sextourismus*

PUFF

Prostitutionsbetrieb.

Synonyme: → *Bordell*, → *Eros-Center*, Freudenhaus. Ein Puff ist nicht, wie allgemein angenommen, ein → *Nachtclub* oder eine → *Bar*, in der Frauen auf roten Sofas zu kuscheliger Musik auf die → *Freier* warten. Das sind die so genannten → *Clubs:* → *Privatclubs,* → *Saunaclubs,* → *FKK-Clubs.*

Ein Puff dagegen besteht aus einzelnen größeren Häusern, mehreren Gebäuden oder ganzen Straßenzügen, wo sich Frauen in Schaufenstern (→ *Koberfenster*), in gemeinsamen → *Kontakthöfen* oder in den Fluren und Gängen anbieten (→ *Laufhäuser*). Ist der Kontakt zum → *Freier* hergestellt, gehen die Frauen mit ihm aufs Zimmer, das sie in den Häusern oder Gebäuden angemietet haben (→ *Zimmervermietung*).

Im Puff wird, so heißt es im Milieu, im Gegensatz zu einem FKK-Club nicht geknutscht, das verbietet die Huren-Ehre. Deshalb unterscheidet man im Rotlicht zwischen der ehrenhaften → *Puff-Frau* und der minderwertigen → *Club-Fotze.*

PUFF-FRAU

Szenejargon.

Die »Puff-Frau« ist für einen → *Poussierstengel* der alten Schule die ehrenwerte → *Hure.* »Puff-Frauen haben«, so findet Siegfried L. »noch so was wie Ehre: Huren-Ehre!« Puff-Frauen ficken nämlich nur, → *küssen* aber nicht. Und wenn sie küssen, dann nur ihren Poussierstengel. Das Gegenteil der Puff-Frau ist die → *Club-Fotze.*

QUERSTRICH

Projekt von und für → *Callboys.*

Beratungsstelle des Stricherprojekts → *SUB/WAY Berlin e.V.* für die Profis der männlichen Sexdienstleister, die Callboys, vornehmlich die, die im homosexuellen Bereich arbeiten. Die Beratungsstelle möchte »Möglichkeiten zu Kommunikation und gegenseitigem Kennenlernen bieten, einen besseren Informationsaustausch in der Szene ermöglichen, anderen mit Tipps und Beratung weiterhelfen, aus der Szene heraus für unsere eigenen Interessen arbeiten«. Dazu gibt es eine Hotline, einen Internetauftritt sowie eine Honorarstelle auf 320-Euro-Basis, die von LABAS im Rahmen der Präventionsarbeit finanziert wird.

Einmal im Monat lädt Querstrich ein zum Stammtisch für Callboys, der Termin wird über die Homepage bekannt gegeben ebenso wie das Thema, das an dem betreffenden Abend besprochen werden soll.

• *KONTAKT: Querstrich c/o Subway Berlin e.V. Nollendorfstraße 31, 10777 Berlin, Telefon 030/21756048. jungs@subway-berlin.de, www.querstrich. de, Öffnungszeiten: Di 14-16 Uhr*

R

RECHTSGESCHÄFT

Geschäfsgebahren.

Ein einziger Satz nur im → *Bürgerlichen Gesetzbuch*, der aber entfaltete bislang eine große Wirkung: »Ein Rechtsgeschäft, das gegen die guten Sitten verstößt, ist nichtig.« Da die Prostitution wiederum als → *sittenwidrig* galt, hatten Prostituierte keinen rechtlichen Anspruch auf Bezahlung ihrer Tätigkeit.

Mit dem → *Prostitutionsgesetz,* in Kraft getreten am 1. Januar 2002, ist Prostitution nicht mehr länger sittenwidrig, denn Vereinbarungen zwischen → *Freier* und → *Huren* begründen künftig eine rechtswirksame Forderung. Im Amtsdeutsch: Sie sind ein Rechtsgeschäft. Auf gut Deutsch: Eine → *Hure* kann von ihrem Freier den vereinbarten Liebeslohn einklagen – und zwar vor Gericht.

Das wird freilich ein Ausnahmefall bleiben, denn den meisten Prostituierten liegt es fern, ihren anonymen Status zu verlassen, einerseits weil sie sich dem Fiskus nicht offenbaren möchten, andererseits weil sie ein Doppelleben führen, von dem Verwandte und Bekannte nichts erfahren dürfen. »Aber der Passus ist trotzdem wichtig«, sagt Stephanie Klee, Vorsitzende des → *Bundesverbandes Sexuelle Dienstleistungen e.V.,* »weil er die Sexarbeit aus dem illegalen Zwielicht holt. Eine Prostituierte wüsste: Das, was sie mit ihrem Kunden verabredet, hätte genau so viel Gültigkeit wie ihr Mietvertrag. Und allein, dass sie das weiß, gibt ihr ein ganz anderes Selbstwertgefühl für ihre Arbeit.«

Bis aus dem legalisierten »Rechtsgeschäft« aber endgültig ein reguläres → *Gewerbe* wird, wird noch eine Weile vergehen. Denn selbst die Bundesanstalt für Arbeit lehnt Jobangebote für Prostituierte dankend ab. Man führe im Bereich der Prostitution keine Arbeitsvermittlung durch, heißt es von Seiten der → *Arbeitsämter,* »weil der damit verbundene Aufwand die bisherige Entwicklung in diesem Marktsegment nicht rechtfertigt«. (Quelle: Spiegel, 21.7.2003)

REEPERBAHN

Die sündige Meile.

Wie keine andere Straße der Welt ist die Reeperbahn im → *Hamburger* Stadtteil → *St. Pauli* als »Diva der Nacht« bekannt. Ihr Ruf ist wie ein Satellit um die Erde gezogen, peilte die pikantesten Phantasien der anreisenden Matrosen an. Dabei fing alles, wie so oft, ganz anders an: Die Reeperbahn war nur Brachland, auf der einen Seite das Millerntor (ein klassizistisches Wachhäuschen), das aus der Stadt Hamburg herausführte, auf der anderen Seite das Nobistor, der Stadtausgang der dänischen Stadt Altona – All–zu–nah, wie die Hamburger zu sagen pflegten.

Dieses Niemandsland, durchkreuzt von einer Straße, die die beiden Tore miteinander verband, wurde Hamburger Berg genannt. Hier exerzierte die Bürgergarde, hier hatten die Taumacher, die so genannten Reepschläger, ihre langen Bahnen, auf denen sie die Seile für die Segelschiffe drehten. Rechts und links der Straße siedelte das einfache Volk an, das sich die Stadt nicht leisten konnte. Dazu gesellten sich auch die → *Huren*, die ein Hamburger Ratsmandat 1732 der Stadt verwies. Fortan fanden die abenteuerlustigen Matrosen, die in Hamburg an Land gingen, draußen vor der Stadt ihr Vergnügen. Schon bald ergänzten Wirtshäuser das bunte Treiben, dann Vergnügungsstätten. Zuerst Puppen-Spielbuden, woran der heutige »Spielbudenplatz« erinnert, später Schausteller, Seiltänzer, Kunstreiter, Gaukler und Tierbändiger. Es folgte alles, was die Seeleute auf Landgang suchten, aber auch, was dem Hamburger zum Wochenendvergnügen fehlte: Jahrmarktzauber, Musik, Bierkneipen und käufliche Liebe. Die Straße, die einst die beiden Stadttore miteinander verband, war zentrale Achse dieses Vergnügungsviertels und bekam den Namen »Reeperbahn«, von den einst an diesem Ort arbeitenden Seilmachern.

Die Reeperbahn, 900 Meter lang und mit all ihren Armen 800.000 Quadratmeter umfassend, erlangte Weltruhm, und mit ihr vieles andere auch, zum Beispiel die → *Davidwache*, die → *Herbertstraße*, die

→ *Große Freiheit,* zwei Seitenstraßen, der → *Eros-Center.* Auf der Reeperbahn begann die »Karriere« vieler Milieu-Größen: → *Mucki Pinzner,* → *Neger-Kalle,* der → *Schöne Mischa,* → *Willi Bartels,* → *Domenica,* die wohl prominenteste Prostituierte der Republik. »Die 70er Jahre auf der Reeperbahn, das war unglaublich. Voller Menschen«, erinnert sich → *Erwin Ross,* der als »Rubens der Reeperbahn« Berühmtheit erlangte.

Neben Sex, Crime, → *Strip* und dem »Coitus coram publico« im legendären → *Salambo* gab es auch musikalisch viel zu erleben: Hier erklangen die Beatles, Freddy Quinn oder die 1911 für eine Revue komponierte Nationalhymne der Reeperbahn, die dann unvergesslich mit dem Hamburger Kind → *Hans Albers* vertont werden sollte: → *Auf der Reeperbahn nachts um halb eins,* so sein Film und Evergreen, fand man Geselligkeit und Fröhlichkeit, eine Reeperbahn, auf der auch Ehepartner getrost gehen konnten, um ein Bier zu trinken oder etwas zu essen. Die Reeperbahn war, wie auch der Albers-Film → *Große Freiheit Nr. 7* beschwört, *das* Vergnügungsviertel von Hamburg. Viele, die in den Häusern ringsum lebten, besaßen eine Gaststätte, arbeiteten in einer der Bars oder vermieteten ein, zwei Zimmer ihres Hauses an die → *Animierdamen,* die in den Varietés und den Tanzkneipen, dem »Trocadero« in den Großen Bleichen, dem »Trichter«, dem »Alkazar«, dem »Leuchtturm« oder dem »Café Minerva« an der Reeperbahn auf spendable Herren warteten. Der Abend wurde gemeinsam genossen, und nicht immer ging es am Ende eines Abends zwangsläufig auf die Zimmer der Mädels.

Doch das, was einst die Stärke der Reeperbahn war, die hohe Schule der Toleranz, die eingeschworene Gemeinschaft vom Kiez, der man angehörte oder nicht und die das Viertel bunt und reich an skurrilen Persönlichkeiten machte, erwies sich mit Anbruch der 80er Jahre als Schwäche. Als »wahnsinnige Zeit« beschreibt der heutige Stern-Chefredakteur und damalige Polizeireporter Thomas Osterkorn in der ARD-Serie über »Die größten Kriminalfälle« die 80er Jahre, in denen »Zustände wie in Chicago zu Zeiten Al Capones« herrschten. Die organisierte Kriminalität beherrschte die Reeperbahn. Zuhälterbanden kämpften brutal um Marktanteile und schreckten vor Morden nicht zurück. »Skrupellos missbrauchen ethnisch abgeschottete Gruppen die Vorteile der Liberalität«, befindet Ariane Barth in ihrem Buch »Reeperbahn – Der Kampf um Hamburgs sündige Meile« (Hoffmann & Campe/Spiegel Verlag, Hamburg 1999). »Kurdische Clans, die den Heroin-Handel kontrollieren; Hunderte von Kosovo-Albanern, die eine Einbrecherfirma aufziehen; Killer der sizilianischen Mafia, die für 100.000 Mark einfliegen und ihren Job erledigen.«

Und der inzwischen über 80-jährige Willi Bartels prangert an: »Immer wieder sind es Ausländer, die in dem furchtbaren Theater der 90er Jahre auffallen. Manches Mal kommt es mir vor wie ein Schlachthof. Früher hat man sich geschlagen, mit der Faust. Heute gibt es kaum noch eine Hauerei ohne Messer. Und wenn das nicht langt, nehmen sie die Pistole. Katastrophal, wie sich St. Pauli verändert hat.«

»Heute ist alles ein bisschen verkommen«, bedauert Erwin Ross.

RENTENVERSICHERUNG

→ *Sozialversicherung*

ZUR RITZE

Legendäre Kiez-Kneipe.

Die Kneipe war Ende der 60er Jahre noch eine Freier-Toilette im frischgebauten Bordell »Palais D'Amour«; weil dort Alkoholausschank begehrt, allerdings verboten war, wurde aus der Toilette kurzerhand eine Kneipe, räumlich abgetrennt und ordentlich lizensiert. → *Reeperbahn*-Rubens → *Erwin Ross* verpassste dem Eingangsbereich eine entsprechend verführerische Fassade. Seitdem geleiten zwei gespreizte Frauenbeine den Besucher geradewegs in die heiße Ritze. Damit wir uns richtig verstehen: Geradewegs in die Kneipe. Diese, damals Treffpunkt der lokalen → *Luden*prominenz, hat heute Kultstatus und Tradition, vor allem → *Box*tradition, seit Wirt Hanne Kleine Anfang der 80er Jahre einen Teil der darunter liegenden Tiefgarage anmietete und ihn zum Boxkeller ausbaute. Dort trainierten Zuhälter, Türsteher und Profiboxer gemeinsam an Sandsäcken, Hanteln und im Ring: → *René Weller,* Henry Maske, Graciano Rocchigiani, Dariusz Michalczewski.

ROLAND, JÜRGEN

Dt. Regisseur, geb. 1925.

Jürgen Roland beginnt 1945 als Polizeireporter beim → *Hamburger*

Rundfunk. Seine Arbeit führt ihn wiederholt nach → *St. Pauli*, wo er schon bald als hervorragender Kenner der → *Reeperbahn* von sich reden macht. Dieses detailreiche Wissen über das Milieu aus Amüsierbetrieb, Kriminalität und → *Prostutition* nutzt ihm, als er 1953, inzwischen ins Fernsehfach gewechselt, erste Spielfilme und Serien fürs Fernsehen inszeniert: »Stahlnetz«, »Dem Täter auf die Spur« und »Tatort« tragen semidokumentatorische Züge, genauso wie seine Kinofilme, mit denen er das ihm vertraute Metier des Polizeiapparats auf St. Pauli aufgreift: das zweifach mit dem Deutschen Filmpreis ausgezeichnete → *Polizeirevier Davidswache* und → *St. Pauli-Report*, nahezu authentische Einblicke ins hanseatische Milieu der 70er Jahre.

ROLLENSPIEL

Sexpraktik.

Ein Rollenspiel ist im Grunde nichts anderes als das, was wohl jeder als Kind mit Freunden oder Freundinnen auf dem Abenteuerspielplatz gespielt hat: »Cowboy und Indianer«. »›Lass uns vorgeben‹-Spiele sind die einfachen Geschwister von Rollenspielen«, erklärt der Schriftsteller und Rollenspieler Guy W. McLimore. »Du wählst dir eine einfache abenteuerliche Situation aus, entscheidest, was für eine Art Person du im Zusammenhang damit bist, und spielst die Situation aus, um zu sehen, was mit dir passiert. In einem ›Lass uns vorgeben‹-Spiel bist du nie du selbst. Du spielst immer jemanden, der ein abenteuerlicheres Leben hat als du und der mehr Spaß hat als du. Niemand will ›Buchhalter und Anwälte‹ spielen.«

Vor allem in der Fantasy- und Sciencefiction-Szene entfliehen Menschen regelmäßig in andere Körper und Phantasiewelten, in denen alles erlaubt und nichts unmöglich ist. Rollenspiele sind keine Domäne ausschließlich der → *SM*-und → *Fetisch*-Szene, haben aber dort einen ganz eigenen Reiz. »Der Reiz liegt hierbei darin, dass der Intellekt und ein weiteres Emotionsspektrum stimuliert werden als beim stärker körperbetonten Sex«, weiß Arne Hoffmann in seinem Buch »Das Lexikon des Sadomasochismus« (Lexikon Imprint, Berlin 2001). »Im sadomasochistischen Bereich handelt es sich hier oft um Umdeutungen von Situationen, die im wahren Leben alles andere als angenehm wären, etwa eine Vergewaltigung, ein scharfes Polizeiverhör, eine Haremsauktion oder eine Kastration.« Weitere beliebte Topoi für Rollenspiele sind Militär, Schule, Internat und Krankenhaus. Für letzteres Szenario gibt es in → *Dominastudios* meist ein entsprechend eingerichtetes → *Klinikum.*

ROSAMUNDE E.V.

Selbsthilfegruppe.

Bereits seit November 2000 gibt es in Stuttgart eine Interessenvertretung für Prostituierte. Sie vereint Modelle, Sexarbeiter/innen, → *Callgirls,* → *Callboys,* → *Dominas* und → *Sklavinnen* im Kampf für soziale Gerechtigkeit und gesellschaftliche Akzeptanz. Ins Leben gerufen wurde Rosamunde als Verein aufgrund des Anfang 2002 in Kraft getretenen → *Prostitutionsgesetzes* und der von der Stuttgarter Finanzbehörde im Alleingang eingeführten »Steuerpauschale für selbstständige Modelle«. Die Mitglieder reichten beim Landtag eine Petition bezüglich der Steuerpauschale ein, leisteteten politische Arbeit in Form von Gesprächen mit Landtagsabgeordneten und der Bundesjustizministerin und führten mit der engagierten Unterstützung eines Steuerberaters einen unnachgiebigen Schriftverkehr mit der Oberfinanzdirektion und der Steuerfahndung. Gegenwärtig wird Klage geführt, so dass die Steuerpauschale vom → *Finanzamt* noch nicht erhoben werden kann.

Damit ist die Arbeit von Rosamunde indes noch nicht beendet: Zweck des Vereins ist ebenfalls die Förderung des sozialen Schutzes und der kulturellen Integration von Frauen und Männern, die erotische und bizarrerotische Dienstleistungen anbieten, die Förderung der beruflichen Information und Weiterbildung von Prostituierten (zum Beispiel im hygienischen, medizinischen und psychologischen Bereich), die Unterstützung und Förderung von Aktivitäten gegen die Diskriminierung von Prostituierten in der Öffentlichkeit und in gesellschaftlichen Institutionen sowie die Aufklärung der Öffentlichkeit über die Lebens- und Berufssituation sowie Probleme Prostituierter und die gesellschaftlichen und rechtlichen Bedingungen von Prostituierten.

- *KONTAKT: Rosamunde, rosamunde-org@gmx.de, www.rosamunde.org*

ROSS, ERWIN

Rubens der Reeperbahn, geb. 1926

Ein Sex-Maler, als den Medien ihn manchmal gerne bezeichnen, will er nicht sein. »Jeder schreibt ein bisschen übertrieben«, wiegelt er ab und erklärt: »Eigentlich bin ich Pin-up-Maler.« Weil Erwin Ross die barbusigen Mädels ganz wie sein großes Vorbild, der flämische Maler Peter Paul, mit großer Leidenschaft malte, bekam er dessen Namen. Weil er in → *Hamburg* lebte, nannte ihn fortan jeder den »Rubens der → *Reeperbahn*«.

Geboren wurde Erwin Ross am 24. Oktober 1926 in Wriezen an der Oder. Schon früh wurde man auf sein Talent aufmerksam. In der Schule zeigte er seine Bilder in Ausstellungen, trotzdem absolvierte er eine Lehre als Autoschlosser. Mit 16 Jahren zog er für Hitler-Deutschland in den Krieg und geriet 1944 in Ägypten in Kriegsgefangenschaft. Mit gemischten Gefühlen erinnert er sich an diese Zeit; er nennt sie »meine verlorene Jugend«, wenngleich er ausgerechnet in der Gefangenschaft wieder zur Malerei kam: In einer Malerwerkstatt porträtierte er für die Offiziere Frauen, Palmen, Pyramiden. Nach seiner Rückkehr nach Brandenburg 1948 bewarb er sich bei der Konsum-Genossenschaft als Maler und setzte politische Losungen, Arbeiterhelden wie Lenin, Marx und Engels ins rechte Licht. »Den Stalin habe ich fast hundertmal malen müssen«, erinnert sich Ross.

Nebenher malte er erotische Bilder, sehr zum Unwillen der Obrigkeit. »In der DDR war das schlimm; wenn ich eine durchsichtige Bluse malte, musste ich mich schon im Politbüro verantworten«, erinnert er sich. Weil die Voraussetzung für ein Stipendium der Parteieintritt war, suchte Erwin Ross 1955 den Weg in den Westen, direkt nach Hamburg. Er arbeitete zunächst als Hafenarbeiter, als das »Tabu« auf der → *Großen Freiheit* aber einen Zeichner suchte, bewarb er sich. Für einen Stundenlohn von einer Mark dekorierte er das Kabarett, inklusive einiger netter Girls auf der Fassade. »Damals hingen vor den Clubs und Bars noch Plakate«, so Erwin Ross. »Diese zeigten aber nicht die erhoffte Publikumswirkung.«

Ross' erotische Mädchen auf der Hauswand sprachen sich jedoch schnell herum. »Seitdem kamen sie alle, die Große Freiheit rauf und runter, und wollten alle auch so ein Schild«, so Erwin Ross. Ob das »Palais d'Amour, der »Tanga-Club« oder das »Colibri«, fortan gab es keinen Club, kein Kabarett, keine »Bums«-Bude, die nicht mindestens ein hübsches Mädel mit dem bezeichnenden Signet »Eross« besaß. »So hübsche Mädels, wie ich sie malte, waren manchmal nicht mal im Laden drin«, erklärt er. Legendär die Beine, die er über den Eingang zur St. Pauli-Kneipe → *Die Ritze* breitlegte.

Schlicht »Tittenmaler« nannten ihn die einen. Das war ihm egal: »Man kann schließlich keine Landschaft auf die Fassade pinsel, wenn drinnen 'ne Sex-Show läuft.« Die anderen, ungleich wohlwollender, tauften ihn »Rubens der Reeperbahn«. Zeitungen und Fernsehsender schenkten ihm ihre Aufmerksamkeit; es gab Telefonkarten- und Briefmarkeneditionen seiner Girls, Bierflaschenetiketten der Astra Brauerei. Nebenher schuf er Landschafts-, Hafen- und Porträt-Bilder, dem »Star Club« malte er die Bühnen-Skyline, und den damals noch unbekannten Beatles bemalte er das Schlagzeug. Und für die Fernsehserie → *Der König von St. Pauli* schuf er das Logo.

Viele seiner ungezählten Pin-ups sind auch noch heute auf St. Pauli zu entdecken, zumindest die, die noch nicht von Fans und Sammlern abgeschraubt worden sind. Der Künstler ist stolz: »Mein Museum ist die Reeperbahn.« Den Pinsel schwingt er noch immer, zwar nur noch als Hobby, aber in einem kleinen schnuckeligen Souterrainatelier in Hamburg-Eimsbüttel.

• ***KONTAKT:*** *Erwin Ross, Rubens der Reeberbahn, Schulweg 20, 20259 Hamburg, Telefon 040/40188265. www.wopersnow.de/eross*

DIE ROTE MEILE. CLUB DER STARKEN FRAUEN

TV-Serie.

Ermutigt durch den Erfolg der TV-Serie → *Der König von St. Pauli* 1998 schickt der Privatsender Sat.1 bereits ein Jahr später eine weitere → *Rotlicht*-Seifenoper von der → *Reeperbahn* über den Kanal. Diesmal steht das → *Tabledance*-Lokal »Candy Club« in einem fiktiven Straßenzug irgendwo auf → *St. Pauli* im Zentrum der roten Meile. Johnny ist seit den 70ern der Chef hier, schickt seine Mädels gegen die sterilen Hochglanzetablissements der → *Reeperbahn* ins Rennen. Die Mädels sind die Stars, Gitti, Roxy und wie sie alle heißen, die auf den Tischen ihre Hüften kreisen lassen. Und weil die Männer sich in ihren alltäglichen Machenschaften mal wieder übernehmen, steigen die Frauen von der Bühne und nehmen das Zepter in die Hand.

Diese Idee des starken Geschlechts ist freilich nicht neu, aber dennoch in liberalen Zeiten, in denen »Ich bin stolz, eine Hure zu sein« zum geflügelten Wort stilisiert wird, durchaus zeitgemäß. Insofern fällt auch die Kritik positiv aus: »Eigentlich haben sich die Hochglanz-TV-Serien und -Filme mitten vom → *Kiez* längst selbst überlebt. Aber die neue Konstellation verspricht immerhin frischen Wind. Freilich geht´s nach wie vor leicht schlüpfrig, schräg und skurril zu – man ist ja schließlich im Privatfernsehen und nicht auf St. Pauli. Aber mit dieser vielversprechenden Neuauflage erfährt die im Grunde genommen kleine, heile Welt des fiktionalen Milieus eine reizvolle Wende, die doch noch eine Chance verdient.« (Neue Osnabrücker Zeitung)

• *DIE SERIE: Die rote Meile. Club der starken Frauen. BRD 1999, 26 Episoden à 45 Minuten. Regie: Michel Bielawa. Darsteller: Öepm Bpdem (Johnny Roland), Fabian Harloff (Andreas Verhoven), Uli Krohm (Klaus Zange), Cornelia Corba (Roxy), Christiane Hagemann (Gitt)*

ROTLICHT

Synonym f. Prostitution.

Im Mittelalter gehörten Prostituierte zum Straßenbild. Sie hatten ihren festen Platz in der gesellschaftlichen Ordnung. Für sie gab es Kleidervorschriften wie für alle anderen Handwerker. Sie trugen rote Hüte oder Kappen. Das »Rotlicht«-Milieu hat von dieser Kopfbedeckung seinen Namen.

Heute ist die Farbe Rot auch Synonym für Liebe, Erotik und Sex.

ROTLICHT TYCOON

PC-Spiel.

Daran hätte vor wenigen Jahren auch noch keiner zu denken gewagt: Parkplätze mieten, Zimmer einrichten, Getränke ordern, → *Kondome* kaufen, Mädels anheuern, Kontaktanzeigen inserieren und den → *Freier* mit Normal, → *Französisch*, → *Anal*, → *SM* oder Skurril ködern – und das alles ganz legal. Das → *Prostitutionsgesetz* macht's möglich, in Wirklichkeit und seit kurzem auch in der virtuellen Welt. Im Stil des Erfolgsspiels »Die Sims« schwingt sich der Spieler in dem PC-Game »Rotlicht Tycoon« auf zum → *Bordell*-Manager. Mit richtiger Planung seiner Angestellten – der Putzfrauen, Bodyguards, Barkeeper und natürlich der sexy Girls – kassiert er Kohle en masse.

Die Herstellerfirma »Spielwert« preist das Spiel als »die Wirtschaftssimulation im Rotlicht-Milieu«. Tatsächlich ist der Spielidee eine gewisse Vorreiterrolle nicht abzusprechen; vor Jahren wäre dieses Computer-Game vermutlich als »Förderung der Prostitution« auf den Index gesetzt worden. Doch die Zeiten ändern sich. Als Spiel überzeugt »Rotlicht Tycoon« allerdings nicht wirklich. Die Grafik ist im unzeitgemäßen Comic-Style. Ist das Bordell erst einmal eingerichtet, der Dienstplan aufgestellt, beschränkt sich die Interaktion des Spielers aufs Zuschauen – auf Dauer langweilig. Was im Übrigen auch für die Szenen in den Zimmern gilt. Die wurden nämlich vom Hersteller entschärft. Der Zuschauer sieht – ausgerechnet – ein übergroßes rotes Herz ...

»Wer schon immer mal als Zuhälter arbeiten wollte, ist bei diesem lüsternen Spielchen goldrichtig. In sieben nicht wirklich herausfordernden Szenarien dürfen Sie als virtueller Puff-Daddy Ihre Management-Fähigkeiten im Rotlichtviertel unter Beweis stellen. Wer sein Freudenhaus hübsch einrichtet, sauber hält, genug heiße Frauen am Start hat und ordentlich Werbung schaltet, wird alsbald Erfolge feiern und reichlich Kohle scheffeln. Etwas umständlich ist die eigenwillige Menüführung geraten – speziell das Zusammenstellen des Dienstplans ist eine extrem nervige und obendrein schrecklich unübersichtliche Angelegenheit. Die Perspektive von schräg oben ist allenfalls zweckmäßig, der puffige Soundtrack hingegen so mies, dass er schon wieder ganz cool ist. Und mit knappen 20 Euro ist das Ganze sogar noch deutlich billiger als ein Bordell-Besuch (haben wir uns sagen lassen!) – immerhin etwas!« (PC Action, 4/2003)

• *INFO: Rotlicht Tycoon. Die Wirtschaftssimulation im Rotlicht-Milieu. Entwickler: Spielwert. Vertrieb: Rondomedia Marketing & Vertriebs GmbH. System: 400 MHz, 32 MB RAM, Win98/Me/XP. www.rondomedia.de*

RUHRGEBIET

Ballungszentrum.

Bochum, Dortmund, Essen, Duisburg, Gelsenkirchen, Recklinghausen, das Ruhrgebiet ist eines der größten industriellen Ballungsgebiete Europas. Wo so viele Menschen sich tummeln, ist der Bedarf nach Zwischenmenschlichkeit sehr groß. Die Prostitution floriert. Doch das

Ruhrgebiet ist auch bekannt für seinen hohen Ausländeranteil, was sich wiederum auf die Prostitution auswirkt. Wie viele → *Migrantinnen* allerdings in den Städten zwischen Dortmund und Mülheim → *anschaffen*, kann nur geschätzt werden. Allein 60 Prozent der Frauen, die beispielsweise in Essen arbeiten, kommen aus dem Ausland, so vermutet man beim Beratungsprojekt → *Nachtfalter.*

Sicher ist lediglich, das weiß man bei der → *Dortmunder Mitternachtsmission e.V.*, dass der überwiegende Teil der Migrantinnen aus → *Osteuropa* kommt und in den → *FKK-Clubs* arbeitet, von denen es im Ruhrgebiet im Vergleich zum Rest der Republik überdurchschnittlich viele gibt. Einige werden geschlossen, andere zur gleichen Zeit eröffnet, es herrscht eine ständige Fluktuation bei den Sexdiscountern, in denen sich im Durchschnitt etwa 20 Frauen zu Tiefstlöhnen verdingen. Die Branche stöhnt, doch kann sie nichts dagegen unternehmen. Ein Insider weiß: »Die FKK-Clubs im Ruhrgebiet werden an einer bestimmten Person festgemacht. Ich möchte da jetzt keine Namen nennen. Diese Person hat den, ich sage mal, FKK-Ring ziemlich weit ausgebaut In diesen FKK-Clubs arbeiten zu 80 Prozent ausländische Frauen, die für einen sehr geringen Lohn arbeiten. Der Betreiber hat, um sich mit der Szene nicht zu verfeinden, in fast jedem FKK-Club ausländische Geschäftsführer eingesetzt. Da ist eine gewisse Verzweigung erkennbar.«

Selbst für die Polizei ist es schwierig, der dort tätigen Frauen – nicht selten illegal in Deutschland – habhaft zu werden. Die Prostituierten werden aufgrund der hohen Clubdichte und der »Vernetzung« immer wieder innerhalb des Ruhrgebietes von einem Club zum nächsten verkauft (→ *Abstecke*). Überhaupt ist das → *Rotlichtmilieu* im »Ruhrpott« in fester Hand ausländischer Zuhälter. Was sich auch auf das Arbeitsklima ausgewirkt hat. Anders als deutsche → *Poussierstengel*, die ihre Frauen früher noch pflegten, weil sie eine lukrative Einnahmequelle waren, behandelt die neue Garde der → *Zuhälter* die Frauen entsprechend ihres andersartigen Frauenbildes. Da fällt auch → *Menschenhandel* deutlich ins Gewicht, liegt das Ruhrgebiet sowieso auf der traditionellen Ostwest-Reiseroute ausländischer Sexarbeiterinnen. Essen als geographisches Zentrum des Ruhrgebietes noch mal insbesondere. Knapp 24 Frauen, die Opfer von Menschenhandel wurden, betreute zum Beispiel die Beratungsstelle Nachtfalter im Jahr

2003. Auch die → *Straßenprostitution* ist in Essen, dem bevölkerungsreichsten Ruhrort, ein Sorgenkind: Lange Zeit gab es dort eine strikte Trennung zwischen dem gewerblichen und dem Straßenstrich, auf dem Frauen der → *Beschaffungsprostitution* nachgingen. Letzterer lag viele Jahre im Bahnhofsviertel, bis die Stadtväter diesen »Schandfleck« aus der Innenstadt entfernt wissen wollten. Die Mitarbeiter örtlicher Beratungsstellen, unter anderem das → *Gesundheitsamt* Essen und Nachtfalter, sorgten sich um eine Alternative. Doch die christdemokratische Stadtregierung machte abermals einen Strich durch die Rechnung und erweiterte das → *Sperrgebiet.* Ergebnis: Gegenwärtig arbeiten sowohl die professionellen Huren als auch die → *Nadel-Nutten* auf ein und derselben Straße, was vor allem am Image der Profis kratzt. Rotlicht-Attraktion in Essen ist freilich die Bordellmeile entlang der Stahlstraße und ihrer Stichstraßen – fast eine kleine Stadt innerhalb der Stadt. Hier arbeiten etwa 400 Prostituierte regelmäßig.

In Dortmund, mit knapp 600.000 Einwohnern nur unwesentlich kleiner als Essen, arbeiten etwa 900 bis 1000 Prostituierte. »Die Dunkelziffer mit Frauen, die es illegal machen, Hausfrauen vor allem, ausländische Frauen, die illegal in Deutschland sind, ist sicherlich sehr viel höher«, weiß Gisela Zohren von der → *Dortmunder Mitternachtsmission e.V.* Die Linienstraße ist die offizielle Bordellmeile der Stadt, in der die meisten Prostituierten der Stadt anschaffen, wie die Dortmunder Mitternachtsmission e.V. glaubt. Die Sozialarbeiter der Mitternachtsmission widmen sich in Abstimmung mit der Beratungsstelle → *Kober,* die sich ausschließlich um den → *Straßenstrich* kümmert, vornehmlich den Dortmunder Bordellprostituierten sowie den zunehmenden Opfern von → *Menschenhandel.* Auch die → *Wohnungsprostitution* hat zugenommen: 1984 wurden gerade mal drei derartige Betriebe in Dortmund gezählt, heute sind es über 90 Etablissements, in denen sich jeweils mehrere Frauen auf privater Ebene die Zimmer teilen.

Die Ravensberger Straße ist der Straßenstrich in Dortmund. Die Entstehung ist der des Straßenstrichs in → *Köln* nicht unähnlich; ursprünglich befand sich der Großteil des Straßenstrichs nämlich in der Dortmunder Nordstadt, wo es zu Protesten durch Anwohner kam. Der Grund dafür waren allerdings weniger die Prostituierten selbst, die hier anschafften, sondern die Freier und die Belästigungen, die durch sie hervorgingen: Zum einen erhöhtes Verkehrsaufkommen, zum anderen Belästigungen der Anwohnerinnen. »Es ist für viele Frauen nicht so angenehm, als Hure angesprochen zu werden«, weiß Brigitta Smolka-Zimpel vom Projekt Kober.

Den Straßenstrich in der Nordstadt gibt es zwar nach wie vor, allerdings nicht mehr in dem Ausmaß wie früher: Er konnte »erfolgreich« in die Ravensberger Straße verlegt werden. Wieviele Huren dort anschaffen, ist ungewiss – »die Fluktuation ist sehr hoch«, wissen die Mitarbeiterinnen bei Kober, deren Angebot aber immerhin etwa 160 Prostituierte regelmäßig annehmen. Sicher ist nur: Migrantinnen sind keine darunter. »Die Konkurrenz ist sehr hoch auf dem Straßenstrich, und da Migrantinnen auffallen, werden sie sehr schnell verpfiffen«, erklärt Brigitta Smolka-Zimpel.

Doch auch den deutschen Frauen stellen sich tagtäglich Probleme in Dortmund: Mit der Einführung des → *Prostitutionsgesetzes* kamen die Behörden auf die Idee, so genannte Reisegewerbescheine an die Frauen zu verteilen – die sollten jedoch nur die bekommen, die erfolgreich eine Zuverlässigkeitsprüfung ablegen. Da dabei auch das Führungszeugnis eine Rolle spielte, viele der Frauen durch Betrug oder kleinere Diebstähle häufig straffällig geworden waren, blieb Prostitution für sie trotz neuer Gesetzgebung illegaler Borterwerb. Inzwischen ist das Ordnungsamt – auch aufgrund einer Bund-Länder-Empfehlung – davon abgerückt.

Anders als in Dortmund – oder auch Essen – gibt es im nahen Bochum, das zwischen den beiden Städten liegt, interessanterweise keinen offiziellen Straßenstrich. »Das hat Tradition«, glaubt Dorothee Schmidt, Projektleiterin beim Bochumer Beratungsprojekt → *Madonna e.V.* Es gab und gibt noch heute zwar einen kleinen Straßenstrich, der aber im Sperrgebiet liegt, deshalb illegal ist.

Überhaupt ticken die Uhren in Bochum ein wenig anders, sind die Behörden sehr rigide in der Ausweisung der für Prostitution gesperrten Bezirke, was wiederum die Prostitution im überschaubaren Rahmen hält: Es gibt quasi nur eine Toleranzzone, die Sackgasse »Im Winkel«, gerne auch »Eierberg« genannt, in der sich ausschließlich → *Bordelle* angesiedelt haben: knapp 20 Häuser, in denen traditionell → *Zimmervermietung* betrieben wird. Rund 200 bis 250 Frauen arbeiten dort, davon über 50 Prozent aus dem Ausland. Ferner gibt es in

Bochum zwei Clubs im Gewerbegebiet sowie Frauen, die sich in der → *Wohnungsprostitution* anbieten.

RUSSISCHE ÖLMASSAGE

Sexpraktik.

Die russische Ölmassage wird vor allem in → *Massagesalons* angeboten, in denen → *Verkehr* nicht vorgesehen ist, der Mann aber trotzdem zum → *Samenerguss* gebracht wird: Sie ist nicht unähnlich der → *Handentspannung*, nur dass der Penis zusätzlich mit Öl eingerieben wird und jetzt, besonders gleitfähig, mit der Hand stimuliert wird.

S

SACRET INTIMATE

Heiliger Intimus.

Dabei handelt sich um einen modernen Begleitservice auf erotisch-spirituellem Weg. Der → Callboy Marc von Freudenberg aus Frankfurt erläutert: »Liebe ist eine universelle Kraft und braucht ein spiriuelles Fundament. Ohne dieses suchen wir in der Liebe zu einem anderen Menschen, was wir im Kontakt mit dem Universum verloren haben. Die Rolle des heiligen Intimpartners ist es nicht, eine Projektionsfläche zum sich verlieben anzubieten oder ein in sich selbst verlieben zu induzieren, sondern er will den Partner befähigen, seine gottgeschenkte Liebesfähigkeit wieder zu entdecken. So kann dieser zu unbeschränkter Liebesfähigkeit wachsen, indem er sich als Abbild göttlicher All-Liebe erlebt. Jeder, der die absolute Glaubwürdigkeit göttlicher Liebe präsentieren kann, ist befähigt als Sacret Intimat oder heiliger Prostituierter zu dienen. Heilige Intimpartner machen Liebe, die die ganze Welt fühlen und erleben lassen. In vorhistorischen Zeiten war der Umgang mit ihnen eine sakrale Handlung in Tempeln in aller Welt. Weil sie sich hingaben eine Verkörperung des Göttlichen zu sein, kamen die Menschen weiblich wie männlich zu ihnen für Heilung und Ganzwerdung. Sex mit ihnen galt als Mittel zur erotisch-spirituellen Erneuerung oder bisweilen mystische Grenzerfahrung.«

Der Tantriker Josef Kramer lehrt in → Amerika notwendige Techniken an berufene Sexarbeiter. (MvF)

SADISMUS

Sexuelle Neigung.

Sadismus, so nannte der Arzt Richard Freiherr von Krafft-Ebing eine

Krankheit, die darin betehe, Lust durch Zufügen von Schmerzen zu empfinden. Krafft-Ebing griff dabei auf den französischen Schriftsteller Marquis de Sade zurück, der in seinen Werken sexuelle Erscheinungsformen und Abarten bis hin zu Folter und Lustmord (Sexualmord) beschrieb.

Der Großteil der → *Freier*, die sexuelle Erfüllung in → *Dominastudios* suchen, ist → *masochistisch* veranlagt, einige wenige aber sind sadistisch. Allerdings sei, erklärt Arne Hoffmann, Autor vom »Lexikon des Sadomasochismus« (Lexikon Imprint, Berlin 2001), »die alltagssprachliche Verwendung dieser Ausdrücke präsent, bei der als ›Sadisten‹ Menschen bezeichnet werden, die einzig zu ihrer eigenen Befriedigung Unfreiwillige quälen und zerstören. Dies steht im extremem Gegensatz zu der Zuneigung und dem Verantwortungsbewusstsein, die ein aktiver Sadomasochist für seinen passiven Partner empfindet.«

Aktive Sadisten, das sind sexuell motivierte »Sadisten«, die als Pendant zur → *Domina* auch → *Dominus* genannt werden können. Sie erleben ihre Lust, den Partner mit → *Fesselungen,* Demütigungen oder Schmerzen (zum Beispiel → *Flagellation)* emotional oder körperlich zu → *erziehen,* im Rahmen eines vorher vereinbarten Spieles (→ *Session*), das auch dem Partner, dem Masochisten, Freude bereitet. In → *SM-Studios* ist nur in den seltensten Fällen ein professioneller Dominus anzutreffen, weil nämlich kein Bedarf besteht. Frauen leben ihre masochistischen Neigungen in der Regel nur im privaten Rahmen aus, an der Seite eines dominanten sadistischen Mannes.

Gleichwohl werden dominante Männer, die keine Partnerin finden, in SM-Studios fündig: Kommerzielle Anbieterinnen stellen vereinzelt → *Sklavias* ein; sie stehen den veranlagten Herren entweder als → *Lustsklavin* für devote Sexspiele oder als → *Extremsklavin* für sexuell motivierten Sadismus zur Verfügung. Weil der Großteil der Männer, die → *SM* praktizieren, allerdings masochistisch veranlagt ist, ist das Angebot der professionellen Dominas umfangreicher als das der Sklavias. Die Preise für Sklavias sind deswegen umso höher.

Ein Wort zu »echten« Sadisten: Sie schikanieren Familienmitglieder und Untergebene, quälen und demütigen Mitmenschen, ohne dass sie dabei Lust empfinden, geschweige denn ihre Gegenüber. »Ihr Geschlechtsleben ist vielleicht roh und brutal, aber es ist frei von sadistischen Sexualpraktiken«, erklärt die Sozialtherapeutin Johanna Martina Dorsch (Quelle: www.netdoktors.de). »Der psychische Sadist ist sich nicht bewusst, dass seine Neigungen einen sexuellen Ursprung haben.« Psychoanalytisch betrachtet versteht man unter Sadismus eine Abwehr von Kastrationsängsten. Das, was der Sadist befürchtet, vollzieht er aktiv (symbolisch) an anderen Menschen. Nach Erich Fromm kennzeichnet der Sadismus die Selbstbehauptung eines psychischen Krüppels, dem es an innerer Produktivität fehlt.

SADISMUS
Im Gespräch: Helen, Soft-Domina
Helen, 45, arbeitet als Prostituierte und Softdomina in einer Privatwohnung in Hamburg.

Helen, was meinst du: Muss man, um als Domina arbeiten zu können, einen Bezug zu SM haben?
Helen: Ich spreche nur für mich – ich habe einen Bezug zu SM. Ich habe privat eine ganze Menge damit zu tun – was heißt »eine ganze Menge«? Ich habe Berührungspunkte. Ich glaube, dass es deshalb die Arbeit erheblich vereinfacht.

Du hast zwischenzeitlich »solide« gearbeitet. Wie bist du zum ersten Mal zu dem Job gekommen?
Helen: Ich studierte vor vielen Jahren auf der Schauspielschule und wollte mein Taschengeld aufbessern. Ich dachte mir, schlage ich doch drei Fliegen mit einer Klappe: Erstens werde ich meine Ausbildung damit finanzieren können. Zweitens werde ich Milieukenntnisse bekommen. Drittens werde ich diesen Teil meiner Sexualität ausleben können. Alles in allem konnte ich das Angenehme mit dem Praktischen verbinden. Und so fing ich an, damals war das im »Studio Weiss«.

Berührungsängste hattest du keine?
Helen: Nein, ich hatte schon immer einen sehr freien Zugang zur Sexualität. Außerdem habe ich keine Berührungsängste vor fremden Personen; ich bin exhibitionistisch veranlagt, deshalb meine Tendenz zum Schauspiel. Okay, natürlich hatte ich gewisse Ängste, weil ich mit dem Milieu zuvor noch nicht in Kontakt gekom-

men bin. Aber das waren ganz natürliche Ängste. Sagen wir eher: Ich war neugierig darauf, was auf mich zukommt.

Und was kam auf dich zu?
Helen: Es gab Faktoren, die sehr befremdlich für mich waren und mit denen ich erst einmal umzugehen lernen musste.

Das heißt?
Helen: Ich hatte den Eindruck, dass es sehr spezielle Frauen sind, die im Milieu arbeiten. Es gibt ja das Vorurteil, es würden nur Frauen in der Prostitution sitzen, die da eigentlich nicht so gerne sind.

Meine Erfahrung deckte sich in etwa mit diesem Klischee, wobei ich hinzufügen muss, dass ich eigentlich in gar nicht so vielen Etablissements gearbeitet habe. Aber in den wenigen war meine Erfahrung, dass Frauen, die angestellt sind – angestellt heißt, sie nutzen Zimmer in einem Studio, für die sie in der Regel die Hälfte ihrer Einnahmen abgeben –, tendenziell in Geldnöten waren und deswegen im Milieu arbeiteten. Damals, im »Studio Weiss«, hatte ich sogar den Eindruck, dass es fast nur Frauen sind, die Drogen konsumieren.

Später arbeitete ich in einem zweiten Studio, in »Dominiques Metroon«, wo ich Frauen kennen lernte, die ganz anders waren. Sie dominierten ganz hervorragend. Das heißt: Ich mit meiner Schauspielerfahrung fand, diese Frauen spielten ihre Rollen als Domina nahezu perfekt. Das hat mich unglaublich fasziniert.

Wie bist du Domina geworden? Hat dir deine private Neigung geholfen?
Helen: Schwierige Frage. Mit Sicherheit hat mir meine private Erfahrung geholfen. Aber die reichte natürlich nicht für ein Mindestmaß an Praktiken für ein Studio. Das habe ich der Domina, bei der ich mich damals vorstellte, auch so gesagt. Sie erklärte mir daraufhin, sie lerne an.

Warum sie mich genommen hat? Weil sie eine Frau außerhalb des Milieus haben wollte. Frauen, die bereits im Milieu tätig seien, trügen eine gewisse Abgestumpftheit zur Schau. Das würden die Männer sofort merken.

Wie sind deine Freunde und Angehörigen mit deinem Nebenerwerb umgegangen?
Helen: Die Familie wusste überhaupt nichts davon, bis heute nicht. Mein Freund ging bestens damit um, besser als ich erwartet habe. Auf ihn wirkte es erotisierend, er kam mich sogar im Studio besuchen. Und Freunde? Die besten Freunde wissen davon! Vor anderen Bekannten hatte ich Schwierigkeiten, darüber zu reden. Aus dem einfachen Grund, weil in mir die Haltung reifte, ich möchte etwas machen, was allgemein angesehen war, etwas ganz Normales, bei dem keiner auch nur im Ansatz den Kopf zu schütteln brauchte.

Das war aber nicht die Schauspielerei?
Helen: Nein, ich habe Zahnarzthelferin gelernt. Und bis Ende 2002 habe ich eine Umschulung zur Heilerziehungspflegerin gemacht.

Trotzdem bist du in die Domination zurück gekehrt?
Helen: Naja, eigentlich wollte ich nie mehr zurück in die Domination, oder überhaupt in die Prostitution. Ich wollte ganz normal meinem Job als Heilerziehungspflegerin nachgehen. Ich habe mir ganz gute Chancen ausgerechnet, denn es hieß, als Anfängerin sei man für die Betreuungsarbeit mit Schwerstmehrfachbehinderten nicht ausgebrannt, also heißbegehrt von den Arbeitgebern. Dem ist aber nicht so, es gibt ganz wenig Stellen nur. Als ich also merkte, dass ich in meinem Job nichts bekomme, bin ich wieder reingegangen, aber auch nicht sofort in die Domination.

Sondern?
Helen: Erst habe ich in einem → Massagesalon angefangen, weil ich eine Verletzung am Sprunggelenk hatte. Meine Befürchtung war, dass ich nicht mehr auf hochhackigen Schuhen laufen kann. Allerdings habe ich bei der Susanne Stiefel angezogen, auf denen ich laufen konnte. Deshalb arbeite ich seit fünf Monaten wieder als Domina, jedoch nicht mehr im Studio. Ich arbeite nun in einer Privatwohnung, die der Domina Susanne, die mir dort ein Zimmer mit Equipment vermietet. Dafür zahle ich 50 Prozent meiner Einnahmen.

Damit schließt sich, in gewisser Weise, der Kreis zu deinen Anfängen. Bist du als Domina eine Schauspielerin?
Helen: Ja. Wobei man als Laie möglicherweise Schauspiel »falsch« verstehen könnte. Schauspiel hat für mich immer etwas damit zu tun, dass ich einen Teil meiner Persönlichkeit präsentiere. SM allerdings ist nur ein Teil meiner Sexualität, und Sexualität ist auch nur ein Teil meiner Persönlichkeit. Im Übrigen befinde ich mich als Domina in einem ständigen Konflikt: Einerseits möchte ich natürlich die Oberhand behalten – das entspringt meiner eigenen Sexualität –, andererseits muss ich Gäste »bedienen«. Ich muss ihre Sexualität »bedienen«. Insofern war ich in diesem Beruf auch eine Form von Sklave ...

Wir haben bereits mehrfach von Milieu gesprochen. Milieu, damit verbinden die meisten Prostitution. Prostitution aber ist Sex, der nicht zwangsläufig zum SM-Studio hinzugehört. Verstehst du dich daher als Prostituierte?
Helen: Da muss man differenzieren. Denn ich denke, es kommt darauf an, wie die persönliche Haltung einer jeden einzelnen Frau ist. Wenn sie als Domina nämlich wirklich viel verdienen will, muss sie eine Menge Bedürfnisse der Gäste abdecken. Sind das aber auch ihre Bedürfnisse? Meine Bedürfnisse beispielsweise sind sehr eng gefasst. Wenn ich also nur danach gehen würde, könnte ich den Markt gar nicht bedienen. Also muss ich ein bisschen mehr Dienstleistung bieten, was wiederum über meine eigene Sexualität hinausgeht. In diesem Augenblick prostituiere ich mich. Wenn ich das nicht täte, wenn ich mich also nur an meiner eigenen Sexualität orientieren würde, dann behaupte ich, wäre es keine Prostitution.

Was wollen die Gäste?
Helen: Nun, das kann ich nicht zu 100 Prozent beantworten. Ich arbeite ja als Domina in einer Privatwohnung. Zu uns kommen keine Männer, die harte Sache wollen.

Was heißt hart?
Helen: Hart, das heißt masochistisch. Ein SM-Studio hat beispielsweise einen Flaschenzug für die Aufhängung, einen Käfig für die

Käfighaltung oder Klinikräume. So was haben wir alles nicht. Wir haben nur kleines Equipment für softe SM, und das alles in einer Privatatmosphäre. Und da wir dies bereits in unseren Anzeigen deutlich machen, rufen sowieso nur Männer an, die auf Privatatmosphäre abfahren: Fesselungen, leichte Peitschenspiele, devote Rollenspielchen, anale Stimulationen, obwohl sie gar nicht schwul sind. Diese Männer sind keine Masochisten, sie würden wahrscheinlich nie in ein SM-Studio gehen.

Und wie teilt ihr euch die Anrufer auf?
Helen: Gar nicht. Susanne hat andere Anzeigen als ich. Sie hat drei verschiedene Anzeigen im Stadtmagazin und in einer Boulevardzeitung laufen, ich nur zwei. Jede von uns hat eine eigene Telefonnummer, somit auch ihre eigene Klientel. Susanne bietet ausschließlich Fußerotik, Natursekt und Analbehandlung.

Wahrscheinlich gehören auch viele Neulinge zu deinem Klientel?
Helen: Ja, sehr viele, die am Telefon bereits sagen: »Ich habe so etwas noch nie gemacht.« So etwas hasse ich! Das bedeutet, dass die überhaupt noch nicht wissen, ob sie devot sind, ob sie masochistisch sind. Oder sie sind einfach nur neugierig und fahren in Wirklichkeit gar nicht drauf ab. Oder sie fahren darauf ab, wissen oder kennen ihre Phantasien aber nicht.

Das ist für mich extrem schwierig, weil ich dann sehr sensibel vorgehen muss; sie wissen schließlich gar nicht, was sie wirklich mögen. Ich muss also eine ganze Palette an Praktiken abarbeiten und kriege meist kein richtiges Feedback, weil sie gar nicht wissen, wie sie Feedback geben müssen. Die meisten sind stumm und still und glotzen vor sich hin. Das finde ich auch zum Kotzen.

Sprichst du mit ihnen nachher drüber?
Helen: Ja, ich frage sie anschließend grundsätzlich: »Möchtest du darüber sprechen?« Neun von zehn Kunden sprechen dann tatsächlich mit mir.

Mit dem Ergebnis?
Helen: Es gibt solche Fälle, in denen der Kunde anschließend sagt:

»Ach weißt du, das ist wohl nichts für mich!« Meistens merke ich das aber bereits währenddessen. Was natürlich sehr frustrierend ist, denn ich möchte schon einen kleinen Prozentsatz Befriedigung haben, und wenn es nur geistige Befriedigung ist. Doch wenn ich dann eine halbe oder Stunde geackert habe – und Domination ist über einen solchen Zeitraum wirklich nicht einfach –, und der Kunde sagt: »Naja, das ist nichts für mich gewesen.« Das ist, als hätte man in einem Vakuum agiert. Das ist nichts!

Sortierst du deshalb manchmal auch Männer von vorne herein aus?
Helen: Ja. Es gibt Männer, die wollen Oralverkehr, also dass ich ihnen sage: »Komm her, ich will oral befriedigt werden.« Oder sie sagen: »Mach es doch, wie du es haben willst.« Das ist so ein Quatsch! Darüber ärgere ich mich ganz besonders. Denn ich finde, es sind nur verkappte Machogeschichten. Im Endeffekt muss ich sie dadurch nämlich bedienen. Aber das mache ich nicht!

Was ist mit Frauen?
Helen: Von 300 Männern, die anrufen, fragt einer vielleicht: »Kann ich meine Frau mitbringen?«

Woran liegt es?
Helen: Ich denke, bei uns Frauen ist der Geist ziemlich wichtig. Sex und Geist werden also nicht voneinander getrennt. Insofern können wir uns Sexualität nicht einfach so erkaufen.

Oder gibt es das Angebot für Frauen nicht?
Helen: Das nicht unbedingt. Frauen, die etwas suchen, werden es vereinzelt finden, natürlich nicht in dem Ausmaß wie für Männer. Ich erinnere mich beispielsweise an meine Zeit in »Dominiques Matroon«. Dort gab es einen dominanten Mann. Doch der deckte meist nur masochistische, schwule Gäste ab.

Was kostet eine Session bei dir?
Helen: Eine halbe Stunde kostet 60 Euro, eine Stunde 100 Euro. Das ist so günstig, weil wir wenig Equipment haben, also keine hohen Kosten für ein Studio haben.

Und was umfasst eine halbe oder eine Stunde?
Helen: Ich habe kein Standardprogramm. Erstens, weil mich das selbst abstumpfen würde. Allerdings ist es manchmal verdammt anstrengend, kein Standardprogramm zu haben, bei Neulingen zum Beispiel. Zweitens liegt es daran, dass ich unterschiedliche Gäste habe. Anfänger genauso wie Leute mit speziellen Phantasien – insofern gibt es kein Standardprogramm. Ich sage mal so: Ich habe Standardequipment, und daraus ergibt sich vielleicht eine Art von Programm.

Wenn du sagst »spezielle Phantasien«, dann heißt das was?
Helen: Sadomasochistische Sexualität ist unendlich kompliziert, wesentlich komplizierter als normale Sexualität. Es findet ganz viel im Kopf statt. Es gibt eine unendliche Palette an Phantasien ...

Setzt du dir dabei Grenzen?
Helen: Auf jeden Fall! Bei mir ist das die Safe-Sexualität. Es muss alles absolut safe sein. Für mich zumindest. Wenn es beispielsweise um Natursekt geht, dann ist es für mich safe, aber nicht für den Kunden. Das ist also sein Risiko, damit habe ich nichts zu tun.

Es gab mal einen Fall, da sagte ich einem Kunden, ich gebe heute keinen Natursekt, weil ich Medikamente genommen habe. Der Gast sagte: »Das nehme ich auf meine Kappe!« Okay, er geht also das Risiko ein, dann kann er es haben!

Ansonsten gibt es bestimmte sexuelle Praktiken, die ich nicht mache: Kaviar-Geschichten, alles was mit Blut zusammenhängt, für Elektrizität fehlt mir die Erfahrung. Auch der Bereich Klinik ist bei mir nicht angesagt. Da ich weiß, dass es sehr heikel ist, beispielsweise einen Katheder zu setzen, mache ich das nicht.

Wie lange möchst du noch als Domina arbeiten?
Helen: Es ist schon so, dass ich gerne in meinem eigentlichen Beruf, den ich gelernt habe, arbeiten möchte. Ich möchte die Domination nicht auf Dauer machen. Überhaupt nicht. Weil ich merke, dass ich mit der Zeit den Spaß daran verliere.

Am Job oder an der eigenen Sexualität?

Helen: Im Job verliere ich auf jeden Fall den Spaß. Und die eigene Sexualität? Die SM-Sexualität, das merke ich.

Wie oft arbeitest du?
Helen: Zweimal die Woche, immer mit einem Tag Pause dazwischen. Denn der Job zehrt an den Kräften. Ich habe zwar nur durchschnittlich zwei Kunden pro Tag, aber es zehrt genauso an den Kräften, am Telefon zu sitzen und zu warten, dass jemand anruft. Man steht praktisch auf Abruf bereit und kann nicht viel anderes machen. Es klingelt ja auch dauernd das Telefon, alle Viertelstunden vielleicht. Auch wenn sich daraus nicht zwangsläufig Kundenbesuche ergeben. Aber deshalb kann ich mich geistig mit nichts Tollem beschäftigen, zum Beispiel Fachbücher lesen. Einen leichten Roman oder eine Zeitschrift lesen, das ginge vielleicht, aber ansonten ... Hinzu kommt: Von den 10, die anrufen und einen Termin vereinbaren, kommt am Ende vielleicht einer. Man wartet also noch einmal mehr, und dazu noch vergeblich.

SADOMASOCHISMUS
→ *SM*

SAFEWORT
Szenejargon.
Synonyme: Abbruchwort, → *Codewort.*

SAKRAL-PROSTITUTION
Histor. Prostitutionsform.
Synonyme: Heilige Prostitution, → *Tempelprostitution*

SALAMBO
Sexrevue.
Auch eine Form der Prostitution war der Hamburger → *Club* »Salambo« des Franzosen René Durand. 1970 wurde hier der erste behördlich belegte Coitus coram publico – die erste Schaukopulation – vorgeführt. »Denn egal welche Branche, das Publikum will Sensationen haben«, erinnert sich Durand. Die Sensation war damals zwar nur ein ganz normaler → *Verkehr,* der allerdings war freilich ein Verstoß ge-

gen die guten Sitten – 4500 Mark Geldbuße und dicht damit. Durand zog daraufhin in den leerstehenden »Star Club« auf der → *Reeperbahn* und nutzte die »Freiheit der Kunst«: Er ließ Theater spielen, und der finale Akt endete »im Namen des Gesetzes« dunkel. »Das ist eine gemischte Technik, das ist Dramatik, das ist Musical, das ist Pantomime, das ist Laterna magica«, so Durand.

Für die Branche war das »Salambo« ein »durch und durch innovativer Betrieb, eine einzigartige Verquickung von Erotik und Kunst in ausgefeilter Choreographie«. Eine Insiderin: »Durand verband Kunst, Programm, Theater, Bar und Amüsement mit der Prostitution.« Tatsächlich konnte sich Durand nicht von dem Verdacht befreien, er würde die aufwendigen Sex-Shows mit der käuflichen Liebe finanzieren, und das wäre glatt → *Förderung der Prostitution* gewesen. Durand selbst bekannte in dem Buch »Ich möchte keine Minute missen. Menschen auf St. Pauli erzählen« (Greno Verlag, Nördlingen 1987), vom Salambo nicht leben zu können. Womit er alternativ sein Geld verdiente, ließ er im Unklaren. Maria Sch., Akteurin im Salambo, verriet aber: »Na, und das Bumsen auf der Bühne, das hat zuerst schon Überwindung gekostet. Aber im → *Séparée* macht's mir nix aus.« Weswegen Durand auf amtlichen Geheiß die Séparées abbauen musste. Egal, denn was »in den Ruheräumen der Künstlerinnen geschah, fiel unter den Schutz der Privatsphäre«, so Ariane Barth in ihrem Buch »Die Reeperbahn. Der Kampf um Hamburgs sündige Meile« (Spiegel Buchverlag, Hamburg 1999).

Am Ende kriegten sie ihn doch – und überführten ihn der »Förderung der Prostitution«. Den Laden gibt es nicht mehr, die Erinnerung an legendäre Nächte aber bleibt.

SAMENERGUSS

Entspannung.

Mittelpunkt menschlichen Denkens, Höhepunkt männlichen Fühlens, Ziel weiblicher Bemühungen, Lohn aller Bestrebungen: der Orgasmus, der Samenergruss, die Entspannung für den Mann. Es gibt verschiedene Wege, das alles zu erlangen: mittels der → *Handentspannung,* dem normalen → *Verkehr,* → *Französisch,* → *Französisch Total,* → *Englisch,* → *Griechisch* und und und. Für jeden der Connaisseurs hat das → *Rotlicht*-Biz das entsprechende Pendant: → *Callgirls,* →

Clubfotzen, → *Puff-Frauen,* → *Stricher,* → *Callboys,* → *Dominas* mit → *Sklavias,* → *SM-Studio* und → *Klinikum,* → *Transsexuelle,* → *Sexualbegleiter,* ja selbst die → *Masseuse* – sie alle bieten, was der → *Freier* sucht: den Samenerguss. Der ist in Zeiten von → *HIV,* → *Aids* und anderen → *STDs,* sexuell übertragbaren Krankheiten, alles andere als sicher. »Safer Sex« ist angesagt, nicht nur für den Kunden, vor allem für die Dienstleister – immer nur mit → *Kondom.*

SAUNA-CLUB
Heißer Sex.
Ursprünglich war die Sauna ein in Finnland konzipiertes, kombiniertes Heißluft-Dampfbad in einer mit Holz ausgekleideten Kabine, bei dem trockene Hitze (etwa 70 bis 100 Grad) und Dampfstöße (durch Wassergüsse auf die glühend heißen Ofensteine) miteinander abwechselten zur Abhärtung gegen Erkältungskrankheiten, gegen Störungen des vegetativen Nervensystems und zur Steigerung des Wohlbefindens. Insbesondere Letzteres hat wohl auch → *Ebby Thust* Anfang der 70er Jahre in → *Frankfurt a. Main* verfolgt, als er einen der ersten Sauna-Clubs eröffnete. Das Prinzip war ein einfaches, heute noch gerne von den → *FKK-Clubs* praktiziert, nämlich das der → *Freizeitclubs.* Wer in den Club will, bezahlt einen einmaligen Eintritt, dafür gibt's vordergründig Sauna, hintergründig Sex gratis mit den → *Prostituierten,* die sich in den Holzkammern und den angrenzenden Räumlichkeiten tummelten. Das alles hat nach außen hin privaten Charakter, ist jedoch inoffiziell streng durchorganisiert.

SCAT
Dirty Sex.
Synonyme: → *Kaviar,* Kot, Scheiße

SCHAMLÄUSE
Sexuell übertragbare Krankheit, → *STDs.*
Synonym: → *Filzläuse*

SCHEISSE
Dirty Sex.
Synonyme: → *Kaviar,* Kot, Scat

SCHLEUSER

Szenejargon.

Synonym: Fluchthelfer, Menschenhändler. Männer oder Frauen, die von → *Arbeitsvermittlungsagenturen* oder → *AnwerberInnen* Frauen entgegennehmen und diese für viel Geld mit falschen Pässen oder Touristenvisa versorgen, sie dann nach Deutschland bringen, wo sie die Frauen an → *Zuhälter* und/oder skrupellose → *Bordellbetreiber* übergeben.

Hier sind die Frauen angesichts der hohen Schulden, die sie für die einzelnen Dienstleistungen haben, gezwungen, sich zu prostituieren. Dann spricht der Gesetzgeber von → *Menschenhandel* (→ *Zwangsprostitution*).

SCHNEPFE

Ugs. Ausdruck f. → *Prostituierte*

SCHÖNE DES TAGES (BELLE DE JOUR)

Sozialdrama.

Die 23-jährge Severine liebt ihren Mann, den Chirurgen Pierre, doch trotzdem schlafen sie in getrennten Betten und haben keinen Sex miteinander; noch heute leidet sie unter den → *sadistischen* Demütigungen und der Vergewaltigung durch ihren Vater. Doch eben dieses Trauma führt zu bizarren Komplexen und Lastern, die unter ihrer Oberfläche lauern, Wunschträumen, denen sie zunehmend nachhängt: Sie möchte an einen Baum gefesselt, ausgepeitscht und vergewaltigt werden. Als sie vom Edelbordell der Madame Anais erfährt, beginnt sie dort zu arbeiten und macht ihre → *masochistischen* Träume zur Realität.

Weil Pierre nichts davon erfahren darf, arbeitet sie tagsüber, weswegen man sie »Belle de jour« nennt – Schöne des Tages. Doch je mehr sie diesen sexuellen Phantasien in sich Raum gibt, desto schwerer sind die Realitätsebene und ihre Wunschvorstellungen zu unterscheiden. Als einer ihrer Freier, Marcel, sich in sie verliebt, beendet Severine ihr Doppelleben, doch Marcel folgt ihr nach Hause und schießt Pierre zum Krüppel. Fortan umsorgt ihn die geläuterte Severine liebevoll. »Hinter der Fassade gesellschaftlicher Konventionen verbirgt das Großbürgertum seine Neurosen und Perversionen. Gezwungen, das lasterhafte Verlangen zu verschweigen, sind die Menschen unfähig zur Kommunikation.« (Film.de)

• *DER FILM: Schöne des Tages (Belle de Jour). F/It 1967, 100 Min. Regie: Luis Buñuel, Darsteller: Cathérine Deneuve (Séverine Serizy), Jean Sorel (Pierre Serizy), Michel Piccoli(Henri Husson), Geneviève Page (Madame Anais), Pierre Clémenti (Marcel)*

SCHÖNER KLAUS

Ehemalige Kiez-Größe,
mit bürgerlichem Namen Klaus Barkowski. Der »Schöne Klaus« galt Mitte der 70er Jahre als schillernder Kopf der → *Nutella*-Gang und war Vorbild für eine Heerschar von Luden nicht nur auf → *St. Pauli.* Denn Klaus verabscheute Gewalt. Er überzeugte die Frauen mit Charme, Witz und viel Geld, ein → *Poussierstengel* de luxe. »Einige liebten mich auch. Die Cleversten, die mehrere Sprachen konnten und mit mir ab und zu ins Museum wollten, waren vor allem an den stressfreien Arbeitsbedingungen interessiert«, erklärte er. (Quelle: Ariane Barth: Die Reeperbahn, Hoffmann & Campe, Hamburg 1999)

Der schöne Klaus war das, was von alteingesessenen → *Rotlicht*-Größen gerne als »guter, alter Zuhälter« verklärt wird. Mit der zunehmenden Gewalt auf dem → *Kiez* und der Einkehr der neuen Volkskrankheit → *Aids* wandte sich Klaus vom Milieu ab. »Geschockt von Aids sorgte ich dafür, dass jede Frau → *solide* wurde.« Er selbst heiratete eine Dänin, »die so reich war, dass sie halb St. Pauli hätte kaufen können«. So konnte er seinen Lebensstil fortführen. Nach zehn Jahren folgte die Scheidung und der Versuch, ins Filmfach einzusteigen. Mit Erfolg. Milieu? Nie wieder!

SCHÖNER MISCHA

Ehemalige Kiez-Größe,
mit bürgerlichem Namen Michael Luchting. Er absolvierte sein Abitur, machte eine Banklehre, jobbte als Kellner und begeisterte sich für das Leben auf → *St. Pauli.* Mit drei anderen Kollegen rief er die → *GMBH* ins Leben und führte ihr als eindruckerweckender → *Poussierstengel* immer wieder neue Frauen zu. Diese waren von seinem Charme so begeistert, dass sie ihre Einnahmen nur zu gerne an die Firma → *abdrückten.* Lange Zeit war der »Schöne Mischa« eine schil-

lernde Figur auf dem Kiez, dann allerdings kam die → *Nutella-Bande,* später der Chikago-Clan des → *Ringo Klemm.*

Im Dezember 1981 setzte sich Mischa nach Gran Canaria ab. 1982 wurde er verhaftet. Nach 149 Tagen im Knast kam er frei, seine Kollegen allerdings hatten ihn fallen gelassen. Im Oktober 1982 erhängte er sich auf dem Hochsitz in der Heide.

SCHWARZER, ALICE

Frauenrechtlerin, geb. 1942.

Es scheiden sich die Geister an Alice Schwarzer. Zweifellos ist sie die Vorreiterin in Sachen → *Emanzipation* der Frauen, als solche hat sie sich im Verlauf ihrer »Karriere« natürlich mehrfach auch zum Thema Prostitution geäußert. Von Anfang an zeigt sie sich unerbittlich. »Männer gehen zu Prostituierten, weil sie bei ihnen etwas suchen, was sie bei der Nicht-Prostituierten in dieser Konzentration nicht bekommen: die totale Verfügbarkeit und das totale Gefühl der Macht«, schreibt Schwarzer in ihrem Vorwort zu »Das verkaufte Geschlecht« von Kate Millett. Alice Schwarzer geht davon aus, dass Prostituierte stets unter ihrer Arbeit leiden (müssen). Dieses Bild vermittelt die im Februar 1977 von ihr gegründete Frauenzeitschrift »Emma« von den ersten Jahrgängen an.

Umso größer ist Schwarzers Leid, als Frauen, denen sie mit der Frauenbewegung auf die Beine geholfen hat, Anfang der 80er Jahre ihr Emanzipationsbestreben unterlaufen und sich fortan in der Hurenbewegung engagieren. Nicht mehr nur stolz darauf, eine Frau, sondern stolz darauf, eine → *Hure* zu sein. Schwarzer blieb bis heute erklärte Gegnerin: Im Januar 2002 trat das → *Prostitutionsgesetz* in Kraft, ein großer Erfolg für die Hurenbewegung. Im Juli 2003 forderte Schwarzer in einer umfangreichen »Emma«-Titelgeschichte: »Prostitution verbieten!«

SCHWEDEN

Ein vereintes Europa, wenn es um die Währung geht. Wenn die Debatte allerdings auf Prostitution zu sprechen kommt, zeigen sich die Länder der Gemeinschaft alles andere als einig. Dabei ist Prostitution ein globales Thema wie wahrscheinlich kein anderes. Doch während die Regierung der → *Niederlande* im Jahr 2000 die Prostitution völlig legalisierte, das rotgrüne Regierungsbündnis in Deutschland mit dem → *Prostitutionsgesetz* Anfang 2002 einen ersten Schritt in die holländische Richtung unternahm, erwiesen sich die Schweden als erbitterte Widersacher dieser Toleranzbewegung. Auf Druck und Initiative sozialdemokratischer Ministerinnen wurde die Prostitution in Schweden 1999 verboten – ein bislang europäisches Unikat. Strafbar machen sich seitdem jedoch nicht die Prostituierten, sondern ihre → *Freier*, der Kauf einer sexuellen Dienstleistung ist strafbar. Das Gesetz trägt den Titel: »Frieden den Frauen«.

Während derweil im benachbarten Dänemark die Polizisten auf ihren Betriebsfeiern mit → *Stripperinnen* die Puppen tanzen ließen – selbstverständlich mit obligatorischen Scheinchen im Strumpfband –, ohne dass ein Minister sich sonderlich darüber empörte, mussten die Kollegen in Schweden ihren Aufwand verdreifachen, um die entsprechende Verfolgung der Nutznießer solcher Dienstleistungen in Zukunft zu bewältigen. Der Erfolg allerdings lässt zu wünschen übrig. Laut → *Hydra e.V.*, dem Hurenprojekt in → *Berlin*, gab es 1999 in Schweden 59 Anzeigen, von denen wiederum 56 eingestellt wurden. Die Beweisführung sei schwierig, da bei sexuellen Handlungen meistens keine Zeugen vorhanden sind. In der Regel ist auch die Prostituierte als potentielle Zeugin nicht an der Strafverfolgung interessiert – sie würde sich zwar nicht strafbar, eine weitere Berufsausübung allerdings unmöglich machen. Wie also nachweisen, dass es zu einem Geschäft Sex gegen Geld gekommen ist? »Das Ergebnis: Die Polizei in Stockholm jagt jetzt Freier mit heruntergelassenen Hosen«, berichtete »Süddeutsche TV« kürzlich und voller Häme.

Die Vergangenheit – nicht nur in Schweden – hat gezeigt: Prostitution lässt sich nun mal nicht verbieten; versucht man es doch, löst sie sich nicht auf, sondern wird in die Dunkelzonen der Gesellschaft verdrängt. Und dort ist sie nicht nur anfälliger für kriminelle Machenschaften, es ist schwieriger, ihr und dem Milieu überhaupt auf die Spur zu kommen. So hat sich auch die Prostitution in Schweden nach Inkrafttreten des Gesetzes von der Straße in illegale Bordelle verlagert. Für die Frauen haben sich nicht nur ihre Preise halbiert, auch die Kundensuche gestaltet sich schwieriger als bisher. Davon profitieren die Zuhälter, auf deren Dienste die Frauen bei der Suche nach Kunden angewiesen sind. Deshalb sagen sie vor Gericht auch nicht mehr gegen Zuhälter aus. Es bleibt daher die Frage, ob der Ansatz der Niederlande, Prostitution gänzlich zu legalisieren und mit arbeitsrechtlichen Strukturen zu versehen, nicht der vielversprechendere ist, wenn es darum geht, kriminellen Machenschaften das Wasser abzuschöpfen? Im Redlight Disctrict von Amsterdam nämlich ist seit der Legalisierung der Prostitution die Kriminalitätsrate auf ein europäisches Minimum gesunken.

SÉPARÉE

Franz.: séparer – trennen, absondern.

Synonym: Sonderraum, Nebenraum in einer Gaststätte. Ein Séparée ist meist in → *Bars* und → *Animierlokalen* zu finden, die ausschließlich über eine Konzession zum Ausschank von Getränken verfügen. Mit dem notdürftig abgetrennten Kammern bietet der Betreiber trotzdem ein bisschen »mehr« für die Gäste: Für den Preis eines teuren Getränkes verschwindet der Gast nämlich mit der Animierdame in eines der Séparées und holt sich dort einige Handstreiche Zärtlichkeit, manchmal sogar eine → *Handmassage*. Offiziell ist das keine → *Prostitution*, sondern eine Sache zwischen Gast und Dame. Sollten die beiden erwischt werden, kann es trotzdem passieren, dass dem Wirt die Lizenz entzogen wird, denn gemäß → *Gaststättengesetz* würde er der → *Unsittlichkeit* Vorschub leisten.

SERVA

Szenejargon.

Synonym: → *Lustsklavin*, → *Sklavia*, → *Zofe*

SESSION

Szenejargon.

Synonyme: Behandlung, Sitzung, Spiel. Als eine »Session« wird die vorab für einen zeitlich begrenzten Rahmen – in der Regel eine Stunde – vereinbarte sadomasochistische Aktivität zwischen → *Freier* und → *Domina* beziehungsweise → *Sklavia* bezeichnet.

SEXKINO

Prostitutionsform.

In einem Sexkino werden meist nicht nur → *Porno*filme und Getränke offeriert, sondern auch sexuelle Dienstleistungen durch Prostituierte, die nach erfolgter Stimulation durch den Film für Erleichterung durch schnelle → *Handentspannung* im Kino oder in einem benachbarten → *Stundenhotel* sorgen.

SEXTOURISMUS

Reiseverkehr.

Das »Lexikon der Erotik« (Knaur Verlag, München 1996) schreibt, Sextourismus seien Reisen, »um im Schutze der Anonymität sexuelle Neigungen auszuleben, denen im heimatlichen Milieu nicht oder schwer entsprochen werden kann«. Warum aber können ausgerechnet in fremden Ländern vornehmlich der Dritten Welt diese Praktiken ausgelebt werden? Ganz einfach: Bedingt durch die schwachen wirtschaftlichen Verhältnisse in den Ländern Asiens, Afrikas, Südamerikas sind die Lebensumstände für alleinstehende Frauen mit Kindern, besonders in den ländlichen Regionen, schlecht. Auf der Arbeitsuche in den Touristenhochburgen finden sich die Frauen und die Kinder in einem Heer von Arbeitslosen wieder. In der Not liefern sie sich als Prostituierte, gesundheitlich und rechtlich ungeschützt, der Willkür der Freier aus. Die Autorin Mechthild Maurer weiß in ihrem Buch »Tourismus, Prostitution, Aids«: »Das gesamte Reiseland muss sich prostituieren, damit es an den Mann gebracht werden kann. Die Möglichkeit zur massenhaften Konsumierung der Reiseziele ist nur durch das starke Gefälle zwischen dem reichen Norden und dem armen Süden möglich. In der Dritten Welt können sich viele Reisende wochenlang Serviceleistungen und Vergnügen kaufen, für die sie zu Hause an einem Tag schon ihr gesamtes Urlaubsbudget ausgeben müssten. Der Prostitutionstourismus breitet sich auf immer mehr Länder aus.«

Zwar sei Prostitution in den meisten Ländern der Dritten Welt verboten, weiß man bei der Beratungsstelle → *Solwodi*, »aber bei regelmäßigen Razzien verhaften die Ordnungshüter lediglich die sich prostituierenden Frauen und Kinder. Die ›Kunden‹ als willkommene Devisenbringer werden hingegen in Ruhe gelassen«.

Die Anordnung dazu kommt aus obersten Regierungskreisen: »Innerhalb der nächsten zwei Jahren brauchen wir viel Geld«, erklärte im Oktober 1980 Boonchu Rajnasthien, der damalige Vizepremierminister von Thailand, der Sextourimus-Hochburg Nummer 1. »Deshalb sollten alle Gouverneure die natürlichen Attraktionen in ihren Provinzen zusammen mit einigen Arten der Unterhaltung in Erwägung ziehen. Einige von ihnen mögen diese Arten der Unterhaltung abstoßend und beschämend finden, denn es sind vor allem die sexuellen Arten der Unterhaltung, die die Touristen anziehen. Diese Arten der Unterhaltung sollten nicht verboten werden, nur weil wir hohe Moralvorstellungen haben ...«

So kam es, wie es kommen musste, und nicht nur in Thailand, wo »Prostitution« als Synonym für »Reichtum« steht und manche Schulmädchen auf die Frage nach ihrem Berufswunsch »Prostituierte« antworten. »›Fast-Food-Liebe‹ ist in«, erklären Guido und Michael Grandt in ihrem Buch »Ware Kind« (Patmos Verlag, Düsseldorf 1999). »Zweifellos hat der internationale Tourismus zu einer Zunahme der Prostitution in den Urlaubsländern der so genannten Dritten Welt geführt. Durch die devisenstarke Kaufkraft der Reisenden sind attraktive Märkte für eine professionell arbeitende Sex-Industrie entstanden.«

»Hinter den Prostitutionsreisenden, die als Urlauber getarnt in die Länder reisen, in denen Frauen und Kinder zur sexuellen Ausbeutung zur gefälligen Verfügung gehalten werden,« stehe »eine ganze Armada anderer, die dafür sorgen, dass die immer schärferen Gelüste ihrer Klientel auch befriedigt werden«, erklärt die Entwicklungssoziologin Gisela Wuttke in ihrem Buch »Kinderprostitution, Kinderpornographie, Tourismus« (Lamuv Verlag, Göttingen 1998).

Die Händler haben »ihre Netze über Tausende Kilometer und über Grenzen hinweg gespannt, die Kette der Profiteure ist lang. Sie reicht von den Bürgermeistern, den Polizisten, Händlern und Lehrern auf den Dörfern über die Mittelsmänner, die den Transport organisieren, und die Zollbeamten unterwegs bis zu den Endabnehmern. Besitzer von Etablissements, in denen versteckt oder offen Prostitution abläuft. In den Zentren der Prostitution verdienen weitere Vermittler ihre Provisionen: Reisebüros, Taxifahrer, Hotelangestellte und Schlepper kassieren dafür, dass sie Kunden beschaffen«, so Juliane von Krause in dem Referat »Kinderprostitution und Sextourismus in Ländern der ›Dritten Welt‹«.

Was Boonchu Rajnasthien indes nicht bedachte, waren die sozialen, wirtschaftlichen und kulturellen Folgen. Für einige Reisende blieb der Sex in den fernen Ländern »nur« eine zusätzliche touristische Attraktion, für einen nicht unwesentlichen Teil ist er aber Hauptmotiv der Reise geworden. Vor allem der Bedarf nach Sex mit → *Minderjährigen* (→ *Kinderprostitution*) konnte in den Jahren nach der Regierungsdirektive durch den Prostitutionstourismus in die Dritte Welt gestillt werden. Guido und Michael Grandt: »Weit ab von zu Hause können sich selbst diejenigen ihre exotischen und bizarren Sexvorstellungen befriedigen, die sich daheim nicht trauen. Und viele werfen dabei ihre Skrupel über Bord, wenn sie – im wahrsten Sinne des Wortes – die ›Puppen‹ tanzen lassen.«

Diese »Kindersex-Touristen nutzen die Existenznöte der Kinder und ihrer Familien skrupellos. Armut und das Fehlen eines Schulabschlusses oder einer Berfusausbildung bringen viele Kinder dazu, ihren Körper zu verkaufen – unter anderem eben auch an zahlungskräftige Reisende«, so die Polizeiliche Kriminalprävention beim Landeskriminalamt Baden-Württemberg. »Wie viele der jährlich auf circa 200.000 bis 400.000 geschätzten deutschen Sextouristen sexuelle Kontakte zu Minderjährigen haben, lässt sich bislang nur grob schätzen. Der Anteil dürfte deutlich über 5 Prozent liegen, so die Ergebnisse einer 1995 veröffentlichten Studie des damaligen Bundesministeriums für Gesundheit. Die Dunkelziffer im Bereich des Kindersex-Tourismus ist außerordentlich hoch; Straftaten in diesem Deliktsbereich werden nur in den seltensten Fällen angezeigt.« (Quelle: www.polizei.propk.de)

Doch immerhin, seit Vizepremierminister Boonchu Rajnasthien ist einiges Wasser den Menam – das ist mit 1000 Kilometern der längste Fluss Thailands – hinuntergeflossen, und er hat auf diesem Wege übelriechenden Schlamm fortgeschwemmt: »In den Zielländern des Tourismuss setzt die letzten Jahre ein Umdenken ein, werden die Gesetze zum Schutz der Kinder verbessert und Reformen für eine effektive Strafverfolgung der Täter eingeführt«, weiß Birgit Thoma von → *Ecpat Deutschland e.V.*, der Arbeitsgemeinschaft zum Schutz der Kinder vor sexueller Ausbeutung. »In Südostasien waren die Philippinen das erste Land, das ein Gesetz gegen Kindesmissbrauch einführte. Ein Tourist macht sich bereits dann strafbar, wenn er ein einheimisches Kind mit auf sein Hotelzimmer nimmt. Personen, die Kinder in die Prostituion drängen oder ein Kind unter zwölf Jahren missbrauchen, können mit 30 Jahren Freiheitsstrafe oder sogar dem Tod bestraft werden. Das philippinische Gesetz definiert Prostituierte unter 18 Jahren als Opfer von Missbrauch. In Thailand kann der Geschlechtsverkehr mit Kindern unter 18 Jahren je nach Alter des Kindes mit bis zu sechs Jahren Haft bestraft werden. In Sri Lanka wird der sexuelle Missbrauch von Kindern unter 18 Jahren mit Gefängnisstrafen zwischen zehn und zwanzig Jahren geahndet, die Opfer haben das Recht auf Entschädigung. In Brasilien wird Sex mit Kindern und Jugendlichen mit bis zu zehn Jahren Gefängnis bestraft, und in Costa Rica wird Kindermissbrauch und Kinderpornographie mit Haftstrafen zwischen fünf und sechzehn Jahren geahndet.« (Quelle: »Gegen das Wegsehen«, Ecpat-Broschüre 2002)

Selbst deutsche Behörden können aufgrund einer neuen Strafrechtsregelung juristisch gegen den von ihren Staatsbürgern begangenen sexuellen Missbrauch an Kindern im Ausland vorgehen. »Bundesbürger, die im Ausland Straftaten des sexuellen Missbrauchs begehen, werden seither – unabhängig von der dortigen Rechtslage – nach deutschem Recht bestraft (›Exterritorialprinzip‹). Für sie gelten die deutschen Schutzaltersgrenzen von 14 Jahren für Missbrauch und von 16 Jahren für sexuelle Handlungen und die sexuelle Ausbeutung von Minderjährigen. Auch die Strafvorschriften gegen Kinderprostitution, Kinderhandel und Kinderpornographie wurden 1998 neu gefasst«, so Birgit Thoma von Ecpat, das 1993 mit einer Kampagne maßgeblich zur neuen Strafrechtsregelung beigetragen hat.

Allerdings werden nur weniger als ein Prozent der Täter in Deutschland tatsächlich gerichtlich belangt. Eine Umfrage bei Landgerichten stellte 1998 fest, dass es lediglich in acht von 33 Verfahren zu Verurteilungen kam. Problem: Die Täter bekommen bei ihrer Verhaftung konsularischen Beistand, die Familienangehörigen werden über die Festnahme informiert, Beweismittel können rechtzeitig vor dem Zugriff der Strafverfolgungsbehörden vernichtet werden. So kommt es, dass die neuen Gesetze sowohl bei uns als auch in den Ländern der Dritten Welt noch nicht wirklich die Kinderprostitution haben eindämmen können. Von den knapp 1,5 Millionen Prostituierten, die sich in den 60.000 Bordellen der Sextourismus-Hochburg Thailand verdingen, ist auch heute noch die Hälfte unter 16 Jahren. Nicht anders auf den Philippinen, wo die Zahl der Prostituierten auf über 500.000 geschätzt wird – davon nach Schätzungen von Lea Ackermann, die zusammen mit Dagmar Heine-Wiedenmann eine Untersuchung zum Thema »Umfeld und Ausmaß des Menschenhandels mit ausländischen Mädchen und Frauen« für das Bundesministerium für Frauen und Jugend (1992) anstellte, etwa 50.000 Kinder und Jugendliche bis 15 Jahre. Weitere 30.000 auf Sri Lanka. In Kenia trifft man bis zu 25.000 weibliche Kinder an. 500.000 Kinder sollen es in Brasilien sein, von denen viele bereits im Alter von zehn, zwölf Jahren gezwungen sind, ihren Lebensunterhalt beziehungsweise den der Familie durch Prostitution zu sichern. (Quelle: Gisela Wuttke: Kinderprostitution, Kinderpornographie, Tourismus, Lamuv Verlag, Göttingen 1998)

Und seit in Europa Anfang der 90er Jahre der Eiserne Vorhang gefallen ist, müssen Sextouristen gar nicht mehr in die Ferne schweifen. Das starke Wohlstandsgefälle zwischen Ost und West hat zu einer Expansion nicht nur der → *Migration,* sondern auch der Straßenprostitution, der bordellähnlichen Einrichtungen entlang der Grenze in Polen und der Tschechischen Republik geführt. »Gewalt und ein streng organisiertes Zuhältersystem prägen die Szene«, berichten Streetworkerinnen des grenzüberschreitenden Sozialprojekts → *Karo* in Plauen, Sachsen. Und »die kommerzielle sexuelle Ausbeutung von Kindern ist drastisch angestiegen. Die Altersgrenze bei Einstieg in die Prostitution verschiebt sich zunehmend in den Minderjährigenbereich. Das hat Wissensdefizite in Bezug auf → *HIV* und → *Aids* und sexuell übertragbare Krankheiten (→ *STD*) zur Folge. Minderjährige Mädchen und Jungen werden auf den Straßen, in Wohnungen oder bordellähnlichen Einrichtungen zum kommerziellen sexuellen Missbrauch angeboten. Als ZuhälterInnen fungieren nicht selten Familienangehörige, Freunde oder Geschwister. Diese vermitteln die Kinder direkt an interessierte → *Pädosexuelle.*«

Ältere Kinder, so weiß man bei Karo, die schon länger in der Prostitution arbeiten, würden oft als Aufpasser eingesetzt oder müssten die Jüngeren anlernen. Häufig gehe die → *Kinderprostitution* einher mit dem organisierten Kinderhandel: »So werden Kinder aus anderen Regionen der Tschechischen Republik und aus mittel- und osteuropäischen Staaten in die Grenzregionen oder von dort aus nach Deutschland gebracht.«

SEXUALBEGLEITER/IN

Berührerin.

Es gibt nur wenige, die den → *Beruf* ausüben. Überhaupt ist es eigentlich kein Beruf, sondern wohl eher eine Berufung. Was auch immer, an der Sexualbegleiterin – es gibt deutlich mehr Frauen denn Männer, die den Job ausüben – scheiden sich, zumindest hier in Deutschland, die Geister. Die einen erachten sie als wichtige, therapeutisch unentbehrliche Person des gesellschaftlichen Miteinanders, die anderen schimpfen sie schlicht → *Hure*, die angibt, etwas Besseres zu sein. Sie ist beides, Therapeutin und Prostituierte.

Kürzlich suchte eine Mutter Rat bei einem Arzt, weil ihr schwerstbehinderter Sohn dauernd Erektionen hatte: »Was soll ich machen?« fragte diese Frau. Die lapidare Antwort des Arztes war: »Dann machen Sie es ihm eben selbst!« Die Mutter stand vor einem Problem. Als wäre alles durch die Behinderung ihres Sohnes nicht schon schlimm genug, musste sie sich fortan mit dem Thema Sexualität auseinandersetzen. Darüber schweigt man doch lieber! Darüber reden, und dann noch in Kombination mit einer körperlichen oder geistigen Behinderung? Noch ist weitgehend tabu, dass auch Behinderte sexuelle Wünsche verspüren und diese auch ausleben wollen. »Das hat natürlich körperliche, biologische Gründe«, weiß die selbst ernannte »Sexualbegleiterin« Verena N. aus Krefeld. »Der Mensch hat Hormone. So funktioniert der Körper. Es gibt Menschen, die sich nicht selber berühren können, weil sie körperlich nicht dazu in der Lage sind oder vom Verständnis her blockiert sind. Diese Unbefriedigtheit, Druck oder Sehnsucht kann sich dann in Wut oder (Auto-)Aggression verwandeln. Die meisten geistig behinderten Männer machen durch Wut oder Aggression oder durch unerträglich gewordene Anhänglichkeit auf sich aufmerksam.«

Nicht selten kommt den verzweifelten Eltern oder Betreuern dann die Idee einer Prostituierten. Nur ist die bezahlte Sexualität ebenfalls ein Tabu-Thema. Viele Eltern fragen sich: »Was? Eine Nutte? Eine Hure? Eine Prostituierte in unserem Haus? Mit unserem Kind?« Diese Skepsis ist in einigen Ländern Europas bereits überwunden. In Dänemark beispielsweise ist es gesetzlich sogar geregelt, »dass ein Betreuer nicht nur für das allgemeine, sondern auch das sexuelle Wohlbefinden seines behinderten Klienten mitverantwortlich ist«, berichtete im August 2001 die »TAZ«. »Deshalb ist es dort gängig, dass Betreuer, wenn nötig und sinnvoll, Besuche bei Prostituierten organisieren oder helfen, entsprechende Kontakte zu knüpfen. Der Staat übernimmt wie in den Niederlanden oft die Kosten dieser sexualtherapeutischen Arbeit. In Deutschland fehlt es an einer gesetzlichen Regelung.«

Behinderte und Prostituierte, das geht in Deutschland dann allerdings doch noch zu weit. Prostituierte, die sich auf die Arbeit mit Behinderten konzentrieren, nennen sich deshalb Sexualbegleiter/innen und wollen diese Arbeit strikt von der einer Prostituierten trennen. Doch gibt es einen Unterschied? Nach Definition der Hurenverbände nicht: Eine Sexualbegleiterin offeriere eine sexuelle Dienstleistung, und dabei spiele es absolut keine Rolle, ob es am Ende zum → *Verkehr* komme oder nicht. → *Masseusen* in einschlägigen → *Massage-Salons* würden ja auch nur → *Handentspannung* leisten.

Professionelle SexualbegleiterInnen wie Nina de Vries aus Berlin bestreiten dies. Zusammen mit der Organisation für behinderte Menschen »Pro Infirmis« in Zürich ***(INFO: Pro Infirmis. Die Organisation für behinderte Menschen. Hohlstraße 52, Postfach, CH-8026 Zürich. Telefon 01299/4411. www.proinfirmis.ch)*** lässt sie seit Beginn 2003 zu BerührerInnen ausbilden, so werden SexualbegleiterInnen in der Schweiz genannt. Nach de Vries Ansicht bietet SexualbegleiterInnen ausschließlich erotische Berührungen, Streicheleinheiten und Massagen für körperlich und/oder geistig behinderte Menschen, Männer wie Frauen – und dabei sei mehr gefordert als die reine sexuelle Dienstleistung. Mehr mochte sie zu dem Thema nicht äußern – ein bereits geführtes, ausführliches Interview über ihre Arbeit, Hintergründe und Patienten zog sie kurz vor Drucklegung dieses Buches zurück. Doch auch Verena N. glaubt: »Da kommen meiner Meinung nach noch ganz andere Qualitäten zum Tragen, die man nicht unbedingt hat, auch wenn man jahrelang als Prostituierte gearbeitet hat.«

Der körperbehinderte Diplompsychologe Lothar Sandfort unterstützt in seinem »Institut zur Selbst-Bestimmung Behinderter« im wendländischen Trebel (***INFO: Institut zur Selbst-Bestimmung Behinderter ISBB Trebel, Nemitzer Straße 16, 29494 Trebel, Telefon 05848/981565, Telefax 05848/988110. www.peercity.de, isbbtrebel@aol.com***) das Ansinnen von Nina de Vries: »Seit vielen Jahren arbeiten wir vom ›Institut zur Selbst-Bestimmung Behinderter‹ in Trebel mit SexualbegleiterInnen«, erklärt er und räumt ein: »Das sind zunächst Prostituierte, denn sie bieten ihre Dienstleistung gegen Geld an, pro Stunde 75 Euro. Sie sind aber auch mehr und anders, denn sie begeben sich während unserer Workshops in Trebel in intensive Auseinandersetzung mit uns und mit sich. Sie bieten so nicht einfach nur ihren Körper an, sondern einen gemeinsamen Prozess, durch den wir uns selber fördern: Hin zu mehr Erfahrung mit Erotik und unserem eigenen Körper, hin zu mehr sexueller Sicherheit und hin zu einem besseren Zusammenleben mit einem Partner oder einer Partnerin. Egal ob wir den oder die schon haben oder nicht.«

In den Seminaren des Diplompsychologen beschäftigen sich körperlich behinderte Männer damit, wie sie erfolgreiche Beziehungen und Sexualität erleben können. Nina de Vries geht in ihrem Angebot noch einen Schritt weiter. Sie hat sich auf die erotische Begleitung geistig behinderter Menschen spezialisiert. Anfang 2001 hatte ein Berliner Bezirksamt ihre Kosten für drei Stunden in Höhe von je 101 Mark (entsprechend dem Kostensatz für psychotherapeutische Behandlungen) für einen mehrfach schwerstbehinderten Mann übernommen. »Und damit sozusagen amtlich anerkannt, dass auch ein Behinderter erotische Bedürfnisse, dass die sexualtherapeutische Arbeit positiven Einfluss auf dessen Wohlbefinden und Entwicklung haben kann«, konstatiert die »TAZ«.

Die »Berliner Behindertenzeitung« lobte: »Die erotischen Bedürfnisse von Behinderten sind immer noch mit vielen Tabus belegt, erste sexualtherapeutische Angebote stellen Pionierarbeit dar.«

Zu guter Letzt muss eingeräumt werden, dass nicht alle AnbieterInnen der Sexualbegleitung für behinderte Menschen der Definition von Nina de Vries und Pro Infirmis entsprechen und keinen → *Verkehr* anbieten.

Für manche gehört Sex dazu, und damit schließt sich der Kreis zur eigentlichen Prostitution, irgendwie.

SEXUALBEGLEITER

Im Gespräch: Lothar Sandfort, Diplom-Psychologe

Der Diplom-Psychologe Lothar Sandfort, geboren 1951, hat das Institut zur Selbst-Bestimmung Behinderter in Trebel gegründet und zusammen mit der Sexualbegleiterin Nina de Vries aus Berlin eine Ausbildung zur/zum → *SexualbegleiterIn* initiiert.

Bitte erklären Sie mir: Was ist das ISBB? Wann gegründet? Von wem gegründet? Mit welcher Zielsetzung?

Lothar Sandfort: Das ISBB gehört zum Dachverband »Interessenvertretung Selbstbestimmt Leben – Deutschland«. Das wiederum ist der zeitgemäße Ausdruck der deutschen emanzipatorischen Behindertenbewegung, die in den 70er Jahren mit der Krüppelbewegung entstand.

Das ISBB wurde 1994 durch mich gegründet und aufgebaut. Es arbeitet als Beratungsstelle zumeist zu Fragen der Persönlichkeitsentwicklung. Konzept: Peer Counseling und Systemische Psychoanlyse.

Nina de Vries erzählte mir, Sie hätten Ausbildungsgänge zur/zum Sexualbegleiter/in geplant.

Lothar Sandfort: ... und durchgeführt. Zwei unserer jetzigen Begleiter sind durch uns selber ausgebildet: Doris und Odo. Lesen Sie dazu mein Buch »Hautnah«, erschienen bei AG SPAK, zu beziehen über den Buchhandel.

Wie kamen Sie dazu?

Lothar Sandfort: Wir brauchten für unsere Workshops neue Sexualbegleiter und Sexualbegleiterinnen. Außerdem dachten Nina de Vries und ich, die Nachfrage nach Sexualbegleitung aus den Einrichtungen würde schneller steigen.

Welchen Bezug hatten Sie zum Thema »Sexualbegleiter/in«? Welche Entstehungsgeschichte steckte dahinter?

Lothar Sandfort: 1997 führte ich einen Männer-Workshop »John Wayne im Rollstuhl« durch. Dabei erzählte ein Teilnehmer, er gehe zu einer Prostituierten. Ich bat ihn, sie einmal mitzubringen in unseren Workshop. Seitdem arbeiten wir beziehungsweise arbeiteten wir mit Nina de Vries, der ersten Sexualbegeiterin des ISBB.

Sie beide waren es, die den Begriff prägten?
Lothar Sandfort: Ja.

Woran ist diese Ausbildung letztlich gescheitert?
Lothar Sandfort: Ist sie nicht. Nur die Nachfrage ist nicht so groß, wie anfangs vermutet. Das braucht noch Zeit.

Bitte definieren Sie mir den Begriff der Sexualbegleiterin?
Lothar Sandfort: Eine Sexualbegleiterin (alternativ: ein Sexualbegleiter) ist eine Prostituierte, die eine reflektierte und fördernde Beziehung zu ihren Kunden aufnimmt. Sexualbegleiterin und Kunde oder Kundin begegnen sich als Persönlichkeiten beabsichtigt nicht nur körperlich. Über die Förderung sexuellen Erlebens will die Sexualbegleiterin die Persönlichkeit des Kunden insgesamt stärken. Diese Absicht kauft der Kunde ein.

Wie sehr unterscheidet sich die Arbeit einer Sexualbegleiterin von der einer Prostituierten? Ist es die Klientel? Oder das Angebot?
Lothar Sandfort: Die Einstellung der Prostituierten zum Kunden oder zur Kundin. Die SexualbegleiterInnen, die bisher mit uns zusammenarbeiten, bringen neben ihrem Interesse auf Verdienst eine humanistische Einstellung mit.

Was ist für einen Behinderten empfehlenswerter: eine Prostituierte oder eine Sexualbegleitern? Bekommt er durch eine Sexualbegleiterin nicht wieder den Status, »anders« zu sein?
Lothar Sandfort: Den Status, anders zu sein, verliert ein Behinderter nirgendwo und nie. In der klassischen Prostitution suchen Behinderte etwas anderes als in der Sexualbegleitung. Ein Kontakt mit den SexualbegleiterInnen des ISBB setzt immer die Bereitschaft zur persönlichen Auseinandersetzung voraus, ganz besonders im Rahmen unserer Workshops.

Wie beurteilen Ärzte die Arbeit der Sexualbegleiter?

Lothar Sandfort: Das ist uns nicht bekannt und interessiert uns auch nicht. Sexualbegleitung ist keine Therapie – wichtig! Unsere Sexualität ist nicht krank.

Und wie stehen Betreuer der Arbeit gegenüber?
Lothar Sandfort: Unterschiedlich, für sie ist Sexualbegleitung oft eine Hilfe. Den sexuellen Bedürfnissen der Behinderten in ihren Einrichungen können sie aber nicht so begegnen, wie deren Hunger z.B. Immer sind sie schon mit eigenen Einstellungen und Ablehnungen verwickelt. Das macht das Problem aus.

Und Heimleiter?
Lothar Sandfort: Sie hoffen in der Regel, dass die beiden größten Auswirkungen sexueller Sehnsucht in ihren Einrichtungen durch die Sexualbegleitung vermindert werden: Aggresion und Depression.

Gibt es generelle Vorbehalte und Skepsis, denen Sie sich bei dem Thema stellen müssen?
Lothar Sandfort: Wird es wohl und ist beim Thema Sex und Prostitution nicht anders zu erwarten.

SEXUELL ÜBERTRAGBARE KRANKHEITEN
→ *STDs*

SIMENON, GEORGES
Belg. Autor, geb. 1903, gest. 1989.
Als Sohn einer Kleinbürgerfamilie geboren, wuchs Simenon im belgischen Liège auf und beginnt im Alter von 18 Jahren zu schreiben. Anfangs berichtet er als Journalist für die »Gazette de Liège« über Lokalereignisse seiner Heimatstadt, nach seinem Umzug 1920 nach Paris verfasst er für Pariser Blätter Reiseberichte unter Pseudonymen wie Luc Dorsan, Christian Brulls und Georges Sim. Als Gom Gut signierte er eine Sammlung humoristischer Erzählungen, »Le Grand 13«, in der die auch ihm vertrauten → *Freudenhäuser* eine Rolle spielen: »Ich respektiere die Professionellen«, erklärte Simenon, den man auch als den »Mann mit den 10.000 Frauen« bezeichnete, »und ich kann nur

sagen, dass viele unter ihnen mehr Würde haben als manche verheiratete Frau.« So sehr Simenon selbst in jungen Jahren das Leben der → *leichten Mädchen* zu schätzen wusste, in seinen späteren Büchern über den weltberühmten Kommissar Maigret steht das Eheleben in seiner ganzen Bürgerlichkeit im Vordergrund.

SITTENWIDRIGKEIT

Moral.

Die Prostitution galt vor Gericht viele Jahre als sittenwidrig. Als Maßstab für die guten Sitten diente nach einer vom Reichsgericht 1901 entwickelten Formel »das Anstandsgefühl aller billig und gerecht Denkenden«. Die Einstufung als gemeinschaftsschädlich beruhte in erster Linie aber auf einem bis zuletzt nicht korrigierten Urteil des Bundesverwaltungsgerichts aus dem Jahr 1965, in dem die Prostitution mit der Betätigung als Berufsverbrecher gleichgestellt wurde.

Weil die Prostitution seitdem gegen die guten Sitten verstieß und ein Geschäft, das als sittenwidrig galt, laut → *Bürgerlichem Gesetzbuch* nichtig war, stand den Prostituierten weder die staatliche Arbeitslosenversicherung noch ein reguläres → *Sozialversicherungsverhältnis* zu (Arbeitslosengeld, Rentenversicherung, → *Krankenversicherung*). Damit nicht genug, bestand nach einer zuvor erfolgten Vereinbarung zwischen Freier und Prostituierter auch nicht die Möglichkeit, Ansprüche geltend zu machen im Fall, der Freier hatte die Hure nach dem → *Verkehr* um das Entgelt geprellt. Der Bundesgerichtshof vertrat sogar die Meinung, dass die Prostituierte keinen Schaden davon tragen würde, da dem Geschlechtsverkehr kein in Geld zu veranschlagender Wert zukomme.

Bereits 1995 setzte ein Umdenken ein. Damals verklagte die Hurenrechtlerin → *Stephanie Klee* einen Freier auf Zahlung des vereinbarten Lohnes – und gewann. Im Jahr 2000 entschied das Verwaltungsgericht Berlin, dass das → *Café Pssst* von → *Felicitas Weigmann* nicht sittenwidrig sei, und sorgte mit dieser Entscheidung für einen Fortbestand der von der Schließung bedrohten → *Animierbar.*

Erst durch das → *Prostitutionsgesetz,* in Kraft getreten am 1. Januar 2002, ist der sexuellen Dienstleistung aber offziell der »unzüchtige« Status genommen worden: Prostitution ist jetzt ein → *Rechtsgeschäft,* für die Sexbranche ein wichtiger Schritt hin zur Etablierung ihrer Arbeit als → *Beruf.* Wenngleich sich noch nicht überall die neue Gesetzgebung herumgesprochen hat. So berichtete die »Welt« kürzlich noch von einem Fall in der Frankfurter Oberfinanzdirektion, bei dem die Arbeit einer Prostituierten weiterhin als »gewerbsmäßige Unzucht« bezeichnet wurde.

SITZUNG
Szenejargon.
Synonyme: Behandlung. → *Session*, Spiel

SKABIES
Sexuell übertragbare Krankheit, → STDs.
Synonym: → *Krätze*

SKLAVIA
Szenejargon.
Synonym: Extremsklavin, → *Lustsklavin*, Serva, → *Zofe*. Sklavias sind das passive Pendant zu einer → *Domina*. Man unterscheidet zwischen »Lustsklavinnen« und »Extremsklavinnen«. Lustsklavinnen leben ihre Unterwürfigkeit im sexuellen Bereich aus und bedienen den Mann im Rahmen von Fesselspielchen. Sie müssen den Mann → *oral* bedienen, zelebrieren den → *Verkehr* in einer demütigen Form, bekommen bei Fehlverhalten ein paar Klapse auf den Po und zum Abschluss in der Regel eine → *Gesichtsbesamung*. Viele machen den Job, weil er Geld bringt, nicht weil sie eine devote Ader haben. Frauen mit echter devoter Ader leben ihre Leidenschaft meist im privaten Rahmen aus, indem sie eine Beziehung zu einem dominanten Mann eingehen. Für ihn bedeutet dies Glück, muss er doch für seine Neigung keine Sklavia im → *Dominastudio* bezahlen.

Extremsklavias sind in den meisten Fällen Frauen, die sich aus einer masochistischen Neigung heraus einer »soften Behandlung« (ohne Blut) oder »harten Behandlung« unterziehen. Gerade bei letzter Behandlung geht es um Schmerzen, richtige Schmerzen, und die kann man nur ertragen, wenn man sie wirklich mag. Weil es nicht nur Männer gibt, die ihre masochistische Ader ausleben wollen, sondern auch Männer, die dem in ihnen schlummernden → *Sadismus* freien Lauf lassen wollen, hat die Sexbranche inzwischen den Markt entdeckt:

Extremsklavias, die sich – natürlich gegen Bezahlung – quälen lassen. Je mehr sie ertragen muss, um so höher der Preis, den der Freier zahlen muss. Und nicht jede Extremsklavia bietet an, an ihr jede Praktik auszuüben: Sklavin Anja, 22, aus München beispielsweise stellt klar: »Sehr devot, naturveranlagt, vierfach gepierct, → *anal,* Wachs!« Nora, 29, offeriert »passive Flagellation, Nadelungen, spezialisierte Klinikerin für außergewöhnliche med. Praktiken«. Und Sklavin Clarissa in Bochum bevorzugt »Peitsche, Gerte, Rohrstock, Wachs, Klammern, Gewichte«.

Die wenigsten Extremsklavinnen, die sich schlagen, fesseln, nadeln, demütigen oder auf andere Weise quälen lassen, machen dies, weil sie »nur« Geld damit verdienen wollen. »Unserer Sklavin macht es wirklich Spaß, devot zu sein; sie hat Spaß daran, geschlagen und gedemütigt zu werden. Da, wo wir beim ersten Schlag mit dem Rohrstock wahrscheinlich zusammenbrechen würden, wird sie nass, und bei dem sechsten Schlag hat sie einen Orgasmus«, verrät Peter T., der in seinem SM-Studio eine Extremsklavin beschäftigt.

Sklavinnen bieten ihre Dienste wegen der gesundheitlichen Risiken allerdings in den seltensten Fällen alleine in den einschlägigen Rubriken der Tages- und Wochenzeitungen oder in den → *Kontaktmagazinen* an, sondern zusammen mit Kolleginnen in einem → *Dominastudio.* Von allen Dienstleistern im Sexgewerbe bekommen Sklavias aufgrund ihrer Leidensfähigkeit die höchsten Honorare, höher noch als die der Dominas.

Mona Gasser, Ex-Sklavia, schildert in ihrem Buch »Gestatten: Callgirl – Die Freiheit nehm ich mir« (Gatzanis Verlag, Stuttgart 1996) die Erwartungen eines Freiers an seine Sklavin: »Piercing der scharfen Art zum Auftakt einer, wie er es nannte, SM-Session. Ringe durch die Schamlippen und Brustwarzen bohren, sie mit Gewichten beschweren. Dann die derart Geschmückte einen Tag lang, lieber noch tagelang quälen, bis Blut fließt. Ihren nackten Hintern so peitschen, dass er mit blutigen Striemen bedeckt ist. Ihren Arsch so bearbeiten, dass sie tagelang nicht mehr darauf sitzen kann! Selbstverständlich muss die Frau den ganzen Tag über nackt bleiben, nur Strümpfe darf sie tragen. Wenn sie sich mit seiner Erlaubnis auf einen Stuhl setzt, hat sie die Schenkel zu spreizen, ihr Geschlechtsteil zu zeigen. Sie muss sich rammeln lassen, in der Vagina, im Anus, so oft er, der → *Dominus,*

Lust darauf hat. Sie hat sich nicht nur von ihm, sondern auch von seinen Freunden nehmen zu lassen. Ist einer der Freunde nicht zufrieden mit ihr, wagt sie gar einen Widerspruch, gibt's Strafe: Peitschen, peitschen, bis Blut rinnt, bis die Arschbacken aufplatzen. Grausames verlange er von einer Sklavin, aber sie würde dafür außerordentlich gut bezahlt. Grundpauschale für einen Tag 1000 Mark, Extraprämie für jedes Auspeitschen, und weil er oft darauf Lust habe, könne ich leicht auf 2000 Mark pro Tag kommen. [...] Mein Schreien gebe ihm den ›ultimativen Kick‹. Er komme nur zu einem Orgasmus, wenn die Frau vor Schmerzen schreit, ihn um Gnade anbettelt.«

SM

Sadomasochismus.

Synonyme: → *Englisch,* → *Fetischismus,* → *Klinikum.* SM ist ein sehr weites Feld. SM ist so etwas wie ein Überbegriff, eine von diesen Schubladen, in die Menschen alles das packen, was für sie nicht weiter greifbar ist. Manche sprechen von → *bizarr*, andere von pervers. Wahre Ketten aber sind nur die, die man sich selbst schmiedet. SM umfasst im allgemeinen Sprachgebrauch → *Fetischismus,* → *Transsexualität,* Kliniksex (→ *Klinikum*), → *Bondage,* → *Flagellation,* → *Spanking,* → *Rollenspiel,* → *Erziehung*sspiele, → *Masochismus,* → *Sadismus.* Und am Ende ist SM – je nach Neigung und Lustempfinden – immer nur eines davon.

Sadomasochismus als solcher ist noch einmal differenziert von dem magisch-unheilvollen Überwort »SM«, das in den vergangenen Jahren ohnehin inflationär verwendet wird, zu betrachten. Sadomasochismus ist eine Wortverbindung aus → *Sadismus* (Lust, einem anderen Schmerzen zuzufügen) und → *Masochismus* (Lust, selbst Schmerzen zu erleiden). Dazu gehört nicht, wenn sich Partner im Überschwang der Gefühle beim Vorspiel oder während des Verkehrs gelegentlich weh tun, wie zum Beispiel kratzen, kneifen oder etwa Liebesbisse. Sadomasochismus geht ein ganzes Stück weiter. Und nicht jeder, der masochistisch veranlagt ist, spielt gerne den Sadist, das eine schließt das andere aber nicht aus.

Experten unterscheiden in zwei Kategorien: 1. Sadomasochismus ist, wenn sadistische und masochistische Neigungen bei ein und derselben Person auftreten; 2. Sadomasochistisch ist, wenn eine Beziehung zwischen zwei Menschen entsteht, bei der sich der eine Partner freiwillig den Anweisungen des anderen Partners unterwirft und sich bewusst quälen und peinigen lässt, wodurch beide sexuell erregt und befriedigt werden. (Quelle: Lexikon der Erotik, Knaur Verlag, München 1996)

Vor allem in den → *Großstädten* existiert eine ausgeprägte Clubkultur, in der man auf Leute mit ähnlichen Neigungen treffen kann: Dominante Frauen sind auf der Suche nach devoten Männern, unter-

würfige Frauen in Begleitung ihres Partners, mit dem Wunsch, öffentlich vorgeführt zu werden. Wer und wie viele auch immer, man bezahlt einmalig Eintritt und hat dafür Zugriff auf ein Buffet, Getränke und die entsprechende Clubausstattung. Je nach Professionalität und Ausrichtung des Clubs gibt es zusätzlich animierende SM-Performances und Kunst.

Auch die Sexbranche hat das wachsende Interesse der Gesellschaft an solchen Praktiken erkannt: Professionelle → *SM-Studios* (→ *Dominastudios*) gibt es in jeder Stadt. → *Clubs* und → *Bordelle* haben meist ebenfalls einen kleinen Darkroom eingerichtet, in dem sie aber nicht die ganze Bandbreite des SM anbieten. Aktuellen Erhebungen zufolge verlangen bereits 20 Prozent der → *Freier* in Clubs und Bordellen nach »soften« Praktiken masochistischer Art: → *Fesselungen* und → *Flagellationen.* »Die Anfrage nach speziellen Diensten, besonders sadomasochistischen Handlungen ist gestiegen«, weiß die → *Dortmunder Mitternachtsmission e.V.* »Hier fällt auf, dass besonders Kunden im mittleren oder höheren Lebensalter (40-75 Jahre), die zum Teil jahrelang eher einen sanfteren Verlauf bevorzugten, zu masochistischen Praktiken wechselten. Jüngere Prostitutionskunden (20-40 Jahre) wünschen sich, öfter sadistische Praktiken ausüben zu können. Hier wird die Grenze zu schwerer Körperverletzung häufiger (und entgegen vorheriger Absprache) überschritten. Fäkaliensex (→ *Natursekt*/ → *Kaviar*) gehört zu den zunehmend nachgefragten Dienstleistungen.«

Nutznießer der kommerziellen Angebote sind ausschließlich Männer. Frauen leben ihre devoten Neigungen in der Regel im privaten Rahmen aus, indem sie sich an einen dominanten Partner binden und/oder eingangs genannte SM-Clubs besuchen. Dominante Frauen professionalisieren sich bisweilen als → *Domina.*

SM
Im Gespräch: Lady Vera, Domina

Lady Vera, 58, gelernte Hypothekenfinanzierungsspezialistin, Rentenberaterin und Marketingexpertin, betreibt heute in Berlin-Mitte das etwas andere Dominastudio »5D« (www.studio-5d.de): Das Domizil Der Dominanten Damen. Niemand ahnt, was hinter den

Mauern dieses typischen Reihenaltbaus praktiziert wird. An der Tür ist ein unscheinbares Klingelschild: »D. Muth«.

Lady Vera, auf Ihrem Klingelschild steht »D. Muth«. Das soll dem geneigten Kunden »Demut« implizieren und dem Passanten, hier wohne ein Herr oder eine Frau D. Muth ...
Lady Vera: Das ist mir eine Sache der Unauffälligkeit. Es sollte irgendetwas dran stehen, was eine Assoziation weckt, sozusagen eine kleine Wortspielerei, die aber auch so diskret ist, dass niemand sich daran stoßen kann und soll. Da fand ich »D. Muth« äußerst passend; damit kann ich wunderbar spielen, auch am Telefon. Ich kann dem Kunden sagen, er solle bei »Demut« klingeln oder bei »Mut«, je nachdem wie ich meine, wie es bei ihm nötig ist. Und das »h« am Ende macht es noch unauffälliger.

Der Name am Klingelschild hat mit dem Studio allerdings nichts gemein. Wegen der Nachbarn?
Lady Vera: Ja, ich habe absichtlich nicht den Namen »5D-Studio« geschrieben. Ich finde, das wäre zu auffällig, und die Hausbewohner würden von Freunden, die sie besuchen, gefragt werden, was das für ein Studio sei ... So wie es jetzt ist, ist es unauffällig für die, die nicht direkt ins Studio möchten.

Als was ist Ihr Studio beim Gewerbeamt gemeldet?
Lady Vera: Als ich damals »5D« eröffnete, hörte ich, dass eine Domina ihr Studio beim Gewerbeamt als »Dominastudio« anmelden wollte. Sie wurde mit dem Bescheid weggeschickt, diese Tätigkeit sei nicht gewerbefähig. Das war noch zu einer Zeit, in der Prostitution als sittenwidrig galt.

Insofern musste ich mir was anderes überlegen, um mein Studio überhaupt anmelden zu können und nicht illegal tägig sein zu müssen. Ich wollte ganz offiziell Gewerberäume betreiben. Mein Glück war: Es gibt in Deutschland ungeschützte Berufsbezeichnungen, unter anderem die des »Atemtherapeuten«. Also wurde mein Studio eine »Praxis für Atemtherapie«. Niemand kann per Definition sagen, was man in den Räumlichkeiten vorfinden muss, damit sie eine Praxis für Atemtherapie sind, und was in Räumlichtkeiten stehen muss, damit sie nicht mehr als Praxis für Atemtherapie, sondern als Dominastudio gelten. Falls sich ein Amt daran aufgehängt hätte, hätte man diese Frage letztlich wohl nur in einem Prozess klären können.

Inwiefern wäre ein Dominastudio also von der Sperrgebietsverordnung betroffen?
Lady Vera: In Deutschland gibt es den Begriff des »bordellartigen Betriebes«. Da ein Dominastudio auch eine sexuelle Dienstleistung bietet, sagt der Gesetzgeber, dass es ein bordellartiger Betrieb ist. Wenn also die Kommune eine Sperrgebietsverordnung erlassen würde, kann sie auch über ein Dominastudio »verfügen«. Obwohl man in verschiedenen Städten mit Dominastudios anders umgeht als mit Bordellen, aber das ist trotzdem immer nur eine Duldung. Es ist ein wesentlicher Unterschied, ob ich ein Gewerbe mit einer gewissen Rechtmäßigkeit betreibe, oder ob ich nur geduldet bin und somit täglich einen Eiertanz vollführe: Denn es braucht sich ja nur jemand einmal beschweren und schon wird man nicht mehr geduldet ...

Lady Vera, wie sind Sie Domina geworden?
Lady Vera: Jedenfalls nicht aus einer Position der Schwäche heraus. Es wird oft unterstellt, man habe Schulden, keine andere Alternative, sei durch eine Notsituation zu dieser Arbeit gezwungen – überhaupt nicht!

Ich bin in der Adenauer-Ära groß geworden, die ich persönlich als sehr fragwürdig empfunden habe, als nicht glaubwürdig. Die Frauen haben eine Rolle gespielt, die für mich absolut kein Lebensentwurf war. Ich dachte mir, es muss doch auch Frauen geben, die sich um den ganzen Anstand, die Moral, vor allem die falsche Moral, um das, was man tun darf und was man nicht tun darf, überhaupt nicht scheren. Die einfach nur leben und voller Saft und Kraft sind. Ich war immer der Meinung, das könnte in der Prostitutionsbranche der Fall sein.

Davon hatte ich immer nur die schlimmsten Sachen gehört: »Darüber spricht man nicht! Rotlicht! Um Gottes willen!« Es gab in meinem ganzen Lebenskreis nicht eine einzige Frau, die wirklich offen damit umgehen und mir davon erzählen oder die mir zeigen konnte, aus welchen Büchern man sich ein fundamentales Wissen aneignen kann.

Für mich war es also Neugier und das Bewusstsein, dass die Welt, die man mir präsentierte, es einfach nicht ist. Das wollte ich nicht glauben. Ich lebte gewissermassen einen Traum. Und irgendwann fragte ich mich: »Wann will ich diesen Traum leben?«

Gehörte zu diesem Traum auch SM?
Lady Vera: SM war vorher im Kopf, aber ich habe nicht gewusst, wie ich damit umgehen kann. Ich komme vom Land, aus Franken, das ist eine andere Welt. Für mich, die dort in gutbürgerlichen Verhältnissen aufgewachsen war, war SM kein Thema. Als ich Anfang der 90er Jahre in Berlin eintraf, kamen die ersten SM-Clubs auf. Das hatte alles den Touch von Keller und Schmuddelkram. Es gab sehr wenig Möglichkeiten, damit umzugehen, ohne jetzt in Dinge hinabzutauchen, bei denen man sich fragte: »Um Gottes Willen? Hast du die Situation eigentlich noch im Griff?«

Was war also damals die Initialzündung für den Berufsweg der Domina?
Lady Vera: Zu der Zeit damals, das gebe ich zu, wusste ich gar nicht, was eine Domina ist und was sie macht. Das war einfach ein undefinierbares Knäuel an Fragen, die ich hatte. Ich merkte aber, dass das Thema Macht in den Beziehungen zwischen den Geschlechtern eine unglaublich große Rolle spielt. Je weniger man damit umgehen kann, umso präsenter ist das Thema. Ich habe gemerkt, dass ich vor Macht davonlaufe.

Macht inwiefern?
Lady Vera: Das waren diese üblichen Umgangsformen, ich habe das immer wieder erlebt, auf Partys, wo Alkohol im Spiel war. Jeder Mann versuchte irgendwann jede Frau abschlecken zu können. Dagegen habe ich mich immer gewehrt und mir oft den Vorwurf eingehandelt, wie prüde ich doch sei. Ich dachte mir: So blöde können doch die Männer nicht sein, dass sie mich für prüde halten, nur weil ich diese Scheiße nicht mitmachen will.

Heute kann ich das wunderbar. Heute sage ich: »Mein Lieber, runter mit dir, auf den Boden! Und abwarten, bis ich wieder Lust habe, mit dir zu reden.« Damit entlaste ich auch mich. Mich hat mal eine Journalistin gefragt, ob ich die Männer nicht verachten würde. Früher habe ich das. Heute habe ich sehr viel Hochachtung vor diesen Männer, die mit ihren Neigungen in dieser kontrollierten Form umgehen können. Das ist für mein Verständnis besser, als wenn man es immer wieder unterdrückt, bis irgendwann der Deckel hochfliegt.

Wie sind Freunde und Verwandte mit Ihrer Entscheidung umgegangen, Domina zu werden?

Lady Vera: Ich lebte damals mit jemandem zusammen. Ich habe mit diesem Lebensgefährten alles besprochen, das Wenn und Aber, das Für und Wider. Er war derjenige, der meinte: »So wie du sprichst, habe ich das Gefühl, es geht hier nicht um einen Job oder einen Beruf, sondern um eine Berufung. Eigentlich musst du es einfach tun!«

Das hat mir natürlich sehr geholfen. Ich habe mir dann immer ein wenig Zeit gegeben, selber für mich herauszufinden, ob es sich lohnt, darüber zu sprechen. Denn wenn ich es ein halbes Jahr gemacht und dann festgestellt hätte, die Realität habe mit meinen Träumen nicht im entferntesten was zu tun, wäre es nur ein Experiment gewesen, das in die Hose ging. Dann hätte ich aus der Distanz der Vergangenheit mit jemandem darüber reden können. Als ich aber merkte, dass das was ist, was ich weiter machen werde, habe ich auch mit meiner Tochter und meinem Schwiegersohn und nach und nach auch mit Freunden drüber gesprochen. Schwierigkeiten gab es eigentlich keine. Ich hatte schon damals den Ruf eines schrägen Vogels, was das Ganze erheblich erleichterte. Es gab sogar einige Freunde, die meinten: »Wir erleben, dass du der gleiche Mensch geblieben bist, mit allen Ecken und Kanten. Warum sollte es also in Zukunft Schwierigkeiten zwischen uns geben?«

Es gibt einen einzigen Bekannten, bei dem ich mit der Zeit merkte, dass ich zu offiziellen Anlässen nicht mehr erwünscht war. Diese Freundschaft habe ich beendet.

Wie wird man Domina?
Lady Vera: Ich hatte in der Zeitung von dem Hurenprojekt Hydra e.V. erfahren. Ich bin hingegangen und habe gesagt, ich wolle gerne als Domina arbeiten. Ich habe erst einmal einen ziemlichen Rüffel bekommen. Sie haben mich partout als potentielles Opfer gesehen, so nach dem Motto: »Hast du Schulden? Was hast du für Schwierigkeiten? Können wir dir helfen?« Ich erklärte ihnen, dass ich keine Schwierigkeiten habe: »Ich will es einfach tun!« Woraufhin sie mich fragten, ob ich vielleicht eine Therapie brauche.

Ein paar Monate später haben sie mir Adressen dreier SM-Studios gegeben, die sich allerdings als Pleite erwiesen. Es war nicht meine Welt. Dann gab es bei Hydra eine Teestunde für Frauen, die ausgestiegen waren oder die planten auszusteigen, aber davor Angst hatten. Man bot mir an, daran teilzunehmen und zu erleben, welche Schwierigkeiten Frauen in der Prostitution zu bewältigen haben. Es war eine Domina dabei, die nach zehn Jahren aussteigen wollte und zu mir meinte: »So wie ich dich kenne, ist das Studio, in dem ich arbeite, genau das Richtige für dich. Frage doch einfach nach, ob du meinen Platz, den ich hinterlasse, einnehmen kannst!«

Das habe ich gemacht, und das war's dann.

Fängt man als Domina erst einmal auf der anderen Seite an, als Sklavia?
Lady Vera: Ich denke, eine Ausbildung zur Domina ist sehr individuell. Damals habe ich auch die Meinung gehört, man müsse, bevor man Domina wird, erst einmal als Sklavia arbeiten. Das hätte ich nie gekonnt. Ich hätte mich nicht fremden Männern überlassen können. Das lag völlig außer meiner Welt. Den erstbesten Mann, der mich hätte fesseln und hilflos machen wollen, hätte ich anschließend umgebracht ... In meinem Fall zeigte man mir Verschiedenes. Ich lernte Menschen kennen, die mir von Büchern erzählten. Dann lernte ich Menschen kennen, mit denen ich reden konnte. Plötzlich waren alle Schwierigkeiten, die ich zuvor damit hatte, nicht mehr relevant. Es floss einfach!

Was muss eine Domina wissen? Was muss sie kennen? Was muss sie beherrschen?

Lady Vera: Erst einmal sollte sie keinen Widerwillen gegen Männer haben. Das wäre nicht gut. Sie sollte über medizinische, auf jeden Fall auch psychologische Grundkenntnisse verfügen. Sie sollte auch Lebenserfahrung haben. Man sagt allgemein, eine junge Domina ist in sich sehr unglaubwürdig, weil sie die Lebenserfahrung nicht hat. Natürlich muss sie über die SM-Praktiken Bescheid wissen. Sie muss viel Einfühlungsvermögen besitzen, um zu wissen, wie sie mit all diesen Dingen umgeht, mit denen sie konfrontiert wird. Ich gestalte heute selbst Dominaausbildungen, dabei vermittle ich sowohl handwerkliche als auch psychologische Kenntnisse.

Wie wichtig sind psychologische Kenntnisse?

Lady Vera: Sehr wichtig. Zumindest für mein Verständnis, diese Art von Tätigkeit auszuüben. Das ist aber nicht überall der Fall. Ich kenne eine Domina, die hat, als ich zu Besuch war, ihren Kunden gefesselt, ein wenig an ihm herumgespielt und mir dabei erzählt, was sie erlebt hat, was sie am Wochenende unternimmt ... »Donnerwetter«, dachte ich und war ziemlich konsterniert. Das ist nicht meine Art, denn ich muss eine Kommunikation mit dem Kunden aufbauen, die aus Augenkontakt, aus Körpersprache, auch aus verbaler Sprache besteht. Ich muss ein Gefühl für die Situation haben.

Ein Beispiel: Ich kann eine Abstrafung, eine Auspeitschung, vornehmen und bei fünf verschiedenen Kunden kann sie in völlig unterschiedlichen Atmosphären stattfinden. Der eine ist ein Flagellant, der die Körperreize braucht; dabei agieren wir aber auf gleicher Augenhöhe, können in der Zwischenzeit miteinander reden und lachen. Er kann sogar einen Wunsch äußern – das ist alles möglich. Der andere braucht eine Abstrafung, weil er mir erzählt hat, dass er etwas gemacht habe, was nicht in Ordnung sei, weswegen er jetzt bestraft werden müsse. Und der Nächste, der kommt, ist grundsätzlich der ausgepeitschte Sklave, der innerlich vor der Herrin unten sein will. Obwohl ich handwerklich also immer das Gleiche tue, geschieht alles in verschiedenen Atmosphären, und darauf muss ich mich einstellen.

Wer sind Ihre Kunden?

Lady Vera: Unterschiedliche. Das geht von 18 bis 80, ohne dass eine besondere Auffälligkeit erkennbar wäre. Da gibt es bildschöne Männer mit wunderbaren Körpern, zu denen ich sage: »Was tust du hier? Du kannst jede Frau der Welt haben!« Er sagt: »Aber keine, der ich zu Füßen liegen kann.«

Was sind die häufigsten Wünsche der Männer?
Lady Vera: Ganz häufig Flagellation. Außerdem masochistische Praktiken, aber auch Masochismus mit Sadismus von Seiten des Kunden. Es gibt aber auch Kunden, die einfach ein paar geile Spiele, ein bisschen das Spiel mit Distanz und Nähe erleben wollen. Im Prinzip spiele ich dabei die Frau, die auf den Sockel gestellt und angebetet wird und die mit ihrer eigenen Lust spielt, aber den Mann nicht wirklich an sich heranlässt.

Unterm Strich bin ich dann so etwas wie die Ersatzmutter. Denn dieses Spiel entspricht der ödipalen Phase eines männlichen Kindes: Es begehrt die Mutter, erlebt ihren Duft und ihre Nähe – und trotzdem ist sie immer ein Stück weg, denn wie Papa darf es nicht ran. Häufig sind bei meinen Kunden auch sehr viele Schuldgefühle vorhanden und der Wunsch, nach der Abstrafung, wenn also die Geilheit endlich aus dem Körper herausgeprügelt wurde, wieder der artige, brave Junge zu sein. Das sind im Grunde Pubertätsspiele.

Bevor Sie mit einem Kunden in die Vollen gehen, reden Sie mit ihm über seine Wünsche?
Lady Vera: Ja, denn ich muss ein Gespür dafür bekommen, was sein Anliegen ist. Je nachdem, wie er sein Anliegen formulieren kann – es gibt ja auch Leute, die über ihre Gefühle, die sie haben, gar nicht sprechen – muss ich durch Querfragen herausfinden, worum es eigentlich geht. Häufig muss ich auch dabei bedenken, dass meine Kunden ein falsches Bild von sich haben. Es gibt Männer, die in ihrem Selbstbildnis ewig jung, gesund und schön geblieben sind. Wenn sie strenge Fesselspiele wollen und ich sie nach ihren Wehwehchen frage, erklären sie mir, alles wäre kein Problem. Sobald ich allerdings die ersten Fesseln mache, stellt sich heraus, dass sie beispielsweise Hüftprobleme haben – aber das wollen sie zuvor nicht zugeben. Solche Dinge muss ich immer mit einbeziehen.

Gehört ein Codewort prinzipiell dazu?
Lady Vera: Zumindest bei Neulingen bestehe ich darauf, dass ein Codewort vereinbart wird. Ich warne aber auch davor, es spielerisch zu benutzen. Nach dem Motto: Es piekst dem Kunden ein wenig und er sagt sofort das Codewort, nur damit ich sofort etwas anderes mache. So braucht er mir nicht kommen, da werde ich knatzig.

Das äußerst sich wie?
Lady Vera: Dass ich mich beim nächsten Mal nicht mehr drum kümmere und für gewöhnlich etwas strenger bin als vereinbart. Dann führe ich ihn an seine Grenzen. Es kommen auch Leute zu mir, die die Session gestalten wollen nach dem Motto: »Eine Domina ist auch nur eine blöde Nutte; ich bezahle hier das Geld, und ich bestimme, wo es lang geht!« Die manipuliere ich!

Aber wenn ich jemanden kenne, wir darüber sprechen, dann kann es auch sein, dass wir auf ein Codewort verzichten.

Werden auch 24/7-Spiele gewünscht?
Lady Vera: Ja, natürlich. Aber ich mache es nicht mit Leuten, die ich gar nicht kenne. Weil es eine relative Nähe ist, wenn man sie hier übernachten lässt. Ich mache mir zuvor ein Bild davon, was der Kunde eigentlich will. Und ich kläre ganz realistisch, was ich bieten kann. Ich wecke keine allzu hohen Erwartungen. Ich werde zum Beispiel niemals vereinbaren, dass ich fünf Mal die Nacht vor ihm stehe und was mit ihm mache. Das bedeutet nämlich, fünfmal die Nacht aufzustehen, sich zurecht zu machen, total müde und aus dem Schlaf gerissen irgendetwas zu tun. Das mache ich vielleicht, bevor ich ins Bett gehe, eine längere Pause und wieder am Morgen. Öfter aber nicht.

Inwieweit lassen sich diese Spiele bei den Männern auf tatsächliche Schuldgefühle oder ein reales Erlebnis beziehungsweise Trauma zurückführen?
Lady Vera: Es gibt Kunden, die sind wie Austern zugeklappt. Es macht keinen Sinn zu fragen, sie sind dann nur verschreckt. Ich denke, viele Kunden kommen zu einer Domina, weil ihr Eheleben

oder ihr normales Leben sie langweilt. Sie wollen aber auch nicht wirklich vögeln, sie wollen auch treu sein, sie wollen mit dem Gefühl heimgehen, eigentlich gar nicht fremdgegangen zu sein, eigentlich haben sie ja nichts Böses gemacht. Sie wollen einfach etwas anderes erleben, ein bisschen Neugierde.

Um auf die Frage zurückzukommen: Man erfährt es nicht bei allen. Manchmal ist es auch nur meine eigene Interpretation. Wenn ein Kunde nach einem Rollenspiel verlangt und ich ihn frage: »Was für ein Rollenspiel?« Und er mir antwortet: »Weiß ich nicht!« Ich frage ihn: »Wie alt sind Sie denn im Rollenspiel?« Woraufhin er meint: »So dreizehn, vierzehn.« Dann kann ich mir vorstellen, dass es etwas mit der Pubertät zu tun hat. Wenn er sagt: »Fünf, sechs Jahre alt.« Dann hat er wahrscheinlich ein Initialerlebnis als Kind gehabt. Aber das alles bleibt häufig nur mein Zusammenreimen. Das muss auch nicht wirklich der Ursprung sein, das kann im Grunde nur das sein, was er preisgibt. Deswegen sollte sich eine Domina auch nicht so wichtig nehmen und glauben, sie durchschaue die Menschen auf Anhieb. Da scheitern viele Dominas an ihrer Eitelkeit.

Angenommen, Sie haben einen Kunden, dessen Neigung offensichtlich auf ein Trauma zurückzuführen ist. Sehen Sie sich in dem Moment als Psychologe, Psychiater, Therapeut, womöglich manchmal auch als »Beichtmutter«, wenn Sie durch Strafe für das »Vergehen« Vergebung schenken?
Lady Vera: Wie gesagt, das ist nicht immer so. Es gibt auch Leute, die bei mir einen Kick erleben wollen. Aber diese Tätigkeit hat, je nachdem wie man sie gestaltet, auf jeden Fall auch therapeutische Aspekte. Es gibt immer wieder Leute, die sagen, damit versuchen Dominas ihre Arbeit schön zu reden und in gewisser Weise zu adeln. Das liegt mir völlig fern. Ich denke wirklich, es hat was mit therapeutischer Arbeit zu tun.

Spüren Sie im Laufe der Zeit, die ein Kunde wiederholt zu Ihnen kommt, eine Veränderung der Persönlichkeit? Kommen diese Kunden möglicherweise eines Tages nicht mehr, weil sie »geheilt« sind?
Lady Vera: Da muss man sehr Obacht geben. Ich darf nicht der Ver-

suchung erliegen, den Kunden missionieren zu wollen. Sozusagen den Ursprung seiner Leidenschaft erkennen, mit den Finger drauf zeigen und sagen: »Merkst du nicht, aus welcher Ecke das kommt? Sollen wir nicht darüber reden? Das wäre die Möglichkeit, dich davon zu befreien.«

Da ist nämlich einerseits die marktwirtschaftliche Seite. Warum sollte ich mir meinen eigenen Kunden wegreden? Es sei denn, er möchte es. Wenn ich also merke, es herrscht ein echter Leidensdruck vor, dann bin ich da.

Andererseits gibt es auch Menschen, die gar keine Therapie wollen. Sie kommen zu mir, gerade um die Therapie zu vermeiden. Ich hatte einmal einen Kunden – heute ist er ein sehr guter Freund –, der mir sagte: »Und selbst wenn du mir schriftlich geben würdest, aus welcher Ecke es kommt – es interessiert mich nicht. Ich bin froh, dass ich endlich jemanden habe, bei dem eine geschützte Atmosphäre herrscht, bei dem ich auf Verständnis stoße, bei dem ich die Achtung spüre, bei dem ich es endlich freudig ausleben kann, ohne dass ich irgendwelche Schuldgefühle habe. Geh mir weg damit, ich möchte es gar nicht wissen!«

Gibt es Kunden, die Ihnen am Ende gegenüber sitzen und nur erzählen wollen?

Lady Vera: Ja. Und es gibt immer mal wieder, ganz vereinzelt, einen Kunden, dem ich sagen muss, es tue mir leid, ich müsse passen, er solle zum Therapeuten gehen. Ein Beispiel: Ich hatte einen bildschönen jungen Mann, der immer nur dann einen Orgasmus haben konnte, wenn er in der Badewanne saß und ich ihn gewürgt habe. Die Intensität des Würgens steigerte sich innerhalb eines Jahres derart, dass ich sagen musste: »Ich kann nicht mehr. Ich habe die Verantwortung, dass du hier wieder heil herausgehst. Jetzt ist Schluss! Tu mir den Gefallen, geh zum Therapeuten.«

Ich kenne einen Therapeuten, mit dem ich mich phasenweise über Einzelfälle unterhalte, ihn frage, wie ich damit umgehe, was ich machen kann. So auch im Fall dieses jungen Mannes. Der Therapeut sagte mir: »Es ist von der psychologischen Seite so, dass jemand, der dieses Gewürgt-werden-Wollen mit sich herumträgt und es nicht ausleben kann, irgendwann so unter Leidensdruck steht, dass es nur noch um das Würgen geht. Dann spielt es keine Rolle mehr, ob ihn jemand würgt oder ob er jemanden würgt.« Und dann wird es gefährlich.

Wie sehr leidet man selbst dabei?
Lady Vera: Wenn Frauen sich für die Tätigkeit einer Domina interessieren, versuche ich zu erforschen, ob sie einfach nicht ins Bordell wollen, weil sie nicht vögeln, weil sie ihren Körper nicht hergeben wollen. Sie glauben, als Domina könnten sie den Abstand wahren. Ich meine jedoch, man kann auf eine oberflächliche und ritualisierte Art mit jemandem vögeln. Aber das, was man im SM-Studio oft macht, ist zwar körperlicher Abstand, aber es kann einem wesentlich mehr an die Nieren gehen.

Setzt man sich deshalb von Anfang an Grenzen? Oder ergeben sich diese erst im Laufe der Zeit, indem man mit Kunden und ihren Wünschen konfrontiert wird?
Lady Vera: Sowohl als auch. Es gibt Praktiken, von denen Dominas sagen, sie machen sie nicht. Zum Beispiel Kaviar geben. Und es gibt Extremdominas, die bieten so genannte Ekelerziehung an. Da würde ich sagen, nach Kenntnis meiner Person werde ich das nie anbieten. Das ist einfach eine Grenze, von der ich sage, selbst wenn ich irgendwann meinen eigenen Ekel überwinden könnte, will ich es nicht. Das geht über meine Grenzen.

Sind derartige Praktiken Wunsch des Kunden, oder Ermessenssache der Domina, die erkennt, ihr Kunde brauche es so?
Lady Vera: 99,9 Prozent der Wünsche kommen vom Kunden.

Wir reden die ganze Zeit von Kunden, also Männern. Gibt es auch Kundinnen, die die Leistung einer Domina in Anspruch nehmen?
Lady Vera: Es gibt leider zu selten Frauen. Das ist schade. Es gibt manchmal Paare, die kommen, aber deren Anteil ist ebenfalls verschwindend gering. Ich denke, dass Frauen noch eher darauf gepolt sind, ihre Sexualität nicht auf kommerzielle Weise auszuleben. Und dann müssten es ja auch lesbisch veranlagte Frauen sein. Es gibt zwar vereinzelt den ein oder anderen Master, aber meistens

nur auf privater Ebene. Hier in Berlin zumindest gibt es meines Wissens kein SM-Studio mit einem Master für Frauen. Anderswo wird er angeboten, aber nie in Anspruch genommen.

Muss man, um als Domina arbeiten zu können, SM selbst leben?
Lady Vera: Ich habe den Spruch meiner Lehrherrin im Kopf, die sagte: »Eine gute Domina braucht eigentlich nur zwei Dinge: Sie muss intelligent sein und sie muss ein großes Herz haben.«

Natürlich gibt es wie so oft im Leben, wie eigentlich auch in jedem Beruf Situationen, in denen fließen die Dinge aus der Hand. Dann muss ich nicht überlegen, was ich mit meinem Kunden mache oder wie ich ihn mir vom Leibe halte. Die Situation ist einfach gut; er und ich, wir hätten uns genauso gut auf der Straße kennen lernen und auf das gleiche Spiel einlassen können. Das heißt im Klartext, das Anliegen des Kunden und meine Neigung treffen per Zufall aufeinander. Das ist ein wunderschöner Augenblick, das ist ein Highlight.

Dann gibt es manchmal aber auch Situationen, in denen ich einen Arzt verstehen kann, was ich vorher nie konnte. Ein Arzt hat mitunter auch Menschen vor sich, mit denen er privat nichts zu tun haben will, er sich aber sagen muss: »Ich bin Arzt, es ist meine Aufgabe zu helfen.« Da spielen Empfindungen eine Rolle, von Widerwillen bis hin zu Mitleid, nach dem Credo: »Jeder ist ein Geschöpf Gottes.« Mein Kunde kommt mit einem Wehwehlein, ob körperlich oder seelisch, wie auch immer – ich kann ihm helfen! Er vertraut mir, er vertraut sich mir an, egal was meine Qualifikation und Leidenschaft ist, das spielt in diesem Augenblick keine übergeordnete Rolle.

Kurzum: Dic Wahrscheinlichkeit, dass eine Domina eine sadistische Ader hat, ist durchaus real. Da gibt es bestimmt einige. Aber ich weiß nicht, ob das die beste Alternative ist. Ich habe bereits von Fällen gehört, in denen Dominas austicken, weil sie in einen sadistischen Rausch geraten ... Ich denke daher, dass ich als professionelle Domina einen Abstand zu dem haben muss, was ich mit meinem Kunden mache, denn ich lebe mich im Prinzip nicht selbst aus. Ich muss die Fähigkeit und die innere Offenheit haben, auf ihn eingehen zu können, zwar nicht als bloße Dienstleisterin oder als Erfüllungsgehilfin seiner Ambitionen. Aber trotzdem: Er zahlt eine Menge Geld dafür.

Wie viel?
Lady Vera: Hier in Berlin haben sich 200 Euro pro Stunde durchgesetzt, das ist der übliche Satz. Vereinzelt verlangen Dominas auch 260 Euro. Man sagt immer, bis 150 Euro die Stunde hat man sehr viel mit primitivem Volk zun tun, das sollte man sich ersparen, es ist nur die Billigvariante. Es gibt auch Dominastudios, die nach einer Preisliste für einzelne Praktiken berechnen; zu dem Basispreis schlägt jede einzelne Praktik zu Buche. Der Vorteil bei einem Stundenhonorar ist, die Domina kann entscheiden, was sie in der Zeit tut und was nicht. Das gibt ihr eine gewisse Souveränität und macht sie nicht nur zum Erfüllungsgehilfen ihres Kunden.

Wie aber auch immer, es ist für die Leute eine Menge Geld. Der Kunde hat also auch einen Anspruch darauf, das zu bekommen, was er braucht. Ich kann also nicht total an ihm vorbeilaufen und sagen: »Mir geht es nur darum, dass ich dir blutende Wunden zufüge, weil es mir Freude macht.« Das ist erst einmal dumm und zweitens verantwortungslos.

Ihren Worten entnehme ich, eine Domina erbringt – wie eine Prostituierte – eine sexuelle Dienstleistung. Für viele Außenstehende liegen trotzdem zwischen Prostitution und SM Welten.
Lady Vera: Ich weiß, es gibt sogar Prostituierte, die sagen, wir Dominas bilden uns ein, wir wären was Besseres. Es gibt auch Dominas, die sagen, sie seien keine Huren. Es gibt ein Sammelsurium an Argumenten, aber Fakt ist doch: Auch ich als Domina erbringe bei Zweidrittel meiner Kunden eine sexuelle Dienstleistung. Die Kunden kommen her und haben Geilheit im Kopf oder in den Lenden. Und ob sie sich nun auf meinen Befehl hin selbst einen runterholen müssen oder ob ich das per Hand mache oder ob ich eine Maschine ansetze, es ist völlig wurscht. Es ist eine sexuelle Dienstleistung. Das muss man ganz klar so sehen!

Es gibt auch Dominastudios, die Verkehr anbieten. Meine Entscheidung, es nicht zu tun, hat nichts damit zu tun, dass ich denke, ich sei was Besseres, oder ich wolle damit nichts zu tun haben.

Es war einfach die klare Überlegung: Ich musste mir eine klare Nische suchen wie jedes andere Unternehmen auch. Ich musste meine Zielgruppe definieren. Und was immer ich anbieten wollte, ich musste es durchhalten. Ich wusste jedoch nicht, ob ich Sex durchhalte. Ich hatte das Gefühl, dass ich mich dabei übernehmen würde. Denn ich wollte innerlich frei sein, um eine private Beziehung leben zu können. Ich wusste nicht, ob ich die Kraft habe, das alles unter einen Hut bringen zu können.

Inwiefern unterscheiden sich SM-Studios von der normalen Prostitution, sagen wir mal einem Bordell?
Lady Vera: Das ist eine schwimmende Grenze. Es gibt Bordelle, in denen nur gevögelt wird. Es gibt SM-Studios, in denen es keinen Sex gibt. Dazwischen liegen Etablissements, die arbeiten mit einer Mischung aus beidem: Bordelle, die auch ein Zimmer haben, in denen sadomasochistische Prakiken ausgeführt werden, SM-Studios, die Sex anbieten.

Sie selbst bieten Sex nicht an. Zum Orgasmus bringen Sie den Kunden dennoch.
Lady Vera: Natürlich. Aber das muss nicht sein. Es gibt auch Leute, die sagen: »Das will ich gar nicht.« Ich habe zum Beispiel einen Stammkunden, einen angenehmen, älteren Herrn; er macht mir sehr viel Freude und ich bin sehr stolz, dass er bereits Jahre lang zu mir kommt. Er kommt immer früh morgens, so gegen 9 Uhr, die Räume sollen frisch gelüftet, alles soll hell sein. Ich trage ganz normale Straßenkleidung mit Pumps, nichts mit SM. Er selbst zieht sich wie eine Dienstmagd an, trägt wie eine Pfälzer Oberbäuerin unsägliche Unterhosen bis unters Knie. Er übergibt mir einen Brief »seiner« Herrin. Diese Herrin schickt mir ihre Zofe – das ist er – zur Abstrafung, weil sie zu schlampig und nicht fleißig war. Dann erfolgt eine ganz harte Abstrafung, zwischendurch trinken wir Tee, währenddessen sie – er – mir ihr Leid klagt. Die Herrin sei so streng, die Zofe möchte doch alles tun, damit es der Herrin gut geht, aber sie werde so gefordert. Ich erkläre ihr: »Was soll ich tun? Du weißt, es ist dein Schicksal. Du kannst ihm nicht entkommen! Es ist so, nimm es endlich an!« Ich könnte mir vorstellen, rein altersmäßig,

von der Sprache und seiner gesamten Kultiviertheit her, dass er aus einer ostpreußischen Junkerfamilie stammt und dass er als kleiner Junge noch die Magd miterlebt hat, sie seine erste große Liebe war und sie so behandelt wurde.

Das lebt er heute aus, dabei steht der Orgasmus, abgesehen davon, dass ich den Mann noch nie nackt gesehen habe, nicht im Vordergrund.

Sie gehören zu den Gründungsmitgliedern des Bundesverbands Sexuelle Dienstleistungen e.V. Was erhoffen Sie sich?
Lady Vera: Die Arbeit des Bundesverbandes besteht darin, dass er die rechtliche Situation der Prostituierten weiter ausbauen will. Das Prostitutionsgesetz gibt es zwar jetzt seit fast zwei Jahren, aber es muss noch Einiges getan werden, damit es zum Leben erweckt wird. Es wird von vielen Behörden ja immer noch nicht zur Kenntnis genommen – zum Teil weil sie nicht wollen, zum Teil, weil sie hilflos sind. Wir wollen auch das gesellschaftliche Ansehen der Prostituierten ins rechte Licht rücken. Nicht unbedingt verbessern, denn es gibt natürlich auch negative Auswüchse. Aber die gibt es überall. Man muss auch erkennen, dass dort, wo es Auswüchse gibt, das Primärdelikt ein anderes ist, wie zum Beispiel Drogenbeschaffung oder grundsätzliche Kriminalität wie Menschenhandel.

Wir sprechen mit Behörden. Es ist nun mal ein Unterschied, ob ich als Einzelperson zu einer Behörde gehen muss und im Ermessensspielraum des Beamten ein Vakuum vorhanden ist, indem er es interpretieren kann, wie er will, was immer Kampf und Nerven bedeutet. Oder ob wir als Verband den Versuch unternehmen, mit den einzelnen Behörden an oberster Stelle in Kontakt zu kommen, dort eine Leitlinie zu erwirken, nach der sich jeder Beamte richten muss. Und das zugunsten der Branche.

Woran genau krankt das Gesetz?
Lady Vera: Außer in Berlin gibt es überall in Deutschland noch die Sperrgebietsverordnung. Das bedeutet doch, dass die Prostitution immer in eine Ecke gedrängt wird. In Berlin dagegen sieht man, wie relativ locker man damit umgehen kann. Das Gesetz krankt ferner daran, dass Werbung für Prostitution nach wie vor verboten

ist. Es gibt vereinzelte Printmedien für Werbung, die sich das teuer bezahlen lassen. Es herrscht also praktisch eine Monopolstellung dieser Medien. Versuche, Werbung auch in anderen Medien unterzubringen, ist einfach nicht machbar. Diese Medien finden immer noch Wege und Möglichkeiten, diese abzulehnen.

Für viele Frauen ist die Prostitution eine Übergangsphase. Ob das gut ist, ist eine andere Frage. Aber diese Frauen wollen beispielsweise keine Arbeitsverträge abschließen. Sie haben Angst, dass diese Tätigkeit, wenn sie irgendwann später wieder einen bürgerlichen Beruf ausüben, wieder auftaucht und sie dadurch Schwierigkeiten bekommen.

SM-STUDIO

Bordellartiger Betrieb.

Synonym: → *Dominastudio.* In einem SM-Studio können Menschen ihre → *Fetisch-*, → *masochistische* und → *sadistische* Neigungen mit professioneller Hilfe ausleben. Da die Mehrzahl der Kunden in SM-Studios männlich ist, dementsprechend die Mehrzahl der Anbieter der bizarren Spielarten weiblich, bezeichnet man diese Etablissements in der Regel auch als Dominastudios.

SOILED DOVES

Engl.: soiled – unbefleckt; dove – Taube.

Vornehmer Ausdruck für eine → *Prostituierte*

SOLIDE (FRAU)

Szenejargon.

Mit »solide« bezeichnen → *Prostituierte* Frauen, die nicht → *anschaffen* gehen. Prostituierte haben eine ganz besondere Meinung über die Soliden, die die Huren verachten, sich selbst aber in Kontaktanzeigen und FischSuchtFahrrad-Börsen anpreisen:

»Soll mir noch einmal einer etwas über die ›Soliden‹ (Frauen in diesem Fall!) erzählen!« schreibt → *Domenica,* Deutschlands berühmteste Hure, in ihrem Buch »Domenicas Kopfkissenbuch« (Knaur Verlag, München 1989): »So dumm, wie sich ganz normale Hausfrauen – unentgeltlich – als Sexobjekte anpreisen, böte sich keine Hure an. Nicht für alles Geld der Welt!«

SOLWODI E.V.

Solidarity with women in distress – Solidarität mit Frauen in Not.
Solwodi (SOlidarity with WOmen in DIstress – Solidarität mit Frauen in Not) ist ein überkonfessioneller und überparteilicher Verein, dessen Ursprung in Mombasa, Kenia, liegt, wo die Initiative 1985 ins Leben gerufen wurde. Während eines Arbeitsaufenthaltes erfuhr die Ordensfrau und Lehrerin Dr. Lea Ackermann in Gesprächen mit afrikanischen Frauen, die in Bars und Bordellen arbeiten, von der großen Not und dem Elend der Prostituierten. Mit dem Ziel, diesen Frauen zu einer finanziellen Eigenständigkeit zu verhelfen und über einen anerkannten und respektierten Beruf ihr Selbstwertgefühl zu stärken, gründete sie noch im gleichen Jahr Solwodi. Seit 1997 ist Solwodi e.V. als eine Nichtregierungsorganisation (NGO) in Kenia anerkannt. Sie ist Beratungsstelle, Ausbildungsvermittlung und Werkstatt in einem.

Sehr schnell erkannte Ackermann, dass in Deutschland ausländische Ehefrauen, illegale Arbeitnehmerinnen und ausländische Prostituierte gleichfalls rechtlich und gesellschaftlich ungeschützt leben. Daher gründete sie 1987 auch in Deutschland den gemeinnützigen Verein Solwodi e.V. Hier ist Solwodi e.V. in sieben Städte und Gemeinden Anlaufstelle für ausländische Frauen, die durch → *Sextourismus*, → *Menschenhandel* und Heiratsvermittlung nach Deutschland gekommen sind. Daraus ergeben sich einige der Arbeitsschwerpunkte von Solwodi e.V., unter anderem die psychische und soziale Betreuung von Opfern, die rechtliche Beratung und Betreuung von Zeuginnen in Gerichtsverfahren gegen Menschenhandel sowie die Bereitstellung von Hilfe für diejenigen Frauen, die in ihre Heimat zurückkehren wollen.

Dafür hat Solwodi e.V. außerdem diverse Projekte im In- und Ausland ins Leben gerufen, unter anderem die »Zeuginnenbetreuung«, ein »Rückkehrerinnenprojekt« sowie das zunächst auf vier Jahre angelegte Aktionsprogramm »Daphne«, das der Prävention von Gewalt an Kindern und Frauen dient. Dazu kooperiert Solwodi e.V. mit der französischen Organisation »Le Nid« und der luxemburgischen Organisation »FMPO« (Fondation Maison de la Porte Ouverte). Ziel des gemeinsamen Projekts ist die Sensibilisierung aller beteiligten Stellen für das Problem der Gewalt an Frauen in all ihren Formen sowie die Förderung der transnationalen und interdisziplinären Zusammenarbeit von Polizei, Justiz und NGOs bei Menschenhandelsfällen. 1997 wurde Dr. Lea Ackermann mit der Auszeichnung »Frauen Europas 1998« geehrt.

• *KONTAKT: Solwodi, Solidarity with women in distress – Solidarität mit Frauen in Not.* ***Beratungsstelle Boppard,*** *Propsteistraße 2, 56154 Boppard-Hirzenach, Telefon 06741/2232, Telefax 06741/2310 boppard @solwodi.de* • ***Beratungsstelle Bad Kissingen,*** *Seehof 1, 97688 Bad Kissingen, Telefon 0971/802759, Telefax 0971/802756, bad.kissingen @solwodi.de* • ***Beratungsstelle Braunschweig,*** *Stephanstr. 1, 38100 Braunschweig, Telefon 0531/4738112, Telefax 0531/4738113, braunschweig@solwodi.de* • ***Beratungsstelle Duisburg,*** *Postfach 101150, 47011 Duisburg, Telefon 0203/663150, Telefax 0203/663151, duisburg @solwodi.de* • ***Beratungsstelle Koblenz,*** *Postfach 201446, 56014 Koblenz, Telefon 0261/33719, Telefax 0261/12705, koblenz@ solwodi.de,* ***Beratungsstelle Mainz,*** *Postfach 3741, 55027 Mainz, Telefon 06131/ 678069, Telefax 06131/613470, mainz@solwodi.de* • ***Beratungsstelle Osnabrück,*** *Postfach 3703, 49027 Osnabrück, Telefon 0541/ 5281909, Telefax 0541/5281910, osnabrueck@solwodi.de*

SOZIALFREIER

Szenejargon.

Synonym: Samariter. Sozialfreier sind die Männer »mit dem Samariter-Touch« (Der Spiegel), die selbsternannten Retter in der Not. In der weiblichen Prostitution suchen sie speziell junge Frauen am → *Straßenstrich* oder → *Drogenstrich*, um sie aus dem Milieu »zu retten«. In Wahrheit bedienen sie sich jedoch selbst und bezahlen noch nicht einmal für den → *Verkehr.*

Auch in der → *Stricherszene* sind Sozialfreier zu finden, meist sogar noch häufiger als in der weiblichen Prostitution. Die vermeintlichen Samariter bieten den Jungs, die sie in einschlägigen → *Stricherkneipen* aufgelesen haben, Unterschlupf bei sich zu Hause und wollen auch sie aus dem Prostitutionsmilieu herausbekommen. Das ist im Grunde ein hehrer Ansatz, der unterschwellig allerdings einen erneuten Zwang für den Jungen birgt: »Ich möchte solchen Freiern noch nicht einmal das bewusste Motiv unterstellen«, erklärt Sabine Reinke, Geschäftsführerin vom Stricherprojekt → *Looks e.V.* in Köln. »Manchmal ist es auch nur eine unbewusste Geschichte: ›Wenn ich dir helfe, habe ich auch eine Gegenleistung verdient von dir. Und folgendermaßen stelle ich mir das vor ...‹ Das ist der Moment, wo es kritisch wird. Die Vorstellungen desjenigen, dem geholfen werden soll, sind in der Regel ganz andere als die des Freiers.«

SOZIALVERSICHERUNG

Staatl. Leistungen im Ernstfall.

Weil die Prostitution gegen die guten Sitten verstieß (→ *Sittenwidrigkeit*) und ein Geschäft, das als sittenwidrig galt, laut → *Bürgerlichem Gesetzbuch* nichtig war, dementsprechend keine Arbeitnehmer-Arbeitgeber-Verhältnisse möglich waren, standen den Prostituierten weder die staatliche Arbeitslosenversicherung noch ein reguläres Sozialversicherungsverhältnis zu. Ihnen blieb nur die Möglichkeit einer ungleich teureren, privaten Rentenversicherung sowie Krankenversicherung. So ist es noch heute: Unterschiedliche Interpretationen des → *Prostitutionsgesetzes* machen reguläre → *Arbeitsverträge* unmöglich.

SPANISCHE MASSAGE

Brustentspannung.

Synonyme: Brustsex, Tittenfick. Sowohl bei → *Prostituierten* in → *Clubs* oder → *Bordellen* im Angebot als auch in einschlägigen → *Massage-Salons:* Der Penis wird zwischen den Brüsten gerieben, bis der Mann ejakuliert.

SPANKING

Sexpraktik, engl.: to spank – prügeln.

Synonyme: → *Abstrafung*, Auspeitschung, → *Erziehung*, Geißelung, Peinigung, → *Züchtigung*. Obwohl sich eingefleischte Spanker vom → *Sadomasochismus* distanzieren, weil sie mit dessen Dresscode (Halsbänder, → *Fetisch*-Kleidung oder → *Bondage*) nichts am Hut haben, ist eine Parallele vorhanden. Denn das Spanking wird nicht selten in die Abstrafung oder Erziehung einer → *Session* eingebunden; mit Schlägen auf Po, Rücken oder Schenkel wird dabei auf beiden Seiten – Schläger und Empfänger – sexuelle Lust erzeugt.

Geschlagen wird mit unterschiedlichsten Hilfsmitteln wie Gerten, Ruten, Paddel, alternativ Kochlöffel, Lineal, Teppichklopfer. Zur Not tut es auch die Hand, vor allem bei → *Rollenspielen* wie etwa dem Übers-Knie-Legen. Bei der Züchtigung mit einer Peitsche spricht man in der Regel von → *Flagellation,* mit einem Rohrstock von → *Caning.*

SPERRGEBIETSVERORDNUNG

Rote Zone.

Der Artikel 297 des Einführungsgesetzes zum → *Strafgesetzbuch* (EGStGB) erlaubt es jeder einzelnen Stadt oder Gemeinde, »zum Schutze der Jugend oder des öffentlichen Anstandes« so genannte Sperrgebiete zu bestimmen, an denen Prostitution – und nichts anderes – verboten ist.

Die Sperrgebiete machen es den Lokalpolitikern möglich, die Prostitution in die Randzonen ihrer Städten und Gemeinden zu verlegen, sprich in dunkle, unübersichtliche, ungemütliche und meist auch unsichere Ecken. Das hat einerseits zur Folge, dass die Prostituierten ihre Ansprüche bezüglich Arbeitsplatz und -ort herunterschrauben müssen, andererseits, dass die Toleranzzonen meist äußerst knapp bemessen sind, was wiederum Besitzer großer Immobilien begünstigt. Sie vermieten ihr Haus an die → *Betreiber* großer → *Bordelle* (→ *Eros-Center* und → *Laufhäuser*), die die Toleranzzone unter sich aufteilen und in den Häusern Wuchermieten von bis zu 150 Euro täglich kassieren können.

Die Frauen müssen sich diesen Bedingungen beugen, schließlich haben sie keine andere Möglichkeit, ihren Job auszuüben.

Anders als in den → *Niederlanden,* wo seit 2000 keine Sperrgebiete mehr erlaubt sind – sie verhindern die freie Berufsauswahl –, untergräbt die Sperrgebietsverordnung das Bestreben der rotgrünen Regierungskoalition, die mit dem → *Prostitutionsgesetz* vom 1. Januar 2002 die Prostitution nicht nur auf eine legale Basis setzen, sondern auch für Arbeitsplätze jenseits krimineller Machenschaften sorgen wollte. Eine Änderung der Sperrgebietsverordnung hätte aus dem Prostitutionsgesetz ein im Bundesrat abstimmungspflichtiges Zustimmungsgesetz gemacht, ein Gesetz, das auch nur partiell von den Ländern umgesetzt wird. Dieses wäre dann an der christdemokratischen Mehrheit in der Länderkammer gescheitert.

Sperrgebiete können von den Kommunen selbst bestimmt werden, und nahezu alle Städte und Gemeinden nehmen diese Möglichkeit wahr. Jugendliche und ehrwürdige Bürger würden belästigt und verdorben, schaffte man Sperrgebiete ab, so ihre Begründung. Dass es auch anders geht, beweist die Bundeshauptstadt. In → *Berlin* gibt es keine Sperrgebiete. »Man sieht, es gibt überhaupt keine Probleme«, erklärt Friederike Strack von der Beratungsstelle → *Hydra e.V.* in Berlin. »Die Prostitution verteilt sich über die gesamte Stadt, es fühlt sich kaum ein Anwohner gestört dadurch. Und letztlich wird es sogar zur Sehenswürdigkeit, zum Touristenziel erhoben, wenn man die Frauen an der Oranienburger Straße direkt neben den Kneipen stehen lässt.« Doch Berlin mag da eher die Ausnahme sein. Andere Städte haben ihr Problem mit dem roten Licht, und das, obwohl sich schon so mancher Amtsschimmel von den leichten Damen reiten ließ. Zuwiderhandlungen werden als Ordnungswidrigkeit und mit einer Geldbuße geahndet. Im Wiederholungsfall drohen sogar strafrechtliche Konsequenzen: Freiheitsstrafen bis zu sechs Monaten.

SPIEL

Szenejargon.
Synonyme: Behandlung, → *Session*, Sitzung

STALL

Szenejargon.
Als »Stall« oder, besitzergreifender, »mein Stall« bezeichnet die/der → *BetreiberIn* eines → *bordellartigen Betriebes* meist die Frauen, die in der Lokalität – → *Privatclub*, → *Saunaclub*, → *FKK-Club* – arbeiten. Auch → *Zuhälter* oder → *Poussierstengel* verwenden die Bezeichnung gerne für die Frauen, die für sie → *anschaffen* gehen. In Ableitung von Stall stammt auch die Bezeichnung → *Pferdchen* oder → *Hühner*.

STAMM

Szenejargon.
Saloppe Bezeichnung für die Stammkundschaft, also → *Freier*, die wiederholt zur selben Prostituierten kommen.

STAMMFREIER

Szenejargon.

Synonym: Stammkunde. Stammfreier sind für Prostituierte der Idealfall. Sie kommen regelmäßig wieder und stellen für die Frauen eine Art finanzieller Sicherheit dar.

STANDGELD

Szenejargon.

Geld, das → *Stricher* an ältere Stricher oder an Jungs, die nicht anschaffen gehen, die Szene aber sehr genau kennen, abgeben müssen, damit sie an einer bestimmten Stelle → *anschaffen* dürfen. Vergleichbar mit dem → *Stichgeld* in der weiblichen Prostitution.

STATISTIK

Zahlenspiel.

Zahlen sind in einem → *Gewerbe,* das trotz → *Prostitutionsgesetz* und legalem → *Rechtsgeschäft* noch immer gerne im Halbdunkel agiert, mit Vorsicht zu genießen. Die Mehrzahl der bundesdeutschen Prostituierten ist bei den → *Finanzämtern* nicht gemeldet. Man kann also getrost davon ausgehen, dass die Dunkelziffer weitaus höher liegt. Nach Schätzungen und aufgrund der Hochrechnungen repräsentativer Umfragen sollen es 400.000 Berufstätige sein, die noch durch → *Gelegenheitsprostituierte* und → *Hobbyhuren* ergänzt werden. Etwa 50 bis 60 Prozent der Prostituierten bieten ihre Dienste in → *Bordellen* und → *Clubs* an, rund 20 Prozent auf dem → *Straßenstrich,* der Rest in → *Privatwohnungen,* in der → *Modellprostitution* sowie im Rahmen eines → *Escort-Service.*

Etwa die Hälfte der 400.000 Prostituierten sind → *Migrantinnen,* viele davon illegal im Land. Davon waren im Jahr 2001 laut dem »Lagebild Organisierte Kriminalität« des Bundeskriminalamtes 923 Frauen Opfer von → *Menschenhandel,* wiederum 21 kamen in den Genuss des Zeugenschutzes. Rund 6 Milliarden Euro werden mit der Prostitution jährlich in Deutschland umgesetzt. Der Gesamtumsatz der Sexindustrie, also der von Prostituierten sowie → *Bars,* → *Clubs,* → *Pornofilmern,* Pornomagazinen und Ähnlichem dürfte erheblich höher liegen. Zu den bevorzugten → *Wünschen* der → *Freier* gehören normaler → *Verkehr* (80 Prozent), → *Oralsex* (70 Prozent), → *SM* (20

Prozent) und → *Analverkehr* (10 Prozent). Unter ferner liefen: Sex mit zwei Frauen.

STDs

Engl.: Sexually Transmitted Diseases – Sexuell übertragbare Krankheiten.

Synonyme: Geschlechtskrankheiten, → *venerische Infektionen*. Sexuell übertragbare Krankheiten werden auch in deutschen Fachkreisen inzwischen schlicht als STDs bezeichnet, das ist die Abkürzung für »Sexually Transmitted Diseases«. Es handelt sich um Erkrankungen, die durch Bakterien, Parasiten, Pilze, Protozoen oder Viren ausgelöst werden, die überwiegend oder ausschließlich durch Geschlechtsverkehr oder engen körperlichen Kontakt übertragen werden: → *Tripper*, → *Syphilis*, → *Candida*, → *Feigwarzen*, → *Aminkolpitis*, → *Krätze*, → *Chlamydien*, → *Trichomonaden*, → *Weicher Schanker*, → *Schamläuse*, → *Filzläuse*, → *Urethritis*, → *Herpes*, → *Hepatitis* – und auch → *HIV* und → *Aids*. Anzeichen dafür sind: »Brennen beim Wasserlassen, ungewöhnliche Rötungen der Geschlechtsteile, Juckreiz an den Geschlechtsteilen, veränderter, auffälliger Ausfluss aus der Scheide oder dem Glied, Schmerzen im Genitalbereich oder im Unterbauch, Hautveränderungen (entzündete Stellen, Schuppen, Pusteln, Pickel, Warzen, Knötchen) oder Geschwüre im Genitalbereich (Glied, Scheide, After) oder im Mund-Rachen-Raum, geschwollene Lymphknoten in der Leistenbeuge.« (Quelle: Bundeszentrale für gesundheitliche Aufklärung, Köln) Heutzutage sind bis auf die HIV-Infektion alle der oben genannten Erkrankungen behandelbar und heilbar, was aber nicht heißt, dass man deswegen alle Vorsicht über Bord schmeißen sollte. Denn auch die heilbaren STDs können in ein chronisches Stadium übergehen und schwere, irreperable Spätschäden verursachen. Außerdem erschweren immer neue, gegen viele Antibiotika resistente Erregerstämme die Therapie. Beratungsstellen für Prostituierte und Stricherprojekte empfehlen, damit Frau und Mann, die → *anschaffen*, das Risiko für die Übertragung und ein Erkranken verringern: »Beim Bumsen immer Gummis tragen. Blasen nur mit Gummi. Auf Arschlecken verzichten. Auf Küssen verzichten.«

• *INFO: Bundeszentrale für gesundheitliche Aufklärung, Ostmerheimer Straße 220, 51109 Köln, Telefonberatung: 0221/892031, ww.bzga.de*

STEIGE

Absteige.

Andere Bezeichnung für ein Hotel (→ *Stundenhotel*), in das die Mädchen der → *Straßenprostitution* mit dem Freier verschwinden. Daher auch → *Steigenprostitution* genannt.

STEIGENPROSTITUTION

Prostitutionsform.

Synonym: Autostrich, → *Straßenprostitution.* Bei dieser Form der Prostitution findet die Kontaktaufnahme auf der Straße statt – die eigentliche Dienstleistung wird dann in Hotels (so genannten → *Steigen*) erbracht.

STENZ

Altmod. Szenejargon.

Synonym: Fosenhahn, Loddel, Louis, Lude, Ludewig, → *Zuhälter*

STEUERN

Abgaben.

Steuern mussten in der Prostitution Tätige schon immer zahlen, so sie sich denn nicht von vorne herein für den Weg der Illegalität entschieden: → *Bordellbetreiber* zahlten Gewerbesteuer für ihre → *Zimmervermietung* (Beherbergungsbetrieb), Betreiber von → *Bars* und → *Clubs* für ihre Schankwirtschaft, für die eine entsprechende gastronomische Konzession nötig war. Auch Prostituierte mussten Steuern entrichten, Einkommenssteuer (ab 6680 Euro jährlichem Einkommen) und Umsatzsteuer (ab 16.617 Euro jährlichem Umsatz), das natürliche Los aller Selbstständigen und Freiberufler. Nichts anderes waren die Prostituierten, denn → *Arbeitsverträge* wären → *Förderung der Prostitution* und damit strafbar gewesen. Absurd: Zwar wollte Vater Staat die Prostitution aufgrund ihrer → *Sittenwidrigkeit* nicht als → *Gewerbe* beziehungsweise → *Rechtsgeschäft* anerkennen, Steuern jedoch von den Frauen verlangen, die regelmäßig → *anschaffen* gingen. → *Sozialleistungen* und → *Krankenversicherungen* standen ihnen deswegen aber trotzdem nicht offen.

Doch wie sollten sich die Prostitutierten beim Finanzamt melden, wenn es sie offiziell gar nicht gab? Nicht wenige waren der Überzeugung, weil es den Job »Prostituierte« aufgrund der Unsittlichkeit offiziell nicht gäbe, müssten sie auch keine Steuern zahlen. Andere dagegen sagten sich unerschrocken: »Wenn der Staat mich nicht anerkennt, darf er auch nicht an meinen Einnahmen partizipieren.« Die wenigsten wählten daher den »offiziellen« Weg und meldeten sich freischaffend und → *verschleiernd* als Künstlerinnen, Tänzerinnen oder → *Masseusen*.

Andere Frauen wollten den Job ohnehin nur ein halbes Jahr ausführen, um die private Familienkasse kurzzeitig aufzubessern, noch andere wollten Freunden und dem Staat gegenüber anonym bleiben. Prostitution war schließlich unmoralisch und daher gesellschaftlich nicht hoch angesehen.

Das → *Prostitutionsgesetz* vom Januar 2002 hat die Situation nicht wirklich verändert: Prostitution ist jetzt zwar ein reguläres Rechtsgeschäft, nicht mehr länger sittenwidrig, aber trotzdem kein richtiges Gewerbe. Zu sehr sind die Bundesländer uneins über die Umsetzung des → *Gesetzes*. Kritiker aus den Hurenverbänden vermuten sogar, das Gesetz sei nur deshalb durchgeboxt, um bei der vorherrschend maroden Staatskasse ab sofort mehr Prostituierte fürs Steuerzahlen zu begeistern. Für viele Prostituierte, die sich im guten Glauben beim Finanzamt meldeten, gab es ein böses Erwachen: Plötzlich sahen sie sich mit immensen Nachforderungen für die letzten zehn Jahre konfrontiert und wurden noch dazu wegen Steuerbetrug angezeigt. Mit der Folge, dass sie fortan auch noch vorbestraft sind.

Die Willkür, mit dem die Finanzbehörden auch zwei Jahre nach Inkrafttreten des Gesetzes dem Thema Prostitution begegnen, trägt nicht dazu bei, dass die Prostituierten in Zukunft Vertrauen gewinnen werden. In Stuttgart hat die Finanzbehörde mit Inkrafttreten des Prostitutionsgesetzes im Alleingang eine »Steuerpauschale für selbstständige Modelle« (»Stuttgarter Modell«) einführen wollen: Demnach hätten → *Bordellbetreiber* eine Steuerabgabe in Höhe von 25,50 Euro pro Frau entrichten müssen. Darin enthalten waren Umsatzsteuer, Einkommenssteuer und Solidaritätszuschlag für ein geschätztes tägliches Einkomen von rund 102,25 Euro. Die Frauen hätten die Wahl, entweder ihre Steuerangelegenheiten selbst in die Hand zu nehmen und dies dem Bordellbesitzer und dem Finanzamt mitzuteilen, oder aber (auf Wunsch auch unter einem Künstlerinnen-Namen) ihre Steuern über den Bordellbetreiber an das Finanzamt zu entrichten. Die Stuttgarter Beratungsstelle → *Rosamunde e.V.* reichte Klage gegen die Steuerpauschale ein – eine Entscheidung steht noch aus, solange muss sich das Finanzamt gedulden.

Die Stadt Gelsenkirchen geht sogar noch einen Schritt weiter. Neben Einkommens- und Umsatzsteuer müssen die Prostituierten der Kommune eine zusätzliche Sexsteuer bezahlen. »Die ersten Steuerbescheide über 50.000 Euro sind raus«, berichtet Oberbürgermeister Oliver Wittke dem »Spiegel«. Bis zum Jahresende 2003 sollen alle Gelsenkirchener Damen zusammen etwa 200.000 Euro überwiesen haben, hofft der Christdemokrat. Die Stadt Köln nimmt sich ein Beispiel daran. Hier entwirft der Stadtkämmerer Peter Michael Soénius gerade ein Konzept, wie die Stadt beim horizontalen Gewerbe in Form einer »Sexsteuer« mitverdienen kann.

Die Müncher Steuerfahnung indes prüfte gar nicht lange, machte es sich einfach und fiel in Clubs und Bordelle ein und erklärte, Prostituierte in den Etablissements seien Arbeiternehmerinnen, für die der → *Betreiber* Lohn- und Umsatzsteuer abzuführen habe. Für Angelina Schawe, selbst einst Clubbetreiberin, heute Aktivistin der Selbsthilfegruppe → *Aphrodite*, bedeutete die Razzia in ihrem Club eine Nachforderung von über 9 Millionen Mark. Arbeitnehmer mit entsprechenden → *Arbeitsverträgen* allerdings sind die Prostituierten nicht wirklich: »Was eine Steuerfahndung gerne hätte, verbietet wiederum das → *Strafgesetzbuch*«, so Angelina Schawe.

Von all diesen Dingen abgeschreckt bleiben viele dann doch lieber den Finanzämtern fern. Und das wird auch so bleiben, denn im Grunde, so vermutet die Prostituierte Karin S., »interessiert die meisten Frauen doch sowieso nur das schnelle Geld«.

STICHGELD

Standgeld.

Mit Stichgeld wird das Geld bezeichnet, das eine Prostituierte pro Schicht, pro Tag, manchmal pro Woche an einen Mann oder eine Frau zahlen muss, damit sie an einer bestimmten Straße auf die Freier warten kann (→ *Straßenstrich*). Nur in den wenigsten Fällen ist Stichgeld üblich. Wenn, dann an wichtigen, zentralen Verkehrsknotenpunkten in den Metropolen. In → *Berlin* beispielsweise sind das die »Straße des 17. Juni« und die Oranienburger Straße; Voraussetzung ist allerdings, dass die betreffenden Straßen von den Behörden nicht zum → *Sperrgebiet* erklärt wurden. Die Frauen sehen »Stichgeld« mit gemischten Gefühlen: Natürlich liefern sie sich einem klassischen → *Zuhälter* aus, spielen Drohungen und Gewalt eine Rolle für die, die nicht oder zu spät bezahlen. »Andererseits wird dafür gesorgt, dass die Konkurrenz nicht so groß wird, dass Schutz gewährt ist, dass immer ein → *Stundenhotel* vorhanden ist«, erklärt Silke K., die selbst in Berlin auf dem Straßenstrich arbeitet.

STILETTOS
Arbeitskleidung.
Synonyme: Highheels, → *Stöckelschuhe*

STÖCKELSCHUHE
Arbeitskleidung.
Synonyme: Highheels, Stilettos. Extrem hochhackige Schuhe sind für viele Männer eine erotische Stimulanz: Arne Hoffmann entdeckt in seinem Buch »Das Lexikon des Sadomasochismus« (Lexikon Imprint Verlag, Berlin 2001) sogar »eine Verknüpfung von phallischer und vaginaler Symbolik«. Für Frauen dagegen ist die weibliche Fußbekleidung mit den hohen Absätzen meist nur höllisch unbequem, außerdem wegen des unsicheren und, wenn die Absätze sehr hoch sind, sogar schmerzhaften Ganges vielfach ein Zeichen der Erniedrigung, daher strikt verpönt. Weil → *Freier* sich nicht selten das bei einer → *Prostituierten* holen, was sie daheim nicht bekommen, gehören die Stöckelschuhe wie die → *Strapse* zur bevorzugten Arbeitskleidung der Prostituierten. Linda O'Keeffe in dem Buch »Schuhe« (Könemann Verlag, Hagen 1997): »Wenn eine Frau in einen hochhackigen Schuh schlüpft, ist es immer, als schlüpfe sie in eine Rolle. Psychologisch gesehen erlauben die hohen Absätze zu führen statt zu folgen. Aus einer ganz gewöhnlichen Frau wird eine alles überragende Verführerin.« Deshalb sind Highheels auch unbedingtes Muss für eine → *Domina.*

ST. PAULI
Rotlicht-Viertel.
St. Pauli, das war schon immer ein Ort der Anderen. Das allein belegt

sein Synonym: St. Pauli, der → *Kiez*. Denen, die hier aufwuchsen, und denen, die hier lebten, boten sich im Grunde nur zwei Möglichkeiten. Sie packten den Ausstieg und schufen sich ein »besseres« Leben drüben in der Stadt. Oder sie fügten sich dem Leben und den Riten der Gegend und wurden ein Teil von ihr. Ein Teil einer Gemeinschaft, zwar tolerant zu jedem, der sich zu ihr gesellen wollte oder musste, aber in sich eingeschworen. Eine Gemeinschaft, auf die man, zumindest früher oder später, sogar stolz sein konnte.

Die Entstehung von St. Pauli ist eng verknüpft mit der Geschichte der → *Reeperbahn,* St. Paulis zentrale Verkehrsachse (→ *Verkehr* im doppelten Sinne). Die Reeperbahn verband einst die beiden Städte Hamburg und Altona. Entlang der Straße siedelte sich das arme Volk an, das in der Stadt kein Unterkommen fand. Neben Handwerkern und Seemännern gehörten dazu auch Prostituierte. 1732 hatte ein Hamburger Ratsmandat noch über die »Bestrafung der Huren« entschieden: sie sollten »bey Wasser und Brodt« ein bis zwei Wochen in die »Roggenkiste« gesperrt werden, einen düsteren Turm am Messberg. Wer dennoch sein liderliches Leben fortsetzte, wurde einige Wochen lang für jeweils eine Stunde mit unverdecktem Gesicht und auf die Brust gehefteten, mit Vor- und Zunamen deutlich bezeichneten Schildern an den Pranger gestellt und dann der Stadt verwiesen.

Entlang der Reeperbahn fand das »incorrigible Gesindel«, die »Hurenwirtschaft«, ein neues zu Hause. Dem »sittenstrengen« St. Paulus wurde die Kirche in der neuen Vorstadt gewidmet. Diese Kapelle gab dem Ort auch den Namen: St. Pauli. Im Hamburger »Conclusum im Senatu« vom 6. Novembris 1833 steht geschrieben: »Da der hiesigen, bisher Hamburger Berg, benannten Vorstadt, statt solcher Benennung, der Name St. Pauli beigelegt worden; als wird solches hierdurch abseiten E.H. Raths öffentlich bekannt gemacht, und soll von nun an, die gedachte Vorstadt in allenöffentlichen Acten, in welchen derselben erwähnt wird, und bei sonstigen Vorkommenheiten St. Pauli benannt werden.«

ST. PAULI AFFAIRS

Reeperbahnmusik.

Der CD-Sampler versammelt 18 Songs mit eindeutig unzweideutigen Titeln wie »Go-Go-Girls«, »Lesbische Nummer«, »Haschkeller« und

»Schwere Jungs – Leichte Mädchen« aus deutschen Kriminal- und Softerotikfilmen aus den 60er und 70er Jahren (→ *Fluchtweg St. Pauli*, → *Wenn es Nacht wird auf der Reeperbahn*, → *Die Engel von St. Pauli*), die mehr oder minder um den Mikrokosmos → *St. Pauli*, → *Reeperbahn* und Milieu kreisten. »Treibende Kräfte auf dieser Auswahl sind der immer wieder gern gehörte Peter Thomas (*Raumpatrouille Orion*) und Peter Schirmann (*Fluchtweg St. Pauli*), die beide nach Leibeskräften ihren akustischen Teil zur stickig-schwülen Atmosphäre beitragen und dabei vermutlich selbst ins Schwitzen kamen — mehr Authentizität ist kaum möglich.« (Daniel Hoffmann, Amazon.de)
• ***DIE CD:*** *St. Pauli Affairs. BRD 2001. Diggler Records.* • ***DIE SONGS:*** *Gerry Hayes And The Dynamic-Brass: Go-Go-Girl • Peter Thomas: Haschkeller • Orchester Erwin Halletz: Schwere Jungs – Leichte Mädchen • Peter Schirmann: Fluchtweg St. Pauli • Wolfgang Hartmayer: Every Day • Roland Kovac: Hunter's Beat • Peter Thomas: Lesbische Nummer • Peter Schirmann: Top Secret • Rolf Kuehn: Hippy Dibby • Berry Lipman: Beat In Steel • Peter Schirmann: Fluchtweg St. Pauli (Alternate Version) • Orchester Frank Valdor: Black Market • Peter Thomas: Unter den Dächern von St. Pauli • Orchester Erwin Halletz: Wenn es Nacht wird auf der Reeperbahn • Orchester Frank Valdor: Shake • Orchester Erwin Halletz: Der Puls von St. Pauli • Orchester Siegfried Franz: Die Engel von St. Pauli • Orchester Siegfried Franz: Reeperbahn-Atmosphären*

ST. PAULI NACHT

Kinostreifzug.

→ *St. Pauli* ist mehr als nur → *Huren*, → *Zuhälter* und kriminelle Gaunereien. Findet Regisseur Sönke Wortmann. Zwar taucht auch er ein in das sündige Babel der → *Reeperbahn*, lässt auch Transen, Zuhälter und Gestrandete nicht vermissen, doch interessiert er sich mehr für die → *Kiez*-Bewohner, praktisch ganz normale Helden und Verlierer, und deren Erlebnisse, Episoden und Geschichten: Der Ossi Manfred wird von seiner Frau betrogen, besäuft sich, will's mit einer Prostituierten treiben, doch als die sich ihm verweigert, läuft er nackt Amok. Dabei trifft er auf Johnny, einen Ex-Knacki, der raus will aus dem Sumpf des Verbrechens, plötzlich aber wieder mitten drin steht. – »Luden, Knackis, Transen, Pitbulls und durchgeknallte Alkis: Wortmann bedient in seinem atmosphärischen Milieuporträt alle gängigen Klischees über das Leben auf dem Kiez. Aber das sind genau die, die so mancher Normalbürger sehen will, wenn er einen Blick in die faszinierend-grelle Halbwelt der Peep-Shows und Zuhälter-Schänken wirft. Die brillanten Darsteller (allen voran Manfred Rohde und Heiner Lauterbach, der einen beeindruckenden Auftritt hat), die Originalschauplätze und die episodenhafte Erzählform machen den Film zu einem aufregenen Trip durch eine Kiez-Sommernacht, die es in sich hat.« (TV Movie) – »Vor dem Hintergrund der legendären Hamburger Meile entsteht ein nächtlicher Streifzug, in dem Begierde, Rache, Liebe, Eifersucht, Tod und die Lust am Vergnügen und dem Leben hart und leidenschaftlich aufeinander prallen.« (Berliner Zeitung) – »Schicksal, Sex and Crime in einer Nacht. Vielschichtiges Kiez-Kaleidoskop mit schrägen Typen.« (TV Spielfilm)

• ***DER FILM:** St. Pauli Nacht. BRD 1998, 91 Min. Regie: Sönke Wortmann. Darsteller: Ill-Young Kim (Rasta Robby), Armin Rohde (Manfred), Benno Fürmann (Johnny), Valerie Niehaus (Dorit), Oliver Stokowski (Friese), Axel Milberg (Peter), Florian Lukas (Sven), Maruschka Detmers (Ulrike), Peter Sattmann (Wolfgang), Heiner Lauterbach (Fahrgast)*

ST. PAULI-REPORT

Kinodokumentation.

Was sich nach einem lüsternen Sexstreifen à la »Schulmädchen-Report« anhört, erweist sich als kenntnisreiche Dokumentation des → *Rotlicht*milieus der → *Reeperbahn* in → *Hamburg*, die fiktive Geschichten geschickt mit Dokumentaraufnahmen verknüpft. Was nicht verwundert, heißt der Regisseur doch → *Jürgen Roland,* ausgewiesener → *Kiez*-Kennner und etablierter Polizeifilm- und Krimispezialist. Allerdings darf nicht unter den Tisch fallen, dass Roland mit seinem Doku-Titel durchaus den Erfolg der »Report«-Filme Anfang der 70er Jahre gewinnbringend für seinen Streifen einzusetzen wusste. »Natürlich spekuliert auch Jürgen Roland mit den im Genre üblichen Reizthemen«, schreibt der Autor Michael Cholewa in seiner St.Pauli-Retrospektive für den Terror Verlag. »Schön ist aber, dass der Regisseur vor Ort agiert und somit einen wunderbaren Blick auf St. Pauli und seine faszinierende Urbanität Anfang der 70er gewährt. Leider wurden (und werden) deutsche Städte viel zu selten in die Spielhandlugen integriert. Roland achtete in seinen St. Pauli-Beiträgen zum Beispiel immer darauf, dass seine Typen dem Milieu entstammen, und suchte sich seine Darsteller sogar darin. Somit bleibt am Ende zwischen all den kleinen Geschichtchen doch etwas Authentizität.«

• ***DER FILM:** St. Pauli-Report. BRD 1971, 92 Min. Regie: Jürgen Roland. Darsteller: Helen Vita, Günther Jerschke, Hans Putz, Rudolf Schündler, Horst Hesslein, Ulli Kinalzik, Uwe Carstens*

STRAFGESETZBUCH

Prostitution kann, so will es das → *Prostitutionsgesetz*, nicht mehr gefördert werden. Denn Prostitution ist ein legales → *Rechtsgeschäft*, quasi ein → *Beruf*, der allenfalls noch ausgebeutet werden kann. Das ist strafbar, aber in welchem → *Gewerbe* nicht? Trotzdem fehlt noch einiges zur Eigenständigkeit der Prostitution, und daran hat auch das Strafgesetzbuch Schuld. Zwar wurde hier im Rahmen der Novellierung des Prostitutionsgesetzes eine Änderung vorgenommen – zu wenig allerdings, um das Prostitutionsgesetz als solches nicht wieder zu beschneiden. So verhindert der in Branchenkreisen so genannte »Zuhälter«-Paragraph nach wie vor das Zustandekommen von → *Arbeitsverträgen*, die mit dem Prostitutionsgesetz eigentlich hätten möglich werden sollen.

§ 180 Förderung sexueller Handlungen Minderjähriger

(1) Wer sexuellen Handlungen einer Person unter sechzehn Jahren an oder vor einem Dritten oder sexuellen Handlungen eines Dritten an einer Person unter sechzehn Jahren

1. durch seine Vermittlung oder
2. durch Gewähren oder Verschaffen von Gelegenheiten Vorschub leistet, wird mit Freiheitsstrafe bis zu drei Jahren oder mit Geldstrafe bestraft. Satz 1 Nr. 2 ist nicht anzuwenden, wenn der zur Sorge für die Person Berechtigte handelt; dies gilt nicht, wenn der Sorgeberechtigte durch das Vorschubleisten seine Erziehungspflicht gröblich verletzt.

(2) Wer eine Person unter achtzehn Jahren bestimmt, sexuelle Handlungen gegen Entgelt an oder vor einem Dritten vorzunehmen oder von einem Dritten an sich vornehmen zu lassen, oder wer solchen Handlungen durch seine Vermittlung Vor-

schub leistet, wird mit Freiheitsstrafe bis zu fünf Jahren oder mit Geldstrafe bestraft.

(3) Wer eine Person unter achtzehn Jahren, die ihm zur Erziehung, zur Ausbildung oder zur Betreuung in der Lebensführung anvertraut oder im Rahmen eines Dienst- oder Arbeitsverhältnisses untergeordnet ist, unter Missbrauch einer mit dem Erziehungs, Ausbildungs-, Betreuungs-, Dienst- oder Arbeitsverhältnis verbundenen Abhängigkeit bestimmt, sexuelle Handlungen an oder vor einem Dritten vorzunehmen oder von einem Dritten an sich vornehmen zu lassen, wird mit Freiheitsstrafe bis zu fünf Jahren oder mit Geldstrafe bestraft.

(4) In den Fällen der Absätze 2 und 3 ist der Versuch strafbar.

§ 180a Ausbeutung der Prostitution

(1) Wer gewerbsmäßig einen Betrieb unterhält oder leitet, in dem Personen der Prostitution nachgehen und in dem diese in persönlicher oder wirtschaftlicher Abhängigkeit gehalten werden, wird mit Freiheitsstrafe bis zu drei Jahren oder mit Geldstrafe bestraft.

(2) Ebenso wird bestraft, wer

1. einer Person unter achtzehn Jahren zur Ausübung der Prostitution Wohnung, gewerbsmäßig Unterkunft oder gewerbsmäig Aufenthalt gewährt oder
2. eine andere Person, der er zur Ausübung der Prostitution Wohnung gewährt, zur Prostitution anhält oder im Hinblick auf sie ausbeutet.

§ 180b Menschenhandel

(1) Wer auf eine andere Person seines Vermögensvorteils wegen einwirkt, um sie in Kenntnis einer Zwangslange zur Aufnahme oder Fortsetzung der Prostitution zu bestimmen, wird mit Freiheitsstrafe bis zu fünf Jahren oder mit Geldstrafe bestraft. Ebenso wird bestraft, wer auf eine andere Person seines Vermögensvorteils wegen einwirkt, um sie in Kenntnis der Hilflosigkeit, die mit ihrem Aufenthalt in einem fremden Land verbunden ist, zu sexuellen Handlungen zu bringen, die sie an oder vor einer dritten Person vornehmen oder von einer dritten Person an sich vornehmen lassen soll.

(2) Mit Freiheitsstrafe von sechs Monaten bis zu zehn Jahren wird bestraft, wer
1. auf eine andere Person in Kenntnis der Hilflosigkeit, die mit ihrem Aufenthalt in einem fremden Land verbunden ist, oder
2. auf eine Person unter einundzwanzig Jahren einwirkt, um sie zur Aufnahme oder Fortsetzung der Prostitution zu bestimmen, oder sie dazu bringen, diese aufzunehmen oder fortzusetzen.

(3) In den Fällen des Absatzes 2 ist der Versuch strafbar.

§ 181 Schwerer Menschenhandel

(1) Wer eine andere Person
1. mit Gewalt, durch Drohung mit einem empfindlichen Übel oder durch List zur Aufnahme oder Fortsetzung der Prostitution bestimmt,
2. durch List anwirbt oder gegen ihren Willen mit Gewalt, durch Drohung mit einem empfindlichen Übel oder durch List entführt, um sie in Kenntnis der Hilflosigkeit, die mit ihrem Aufenthalt in einem fremden Land verbunden ist, zu sexuellen Handlungen zu bringen, die sie an oder vor einer dritten Person vornehmen oder von einer dritten Person an sich vornehmen lassen soll, oder
3. gewerbsmäßig anwirbt, um sie in Kenntnis der Hilflosigkeit, die mit ihrem Aufenthalt in einem fremden Land verbunden ist, zur Aufnahme oder Fortsetzung der Prostitution zu bestimmen,

wird mit Freiheitsstrafe von einem Jahr bis zu zehn Jahren bestraft.

(2) In minder schweren Fällen sit die Strafe Freiheitsstrafe von sechs Monaten bis zu fünf Jahren.

§ 181a Zuhälterei

(1) Mit Freiheitsstrafe von sechs Monaten bis zu fünf Jahren wird bestraft, wer
1. einen anderen Person, die der Prostitution nachgeht, ausbeutet oder
2. seines Vermögensvorteils wegen eine andere Person bei der Ausübung der Prostitution überwacht, Ort, Zeit, Ausmaß oder andere Umstände der Prostitutionsausübung bestimmt oder Maß-

nahmen trifft, die den anderen davon abhalten sollen, die Prostitution aufzugeben, und im Hinblick darauf Beziehungen zu dem anderen unterhält, die über den Einzelfall hinausgehen.

(2) Mit Freiheitsstrafe bis zu drei Jahren oder mit Geldstrafe wird bestraft , wer die persönliche oder wirtschaftliche Bewegungsfreiheit einer anderen Person dadurch beeinträchtigt, dass er gewerbsmäßig die Prostitutionsausübung der anderen Person durch Vermittlung sexuellen Verkehrs fördert und im Hinblick darauf Beziehungen zu ihr unterhält, die über den Einzelfall hinausgehen.

(3) Nach den Absätzen 1 und 2 wird auch bestraft, wer die im Ansatz 1 Nr. 2 und 2 genannten Handlungen oder die in Absatz 2 bezeichnete Förderung gegenüber seinem Ehegatten vornimmt.

§ 182 Sexueller Missbrauch von Jugendlichen

(1) Eine Person über achtzehn Jahre, die eine Person unter sechzehn Jahren dadurch missbraucht, dass sie

1. unter Ausnutzung einer Zwangslage oder gegen Entgelt sexuelle Handlungen an ihr vornimmt oder an sich von ihr vornehmen lässt oder
2. diese unter Ausnutzung einer Zwangslage dazu bestimmt, sexuelle Handlungen an einem Dritten vorzunehmen oder von einem Dritten an sich vornehmen zu lassen, wird mit Freiheitsstrafe bis zu fünf Jahren oder mit Geldstrafe bestraft.

(2) Eine Person über einundzwanzig Jahre, die eine Person unter sechzehn Jahren dadurch missbraucht, dass sie

1. sexuelle Handlungen an ihr vornimmt oder an sich von ihr vornehmen lässt oder
2. diese dazu bestimmt, sexuelle Handlungen an einem Dritten orzunehmen oder von einem Dritten an sich vornehmen zu lassen, und dabei die fehlende Fähigkeit des Opfers zur sexuellen Selbstbestimmung ausnutzt, wird mit Freiheitsstrafe bis zu drei Jahren oder mit Geldstrafe bestraft.

(3) In den Fällen des Absatzes 2 wird die Tat nur auf Antrag verfolgt, es sei denn, daß die Strafverfolgungsbehörde wegen des besonderen öffentlichen Interesses an der Strafverfolgung ein Einschreiten von Amts wegen für geboten hält. **(...)**

§ 184a Ausübung der verbotenen Prostitution
Wer einem durch Rechtsverordnung erlassenen Verbot, der Prostitution an bestimmten Orten überhaupt oder zu bestimmten Tageszeiten nachzugehen, beharrlich zuwiderhandelt, wird mit Freiheitsstrafe bis zu sechs Monaten oder mit Geldstrafe bis zu einhundertachtzig Tagessätzen bestraft.

§ 184b Jugendgefährdende Prostitution
Wer der Prostitution
1. in der Nähe einer Schule oder anderen Örtlichkeit, die zum Besuch durch Personen unter achtzehn Jahren bestimmt ist, oder
2. in einem Haus, in dem Personen unter achtzehn Jahren wohnen, in einer Weise nachgeht, die diese Personen sittlich gefährdet, wird mit Freiheitsstrafe bis zu einem Jahr oder mit Geldstrafe bestraft.

STRAP ON (-DILDO)

Engl.: strap on – umschnallen.
Ein Umschnalldildo wird mittels eines Harness um die Hüfte geschnallt und wie ein erigierter Penis getragen; bevorzugt wird er von Frauen für ihr lesbisches Spiel, aber auch im Rahmen der → *SM* von einer → *Domina* benutzt, wenn sie entweder den ihr ausgelieferten Mann → *anal* penetrieren oder die devote → *Sklavin* vögeln möchte.

STRAPS

Arbeitskleidung.
Der Strumpfhalter beziehungsweise schmale Hüftgürtel mit vier Strapsen ist für viele Männer erotische Stimulanz, für ihre Ehefrauen dagegen ein Zeichen der Erniedrigung, deshalb strickt verpönt. Weil → *Freier* sich nicht selten das bei einer → *Prostituierten* holen, was sie daheim nicht bekommen, gehört der Strumpfhalter zur gern gesehenen Arbeitskleidung der Prostituierten.

STRASSENPROSTITUTION

Prostitutionsform.
Synonyme: Autostrich, → *Babystrich,* → *Steigenprostitution,* Straßenstrich. Von allen Formen der Prostitution ist die Straßenprostitution

die am wenigsten geachtete. »Im Gegensatz zu anderen Prostitutionsbereichen wird die Straßenprostitution in der Öffentlichkeit angeboten, das heißt, die Frauen sind der Verachtung der AnwohnerInnen und PassantInnen in besonderem Maße ausgesetzt«, weiß die → *Dortmunder Mitternachtsmission e.V.* »So besteht auch immer das Risiko, von Bekannten gesehen zu werden. Dies führt zu Ängsten, besonders, wenn die Frauen minderjährige Kinder haben, die nichts von der Tätigkeit der Mutter wissen.«

Bei der Straßenprostitution – umgangssprachlich auch als → *auf den Strich gehen* bezeichnet – findet die Kontaktaufnahme auf der Straße statt. Die Prostituierten stehen am Straßenrand (daher auch die Bezeichnung → *Bordsteinschwalbe*) und warten auf → *Freier*, die in der Regel im Auto vorbeigefahren kommen, anhalten und sich eine → *Hure* aussuchen, die zu ihnen ins Auto steigt.

Die eigentliche Dienstleistung wird dann im Freien, in → *Stundenhotels* (so genannten → *Steigen*), Pensionen oder in aller Regel im Fahrzeug des Kunden (daher auch »Autostrich« genannt) vollzogen. Nur in der bayrischen Landeshauptstadt → *München* gibt es eine Ausnahme: Dort haben die Stadtväter ein »Ausübungsverbot für Autos« erlassen. Ein deutsches Unikat: Gemäß dieser Verordnung dürfen Frauen, die auf dem Straßenstrich arbeiten, zwar Kontakt zum Freier knüpfen und Vereinbarungen über die angebotene Dienstleistung treffen, diese aber nicht im Auto ausführen. Ihnen bleibt daher nur der Beischlaf in angemieteten Wohnungen, die meist in → *Sperrgebieten* liegen, von denen München wiederum außergewöhnlich viele hat. Alternativ bleiben den Frauen → *Stundenhotels.* »Was paradox ist, denn die Freier, die auf den Straßenstrich fahren, haben dafür einen Grund«, weiß Heike Schütte von der Münchner Hurenanlaufstelle → *Mimikry.* »Ansonsten könnten sie ja direkt auf das Zimmer, in einen Club oder ein Bordell gehen.«

Warum aber suchen Männer eine Frau auf dem Straßenstrich, wo sie es im → *Bordell* gemütlicher, im → *Club* privater und exklusiver haben könnten? Wahrscheinlich sprechen die Bordsteinschwalben das Verdorbene, das Verruchte, eben die niederen Instinkte im Mann an. Im Übrigen eignet sich die Straßenprostitution für die schnelle Erleichterung: vorgefahren, eingestiegen, → *Blow Job*, fertig.

Die Straßenprostitution birgt von allen Formen die höchsten Risiken, da viele Städte mit Sperrgebietsverordnungen die Toleranzzonen in dünn besiedelte und dunkle Randzonen verlagern. Dort droht Gefahr! Da die vereinbarten Leistungen dann an ebenfalls abgelegenen Orten durchgeführt werden müssen, sind die Frauen potentieller Gewalt hilflos ausgeliefert. Das gilt auch für Frauen, die bereit sind, Kunden in deren Wohnung zu begleiten. In manchen Fällen werden sie um ihr Geld geprellt oder sogar misshandelt und vergewaltigt. Sie scheuen sich meistens, diese Männer anzuzeigen, da sie wegen der verbotenen Prostitution in einem Sperrbezirk Schwierigkeiten mit der Polizei befürchten.

Gefahr droht auch durch konkurrierende Prostitutierte oder erschwerte hygienische Bedingungen. Da die Frauen bei jeder Witterung arbeiten, erhöhen sich Krankheitsanfälligkeiten und -risiken, zum Beispiel Erkältungskrankheiten oder Unterleibserkrankungen. Nicht überall gibt es wie in Dortmund durch die Beratungsstelle → *Kober* oder in → *Köln* durch den Sozialdienst Katholischer Frauen e.V. einen Ruheraum in Form eines Café-Containers.

Bei den Prostituierten selbst wird Straßenprostitution unterschiedlich bewertet: Einige sind sich der Gefährlichkeit bewusst. »Weil man natürlich, sobald man mit dem Freier mitgeht, die Schutzzone des Straßenstrichs verlässt und ihm ausgeliefert ist«, so die Prostituierte Stefanie A. Andere sehen dagegen die Vorteile, wie die langgediente Prostituierte Karin S.: »Man kann kommen und gehen, wann man will, bleibt für zehn Minuten oder zehn Stunden. Man hat keinerlei Ausgaben, nicht für → *Zimmer,* → *Werbung*, allenfalls für → *Kondome*. Und die Einnahmen bleiben 100 Prozent bei einem selbst.«

Das ist wohl gemerkt der Idealfall, nämlich der des freien Marktes. Häufig ist die Straßenprostitution aber dem kriminalisierten Bereich des Milieus zugeordnet: Die Prostitution auf dem Straßenstrich ist in diesem Fall ein straff organisiertes Geschäft mehrerer Personen; vielfach müssen Frauen ein → *Stichgeld* bezahlen, eine Abgabe an einen Mann, weniger eine Frau, dafür, dass sie an der betreffenden Straße arbeiten dürfen. Nicht selten arbeiten die Prostitutierten zusätzlich mit → *Zuhältern* oder ihrem Lebenspartner zusammen. Das heißt nicht nur, sie müssen doppelt → *abdrücken*, sondern sie werden vielfach genötigt, kontrolliert oder im schlimmsten Fall überwacht (teilweise auch Zwang zur Prostitution mit brutalen körperlichen Misshandlungen). Werden sie an einen anderen Zuhälter »verkauft«, müssen sie diesen Verkaufspreis (→ *Abstand*) selbst abarbeiten. All dem stehen meist geringe Einnahmen gegenüber, schließlich steht der Straßenstrich allen genannten Vorteilen zum Trotz am unteren Ende der Hierarchie. Was auch damit zusammenhängt, dass häufig die Straßenprostitution in Verbindung mit der → *Beschaffungsprostitution* auftritt. Dann spricht man in der Regel vom → *Drogenstrich.*

Eine Abart der Straßenprostitution ist der → *Babystrich.*

STRASSENSTRICH

Prostitutionsform.

Synonyme: Autostrich, Steigenprostitution, → *Straßenprostitution*

STRICH

Prostitutionsort.

Synonym: Autostrich, → *Babystrich*, → *Beschaffungsprostitution,* Drogenstrich, → *Straßenprostitution.* Meist heißt es von Frauen, die sich prostituieren, sie würden »auf den Strich gehen«. Die Etymologie führt den »Strich« auf »streichen« zurück im Sinne von »entlanggehen, umherziehen«. Der »Strich« wäre dann laut »Duden« im Sinne von »Zugrichtung« oder allgemeiner als »Weg, Straße« zu verstehen: »Möglicherweise spielt auch das jägersprachliche ›Schnepfenstrich‹ (›Balzflug der Schnepfe‹) hinein, zumal ›Schnepfe‹ ein umgangssprachlicher Ausdruck für → *Prostituierte* ist.«

STRICHER

Sich prostituierender Junge.

→ *Prostitution* ist nicht gleich Prostitution. Man muss unterscheiden zwischen weiblicher und männlicher Prostitution. Beide verbindet eines: Mann wie Frau, gehen → *anschaffen.* Doch während die Prostituierte vielerei Möglichkeiten hat, ihrem → *Gewerbe* nachzugehen – im → *Bordell* oder → *Club,* → *SM-Studio* oder in der → *Privatwohnung*, wird der männliche Prostituierte meist reduziert auf den → *Stricher.* Das sind meist so genannte → *Trebegänger,* von zuhause oder aus dem Heim geflohen, die sich in der Umgebung der → *Großstadt*bahnhöfe anbieten. Rainer Ulfers, Sozialpädagoge bei der Anlaufstelle von → *Basis e.V.* in → *Hamburg* erklärt »Spiegel Online«: »Der Bahnhofskarriere voraus gehen meist eine Heimkarriere oder zerrüttete Familienverhältnisse.«

Karin Fink von → *KISS*, der Beratungsstelle für Stricher in → *Frankfurt a. Main*, konkretisiert: »80, 90 Prozent der Jungs haben bereits Missbrauchserfahrung körperlicher wie seelischer Art erlebt, in ihren Familien, in Heimen oder wo immer sie untergekommen sind.«

Wolfgang Werner vom → *Berliner* Stricherprojekt → *SUB/WAY berlin e.V.*: »Es reißt ja nicht der gewöhnliche Mittelschichtsjunge aus, der daheim eine intakte Familie und im Kinderzimmer seine Playstation hat. Es haut ja meistens der ab, der das nicht hat, also Jungs, die aus einer so genannten ›broken home family‹ kommen.«

Noch einmal Karin Fink: »Außerdem ist eine Tendenz feststellbar, dass die Jungs immer früher von zuhause abhauen und anschaffen gehen, also dass das Alter immer jünger wird. Mir fällt auf, dass die Jungs immer mehr Probleme aufweisen: Das soziale und familiäre Umfeld ist häufig sehr früh gestört. Durch die Grenzöffnung, vor allem die Öffnung nach → *Osteuropa*, sind vermehrt Jungs bei uns gestrandet, die über keinen regulären Aufenthaltsstatus verfügen, hier in Deutschland aber trotzdem versuchen, Fuß zu fassen, indem sie das ›Phantasma‹ des goldenen Westens leben. Insofern hat auch die Zahl der Stricher zugenommen.«

Rainer Ulfers von Basis e.V.: »Der Ausländeranteil unter den Strichern liegt bei fast 40 Prozent, es gibt viele Polen und Tschechen sowie einige Rumänen. Nach der Wende kamen vermehrt Jungs aus den neuen Bundesländern, meist mit ähnlichem sozialen Hintergrund wie ihre westdeutschen Kollegen und in akuter Geldnot.«

Nicht selten haben die Jungs, die sich als Stricher verdingen müssen, bereits eine entsprechende Sozialisierung hin zur Prostitution erfahren. Sie sind als junge Ausreißer im Alter von zehn oder elf Jahren in die von Sozialarbeitern und -pädagogen so genannten → *Pädo-Kreise* geraten, eine Päderasten-Szene, für die die Kinder mit Erreichen ihrer Pubertät zu alt werden.

Die meist 13-, 14-jährigen Kids – Ausreißer oder Pädo-Opfer – stranden an den Bahnhöfen der Großstädte und werden dort von den geschulten Augen der → *Freier* sofort erkannt. Diese Männer bieten ihnen Geld zum Überleben, nicht selten »emotionale Zuwendung«; Zuwendung, die die Jungs daheim nie erfahren haben. Sie bekommen sie von eben diesen Männern. Thomas Nebel, Geschäftsführer beim Hamburger Basis e.V. bestätigt: »Das Verhältnis Stricher und Freier ist ein ganz anderes als in der weiblichen Prostitution – Stichwort ›väterlicher Freund‹.«

Karin Fink von KISS: »So paradox es sich anhört: Viele der Jungs erleben die Szene als ein Abenteuer. Für sie ist die Szene eine Art Ersatzfamilie. Sie fühlen sich dort geborgener, als sie es jemals vorher waren.«

Dass die Jungs für diese Geborgenheit sexuelle Dienstleistungen erbringen müssen, ist häufig nur ein notwendiges Übel. Manchmal entsteht eine »Beziehung«, während der der Stricher über Wochen oder Monate bei dem Freier übernachtet oder gar wohnt. Ein Standardsatz der Freier ist: »Wir machen das doch nur aus Liebe!« Schöner Schein so genannter → *Sozialfreier.* In Wahrheit ist der Freier aber weder an dem Jungen noch an seinem Schicksal interessiert, sondern an dessen Sexualität, jugendlichem Aussehen, seinem Alter.

Die Jungs, die sich auf dieses perfide Spiel der Freier einlassen, geraten, ohne dass sie es merken, in eine Form der Abhängigkeit. Meist verstricken sie sich in diese Abhängigkeiten, sehen sich plötzlich – sofern sie nicht zuvor bereits von Päderasten »eingeführt wurden – mit Problemen konfrontiert: Sie erleben ihr Coming-out als Schwuler, üben homosexuelle Praktiken aus, mit denen sie nicht klarkommen, weil sie eigentlich heterosexuell sind. Sie bekommen Krankheiten, psychische Leiden oder erleben Gewalt und Missbrauch, vor denen sie ursprünglich geflüchtet sind. Nicht zuletzt die fehlende Stricher- oder Prostitutiertenidentität macht es für die Jungs schwierig, sich an die Beratungsstellen und Hilfsprojekte zu wenden.

Was es auch für die Polizei schwierig macht zu ermitteln. Grundsätzlich macht sich ein Freier zwar strafbar, wenn er eine sexuelle Dienstleistung von einem Jugendlichen unter 18 Jahren kauft. »In der → *Stricher*szene machen sich daher gut 90 Prozent der Freier per se strafbar«, so der Polizist Matthias A. Allerdings muss der Gesetzgeber in jedem Einzelfall nachweisen, dass in einer Kneipe eine sexuelle Dienstleistung gekauft worden sei. Die Frage ist: Wo beginnt der Kauf einer Dienstleistung? Ist es bereits die Cola, die der Junge spendiert bekommt? Oder das Geld, das den Besitzer wechselt? Oder nur die mündliche Vereinbarung? Es gibt keine Richtlinien oder Ausführungsvorschriften dafür. Mittlerweile hat der Gesetzgeber Sex zwischen einem Erwachsenen und einem über 16-Jährigen erlaubt. Also müsste die Polizei, um in der Straftat der sexuellen Dienstleistung unter 18 Jahren ermitteln zu können, erst einmal nachweisen, dass der 16-Jährige ein Stricher ist, der Ältere ein Freier. Einer der beiden braucht nur behaupten, er wäre es nicht, und schon gibt es nichts mehr zu ermitteln. Thomas Nebel von Basis e.V. weiß: »Der Stricher lässt auf den Freier nichts kommen, spricht von ihm als ›mein Freund‹. Bis diese Konstellation in die Hose geht, weil es sich dabei um eine knallharte Geschäftsbeziehung handelt: Der Junge bekommt Geld für Arbeit, Unterkunft, Logis, Klamotten, dafür gibt er eine sexuelle Dienstleistung. Und wenn der Junge das nicht mehr will oder der Freier einen jüngeren Jungen will, dann fliegt das auseinander. Dann ist nichts mehr mit Vater.«

Der Mann, der eigentlich Freund oder Vaterfigur ist, lässt sie fallen. Wieder stehen die Jungs am Straßenrand und warten darauf, dass ein neuer Mann sie anspricht, damit sie überleben können. Rainer Ulfers: »Viele gehen auf den Strich, damit sie nicht kriminell werden müssen.«

Ein Teufelskreis, in dem unweigerlich auch Alkohol, Zigaretten und Drogen eine Rolle spielen. Karin Fink von KISS: »Wir haben hier Leute, die LSD, Kokain, Crack, Ecstasy, Shit, Gras, auch Alkohol konsumieren ...«

Rainer Ulfers: »Der Mehrfachdrogenkonsum von Kokain, Ecstasy und Designerdrogen hat zugenommen. Es gibt kaum einen Stricher, der nicht in irgendeiner Form Drogen, einschließlich Alkohol, konsumiert. Vor ungefähr vier, fünf Jahren tauchten die ersten Crack-Raucher auf. Das ist eine Gruppe von Schwerstabhängigen, die durch ihre Nicht-Ansprechbarkeit und ein hohes Aggressionspotential von uns fast nicht mehr zu erreichen ist.«

Karin Fink: »Ich glaube, vieles davon ist auch verantwortlich dafür, dass die Brutalität in der Szene zugenommen hat.«

Zuhälter dagegen gibt es in Stricherkreisen selten. Obwohl es durchaus Freier gibt, die Jungs anschaffen schicken. Das aber meist aus anderen Beweggründen. Der klassische Freier ist, so ergaben Studien, arbeitslos oder Sozialhilfeempfänger. Wenn er einen Jungen bei sich aufnimmt, dann belastet es den Etat. Insofern ist es zwangsläufig, dass er den Jungen drangsaliert. Andere Männer kassieren → *Standgeld* dafür, dass Jungs am Bahnhof anschaffen dürfen. Andere verlangen zehn Euro, dass Stricher eine → *Stricherkneipe* betreten dürfen. Es gibt auch ein → *Abziehersystem.*

Mit 18, 19 Jahren sind die Jungs zu alt für die Szene und es beginnt der → *Ausstieg,* »da sonst für sie mit der Tätigkeit nichts mehr zu verdienen ist. Sie werden älter und sind für die Freier uninteressant«, weiß Michael Weiße, Diakon beim Strichertreff → *Café Strichpunkt* in Stuttgart.

Einfach ist das nicht, denn viele der Stricher haben keinen Schulabschluss, keine Ausbildung. »Wir erleben leider auch sehr viele Jungs, die es nicht schaffen – aus den verschiedensten Gründen, meist weil die Anforderungen zu hoch sind oder falsche Erwartungen an das ›normale Leben‹ geknüpft werden«, bedauert Sabine Reinke von der Beratungsstelle → *Looks e.V.* in Köln. Karin Fink von KISS in Frankfurt ergänzt: »Wir haben einige, die Ende 20, Anfang 30 sind und von denen man sagen kann, sie gehen einer typischen Obdachlosenkarriere entgegen.«

Eine andere Möglichkeit für Stricher jenseits der 18 ist der → *Umstieg* in eine andere Szene. Das heißt, die Jungs professionalisieren sich als → *Callboy* oder bieten ihre Dienste als → *Gesellschafter* an. Was nicht einfach ist, denn dazu gehört wiederum das Bewusstsein, schwule Klientel zu bedienen – einen Callboy-Markt für Frauen gibt es nicht. Schwule Sexualität ist jedoch eine andere Form der Sexualität, als sie die Stricher bisher praktizierten, denn die Begegnung mit Freiern war »irgendwas, was auch immer – gleichgeschlechtlich, aber nicht schwul!« erklärt der Polizist Matthias A. »Keine der beiden Seiten würde sagen, er wäre schwul. Meist sind es die Familienväter, die einem normalen, geordneten Familienverhältnis entstammen und ein Abenteuer suchen. Wobei ›meist‹ relativ ist. Erwiesen ist, dass in den seltensten Fällen ein homosexueller Mann zum Stricher geht, um ihn für seine sexuellen Praktiken zu gebrauchen.«

Der Umstieg zum Callboy setzt also eine Professionalität voraus, die den meisten aber während ihrer Stricher-»Karriere« gänzlich fehlte. Wolfgang Werner von SUB/WAY berlin e.V.: »Viele denken, sie brauchen nur ein Handy und ein Apartment und schon können sie sich Callboy nennen. Aber dazu gehört noch ein bißchen mehr, was sie in der Regel recht schnell zu spüren bekommen. Denn der Freier, der sich einen Callboy bestellt, erwartet definitiv etwas anderes als der, der sich am Bahnhof einen jungen Mann sucht ...«

Karin Fink erklärt: »Die Callboys, die ich im Laufe meiner Arbeit kennen gelernt habe, sind Jungs und Männer, die eingebunden sind in ein einigermaßen stabiles Sozialsystem, die einen Schulabschluss haben, mittlere Reife, Abitur, die eventuell sogar einen Hochschulabschluss haben. Die sind stabiler, nicht so sehr mit Problemen behaftet, deren Identität ist ganz klar: Sie definieren sich eindeutig als schwul. Sie haben eine Wohnung, meist sogar ein Studio, in dem sie arbeiten können. Das heißt, sie sind viel strukturierter, viel klarer und haben eine Perspektive.«

STRICHERKNEIPEN

Kontaktbörse.

Eine Stricherkneipe ist nicht zu verwechseln mit einer Schwulenbar. In einer Schwulenbar, wie das Szenekennern wohlbekannte »Deck 5« in Köln eine ist, treffen sich Männer aller Altersgruppen, weil sie schnellen, unkomplizierten und schwulen Sex unabhängig von Altersgruppen und ohne finanzielle Interessen suchen. Dort hat ein Junge, der Sex gegen Geld bietet, nichts verloren. Er wird in dem Augenblick, in dem er seine Offerte einem Gast unterbreitet, vor die Tür gesetzt.

In einer Stricherkneipe dagegen können sich die Jungs offen als Prostituierte »outen«. Freier, die eine solche Kneipe aufsuchen, von der es in jeder → *Großstadt* mindestens eine, meist mehrere gibt, wissen genau, dass sie hier nicht nur Sex für Geld finden, sondern auch die ersehnten Jungs im Alter zwischen 15 und 20 Jahren. Meist ist an die Kneipe auch eine → *Zimmervermietung* oder in der Nähe ein → *Stundenhotel* angebunden.

Der Kontakt in einer Stricherkneipe funktioniere ähnlich wie auf dem Strich, weiß man bei der Callboy-Beratung → *Querstrich* in Berlin, »aber die Kneipenatmosphäre bietet einen geschützteren Rahmen als die Straße. An die Kneipe werden nur die Getränke, aber keine Abgaben bezahlt.« Gleichwohl gibt es Kneipiers, die von den Strichern eine Eintrittsgebühr verlangen.

STRIPTEASE

Engl.-amerik.: to strip – sich ausziehen; to tease – necken, reizen. Synoym: Tabledance. Am Anfang war die Erotik. War der erotische Tanz, den die westlichen Kulturen den östlichen abguckten; üblich waren sie im persischen Harem, aber auch bei den → *Hetären* im alten Griechenland. Der erotische Tanz war wahre Kunst, die Kunst, ein ganzes Publikum zu verführen mit sexuellen Bewegungen, die die Phantasie anregten. In den Saloons des Wilden Westens wurde aus dem Tanz die Burleske, die ab 1860 von → *Lydia Thompson* in London populär gemacht wurde: Aus der Burleske wurde eine Revue, die eine Geschichte erzählte, schließlich waren die meisten der Damen Schauspielerinnen. Oder zumindest Tänzerinnen. Und sie blieben anständig: Lydia Thompsen trat zwar zum ersten Mal nur in Strumpfhosen auf, aber die letzte Hülle fiel nie.

Erst die Pariserin → *La Goulue,* die ihren Allerwertesten für den »schönsten Hintern Frankreichs« hielt, ging 1893 weiter, raffte ihre Unterröcke und zeigte blankes Fleisch. Jeder sollte sich von der Richtigkeit ihrer Behauptung überzeugen können. Zur gleichen Zeit hielt der französische → *Cancan* Einzug, der im rasanten Zweiviertelaktakt alle Sittenregeln sprengte. Im Gelehrtenviertel von Paris, dem »Quartier Latin«, entledigte sich mit Mona erstmals eine Dame gänzlich ihrer Kleidung. Varieté- und Tanztheaterbesitzer verwandelten wenig später, was die Gemüter bewegte, in klingende Münze. Die Burleske galt da längst als »obszön«, als billige Unterhaltung – und verschwand von der Bildfläche.

Zu den Stars der Entkleidungskunst gehörten neben der zur gleichen Zeit tanzenden Ägypterin Little Egypt (geb. 1872, gest. 1937), die es »gewohnt war, verhaftet zu werden«, → *Josephine Baker,* → *Mata Hari* und → *Colette.* Berühmt und berüchtigt wurde die Berlinerin → *Anita Berber* in den zwanziger Jahren europaweit mit ihren »Tänze(n) des Lasters, des Grauens und der Ekstase«. »Ich habe die Kraft und die Leidenschaft«, sagte sie, »die Poesie bürgerlicher Phantasien zu zerstören und zu ersetzen durch etwas, das ehrlicher, das obszön und vulgär ist.« Wer Anita Berber nicht ernst nahm, lief Gefahr, von ihr die Sektflasche über den Kopf gezogen zu bekommen.

Die Künstlerinnen damals ließen allerdings nicht immer sofort jedes Kleidungsstück fallen, Zensur und Moral passten auf, dass es nicht zum Skandal kam. Die, die es wagten, sich zu entblättern, galten als liederliche Frauenzimmer und → *gefallene Mädchen*. In der Tat gab es einige unter ihnen, die ihren Körper verkauften. Heute steht die Prostitution meist immer am Ende der Strip-Karriere: »Die Mädchen fangen mit dem Tanzen an und rutschen dann in die Prostitution ab«, weiß Tänzerin Wendy S. zu berichten.

Zum unverbrämten Sex-Akt wurde die Ausziehkunst erst in der New Yorker Unterwelt der Zwischenkriegszeit, nur wenig blieb von der einstigen Kunstfertigkeit des Tanzes, seiner Wurzeln wie Cancan und der Burleske, dem rasanten Spiel mit Körper, Erotik und frechen Sprüchen. »Man hat uns die Erotik so radikal ausgetrieben«, heißt es wehmütig in dem Buch »Striptease« (Rütten & Loening, Berlin 2001) von Lucinda Jarrett. Kurt Starke ergänzt im »Lexikon der Erotik«: »Heute wird alles nur Denkbare – von der Vibratorshow über den Genitalkuss vom oder am Gast bis zur Öffnung des Afters, von der Badeshow über das Enthaaren der Schamgegend bis zum Geschlechtsverkehr – auf der Bühne dargestellt.« Die Fernsehshow »Tutti Frutti«, die der Privatsender RTL 1990 mit blassem Moderator Hugo Egon Balder und steifbeinigen Kandidaten ausstrahlte, war da als »die erste private Striptease-Show für Mutti und Vati« (Bild-Zeitung) zwar revolutionär fürs deutsche Fernsehgebahren, ein Tabu brach sie längst nicht mehr. Und mit Sicherheit auch nicht der Hollywood-Streifen → *Striptease*.

Striptease steht heute, gemäß seiner amerikanischen Bedeutung, für die schlichte »Tanznummer in Nachtlokalen und Varietés, bei der sich Akteure nach und nach entkleiden«. Dieser Vorgang dauert in der Regel fünf bis sechs Minuten, aufgeteilt auf zwei Nummern: Ein knapp dreiminütiger Schnelltanz zu flotter Technomusik; währenddessen kann der Gast bei Wohlgefallen Geldscheine unter Slip oder BH der Tänzerin klemmen. In den meisten Läden muss er aber eigens dafür hergestellte Geldnoten, so genannte → *Fake Dollars*, erwerben. Im Anschluss beginnt die eigentliche, abermals knapp drei Minuten währende Entkleidungsphase. Ist die letzte Hülle gefallen, fährt der DJ die Musik nach spätestens zehn Sekunden herunter. »Damit wir nicht wer-weiß-wie-lange entblößt herumlaufen«, sagt Stripperin Tamara P. »Und außerdem wird es ja auch für die Gäste langweilig; in der Regel liegt die Spannung ja in dem Strip, und wenn der Gast einen Blick auf den nackten Körper geworfen hat, reicht das. Und tschüss!«. Will der Gast dann noch mehr von der Stripperin sehen, kann er sie zu einem → *Lapdance* ordern, einem Solotanz im → *Séparée*. Dabei bemühen sich die Mädchen, dass der Gast ihnen im Anschluss an den Solotanz einen Piccolo spendiert, denn an dem Erlös des Getränks wird die Tänzerin zu 50 Prozent beteiligt – gute, geschickte Tänzerinnen verdienen sich auf diesem Wege ein nettes Zubrot zum eigentlichen Auftrittshonorar. Allerdings macht die Rezession in den letzten Jahren auch vor den Striptease-Bars nicht halt: »Es läuft sehr schlecht, schlechter noch als in den Bordellen«, sagt Frank K., Betreiber eines Tabledance-Lokals in Berlin. »Gepoppt wird immer. Aber immer weniger Leute leisten sich den Luxus, in einer Tabledance-Bar einen oder zwei Piccolos für 50 Euro zu trinken, nur um mit den Mädels zu reden, wenn sie zwei Straßen weiter für den gleichen Preis ficken können.« Tänzerin Wendy S. ergänzt: »Wir merken es schon, dass die Geldbörsen nicht mehr so locker sitzen. Es hat schwer nachgelassen. Die Umsätze sind bestimmt um 50 Prozent zurückgegangen.«

Um die Einbußen aufzufangen, haben sich die Läden unterschiedlichste Preissysteme ausgeguckt: Einige Bars verlangen zwar keinen Eintritt, aber einen fürstlichen Mindestverzehr. Andere nehmen nur Eintritt, noch andere sogar Eintritt plus Mindestverzehr. Meist sind dann ein paar Fake Dollars inklusive.

• *INFO: Lucinda Jarret. Striptease – Die Geschichte der erotischen Entkleidung. Rütten & Loening Verlag, Berlin 1999*

STRIPTEASE
Im Gespräch: Stripperin Wendy S.
Wendy S., 36. arbeitet als Stripperin in Tabledance-Bars.

Wie wird man Striptease-Tänzerin?
Wendy S.: Ich war selbst mal Gast in einem Laden in Essen, in dem sie die Tabledance-Queen Deutschlands suchten. Dem vorausgegangen waren Vorausscheidungen in den verschiedenen Tabledance-Lokalen der einzelnen Bundesländer. Ich fand das so faszinierend, was die Frauen dort oben veranstalteten, speziell die Stangenakrobatik. Ich sagte mir: *»Das versuche ich auch!«* Dann ist mir noch eine alte Jugendfreundin über den Weg gelaufen, die ich zehn

Jahre zuvor aus den Augen verloren hatte. Sie tanzte bereits zwei Jahre in einem Tabledance-Lokal. Mein Freund, mit dem ich damals zusammen war, arbeitete in einer Fotoagentur, die die Bilder der Frauen für den Schaukasten machte; er fragte, ob die eine oder andere Kollegin mir was zeigen könne. Ich bin also hin und habe mir den ein oder anderen Kniff zeigen lassen. Und eines Abends bin ich dann praktisch ins kalte Wasser gesprungen.

Learning by doing also?
Wendy S.: Ja. Einfach ab auf die Bühne und los ging's. Inzwischen gibt es zwar Lehrgänge und Stripunterricht, aber ich weiß nicht ... Ich habe bisher noch keine Frau oder Tänzerin kennen gelernt, die das in Anspruch genommen hat, zumal das auch völlig überteuert ist.

Braucht man ein Faible fürs Tanzen, und kann jede Frau strippen?
Wendy S.: Ich denke schon, dass man Gefühl für Musik haben muss. Ich sehe immer mal wieder Frauen auf der Bühne, die kein Gefühl für Rhythmus haben; da kann sie noch so gut aussehen, mit Silikonbusen, traumhafter Frisur, eine Barbie-Puppe – wenn sie sich nicht bewegen kann und es zur Musik nicht passt, dann sieht man es an den Reaktionen der Gäste.

Braucht man auch eine exhibitionistische Ader?
Wendy S.: Ein wenig schon, klar! Oder sagen wir so: Es darf dir zumindest nichts ausmachen, dass die Männer dich anstarren. Aber es ist auch so: Sobald wir den Slip ausgezogen haben und der DJ sieht das, zieht er die Musik nach allerspätestens zehn Sekunden runter und schickt uns von der Bühne. Damit wir nicht wer-weiß-wie-lange entblößt herumlaufen müssen. Außerdem wird es auch für die Gäste langweilig; in der Regel liegt die Spannung ja in dem Strip, und wenn der Gast einen Blick auf den nackten Körper geworfen hat, reicht das. Und tschüss! Die Männer sitzen da und warten auf die nächste Tänzerin.

Macht dir der Job Spaß?
Wendy S.: Ja, ich tanze unheimlich gerne.

Sich dabei vor den Männern zu entblößen macht dir also nichts?
Wendy S.: Nein. Ich mache sogar meine Faxen auf der Bühne. Ich albere von der Bühne aus mit den Gästen herum. Das macht Spaß.

Du verfolgst dabei ein bestimmtes Ziel, oder?
Wendy S.: Klar, ich möchte natürlich die Männer dazu animieren, dass sie mich zu einem Lapdance einladen oder mir ein Getränk spendieren. Dadurch verdiene ich dementsprechend mehr. Die Frauen, die sturen Blickes über die Bühne wandern und keine Miene verziehen, haben es wirklich schwer, den Gästen im Anschluss einen Piccolo aus der Tasche zu ziehen.

Wendy, du hast viele Jahre angeschafft. War das Strippen für dich auch eine Möglichkeit, aus der Prostitution auszusteigen?
Wendy S.: Ja. Ich hatte mir vorgenommen, spätestens mit 30 Jahren mit der Prostitution aufzuhören. Und dann bot sich mir die Gelegenheit, was mir ganz recht kam. Ich war sofort Feuer und Flamme.

Gibt es viele Frauen, für die das Strippen eine Möglichkeit zum Ausstieg ist?
Wendy S.: Du wirst lachen, aber es ist meistens umgekehrt. Dass die Mädchen mit dem Tanzen anfangen und dann in die Prostitution abrutschen.

Weil sie mit dem Tanzen nicht so viel Geld verdienen?
Wendy S.: Naja, ich habe, als ich mit dem Tanzen angefangen habe, weitaus mehr Geld verdient als zuletzt mit der Prostitution. Da ist ja alles den Bach runtergegangen, vor allem durch die ausländischen Frauen aus dem Ostblock und die Schwarzen, die uns die Preise kaputt machten. Im Bordell ist es so: Da muss jede Frau, wenn der Gast sie fragt, den gleichen Preis nehmen, damals waren es meist 50 Mark für die einfache Nummer. Bei den ausländischen Kolleginnen ging es auch für 30. So haben sie uns die Gäste vor der Nase weggeschnappt. Um auf deine Frage zu antworten: Die Mädels, die jetzt mit dem Tanzen anfangen und dann in die Prostitution abrutschen, sind meist so blöde Hühner, die sich von irgendwelchen Zuhältern überreden lassen. Die Zuhälter treiben sich

in den Tabledance-Bars herum, machen die Mädels an – und schon ist es passiert. Und weißt du, die meisten Mädchen in diesem Job sind auch nicht wirklich intelligent. Von daher haben die Jungs auch leichtes Spiel mit ihnen.

Die wirtschaftliche Lage geht auch an den Tabledance-Bars nicht spurlos vorbei.

Wendy S.: Es läuft sehr schlecht, schlechter noch als in den Bordellen. Gepoppt wird immer. Mir war das sowieso schon immer rätselhaft, warum Leute für 50 Mark einen Piccolo trinken, nur um mit mir zu reden, wenn sie zwei Straßen weiter für den gleichen Preis poppen können.

Dessen sind sich die Leute heute wohl auch bewusst. Die Geldbörsen sitzen nicht mehr so locker. Die Umsätze sind bestimmt um 50 Prozent zurückgegangen.

Ist das auch der Grund, warum du kein festes Engagement in einer Bar hast?

Wendy S.: Ja. Hier im Ruhrgebiet gibt es nicht mehr so viele Alternativen.

Ich habe einen Laden in Dortmund, aber die wirtschaftliche Lage lässt es nicht zu, dass er täglich öffnet. Sie können es sich nur leisten, Tänzerinnen fürs Wochenende zu engagieren, Freitag und Samstag. Deswegen reise ich durch Deutschland umher. Ich halte Ausschau nach großen Messen, und entweder rufe ich dann in Lokalen an und frage, ob noch ein Plätzchen für mich frei ist.

Oder aber es ist umgekehrt, und eine Freundin ruft im Auftrag der Betreiber an, ob ich nicht Lust hätte, da sie zu wenig Frauen haben ...

Und wie lange willst du das noch durchziehen?

Wendy S.: Mein langfristiges Ziel ist es schon, die Sex-Branche endgültig zu verlassen, zumindest die aktive Seite. Es ist doch so: Ich tanze zwar nach wie vor leidenschaftlich gerne, doch die Konkurrenz schläft nicht. Ich werde jetzt 36 Jahre! Besser ist es, auch in diesem Fall frühzeitig den Absprung zu schaffen, als wenn es nachher zu spät ist.

STRIPTEASE (STRIPTEASE)

US-Kinofilm.

Erin ist eine Sekretärin, die um das Sorgerecht für ihr Kind kämpft. Das Geld für den Anwalt verdient sie sich mit → *Striptease.* Soweit zum Plot des Films. Dafür dass dem Kinobesucher die Silikon-Brüste von Demi More entgegenspringen, wird der Bruce-Willis-Gattin die Höchstgage von 12,5 Millionen Dollar gezahlt. Davon dürfen echte Stripperinnen bis heute träumen. Gerechterweise wird der Film 1996 als schlechtester des Jahres 1996 mit sechs »Goldenen Himbeeren« ausgezeichnet.

• ***DER FILM:*** *Striptease (Striptease). Kinofilm, USA 1997, 117 Min. Regie: Andrew Bergman. Darsteller: Demi Moore (Erin Grant), Burt Reynolds (Dilbeck)*

STUNDENHOTEL

Zimmervermietung.

Hotel, in dem die → *Prostituierte* für eine Stunde ein Zimmer mieten kann, um dem → *Freier* die → *Wünsche* zu erfüllen. Ausschließlich Frauen, die → *Straßenprostitution* betreiben, nutzen Stundenhotels, sofern der Freier nicht im PKW genießen möchte. Stundenhotels gehören eher zur aussterbenden Gattung, da → *Clubs,* → *Privatclubs* und → *Bordelle* selbst über Zimmer verfügen.

DAS STUNDENHOTEL VON ST. PAULI

Kinofilm.

Im Stundenhotel »Ostend« hat es einen Gast erwischt – mit mehreren Messerstichen. Der Kommissar Canisius nimmt die Ermittlung auf und erlebt in der Absteige das vermeintliche Milieu von → *St. Pauli*: Der »Ostend«-Portier vertickt Drogen und Pornohefte. Eine reiche Unternehmersgattin treibt es derweil mit dem Gärtner ihres Mannes. Ein hochanständiger Geschäftsmann lässt endlich allen Anstand fallen und gibt sich als Teufel verkleidet einer Prostituierten hin, eine Mutter liebt ihren Neffen und eine Voyeuristin glotzt zu guter Letzt allen bei ihren verwerflichen Taten nackig zu. Der Filmverleih Constantin wirbt bei Erscheinen des Films, 1970, vollmundig: »Der neue ›echte‹ Hamburg-Film«. Tatsächlich aber bietet der Film nicht viele Parallelen mit der hanseatischen Metropole – außer dem Namen im

Titel; das Kammerspiel mit skurrilen wie stereotypen Figuren wurde in Berlin gedreht.

• *DER FILM: Das Stundenhotel von St. Pauli. BRD 1970, 115 Min. Regie: Rolf Olsen. Darsteller: Curd Jürgens (Kommissar Canisius), Konrad Georg (Dr. Marschall), Ulli Kinalzik (Franz), Andrea Rau (Hannelore Zibulka), Brigitte Mira (Rose Schuh)*

SUB/WAY berlin e.V.

Hilfe für Jungs.

Die Berliner Aids-Hilfe e.V., das Schwulen-Infocenter »Mann-O-Meter« sowie das → *Gesundheitsamt* Charlottenburg betrieben Ende der 80er, Anfang der 90er Jahre Streetwork in → *Berlin* und stießen im Rahmen ihrer Präventionsarbeit auch auf die sich in der Hauptstadt anbietenden → *Stricher.* Diese aber wollten von den Sozialarbeitern nichts wissen. Bei der Aids-Hilfe e.V. hieß es: »Ich habe kein Aids. Ich brauche das nicht.« Mann-O-Meter entgegneten sie: »Ich bin nicht schwul. Ich brauche das nicht.« Und der Kollegin vom Gesundheitsamt erklärten sie: »Mit Beamten rede ich nicht.«

Eine eigene Identität als Stricherprojekt war also vonnöten: 1992 riefen Thomas Schwarz, Lutz Volkwein, Hilde Theel und Wolfgang Werner, die bei den drei Einrichtungen tätig waren, »SUB/WAY berlin e.V. – Das Projekt für Stricher« ins Leben. Sie gewannen ihre Stellenanteile bei der Aids-Hilfe e.V. und Mann-O-Meter als Startkapital für SUB/WAY, in das sie von Anfang an die Callboy-Beratung → *Querstrich* integrierten. Ab 1994 flossen Fördergelder vom Landesjugendamt und Landesverband der Berliner Aids-Selbsthilfegruppen. Noch im gleichen Jahr wurde die Anlaufstelle für Stricher in der Nollendorfstraße eröffnet.

Dabei sahen sich die SUB/WAY-Mitarbeiter mit erneuten Problemen konfrontiert. Wolfgang Werner erinnert: »Wir merkten, dass einige Jungs gar nicht durch ein Stricherprojekt erreicht wurden, weil sie gar keine Identität als Stricher besaßen. Das heißt, sie sahen sich gar nicht als Stricher. Die, die vorher vor Aids, dem Schwulsein, dem Gesundheitsamt davonrannten, rannten jetzt also vor dem Stricherprojekt davon.«

Um auch diese Jungs zu erreichen, die sich nicht als Stricher definieren, verpasste sich SUB/WAY berlin e.V. eine neue Identität: Aus

»Das Projekt für Stricher« wurde »Das Projekt für Jungs, die unterwegs sind und anschaffen«, später »Das Projekt für Jungs, die unterwegs sind«. Heute trägt der Verein den schlichten Titel: »SUB/WAY berlin e.V. Hilfe für Jungs«. Der Verein ist in der Szene bekannt, und für Jungs, die neu in Berlin und Brandenburg sind, gehen die Sozialarbeiter regelmäßig auf Streetwork, noch heute das A und O der SUB/WAY-Arbeit. Nur auf diesem Wege lässt sich Vertrauen schaffen, damit Stricher, die Probleme haben, die Anlaufstelle als rettende Insel akzeptieren. Hier können sie – anonym – warmes Essen bekommen, sich erholen, spielen, in Ruhe Sachen besprechen. Hier beginnt häufig auch der erste Weg, Lebensperspektiven zu überdenken und auch andere zu erarbeiten. Damit setzt dann die Einzelfallhilfe, so genanntes »Casework«, ein, neben der Streetwork und der Anlaufstelle das dritte Standbein des SUB/WAY-Teams. »Wir können von hier aus relativ schnell Hilfsangebote vermitteln«, betont Wolfgang Werner. »Wir betrachten uns als Brücke in andere Projekte. Wir arbeiten mit sehr vielen Einrichtungen der Jugendhilfen, mit Wohnprojekten, mit Krisenprojekten, mit Gesundheitsprojekten.«

Das SUB/WAY-Team veranstaltet darüber hinaus Seminare und Gesprächsrunden für die Stricher, wie zum Beispiel »Let's talk about Sex«. Dabei können Stricher über Sex reden, über Hanky-Codes, die bunten Erkennungstücher der Schwulen, über Sexualpraktiken, die Gefährdungspotential beinhalten, → *SM*-Praktiken, die in der Szene von ihnen verlangt werden, von denen sie aber nicht wissen, was sie bedeuten. »Manche Jungs behaupten, sie würden SM machen«, berichtet Wolfgang Werner erschüttert. »Wenn man dann nachfragt, erfährt man, dass es nur Eins-in-die-Fresse-Hauen ist.«

Gegenwärtig arbeiten fünf Mitarbeiter auf vier Stellen hauptamtlich für SUB/WAY berlin e.V., dazu zwei Ärztinnen geringfügig beschäftigt (freitags, 15-17 Uhr). Ein Callboy-Berater für Querstrich wird ebenfalls geringfügig beschäftigt. Vier Mitarbeiter auf zwei Stellen arbeiten seit kurzem im neuen SUB/WAY-Projekt: »Prävention vor Pädosexuellen Übergriffen«, kurz PVP (siehe dazu auch → *Pädo-Kreise*).

• ***KONTAKT:*** *SUB/WAY berlin e.V., Nollendorfstraße 31, 10777 Berlin, Telefon 030/2155759. www.subway-berlin.de, jungs@subway-berlin.de, Öffnungszeiten: Mo 11-18 Uhr, Di/Do/Fr 14-18 Uhr*

SUB/WAY BERLIN E.V.
Im Gespräch: Wolfang Werner, Sozialarbeiter
Wolfgang Werner, Gründungsmitglied von SUB/WAY berlin e.V., arbeitet seit 1988 als Sozialarbeiter und Streetworker in der Stricherszene.

Was ist ein Stricher?
Wolfgang Werner: Es gibt verschiedene Definitionen. Die heute gebräuchlichste, die modernste Version ist: Ein männlicher Prostituierter ist ein Junge, der sexuelle (Dienst-)Leistungen gegen Entgelt oder gegen materielle Gegenwerte anbietet. Bei den anderen Definitionen spielt die emotionale Seite eine Rolle. Es stellt sich die Frage: Was sucht ein Stricher in der Szene? Was bietet er an? Was suchen Freier in der Szene? Was bieten sie an?

Inwiefern unterscheidet sich das, was ein Stricher tut, von dem, was eine Hure tut?
Wolfgang Werner: Der Unterschied liegt vor allem im Alter der Jungs. Huren fangen in der Regel dann an zu arbeiten, wenn Jungs aussteigen. Im Alter von 18, 19 Jahren sind Stricher alt, die meisten Frauen beginnen erst in diesem Alter anzuschaffen.

Ein Stricher ist also minderjährig?
Wolfgang Werner: Es gibt verschiedene, durch die Motivationen definierte Strichergruppen. Wir haben versucht, sie in Altersstufen einzuteilen, aber das ist sehr schwer. Wir haben uns 1992 im Rahmen der strukturellen Aidsprävention im Gesundheitsbereich an einer Definition versucht und sind dabei auf zwei große Gruppen gekommen: Die, die in der Stricherszene materielle Leistungen erwarten (Geld, Drogen), und die, die emotionale Zuwendung suchen (Liebe, Vaterersatz, Coming-out).

Wie groß ist denn die Wahrscheinlichkeit, dass ein Stricher, der emotionale Zuwendung sucht, sie auch findet?
Wolfgang Werner: Er findet sie zumindest zeitweise. Es kommt allerdings darauf an, wie man es betrachtet. Es gibt eine Außen- und eine Innenbetrachtung. Die Außenbetrachtung ist zum Beispiel die

des Sozialarbeiters, der die Szene kritischer betrachtet, als ein Junge, der in ihr überleben muss. Grundsätzlich muss man nämlich fragen: Warum landet ein Junge in der Prostitution?

Darauf gibt es mehrere Antworten. Es gibt zum Beispiel die gezielten Zufälle. Die Jungs hauen zuhause ab, meist im Alter zwischen zwölf und 15 Jahren, das ist ein ganz signifikantes Alter: Es kommt zum Ablösungsprozess von der Familie, der pubertären Entwicklung, Beginn der Sexualität. Gleichzeitig kommt es zum Krach im Elternhaus, die Jungs streben nach autonomem Leben. Sie entwickeln eigenständige Lebenskonzepte. Allerdings werden ihnen überall Grenzen gesetzt. Deshalb hauen einige Jungs ab. Und wenn diese Jungs sich auf den Weg machen, geschieht dies meist – auch heute noch – mit der Eisenbahn. Wenn sie dann mit der Bahn an einem Großstadtbahnhof ankommen, warten auf sie die so genannten »Frischfleischjäger«, die junge Wegläufer auf Anhieb erkennen.

Sie erkennen, das können nicht nur wir Streetworker, sondern auch die Männer, die an den Bahnhöfen stehen und warten. Diese Männer hängen dort teilweise zehn, zwölf, 15 Stunden herum und haben so etwas wie ein Sender-Empfänger-System. Es gibt Körpersprache, Signale, anhand derer die Männer erkennen, dass es sich bei den Jungs um Wegläufer handelt und es ihnen schlecht geht. Diese Frischfleischjäger haben sich auf die Jungs, die weggelaufen sind, spezialisiert und gehen zielgerichtet auf sie zu. Sie sagen: *»Geht's dir schlecht? Komm, ich weiß, wo du pennen kannst!«* Und das ist für viele der Einstieg in die Prostitution.

Man muss sich das verdeutlichen: Die Jungs suchen einerseits alles, was Action und Spaß gegen Langeweile verspricht. Sie suchen andererseits aber auch Geborgenheit und emotionale Zuwendung. Denn es reißt ja nicht der gewöhnliche Mittelschichtsjunge aus, der daheim eine intakte Familie und im Kinderzimmer seine Playstation hat. Es haut ja meistens der ab, der das nicht hat, also Jungs, die aus einer so genannten »broken home family« kommen. In diesen Familien gibt es entweder gar keinen Vater oder einen, der schwach ist. »Schwach« bezieht sich nicht auf seine körperliche Kraft. Ein schwacher Vater ist ein Vater, der schlägt und manchmal sogar sexuelle Gewalt ausübt. Ein Vater also, den der Junge in seinem Ablösungsprozess nicht als Reibungs- und Identifikationsperson wahrnimmt, sondern als nichtvorhanden oder als Feind. Wenn also diese Vaterfigur nicht vorhanden ist, sucht der Junge sie außerhalb der Familie. Meist findet er dieses Susbtitut in eben diesen Freiern, die die Vaterfigur eine Zeit lang einnehmen. Und damit beginnt ein relativ perfides System, in das die Jungs hineingezogen werden, ohne dass sie wissen, dass sie hineingezogen werden.

Du sagst: »Eine Zeit lang«? Und du sprachst gerade davon, dass Stricher mit 18 Jahren »aussteigen«? Gelingt dieser Ausstieg immer?

Wolfgang Werner: Hinter dieser Frage verbirgt sich eine durch mehrere Krisen bestimmte Entwicklung bei jungen Wegläufern zwischen 14 und 18, die durch verschiedene Rückschläge gekennzeichnet ist. Der erste Beziehungsmissbrauch findet in der Regel schon in der Familie statt, also dort, von wo der Junge abgehauen ist. Logisch, denn sonst würde er ja nicht abhauen.

Der zweite Beziehungsmissbrauch findet statt, wenn er sich an eine Person gebunden hat, bei der er meint, dass er sich geborgen fühlen kann: Bei dieser Person stehen aber ganz andere Wünsche im Vordergrund: Sexualität, jugendliches Aussehen, das Alter – aber nicht der Junge als solcher. Das heißt: Die Jungs werden erneut enttäuscht.

So geht es weiter, denn die Männer reichen die Jungs in der Szene, die wir Pädo-Kreise nennen, herum. Wenn der Junge in das Alter von 14, 15 Jahren kommt, Bartwuchs und Behaarung sich entwickeln, wird er merken, dass er in diesen Kreisen nicht mehr viel zu melden hat. Er wird durch andere, jüngere Jungs verdrängt, die die Freier sich suchen, und in die offene Szene ausgespuckt, in die Stricherszene abgedrängt. An diesem Punkt haben sie während eines wichtigen Teils ihres Lebens eine Sozialisation erfahren, die auf Prostitution ausgerichtet ist.

Wenn sie in der offenen Szene, der Stricherszene, auftauchen, sind sie erst einmal von den Männern, die dort auf der Suche nach Jungs sind, sehr begehrt. Die Jungs merken, dass man ihnen erneut mit sehr viel Aufmerksamkeit begegnet. Dabei werden sie auch mit Alkohol, Zigaretten und Drogen zugeschüttet. Das ist normal in diesem Alter und für diese Szene.

Wenn der Junge 18, 19 Jahre alt ist, es er auch für diese Szene zu alt. Jetzt beginnt der Ausstieg – oder aber eben ein Umstieg in eine andere Szene.

Wie sähe das konkret aus, sowohl als auch?
Wolfgang Werner: Der Ausstieg könnte beginnen, wenn der Junge merkt, dass er mit seinem Lebenskonzept nicht mehr weiterkommt. Dass er ganz andere Wünsche hat als die, die er in der Szene erfüllt bekommt. Diese Erkenntnis kommt meist mit 18, 19 Jahren. Dann gibt es durchaus Möglichkeiten für seinen Ausstieg, über Arbeitsamtmaßnahmen, Sozialhilfe oder Projektarbeit, wie wir sie täglich bei SUB/WAY berlin machen.

Die Jungs müssen lernen, ein bürgerliches Leben zu führen, was auch beinhaltet, morgens aufzustehen, nicht erst mittags. Vielleicht Drogen nur am Wochenende zu nehmen, nicht die ganze Woche über. Die Jungs werden ja in der Szene teilweise mit Alkohol und Koks bezahlt, leben in anderen Welten, jagen irgendwelchen Luftblasen hinterher, von wegen: »Ich will Millionär werden.« Sie von dort zurück in die Realität zu holen ist ein ganzes Stück Arbeit.

Sie müssen lernen, kleine Schritte der Selbstständigkeit zu unternehmen, sich selbst wieder wichtig zu nehmen, Träume zu entwickeln, die auch realisierbar sind, sich auf ihre Ressourcen und Fähigkeiten zurückzubesinnen, das zu machen, worauf sie Lust haben, anstatt das machen zu müssen, was andere ihnen sagen. Wobei natürlich zu beachten ist, dass die meisten Jungen ein Loch in ihrer Biographie haben, meist zwischen 14 und 18. Was sollen die Jungs dann erklären? »Ich war bei den Männern und habe angeschafft?« Das macht sich in einer Bewerbungsmappe ziemlich schlecht. In diesem Fall muss dementsprechend viel nachgeholt werden, sprich: Schule, Lehre, Ausbildung.

Der andere Weg ist die Professionalisierung. Sie werden also Callboy oder schlagen den Gesellschafter-Weg ein.

Aus deiner Erfahrung: Wie hoch ist denn die Wahrscheinlichkeit für jeden der beiden Wege?
Wolfgang Werner: Vergiss es. Das kann man einfach nicht in Statistiken fassen. Es gibt, gerade was Gesellschafter und Callboys an-

geht, ganz andere Kreuzwege. Nicht jeder, der als Callboy arbeitet, war als Junge auf dem Strich. Es kann zum Beispiel sein, dass ein Callboy sein Studium mit dem Job finanziert; er sagt sich: »Ich bin eh schwul, also kann ich damit auch Geld verdienen.« Das sind Männer, die mit der Stricherszene überhaupt nichts zu tun haben wollen, die ihren Sexjob verkopft ausführen, ihn als Dienstleistung betrachten und diese entsprechend professionell anbieten. Aber man muss ehrlich sagen: Dieser Prozentsatz ist verschwindend gering. Viel wahrscheinlicher ist es, dass die, die sich als Callboys bezeichnen, fürchterlich unprofessionell anschaffen. Viele denken, sie brauchen nur ein Handy und ein Apartement und schon können sie sich Callboy nennen. Aber dazu gehört noch ein bisschen mehr, was sie in der Regel recht schnell zu spüren bekommen. Denn der Freier, der sich einen Callboy bestellt, erwartet definitiv etwas anderes als der, der sich am Bahnhof einen jungen Mann sucht ...

Das heißt, wenn ein Stricher die Callboy-Schiene fahren will, muss er sich erst einmal ganz bewusst mit seiner eigenen Sexualität und der Sexarbeit auseinandersetzen, etwas, was er vorher im Grunde nie gemacht hat. Vorher hat er zum Beispiel angeschafft, um zu überleben oder um sich kurzfristig Sachen kaufen zu können, zum Beispiel Drogen. Dafür hat er vieles ertragen und mitgemacht. Ein Callboy dagegen muss wissen, was er anbietet, an welchen Orten, zu welchen Preisen und für diese Dienstleistung entsprechend werben. Er muss also mit Bewusstsein anschaffen.

Wie kann ein Stricherprojekt wie SUB/WAY berlin helfen?
Wolfgang Werner: Wir haben mehrere Ansätze. Grundsätzlich haben wir einen prostitutionsakzeptierenden Ansatz. Wir kippen also nicht hintenüber, wenn uns ein Junge erklärt, er gehe anschaffen. Es ist wichtig, den Jungen zu nehmen, wie er ist.

Die Philosophie, mit der wir arbeiten, ist aber: Wir wollen mit den Jungs ein Lebenskonzept erarbeiten, das ihnen ermöglicht, in Zukunft ohne Prostitution leben zu können. Das heißt nicht, dass sie aus der Szene aussteigen ***müssen***. Aber dass sie ein prostitutionsfreies Leben führen können, wenn sie es ***wollen***.

Dazu versuchen wir die Jungs zu allererst über Streetwork in ihrem Lebensumfeld zu erreichen und sie dort so bald wie möglich mit Präventionsmaterial oder auch mit ärztlichen Grundangeboten zu versorgen. Dabei geht es in erster Linie um Gesundheits*versorgung*, nicht um Vorsorge, das erst in zweiter Linie. Uns begleiten Ärzte in die Szene, um einerseits Prävention vor sexuell übertragbaren Krankheiten wie Hepatitis, HIV, Aids zu machen, andererseits auf STDs zu untersuchen. Wir bemühen uns um Kontakte zu den Jungs, die in der Szene sind und sich dort nicht wohl fühlen. Und natürlich reden wir auch mit Freiern.

Auf zweiter Ebene bieten wir mit der Anlaufstelle einen Ort der Ruhe, zu dem auch eine Grundversorgung wie Duschen, Wäsche waschen, Kleidungstausch gehören. Die Anlaufstelle ist montags sieben Stunden, an den restlichen Wochentagen vier Stunden geöffnet. Hier können die Jungs in Ruhe die für sie wichtigen Dinge besprechen. Hier beginnt auch der erste Weg, Lebensperspektiven zu überdenken und andere zu erarbeiten. Wir bei SUB/WAY berlin können von hier aus relativ schnell Hilfsangebote vermitteln. Wir betrachten uns sozusagen als Brücke in andere Projekte. Wir arbeiten mit sehr vielen Einrichtungen der Jugendhilfen, mit Wohnprojekten, mit Krisenprojekten, mit Gesundheitsprojekten zusammen, ohne deren Hilfe wir gar nicht arbeiten könnten. Erst hier können Konzepte der Gesundheitsvorsorge angegangen werden.

Mit anderen Worten: Jungs, die in die Anlaufstelle kommen, wollen auch aussteigen?

Wolfgang Werner: Nicht unbedingt. Es gibt auch Jungs, die in der Szene nur Orientierung suchen. Wir sind praktisch wie ein Kompass, richten uns nach den Ansprüchen, die aus der Szene an uns herangetragen werden, haben aber nach wie vor unsere Leitlinien im Kopf. Wenn wir sehen, dass ein Junge anschaffen muss, um zu überleben, dann werden wir daran arbeiten, dass er das nicht mehr muss. Wenn er aber sagt, er will anschaffen, dann müssen wir einen Weg finden, dass er das unter für ihn möglichst annehmbaren Bedingungen machen kann.

Wenn wir mit einem Ausstiegszwang an die Jungs herantreten, kann man die Arbeit eigentlich vergessen. Wir investieren nur dann ganz viel Zeit und Kraft, um Jungs erst gar nicht in die Prostitution geraten zu lassen beziehungsweise sie ganz schnell herauszuführen, wenn sie unter 14 Jahren sind. Wir finden, wer unter 14 Jahre ist, hat in der Prostitution nichts verloren. Wir sagen ganz klar: In diesem Alter ist der Ausstieg wichtigstes Ziel!

Du sagst eben, ihr sucht auch das Gespräch mit den Freiern. Wenn denen bewusst ist, dass sie sich strafbar machen, indem sie sich von Minderjährigen eine sexuelle Dienstleistung kaufen, wie reagieren sie auf euch?
Wolfgang Werner: Eines ist klar: Wenn wir mit Strafrechtsvorschriften im Kopf in die Stricherkneipen gehen, können wir mit keinem der Freier arbeiten. Da ist die Haltung sofort ablehnend. Im Übrigen können wir den Beziehungsmissbrauch, der viel, viel häufiger zwischen Freier und Stricher abläuft und ungleich schwerer wiegt, sowieso nicht bestrafen; viele Freier sehen in den Strichern reine Sexobjekte, die sie zur Befriedigung brauchen, den Jungs aber machen sie vor, sie würden sie lieben.

Ich muss den Freiern sagen können, dass sie eine Verantwortung haben in Bezug auf sexuell übertragbare Krankheiten, und dass sie, wenn sie den Jungen zusätzlich bei sich aufnehmen – sie lassen die Jungs bei sich übernachten, teilweise sogar wochen- oder monatelang bei sich wohnen –, auch noch eine ganz andere Verantwortung haben. Das muss ich ihnen klarmachen.

Wollen die Freier davon was wissen? Immerhin sind die Jungs für sie doch nur reine Sexobjekte – who cares?
Wolfgang Werner: Bei vielen, aber nicht bei allen. Es gibt ja auch den Typ »emotionaler Freier«, der in der Szene den Lebenspartner sucht und auch findet, denn es entwickeln sich teilweise Partnerschaften aus dieser Szene heraus, die langjährig anhalten.

In solchen Fällen ist es natürlich schwierig, mit dem Freier zu reden. Denn wenn Emotionen im Weg sind, wird es schwierig, weil der Anspruch entsteht: *»Du musst mal unbedingt mit dem Jungen reden, der wäscht wieder nicht ab.«*

Was erwiderst du in so einem Fall?
Wolfgang Werner: Darüber rede ich nicht. Wenn ich Moderator bin zwischen Freier und Junge, dann bin ich immer auf Seiten des

Jungen. Ich bin Anwalt der Jungs, als solcher gehe ich in die Szene rein. Ich versuche die Beziehung zwischen Freier und Junge auf eine Ebene zu stellen, wie ich meine, dass die Ebene sein müsste. Aber ich werde nicht Küchenabwaschtechniken erklären oder mit dem Jungen reden, wenn er nicht aufräumt.

Insofern werde ich von einigen Freiern natürlich als ... *als Konkurrent sicherlich nicht* ... aber als jemand gesehen, der ihnen die Jungs wegzieht. Ein bisschen als Moralhüter. Aber das sehen nur ganz wenige Freier so. Die meisten sind froh, dass wir mit ihnen in der Szene reden, dass wir sie auch ernst nehmen, dass wir natürlich auch Gespräche über Gesundheit führen. Was sonst kaum einer macht.

Wer sind die Freier?

Wolfgang Werner: Viele Freier haben keine eigene Freieridentität. Sie mögen zwar ansatzweise eine Identität als Homosexueller, als schwuler Mann haben. Viele haben aber bisexuelle oder ausschließlich heterosexuelle Lebenskonzepte und suchen in der Szene den Ersatz für das, was wir ein verkorkstes »Coming-out« nennen. Diese Männer haben von sich aus kaum eine Chance, aufgrund ihrer Identitätsverwischung, irgendwelche zielgruppenspezifischen Präventionskampagnen wahrzunehmen, weil sie sich gar nicht angesprochen fühlen. Sie fühlen sich weder als Bisexueller noch als Freier noch als Schwuler angesprochen.

Viele Freier sind sogar verheiratet. Die können gar keine Broschüren mitnehmen, geschweige denn Kondome einstecken. Was das für ein Theater zuhause gäbe, wenn die Ehefrau irgendwelche Freierbroschüren in der Tasche findet ... Das kann man sich ja ausrechnen! Das heißt für uns, dass wir diese Arbeit vor Ort erledigen müssen. Aber, das betone ich noch einmal, immer ganz klar im Sinne der Jungs. Und das finden die Freier wiederum okay.

Wenn du sagst, es gibt Freier, die einen Lebenspartner in der Stricherszene suchen, lässt das vermuten, dass die Freier im »reiferen« Alter sind, oder?

Wolfgang Werner: Man kann das Einstiegsalter der Freier ganz gut eingrenzen: Das durchschnittliche Einstiegsalter liegt bei 30 Jahren. Die jüngsten Freier, die wir kennen, sind 18 Jahre alt, die ältesten sind 70, 80 Jahre alt. Dazwischen variiert es, aber der Hauptteil liegt zwischen dreißig und fünfzig – sagen die Jungs immer.

Statistisch kann man das allerdings nicht untermauern. Es gibt keine Freierstudie, keine Freieruntersuchung. Insofern kann man keine statistischen Aussagen machen. Wir bekommen nur einen Teilausschnitt der Szene mit. Wir wissen nicht, was sich außerhalb der Stricherkneipen tut, wir wissen nicht, wie alt die Freier im Internet sind.

Lässt sich denn sagen, wie viele Stricher in Berlin anschaffen?
Wolfgang Werner: Zahlen sind immer mit Vorsicht zu genießen. Wir können nur unklare Aussagen machen, obwohl wir als Streetworker mehr als 40 Stunden pro Woche in der Szene sind. Dabei bekommen wir trotzdem nur Facetten mit, kleine Ausschnitte.

Wir gehen aber davon aus, dass rund 300 bis 400 Jungs in der offenen Stricherszene von Berlin regelmäßig anschaffen gehen. Das ist eine sehr vorsichtige Schätzung, die allerdings auf sehr seriösen Zahlen basiert, aber eher nach oben hin offen ist als nach unten. Ich denke, es sind mindestens 400 bis 600, die regelmäßig übers Jahr anschaffen. Wenn man die Jungs hinzurechnet, die gelegentlich anschaffen, die durchreisend sind, Pendelprostituierte aus Polen oder Tschechien, außerdem Männer, die Mietschulden oder überhaupt Schulden haben, von denen wir nichts wissen, dann ist es sogar ein vielfaches davon, etwas zwischen 2000 und 3000.

Das ist eine Menge. Ist die Arbeit mit dem kleinen Mitarbeiterstab, den SUB/WAY hat – 5 hauptamtliche Mitarbeiter auf 4 Stellen, zwei Ärztinnen, ein Teilzeitberater –, überhaupt zu bewältigen?
Wolfgang Werner: Natürlich können wir uns vorstellen, mit mehr Mitarbeitern intensivere Arbeit zu leisten; wir könnten dann auch mehr in der Szene unterwegs sein und uns noch mehr um jüngere Jungs kümmern. Aber andererseits bin ich sehr vorsichtig mit dieser Einschätzung. Größere Projekte und mehr Mitarbeiter benötigen einen umfangreicheren Verwaltungsaufwand und könnten sich daher blockieren. Da wir so klein sind, haben wir sehr gute Strukturen entwickelt, um sehr, sehr schnell auf neue Strömungen, neue

Anforderungen, die aus der Szene an uns herangetragen werden, reagieren zu können. Sagen wir so: Zwei Mitarbeiter mehr wäre okay ...

Stoßt ihr manchmal an eure Grenzen, inhaltlich wie arbeitstechnisch?
Wolfgang Werner: Arbeitstechnisch stoßen wir an unsere Grenzen, wenn wir sehr viele Einzelfälle haben, die sehr zeitintensiv sind. Inhaltlich, denke ich, kommen wir da an die Grenzen unserer Arbeit, wenn es um eine sehr verdeckte Szene geht, nämlich die Szene der Pädosexuellen, in der sich sehr viele Jungs aufhalten, zu denen wir aber kaum Zugang haben. Wir arbeiten zur Zeit daran mit einem neuen Projekt PVP – »Prävention vor Pädosexuellen Übergriffen«.

Die Pädo-Kreise sind, wie du sagst, eine verdeckte Szene. Wie bekommt ihr Zugang?
Wolfgang Werner: Tja, eine gute Frage. Ich kann dir ja mal erzählen, wie es in der Szene vor ein paar Jahren aussah, vor etwa fünf oder zehn Jahren.

Damals gab es Kneipen, in denen sich pädosexuelle Männer ganz offen mit ihren zehn-, elf-, zwölfjährigen Jungs getroffen haben. Mit der restriktiven Verfolgung durch die Justiz, die seit etwa zehn Jahren eingesetzt hat, hat sich die Szene nicht aufgelöst, sondern nur verlagert. Die Szene ist noch da, aber sie treffen sich nicht mehr offen. Sie treffen sich verdeckt, kommunizieren über informelle Wege, die Internet und Handy heißen und andere elektronische Medien. Sie treffen sich an Orten, die nur sie, die Eingeweihten kennen. Um an diese Orte zu gelangen, muss man zeitintensive Recherchen und Präventionsarbeit im Internet betreiben und anbieten können.

Um dort Zugang zu bekommen, braucht es breit angelegter Konzepte, die erst einmal gar nicht den einzelnen Jungen als Endverbraucher haben, sondern viel mehr Multiplikatoren jeglicher Art. Das sind Einrichtungen der Jugendhilfe genauso wie Manager von Einkaufszentren, Bademeister in Schwimmbädern, Mitarbeiter auf Abenteuerspielplätzen. Dort müssen wir einen inhaltlichen Ring um diese Szene legen und eine Möglichkeit für Hilfe bieten, wenn

Jungs in der Öffentlichkeit von einem pädosexuellen Mann angesprochen wurden. Diese Möglichkeit haben die Jungs heute noch nicht. Und wir haben die Zeit, ihnen diese Möglichkeit zu bieten, schlicht und ergreifend nicht. Aber das Projekt PVP soll darauf hinaus arbeiten. Im Moment findet eine wissenschaftliche Untersuchung darüber statt, wie diese Szene strukturiert ist, wie groß die Gefährdungspotentiale für Jungs sind. Diese Untersuchung läuft bis Januar 2004, wird dann ausgewertet. Danach soll ein Projekt installiert werden, das ausschließlich in dieser Szene arbeitet.

Seit über einem Jahr ist das neue Prostitutionsgesetz in Kraft, inwiefern tangiert es euch?

Wolfgang Werner: Es tangiert uns als SUB/WAY berlin ohne Querstrich, die Callboy-Selbsthilfegruppe, herzlich wenig. Weil unsere Jungs entweder unter 18 sind, so dass das Gesetz für sie ohnehin nicht in Frage kommt. Und wenn sie über 18 sind, denken die meisten über einen Ausstieg nach beziehungsweise wollen nicht professionell arbeiten, schon gar nicht mit einer Anmeldung als Prostituierter. Bei der Callboy-Hotline gehen etliche Anfragen ein; allerdings ist das Gesetz zur Zeit noch ohne Ausführungsvorschriften, steht auf so wackeligen Beinen, dass wir zur Zeit sehr, sehr vorsichtig sind, jemandem zu empfehlen, sich als Callboy anzumelden. Das kann immer noch etliche Nachteile mit sich bringen.

Und so wie ich es mitbekommen habe, warnen auch die Bundesbehörden davor, sich anzumelden. Vor allem in Bezug auf Steuernachforderungen gibt es einige Modellprozesse, die geführt werden, und die sollte man auf jeden Fall erst einmal abwarten.

SWINGERCLUB

Partnertausch.

Ein Swingerclub ist in der Regel kein Prostitutionsbetrieb, sondern ein Treffpunkt vergnügungssüchtiger Pärchen und Singles, die Lust auf etwas anderes verspüren als das alltägliche Einerlei daheim. Für einen einmaligen Eintritt, der von Swingerlcub zu Swingerclub varriiert – zwischen 50 Euro pro Paar bis 120 Euro pro Single-Mann, Single-Frauen kostenlos – gibt es Buffet und schier endloses Vergnügen auf etlichen Spielwiesen, die die Betreiber eines Swingerclubs (manchmal auch als Pärchenclub bekannt) meist in einem freistehenden Haus über mehrere Etagen eingerichtet haben.

In Einzelfällen ist ein Swingerclub aber nichts anderes als ein → *FKK-Club* (oder → *Freizeitclub*), also ein Prostitutionsbetrieb, der nur deshalb einen anderen Namen trägt, weil sich die Prostitution auf diesem Weg nach außen hin verschleiern lässt. Seit das neue → *Prostitutionsgesetz* am 1.1.2002 in Kraft getreten ist und ein → *Bordell*betreiber, der sich, indem er neben der → *Zimmervermietung* auch Werbung betreibt und Arbeitsmaterialien wie → *Kondome*, → *Gleitmittel* und → *Dildos* zur Verfügung stellt, nicht mehr automatisch der »Förderung der Prostitution« strafbar macht, sind derartige Verschleierungen nicht unbedingt mehr vonnöten.

Allerdings kann der Name »Swingerclub« oder »Freizeitclub« dem interessierten, aber prostitutionsscheuen Kunden werbewirksam suggieren, hier würden nur Frauen anwesend sein, die Sex ohne finanzielle Interessen betreiben. Was zwar nicht der Fall ist, aber das muss der Kunde, der am Eingang brav seinen Eintritt entrichtet, ja nicht unbedingt wissen ...

SYPHILIS

Sexuell übertragbare Krankheit → STDs.

Synonyme: Lues, Lustseuche, Syph. Syphilis war eine im 19. und zu Beginn des 20. Jahrhunderts weit verbreitete und zu Siechtum und Tod führende Geschlechtskrankheit, die erst durch die Einführung des Penicillins erfolgreich zurückgedrängt wurde. Trotzdem ist sie noch heute nicht zu unterschätzen: Sie wird durch Bakterien verursacht, die durch → *Verkehr* ohne → *Kondom* übertragen werden. Für → *Stricher* und → *Prostituierte* mit → *Freiern*, die Sex ohne Kondom verlangen, ist die Gefahr der Infizierung sehr groß. Erst jüngst warnte der »Spiegel«: »Die Syphilis ist wieder auf dem Vormarsch.« Dafür gebe es nach Auskunft des Nachrichtenmagazins zwei Gründe:

»• Homosexuelle Männer – sie stellen rund zwei Drittel der Neuinfizierten, hauptbetroffen sind die 30- bis 39jährigen – fürchten sich weniger vor Aids, leben wieder promisker und lassen deshalb häufiger die empfohlenen Vorsichtsmaßnahmen außer acht.

• Da die Syphilis-Häufigkeit in den Ländern des ehemaligen Ostblocks nach 1990 stark zunahm, importieren vor allem Reisende aus dieser Region die gefürchtete Geschlechtskrankheit; Frauen im Alter zwischen 20 und 29 Jahren sind die häufigsten Überträgerinnen.« (Quelle: Spiegel, 14.7.2003)

Erschwerend kommt hinzu, dass vermehrt Frauen aus → *Osteuropa* als so genannte → *Migrantinnen* nach Deutschland kommen und sich hier in Ermangelung einer Aufenthalts- und Arbeitserlaubnis illegal, also unerkannt, als Prostituierte verdingen. Den Sozialeinrichtungen und Beratungsstellen fällt es schwer, diese Frauen für Prävention zu erreichen.

Die Krankheit verläuft über vier Stadien:

1. Innerhalb der ersten drei Wochen Inkubationszeit tritt an der Eintrittsstelle des Syphilis-Erregers (das spiralförmige Bakterium Treponema pallidum) ein Knoten (harter Schanker, Ulcus durum) auf, der meist nicht bemerkt wird, da er schmerzlos ist. In der Regel verschwindet das Geschwür sogar, was aber nicht heißt, dass man geheilt ist. 2. Etwa acht Wochen bis zwei Jahre nach der Infektion kommt es zu Hautausschlag mit nässenden Hautknötchen (Condylomata lata, »breite« Kondylome), Fieber und Müdigkeit, möglicherweise Haarausfall und unspezifischen Schmerzen. 3. Nach zwei bis fünf Jahren bilden sich gummiartige Knoten an der Haut und den inneren Organen, meist Herz-Kreislauf- und Nervensystem. 4. Nach zehn bis 30 Jahren werden Gehirn und Rückenmark befallen, was zu schwerwiegenden Störungen und Ausfallerscheinungen der Knochen, Augen, Herz und Gehirn führt.

T

TABLEDANCE

Tanz auf dem Tisch.

Im Prinzip nicht anders als ein → *Striptease,* mit dem feinen Unterschied, dass das tänzerisch-entkleidende Talent der Frau nicht nur auf der Bühne, sondern gegen einen Obolus direkt auf den Tischen der Gäste demonstriert wird.

TAMARA

Beratung und Hilfe für Prostituierte.

Als 1986 der regierende Oberbürgermeister Walter Wallmann das Bordellviertel in → *Frankfurt* mit der → *Sperrgebietsverordnung* schließen wollte, wurde der Ruf nach einem Sozialplan für die Prostituierten laut, die durch den Behördenentscheid arbeitslos geworden wären. Gemeinsam mit wichtigen Gremien der Stadt Frankfurt, unter anderem das Sozialamt und das Arbeitsamt, erkannte der einberufene Ökumenische Arbeitskreis zu Fragen der Prostitution die Notwendigkeit zur Einrichtung einer Beratungsstelle für Prostituierte, für deren Umsetzung der Evangelische Verein für Innere Mission und der Evangelische Regionalverband sich bereit erklärten: Tamara. Nomen est omen. »Tamar« war im Alten Testament eine selbstbewusste Frau, die von ihrem Schwiegervater als → Hure beschimpft wurde; der so Titulierten gelang es jedoch mutig und engagiert, der Gesellschaft die Stirn zu bieten. In diesem Sinne verstehen die drei Sozialarbeiterinnen, die heute für Tamara arbeiten, auch ihren Job. »Prostituierte werden noch immer gesellschaftlich ausgegrenzt und diskriminiert«, erklärt Monika Hoffmann, eine der Tamara-Mitarbeiterinnen. »Ziel der Beratungsstelle ist es, der gesellschaftlichen Diskriminierung entgegenzuwirken und die Öffentlichkeit zu sensibilisieren.«

Freilich haben sich die inhaltlichen Schwerpunkte von Tamara über die Jahre gewandelt, so wie sich das Rotlichtmilieu in Frankfurt verändert hat: Denn die Prostitution gibt es nach wie vor im Bahnhofsviertel, jetzt allerdings auf eine Toleranzzone begrenzt. Im Mittelpunkt der Tamara-Arbeit steht daher nicht mehr nur Aus- und Umstieg, sondern vor allem die individuelle Beratung der Frauen in der Prostitution, dazu gehören auch Einstiegsberatung und Motivationsabklärung, Schuldnerinnenberatung, sowie die Begleitung bei wichtigen Behörden- oder Gerichtsterminen. Monika Hoffmann erklärt: »So wie sich die Nachfrage von Seiten der Freier über die Jahre verändert, dieser Bedarf von Seiten der Prostituierten erfüllt wurde, mussten wir uns darauf einstellen, dass sich unsere Klientel daraufhin veränderte. Während wir in der Anfangszeit häufig mit der HWG [aufgelöste Hurenselbsthilfegruppe, d. Aut.] Streetwork in den Bordellen machten und dabei sehr viele deutsche Frauen antrafen, wurden deren Plätze in den Jahren darauf sukzessive von → Migrantinnen aus Lateinamerika und Asien übernommen.«

In Abstimmung mit anderen Frankfurter Beratungsstellen, deren inhaltlicher Schwerpunkt → Migrantinnen und Opfer von → *Menschenhandel* sind, kümmert sich das Tamara-Team seitdem gezielt um die deutschen Frauen, die in der → Wohnungsprostituion und den → *Clubs* arbeiten. Bei Tamara lässt man keinen Zweifel daran, dass insbesondere dies eine »Sisyphos-Arbeit« ist: »Wir müssen uns die einschlägigen Blätter, Magazine und Sexführer organisieren, in denen die Frauen inserieren, müssen abgleichen, da die Frauen mehrere Anzeigen gleichzeitig schalten, dann rufen wir an, stellen uns als Beratungseinrichtung vor, bieten Informationen an, vereinbaren Gesprächstermine. Das ist eine Vorgehensweise der kleinen Schritte«, so Monika Hoffmann. »Zur Zeit ist unsere Hilfe vermehrt nachgefragt, da es durch das neue → *Prostitutionsgesetz* hohen Informations- und Beratungsbedarf bei den Frauen gibt.«

Auf Wunsch besuchen die Tamara-Sozialarbeiterinnen die Prostituierten an ihren Arbeitsplätzen, bieten ihnen jedoch auch die Beratungsstelle am Alfred-Brehm-Platz für Gespräche und individuelle Hilfe an.
• ***KONTAKT:*** *Tamara. Beratung und Hilfe für Prostituierte, Alfred-Brehm-Platz 17, 60316 Frankfurt am Main, Telelefon 069/490374, Te-*

lefax 069/432571, tamara@zefra.de, www.zefra.de/tamara, Sprechzeiten: Mo-Do 8.30-16. 30 Uhr, Fr. 8.30-15 Uhr, und nach Vereinbarung

TAMPEP

Transnational AIDS/STD Prevention Among Migrant Prostitutes In Europe, abgekürzt Tampep

Ist kein Verein, sondern ein internationales Forschungs- und Aktionsprojekt, das bei seiner Gründung neue Strategien und Methoden der → *AIDS*- und → *STD*-Prävention für und mit migrierten Prostituierten in Europa entwickelte und etablierte. Über die Jahre haben sich 23 Länder der EU sowie Mittel- und Osteuropas, in denen die Migration der Frauen und Transvestiten/transsexuellen Sexarbeiterinnen aus Mittel- und Osteuropa, Südostasien, Afrika und Lateinamerika, eine Rolle spielt, des Projekts Tampep angenommen: Belgien, Bulgarien, Dänemark, Deutschland Finnland, Frankreich, Griechenland, Großbritannien, Italien, Lettland, Litauen, Luxemburg, → *Niederlande*, Norwegen, Österreich, Polen, Portugal, Rumänien, Schweiz, Slowakei, Spanien, Ukraine und Ungarn.

In jedem dieser Länder wird Tampep von einem National Focus Point vertreten, in der Regel ein engagierter Frauenrechtsverband oder eine Prostituiertenselbsthilfegruppe. In Deutschland ist dies → *Amnesty for Women e.V.* in Hamburg. Die Hauptkoordinierungsstelle des Projektes, die Tampep International Foundation, leitet die italienische Soziologin Licia Brussa in den Niederlanden. Licia Brussa war 1993 auch die Gründerin von Tampep. »Damals setzte die Migration der

Frauen aus verschiedenen Kontinenten nach Europa ein«, erklärt Veronika Munk, Geschäftsführerin von Amnesty for Women e.V. und Koordinatorin von Tampep in Deutschland. »Damals gab es kein spezifisches Angebot für diese Gruppe Frauen, nicht nur bezüglich der → *HIV*- und Aidsprävention, sondern auch hinsichtlich der rechtlichen Fragen.« Gerade der rechtliche Status der → *Migrantinnen* in Europa führte in den letzten Jahren dazu, dass Tampep sich nicht nur als Gesundheitsratgeber, sondern als ein als Netzwerk organisiertes Interventionsmodell verstand. »Die Intention von Tampep ist es, sozusagen als übergeordnetes Gremium Ideen und Methoden zu entwickeln und diese zu verbreiten«, so Veronika Munk. Die Zusammenarbeit mit regionalen Hurenprojekten und -verbänden sowie Gesundheitsämtern sei deshalb nicht nur ausdrücklich erwünscht, sondern zwingend erforderlich. Die mehrsprachigen Aufklärungs- und Informationsmaterialien für migrierte Sexarbeiterinnen, die von Tampep vor dem jeweiligen kulturellen Hintergrund der Prostituierten entwickelt werden, sind deshalb nahezu bei allen NGO's (Non-Government Organisation), häufig aber auch auf Gesundheitsämtern erhältlich.

Tampep bietet darüber hinaus einen Bezugspunkt für migrierte Prostituierte, indem sie die Veränderungen in der Migrationsbewegung in den von dem Projekt versorgten Ländern beobachten. Sie untersuchen den sozialen und gesetzlichen Rahmen und die Arbeitsbedingungen von migrierten Sexarbeiterinnen durch Streetwork in den verschiedenen Prostitutionsgebieten, fördern die Stärkung und Selbstachtung der Frauen. »Wir wollen sie selbstsicherer und selbstständiger machen, als Frauen, Migrantinnen und als Sexarbeiterinnen. Das ist das Hauptziel, das Empowerment«, resümiert Veronika Munk, die Tampep mit drei Mitarbeiterinnen betreibt.

Tampep wird von der Europäischen Kommission DG V (Öffentliches Gesundheitswesen) im Rahmen des Programms »Europe against Aids« und von lokalen Geldgebern – in Deutschland von BUG (Behörde für Umwelt und Gesundheit, Hamburg), big spender e.V. und dem Hamburger Spendenparlament – finanziert.

• ***INFO:*** *Tampep / Transnational AIDS/STD prevention among migrant prostitutes in Europe/project. c/o Amnesty For Women e.V., Große Bergstraße 231, 22767 Hamburg. Telefon 040/384753, Telefax 040/385758, info@amnestyforwomen.de, www.amnestyforwomen.de*

TAMPEP
Im Gespräch: Veronika Munk, Koordinatorin
Veronika Munk ist Koordinatorin von Tampep-Deutschland (Transnational AIDS/STD Prevention Among Migrant Prostitutes in Europe/Project).

Frau Munk, was genau ist Tampep?
Veronika Munk: Tampep wurde 1993 gegründet. Damals setzte die Migration der Frauen aus verschiedenen Kontinenten nach Europa verstärkt ein. Viele von diesen Frauen sind in die Prostitution, um ihren Unterhalt zu verdienen. Damals gab es kein spezifisches Angebot für diese Gruppe Frauen, und zwar migrierte Sexarbeiterinnen, nicht nur bezüglich der HIV- und Aidsprävention, sondern auch hinsichtlich der rechtlichen Fragen.

Das heißt: Anders als der Name Tampep vermuten lässt, stehen im Mittelpunkt Ihrer Arbeit nicht nur die gesundheitlichen, sondern auch die rechtlichen Probleme der Migrantinnen?
Veronika Munk: Über die Jahre haben wir festgestellt: Wir können nicht trennen. Die gesundheitliche Situation der Frauen, also das, was Safer Sex anbelangt, ist abhängig von der rechtlichen Situation in den jeweiligen Ländern. Wenn die Frauen unter Druck stehen oder unter schlechten Arbeits- und Lebensbedingungen arbeiten und leben, wird Safer Sex zu einer absoluten Nebensache.

Wie ist die Situation der migrierten Prostituierten in Deutschland?
Veronika Munk: Wir von Tampep betrachten das Problem europaweit. Denn man muss Prostitution heutzutage als internationales Phänomen begreifen als Konsequenz der internationalen Migrationsbewegungen. Gleichzeitig wird Prostitution als Tätigkeit weltweit betrieben und Millionen von Frauen überleben durch Prostitution – außerhalb des Migrationsprozesses! Allein in Brasilien arbeiten 1,5 Millionen Frauen in der Prostitution und leben davon, und sie sind keine Migrantinnen, sie sind Brasilianerinnen in Brasilien.

Grundsätzlich muss man bei unserer Klientel daher zu Anfang die Migration als solche betrachten; Prostitution ist nur eine Konsequenz innerhalb der Entscheidung für die Migration. Die Frauen haben kaum andere Möglichkeiten zu arbeiten. Entweder sie sind gebildet, ihre Ausbildung wird in dem Land ihrer Einreise jedoch nicht anerkannt, oder sie haben keine Bildung – so oder so, Prostitution bleibt als eine der wenigen Möglichkeiten, meist als die einzige Möglichkeit, schnell viel Geld zu verdienen.

Wie kann Tampep helfen?
Veronika Munk: Tampep funktioniert auf lokaler, nationaler und internationaler Ebene, und zwar in drei Bereichen: 1. Als National Focus Point beobachten wir die aktuelle Situation und deren Veränderungen. 2. Wir entwickeln Materialen in Zusammenarbeit mit und gezielt für migrierte Sexarbeiterinnen. Faltblätter haben wir z.B. in zwölf verschiedenen Sprachen, nicht nur über Aids-, STD-Prävention, Schwangerschaft und Verhütung, sondern auch Tipps für ihre Sicherheit in der Arbeit. 3. Das Projekt setzt sich auf allen drei Ebenen für die Rechte der Sexarbeiterinnen, speziell der migrierten Sexarbeiterinnen ein.

Welche Rechte? Migrantinnen in Deutschland haben keine Rechte.
Veronika Munk: Das ist nicht nur in Deutschland so, das ist in ganz Europa so. Und betrifft nicht nur Migrantinnen, sondern Sexarbeiterinnen generell. Leider fasst die abolitionistische Bewegung von Schweden ausgehend inzwischen in den skandinavischen Ländern wie auch in Italien und Frankreich Fuß: Prostitution soll gänzlich verboten werden. Die Argumentation in diesen Ländern ist: Frauen, die in der Prostitution arbeiten, würden grundsätzlich ausgebeutet, es gehe um Menschenwürde und Menschenrechte.

Wir von Tampep sehen dies von der anderen Seite: Natürlich geht es uns auch um Menschenrechte, aber wir wollen, dass Prostitution anerkannt wird. Frauen, die sich – egal unter welchen Bedingungen, Migrantinnen meist unter den schlechtesten Bedingungen von allen – für die Ausübung der Prostitution entscheiden, sollten ihre Rechte garantiert bekommen. Das ist auch eine Form von Menschenrecht!

Und dann das Thema Menschenhandel, das in der EU ganz oben steht. 2002 fand in Brüssel eine Konferenz zum Thema Menschenhandel/Frauenhandel statt, wonach ein Dokument veröffentlich wurde, welches sich »Brüssel Deklaration« nennt. Danach wird Frauenhandel als interner und externer Sicherheitsfaktor gesehen. Darum dient Frauenhandel heutzutage als Argument oder besser gesagt, als Rechtfertigung, um massive repressive Maßnahmen gegenüber Migration und Prostitution anzuwenden.

Diese Maßnahmen zur Bekämpfung des Frauenhandels werden so begründet: Frauenhandel ermöglicht illegale Migration, und, die meisten gehandelten Personen sind Frauen, die zur Prostitution gezwungen werden. Fazit: Um Frauenhandel zu bekämpfen, muss man Migration stoppen und Prostitution abschaffen.

In diesem Sinne wird Prostitution mit einer ganz klaren abolitionistischen Haltung gesehen. Prostitution wird lediglich als »sexuelle Ausbeutung unter Zwang« beschrieben. Beides stimmt nicht. 1. Die meisten Migrantinnen, die in der Prostitution arbeiten, sind nicht »gezwungen« oder »gehandelt«. 2. Frauenhandel passiert auch in vielen anderen Bereichen, zum Beispiel im Heiratsmarkt, Haushaltshilfen, Altenpflege. 3. Die meisten Sexarbeiterinnen sehen Prostitution nicht als »sexuelle Ausbeutung«, aber als eine Tätigkeit, die sie aus verschiedenen Gründen ausüben. Der einzige »Zwang« könnte die finanzielle Not sein ... Die »Prävention« von Prostitution geht so weit, dass sie sogar auf die Eindämmung der sexuellen Bedürfnisse der Freier hinzielt. Ich zitiere: *»It should be an essential and common goal for the fight against trafficking to address the reduction of the demand for sexual services ...«*

Doch egal ob eine Gesellschaft die Prostitution will oder nicht, sie wird Realität bleiben. Die Frage ist nur: Wie geht die Gesellschaft damit um? Das gilt auch für die Migration. Die Migration wird auch nicht aufhören. Im Gegenteil, die Migration wird zunehmen, weil der Unterschied zwischen Nord und Süd, Reich und Arm weiter zunehmen wird. Und wer die Geschichte der Menschheit kennt, weiß, dass Menschen immer migrieren, um bessere Lebensbedingungen zu finden.

Von besseren Lebensbedingungen kann keine Rede sein; Migrantinnen finden nur Repressionen.

Veronika Munk: Wir finden, wenn man Menschenrechte fordert, dann sollte man auch erkennen, was man durch die Repressionen gegen Migratinnen erreicht, nämlich das genaue Gegenteil. Je repressiver der Staat vorgeht, umso versteckter müssen die Frauen leben und arbeiten. Umso abhängiger werden sie von dritten Personen, die sie ins Land bringen oder die mit ihnen zu tun haben, wenn sie hier schon leben. Die Lebensbedingungen für diese Personen – es sind nicht nur Frauen, es sind auch Männer – werden sich also noch mehr verschlechtern. Die Migrantinnen werden also noch mehr Risiken eingehen müssen, werden noch mehr Gewalt und noch mehr gesundheitlichen Risiken ausgesetzt sein. Wie ich bereits eingangs sagte: Ob eine Frau unter solch einem Druck ein Kondom benutzt oder nicht, das ist dann völlig egal!

Wird sich daran etwas ändern?
Veronika Munk: Kurzfristig sicherlich nicht. Man müsste langfristig an der Basis arbeiten, also mit den NGO's [Non-Governmental Organisation, d.Aut.] und den GO's verstärkt zusammenarbeiten, um den Entscheidungsträgern die Realität zu verdeutlichen. Natürlich müssen wir auf allen Ebenen weiterhin politische Arbeit betreiben, ohne dass wir die praktische Arbeit vor Ort vergessen.

Von wie vielen Migrantinnen gehen Sie in Deutschland aus?
Veronika Munk: Wir haben 2001 eine bundesweite Erhebung unter NGO's und GO's, die mit der Zielgruppe arbeiten, vorgenommen: Zwischen 55 und 60 Prozent der in der Prostitution Tätigen sind Migrantinnen. Natürlich ist uns bewusst, dass das nur Tendenzen sind; illegale Menschen kann man nicht zählen, sie entziehen sich jeder Erhebung.

Sie sprachen gerade ein wichtiges Thema an: Frauenhandel. Wie viel der 55 bis 60 Prozent Migrantinnen sind denn auf diesem Weg in die deutsche Prostitution gelangt?
Veronika Munk: Unsere Erfahrung ist: Die meisten Frauen sind *nicht* gehandelt. Die meisten sind »freiwillig« hier; in Anführungszeichen, weil die meisten sich aus finanziellen Gründen zur Migration entscheiden, und das ist nicht unbedingt freiwillig ... Aber sie

sind freiwillig im Sinne von: Nicht von dritten Personen abhängig in den Migrationsprozess gegangen.

Warum das so ist? Die Frauen, die aus Lateinamerika oder Südostasien nach Europa kommen, und nicht nur nach Deutschland, haben diesen Migrationsweg schon viele Jahre lang hinter sich. Schon in den 70er Jahren kamen Frauen aus Lateinamerika nach Europa, wo sie in der Prostitution arbeiteten. Das heißt, es hat sich über diese vielen Jahre ein Netzwerk, eine Struktur herausgebildet, mittels derer Frauen ohne dritte Personen aus diesen Regionen zu uns kommen können.

Das ist eine Art Community, die sich bildet.

Durch diese quasi ausgetretenen Wege, egal in welchem Land, werden sie hier bei uns sofort angenommen und weitergeleitet. Es wartet also ein Arbeitsplatz auf sie. Wohlgemerkt nicht nur in der Prostitution, auch im Haushaltswesen oder in der Altenpflege.

Was also ist das Problem, das die Behörden beschwören?

Veronika Munk: Frauen aus Mittel- und Osteuropa kamen, nachdem die politischen Systeme dort zusammengebrochen sind, fanden diese Strukturen nicht vor oder zumindest nicht so, wie es für die Frauen aus Lateinamerika, Afrika und Asien existierte. Diese Frauen benötigen also meist dritte Personen, um nach Deutschland zu gelangen. Eine Frau zum Beispiel aus der Ukraine oder Moldawien kommt nicht direkt nach Deutschland. Sie kommt über Russland, Polen oder andere Länder, die für sie bereits ein ganz großer Fortschritt sind, wo sie bereits in der Prostitution arbeitet und somit abhängig ist. Das bedeutet, die mittel- und osteuropäischen Länder sind nicht nur Herkunftsland, sondern auch Transit- und Zielland.

Im Übrigen kann man nach zwölf Jahren feststellen, dass sich allmählich auch im mittel- und osteuropäischen Raum Strukturen bilden, die ähnlich funktionieren wie die der Migrantinnen aus Lateinamerika, Asien oder Afrika.

Ein abschließendes Wort noch zum Prostitutionsgesetz? Es dürfte Sie nicht zufriedenstellen, oder?

Veronika Munk: Ja, wir müssen uns weiterhin politisch engagieren, obwohl es schwierig ist, kurzfristig Resultate zu erbringen. Man sieht es an der deutschen Hurenbewegung und die vielen Jahre, die sie brauchte, um dieses Gesetz auf den Weg zu bringen. Und dieses Gesetz ist nur ein erster Schritt, ein kleiner Schritt, der für die Sexarbeiterinnen gemacht wurde. Es muss allerdings noch viel mehr verändert werden, und dabei spreche ich jetzt erst einmal nur von den deutschen Prostituierten, nicht von den Migrantinnen. Diese müssen aber auf Dauer auch in die Gesetzgebung einbezogen werden, weil sie mehr als die Hälfte der Prostituierten in Deutschland stellen.

Wir müssen also weiterhin Lobby machen. Aber ich habe gelernt, geduldig zu sein, um politisch etwas zu erreichen. Wir müssen chinesisch arbeiten, ganz langsam und ganz geduldig ...

TANTRA-MASSEURIN

→ *Masseuse*

TELEFONHOSTESS

Verbalerotik.

Rechtlich gesehen ist → *Telefonsex* keine Prostitution; in gewisser Weise bietet aber auch die Telefonhostess eine sexuelle Dienstleistung. Diese besteht darin, dass sie einem Kunden übers Telefon eine erotische Situation schildert, damit dieser sich dabei oder anschließend selbst befriedigen kann. Telefonhostessen inserieren meist Anzeigen in einschlägigen Rubriken der Tages- und Monatszeitschriften sowie in Kontaktmagazinen, die ein Mädel in aufreizenden, verführerischen Posen zeigen: »Ich, 18 Jahre, will es jetzt! Sofort!« versprechen die Texte dazu. In Wahrheit sind die Telefonhostessen aber keine nymphomanen Wesen, sondern Profis, deren wirkliches Alter und Aussehen nicht mit dem der Fotos der Frau in den Annoncen übereinstimmt.

Häufig sind es auch nur Laien, Studentinnen, Hausfrauen, Sekretärinnen, für die Telefonsex einen lukrativen Nebenverdienst bedeutet. Sie üben den Job von zuhause aus und können unterdessen Wäsche waschen, Hemden bügeln, Staub wischen. Die vollmundigen Versprechungen in den Annoncen dienen nur dazu, die Phantasie des Kunden anzuregen.

TELEFONSEX

Telefonanieren.

Mit Telefonsex sind umgangssprachlich Telefonate gemeint, bei denen gegen Bezahlung erotische Situationen stimuliert werden. Meist befriedigen sich die Anrufenden dabei oder anschließend selbst. Weil Telefonsex eine Form von Safer Sex darstellt, dabei auf individuelle Wünsche eingegangen werden kann und die Telekommunikationsordnung inzwischen einen entsprechenden Zahlungsverkehr ermöglicht, hat Telefonsex in den letzten Jahren immer mehr Verbreitung gefunden. »Die Branche boomt«, bescheinigt Kurt Starke im »Lexikon der Erotik« (Knaur Verlag, München 1996). Er bringt es auf den Punkt: »Oft handelt es sich bei den Anrufern um scheue und zurückhaltende Männer, die Frauen gegenüber Kontaktschwierigkeiten haben und sich daher in die Anonymität und unpersönliche Beziehung des Telefongesprächs flüchten, um ihre Sexualphantasie auf diese Art ausleben zu können. Doch dies allein oder auch Vereinsamung und Vereinzelung erklären den Erfolg des Telefonsex nicht. Offenbar ist diese Form von Erotik der heutigen Lebensweise mancher Menschen, insbesondere Männern, ihrem Konsum- und Dienstleistungsdenken durchaus adäquat und ihrer Gefühlswelt angemessen. Sie verfügen über ein (Funk-, Auto-)Telefon und das nötige Geld, um sich auch teure Anrufe zu leisten; Telefonieren gehört ohnehin zur Effizienz des Lebens. Beim Telefonsex brauchen diese modernen, der Marktwirtschaft und ihren technischen Möglichkeiten angepassten Männer auf niemanden Rücksicht zu nehmen, müssen auf ihren Gesprächspartner nicht eingehen, haben außer (kurzzeitig) finanziellen keinerlei Verpflichtungen, müssen niemanden körperlich berühren oder riechen, setzen sich keinerlei Gefahr aus, können sich mit keiner Krankheit, zum Beispiel → *Aids*, infizieren, müssen nicht verhüten oder Angst vor einer ungewollten Schwangerschaft haben, kurzum – Telefonsex vermeidet alle belastenden Begleitumstände sexueller ›Live-Kontakte‹. Telefonsex ist sauber, ungefährlich, problemlos und effizient ohne ›Schau mir in die Augen, Kleines‹.«

Rein rechtlich hat der Anrufer noch nicht mal was mit der verrufenen → *Prostitution* zu tun, was die Hemmschwelle, diese Dienstleistung in Anspruch zu nehmen, noch weiter herabsenkt. Telefonsex ist auf zweierlei Wegen möglich. Die »seriöse« Version besteht darin, dass der Freier die → *Telefonhostess* anruft und einen Termin für ein Gespräch vereinbart. Bis zu diesem Termin muss der Kunde entweder das vereinbarte Honorar, das von Anbieterin zu Anbieterin variiert, auf ein Konto überweisen, einen Scheck zuschicken oder seine Kreditkartennummer hinterlassen haben, damit die Hostess das Geld einziehen kann. Ist die Anbieterin sicher, dass sie für ihre Dienstleistung bezahlt worden ist, ruft sie den Kunden zum vereinbarten Termin an und erbringt die Leistung.

Die »unseriöse« Variante von Telefonsex ist die ungleich verlockendere, da der → *Freier* in diesem Fall nämlich seine Anonymität nicht aufgeben muss. Die Angebote dazu finden sich auf den einschlägigen Seiten der Tages- und Wochenzeitungen sowie Stadtmagazinen: Zum Beispiel: »Sofort am Telefon. Aufregendes Abenteuer mit Single-Frauen.« Jawohl! »Susi macht dich fertig!« Es bleibt keine andere Wahl: »Ich, 18 Jahre, will es jetzt! Sofort!« Und zwar: »Zum Zuhören! Extrem harter Sex!« Das geht so: »1. Hose runter. 2. Girl auswählen. 3. Sex genießen. Eine Minute zuhören oder mitstöhnen.« Bei »Sarah's Sex Service« spürt man es in 30 Sekunden. Denn: »Live/unzensiert. Gruppenstöhnen nonstop!« Ähnlich heiß sind die Offerten für den, der des Nachts im Fernsehprogramm der privaten TV-Sender hängen bleibt. »Ruf mich an!« schmachtet eine halbnackte Göre in die Kamera. »Ich mach's dir hart und heftig!« verspricht ein barbusiges Mädel, dessen Körper vor Erregung bebt. Das alles alternativ auch für eine homosexuelle Klientel, dann locken wohlproportionierte »Boys aus deiner Nähe!«. Wehe dem, der jetzt zum Telefonhörer greift!

Wer eine dieser → *Hotlines* über die → *0190er*-Nummern anwählt, hört in den meisten Fällen wenig Sex, dafür gnadenlos den Zähler ticken. Lange Leitung ist garantiert, denn die erste Minute passiert gar nichts. Von knisternder Erotik keine Spur, stattdessen nur knirschende Tonbänder, die vollmundig versprechen, was alles auf den Anrufer zukommt, wenn er in der Leitung bleibt. Das ist im Übrigen auch der einzige Sinn und Zweck der Telefonsex-Hotlines: Den Kunden so lange wie möglich in der Leitung halten, denn sowohl Anbieter, der → *Information Provider,* der für gewöhnlich seinen Firmensitz im Ausland hat, als auch Telekom verdienen an den kostenintensiven 0190er-Nummern, bei denen ein Anruf bis zu 3 Euro die Minute kosten kann, manchmal sogar noch teurer. So mancher gutgläubige Zeitgenosse hat da bereits am Ende des Monats, nach Erhalt der Telefonrechnung, ein böses Erwachen erleben müssen, und Familienväter waren überrascht ob der vielen Einheiten, die der Sohn mit angeblichen Freunden vertelefoniert hat.

TEMPELPROSTITUTION

Histor. Prostitutionsform.

Synonyme: Heilige Prostitution. Sakralprostitution. Ihre Geburt erlebte die Tempelprostitution vor 3000 Jahren in Babylon, dem Land zwischen Euphrat und Tigris, dem heutigen Syrien. Hier war die Prostitituion, Texte wie das Gilgamesch-Epos beweisen dies, fester und respektabler Bestandteil der Gesellschaft: Einem Gesetz des Königs Hammurabi (1793 v.Chr. – 1750 v.Chr.) zufolge hatte jede Frau einmal im Leben in einem Tempel ihre Liebesdienste gegen Entgelt anzubieten. Der Verkehr sollte die Götter für Ackerbau und Viehzucht günstig stimmen. Tonplatten mit eindeutigen Darstellungen, die man bei Tempeln ausgegraben hat, belegen dies. Über die Jahrhunderte schloss sich die gastliche Prostitution, also das Zeichen von hoher Gastfreundschaft, mit der religiösen Prostitution zusammen. Ein Kult entstand, der Melitta-Kult, der sich in den verschiedensten Formen von seinem Ursprungsland über Kleinasien bis nach Nordafrika verbreitete. Manchmal wurde er auch Venus-Kult genannt.

»Bei diesem Kult musste sich jede Frau einmal in ihrem Leben der Melitta weihen«, schreibt der Kriminaloberkommissar Willi Bauer in dem ob seiner Polemik nicht unumstrittenen Buch »Geschichte und Wesen der Prostitution« (1956), »das heißt, für diese Göttin einem beliebigen Fremden prostituieren. Vor dem Tempel der Melitta saßen die opferbereiten Frauen und hielten den Leib mit einem Gürtel von Schnüren umschlossen. Dieser sollte dem Fremden mitteilen, dass noch die Schamhaftigkeit den Leib verschloss. Fand nun ein Fremder eine derartige Frau nach seinem Geschmack, nahm er sie an diesem Schnurgürtel und zog die Opferbereite einfach in den Tempel, wo sie dann der Göttin das Lustopfer brachten.«

Der Melitta-Kult nahm überhand, die Hallen der Tempel waren zu klein für die Opferfreudigen und fremden Männer, die den Frauen das Opfer ermöglichen wollten. Zu den Tempeln gesellten sich Hütten und Buden, ja selbst in den Sträuchern und Hainen wurden der

Göttin Opfer gebracht, und keine Frau war davon ausgenommen. Der griechische Geschichtsschreiber Herodot (484 v.Chr. – 424 v.Chr.) berichtete über die Babylonier wie folgt: »Jede Frau, die in ihrem Lande geboren ist, muss sich einmal in ihrem Leben in den Tempel der Venus begeben und sich daselbst einem Fremden überlassen. Ein Teil von ihnen hält es aber aus Stolz, den ihnen ihr Reichtum einflößt, für unter ihrer Würde, sich mit den andern auf gleiche Stufe gestellt zu sehen, und diese lassen sich in geschlossenen Wagen vor den Tempel fahren. Dort bleiben sie sitzen, hinter sich eine große Menge von Dienern, die sie begleitet haben. Die große Mehrzahl aber setzt sich, das Haupt von Schnurenkränzen umwunden, im Tempelgarten nieder. Es ist ein beständiges Kommen und Gehen. Man sieht nach allen Himmelsrichtungen durch ausgespannte Seile getrennte Gänge führen, in die sich die Fremden begeben und die Weiber erwählen, die ihnen am besten gefallen. Wenn eine Frau einmal an diesem Orte Platz genommen hat, darf sie nicht eher nach Hause zurückkehren, als bis ihr ein Fremder Geld in den Schoß geworfen und mit ihr außerhalb des geweihten Raumes Umgang gepflogen hat. Der Fremde muss, wenn er ihr das Geld zuwirft, dazu sagen: ›Ich rufe die Göttin Melitta an.‹ Die Assyrier nennen nämlich die Venus Melitta. Wie gering auch die Summe sein mag, niemals darf sie zurückgewiesen werden, das Gesetz verbietet es, denn dieses Geld wird geopfert. Sie muss dem Ersten, der ihr ein Geldstück zuwirft, folgen und darf keine Person zurückweisen. Wenn sie endlich durch die Preisgabe ihres Körpers an einen Fremden ihren Verpflichtungen gegen die Göttin nachgekommen ist, kehrt sie nach Hause zurück; und niemals wird sie sich darnach, soviel man ihr auch bieten möchte, verführen lassen. Diejenigen Weiber, die eine schöne Figur oder ein schönes Angesicht haben, verweilen nicht lange im Tempel, die hässlichen dagegen bleiben länger, weil sie dem Gesetz nicht bald genügen können; ja einige bleiben sogar drei oder vier Jahre dort.«

TERMINWOHNUNG

Andere Bezeichung für → *Privatwohnung* oder → *Modellprostitution*. Die Wohnung dient der Ausübung des → *Verkehrs*, der zu einem mit dem Freier vereinbarten Termin vollzogen wird.

THAILAND

→ *Sextourismus*

THOMPSON, LYDIA

Brit. Strip-Wegbereiterin, geb. 1836, gest. 1908.

In derb-spaßhaften Musikstücken, gerne Burleske genannt, war die Blondine Lydia Thompson 1868 in London zusammen mit ihren Mädels der Truppe »British Blondes« die Erste, die in einem Nachtlokal nicht in langen Röcken, sondern in Strumpfhosen auf die Bühne trat. Diese »Beinshows« waren eine Erotik-Sensation, verrucht und deshalb bejubelt. »Sie warf ihre flinken Beine nicht nur ein wenig höher, als man es bisher für möglich gehalten hatte, sondern es gelang ihr auch, mit ihren Haaren den Fußboden zu fegen«, schreibt Lucinda Jarret in ihrem Buch »Striptease. Die Geschichte der erotischen Entkleidung« (Rütten & Loening, Berlin 2001). Andere dagegen mochten der neuen Beinfreiheit, die sich darbot, nichts abgewinnen: »Es gibt spezielle Vertreterinnen des ›Nacktdramas‹, die meiner Ansicht nach nichts anderes als strikte Zensur und strengen Tadel verdienen«, empörte sich die damals populäre Schauspielerin Olive Logan. Heute gilt Lydia Thompson als Wegbereiterin des → *Striptease,* wenngleich sie zeitlebens züchtig blieb: Die letzte Hülle fiel bei ihr nie!

THUST, EBBY

Dt. Rotlicht-Koryphäe, geb. 1947.

Eberhard Anton Thust wird als Sohn bürgerlicher, streng katholischer Eltern geboren. Seine Mutter starb nach einer Blinddarmoperation, als er drei Jahre alt war, sein Vater heiratete erneut, als er sechs war. Der neuen Ehe entsprang die Tochter Michaela. »Ich fühlte mich immer mehr und mehr vernachlässigt«, erinnert sich Thust in seiner Autobiographie »Glanz und Elend«. Er fühlte sich ungeliebt, wurde zum bösen Buben. Es dauerte nicht lange, da flog er von der Schule. Er machte eine Lehre als Fernmeldetechniker, sein Interesse aber galt bereits den angesagten In-Lokalen, in die ihn sein älterer Bruder mitschleppte. »Zu der Zeit hatte ich nebenher schon ein paar ›Freundinnen‹, die anfangs alle älter waren als ich, und dadurch kam es, dass ich mehr Geld hatte als meine Ausbilder. Ich hatte schnell gemerkt, dass Geld zu Macht verhilft.« Thust, der → *Poussierstengel,* unternahm erste Schritte ins Nachtleben, ins Frankfurter Halbweltmilieu und den → *Boxsport*. »Ich hatte gerade die Lehre hinter mir. Meine Freunde und Bekannten waren größtenteils Zuhälter und Zocker.«

Er mietete einige Einzimmerappartements an, vermietete sie teuer an die Mädels weiter. Er eröffnete als einer der ersten einen → *Saunaclub*, aber Anwohner und Behörden machten ihm einen Strich durch die Rechnung. Er eröffnete den »Asian European Club« in einer Villa im Taunus. Aus Erfahrung klug meldete Ebby, wie er inzwischen genannt wurde, den Club als Verein an, Gäste waren Ölscheichs und andere illustre Gestalten, über die er sich bis heute ausschweigt. Weitere Clubs im Raum Frankfurt folgten, bevor er sich aufs Glücksspiel und auf Boxpromotion verlegte, ein exzessives Leben, gezeichnet von Sexpartys, Sauf- und Fressorgien, Zocken und Abkassieren, Schlägereien, teuren Autos, Kontakten zu Unterweltbossen. Öffentlich zeigte er sich an der Seite schlagkräftiger Namen wie Muhammad Ali, Max Schmeling, Bubi Scholz, Henry Maske, aber auch an der von Entertainment-Promis wie David Copperfield, Percy Sledge, Til Schweiger, Harald Juhnke, Heiner Lauterbach. Als er zusammen mit seiner Freundin Nicole Meissner Peter Graf, Vater der Tennis-Queen Steffie, eine Vaterschaft unterjubeln wollte, wanderte er ins Gefängnis. Knastbruder war ausgerechnet Milliarden-Pleitier Dr. Jürgen Schneider.

Heute lebt Ebby Thust auf Mallorca und resümiert: »Ich habe mein Leben genossen, und das sehr intensiv. Wäre ich in die Fußstapfen meines soliden Vaters getreten, hätte ich mit Sicherheit ein anderes Leben geführt. Ob es ein besseres Leben gewesen wäre, sei mal dahingestellt.«

- *INFO: Ebby Thust. Glanz und Elend. Goliath Verlag, Frankfurt 1999*
- *www.ebby.de*

TITTENFICK

Brustentspannung.
Synonyme: Brustsex, → *Spanische Massage*

TÖPPERWIEN, ROLF

Dt. Sportreporter, geb. 1951.
Fernsehzuschauer kennen die markige Stimme des Sprechers, der seit 1977 für das ZDF aus den deutschen Fußballarenen berichtet. Polizisten kennen ihn auch, denn bereits in den späten 80er Jahren verlor Töpperwien seinen Führerschein wegen Trunkenheit am Steuer. Richtig lustig allerdings wurde es 1995, als sich »Töppi«, wie ihn Fans nennen, mit der schwarzen Melanie im Liebeszimmer Nr 13 des Sauna-Clubs »Leierkasten« verlustigte, sich anschließend aber über die gepfefferte Rechnung in Höhe von 3990 Mark beschwerte – ausgerechnet auf Briefpapier der ZDF-Chefredaktion. Das hätte er besser bleiben lassen sollen, denn die Beschwerde war wenig später in den einschlägigen Boulevard-Magazinen für jedermann zu lesen: Töppi soll »am Hundehalsband für 500 Mark durchs Bordell geführt« worden sein, von »Sex, Drogen, Alkohol« war die Rede. Kollege Harald Schmidt konstatierte: »Im Bordell, das Rolf Töpperwien besuchte, ging's richtig familiär zu. Immer wenn er kam, hieß es: ›Hei Kinder, Töppi kommt. Wieder eine Töpperparty!‹ Man hat ihn an der Tür schon begrüßt: ›N'abend Herr Töpperwien. Das Übliche? Einmal Torwand – drei oben, drei unten?‹«

Wieder einmal war mit Töpperwien ein Promi über das → *Rotlicht*milieu gestolpert; im gleichen Jahr passierte das übrigens auch dem Hollywood-Schauspieler → *Hugh Grant*. Das Ende der Geschichte: Töppi entschuldigte sich bei Familie, Freunden und Gebührenzahler, be- und übergießt sich im Mai 2000 in seiner Wiesbadener Wohnung zugekokst und besoffen nackt tanzend mit hochprozentigem Rum und fackelt sich ab.

TOULOUSE-LAUTREC, HENRI DE

Franz. Maler, geb. 1864, gest. 1901.
Henri de Toulouse-Lautrec stammte aus einem alten französischen Adelsgeschlecht. Zwei Beinbrüche (1878/79) machten ihn zum Krüppel und er begann zu zeichnen. 1884 zog er auf den → *Montmartre*

und fand dort seine Motive in den Tanzcafés, Kabaretts, vor allem aber den Vergnügungslokalen und → *Bordellen*. Für ihn wird das Bordell »die Widerspieglung des jeweiligen gesellschaftlichen Lebens, also eines einzigen großen Theaters, eines Cabarets, eines Zirkus und Jahrmarkts«, erklärt die Autorin Alice Frohert in ihrem Buch »Ansichten der Prostitution«. »Es ist das Terrain, wo man der Vielfalt und Widersprüchlichkeit, der Triebhaftigkeit und Verklemmtheit, der Beschränktheit und Genialität, der Güte und Schlechtigkeit, der Exhibitionslust und Introvertiertheit, der Raffinesse und Kredulität, der Jugend und dem Alter, dem Glück und der Melancholie begegnet.« Toulouse-Lautrec nahm begierig diese Wirklichkeit in sich auf. Er begann die Prostituierten zu bewundern und nahm sie sowie ihr Milieu als künstlerisches Motiv in Anspruch. Für das → *Moulin-Rouge,* das er oft besuchte, schuf er eine Vielzahl Plakate. Farblithographie und Plakat wurden erst durch ihn zu künstlerischem Rang erhoben; durch sie wirkte er stark auf den Jugendstil ein.

Heute gilt Toulouse-Lautrec als einer der kritischen Chronisten der Pariser Gesellschaft im ausgehenden 19. Jahrhundert.

TRANSSEXUALITÄT

Geschlechtsidentifikationsstörung.

Transsexualität, das sei die »Diskrepanz zwischen dem biologischen Geschlecht und der gegensätzlichen Geschlechtsidentität, die meist mit dem Wunsch nach einer Geschlechtsumwandlung verbunden ist«, definiert Lykke Aresin im »Lexikon der Erotik« (Knaur Verlag, München 1996). Manche nehmen dabei vorlieb mit Medikamenten – der Mann erhält weibliche, die Frau männliche Hormone – und bemühen sich »um eine völlige Geheimhaltung des eigenen körperlichen Geschlechts durch Übernahme von Kleidung und Verhalten des anderen Geschlechts«, wie das »Roche Lexikon Medizin« (Urban & Fischer Verlag, München 1999) erklärt.

Andere lassen geschlechtskorrigierende Operationen – umgangssprachlich Geschlechtsumwandlung – über sich ergehen. Diese wird – da Transsexualität in Deutschland als Krankheit anerkannt ist – von den Krankenkassen bezahlt. Allerdings darf die Behandlung erst dann durchgeführt werden, wenn sowohl eine medizinische als auch psychiatrische Untersuchung eine entsprechende Diagnose bestätigt hat.

Die erste Geschlechtsumwandlung wurde in den 20er Jahren des letzten Jahrhunderts bei zwei Frauen vorgenommen, denen man Brüste, Eierstöcke und die Gebärmutter entfernte, um ihren Leidensdruck zu mildern. Transsexualität indes ist ungleich älter. Erste schriftlich überlieferte Hinweise wurden beim griechischen Geschichtsschreiber Herodot (500 v.Chr. – 424 n.Chr.) gefunden. Etwa 10 n.Chr. wusste Ovid in den »Metamorphosen«, ein Kranz von Sagenerzählungen, der zur wichtigsten literarischen Quelle der europäischen bildenden Kunst gehört, neben Verwandlungen von Menschen in Tiere und Pflanzen auch von der Verzauberung des berühmten Sehers von Theben, Teiresias, in eine Frau zu berichten. Teiresias lebte später zwar wieder als Mann, vereinte aber fortan Lust- und Liebesgefühle beider Geschlechter in sich.

Eine ernsthafte öffentliche wissenschaftliche Auseinandersetzung mit diesem Phänomen wurde, so wissen die Autoren des Ärzteprojekts Medicine Worldwide (www.m-ww.de) zu berichten, 1932 in der Zeitschrift »Sexualwissenschaftliche Sexualpolitik« begonnen: »In dem Artikel wurde unter anderem. von einem Mann berichtet, der bereits im Alter von 6 Jahren versucht hatte, sich den Penis mittels eines Bindfadens abzutrennen und dem dieser im Jahr 1931 dann chirurgisch amputiert worden war und dem danach eine künstliche Scheide angelegt wurde.«

Seit dem 10. September 1980 gilt in Deutschland das »Gesetz über die Änderung der Vornamen und die Feststellung der Geschlechtszugehörigkeit in besonderen Fällen – Transsexuellengesetz«. Nach §§ 1-7 kann bereits ohne medizinischen Eingriff eine Vornamensänderung bewilligt werden (wofür zwei voneinander unabhängige psychiatrische oder psychotherapeutische Gutachten vonnöten sind). Nach §§ 8-12 wird nach erfolgtem medizinischen Eingriff eine neue Geburtsurkunde mitsamt neuer Personalpapiere ausgehändigt.

Wie mit allen anderen Bereichen der Sexualität kann auch mit der Transsexualität inzwischen Geld verdient werden. Transsexuelle Prostitution ist zwar keine Marktlücke, aber trotzdem besteht Bedarf: »Es gibt mit Sicherheit einen Teil der Männer, die bisexuelle Bedürfnisse haben, die sich aber nicht trauen, es sich selbst und anderen einzugestehen. Dadurch, dass sie zu einer Transsexuellen gehen, haben sie sozusagen auch eine Legitimation: ›Eigentlich ist es ja eine Frau.‹ Dann gibt es einen Teil, der ist fixiert auf Transsexuelle. Die mögen definitiv keine Männer, sind aber sehr angezogen von der Androgynität«, erklärt die Prostituierte Sarah, die selbst in einer → *Berliner* Bar mit Transsexuellen arbeitet.

In Berlin gibt es zwei → *Bars* speziell für transsexuell interessierte Freier, in Hamburg mehrere, in München eine Bar. In der Regel wird in solchen Bars eine Mischung aus Varieté und Kabarett angeboten, was in der Tradition der Travestieshow steht. Die Bars laufen offiziell unter »Schankwirtschaft« oder »Champagnerbar mit Animation«, was wie in anderen Bereichen der Prostitution Konflikte mit den Gesetzeshütern verhindert. Meist gibt es trotzdem → *Séparées* oder eine angeschlossene → *Zimmervermietung*, um entsprechende sexuelle Offerten direkt in die Tat umsetzen zu können.

TRANSSEXUALITÄT

Im Gespräch: Sarah, transsexuelle Prostituierte

Sarah, 29, arbeitet als »etwas andere Frau« in einem transsexuellen Nachtclub. Sie hat sich vor einigen Jahren Brüste machen lassen, verlässt sich ansonsten aber ausschließlich auf Medikamente; weil sie eine künstliche Scheide durchaus von einer echten unterscheiden könne, komme eine Operation für sie nicht in Frage. Sie lebt in Berlin, zusammen mit einer Frau.

Sarah, du schaffst an?

Sarah: Ja, ich habe bereits auf verschiedene Arten angeschafft. Angefangen hat es, als ich als Jugendlicher Erfahrungen mit der Straßenprostitution sammelte, also den Leuten, die man auf Bahnhöfen antrifft.

Wieso hast du dich als Jugendlicher verkauft?

Sarah: Ich wusste natürlich aus Zeitungen und Büchern, dass es so was gibt, hatte aber keinen besonderen Bezug dazu. Ich hatte aber relativ früh Kontakte mit Männern, so was um die 14. Aber nicht, dass ich mich darum bemüht hätte anzuschaffen. Die Männer kamen auf mich zu. Das passierte einfach so. Da war ich 16. Allerdings habe ich das nicht kontinuierlich gemacht; ich habe es eigentlich nur dann gemacht, wenn es sich ergeben hat.

Warum hast du dich darauf eingelassen? War es ein einträglicher Nebenverdienst, oder hat es dir selbst auch Spaß bereitet?
Sarah: Naja, ein netter Nebenverdienst war es auf alle Fälle. Aber es war auch interessant. Ich war sehr interessiert an allen sexuellen Erfahrungen, die ich machen konnte.

Hast du nebenher eine Ausbildung gemacht?
Sarah: Nein, ich habe gar keine berufliche Richtung eingeschlagen. Ich hatte es nicht so mit Schule, habe keinen Schulabschluss gemacht, keine Lehre. Ich habe mit 17, 18 Jahren mein Coming-out als Transsexuelle gehabt, und in dieser Zeit hatte ich für Schule oder Ausbildung wirklich keinen Kopf.

Wie ist deine Familie damit umgegangen, mit deiner Art, Geld zu verdienen?
Sarah: Natürlich waren meine Eltern am Anfang betrübt. Aber das hat sich gelegt: Heute sind sie erfreut, dass ich mich sehr gut entwickle. Sie sind froh, dass ich Dinge tue, mit denen ich glücklich bin. In diesem Punkt sind sie sehr vorbildlich, so wie man es sich von Eltern erhofft. Insofern ist es egal, ob ich Schweinehälften verkaufe oder ... Okay, das Wort »Prostitution« fällt nicht so oft in meiner Familie, aber sie wissen sehr wohl, was ich in letzter Zeit gemacht habe, und sind froh, dass ich eine Tätigkeit kontinuierlich ausgeübt habe und kein Geld von ihnen haben will.

Was hieß es für dich, transsexuell zu sein?
Sarah: Das war für mich sehr verwirrend, weil ich eigentlich gar kein klares Bild davon hatte, dass die Welt zweigeschlechtlich geteilt ist. Aber ich merkte, die Erfahrungen, die ich mit Jungs machte, lösten ein Befremden in mir aus, wohingegen ich mich bei den Kontakten mit Frauen zu ihnen hingezogen fühlte; auch äußerlich sowie körperlich fand ich es viel spannender, eine Frau zu sein. Weil ich die Dinge, die ich machen wollte, immer gleich in die Tat umsetzte, habe ich mich um Entsprechendes gekümmert.

Und bist deshalb in der Prostitution geblieben?
Sarah: Ja, deshalb hat sich das auch mit der Prostitution so weiter

ergeben. Die offiziellen Wege, zu einer ärztlichen Behandlung zu kommen, waren mir, die ich pragmatisch war und immer das gemacht habe, was ich wollte, viel zu kompliziert. Ich wusste, über Milieu geht das alles viel einfacher, man kommt an die Medikamente heran, trifft andere, die einem Erfahrungen vermitteln können. Das war zumindest meine Annahme.

Diese Annahme hat sich nicht bestätigt?
Sarah: Zum Teil. Das mit den Medikamenten klappte. Das mit den Erfahrungen nicht. Ich musste feststellen, dass Konkurrenz von den Älteren und Eingesessenen nicht unbedingt erwünscht ist.

Trotzdem hast du weiter angeschafft?
Sarah: Nun ja, als Transsexuelle ist es nicht immer einfach, einen Job zu finden. Obwohl es durchaus Berufsumfelder gibt, in denen man als Transsexuelle ganz normal arbeiten kann. Aber das ist jeder selbst überlassen, ob sie in der Lage ist, das zu finden, oder ob sie immer versucht, Empfangsdame in einem Hotel zu werden, wo eine Transsexuelle einfach nicht reinpasst. Das sollte die transsexuelle Frau nicht tun. Nichtsdestotrotz versuchen es viele und beklagen sich nachher über Diskriminierung ... Aber ohne Ausbildung hat man es im Berufsleben ohnehin schwieriger. Da bietet sich die Prostitution immer an.

Aber ich sage mal so: Prostitution hat auch ein bisschen was von therapeutischer Arbeit oder Sozialarbeit. Leute, die in der Psychiatrie arbeiten, sollten dort ja auch nicht zwanzig Jahre arbeiten. Wenn sie es doch tun, sieht man es ihnen an: Sie sind verbraucht, sie sind kalt. Die haben nichts mehr anzubieten. Und das ist im Rotlichtmilieu ähnlich. Deswegen habe ich auch nicht kontinuierlich angeschafft, seit ich 17 bin. Ich habe immer lange Pausen dazwischen gemacht, auch mal eine Weile in Dominastudios gearbeitet. Denn sie versuchen dort immer die ganze Bandbreite der sexuellen Spielarten abzudecken und Transsexuelle sowie Transvestiten sind in der SM eine beliebte Variante; es gibt viele, die einen Verkleidungsfetisch haben, sich als Frau verkleiden und eine »Schwester« suchen, genauso wie es Männer gibt, die in ihrer Phantasie ein männliches Genital brauchen.

Zuletzt habe ich in Animierbars als Transsexuelle mit anderen Transsexuellen gearbeitet, aber im Moment pausiere ich wieder. Aber ich werde bestimmt wieder anschaffen, wenngleich mir, wenn überhaupt, natürlich eher daran gelegen wäre, diese Tätigkeit in einem Rahmen auszuüben, in dem das Wort »anschaffen« keinen Platz hat, und das auch nur als Nebenjob. Was die Notwendigkeiten und Möglichkeiten eventuell mal zur Folge haben werden, steht auf einem anderen Blatt ...

Was ist der Grund für dich, immer mal wieder auszusteigen?
Sarah: Die allgemeine psychische Belastung. Fünf Nächte in der Woche arbeiten, immer mit alkoholisierten Menschen zu tun haben ...

... da leidet deine eigene Sexualität?
Sarah: Die leidet unter anderen Dingen ... Nein, im Ernst, es ist nun mal so, nicht jede Frau, die im Club arbeitet, grenzt sich ab. In einem Barbetrieb wird nun mal viel Alkohol getrunken, und viele Frauen trinken mit. Die unsafen Praktiven, die gewünscht werden, werden ebenfalls von einigen Frauen erfüllt. Das sind Schwingungen, die ich abkriege, und es tut gut, sich davon ab und an zu distanzieren.

Und wann kommt der Moment, indem du wieder einsteigst?
Sarah: Wenn ich eine günstige Möglichkeit sehe. Es kommt drauf an, ob mir die Bedingungen in der Stadt, in der ich mich befinde, zusagen. Es gibt Städte, in denen würde ich nicht anschaffen wollen.

Welche Bedingungen wären das?
Sarah: Wie viele Konkurrentinnen gibt es? Wie gehen diese miteinander um? In Hamburg am Straßenstrich ist mir mal ein Messer an den Hals gehalten worden. Das ist für mich ein Grund zu sagen, ich muss mich nicht messerstechen lassen, um arbeiten zu können. Wichtig ist auch die Frage: Wie geht die Polizei mit Prostitution um? Wenn ich ständig Schikanen ausgesetzt wäre, wäre das für mich auch nicht unbedingt ein Anreiz, diese Arbeit zu machen.

Und natürlich hat auch die Konjunktur einen Einfluss auf meine Entscheidung. Wenn ich sehe, dass in einer Bar nicht viel zu holen ist, motiviert mich das natürlich nicht, anschaffen zu gehen.

Inwiefern unterscheidet sich denn eine Bar mit Transsexuellen von einer mit herkömmlichen Prostituierten?
Sarah: Ich glaube nicht, dass es da Unterschiede gibt. Obwohl wir natürlich ein bestimmtes Image haben. Wir sind ein bisschen »verrückter«. Die Männer, die kommen, haben natürlich auch die Hoffnung, dass wir nicht so zickig und verklemmt wie die »normalen« Frauen sind. Ob sie damit immer richtig liegen ...?! Wenn sie genug bezahlen, bestimmt!

Wenn du sagst: »Prostitution hat was von therapeutischer Arbeit«. Siehst du dich als Therapeutin?
Sarah: Naja, als Therapeutin ganz bestimmt nicht, dafür brauche ich Leute, die therapiewillig sind. Aber das sind die Freier nicht. Ich verstehe mich als ... wie soll ich sagen ... ich bin zuständig für Dinge, die die Menschen nicht in der Lage sind, aus eigener Kraft zu regeln. Phantasien, die sie sich nicht trauen, vor anderen zu artikulieren, die sie sich selbst nicht eingestehen können, die sie verdrängen, wochenlang, monatelang, bis sie sie wieder umtreiben und sie dahin gehen, wo sie sie finden. In dem Sinne eher Sozialarbeiterin.

Was für Phantasien sind es denn, mit denen die Leute Transsexuelle in einer Bar aufsuchen?
Sarah: Sehr verschiedene. Es gibt mit Sicherheit einen Teil der Männer, die bisexuelle Bedürfnisse haben, die also gezielt erotische Erlebnisse anpeilen – Oralverkehr mit männlichem Genital oder Analverkehr –, die sich aber nicht trauen, es sich selbst und anderen einzugestehen. Dadurch, dass sie zu einer Transsexuellen gehen, haben sie sozusagen auch eine Legitimation: »Eigentlich ist es ja eine Frau.« Dann gibt es einen Teil, der ist fixiert auf Transsexuelle. Die mögen definitiv keine Männer, sind aber sehr angezogen von der Androgynität. Es gibt Männer, die nur zum Quatschen oder Angequatschtwerden kommen, die ein wenig flirten und zeigen möch-

ten, dass sie toll viel Geld besitzen. Und es gibt Männer, die einfach nur hereinstolpern und gar nicht wissen, wie ihnen geschieht.

Und Frauen?
Sarah: Als Pärchen, mit einem Mann zusammen. Das gibt es.

Wie gehst du mit Freiern um?
Sarah: Es gibt ganz respektable Leute, aber das ist in allen Bereichen der Prostitution so. Es gibt nun mal Leute, die dazu stehen können, dass sie viel arbeiten, wenig Gelegenheit haben, Bekanntschaften zu schließen, trotzdem erotische Bedürfnisse haben. Die respektiere ich. Genauso gibt es auch Leute, die ... tja, die zwangsläufig lügen. Lügen finde ich nicht so toll. Und es gibt ein gerütteltes Maß an Männern, die ihre Familie gesundheitlich gefährden, weil sie nicht viel von Safer Sex halten. Da komme ich auch nicht drauf! Und ich finde es bedauerlich, wenn sich Leute nicht emanzipiert zu ihrer eigenen Sexualität verhalten. Wenn sich alle diese Varianten miteinander kombinieren – dann habe ich das Gefühl, nicht von Gleich zu Gleich zu reden.

Wie gehst du denn mit dem Wunsch nach Unsafe um?
Sarah: Es kommt ganz darauf an, was er unsafe möchte. Es gibt natürlich Dinge, die für mich safe sind, aber nicht für den anderen. Das bleibt ihm dann überlassen. Wenn er allerdings etwas möchte, was für mich nicht safe ist, muss ich ihm eine Absage erteilen.

Die dicke Kohle würde dich also nicht umstimmen können?
Sarah: Die dicke Kohle gibt es sowieso nie. Und es gibt sie schon gar nicht, wenn man sich auf einen Lebenswandel eingestellt hat, bei dem man das Geld zum Fenster hinauswirft, wie es reinkommt. Da bleibt keine dicke Kohle hängen ... Und mal ehrlich, unsafe lohnt sich nie! Ich bin zu einer Zeit sexuell aktiv geworden, wo ich, wenn ich keinen Safer Sex betrieben hätte, heute tot wäre; einige von denen, die ich kenne, sind inzwischen tot. Desalb hat sich das Thema für mich erledigt.

Eine letzte Frage: Du selbst, hast du mir vor diesem Gespräch ge-

sagt, lebst mit einer Frau zusammen. Würdest du dich daher als lesbisch bezeichnen?
Sarah: Na, eine Lesbe hat mit Sicherheit eine andere Biographie als ich. Deshalb wäre es anmaßend, mich als Lesbe zu bezeichnen. Aber auf jeden Fall bin ich eine Frau, die Frauen liebt.

TRANSVESTISMUS

Lat.: trans – hinüber, vestis – Kleidung.
Synonyme: → *Cross-Dressing.* → *Feminisierung.* Beim Transvestimus werden aus einer vom normalen sexuellen Verhalten abweichenden Neigung heraus Kleidungsstücke getragen, die für das andere Geschlecht typisch sind. Dabei spricht man von einem → *Fetischismus.* Transvestismus geht häufig aber noch weiter. »Manche Transvestiten haben ausgefallene Wünsche, manche möchten zum Beispiel als Schulkind mit Windeln auftreten und wie diese behandelt und angesprochen werden«, erklärt Lykke Aresin im »Lexikon der Erotik« (Knaur Verlag, München 1996). »Wegen der Schwierigkeit, in diesem Aufzug öffentlich in Erscheinung zu treten, suchen sie → *Bordelle* auf, um dort ihren Neigungen nachgehen zu können.«

Insbesondere → *SM-Studios* haben sich auf die → *Feminisierung* der Männer spezialisiert. Die Domina Lady Vera, die in → *Berlin* das Studio »5D« betreibt, berichtet von einem besonderen Fall, einem älteren Stammkunden, der sich wie eine Dienstmagd anzieht: »Er trägt wie eine Pfälzer Oberbäuerin unsägliche Unterhosen bis unters Knie. Er übergibt mir einen Brief ›seiner‹ Herrin. Diese Herrin schickt mir ihre → *Zofe* – das ist er – zur Abstrafung, weil sie zu schlampig und nicht fleißig war. Dann erfolgt eine ganz harte Abstrafung, zwischendurch trinken wir Tee, währenddessen sie – er – mir ihr Leid klagt. Die Herrin sei so streng, die Zofe möchte doch alles tun, damit es der Herrin gut geht, aber sie werde so gefordert. Ich erkläre ihr: ›Was soll ich tun? Du weißt, es ist dein Schicksal. Du kannst ihm nicht entkommen! Es ist so, nimm es endlich an!‹«

TREBEGÄNGER

Jidd: tre(j)fe, trebe – nicht koscher.
Synonym: Ausreißer, jugendliche Herumtreiber. Jugendliche im Alter zwischen zwölf und 15 Jahren, die aus repressiven, gewalttätigen Ver-

hältnissen zuhause oder aus Heimen abgehauen sind und sich herumtreiben, werden im Jargon Trebegänger genannt. Sie sind → *auf Trebe*. In der Regel suchen die Kids den Weg in die → *Großstadt*, wo sie an den Bahnhöfen von den so genannten → *Frischfleischjägern* als Trebegänger erkannt werden, die die Situation der Kids schamlos ausnutzen. Sie bieten ihnen Unterkunft, Geld, nicht selten auch »emotionale« Zuwendung, verlangen dafür aber eine sexuelle Dienstleistung. Für die Mädchen und Jungs ist das meist der Einstieg in die Arbeit als → *Prostituierte* oder → *Stricher*.

TRICHOMONADEN-INFEKTION

Sexuell übertragbare Krankheit, → STDs.

Bei Frauen zeigt sich die Trichomonaden-Infektion schon bald nach der Ansteckung: Sie haben einen unangenehmen Juckreiz sowie ein Brennen in der Scheide. Zusätzlich besteht ein gelblich bis grüner, schaumiger, oft übelriechender Ausfluss. Greift die Entzündung auf die Harnröhre und die Harnblase über, treten außerdem Schmerzen beim Wasserlassen sowie ein häufiger Harndrang auf. Bei den Männern verläuft eine Infektion ohne Beschwerden. Treten dennoch Beschwerden auf, stehen wie bei der Frau Juckreiz, Schmerzen und ein milchig-weißlicher Ausfluss im Vordergrund. Beim Mann zeigt sich die Entzündung vor allem an der Eichel und der Vorhaut. Über die Harnröhre kann die Entzündung auf die Harnblase, die Prostata sowie die Nebenhoden übergreifen.

Da die Erreger beim Geschlechtsverkehr übertragen werden, kann die Ansteckung durch die Verwendung von → *Kondomen* verhindert werden. Auf öffentlichen Toiletten und in Saunen genügt in der Regel die Einhaltung der üblichen Hygienemaßnahmen.

TRIPPER

Sexuell übertragbare Krankheit, → STDs.

Synonym: → *Gonorrhö*

U

ÜBERLEBENSSEXUALITÄT

Prostitutionsform.

Oftmals von obdachlosen Jugendlichen und → Drogenkonsumenten. Häufig sind die Sexanbieter erst durch Missbrauch sexualisiert worden. Die durch den Verkauf kontrollierte Sexualität ist manchmal ein Versuch der Selbstheilung. Die Voreingenommenheit der Gesellschaft gegenüber Sexanbietern führt dazu, dass mehr Minderjährige wegen Prostitutionsdelikten anstatt Sexnachfrager wegen Missbrauch von Minderjährigen beziehungsweise wegen Verstößen gegen die sexuelle Selbstbestimmung angezeigt oder verurteilt werden. (MvF).

UMSCHNALLDILDO

Sexspielzeug.

Synonym: → *Strap-On*

UMSTEIGEN

Umgangssprache.

Die Prostitution verlassen (→ *aussteigen*) und in einen anderen »normalen« Beruf wechseln.

UNSITTLICHKEIT

→ *Sittenwidrigkeit*

URETHRITIS

Sexuell übertragbare Krankheit, → *STDs.*

Die Entzündung der Harnröhrenschleimhaut (auch Harnröhrenkatarrh) droht ausschließlich den männlichen Prostituierten (→ *Stricher*) und wird durch Gonokokken (→ *Tripper*erreger), verschiedene Bakterien, Trichomonaden (Geißeltierchen) oder chronische Reizzustände verursacht; die Infektion äußert sich durch Schmerzen beim Urinieren, Hodenschmerzen und einen tröpfchenweisen, weißen Ausfluss.

URIN

Dirty Sex.

Synonyme: Golden Shower, → *Natursekt*, Pisse, Urin

UROLAGNIE

Sexpraktik.

Synonym: Ondinismus, Renifleurismus, Unidinismus, Urophilie. Sex mit → *Urin*

V

VENERISCHE INFEKTIONEN

Sexuell übertragbare Krankheiten.

Synonyme: Geschlechtskrankheiten, → *STDs*. »Krankheiten der Liebesgöttin Venus«

VENUS-KULT

→ *Tempelprostitution*

VERA

Fachberatungsstelle für Frauen, die vom → Menschenhandel betroffen sind.

Im Land Sachsen-Anhalt gehen nach Erkenntnissen der Arbeiterwohlfahrt, Landesverband Sachsen-Anhalt, knapp 1500 ausländische Frauen illegal der Prostitution nach: »Die wenigsten von ihnen tun dies freiwillig«, heißt es bei dem AWO-Landesverband, der als Träger in Zusammenarbeit mit dem Frauen-, Justiz- und Innenministerium im Juni 1999 Vera ins Leben rief, die Fachberatungsstelle für Opfer von Menschenhandel. »Vera« steht im Russischen für Glaube und Vertrauen.

Gefördert wird die Beratungsstelle, in der zwei Sozialpädagoginnen arbeiten, zu 90 Prozent vom Ministerium für Arbeit, Frauen, Gesundheit und Soziales. Die Ministerin Dr. Gerlinde Kuppe sagte bei der Eröffnung von Vera: »Die Frauen haben keinen legalen Aufenthaltsstatus und keine legale Arbeitsmöglichkeit und sind daher den Zuhältern hilflos ausgeliefert. Die international organisierten Frauenhändler hingegen fahren ein einträgliches Geschäft ein. Allein für Deutschland wird der Gewinn der Frauenhändler auf jährlich 1,8 Milliarden Mark geschätzt. Das Risiko ist dabei verschwindend gering. Als Straftat ist Menschenhandel nur schwer beweisbar, gerade auch dann, wenn die Frauen im Strafverfahren nicht mehr als Zeuginnen zur Verfügung stehen. Vera ist ein Beitrag, um diesen Teufelskreislauf zu durchbrechen.«

Die AWO-Landesvorsitzende Rosemarie Hajek erklärte: »Mit der Beratungsstelle Vera will die Arbeiterwohlfahrt ein Hilfsangebot für jene Frauen leisten, die verschleppt, missachtet und missbraucht und damit ihrer Freiheit und Lebensperspektive beraubt wurden. Die AWO leistet solidarische Hilfe und stellt sich zugleich den unmenschlichen Praktiken der Frauenhändler entgegen. Wer für Toleranz und Freiheit eintritt, hat im gleichen Maße Verantwortung für die Opfer des Menschenhandels, hat Verantwortung für ihre Rechte ohne Ansehen ihrer Herkunft. Wir stehen für diese Werte ein«, so die AWO-Landesvorsitzende.

Die gegenwärtig zwei Mitarbeiterinnen von Vera unterstützen Frauen, die zur Prostitution gezwungen wurden, um den Weg zurück zu einem lebenswerten Leben zu finden, begleiten Frauen, die vor Gericht gegen die → *Zuhälter* aussagen möchten, suchen die Zusammenarbeit mit allen Einrichtungen, die sich mit dem Problem auseinandersetzen, informieren die Bevölkerung über das Thema Menschenhandel und → *Zwangsprostitution* und die Situation betroffener Frauen in ihren Herkunftsländern und in Deutschland. Das Vera-Team bietet muttersprachliche psychosoziale Betreuung der Frauen, Beratung in aufenthaltsrechtlichen Fragen, Sozialhilfe- und Wohnungsangelegenheiten, die Vermittlung von Kontakten bei Rückkehr in das Heimatland, Präventionsarbeit durch Aufklärung in den Herkunftsländern sowie Vorträge, Diskussionen, Seminare, Flyer und Plakate.

• *KONTAKT: Vera – Fachberatung für Frauen, die vom Menschenhandel betroffen sind, AWO Landesverband Sachsen-Anhalt e.V., Klausenerstr. 17, 39112 Magdeburg, Telefon 0391/4015370, Telefax 0391/ 4015 371, vera@awo-lsa.de, www.awo-lsa.de*

VERKEHR

Sex.

Synonyme: Beischlaf, Geschlechtsverkehr, Koitus, → *Nummer machen*, Nummer schieben. Im Szenejargon sprechen → *Prostituierte* vom »Verkehr«, den sie mit dem → *Freier* haben. Der Verkehr bezeichnet in der Regel die → *Missionarsstellung*.

VERRATEN

Umgangssprache.

Im Szenejargon hat das, was der Volksmund unter »verraten« oder »verpfeifen« kennt, ungleich interessantere Synonyme: Annonce aufgeben, fingern, pfeifen, → *verzinken.* Oder man sagt: »Eine Lampe bauen«.

VERSCHLEIERUNG

Tarnung.

Offiziell gibt es bei deutschen → *Gewerbe-* und → *Finanzämtern* kaum registrierte → *Bordelle,* → *Nachtclubs* oder → *SM-Studios*, geschweige denn → *Callgirl*-Agenturen. Denn bis zum Inkrafttreten des → *Prostitutionsgesetzes* am 1. Januar 2002 war Prostitution → *sittenwidrig,* eine Vereinbarung über ein Entgelt für eine sexuelle Dienstleistung daher nichtig, ein Etablissement mit derartigem Angebot dementsprechend nicht gewerbefähig.

Für → *BetreiberInnen*, die ihr Unternehmen rechtschaffen führen, nicht in die Illegalität gedrängt werden, stattdessen legale Gewerberäume betreiben, sich dadurch aber auch nicht der → *Förderung der Prostitution* strafbar machen wollten, war dieses Behördendurcheinander ein schwerwiegendes Problem. Ihnen blieb keine andere Wahl als die Verschleierung ihres Unternehmens: Aus einer Callgirl-Agentur wurde eine → *Partnervermittlung* oder Modellagentur, aus einem Bordell ein Beherbergungsbetrieb (→ *Zimmervermietung*), aus einem → *Nachtclub* »Schankwirtschaft mit Beherbergungsbetrieb«, aus einem SM-Studio eine »Praxis für Atemtherapie«, aus einem → *FKK-Club* ein → *Freizeitclub* oder → *Swingerclub.*

Schon fast preiswürdig erscheint in diesem Zusammenhang die Tarnung eines Sexclubs in T., der sich raffiniert »Institut für Weiterbildung« nennt. Das Kursangebot bestand, so setzte die Visitenkarte in Kenntnis, aus »Fremdsprachen, Körpersprache, Rhetorik, Kommunikation, Motivationstraining, Stressabbau, Entspannungstechnik und Gentechnologie«. Ideal ist die Karte auch für Geschäftsmänner, die nach »lehrreichem« Clubbesuch am Abend heim zu Kind und Ehefrau kehren. Die Karte in der Hosentasche ist unverfänglich und macht die neugierige Gattin garantiert nicht eifersüchtig.

VERZINKEN

Szenejargon.

Synonyme: Annonce aufgeben, fingern, pfeifen, verraten. Wenn jemand verzinkt, bedeutet es, dass er bei der Polizei Geständnis ablegt und dabei seine Kumpels oder Kollegen verpfeift. Dann baut er diesen eine Lampe.

VIDEOSHOW

Prostitutionsform.

Videoshows haben die → *Peepshows* abgelöst. Sie sind meistens in Zusammenhang mit Sexshops zu finden, wo es allerlei Utensilien zu kaufen gibt. Statt realer Frauen, die sich auf einer drehenden Scheibe stimulierend entkleiden, verfolgt der Mann in einer Kabine einen → *Porno*. Er kann sich dabei selbst befriedigen, dazu stehen Sitzbank und Papiertücher zur Verfügung. Manchmal warten aber auch Prostituierte, die nach erfolgter Stimulation durch den Film schnelle Erleichterung anbieten, entweder noch in der Kabine mittels schneller → *Handentspannung* oder in einem benachbarten → *Stundenhotel.*

VOLLES PROGRAMM

Szenejargon.

Der Preis für ein volles Programm ist von → *Privatclub* über → *Nachtclub* bis → *Bordell* zwar unterschiedlich, das Angebot aber dafür überall gleich: Beidseitig → *französisch* mit anschließendem → *Verkehr* – → *Missionarsstellung*. In der Regel ist ein → *Kondom* ebenfalls inklusive, doch gegen Aufpreis verzichten Frauen immer häufiger auf die kleine Portion Sicherheit.

VORKAUERIN

Szenejargon.

Synonyme: Anbläserin, → *Fluffer-Girl.*

W

WEICHER SCHANKER

Sexuell übertragbare Krankheit, → STDs.

Synonym: Ulcus molle. Der Weiche Schanker wird durch eine Infektion mit dem Bakterium »Haemophilus ducreyi« ausgelöst, das praktisch nur beim ungeschützten Geschlechtsverkehr übertragen werden kann. Die ersten Anzeichen der Erkrankung treten rund drei bis sieben Tage nach Ansteckung auf: schmerzhafte Knötchen, die auch eitern oder bluten können, an den Stellen, wo der Erreger eingetreten ist, also meist die Geschlechtsorgane. Allerdings kann der Weiche Schanker auch über Wunden oder Verletzungen der Haut übertragen werden; bei Frauen kann die Infektion auch ohne Symptome verlaufen. Ein sicherer Nachweis der Bakterien ist oft schwierig. Eine Behandlung muss gegebenenfalls »auf Verdacht« mit Antibiotika vorgenommen werden.

WEIGMANN, FELICITAS

Dt. Hurenrechtlerin, geb. 1955.

Als junges Mädchen las Felicitas Weigmann → *Die Memoiren der Fanny Hill* und wusste auf Anhieb: »So was wollte ich später auch machen!« Sie bewunderte die Prostituierten ob ihres Geldes und der Kleidung, denn sie selbst, bekennt sie, sei voller Komplexe gewesen. Als Teenager nahm sie sich bewusst vor: »Wenn mich jemand anspricht, mache ich es.« So geschah es. Felicitas Weigmann war im Geschäft und eröffnete 1997 im Berliner Bezirk Wilmersdorf das → *Café Pssst,* eine Gaststätte mit Kneipencharakter, in der – freilich von Weigmann ausgewählte – Prostituierte auf Freier treffen, die sie mit auf die Zimmer des Beherbergungsbetriebes im Hinterhaus nehmen können. 1999 allerdings entzog das Bezirksamt Felicitas Weigmann die Gaststättenlizenz, da durch die Anbahnungsgespräche von Prostituierten in dem Lokal der → *Unsittlichkeit* Vorschub geleistet werde.

Weigmann reichte gemeinsam mit der renommierten Anwältin Margarete von Galen gegen die Entscheidung Klage ein. Und siehe da: Der vorsitzende Richter des Berliner Verwaltungsgerichtes, Percy MacLean, holte sich im Vorfeld Rat bei 50 gesellschaftlichen Einrichtungen, unter anderem auch bei Kirchen. Das einhellige Urteil: Die Einstellung der Gesellschaft gegenüber der Prostitution habe sich in den vergangenen Jahrzehnten grundlegend gewandelt, so dass sie nicht mehr als → *sittenwidrig* bezeichnet werden könne. Dieser Wandel müsse auch in der Rechtsprechung Niederschlag finden und sie in Bewegung bringen, sagte MacLean. Das Gericht räumte zugleich ein, dass Prostitution nur dann mit den guten Sitten zu vereinbaren sei, wenn sie freiwillig und ohne kriminelle Begleiterscheinung stattfinde. Dies sei beim Café Pssst, in dem die Frauen ohne Zuhälterei und auf eigene Rechnung arbeiten, der Fall. (Quelle: Rhein-Zeitung, 1.12.2000) Der Klage von Weigmann wurde stattgegeben, sie durfte ihr Lokal weiterbetreiben. (AZ VG 35 A 570.99)

Recht so, wie Weigmann findet, denn »wir Prostituierte erfüllen eine wichtige, soziale Funktion«. An ihrem Café hat sich trotz des Erfolges nicht viel verändert.

Nach wie vor ist es optisch eine schlichte Kneipe, in der Prostituierte – anders als in → *Clubs* oder → *Animierbars* – unaufdringlich Kontakte knüpfen. Einzig ein Plakat auf der Tür weist darauf hin, dass es sich um eine »Anbahnungsgaststätte für sexuelle Dienstleistungen« handelt. Im Klartext: Wer Prostituierte sucht, hier wird er fündig! Im Hinterhaus befindet sich die → *Zimmervermietung* mit allem, was das Freierherz begehrt. Weigmanns ganzer Stolz ist das Kaminzimmer mit Whirlpool.

Weigmann, inzwischen Dauergast in den Medien und in TV-Talkshows, ist laut »Süddeutsche Zeitung« »Deutschlands berühmteste Hure«. Sie gehört zu den Mitgründerinnen des → *Bundesverbands Sexuelle Dienstleistungen e.V.*

• ***KONTAKT:*** *Felicitas Weigmann, Café Pssst, Brandenburgische Straße 73, 10713 Berlin, Telefon 030/8738919, www.cafe-pssst.de*

WELLER, RENÉ

Dt. Boxer, geb. 1954.

René Weller, geboren in Pforzheim, lernte Heizungsmonteur und Goldschmied, wurde aber → *Boxer.* In knallengen Boxershorts und mit Schnauzbart absolvierte er 335 Amateurkämpfe, von denen er 298 gewann. 1981 wechselte er ins Profilager: Neun deutsche Meister-Trophäen und Medaillen bei Welt- und Europameisterschaften waren die Auslese. Das Profilager des Boxsports passte mit seinem Milieu zum Wesen von René Weller. Mit langer Mähne und stets wohlgebräunt war er von den Frauen umschwärmt, majestätisch, selbstbewusst. Der »schöne René« ließ er sich nennen. Aus dem Sportler wurde ein Schauspieler, Entertainer und Halbweltkönig, er wusste sich auf jedem Parkett zu inszenieren: »Ich muss auffallen, um populär zu werden«, lautete sein Credo. Zu seinen engen Freunden gehörte Rotlichtgröße und Boxpromoter → *Ebby Thust.*

1988 stieg René zum vorerst letzten Mal in den Ring. Er resümierte: »Ich bin durch Boxen sicherlich nicht schöner geworden, aber es gibt Leute, die nie geboxt haben und trotzdem hässlicher sind als ich.« Er versuchte sich an eigenen Schmuckkollektionen und einer Ledermodelinie mit dem Namen »Rewell«. Erfolglos dagegen waren die Comebackversuche als Boxer. Er beharrte: »René Weller ist immer oben, wenn René Weller unten ist, ist unten eben oben.«

Im Milieu geriet er zunehmend an die falschen Leute. Am 16. Juli 1999 wurde er wegen Kokainhandels, Hehlerei, Anstiftung zur Urkundenfälschung und unerlaubtem Waffenbesitz zu sieben Jahren Gefängnis verurteilt.

»Schlimm war, dass ich gerade anfangs meine beiden Kinder kaum gesehen habe«, meint er. »Natürlich war auch der Frauenentzug der Hammer. Aber das ist eine reine Kopfsache. Ein René Weller kann am Tag sechsmal, aber auch zehn Jahre gar nicht.«

Als er im Februar 2003 wegen guter Führung freikam, kündigte er einen Gedichtband, eine Musik-CD und ein erneutes Boxcomeback an. Dass man ihm die Boxlizenz verweigern könnte, bereitete ihm keine Sorgen: »Ich habe keine Angst, dass mein Comeback scheitert. Ich habe mir eine Lizenz aus Polen besorgt.« Mit der Rockband »Surrogat« drehte er ein Video zu ihrem neuen Song: »Hell in hell«. Zum Ende hatte er einen Sprechtext: »Ich bereue nichts.«

WENN ES NACHT WIRD AUF DER REEPERBAHN

Kinofilm.

Hotte von der → *Großen Freiheit* auf → *St. Pauli* versorgt zahlungskräftige ältere Herren aus einflussreichen Ämtern der Stadt mit jungen Mädchen, die mit LSD gefügig gemacht werden. Dabei kommt ihm der übereifrige Journalist Danny Sonntag in die Quere, der ganz zu Recht schlagzeilt: »Hamburgs Jugend LSD-gefährdet?« Nach einem kurzen Faustintermezzo beim Damenschlammcatchen kann Sonntag fliehen und muss sich vor Hottes schlagkräftigen Laufburschen in Acht nehmen.

Unterstützung findet er in Til Voss, einstiger Chemiestudent, der Hotte und die Girls bislang mit den Drogen versorgte, jetzt aber aussteigen möchte. Als dieser seine Freundin Lotti mit seinem Vater im Bett erwischt, kommt es zum furiosen Feuerfinale. – So geht es zu auf der Reeperbahn, wenn es Nacht wird. Ein Kritiker urteilte, es würden »gängige Kinoklischees zu einem bunten Gemisch aus hanseatischem Popart-Gangsterchic« verwurstet. Recht hat er.

• ***DER FILM:*** *Wenn es Nacht wird auf der Reeperbahn, BRD 1967, 98 Min. Regie: Rolf Olsen. Darsteller: Erik Schumann (Danny Sonntag), Fritz Wepper (Till Voss), Heinz Reincke (Uwe Wagenknecht), Marianne Jürgen Draeger (Hotte), Herbert Tiede (Wilhelm Voss)*

WERBUNG

Marketing.

Die Kleinanzeigenspalten in den Tages- und monatlichen Stadtzeitungen sind voll mit Offerten wie diesen: »Neu! Pauline, 20 J, naturerotischer Mädchentyp, sucht die Abwechslung und das geniale Sexabenteuer.« Oder: »Verschmuste Löwin, verw. Französisch, küsst, liebt hemmungslosen+fantasievollen Sex. Bes. und Empf. in priv. Atmosphäre.«

Diese Angebote suggerieren, Pauline oder der verschmuste Löwe seien auf der Suche nach Männern, mit denen sie guten Sex haben können. Tatsächlich aber bieten sie diesen gegen Honorar an. Ein genauerer Blick lohnt sich: Der Rubriktitel der Anzeigenspalte, »Profis«, klärt nicht nur darüber auf, dass es sich bei den Anpreisungen in Wahrheit um Prostituierte handelt, sondern offenbart auch das Dilemma, in dem sich die Printmedien befinden. Denn Werbung für Prostitution ist laut → *Gesetz über Ordnungswidrigkeiten* (OWiG) verboten. Meist werden die Anzeigen toleriert. Manchmal aber auch nicht. Prostituierte, die sich selbstständig machen wollen, unglücklicherweise in einer Region wohnen, in der die Moralvorstellungen des Herausgebers der Lokalzeitung Werbung verbieten, stehen vor einem Problem. Das → *Prostitutionsgesetz,* in Kraft getreten am 1. Januar 2002, erhebt ihre Arbeit zwar zum ordentlichen → *Rechtsgeschäft*. Doch »wie soll sich zum Beispiel eine Frau als Prostituierte selbstständig machen, wenn sie nicht, wie jeder andere Selbstständige, Werbung machen darf?« erklären die Teilnehmer der → *Fachtagung Prostitution* in einer gemeinsamen Erklärung. (in: WAZ, 5. Juli 2002)

Doch es ist nicht zu ändern: Anzeigen in den Zeitungen werden auch in Zukunft eher den Eindruck erwecken, es handele sich um private Kontaktgesuche oder bei den werbenden Prostituierten um geile Fotomodelle oder attraktive Dressman, die in den schärfsten Stellungen fotografiert werden wollen und dazu → *Haus-* und → *Hotelbesuche* anbieten.

WIRTSCHAFTER/IN

Herbergsvater/mutter.

In vielen → *Bordellen* sind Wirtschafterinnen, meist ehemalige Prostituierte, für das Wohl und Wehe der Prostituierten sowie den organisatorischen Ablauf im Hause verantwortlich. Wirtschafterinnen sind quasi so etwas wie die Geschäftsführerinnen, eingesetzt vom → *Bordellbetreiber*, der sich als Eigentümer und Vermieter (→ *Zimmervermietung*) des Objektes eher selten blicken lässt.

WOHNUNGSPROSTITUTION

Prostitutionsform.

Synonyme: Appartementprostitution. »Zierlich schlanke Jessica, süße 19, vollbusige Stefanie, heiße 21, dunkelblonde Nicole, 20, sehr schlank, verwöhnen vielseitig mit Lust! Ganz privat in Friedrichshain. Unvergesslich.« Das ist eine typische Anzeige für die Wohnungsprostitution, die in einer → *Privatwohnung* betrieben wird. Hier wohnen und/oder arbeiten ein, zwei oder drei Prostituierte. Der Freier ruft die angegebene Telefonnummer an, nennt seine Wünsche und vereinbart einen Termin (→ *Terminwohnung*). Zum Beispiel hier: »Zierlich schlanke Jeanette, süße 19, verwöhnt vielseitig mit Lust! Ganz privat in Reinickendorf. Unvergesslich!«.

Nicht selten liegt die Privatwohnung im → *Sperrbezirk,* arbeiten die Prostituierten schwarz, was sie – anders als im Fall der → *Modellprostitution* – ins Visier der Ermittler geraten lässt. Die Fahnder gehen perfide gegen die Steuersünderinnen vor: Sie rufen als Freier an, vereinbaren Dienstleistung und Termin, zu dem sie in Zivilkleidung kommen, damit die Frauen durch den Türspion keinen Verdacht schöpfen. Wird die Tür geöffnet, schlagen die Fahnder zu.

WÜNSCHE

Phantasien.

»Am häufigsten gefragt sind → *Blasen* und Bumsen«, berichtet die Prostituierte Stefanie A. »Eigentlich weniger Zärtlichkeiten. → *Analsex* wird immer mehr, gehört schon fast zum Normalen, und der Lesbensex mit zwei Frauen.«

1994 studierten die Wissenschaftler Doris Velten und Dieter Kleiber das Verhalten von über 600 Freiern. Das Ergebnis veröffentlichten sie in der Studie »Prostitutionskunden. Eine Untersuchung über soziale und psychologische Charakteristika von Besuchern weiblicher Prostituierter« (Baden-Baden 1994): Demgemäß praktizieren 78,1 Prozent der Freier → *Verkehr,* 70,9 Prozent → *Fellatio,* 60,0 Prozent → *Handmassage,* 29,9 Prozent Cunnillingus, 17,6 Prozent → *SM*, 9,6 Prozent Analverkehr, 5,1 Prozent Gruppensex.

Die Angaben einer anderen Studie, die das Ärzteprojekt Medicines Worldwide (»www.m-ww.de«) veröffentlichte, weichen nicht erheblich ab: Ihren Angaben zufolge wollen über 80 Prozent der Kunden »normalen« Sex, wobei 70 Prozent Fellatio erwarten. 20 Prozent verlangen SM-Praktiken, 10 Prozent Analverkehr. »Die Summe ergibt nicht 100 Prozent, da einige Praktiken von den Befragten mehrfach genannt wurden.«

Siehe dazu auch den Stichworteintrag → *Statistik.*

Z

ZAPO

Zentrale integrierte Anlaufstelle für PendlerInnen aus Osteuropa. Das Projekt ZAPO, im Mai 1997 auf Initiative des Polnischen Sozialrates e.V. gegründet, wendet sich an → *MigrantInnen*, die in → *Berlin* keinen Daueraufenthalt begründen wollen oder können, weil sie entweder Werkvertrags-, Saison- und andere ArbeitnehmerInnen aus → *Osteuropa* sind, weil sie Frauen aus Osteuropa sind, die in Berlin oder Brandenburg vom Heirats- oder → *Frauenhandel* betroffen oder in andere Abhängigkeitsverhältnisse geraten sind, oder weil es sich bei ihnen um Jugendliche aus Osteuropa (hier vor allem aus Polen) handelt, die aus den unterschiedlichsten Beweggründen ihr Elternhaus und ihr Herkunftsland verlassen haben und in Berlin stranden. Zapo will vor allem Hilfestellung geben und Beratungen in Notsituationen durchführen. Wichtige Aufgaben sind die Stärkung der Konfliktfähigkeit der ArbeitnehmerInnen und die Sicherung ihrer arbeitsrechtlichen Standards. Darüber hinaus werden die Öffentlichkeit und die MitarbeiterInnen anderer Einrichtungen sowohl in Berlin-Brandenburg als auch in den Herkunftsländern für die Probleme dieser Personengruppe sensibilisiert.

Zapo wird finanziert aus Mitteln der Bundesanstalt für Arbeit, der Senatsverwaltung für Arbeit, berufliche Bildung und Frauen, der Deutschen Klassenlotterie, der Netzwerk Selbsthilfe e.V. und Spenden.

• *KONTAKT: Polnischer Sozialrat e.V., Projekt :ZAPO, Oranienstr. 34, 10997 Berlin, Telefon 030/6150909, Telefax 030/61402410, zapo@polskarada.de, Öffnungszeiten: Mo/Mi/Do 9-16 Uhr, Di 9-14 Uh, Fr 9-13.30 Uhr*

ZILLE, HEINRICH

»Milljöh«-Chronist, geb. 1858, gest. 1929.

Rudolf Heinrich Zille gilt als populärster Chronist des Berliner »Milljöhs«. Der Zeichner und Photograph illustrierte soziale Probleme des zeitgenössischen Großstadtlebens, die er in humorvollen Bildern in Kreide oder Kohle festhielt: 1908 erschien der Bildband »Kinder der Straße«, in denen er das kleinbürgerliche Leben auf der Straße und in der Wohnung skizziert. Doch auch vor den Schlafstuben und Absteigen der hauptstädtischen Hinterhöfe machte er nicht Halt. 1913 veröffentlichte er im Privatdruck und unter dem Pseudonym W. Pfeifer eigene, dem Volksmund abgelauschte Aufzeichnungen und Illustrationen, denen er den Titel »Hurengespräche« gab: »Den Kopf musst du gesenkt nach hinten überhalten, recht weit die Beine auseinander spalten, und untern Hintern dir viel Polster stecken, damit die Gegend um die Scham recht hoch bequem und frei daliegt das Loch!« (aus: »Hurengespräche«, Verlag Schirmer/Mosel, München 2000). In seiner ebenso drastischen wie authentischen »Sozialstudie« zum Berliner → *Dirnen*milieu erweist sich Zille nicht nur als intimer Kenner der Szene, sondern auch als preußischer »Boccaccio« des Berliner Proletariats. Doch da »das Anstandsgefühl aller billig und gerecht Denkenden« der ehrenwerten Gesellschaft vorschrieb, Prostitution zu ächten, wurden Zilles »Hurengespräche« unmittelbar bei Erscheinen von den kaiserlichen Sittenrichtern in die Illegalität verbannt. Noch heute ist Zille für seine Bilder, die er nie als Sozialkritik verstanden wissen wollte, weltbekannt.

ZIMMERVERMIETUNG

Verschleierung.

Bis zum Inkrafttreten des neuen → *Prostitutionsgesetzes* im Januar 2002 war »Zimmervermietung« (im gewerberechtlichen Sinne ein »Beherbergungsbetrieb«) wahrscheinlich eines der meistgebrauchten

Worte in der → *Rotlicht*-Branche. Aus vielerlei Gründen: Egal ob → *Betreiber* eines → *Bordells,* → *Puffs,* → *Eros-Centers* oder eines → *bordellartigen Betriebes* wie → *Nachtclub* oder → *Privatclub,* sobald sie → *Werbung* für ihr Unternehmen machten, sich um einen zentralen Einkauf der Hilfsmittel (→ *Dildos,* → *Gleitmittel,* → *Kondome)* kümmerten und diese den Frauen auf die Zimmer stellten, machten sie sich der → *Förderung der Prostitution* strafbar, so redlich und wohlmeinend ihre Arbeit auch war. Wenn sie sich dann noch als Gegenleistung dafür an den Einnahmen beteiligen ließen, waren sie → *Zuhälter.* Es soll nicht verschwiegen werden: Natürlich hat es Männer wie Frauen gegeben, die dem klassischen Klischee des rabiaten Ausbeuters entsprachen, aber nicht jeder Bordellbetreiber war automatisch ein böser Zuhälter. Häufg war der Betreiber eine Frau, die selbst jahrelang → *angeschafft* hatte und wusste, worauf es beim Bordellbetrieb ankommt.

Trotzdem blieb einem Betreiber keine andere Wahl, als die Zimmer, die er in gepachteten oder seinem eigenen Haus zur Verfügung stellte, als »Beherbergungsbetrieb« anzumelden und die Zimmer dementsprechend an die Frauen weiterzuvermieten. Doch auch das war für manche schon ein Risikospiel, denn Ordnungsämter fanden immer einen Grund, strafrechtlich tätig zu werden – und schon war der Laden geschlossen. Viele der Betreiber ließen sich ob dieses alltäglichen va banque-Spieles die Zimmer teuer von den Prostituierten bezahlen. Andere verlangten horrende Mieten, weil sie wegen der → *Sperrgebietsverordnung,* die die Kommune erlassen hatte, die einzige Lokalität besaßen, in der die Frauen anschaffen konnten.

Die → *Verschleierung* eines Bordells als »Beherberungsbetrieb« war auch Grund dafür, dass in den Etablissements kein Getränkeausschank möglich war, denn der ging gemäß Strafrecht über »das bloße Gewähren von Wohnung, Unterkunft oder Aufenthalt und die damit üblicherweise verbundenen Nebenleistungen« hinaus. Selbst als Kneipe getarnte Nachtclubs mit räumlich abgetrenntem Beherbergungsbetrieb im Hinterhaus konnten die Konzession jederzeit verlieren, hätte das Ordnungsamt entdeckt, dass bei ihnen gemäß → *Gaststättengesetz* der → *Unsittlichkeit* Vorschub geleistet werden würde. Vielfach war den Behörden diese Klüngelei bekannt, sie wurde toleriert. Selbst die Polizei schritt zuletzt erst dann ein, wenn eine konkrete Anzeige gegen einen Sexbetrieb vorlag oder erwiesen war, dass in dem Haus illegal eingewanderte → *Migrantinnen* oder Opfer von → *Menschenhandel* arbeiteten.

Dann stellte sich meist auch heraus, dass die Frauen in Wahrheit keine Miete zahlten, sondern die BetreiberInnen prozentual an ihren Einnahmen teilhaben ließen. Das war vielfach sogar im Sinne der Prostituierten. Denn wären offizielle Mietverträge für die Zimmer abgeschlossen worden – was den Betrieb für die BetreiberInnen einfach, rechtlich unbedenklich gemacht hätte – hätten die Prostituierten *immer* die Miete für die Räumlichkeiten zahlen müssen. Nun konnte es aber durchaus auch passieren, dass die Prostituierte den ganzen Tag über keinen → *Freier* hatte, was wiederum bedeutete, dass es für sie angesichts der → *Blockschulden* ein Minusgeschäft war. Denn Miete zahlen musste sie ja trotzdem.

Mit dem neuen → *Prostitutionsgesetz* rechneten sich sowohl BetreiberInnen der Etablissements als auch Prostituierte und Hurenverbände eine Chance auf reguläre → *Arbeitsverträge* aus, die den Missstand der Zimmervermietung bereinigen würden. Endlich klare Verhältnisse. Doch der kaum überarbeitete §181a → *Zuhälterei* im → *Strafgesetzbuch* läuft dem entgegen: BordellbetreiberInnen dürfen zwar Ort und Zeit ihrer Mitarbeiterinnen bestimmen, aber nicht Art und Weise der Dienstleistung. Tun sie es doch, machen sie sich der Zuhälterei strafbar. Insofern wird es auch in Zukunft noch Beherbergungsbetriebe beziehungsweise Zimmervermietungen geben – mit oder ohne Mietvertrag, für die Bordell- und ClubbetreiberInnen die praktikabelste Lösung. Einen Vorteil hat das Gesetz: Die BetreiberInnen machen sich nicht mehr der Förderung der Prostitution strafbar, wenn sie den Frauen ein angenehmes Arbeitsumfeld schaffen.

ZOFE

Sexphantasie.

Synonym: Sklavia. Eine Zofe steht zwar ebenso zur Erfüllung diverser Dienstleistungen inklusive sexueller zur Verfügung, im Unterschied zu einer Sklavin ist eine Zofe aber nicht nackt oder in Lederriemen gekleidet, sondern in Dienstmädchenkleidung mit Schürzen, Häubchen und Strümpfen. Das schützt sie jedoch nicht vor → *Züchtigungen* mit → *Flagellation* oder → *Spanking.*

ZÜCHTIGUNG

Sexphantasie.
Synonym: → *Abstrafung*

ZUHÄLTER

Der Beschützer.
Synonyme: Fosenhahn, Loddel, Louis, Lude, Stenz. Zuhalten, glaubt man dem Duden, stand im Mittelalter für »geschlossen halten, sich aufhalten, außerehelichen Geschlechtsverkehr haben«. Der Zuhälter war demnach der »Geliebte, außereheliche Geschlechtspartner«, was insofern zu der einstmaligen Bedeutung von → *Dirne* passt. Daraus entwickelte sich die Bedeutung »Dirnenbeschützer«. Indem die Dirne zur → *Hure* wurde, wurde → *Zuhälterei* das, was es heute für einen Großteil der Bevölkerung umgangssprachlich bedeutet: Mit den sexuellen Dienstleistungen anderer Geld verdienen, indem man auf diese Druck ausübt.

Das war aber nicht immer so. Anhand ungezählter Überliefungen und Abhandlungen zur Prostituion ist erwiesen, dass sich Wesen und Formen der Prostitution über die vielen Jahrhunderte ihres Bestehens kaum verändert haben; insofern dürfte sicher sein, dass auch die Zuhälterei in der Vergangenheit Teil der Prostitution war. »Allerdings so alt wie diese dürfte die Zuhälterei nicht sein«, vermutet Willi Bauer in »Geschichte und Wesen der Prostitution« (Weltspiegel Verlag, Stuttgart 1956). »Während bei der so genannten → *gastlichen* und bei der → *religiösen Prostitution* das Zuhältertum nicht denkbar ist, wird es ziemlich zu gleicher Zeit wie die so genannte → *gewerbliche Prostitution* entstanden sein, so dass man nach schriftlichen Überlieferungen auf ein sicher nachgewiesenes Alter von mehr als 2000 Jahren kommt. Ein weit höheres Alter wird man aber mit Wahrscheinlichkeit vermuten dürfen.«

Bereits bei den alten Griechen war der Zuhälter kein Unbekannter, wie Überlieferungen belegen. Beim griechischen Staatsmann Demosthenes (geb. 384 v.Chr., gest. 322 v.Chr.) beispielsweise war die Rede von Stephanos, dem Ehemann der → *Hetäre* Neaera, die zusammen nach der Hochzeit ein böses Spiel trieben: Während Neaera von ihren »Kunden« wegen der Gefahr, beim Ehebruch ertappt zu werden, mehr Geld verlangte, erpresste Stephanos ihre »Kunden« und die ihrer Tochter, indem er ihnen mit der Klage des Ehebruchs drohte. Der griechische Schriftsteller → *Lukian* (geb. um 120, gest. um 180) wiederum erteilte in seinem »7. → *Hetären*gespräch« einem Zuhälter das Wort, der Schmuck und Geschenke seiner Dirne verkaufte und vertrank, ohne dass er ihre »Liebe« verlor.

Nicht anders bei den Römern. Deren Geschichtsschreiber Titus Livius (geb. 50 v. Chr., gest. 17. n. Chr.) berichtete in seinem 142 Bücher umfassenden Werk »Ab urbe condita libri«, das die Geschichte des römischen Reiches nachzeichnet, von Publius Aebulius. Dieser lebte von dem Verdienst der Dirne Fecenia Hispala. Der römische Dichter Ovid (geb. 43 v. Chr., gest. 17 n. Chr.) gestand sogar seine Liebe zur Kurtisane Corinna, deren Mann unglücklicherweise von ihrem Geld lebte. »Contabernium« nannten die Römer diese Praxis – Zuhältertum. Ein »contabernalis« war dementsprechend ein Zuhälter.

Diese Titulierung soll allerdings nicht darüber hinwegtäuschen, dass Zuhälterei nach wie vor keineswegs als unsittlich und daher unakzeptabel galt. Im Gegenteil, selbst im Mittelalter, als die Zuhälterei kaum existierte, weil eine strenge Bordellierung der Prostituierten durchgeführt wurde, wurde ein »lieber Mann«, »caro uomo«, »amicus« nur mit Stadtverweisung bestraft, weil die Prostituierten andere Gäste um ihrer Liebhaber willen vernachlässigen würden, was einen Nachteil für den Inhaber des → *Bordells* zur Folge hätte.

Erst im 18. Jahrhundert rückte der Zuhälter – zu jener Zeit hatte fast jede Prostituierte einen Zuhälter, der sich darum kümmerte, dass das Geld, das die Dame verdiente, schnellstmöglich ausgegeben wurde – erneut ins Blickfeld der Öffentlichkeit, insbesondere bei den Sittenwächtern, die sich dafür einsetzten, dass auch die Prostitution einen neuen Charakter bekam. Der Schriftsteller Jonathan Swift attestierte Mitte des 18. Jahrhunderts: »Prüde Leute haben eine schmutzige Phantasie.«

»Mit der Entstehung der kapitalistisch-marktwirtschaftlichen Gesellschaft veränderte sich auch der Charakter der Prostitution. Sie nahm Warencharakter an und wurde besonders verachtet«, schreibt Kurt Starke in dem »Lexikon der Erotik«. »Für die Arbeiterbewegung wurde sie zu einem Sinnbild der Ausnutzung und Unfreiheit der Frau.«

Sex gegen Geld sei also, so war jetzt die landläufige Annahme, nur durch Unterdrückung und Gewalt zu erzwingen; also müsse der →

Zuhälter ein schlimmer Bursche sein. In einer Tageszeitung des 19. Jahrhunderts war unter der Überschrift »Was ist der Zuhälter täglich getriebenes Gewerbe?« zu lesen: »Der Zuhälter beschimpft, verhöhnt und bedroht die Leute, äußerst frech im Vertrauen auf ihre große Zahl fangen sie Händel an, sind auf einen Wink ihrer Herrin zur Stelle, um Misshandlungen oder Erpressungen auszuführen. Es bildet sich also durch diese zahlreiche Bande von ehrlosen Kerlen eine förmliche Schule durch Raufbolde, Diebe und Räuber; Schlägereien und Erpressungen sind ihre tägliche Beschäftigung.«

1891 wurde vor dem Berliner Schwurgericht der aufsehenerregende Mordprozess gegen die Eheleute Heinze geführt. Ein Nachtwächter war in der Nähe der Elisabethkirche im Norden Berlins vom Mann ermordet worden, der wiederum der Zuhälter einer älteren Prostituierten, seiner eigenen Frau, war. »Besonders auffällig traten bei diesem Prozess der Umfang und die Gemeingefährlichkeit des Zuhältertums hervor, so dass, sehr unterstützt vom Reichsgericht, der Wunsch laut wurde, gegen jene Menschenklasse so scharf wie möglich vorzugehen und, wenn nicht anders möglich, im Wege der Gesetzgebung«, schreibt Willi Bauer in seinem Buch »Geschichte und Wesen der Prostitution«.

In einem Erlass an das Staatsministerium vom 22.10.1891 äußerte sich Kaiser Wilhelm II.: »Der Heinzesche Prozess hat in erschreckender Weise gezeigt, dass das Zuhältertum sich zu einer gemeinen Gefahr für Staat und Gesellschaft entwickelt hat. Es wird daher der Polizei ein kräftiges und unter Umständen rücksichtsloses Vorgehen gegen Ausschreitungen jener verworfenen Menschenklasse zur Pflicht zu machen sein. Was die Anwendung der bestehenden Strafgesetze anbelangt, so wird darauf hinzuweisen sein, dass die Gerichte bei ihrem Urteil sich nicht von einer falschen Humanität leiten lassen. Im Anschluss hieran wird zu erörtern sein, ob und in welcher Weise es etwa einer Änderung oder Ergänzung des bestehendes Strafrechts bedarf.«

Die zuständigen Stellen entwarfen ein Gesetz gegen Zuhälterei, das aber erst am 25. Juni 1900 als »§181a Zuhälterei« in Kraft trat:

§ 181a StGB Zuhälterei

(1) Mit Freiheitsstrafe von sechs Monaten bis zu fünf Jahren wird bestraft, wer

1. eine andere Person, die der Prostitution nachgeht, ausbeutet oder
2. seines Vermögensvorteils wegen eine andere Person bei der Ausübung der Prostitution überwacht, Ort, Zeit, Ausmaß oder andere Umstände der Prostitutionsausübung bestimmt oder Maßnahmen trifft, die den anderen davon abhalten sollen, die Prostitution aufzugeben, und im Hinblick darauf Beziehungen zu dem anderen unterhält, die über den Einzelfall hinausgehen.

(2) Mit Freiheitsstrafe bis zu drei Jahren oder mit Geldstrafe wird bestraft, wer gewerbsmäßig die Prostitutionsausübung eines anderen durch Vermittlung sexuellen Verkehrs fördert und im Hinblick darauf Beziehungen zu dem anderen unterhält, die über den Einzelfall hinausgehen.

(3) Nach den Absätzen 1 und 2 wird auch bestraft, wer die im Ansatz 1 Nr. 2 und 2 genannten Handlungen oder die in Absatz 2 bezeichnete Förderung gegenüber seinem Ehegatten vornimmt.

Mit diesem Gesetz bekam der Mythos vom üblen Zuhälter nur weiter Nahrung. »Es überwiegen«, so hieß es beispielsweise im »Bilderlexikon der Erotik« aus dem Jahre 1931, »die robusten, brutalen Ausbeuter und Tyrannen, gefährliche Menschen, Parasiten im wahren Sinne ... Auch in ihrer Erscheinung, ihrem athletischen Körperbau, brutalen Auftreten und Jargon tritt ihr Charakter meist deutlich in Erscheinung.«

Willi Bauer schrieb in seinem Buch »Geschichte und Wesen der Prostitution«: »So wird der Zuhälter im Nigger als Kriechtier ›creeper‹ bezeichnet. Die spanische Bezeichnung ›macareno‹, sowie die englische ›bully‹ (zusammenhängend mit dem niederländischen Wel) haben den Sinn von Lump, Raufbold, Prahlhans, Großtuer und Nichtstuer, womit der parasitäre, im Grunde feige, vorsichtige, prahlerische, gleichzeitig erregbare wie willensschwache Typ des Zuhälters gut gekennzeichnet wird.«

An diesem Bild hat sich bis heute nichts geändert, im Gegenteil, es wurde untermauert durch Bilder in Krimi-Sendungen oder in der Comedy: Zuhälter mit Rolex, Chevy, Bluthunden, Goldkettchen und sonstigem schnöden Luxus, den sie in den ersten Reihen der → *Boxveranstaltungen* zeigten. Dieses Bild wiederum kam nicht von ungefähr. Die Zuhälter der alten Schule präsentierten sich tatsächlich gerne in diesem Outfit der Öffentlichkeit – und den Mädels. Doch mit Gewalt hatte ihr »Job« am allerwenigsten zu tun, wenngleich es die Brutalos mit ihren Zwangsmaßnahmen ebenfalls gab, das steht außer Frage. Aber »immer wieder hat es Stimmen gegeben, die eine Kriminalisierung des Zuhälters für falsch halten und das Verhältnis zwischen Zuhälter und Prostituierter nicht grundsätzlich als kriminal und von Zwangsmaßnahmen bestimmt qualifizieren«, betont Kurt Starke im »Lexikon der Erotik«, »beziehungsweise die es als Hypokrisie erachten, gerade an Zuhältern das Exemplar einer Verfolgung ungerechter Mann-Frau-Beziehungen zu statuieren, ohne nachzuprüfen, ob dieses Unrecht wirklich vorliegt.«

Es gab durchaus Männer, die den Job anders, als es das Klischee verlangte, versahen: Sie → *poussierten* mit Prunk und Protz um die Mädels, um sie dann, aus lauter Liebe, auf den → *Strich* oder ins eigene → *Bordell* oder das von Freunden zu schicken. Die Kohle, die sie verdienten, drückten die Mädels ab (→ *abdrücken), w*as häufig freiwillig geschah, weil die Mädels den → *Poussierstengel* liebten oder weil sie für ihren Job einen Beschützer brauchten.

Der St. Pauli-Lude Klaus Barkowski, auch der »Schöne Klaus« genannt, konnte sich beispielsweise mit einem ganzen Harem schmücken, nach seiner Zählung »nicht weniger und nicht mehr als 15 Frauen gleichzeitig, eine schöner als die andere. Die trugen mir das Geld hinterher, da konnte ich mich gar nicht wehren ... Für die einen war eher mein Aussehen wichtig, für die anderen mehr meine Autos und meine Klamotten. Die wollten auf ihren Mann stolz sein. Einige liebten mich auch. Die Cleversten, die mehrere Sprachen konnten und mit mir ab und zu ins Museum wollten, waren vor allem an den stressfreien Arbeitsbedingungen interessiert.« Der »Schöne Klaus« reagierte auf die Bedürfnisse seiner Frauen: »Eine träumte von einem Porsche, kriegte sie. Andere wollten lieber eine tolle Wohnung, kriegten sie. Mit dreien ging ich auf einen Schlag Pelzmäntel einkaufen.« (Quelle: Ariane Barth: Die Reeperbahn, Hoffmann & Campe, Hamburg 1999)

Der Ruhrpott-Lude Siegfried L. betont: »Das ist doch was anderes, als wenn ich hingehe, dem Mädel was aufs Maul schlage und sage, sie muss jetzt für mich anschaffen gehen und mir die Kohle geben, oder?«

Selbst → *Heidi Fleiss*, berühmteste Zuhälterin der Welt, erklärt: »Wenn ein Mann mit einem Mädchen Sex hat und er sich anschließend finanziell darum kümmert, dass sie Schmuck, schöne Kleider, eine nette Wohnung und genug Geld hat, zeugt dies höchstens von seinem Verantwortungsgefühl. Die Zuhälterin sorgt dafür, dass diese Regeln eingehalten werden. Wenn ein Mädchen in finanzieller Hinsicht glücklich ist, wird auch der Mann zufrieden gestellt werden. Auf diesem Prinzip basiert manche ehrenvolle Partnerschaft, und als Anleitung zum Glücklichsein ist solches bereits im Kamasutra verbrieft.«

Der »Schöne Klaus« bezeichnete sich daher als »Milieu-Manager« oder »Freund«. Richtig, findet Richard aus dem Ruhrgebiet. Ein Zuhälter sei für ihn »ein gut erzogener Junge mit Manieren, der weiß wie man mit Frauen umgeht, immer höflich und nett. Das war's! Und der natürlich entsprechend Druck machen sollte und muss, damit er bestimmte Verhaltensregeln durchsetzen kann. Das ist für mich eigentlich die Definition von → *Zuhälterei*. Nett und freundlich, gut angezogen und das vorlebend, wie es sein sollte.«

Doch »die Legende von dem virilen, doch ruchlosen Mann, der die schwache, aber nymphomanische Frau zur Preisgabe ihres Körpers zwingt, indem er ihre Hörigkeit ausnutzt und durch Gewaltmaßnahmen erzeugt – diese Legende will nicht sterben. Sie will nicht sterben, weil sie für den Bürger zu viel bedeutet«, mutmaßt Ernest Borneman in seiner »Enzyklopädie der Sexualität« (Ullstein Verlag, Frankfurt 1990). »Wenn der Zuhälter nicht einmal viril und besonders gut im Bett ist, wieso hat er dann all die Frauen, die der Bürger gerne haben möchte? Und wenn der Zuhälter sie nicht von Zeit zu Zeit zum Huren zwingt, wieso tut sie es dann? Wenn die Hure nicht einmal Nymphomanin ist, wieso laufen ihr so viele Männer nach? Wenn sie im Bett nicht besser als andere Frauen ist, wieso braucht man sich als Bürger dann so viele mühselige Selbstbeherrschung aufzuerlegen, indem man *nicht* zu ihr geht? Der ganze Mythos der Prostituierten, all der Ärger und all der Neid, all die Lust und all der Hass brechen zusammen, wenn man Prostitution und Zuhälterei als das sieht, was sie sind: der gegenseitige Trost infantiler Menschen, die wie Kinder im Keller ihre Arme umeinanderlegen, weil sie Angst vor der Dunkelheit haben.« Das trifft ganz gut den Kern. Und mit Inkrafttreten des → *Prostitutionsgesetzes* am 1. Januar 2002 und der

Modifikation des »§181a Zuhälterei« darf und muss man ganz offiziell unterscheiden zwischen dem Brutalo, der Frauen tatsächlich zur Prostitution zwingt (→ *Menschenhandel*), und dem Poussierstengel sowie dem Bordellbetreiber, die sich beide gewissenhaft um Schutz, Wohlergehen und wirtschaftlichen Erfolg der Mädels sorgen. Das sie dafür einen Anteil der Einnahmen bekommen, ist nicht länger → *Zuhälterei.*

ZUHÄLTER
Im Gespräch: Richard K.

Richard K., 49 ist Zuhälter, und zwar einer der alten Schule. Auf diesen kleinen Unterschied, so sagt er, lege er sehr viel Wert.

Richard, wie würdest du dich bezeichnen?
Richard: Wie ich mich bezeichnen würde?

Würde man dir zu nahe treten, wenn man sagen würde: Du bist ein Zuhälter!
Richard: Wenn man Geld von einer Alten kriegt dafür, dass sie sich hinstellt und die Beine breitmacht, das ist klar, dann ist das Zuhälterei.

Nach neuer Gesetzgebung auch nicht mehr unbedingt.
Richard: Meinst du, das neue Prostitutionsgesetz ist verbindlich? Das glaube ich allerdings weniger. Vielleicht offiziell, das mag schon sein. Aber um auf deine Frage zu antworten: Als Zuhälter würde ich mich nicht bezeichnen. Eher als Anlageberater ... Weißt du, die Frauen brauchen eine Krankenversicherung, eine Rentenversicherung. Darum kümmere ich mich. Man kümmert sich auf eine normale Art und Weise um sie. Das hat nichts mehr damit zu tun, wie es früher war, dass man auf die Glocke gehauen, man Druck ausgeübt, Theater gemacht hat. Dann kam die Kohle aus der Angst heraus. Mittlerweile ist das ein Vertrauensverhältnis geworden. Anders funktioniert es auch nicht mehr, weil die Geschäfte einfach so schlecht laufen.

Sag, wie bist du denn eigentlich zu dem »Job« gekommen?
Richard: Wie bin ich dazu gekommen? Ich kannte solche Vögel eigentlich schon mein Leben lang. Durch die Trainiererei vor allem. Ich habe mich relativ frühzeitig im Milieu bewegt, und die wollten mir da immer eine Alte drauftun.

»Alte drauftun«?
Richard: Wir haben damals oft im Tarm abgehangen (Tarm Center, Großraumdiskothek in Bochum, d. Aut.) und meine Kumpels haben mir gesagt: »Guck mal, mach mal: Die hat Bock auf dich, das ist ganz einfach, mit der Geld zu verdienen.« Ich habe damals an der Börse gearbeitet, habe selber gute Kohle verdient, deshalb war dieser Aspekt für mich unerheblich.

Irgendwann kam ein Teenie zu mir, da war ich 29, die habe ich in Bochum kennen gelernt, die wohnte aber in Frankfurt. Die rief mich eines Tages an, erzählte, sie hätte von ihrem Typen was gegen den Kopf gekriegt. Ich sagte ihr: »Komm mal runter!« Sie zog bei mir ein. Das erste, was sie zu mir sagte, war: »Hast du was dagegen, wenn ich ackern gehe?« Ja, was sollte ich sagen? »Also bitte schön«, sagte ich, »dann gib' mal Gummi!«

So fing das eigentlich an, und es hatte eine Eigendynamik. Den Job an der Börse habe ich erst einmal weiter gemacht, Warentermingeschäfte. Irgendwann habe ich damit aufgehört, ich musste mich hier um die Frauen kümmern, dort um die Alten sorgen. Die sind wie kleine Kinder, die Weiber, sie wollen betätschelt werden. Das ist ja auch in Ordnung, wenn die Kohle kommt. Da haben sie auch ein Recht drauf, meiner Meinung nach.

Und so war ich plötzlich im Geschäft. Ich konnte mich entscheiden: Mache ich das Welle-Programm, hänge ich mich an meine Königsketten, also das Weihnachtsbaumprogramm. Bei dieser Wellemacherei bleibt am Ende aber nichts übrig, weder für die Alte noch für den Typen – meiner Meinung nach. Drogen, Alkohol und der ganze andere Scheiß drumherum verfälschen nur die Einstellung beziehungsweise intensivieren die vorhandenen Gefühle wie Hass und Aggressivität. Das geht irgendwann alles nach hinten los.

Oder sehe ich zu, dass die Kohle hängen bleibt und investiere sie. Das habe ich gemacht, in Investmentfonds gesteckt, die dann fatalerweise, bedingt durch den 11. September, den Bach runtergejubelt sind. Aber egal, letztlich ist das der bessere Weg, der ruhige Weg, der überschaubare Weg.

Ein »Anlageberater«?
Richard: Sagen wir mal so: Ich habe die Faktoren erkannt, die im Milieu störend sind. Natürlich, ich gebe zu, wenn Theater herrscht, dann klatsche ich auch mal rein. Ganz klar. Aber ich versuche es tunlichst zu vermeiden.

Ich würde eine Alte auch nie in die FKK-Clubs reinstecken, weil ich von vornherein weiß, welche Stressfaktoren auf mich zukommen.

Und welche wären das?
Richard: Da sind einmal die Freier, die die Alte kaputtmachen. Dann müssen sie sich das Zeug reinknallen ohne Ende, dann müssen sie saufen – und dabei geht eine Metamorphose mit der Frau vor, das ist nicht mehr meine Frau.

Die Dinge zu erkennen ist wichtig. Viele erkennen sie nicht und wundern sich, dass nichts mehr funktioniert. Also ist eine gewisse Intelligenz vonnöten ...

Wie sollte also ein Zuhälter sein?
Richard: Der klassische Zuhälter? Wie er eigentlich sein sollte? Ein gut erzogener Junge mit Manieren, der weiß, wie man mit Frauen umgeht, immer höflich und nett. Das war's! Und der natürlich entsprechend Druck machen sollte und muss, damit er bestimmte Verhaltensregeln durchsetzen kann. Das ist für mich eigentlich die Definition von Zuhälterei. Nett und freundlich, gut angezogen und das vorlebend, wie es sein sollte.

Und wie ist ein Zuhälter heute tatsächlich?
Richard: Asozial, meistens. Weil der Druck immer größer geworden ist. Immer mehr Ausländer kommen ins Milieu, die keine Ahnung haben von dem, worum es geht. Es ist ein merkwürdiges Geschäft geworden. Zumal sich der Osten geöffnet hat, und über den Osten natürlich ganz andere Mechanismen ins Milieu gekommen

sind: Freizügigkeit, die einfach gar nicht angebracht ist. Denn Ackern heißt ja nicht, sich hinstellen, Kerze anmachen und dann wie zu Hause abficken, bis der Arzt kommt. Man sagt zwar: »Fotze nutzt sich nicht ab!« Aber darum geht es nicht. Es geht einfach nur darum, dass hier bei der Frau ein gewisses Wertegefühl Bestand haben sollte. Und eine Alte, die sich wie Scheiße vorkommt, weil ich der 38. Mann bin, der abends bei ihr reinsteckt, die kann auf Dauer keine Motivation zum Arbeiten entwickeln.

Du meinst die FKK-Clubs, oder?
Richard: Ich rede von den FKK-Clubs, ja. Es gibt die normalen Clubs, wie sie immer da waren, in denen die Weiber letztendlich noch Kleider anhaben. Aber in den FKK-Clubs ... Wenn ich mir so einen Laden angucke, ich kenne einen in der Nähe von Krefeld, in dem ich 25 Euro Eintritt bezahle – das musst du dir mal reinsaugen! Für 25 Euro blasen die mir den Schwanz blank. Für 25 Euro! Das sind 50 Mark. Hallo, bitte schön, wo liegen denn da die profitablen Grenzen, frage ich mich? Das kann doch nicht sein! Da stelle ich doch lieber eine Alte in einen Puff rein, die zahlt dort ihre Miete und flaxt die Typen ab. Womit diese rechnen müssen, vor allem wenn du einen Typen hast, der von Tuten und Blasen keine Ahnung hat. Das ist für mich Prostitution, so wie sie schon immer da war, so wie sie immer da sein sollte.

Kannst du dir diese Einstellung heute überhaupt noch erlauben?
Richard: Wenn man intelligent ist, schon. Wenn man die Frauen entsprechend einstilt, einpolt, ihnen das erklärt! Mal ehrlich, die fühlen sich doch auch wohler dabei. Ich habe eine Alte, die hat jahrelang im Club gearbeitet, bis sie sich von mir die andere Politik drauf tun hat lassen. Im Nachhinein ist sie mir da eigentlich auch dankbar für. Weil sie wesentlich weniger Substanz verliert.

Wie viele Frauen hast du?
Richard: Im Moment drei. Eine habe ich fest in Düsseldorf am Bahndamm. Die zweite arbeitet in Regensburg. Die andere ist jetzt, lass mich nicht lügen, in Ingolstadt. Die reisen durch Deutschland, mieten ein Zimmer in den Bordellen an, kündigen nach 14 Tagen,

wenn da nichts mehr läuft, und fahren weiter. Wenn da was läuft, bleiben sie entsprechend länger. Das ist natürlich eine Sache des Ermessens von mir und von ihr, wohlgemerkt. Ich vertraue ihnen da schon, kann ich auch. Denn wenn das nicht der Fall wäre ... Das hat nichts damit zu tun, dass ich ihnen den Schädel runterknallen würde; das würde ich höchstwahrscheinlich machen, wenn sie mich belügen würden. Aber das machen sie ja nicht. Also, das ist vom Ablauf her so, wie es sein sollte. So war es auch mal gewesen. Nur dann kam die Ostöffnung, und es kamen ganz andere Mechanismen herüber.

Wenn du sagst, deine Frauen ziehen umher ...
Richard: Die ziehen nicht umher, die reisen!

... sie reisen umher. Suchst du für sie das Bordell aus?
Richard: Das machen die alles selber. Sie sind ja selbstständig; ich meine, wenn eine Frau zehn Jahre arbeitet, dann weiß sie, was los ist. Sie fährt von alleine los. Ich frage sie nur: »Wo fährst du hin?« Dann sagt sie zum Beispiel: »Nach Ingolstadt!« Wunderbar. Wenn es in der Nähe wäre, würde ich sie hinfahren. Wenn nicht, fährt sie mit dem Zug. Sie ruft mich an, wenn sie da ist. Sie zieht ein, fertig, bumm, bumm, bumm. Da wird einmal am Tag telefoniert, das war es, schönen Tag noch.

Wenn sie dann wiederkommen, habe ich Zeit für sie. Auch nicht komplett, aber einen gewissen Teil schon. Das ist immer eine schöne Stundenaufteilung.

Und dabei findet die Abrechnung statt?
Richard: Eine Abrechnung findet auch statt. Aber wenn es eine gute Frau ist, wird nicht abgerechnet, dann wird komplett abgedrückt. Das ist eigentlich auch normal. Meiner Meinung nach gibt es keine anteiligen Lösungen, sondern immer komplettes Geld. Das hat natürlich, wie gesagt, was mit Vertrauen zu tun.

Aber ich verjubele das Geld ja auch nicht, sondern es wird dementsprechend angelegt. Sie sind anteilsmäßig am Investmentfonds beteiligt. Bei mir ist es auch so, dass ich Versicherungen für sie abschließe. Und wenn die Alte sich von mir trennen will, bestehe ich auch nicht auf Abstand, weil ich es asozial finde für eine Frau, die sich zehn Jahre lang für mich hingelegt hat, auch noch Kohle zu verlangen. Das ist meine Meinung. Andere denken anders.

Und wenn die Frau sich bereits nach zwei Jahren von dir trennen will?
Richard: Das wäre eine andere Sache. Was natürlich auch damit zusammenhängt, wie dieser Wunsch zustande kommt. Wenn es eine krumme Nummer ist, wenn sie mich übervorteilen möchte, dann sind die Mechanismen andere ... Zum Beispiel wie bei dem vorhin erwähnten Teenie; mit dem war ich auch nur drei Monate zusammen: Sie war im Domina-Club gewesen, die Domina, die den Laden führte, hat mir die dann kaputt gesprochen, von wegen: »Der ist Scheiße, der geht nur auf dich los!« Sie hatte bei dem Teenie sofort eine Mutterrolle, die Alte hat das genau richtig erkannt, und der Teenie kam zu mir und wollte verschwinden; das war ärgerlich, ich hatte mich um alles gekümmert, sie angemeldet und so weiter. Da habe ich erst einmal einen Zehner aufgerufen, wie sich das gehört. Die hat erst einmal abgekotzt, aber am Ende bezahlt.

Zehner aufgerufen?
Richard: Zehntausend Mark! Abstand! Nenn es, wie du willst. Die Definitionen sind mannigfaltig. Oder: Ausfallentschädigung. Das kannst du sehen, wie du willst. Auf jeden Fall gibt es die Strafe dafür, dass sich nicht an die Verhaltensstrukturen gehalten wurde. So muss das sein.

Und wie bist du auf den Betrag gekommen?
Richard: Das ist eine Sache der freien Interpretation. Ich bin auf einen Zehner gekommen. Jetzt frag mich nicht, warum! Das war kein Maßstab für die Monate oder Wochen. Ich hätte auch Zwanzig sagen können. Im Nachhinein habe ich mich geärgert, dass ich es nicht gemacht habe.

Wenn du sagst, die Frauen drücken alles an dich ab – wovon leben sie denn?
Richard: Natürlich leben die auch. Wenn sie sagt, sie braucht Geld,

dann geb ich ihr Geld. Das ist kein Problem.

Und das finden sie okay?

Richard: Huren sind anders drauf. Die wollen gar kein Geld haben, die wollen nur Geld verdienen. Nicht haben! Die haben zehn Mark in der Tasche und sind zufrieden. Und arbeiten weiter mit der Intention, so viel Geld wie möglich zu verdienen und so wenig wie möglich auszugeben. Der eigene Besitz ist eine zweitrangige Komponente.

Das vergessen viele Leute! Wenn ich meinen Alten nen Fünfziger gebe, gibt die mir dreißig zurück. Das ist merkwürdig, aber das ist so! Aber das erreiche ich nicht durch die Psychopathennummer, bei der ich die Frauen drangsaliere. Druck erzeugt doch nur Gegendruck. Motivation kann ich nur erzeugen durch Freundlichkeit, durch eine gewisse Poussage. Da kommt die Sache doch auch her. Ich muss eine Alte poussieren, und wenn ich gut bin, poussiere ich sie bis der Arzt kommt. Da feiere ich die richtig. Ende! Und dann kommt auch die Kohle.

Was ist denn dann das Gegenteil von einer Hure?

Richard: Was ist das Gegenteil von einer Hure? In dieser Gesellschaft haben Frauen, das ist nun mal so, eine zweitrangige Position. Prostituieren müssen sich zu guter Letzt alle. Einige machen es für eine Stromrechnung, die sie nicht bezahlen können, indem sie mit dem RWE-Mann vögeln. Das sind dann die, die mit dem ausgestreckten Finger auf die Weiber zeigen, die es offiziell machen.

Dabei ist es für mich eine therapeutische Komponente, im Puff zu arbeiten. Denn wenn die kranken Schweine nicht in den Puff könnten und draußen rumrennen würden, o Gott, o Gott, was liefe hier ab in unserem Land? Also bitte, deshalb sollte man Huren doch dementsprechend, was den Stellenwert angeht, ein wenig anders beurteilen. Ich finde, das wird nur schwieriger, wenn irgendwelche Organisationen meinen, Huren resozialisieren zu müssen – die Denkstruktur ist doch dabei völlig im Arsch! Es sind die Freier, die resozialisiert werden müssten.

Das Gegenteil der Huren sind jene Frauen, die meinen, dass sie den Job aus anderen Gründen machen müssen.

Eine Hure hat also in deinen Augen ein Berufsethos?
Richard: Auf jeden Fall. Sollte sie haben.

Und wie sieht das aus?
Richard: Wenig geben, viel nehmen. Das wäre vielleicht eine Definition. Wenig geben, viel nehmen, und das auf eine möglichst geschickt Art. Dazu gehört auch Intelligenz. Das heißt, ich lasse mich nicht vollficken und vollspritzen, wenn ich was im Kopf habe. In der Regel labere ich den Typen dann so was von quer, dass ich die Kohle auch so kriege. Dann bin ich schlau. Dann habe ich wenig Substanzverlust. Deswegen liebe ich es auch, mit intelligenten Frauen zusammenzuarbeiten. Man sagt zwar: »Dumm fickt gut!« Aber das haut meist nicht hin.

Sind die Frauen ein Job für dich?
Richard: Ja. Aber keine Berufung. Ein Mittel, in dieser Gesellschaft, wir haben ja eine freie Marktwirtschaft, Geld zu verdienen. So einfach. Und wenn man das richtig macht, ist es eine wunderbare Schiene. Wenn man es richtig macht, wohlgemerkt; stressfrei, und alle können wunderbar leben. Ich sag dir ganz ehrlich: Wäre ich eine Alte, ich würde es auch machen. Das hört sich blöd an, aber es ist so.

Wie lange willst du den Job noch machen?
Richard: Drei Jahre, vier Jahre, dann ist Ende.

Und dann?
Richard: Dann ruhe ich mich aus, in Spanien! Zumindest bemühe ich mich. Ob ich nach Spanien gehe oder in die Toskana, egal, ich will raus aus diesem Land. Ich brauche Sonne, ich muss meine braunen Farbpigmente fördern. Und vom Alter her kommt auch nicht mehr so viel auf mich zu. Ich mache vielleicht noch zwanzig Jahre, dann ist das Thema rund. Also was soll ich mich hier noch großartig rumärgern? Es kostet Substanz, ich muss ständig verfügbar sein, kann das Handy nie ausschalten, muss mir ständig das Genörgel anhören. Okay, das ist jetzt nicht so anstrengend, wie es klingt. Aber nerven tut es mich trotzdem, und das Geschäft wird immer

schlechter. Wenn du heute fünftausend Euro hast, dann bist du richtig gut. Wenn ich dann diese Sprechfürsten höre, die ihre drei, vier Mille haben und sich als Luden bezeichnen – das sind für mich Pisser! Tut mir leid. Denn sie kriegen von den drei, vier Mille, die die Alte verdient, vielleicht eine Mille und rennen mit so einer flachen Patte und meinen, sie wären es ... Das kann es nicht sein, das ist am Ziel vorbei. Dann gehe ich doch lieber arbeiten!

Ist das Milieu heute gefährlicher als beispielsweise vor zwanzig Jahren?

Richard: Nein. Weniger gefährlich, und zwar durch die Präsenz der Polizei, durch die Paranoia der Polizei, durch die ganze Hightech-Scheiße, die sie einrichten, von wegen: Ich bekomme eine Kamera in den Arsch und krieg es gar nicht mit. Früher haben sie mich observiert mit einem Loch in der Zeitung! Fakt ist, meiner Meinung nach, es wird immer weniger gefährlich.

Gefährlicher sind allenfalls die neuen Waffen, die zur Anwendung kommen. Das kommt auch wegen der Ostöffnung; die sind dort ganz anders drauf, wachsen mit einem viel größeren Gewaltpotential auf, das sie viel hemmungsloser einsetzen. Heute wird kein Karate mehr gemacht, heute wird nur noch blank gezogen. Da wird dann mit Waffen gedroht oder geschossen, wobei das häufig auch nur Bellmänner sind – die viel sprechen, aber wenig machen; meist sind sie die ersten, die bei den Bullen ihre Jungs verzinken, diese Wichser.

ZUHÄLTEREI

Haarige Angelegenheit.

Anfang 2002 trat das → *Prostitutionsgesetz* in Kraft, in dem neben »§180 – Förderung der Prostitution« auch der Abschnitt »§181a – Zuhälterei« modifiziert wurde. Die neue Fassung war (Änderungen unterstrichen):

§ 181a StGB Zuhälterei

(1) Mit Freiheitsstrafe von sechs Monaten bis zu fünf Jahren wird bestraft, wer

1. eine andere Person, die der Prostitution nachgeht, ausbeutet

oder

2. seines Vermögensvorteils wegen eine andere Person bei der Ausübung der Prostitution überwacht, Ort, Zeit, Ausmaß oder andere Umstände der Prostitutionsausübung bestimmt oder Maßnahmen trifft, die den anderen davon abhalten sollen, die Prostitution aufzugeben, und im Hinblick darauf Beziehungen zu dem anderen unterhält, die über den Einzelfall hinausgehen.

(2) Mit Freiheitsstrafe bis zu drei Jahren oder mit Geldstrafe wird bestraft , wer die persönliche oder wirtschaftliche Bewegungsfreiheit einer anderen Person dadurch beeinträchtigt, dass er gewerbsmäßig die Prostitutionsausübung der anderen Person durch Vermittlung sexuellen Verkehrs fördert und im Hinblick darauf Beziehungen zu ihr unterhält, die über den Einzelfall hinausgehen.

(3) Nach den Absätzen 1 und 2 wird auch bestraft, wer die im Ansatz 1 Nr. 2 und 2 genannten Handlungen oder die in Absatz 2 bezeichnete Förderung gegenüber seinem Ehegatten vornimmt.

Eine wirkliche Änderung brachte der modifizierte Abschnitt der Branche aber nicht. Dank des Gesetzes war Prostitution nicht länger → *sittenwidrig*, damit zukünftig ein → *Rechtsgeschäft*. Auch macht sich der Mann/die Frau zwar nicht mehr strafbar, wenn er/sie einen → *bordellartigen Betrieb* eröffnet, Frauen beschäftigt und ihnen ideale Arbeitsbedingungen schafft (→ *Werbung*, zentraler Einkauf von → *Kondomen*, → *Gleitmitteln* und → *Dildos*). Doch reguläre → *Arbeitsverträge* wird es eben wegen des so genannten Zuhälter-Paragraphen trotzdem nicht geben. Denn, so begründet die → *AG Recht*, ein Zusammenschluss der Hurenverbände und Beratungsstellen, »die Neufassung des §181a StGB schließt nicht aus, dass ArbeitgeberInnen von Prostituierten der Zuhälterei angeklagt werden können«.

Alles steht und fällt mit dem eingeschränkten Weisungsrecht. Die Sozialarbeiterin einer Berliner Beratungsstelle konkretisiert: »Arbeitgeberinnen, die sich, wenn sie mehr als Ort und Zeit bestimmen – was sie in der Praxis sowieso immer tun, da sich sonst der Betrieb gar nicht aufrecht erhalten lässt –, wenn sie sich also bei allem, was die Dienstleistung einer Prostituierten inhaltlich noch mal mehr bestimmen würde, nach wie vor beziehungsweise schon wieder der Zuhälterei strafbar machen, ist es für sie relativ reizlos und unattraktiv, Arbeitsverträge auszuschreiben.«

Manchmal braucht es nicht einmal mehr als das Erlaubte zu sein. Für die Staatsanwaltschaft München war sogar ein Arbeitsvertrag mit freiwillig getroffenen Vereinbarungen über Ort und Zeit der Prostitutionsausübung Anlass genug, gegen die ArbeitgeberInnen wegen des Verdachtes auf Zuhälterei zu ermitteln. Der AG Recht geht der neue »§181a Zuhälterei« daher nicht weit genug. Sie wünscht sich eine Streichung aus dem Strafgesetzbuch, da doch bereits mit »§180b – Menschenhandel« das Problem (Verschleppung und) Zwang gelöst sei.

ZWANGSPROSTITUTION

→ *Menschenhandel.*

TEIL 3

ANHANG

ADRESSEN

Nachfolgend eine Liste der bundesweiten Beratungsstellen und Hilfsprojekte zum Thema Prostitution, Migration, Kinderprostitution – nach Postleitzahlen sortiert. Es finden sich keine Frauenhäuser oder ähnliche Zufluchtsstätten in der Auflistung; diese gilt es bei den örtlichen Beratungsstellen für Prostituierte zu erfragen. Weiterführende Informationen zu den Beratungsstellen und Hilfsprojekten finden Sie im lexikographischen Teil dieses Buches.

PROSTITUTION (MÄNNLICHE)

SUB/WAY berlin e.V.
Hilfe für Jungs
Nollendorfstraße 31
10777 Berlin
Telefon 030/2155759
www.subway-berlin.de
jungs@subway-berlin.de

Basis e.V.
Geschäftsstelle
Knorrestraße 5
20099 Hamburg
Telefon 040/249694
Anlaufstelle/Übernachtungsstelle für Stricher
St. Georgs-Kirchhof 26
20099 Hamburg
Telefon 040/2801607
www.basis-projekt.de

Callboy Connection
Frankfurt
Telefon 0179/6213065

KISS • Kriseninterventionsstelle für Stricher
AIDS-Hilfe Frankfurt e.V.
Alte Gasse 37
60313 Frankfurt
Telefon 069/293671
Telefax 069/293671
kiss@frankfurt.aidshilfe.de

Looks e.V.
Strichereinrichtung
Pipinstraße 7
50667 Köln
Telefon 0221/2405650
Telefax 0221/2405650
info@looks-ev.org
www.looks-ev.org

Café Strich-Punkt
Alt-Katholische Gemeinde Stuttgart
Katharinenplatz 5/Ecke Olgastraße
70182 Stuttgart
Telefonnummer 0711/243901
www.verein-jugendliche.de

Marikas
Treffpunkt und Beratungsstelle für anschaffende Jungs
(Stricher, Callboys)
Evangelisches Hilfswerk München
Dreimühlenstraße 1
80469 München
Telefon 089/7259084
Telefax 089/74793943
marikas@hilfswerk-muenchen.de
www.hilfswerk-muenchen.de

PROSTITUTION (WEIBLICHE)

Rosamunde
rosamunde-org@gmx.de
www.rosamunde.org

Hydra e.V.
Treffpunkt und Beratung für Prostituierte
Köpenicker Straße 187-188
10997 Berlin
Telefon 030/6110023
Telefax 030/6110021
www.hydra-ev.org
hydra@ipn-b.de

Bundesverband Sexuelle Dienstleistungen e.V.
Emmentaler Straße 99
13409 Berlin
Telefon 030/49872558
www.busd.de

Café Sperrgebiet
Rostocker Straße 4
20099 Hamburg
Telefon 040/246624
Telefax 040/247583

Nitribitt e.V.
Stader Straße 1
28205 Bremen
Telefon 0421/448662
Telefax 0421/4986031

Phoenix e.V.
Postfach 4762
30047 Hannover
phoenix.e.v.@t-online.de

Kaffeeklappe
Hamburg
Telefon 040/316495
Telefax 040/31993702

La Strada
Escher Straße 25
30159 Hannover
Telefon 0511/14023
Telefax 0511/14007
la_strada@t-online.de

Dortmunder Mitternachtsmission e.V.
Dudenstraße 2-4
44137 Dortmund
Telefon 0231/144491
mitternachtsmission@gmx.de
www.standort-dortmund.de/mitternachtsmission

Kober
Kommunikations- und Beratungsstelle für Prostituierte
Nordstraße 50
44145 Dortmund
Telefon 0231/861032-0
Telefax 0231/861032-15
kober-do@t-online.de

Madonna e.V.
Beratung und Hilfe für Prostituierte
Gußstahlstraße 33
44793 Bochum
Telefon 0234/685750
Telefax 0234/685751
info@madonna-ev.de
www.madonna-ev.de

Nachtfalter
Segerothstraße 110a
45141 Essen
Telefon 0201/8853413
Telefax 0201/8852412
nachtfalter@caritas-essen.de

Mäc-Up
Schutz- & Schonraum für Mädchen und Frauen
Machabäerstraße 31
50668 Köln
Telefon 0221/133557
Telefax 0221/1397968
maec-up@skf-koeln.de

Tamara
Beratung und Hilfe für Prostituierte
Alfred-Brehm-Platz 17
60316 Frankfurt am Main
Telelefon 069/490374
Telefax 069/432571
tamara@zefra.de
www.zefra.de/tamara

Hurenselbsthilfe Saarbrücken e.V.
Postfach 101413
66014 Saarbrücken
Telefon 0681/373631
Telefax 06818308676
hurenselbsthilfe@freenet.de

Mimikry
Beratungsstelle für anschaffende Mädchen und Frauen
Evangelisches Hilfswerk München
Dreimühlenstraße 1
80469 München
Telefon 089/7259083

Telefax 089/74793943
mimikry@hilfswerk-muenchen.de
www.hilfswerk-muenchen.de

Aphrodite
Selbsthilfegruppe für Prostituierte
Postfach 380247
80615 München
Telefon 0179/6811297

Kassandra e.V.
Wirthstraße 36
90459 Nürnberg
Telefon 0911/442889 (Beratung)
Telefon 0911/4597548 (Büro)
Telefax 0911/440533
kassandra@kassandra-nbg.de
www.kassandra-nbg.de

MIGRATION & MENSCHENHANDEL

Femmigration
www.femmigration.net

Karo
Grenzüberschreitendes Sozialprojekt zur Zielgruppenspezifischen HIV/AIDS-Prävention
Am Alten Markt 3
08523 Plauen
Telefon 09374/1276851
Telefax 09374/1276853
karo.adorf@t-online.de
www.karo-sozialprojekt.de

Ban Ying e.V.
Koordinationsstelle

Anklamer Straße 38
10115 Berlin
Telefon 030/4406373
Telefax 030/4406375
info@ban-ying.de
www.ban-ying.de

In Via e.V.
Katholische Mädchensozialarbeit für das Erzbistum Berlin e.V.
Pfalzburger Straße 18
10719 Berlin
Telefon 030/86424850
Telefax 030/86424879

Projekt ZAPO
c/o Polnischer Sozialrat e.V.
Oranienstraße 34
10997 Berlin
Telefon 030/6150909
Telefax 030/61402410
zapo@polskarada.de

Ona e.V.
Zufluchtswohnung
Postfach 870218
13162 Berlin
Telefon 030/48096281
Telefax 030/48096282
onfazuf@aol.com

KOK Potsdam e.V.
Bundesweiter Koordinierungskreis gegen Frauenhandel
und Gewalt an Frauen im Migrationsprozess
Behlertstraße 35
14467 Potsam
Telefon 0331/2803300
Telefax 0331/2803307

office@kok-potsdam.de
www.kok-potsdam.de

Belladonna e.V.
Lutherstift Evangelisches Krankenhaus
Postfach 16 52
15206 Frankfurt a.d. Oder
Telefon 0335/534988
Telefax 0335/534988
belladonna.ff@t-online.de
www.belladonnaev.com

KOOFRA
Koordinierungsstelle gegen Frauenhandel
Postfach 306144
20327 Hamburg
Telefon 040/67999757
Telefax 040/67999758
koofra@t-online.de

Amnesty for Women Städtegruppe Hamburg e.V.
Große Bergstraße 231
22767 Hamburg
Telefon 040/384753
Telefax 040/385758
info@amnestyforwomen.de
www.amnestyforwomen.de

Contra
Beratungs- und Koordinierungsstelle für Betroffene von Frauenhandel in Schleswig-Holstein
Postfach 3520
24034 Kiel
Telefon 0431/55779-190
Telefax 0431/55779-150
contra@ne-fw.de

Fenarete
c/o Amnesty for Women Städtegruppe Hamburg e.V.
Große Bergstraße 231
22767 Hamburg
Telefon 040/384753
Telefax 040/385758
info@amnestyforwomen.de
www.amnestyforwomen.de

Tampep
Transnational AIDS/STD prevention
among migrant prostitutes in Europe/project
c/o Amnesty For Women e.V.
Große Bergstraße 231
22767 Hamburg
Telefon 040/384753
Telefax 040/385758
info@amnestyforwomen.de
www.amnestyforwomen.de

Kobra c/o Phoenix e.V.
Postfach 4762
30047 Hannover
Telefon 0511/7011517
Telefax 0511/7011369

Ethno-Medizinisches Zentrum e.V.
Projekt Interkulturelle Suchthilfe
Königstraße 6
30175 Hannover
Telefon 0511/168-41020
Telefax 0511/457215
ethno@onlinehome.de
www.interkulturelle-suchthilfe.de

Interkulturelle Suchthilfe
c/o Ethno-Medizinisches Zentrum e.V.

Königstraße 6
30175 Hannover
Telefon 0511/168-41020
Telefax 0511/457215
ethno@onlinehome.de
www.interkulturelle-suchthilfe.de

Nadeschda
Frauenberatungsstelle für Opfer von Menschenhandel
Hansastraße 55
32049 Herford
Telefon 05221/840200
Telefax 05221/840201
frauenberatungsst.-nadeschda@t-online.de

Solwodi
Solidarity with women in distress – Solidarität mit Frauen in Not
Stephanstraße 1
38100 Braunschweig
Telefon 0531/4738112
Telefax 0531/4738113
braunschweig@solwodi.de
www.solwodi.de

Vera
Fachberatung für Frauen, die vom Menschenhandel betroffen sind
AWO Landesverband Sachsen-Anhalt e.V.
Klausenerstraße 17
39112 Magdeburg
Telefon 0391/4015370
Telefax 0391/4015371
vera@awo-lsa.de
www.awo-lsa.de

Frauenberatungsstelle Düsseldorf e.V.
Projekt für Migrantinnen
Ackerstraße 144

40233 Düsseldorf
Telefon: 0211/686854
Telefax: 0211/676161
info@frauenberatungsstelle.de
www.frauenberatungsstelle

Informationszentrum Dritte Welt Herne
Beratungs- und Informationsstelle für Migrantinnen
aus Afrika, Asien, Lateinamerika und Osteuropa
Overwegstraße 31
44625 Herne
Telefon 02323/9949719
Telefax 02323/9949711
info@blueplanet-ev.de
www.blueplanet-ev.de

Solwodi
Solidarity with women in distress – Solidarität mit Frauen in Not
Postfach 101150
47011 Duisburg
Telefon 0203/663150
Telefax 0203/663151
duisburg@solwodi.de
www.solwodi.de

Frauenberatungsstelle Krefeld
Beratung für Migrantinnen
Steckendorfer Straße 110
47798 Krefeld
Telefon 02151/800571
Telefax 02151/601266

Solwodi
Solidarity with women in distress – Solidarität mit Frauen in Not
Postfach 3703
49027 Osnabrück
Telefon 0541/5281909

Telefax 0541/5281910
osnabrueck@solwodi.de
www.solwodi.de

agisra Köln e.V.
Arbeitsgemeinschaft gegen internationale
sexuelle und rassistische Ausbeutung
Steinbergerstraße 40
50733 Köln
Telefon 0221/124019
Telefax 0221/9727492
agisra@e-migrantinnen.de
www.agisrakoeln.de

Solwodi
Solidarity with women in distress – Solidarität mit Frauen in Not
Postfach 3741
55027 Mainz
Telefon 06131/678069
Telefax 06131/613470
mainz@solwodi.de
www.solwodi.de

Solwodi
Solidarity with women in distress – Solidarität mit Frauen in Not
Postfach 201446
56014 Koblenz
Telefon 0261/33719
Telefax 0261/12705
koblenz@solwodi.de
www.solwodi.de

Solwodi
Solidarity with women in distress – Solidarität mit Frauen in Not
Propsteistraße 2
56154 Boppard-Hirzenach
Telefon 06741/2232

Telefax 06741/2310
boppard@solwodi.de
www.solwodi.de

Frauenberatungsstelle Hagen
Beratung für Migrantinnen
Bahnhofstraße 41
58095 Hagen
Telefon 02331/338355
Telefax 02331/338355
frauenberatung.ha@gmx.net

Dona Carmen e.V.
Elbestraße 41
60329 Frankfurt/M.
Telefon 069/7675-2880
Telefax 069/7675-2880
www.donacarmen.de
donacarmen@t-online.de

FIM. Frauenrecht
ist Menschenrecht e.V.
Varrentrappstraße 55
60486 Frankfurt/M.
Telefon 069/7075430
Telefax 069/7075466
asiengruppe@t-online.de

Agisra e.V.
Arbeitsgemeinschaft gegen internationale
sexistische und rassistische Ausbeutung
Ludolfstraße 2-4
60487 Frankfurt/M.
Telefon 069/777755
Telefax 069/777757
www.agisra.de
info@agisra.de

Frauen-Informations-Zentrum
Landhausstraße 62
70180 Stuttgart
Telefon 0711/281891
Telefax 0711/284053
fiz-stuttgart@t-online.de

JADWIGA
Ökumenische Beratungsstelle für Opfer von Frauenhandel,
Lessingstraße 3
80336 München
Telefon 089/54497-233
Telefax 089/54497-232
jadwigamuenchen@aol.com

Kofizia – In Via
Kontakt- und Informationszentrum für
Afrikanerinnen, Asiatinnen und Lateinamerikanerinnen
Harmoniestraße 16
90489 Nürnberg
Telefon 0911/58686920
Telefax 0911/58686950.

Solwodi
Solidarity with women in distress – Solidarität mit Frauen in Not
Seehof 1
97688 Bad Kissingen
Telefon 0971/802759
Telefax 0971/802756
bad.kissingen@solwodi.de
www.solwodi.de

KINDERPROSTITUTION

KIDS Kinder in der Szene
Anlaufstelle für Straßenkinder
Hachmannplatz 2
20099 Hamburg
Telefon 040/2801606

ECPAT Deutschland e.V.
Postfach 5328
79020 Freiburg
Telefon: 0761/7075124
Telefax 0761/7075123
info@ecpat.de
www.ecpat.de

BIBLIOGRAFIE

Willi Bauer: Geschichte und Wesen der Prostitution, *Stuttgart 1956*

Günther Hunold: Hetären, Callgirls und Bordelle. *München 1980*

S.B. Pomeroy: Frauen im klassischen Altertum. *Stuttgart 1985*

Marion Bennung/Karin Jacob: Prostitution als offensichtlichster Ausdruck von Frauenausbeutung und/oder ein Rest weiblicher Macht in der kapitalistisch-patriarchalischen Gesellschaft. Entstehung, Entwicklung, Existenzbedingungen und verändernde Perspektiven. *Diplomarbeit, Siegen 1987*

Jörg Meier: Ich möche keine Minute missen. Menschen auf St. Pauli erzählen. *Hamburg 1987*

Pieke Biermann: Wir sind Frauen wie andere auch. Prostituierte und ihre Kämpfe. *Reinbek 1988*

Domenica: Domenicas Kopfkissenbuch. *München 1989*

Frédérique Delacoste/Priscilla Alexander: SexArbeit. Frauen in der Sexindustrie. *München 1989*

Petra Schmackpfeffer: Frauenbewegung und Prostitution: Über das Verhältnis der alten und der neuen deutschen Frauenbewegung zur Prostitution. *Oldenburg 1989*

Hydra (Hg.): Beruf: Hure. *Berlin 1991*

Alice Frohnert: Ansichten der Prostitution. *Frankfurt 1991*

Dolores French. Kurtisane. *Hamburg 1992*

C. Reinsberg: Ehe, Hetärentum und Knabenliebe im antiken Griechenland. *München 1993*

Hydra (Hg.): Freier. Das heimliche Treiben der Männer. *München 1994*

Domenica: Körper mit Seele. Mein Leben. *München 1994*

Sabine Kienitz: Sexualität, Macht und Moral: Prostitution und Geschlechterbeziehungen Anfang des 19. Jahrhunderts in Württemberg. *Berlin 1995*

Joachim Riecker: Ware Lust. Wirtschaftsfaktor Prostitution. *Frankfurt 1995*

Paul Dufour: Weltgeschichte der Prostitution, *Frankfurt 1995*

Lykke Aresin, Kurt Starke: Lexikon der Erotik. *München 1996*

Mona Gasser: Gestatten: Callgirl – Die Freiheit nehm ich mir. Lust & Gewinn! Der Bericht. *Stuttgart 1996*
Susan Crain Bakos: S/M. Sex, Gewalt und Liebe. *München 1996*
Rita Elvira Täubner: Der hässliche Eros. Darstellungen zur Prostitution in der Malerei und Grafik, 1855-1930. *Berlin 1997*
Juliana Balmer, Rita Dolder: Susanne D. Ein Leben als Prostituierte. *Bern 1997*
Patrick Larmont: Bordelle & Prostitution. Die Geschichte der käuflichen Liebe, *Flensburg 1997*
Michael Schmidt: Das Hurenhaus. *Rostock 1997*
Sabine Partenheimer: Kinder- und Jugendprostitution in Deutschland. *Aachen 1997*
Uta Falck: VEB Bordell. Geschichte der Prostitution in der DDR. *Berlin 1998*
Gisela Wuttke: Kinderprostitution, Kinderpornographie, Tourismus. *Göttingen 1998*
Gerhard J. Bellinger: Sexualität in den Religionen der Welt. *Frechen 1999*
Guido und Michael Grandt, Petrus van der Let: Ware Kind. Missbrauch und Prostitution. *Düsseldorf 1999*
Lucinda Jarret: Striptease. Die Geschichte der erotischen Entkleidung. *Berlin 1999*
Dortmunder Mitternachtsmission (Hg.): Auf dem Strich unterwegs. *Dortmund 1999*
Ebby Thrust: Glanz und Elend. *Frankfurt 1999*
Ariane Barth: Die Reeperbahn. Der Kampf um Hamburgs sündige Meile. *Hamburg 1999*
Felix K.: Gekauftes Fleisch. Das Geschäft um Lust, Nähe, Sehnsucht und käufliche Liebe. *Hamburg 2000*
B.E. Stumpp: Prostitution in der römischen Antike. *Berlin 2001*
Trine Sondergaard: Now That You Are Mine. *Göttingen 2002*
M.T. Wright: Prostitution, Prävention und Gesundheitsförderung, Teil 1: Männer. *Berlin 2003*
Felix Ihlefeldt: Abenteuer Hure. Prostitution als heimliches Hobby. *Berlin 2003*

Aktualisierungen, Ergänzungen und Kommentare unter:
WWW.PROSTITUTION-LEXIKON.DE

Die mit (MvF) gekennzeichneten Beiträge sind verfasst worden von: Ekstasemasseur Marc vom Freudenberg, Frankfurt a. Main, Telefon 0179/6213065.

BILDNACHWEIS
139, 181, 226, 298, 323, 350, 355, 374, 414, 459, 466, 479, 483, 571, 658, 670, 696, ARCHIV MARCEL FEIGE
186, 188, 191, 217, 227, 228, 373, 589 LADY SILVANA, SM-ART BONN
370 STEPHANIE KLEE/ANDERSEN
492, 493 BIANCA KRAUSE

IMPRESSUM
Marcel Feige
DAS LEXIKON DER PROSTITUTION
Das ganze ABC der Ware Lust –
Die käufliche Liebe in Kultur, Gesellschaft und Politik

ISBN 3-89602-520-1
Schwarzkopf & Schwarzkopf Verlag GmbH, Berlin 2003.

KATALOG
Wir senden gern den kostenlosen Katalog.
Schwarzkopf & Schwarzkopf Verlag,
Kastanienallee 32, 10435 Berlin.
Service-Telefon: 030 – 44 33 63 00
Service-Fax: 030 – 44 33 63 044

INTERNET
www.schwarzkopf-schwarzkopf.de

E-MAIL
info@schwarzkopf-schwarzkopf.de